全 世 界 无 产 者 ， 联 合 起 来 ！

胡耀邦文选

人民出版社

图书在版编目（CIP）数据

胡耀邦文选/胡耀邦著.
－北京：人民出版社，2015.11
ISBN 978－7－01－015469－5

Ⅰ.①胡…　Ⅱ.①胡…　Ⅲ.①胡耀邦(1915～1989)－选集　Ⅳ.①D2－0

中国版本图书馆 CIP 数据核字(2015)第 258221 号

胡 耀 邦 文 选
HU YAOBANG WENXUAN

人民出版社 出版发行
（100706　北京市东城区隆福寺街 99 号）

北京盛通印刷股份有限公司印刷　新华书店经销

2015 年 11 月第 1 版　2015 年 11 月北京第 2 次印刷
开本：680 毫米×960 毫米 1/16　印张：44　插页：1
字数：490 千字　印数：50,001—90,000 册

ISBN 978－7－01－015469－5　定价：99.00 元

邮购地址 100706　北京市东城区隆福寺街 99 号
人民东方图书销售中心　电话 (010)65250042　65289539

胡耀邦

出 版 说 明

　　这本文选，收入胡耀邦同志一九五二年五月至一九八六年十月这段时间内的重要著作七十七篇，包括文章、讲话、报告、谈话、批示、书信、题词等，相当一部分是第一次公开发表。

　　胡耀邦同志这些著作，集中反映了他为推动社会主义革命和建设事业，为推动改革开放和社会主义现代化，为推动中国特色社会主义事业，作出的贡献和提出的重要思想观点。

　　本书编辑过程中，对有些文稿中个别文字和史实作了订正，对部分讲话、谈话记录稿作了必要的文字整理。为了便于读者阅读，作了简要的题解和注释。

中共中央文献编辑委员会

二〇一五年十月

目　　录

革命干部的作风问题 ……………………………… 1

　　（一九五二年五月十五日）

青年团在各个战线上的任务 …………………… 5

　　（一九五三年六月二十四日）

引导我国青年向最伟大的目标前进 …………… 15

　　（一九五六年九月二十四日）

青年工人必须努力掌握技术 …………………… 24

　　（一九五八年四月十二日）

预备队的任务 …………………………………… 26

　　（一九五九年十月十八日）

在农业战线的伟大斗争中造就一代新人 ……… 30

　　（一九六〇年十一月二十二日）

对青联委员的要求和希望 ……………………… 40

　　（一九六二年四月二十七日）

抓规划，抓管理，组织推动生产高潮 ………… 49

　　（一九六三年三月四日）

放手大胆地抓工作、抓生产 …………………… 57

　　（一九六五年二月十二日）

《中国科学》要真正代表中国的科学水平 …… 62

　　（一九七五年八月二日）

一定要把科研搞上去 ……………………………………… 65

　　（一九七五年十月）

对当前如何治理国家的建议 …………………………… 72

　　（一九七六年十月十日）

用马列主义最核心的东西武装干部 …………………… 73

　　（一九七七年八月二十九日）

理论要联系实际 ………………………………………… 78

　　（一九七七年十一月二十九日）

关于平反冤假错案的批语 ……………………………… 83

　　（一九七八年四月——一九七九年十二月）

要坚持实践是检验真理的唯一标准 …………………… 89

　　（一九七八年五月——一九七九年三月）

落实干部政策，关键在于实事求是 …………………… 95

　　（一九七八年九月二十五日）

为什么对知识分子不再提团结、教育、改造

　　的方针 ……………………………………………… 102

　　（一九七八年十月三十一日）

在中央工作会议西北组的发言 ………………………… 107

　　（一九七八年十一月二十六日）

理论工作务虚会引言 …………………………………… 109

　　（一九七九年一月十八日）

关于落实知识分子政策的批语 ………………………… 123

　　（一九七九年一月——一九八二年十二月）

解放思想首先是要实事求是 …………………………… 131

　　（一九七九年三月十日、十八日）

在全国组织工作座谈会上的讲话 ……………………… 135

　　（一九七九年十月五日）

当前经济工作的几个问题 ……………………………… 149

　　（一九七九年十月九日）

应该如何看待我们自己 ………………………………… 165

　　（一九八〇年二月十二日、十三日）

我们的文学题材无比宽阔 ……………………………… 172

　　（一九八〇年二月十二日、十三日）

大力发展科学事业 ……………………………………… 177

　　（一九八〇年三月二十三日）

在北京郊区考察工作时的谈话 ………………………… 187

　　（一九八〇年四月二十六日、二十七日）

今后两年组织工作的几件大事 ………………………… 192

　　（一九八〇年五月十八日、十九日）

关于密切党同党外朋友关系的批语 …………………… 206

　　（一九八〇年六月——一九八五年一月）

怎样正确对待毛泽东同志和毛泽东思想 ……………… 209

　　（一九八〇年七月十一日、十二日）

思想政治工作要积极地抓 ……………………………… 218

　　（一九八〇年十月十五日）

做一个彻底的唯物主义者 ……………………………… 231

　　（一九八〇年十一月二十三日）

搞好党风的几个问题 …………………………………… 245

　　（一九八〇年十一月二十六日）

在党的十一届六中全会闭幕会上的讲话 ……………… 261

　　（一九八一年六月二十九日）

在庆祝中国共产党成立六十周年大会上的讲话 ……… 266

　　（一九八一年七月一日）

关于思想战线上的问题的几点意见 ·················· 288

　　（一九八一年八月三日）

解放军要带头走在前面 ························· 300

　　（一九八一年九月二十四日）

在鲁迅诞生一百周年纪念大会上的讲话 ·········· 308

　　（一九八一年九月二十五日）

在首都各界纪念辛亥革命七十周年大会上的讲话 ········ 318

　　（一九八一年十月九日）

社会主义精神文明建设要从社会治安、社会风尚

　　和党风抓起 ····························· 327

　　（一九八一年十二月十五日）

坚持两分法，更上一层楼 ····················· 331

　　（一九八一年十二月二十七日）

在全国统战工作会议上的讲话 ·················· 340

　　（一九八二年一月五日）

关于对外经济关系问题 ························ 356

　　（一九八二年一月十四日）

改革党的干部制度 ··························· 375

　　（一九八二年一月二十一日）

做坚定的清醒的有作为的马克思主义者 ············ 382

　　（一九八二年二月十三日）

给华罗庚的信 ····························· 393

　　（一九八二年四月一日）

关于思想政治工作问题 ························ 395

　　（一九八二年四月二十四日）

在党的十一届七中全会闭幕时的讲话 ············· 413

　　（一九八二年八月六日）

全面开创社会主义现代化建设的新局面 ·················· 417

　　（一九八二年九月一日）

你们应当胜过我们 ····················· 468

　　（一九八二年十二月三十一日）

四化建设和改革问题 ····················· 474

　　（一九八三年一月二十日）

马克思主义伟大真理的光芒照耀我们前进 ·············· 494

　　（一九八三年三月十三日）

加强团结，乘胜前进 ····················· 517

　　（一九八三年五月二十日）

中国国内和对外关系的十个问题 ················ 520

　　（一九八三年八月十五日）

光彩与不光彩 ························· 527

　　（一九八三年八月三十日）

保护和大力发展农村商品经济 ················· 530

　　（一九八三年十二月二十二日）

最好的怀念 ·························· 533

　　（一九八三年十二月二十六日）

整党要抓什么 ························· 539

　　（一九八四年一月十七日）

全党都要重视侨务工作 ···················· 544

　　（一九八四年四月二十日）

中国独立自主对外政策的实质 ················· 551

　　（一九八四年五月十九日）

为深圳经济特区的题词 ···················· 555

　　（一九八四年五月二十三日）

来一次"再认识" …………………………………… 556

　　（一九八四年六月二十日）

关于怎样处理局部和整体、理论和实际、

　　领导和被领导的关系 ……………………………… 561

　　（一九八四年十二月二日）

关于党的新闻工作 ………………………………… 571

　　（一九八五年二月八日）

重视文学艺术在我们伟大事业中的作用 ………… 593

　　（一九八五年四月十一日）

形势、理想、纪律和作风 ………………………… 599

　　（一九八五年七月十五日）

当代年轻知识分子的成长道路 …………………… 616

　　（一九八五年八月十一日）

团结奋斗，再展宏图 ……………………………… 622

　　（一九八五年九月十八日）

致江西共青垦殖场同志们的信 …………………… 627

　　（一九八五年十月十五日）

发展中日友好关系的四点意见 …………………… 628

　　（一九八五年十月十八日）

中央机关要做全国的表率 ………………………… 630

　　（一九八六年一月九日）

端正党风要认认真真地抓 ………………………… 637

　　（一九八六年三月十五日）

关于正确处理党内两种不同的矛盾的问题 ……… 641

　　（一九八六年四月九日）

认识中国未来动向的钥匙 ………………………… 646

　　（一九八六年六月十一日）

政治体制改革是社会主义制度的自我完善 ……………… 652

　　（一九八六年八月十八日）

中国取得的成就和面临的三大任务 ………………………… 654

　　（一九八六年十月十四日）

注　释 ………………………………………………………… 657

革命干部的作风问题[*]

（一九五二年五月十五日）

为什么要讲作风问题？

理由有三：

一、作风是革命队伍里边一个重要的问题，列宁、斯大林、毛泽东同志都经常讲到革命队伍里边的作风问题。

二、同志们经过土改^{〔1〕}的考验，马上就要踏上新的工作岗位，要做一个人民政府和党的好干部，必须把自己的作风搞好。

三、同志们大都是小资产阶级出身，参加革命以后还有缺点，还有毛病。特别是小资产阶级出身的知识分子，毛泽东同志曾指出，他们从旧社会过来，大都带有两个基本缺点：一个是主观主义，一个是个人主义。因此，讲一讲作风问题，我想对于克服我们这些缺点是有帮助的。

革命干部的作风是什么？

基本有三条：理论与实际结合；密切联系群众；批评与

---

* 这是胡耀邦同志在川北区土改工作团干部会上的讲话要点。当时胡耀邦同志任中共川北区委书记、川北行政公署主任、川北军区政治委员。

自我批评。

一、理论与实际结合的作风。

什么叫理论与实际相结合？主要有下面四条：

（一）要能把上级的政策、方针同自己的具体实际情况结合起来。或者说把上级的政策和方针融化在自己具体情况中去，根据具体情况来实现上级的政策和方针。否则，就叫理论与实际脱节，犯了主观主义。

（二）一切事情，实事求是。对于一切事情必须实事求是，是就是，非就非；对就对，错就错；重就重，轻就轻；好就好，坏就坏；大就大，小就小；多就多，少就少。一切为人民、为革命打算，不能为自己个人打算，不能说假话。不管是谁，如果讲假话，将来一定要跌跤子的。

（三）要经常精细地调查研究，用心思考。要做到上面两条，离不开调查研究。我们要把事情做得不错，必须经常调查研究，掌握实际情况。毛泽东同志说："'闭塞眼睛捉麻雀'，'瞎子摸鱼'，粗枝大叶，夸夸其谈，满足于一知半解，这种极坏的作风，这种完全违反马克思列宁主义基本精神的作风，还在我党许多同志中继续存在着。"[2] 又说，如果"离开了实际情况的调查，就要堕入空想和盲动的深坑"[3]。因此，一切工作离不开调查研究，不能粗心大意，对任何事情都要问个为什么，要想一想，是否合乎实际，不要盲从。

（四）要把参加实际工作与努力学习统一起来。实际工作中锻炼是很快的，实际工作中更能体会马列主义，但来不得半点虚伪和骄傲，而要的是诚实和谦逊。要一面工作，一面学习，要努力学理论，学政策，学业务，学文化。

二、密切联系群众的作风。

什么叫密切联系群众的作风？如何联系群众？主要有下面八条：

（一）我们的政策必须服从最广大人民群众的最大利益。要全心全意为人民服务，一刻不脱离群众，处处想到群众，把群众利益放在第一位。既要完成任务，又要执行政策，才是好干部。自以为是，自定政策，就要犯大错误。任何地方，任何单位，都不能把自己的政策与中央相违背。

（二）要经常关心群众生活。只有这样群众才能真正围绕在我们周围，热烈地拥护我们。否则，就会成为空架子，成为"孤家寡人"。

（三）要到群众中去，向群众学习。把群众的经验综合起来，成为更好的有条理的道理和办法，然后再告诉群众。记住毛泽东同志的话，"放下臭架子、甘当小学生"[4]。

（四）一切通过群众的自觉自愿，反对强迫命令。一切要从群众的实际需要出发，而不是从自己的个人愿望出发。一切工作中命令主义是错误的，谁要强迫命令，谁就要失败。

（五）要随时照顾多数。不照顾多数，就会脱离群众。

（六）要注意中间阶层的工作。中国是个两头小中间大的社会，中间阶层是大多数，任何政党如果不注意中间阶层的利益，如果中间阶层不得其所，要把事情办好是不可能的。

（七）要善于对待落后分子。每个地方，每个机关，都有先进、中间、落后三种人。毛泽东同志说："共产党员对于落后的人们的态度，不是轻视他们，看不起他们，而是亲

近他们，团结他们，说服他们，鼓励他们前进。"〔5〕

（八）要实行民主作风，倾听群众意见。

三、批评与自我批评的作风。

没有批评和自我批评，我们革命同志之间便不会警惕，不会进步。因此，毛泽东同志和斯大林曾经说过，批评和自我批评是革命进步的动力。

批评人要抱着"治病救人，与人为善"的态度，要"知无不言，言无不尽"，多讲道理说服，不要漫骂。接受批评要抱着"言者无罪，闻者足戒""有则改之，无则加勉"〔6〕的态度，虚心接受批评，诚恳改正错误。

最后，希望同志们学会和坚持以上所讲的几条作风，艰苦工作，努力学习，当一个人民的好干部。

青年团在各个战线上的任务 [*]

（一九五三年六月二十四日）

我国经济建设第一个五年计划已经从今年开始了。我们党和毛泽东同志向全国人民提出了新的历史任务，这就是为逐步实现国家工业化和逐步过渡到社会主义社会而斗争。毛泽东同志说："没有工业，便没有巩固的国防，便没有人民的福利，便没有国家的富强。"[7]

我们每个人都懂得，这是一个新的伟大的光荣的历史任务，同时也是一个更加复杂更加艰巨的历史任务。要完成这个任务，我们的国家需要造就出成千上万忠于人民事业的有现代科学技术的人才来。

占全国总人口百分之十八以上的、年龄在十四周岁到二十五周岁的中国青年，是祖国一支巨大的力量；青年们蕴藏着无限的智慧，是我们国家培养建设人才的主要源泉。

在一九五二年八月召开的团的一届三中全会[8]的时候，党中央和毛泽东同志号召全国青年积极参加祖国的建设，站

＊ 这是胡耀邦同志在中国新民主主义青年团第二次全国代表大会上工作报告的一部分。当时胡耀邦同志任中国新民主主义青年团中央委员会书记处书记。一九五七年五月，中国新民主主义青年团召开第三次全国代表大会，决定将名称改为中国共产主义青年团。在共青团中央第一次全体会议上，胡耀邦同志当选为共青团中央书记处第一书记。

在祖国建设的前列。毛泽东同志指明：中国青年是英勇积极的，这种英勇和积极性，乃是建设祖国的无限力量。但是光有这种英勇和积极性还不能建设好我们的国家，要建设我们的国家，还必须学习更多的知识。

因而，在新的建设时期里，我们青年团要在党的领导下，在毛泽东同志的教诲下，继承和发扬中国青年运动的优良传统，团结全国各族青年为建设祖国而忘我地劳动，为建设祖国而奋发地学习。在建设祖国的伟大斗争中，协助党以共产主义精神教育团员和青年，使他们成为热爱祖国、忠于人民，有知识、守纪律、勇敢勤劳、朝气蓬勃、不怕任何困难的年轻的一代，遵循我们伟大领袖毛泽东同志指引的方向，为逐步实现国家工业化和逐步过渡到社会主义社会而奋斗。这就是我们光荣的巨大的任务。

现在，我来分别地说明青年团在各个战线上的任务。

第一，关于青年团在工业战线上的任务。

工业建设是我国经济建设的重心。随着工业的发展，我国青年将越来越多地加入工人阶级的伟大行列，成为我国工业建设上一支强大的后备队。我们党的工人运动的总方针，是以最大的努力充分发挥广大工人群众的积极性和创造性，为完成与超额完成国家的经济计划而奋斗，为提高劳动生产率，提高产品质量，严格节约和降低成本而奋斗，并在增加生产的基础上，按照必要与可能逐步提高工人的物质与文化生活水平。我们青年团在工厂、矿山、交通运输和基本建设部门中的一切活动，都必须服从这个总方针。

为了实现这个总方针，厂矿企业和基本建设部门中团的组织要在党的领导下，和工会密切合作，发动团员，团结全体青年工人积极地参加劳动竞赛。青年团员应该成为劳动竞赛中的积极分子。团的领导干部必须深入车间、小组和工地，和广大青年保持密切联系，经常了解他们的工作情况和思想情绪，帮助他们解决疑难的问题，启发他们的自觉，订出先进而又切实可行的个人保证条件，把国家的计划变成他们自己的具体奋斗目标。在劳动竞赛中，过去已经出现今后还将继续出现许许多多的青年先进生产者。他们用英勇的精神去克服一切困难，以创造性的劳动去打破旧的技术定额，创造新的定额，并且提出各种合理化建议。我们的责任就在于及时地发现、支持和培养他们。我们应该在广大青年工人中培植一种尊重先进人物的风气，使大家学习他们的爱国主义劳动态度和先进的经验。只有这样，我们才能有力地去教育广大青年工人热爱劳动，并促使青年中的中间和落后的部分赶上先进者的水平。在劳动竞赛中，我们还必须注意发挥青年工程技术人员和青年职员的积极性，帮助他们与工人密切结合起来，共同搞好生产。

青年团应该特别注意巩固厂矿企业和基本建设部门中的劳动纪律。任何劳动纪律的松弛和不爱护公共财产的行为，不仅影响着生产计划的完成，也妨碍着青年工人共产主义意识和道德的成长。青年团要在党的领导下，对团员和青年工人经常进行劳动纪律和爱护国家财富的教育，对破坏劳动纪律的要展开适当的批评和斗争。这是发挥青年积极性和教育青年的一个重要的工作。

组织青年工人掌握技术，学习文化，培养他们尽快地成为熟练工人，这是国家的迫切需要，也是青年工人的热烈要求。我们要组织他们在实际操作中学习技术。同时，还要根据生产发展的需要和青年工人的技术、文化，组织他们分别参加业余的技术和文化的学习组织。团的组织应该经常了解青年的技术和文化的学习情况，帮助他们解决学习上的困难，鼓舞他们为祖国的建设而努力学习。应该教育青年工人虚心地向师傅、成年工人和技术人员学习，务必使每一个青年懂得，不尊重有知识有经验的人，就堵塞了自己上进的门路。

关心青年工人的生活福利是我们经常的责任。团的组织必须教育青年工人严格地遵守生产中的安全制度，积极支持那些必要和可能的改善劳动条件及生活条件的建议和措施。团的组织还要教育青年以正确的态度对待自己的生活，要提倡体育运动，并要充分利用俱乐部与文化宫开展群众性的文化娱乐活动。

第二，关于青年团在农业战线上的任务。

我们的祖国，在发展工业生产的同时，要不断地更进一步地提高农业生产水平。党指示我们："在工业建设的高潮之中，任何忽视农业生产的观点，都是片面的，错误的。"[9] "必须认真做好农业生产。在农村中压倒一切的工作是农业生产工作，其他工作都是围绕农业生产工作而为它服务的。"[10] "应引导农民逐步地按照自愿和互利的原则，组织各种形式的劳动互助和生产合作。"[11] 根据党所提出的这些任务，我们应该进一步地动员农村中五百多万团员，团结广大农村青年为生产更多的粮食和工业原料、为进一步改善农民的生活而斗争。

为了达到这个目的，一切农村团的组织要以做好农业生产作为自己全部工作的中心，动员青年农民积极参加爱国增产运动。要在党的领导下经常讨论青年在生产中的问题，凡是有利于生产的事情，例如兴修水利，改良品种，改进耕作技术，防旱防涝，防治病虫害，都要发动青年积极参加；凡是妨碍生产的事情，都要及时阻止和坚决反对。要教育团员安心农业生产和热爱农业劳动，让大家懂得农业生产在国民经济中的重要性。每个农村团员都要做好农业生产，以自己的实际行动影响和推动其他青年。

农村团的组织要教育团员懂得并正确地执行党的农业生产互助合作政策。我们一方面要向家庭和广大群众宣传互助合作是使农民生活丰裕共同上升的必经道路，而自愿地"组织起来"；另一方面我们又要时刻记住在推行农业生产互助合作时，要照顾小农经济的特点，要照顾单干农民，引导大家逐步前进，不要急躁冒进。对于已经参加互助合作组织的团员，要教育他们严格遵守党中央的指示："共产党员和青年团员实行互助合作的原则、积极生产、遵守纪律等，应成为全体农民的模范，不能在互助组和合作社中贪占任何非分的便宜。"〔12〕

农村团的组织应组织团员和青年从当地实际情况与可能条件出发，努力学习农业技术，虚心地向当地有经验的农民和劳动模范学习增产经验和战胜自然灾害的经验。要根据资源和不妨碍生产的原则，组织团员和青年参加民校、识字组，学习文化和科学常识，开展适合农村情况的文化娱乐活动。

第三，关于青年团在学校中的任务。

青年团在学校中已经有了一百三十多万团员，青年团已经成为党团结广大学生的核心。我们应该在党和政府对学校所采取的"整顿巩固，重点发展，保证质量，稳步前进"的方针下，协助党和人民政府做好学校工作，以培养广大同学成为德才兼备、体魄健全的建设人才。

为了达到这个目的，学校团的组织首先要教育团员遵守学校的教学纪律，完成教学计划，努力学好功课，以实际行动影响和帮助同学学习。其次，在学习中要提倡发展同学们自己思考的能力和实事求是的风气，对于同学中各种不同的认识应经过充分的讨论，弄清道理，求得进步，以帮助他们真正牢固地掌握知识和养成追求真理的作风。再次，要在学校统一计划和不妨碍正常学习的条件下，团结同学自愿参加必要的社会活动和校内有关公共福利的工作，藉以培养大家为公共事务劳动和联系群众的品质。

我们青年团应当尊敬、关心和帮助教师们的工作。目前在各级学校中青年教师占有相当的数量，他们是教育工作中的新生力量。教师中的青年团员，应当团结其他青年教师和广大的成年教师在教学工作中发挥积极作用。

在我们伟大祖国的怀抱中，不断地成长着几千万的少年儿童。他们是我国人民的伟大革命和建设事业的继承人。党和人民政府是要把他们培养成为身体和精神都健康的新一代，成为未来新生活的建设者。我们青年团接受党的委托，建立了少年儿童队的组织，它的队员现在已有七百万。这个组织，在培养少年儿童的爱国思想，提高他们的学习兴趣，启发他们爱好劳动和培养他们的学习主动性与纪律性等方面，起了良好的作用。我们应该加强对少年儿童队的帮助和领导。我们要像亲兄弟、亲姐妹一样地挂心少年儿童。现在少年儿童队的活动还有一些不适合少年儿童特点的现象，使他们担负了过多的社会工作，应当加以纠正。对那些旧社会遗留下来严重残害儿童身心健康的恶劣现象，应该采取有效的办法进行批评和斗争。在培养少年儿童的高尚事业中，教师和辅导员同志们担负着光荣的责任。他们应不断地改进自己的工作，根据少年儿童的生理和心理条件，耐心地丰富少年儿童，并以自己的模范行为做他们的良好榜样，教育少年儿童成为具有高尚道德品质的新一代。团的组织应关心小学教师和辅导员的工作，表扬他们的成绩，帮助满足他们合理的要求。

第四，关于国家机关和人民团体中青年团的任务。

在国家机关和人民团体的工作人员中，有将近一半的青年和一百万青年团员，他们的工作岗位虽有不同，但他们的工作都是建设伟大祖国的光荣劳动的一部分。团的组织的责任就是要教育团员团结所有的青年工作人员，热爱自己的工作，努力学习马克思列宁主义和毛泽东同志的著作，不断地提高理论、政策和业务水平，养成良好的组织性和纪律性，准确地完成工作任务，积极参加公共生活，发扬廉洁的、朴素的、联系群众的工作作风，全心全意地为人民群众的利益服务。

我国先进的文学和艺术创作，是教育青年为建设祖国而斗争的有力武器。我国青年非常喜爱优秀的文艺创作，他们从这些创作中吸取了力量。我们热望文学和艺术工作者更多地反映我国伟大的现实生活，更生动地刻画出那些保卫祖国、建设祖国的英雄们的形象，更深刻地描写我们党的伟大。文学、艺术战线上的青年团员们，应当努力学习马克思列宁主义，学习马克思列宁主义关于文学艺术的理论，学习毛泽东同志《在延安文艺座谈会上的讲话》这一杰出的著作，同时应该深入群众，使自己的创作具有更高的思想性和艺术性。

体育运动是增进青年身体健康，培养青年一代成为强壮、勇敢、坚毅的祖国建设者和保卫者的积极手段。青年需要长知识，长身体，因此不仅要努力学习，还要努力锻炼身体。同时，体育运动也是青年最爱好的文化活动之一，它使青年的生活更加丰富和活跃。因此，青年团的组织必须发动和组织青年参加各种体育活动和运动竞赛，协助和支持开展群众性的体育活动。

第五，关于青年团在加强青年统一战线上的任务。

在伟大的、艰巨的祖国建设任务面前，我们必须更进一步地广泛团结全国青年，在祖国建设各个岗位上充分发挥作用。中国青年广泛的爱国统一战线，是我国人民民主统一战线的一个组成部分，它是以工农劳动青年和革命知识青年为基础，团结着全国青年，在中国共产党领导下，和全国人民一起为逐步实现国家工业化和逐步过渡到社会主义而奋斗。青年团必须更好地学习和贯彻党的统一战线政策，克服目前还存在着的对于各兄弟民族青年、工商界青年、宗教青年、青年科学技术工作者以及社会上其他许多无组织的青年联系不够的缺点。青年团应该大力支持民主青年联合会[13]的工作。

我们伟大祖国是一个多民族的国家，我们还必须更进一步地加强在各兄弟民族地区的青年工作。我们要十分重视培养各兄弟民族中的青年干部，要善于根据各兄弟民族的特点及青年所喜爱的形式，善于结合党和政府在民族地区各项政策的认真实施，继续加深在各兄弟民族青年中的爱国主义教育，把各族青年更广泛地团结与组织起来，并在这一基础上慎重地建立和发展团的组织。

现在，我国历史上空前未有的普选运动已经开始了。这将使我国人民民主统一战线获得进一步的巩固和发展。青年团的组织应团结全国各族、各阶层、各党派及各种宗教信仰的青年积极参加全国的选举运动，支持忠诚为人民为祖国服务的、密切联系群众的和必要的人作为人民的代表，同时选出与青年群众有密切联系、关心人民利益和青年切身要求，并为青年所拥护的人作为青年代表去参加各级人民代表大会，以更好地发挥青年在国家政治建设中的作用。

第六，关于青年团在国防建设上的任务。

为了保证我们伟大祖国的安全和全世界的持久和平，我们的国家正继续加强国防建设。光荣的中国人民志愿军和中国人民解放军，站在保卫祖国的最前列，是我们祖国得以顺利进行建设事业的保卫者。全国青年对他们怀着衷心的尊敬和热爱。我们要继续学习中国人民志愿军和中国人民解放军，用他们的英雄业绩，不断地增强青年保卫祖国的坚强意志。中国人民志愿军和中国人民解放军中的青年团在党的培养下，为祖国作了出色的贡献，他们堪称全国青年团组织的模范。中国人民志愿军和中国人民解放军的青年战士和青年团员们必须继续努力，不断地提高自己的政治水平，模范地遵守纪律，努力学习军事技术，提高文化，加强体格锻炼，为建设现代化的国防军，为保卫伟大的祖国而奋斗。保卫我们伟大的祖国，就是保卫我们的幸福生活，就是保卫我们更美好的将来，我们中国青年，一定要把这个神圣的职责勇敢地担当起来。

第七，关于中国青年在国际方面的任务。

我们青年团继承着中国社会主义青年团[14]成立以来的国际主义传统，坚决执行毛泽东同志团结国际友人的指示，努力不懈地加强着与世界爱好和平青年的国际团结，巩固以苏联为首的和平民主阵营，保卫远东与世界和平。中国青年一直是世界民主青年联盟的忠实支持者，积极参加它所组织的各种活动。我们曾热烈欢迎世界民主青年联盟代表团访问中国。我们正积极准备参加即将召开的第三届世界青年代表大会与第四届世界青年与学生和平友谊联欢节，并相信通过这些活动，对广泛团结世界青年保卫和平与争取美好将来的斗争，将作出重大的贡献。在过去四年中，中国青年日益加强着与各国青年的友谊。我们曾热烈地欢迎苏联青年代表团与苏联青年艺术家到中国访问和表演，并派遣过青年代表团、学生代表团等到苏联访问参观。我们的青年代表曾到过各人民民主国家，出席这些国家的青年代表大会或青年大会。现在我们已和六十个国家的一百多个青年组织建立了联系。我们的青年代表到过二十个国家进行访问或参加会议，我们先后邀请和招待了四十五个国家的青年代表到中国访问、参观。这一切活动大大地加强了中国青年和各国青年在保卫世界和平斗争中的友谊和团结。

引导我国青年
向最伟大的目标前进*

（一九五六年九月二十四日）

我完全拥护刘少奇、周恩来、邓小平同志代表中央委员会所作的各项报告[15]。我相信，青年团的各级组织和广大青年，一定会兴致勃勃地学习这些报告，学习我们党领导全国人民取得两个伟大革命胜利的丰富的历史经验，学习把我国建成一个伟大的社会主义国家的理论和政策。

党中央的报告，对我国青年作了极高的评价，同时也给青年团提出了更高的要求。这对全国青年和团的组织是一个极大的鼓舞。重新建立青年团的组织已经八年了。回顾过去的八年，全国青年确实做了不少工作，但是就青年团的领导来说，我们还只解决了一个半问题。一个问题是指我们已经建立了一个全国性的青年团，半个问题是指我们才初步摸到了一些按照青年特点进行工作的方法。

坚持正确的建团路线：既反对把团变为狭隘的
青年组织，又反对把团降为一般性的群众团体

在青年运动上，我们党一直认为应当建立一个能够团结

---

* 这是胡耀邦同志在中国共产党第八次全国代表大会上的发言。

和教育广大青年的核心组织。过去我们党所领导的革命青年组织，都曾经吸引了广大青年，对整个革命事业作了很大的贡献。但是在组织问题上，我们却有过两次不同的教训：国内战争时期的共产主义青年团，只强调先进性的一面，忽视了群众性的一面，结果产生了关门主义，成了第二党；抗日战争后期的青年抗日团体，又因为缺乏先进组织作骨干，结果流于松懈无力。所以党中央在一九四九年建团决议[16]里就规定了，现在的青年团，必须是党领导下的先进青年的群众组织。几年来，我们一直坚持了这个正确的建团路线，既反对把青年团变成狭隘的青年组织，也反对把青年团降为一般性的群众团体，团的发展是健康的，绝大多数团员的思想是进步的，工作是有朝气的。到今年六月底，男女团员已经有二千万，差不多占到全国青年的百分之十七，有七十万个基层组织，遍布在农村、工厂、学校、国家机关和武装部队等各个方面。八年以来，已经有二百一十五万团员加入了中国共产党。根据这些，说青年团已经是我们党的一支可靠的后备队，说这个团已经成为吸引全国青年蓬勃向上的一个巨大的力量，是合乎实际的。在这样的思想基础和组织基础上，并且当着我国社会主义改造已经取得了决定性的胜利的时候，把新民主主义青年团改为共产主义青年团，是完全符合广大青年的愿望的。

在这次大会上，我们党把党同共产主义青年团的关系写进新的党章，这意味着青年团在思想工作和组织工作方面，在以共产主义精神教育青年方面，都将得到党的进一步的关怀。党的这种关怀，一定会激励全体团员努力提高自己的思想觉悟，更加积极地参加社会主义事业，并且会更加勇敢地协助党为消除工作中的缺点和错误而斗争。

运用适合青年特点的方法，开展既有益于社会主义 事业又能发挥青年积极性的独立活动

八年以来，我们党不仅建立了一个全国性的青年团，而且通过这个团团结着广大青年，积极地参加了国家的和社会的政治生活、经济生活和文化生活，同时又采取了为青年所喜爱的方法，开展了各种各样的独立活动。这些活动，一种是帮助青年增长知识锻炼身体的活动，例如扫除文盲、进行共产主义道德教育、组织业余学习、组织文化娱乐活动、组织体育活动等。另一种，也是主要的一种，是增产节约的活动。例如，去年秋冬两季和今年春季，就有一亿二千万名青少年参加植树造林，种植了各种树木三千七百多万亩，大部分地区的成活率都比往年高。又如去冬今春，全国有七千万农村青年参加了积肥运动，积肥八千多亿斤。在同一时期，全国还有十几万名男女青年到边疆去参加建设工作，而向各级团委申请没有获得批准的，还有近一百万名青年。在工厂矿山企业和交通运输部门有了九千五百个青年先进班组，在基本建设里有了七千五百个青年突击队，男女队员们常常超过一般定额，有的甚至达到五六倍。去年几个省所组织的回收活动，就收回了十万六千吨废钢铁。今年开展节省建筑材料的活动以后，从六月到九月，各地青年就已节约五千七百吨钢材和一万八千吨水泥。通过这些活动，提高了青年们的社会主义积极性，密切了团和群众的关系，锻炼了青年团干部的工作能力。这就充分证明党和毛泽东同志所指示的"按

照青年特点，开展独立活动"〔17〕这个方针，是完全正确的。它给青年团长期以来没有解决的问题，找到了门路。

但是，在这些活动中，也出现了不少的问题和缺点。由于我们有些活动没有注意同有关部门多加商量，取得它们的支持，有时就和这些部门的步调不够一致；由于我们有时提出的要求过高过急，到了下面又层层附加任务，就使得某些事情不大行得通，甚至发生一些强迫现象；由于我们有时过分强调青年打先锋，"包下来"，就使得一部分青年过分劳累，使得青年和壮年人、老年人之间的关系不够协调。这些缺点，也就是我上面所说的还没有解决的半个问题。我们有些同志，不虚心听取别人的意见，不正视自己的缺点，这是不对的。另外一些同志，一听批评，不管对与不对，就赶紧"收兵回朝"，关门检讨，甚至得出这样一条"经验"，叫作"少做工作，少犯错误"，这同样是错误的。

青年是整个人民群众中的一部分，是整个革命运动的一个方面军。因此，青年运动在方向上和政策方针上，必须同整个革命运动相一致，这是一方面。另一方面，青年运动又是整个人民运动的一个特殊部分，青年有着旺盛的精力，有着多方面的兴趣和爱好，而且青年时期又是思想上矛盾最多的时期，少年没有发生的问题，他们可能发生，成年人已经解决了的问题，他们还没有解决。正因为这样，青年团就不能用一般化的方法去带领青年，就要创造一些适合青年特点的方法，去发挥青年的社会主义积极性，去满足青年的各种进步要求，并且使青年干部在干的当中增长才能。开展既有益于社会主义事业又适合青年特点的独立活动，和向党闹独立性是完全不同的两回事。决不能把独立活动和闹独立性、把先锋作用和"先锋主义"混淆起来。

以共产主义精神来武装青年，提倡勇于克服困难、勤俭建国的集体英雄主义精神，用说服教育的方法来发扬青年们的积极性和主动性

党中央的报告，提出要调动一切积极因素，把我国建设成为一个伟大的社会主义国家。这就要求青年在这个伟大的斗争中，作更大的努力，有更多的贡献。对于这个问题，我们将在即将召开的第三次团的全国代表大会上展开广泛的讨论。这里，我只想着重谈谈青年的思想教育和青年的业余学习问题。

我们党把提高青年的共产主义觉悟当作是教育青年的首要任务。几年来，党不断地教育青年：热爱祖国，热爱人民的共同事业，为社会主义勤勤恳恳地劳动，坚决地同损害人民利益的现象作斗争，像兄弟手足一样地对待各民族人民，热爱国际社会主义的大家庭，紧紧地同全世界人民一起为人类的进步事业而奋斗。这些教育，促使我国青年的共产主义思想和道德风气的迅速成长。现在，"一切为了社会主义"，"祖国要我到哪里就到哪里"，"不怕困难，向困难进军"，已经成为广大青年的行动口号。我国青年的精神面貌已经起了根本的变化。就连外国资产阶级记者也感到惊讶，他们说："共产主义已经在中国青年中找到了最大的力量"，"这些人有着极其可以夸耀的热情"，"他们对自己，对自己的祖国和整个世界的未来充满着自信，简直是得意洋洋"。同我国青年这种奋发有为的积极精神相对照，我们看到，在资本主义

国家里，却是另外一种情况。例如，据美国官方所透露的消息，在他们那个所谓最"文明"的国家里，一年就有二百万个十八岁以下的青少年因盗窃、抢劫、谋杀而被捕。

当然，这并不是说，我国青年的整个精神面貌已经完美无缺，更不是说，我们对青年的共产主义教育已经做得尽善尽美，真的可以"得意洋洋"了。不是的。由于各种没落阶级的思想仍然在影响着我们的青年，由于建设社会主义还是一个艰苦的斗争，我们必须继续以共产主义精神来武装青年，必须在青年中大力提倡勇于克服困难、勤俭建国的集体英雄主义的精神，必须善于用说服教育的方法去发扬青年群众的积极性和主动性。这也就是我们党在过渡时期对青年进行思想教育的根本方针。我们必须贯彻这个方针。但是我们有些同志并没有完全弄清楚这个方针，因而在实际工作中还存在两个主要的缺点：一个是界限不清。把根本不违反集体利益的个人兴趣和个人爱好也加以排斥，甚至把青年的一些优点，例如有朝气、有理想、爱提问题、思想活泼等，当作一盆脏水，同个人主义一起泼掉了。一个是方法简单，急于求成。在对待落后青年的问题上，我们的同志总是希望他们在一个早上就能赶上先进，如果不能，就得出悲观的结论说"落后青年能够进步，咸鱼也能游泳"。在对待青年生活上，往往干涉过多，什么时候打球、看电影、唱歌、休息，都给青年加以安排。这些同志所以这样做，原是出于好心好意，希望青年能够更快地成长，可是没有了解，这种做法反而束缚了青年的积极性。我们必须遵照党中央的指示，用更生动的思想工作去克服这方面脱离群众的缺点，把纪律性和创造性结合起来，在集体主义的基础上，去培养青年独立生活的能力，充分地发挥青年的爱好、特长和主动精神。

通过多种形式，帮助青年学到建设社会主义的本领和现代的文化、科学、技术知识

在教育工作上的另一个重要问题，是要带领青年实实在在地学到建设社会主义的本领，使我国青年不单具有共产主义的思想、坚强的意志性格和强健的体魄，而且具有现代的文化、技术、科学知识的水平。

目前，我国的大中学生已经发展到六百多万人，小学生已经发展到五千七百万人，这个速度是很快的。但是我国青年大部分人还没有摆脱文盲状态；青年工人的技术水平一般要低于生产设计要求一级半到二级半；大学生的数目还很少。我们必须在有计划地扩大学校教育的同时，特别注意发展业余教育。

但是对于业余教育这样一件重要的工作，我们还没有认真地做起来。我们还没有深刻了解，提高文化科学水平，是革命胜利以后青年最迫切的要求，现在这一代青年，是将来建设共产主义的中坚力量，如果现在不打下牢固的知识基础，那时便要遇到极大的困难。就拿现在八百五十万名在职青年职工来说，在党中央召开的关于知识分子问题会议以后，他们学习文化、学习科学技术的积极性，有了进一步的高涨，向有经验、有知识、有技术的成年人虚心求教的风气，也有了进一步的开展。这都是好消息。但是他们还盼望能够给他们添设必要的图书资料，建立业余进修组织，特别是帮助他们减少一点兼职和会议，多给他们一点进修的时

间。过去几年，我们帮助他们进修，建立了四种有效的形式，一种是正规的业余学校，一种是函授学校，一种是业余学习班，一种是学习小组。在目前条件下，第一、二种形式只能逐步推行，但是第三、四种形式必须切实推广，以便促使我国年轻的科学技术力量迅速地生长起来。

在业余教育方面另一个重大的任务，是扫除文盲。根据我们最近的调查，要把这件工作做好，不但要采取因地因时制宜的原则，还要加一条因人制宜的原则。按农村情况来说，男女农民过了青年期，成了家，养了儿女，家务事就多了，这就不能不影响到学习，因此必须首先把学习积极的、容易扫除的青年文盲早一些扫掉，而不要硬拉着壮年和青年齐头并进。这样，大部分青年首先脱离了文盲状态，扫除其他文盲就可以更快一些。此外，还必须加强具体领导，这就是要统一安排时间，不让生产、开会同学习经常互相打架。如果能够这样，那么在七年内基本上扫除青年中的义盲，是可以做到的。

所有这一切，都要求青年团提高自己的战斗力，而提高战斗力的关键是加强我们自己的学习。现在青年团有八万多个专职干部，百分之八十都是全国胜利后成长起来的。我们这些同志虽然有热情，工作积极，也听党的话，但年纪轻，锻炼少，经验缺乏，思想往往存在着片面性，这就是我们工作中经常产生缺点和错误的一个重要原因。要摆脱这个困境，必须努力提高自己的马克思列宁主义水平，熟悉党的斗争经验，熟悉党的政策，熟悉各方面青年的情况，熟悉同本行有关的科学知识。同时也希望我们各级党委像过去一样，从爱护和培养的观点出发，对我们提出更严格的要求，实行更严格的督促。

同志们，我们党正满怀信心地面对着我们伟大的未来。培养社会主义的新人和发展社会主义的新经济一样，都是我们党在过渡时期中带有根本性质的任务，而且是密切相关的任务。我们相信，全党一定会更好地关注我们未来的一代，引导他们朝着我们最伟大的目标——社会主义和共产主义，胜利前进。

青年工人必须努力掌握技术*

（一九五八年四月十二日）

为了实现我们伟大的理想和志气，每一个青年工人都必须努力掌握技术。我们现在是向自然开战，技术就是征服自然的武器。没有枪，就打不倒敌人；没有技术，就不能征服自然。

可是，什么叫掌握技术呢？这就是既要有熟练的操作技能，又要有必要的技术理论知识。而在当前，对我们大多数青年工人来说，掌握技术的重点应该放在掌握熟练的操作技能上。有些同志以为，只要懂得了自己这一行工种的机器、设备和工具的构造、性能以及其他的一些科学知识，就是掌握技术了。这是不全面的。还有一些同志，只掌握了一个或几个工序的操作，就认为已经是熟练的技工了，这也是不全面的。应该知道，一切机器、设备和工具，如果没有人去驾驭它，操作它，它就是死东西，就是一堆毫无用处的东西。如果没有熟练技术的人去驾驭它，也不能充分发挥它的效能。从这个意义上说，操作是掌握技术的基础，熟练的操作是技术革新的前提。

---

* 这是胡耀邦同志在全国青年工人代表会议上所作报告《人是我们伟大事业的决定因素》的一部分。

努力学会操作，不断地提高操作的熟练程度，决心使自己在最短的时间内成为一个熟练的技术工人，对于我国最广大的青年工人来说，都是一件迫切的具有重大意义的事情。因为只有这样，才能满足我国新的厂矿迅速扩大、新的设备不断增加的需要。因为只有这样，我们才能充分发挥现有的生产设备的潜力，才能减轻劳动强度，减少废次品，减少那种由于技术不熟练而造成的损坏机器设备的现象。

熟练的操作，对一个普通的勤杂工、粗工来说，也是重要的。有人说我们那里没有好的机器，没有新的设备，没有熟练操作的必要。这种说法同样是不对的。我们更应该看到，操作技能越熟练，就越能够促进生产工具的改革。许多生产工具，都是在过去熟练操作的基础上产生和发展起来的。只要我们大家都努力提高各种操作技术的熟练程度，就有可能出现一个普遍的改进工具和创造新工具的群众性的运动。

要使操作达到熟练的程度，是不是很困难呢？我们说，也困难也不困难。说它困难，是因为它要我们花较多的时间去学习，要付出代价。任何熟练的操作，都是千百次苦练的结果。只有练才能熟，熟了就能生巧。说它不难，是因为只要我们肯用心，肯下苦功夫去学，天下是没有学不好的技术的。

共青团组织应当用极大的努力关心广大青年工人在技术上迅速地成长。过去我们采取了许多行之有效的方法，这些方法我们今后还应当继续采用。把我国青年工人培养成为有觉悟、有组织、有纪律的一代，这只是我们一方面的任务。把我国青年工人培养成为有技术、有文化、有现代科学知识的一代，是我们另一方面的任务。只有做好了这两方面的工作，我们共青团才尽到了对青年工人应尽的责任。

预备队的任务[*]

（一九五九年十月十八日）

亲爱的少先队员们：

在你们庆祝建队十年的大会上，我代表共青团中央向你们问好！

十年前，你们有的在妈妈的怀里，有的还在妈妈的肚子里。现在，你们却戴上了红领巾，成了少年儿童的先锋，成了祖国和毛泽东同志的好孩子，这的确是一件值得庆贺的事情。

你们知道，摆在我国人民面前的是一个极其伟大的事业，这就是建设社会主义和共产主义。为了实现这个事业，要有坚强的战士，要把队伍组织起来，要把人训练好。

你们又知道，我们的国家组织了建设社会主义和共产主义的各种各样的队伍。我在这里只讲这样的三支队伍。第一支是伟大而光荣的中国共产党。这是领导我国人民建设社会主义和共产主义的先锋队。第二支是我们战斗的共产主义青年团。这应该是一支不知疲倦不怕任何困难，为建设社会主义和共产主义而英勇奋斗的突击队。第三支就是你们的少年先锋队。你们的这支队伍，我想应该是一支为建设社会主义

---

    * 这是胡耀邦同志在庆祝北京建立少年先锋队十周年大会上的讲话。

和共产主义而积极进行准备的预备队。

为什么说你们是建设社会主义和共产主义的预备队呢？这是因为你们现在年龄还小。但是，我希望你们不要因为现在年纪小就小看自己。你们应该这么想：现在，我是小孩，不久我就会成长为大人。今天，我是建设社会主义和共产主义的预备队员；明天，我应该成为建设社会主义和共产主义的突击队员；后天，我要争取成为建设社会主义和共产主义的先锋队员。

为了不小看自己，我希望你们都了解你们现时的任务。什么是你们现时的任务呢？这就是党和毛泽东同志所号召你们的：要好好学习，要天天向上。

怎样才算好好地学习了呢？应当好好地学习些什么东西呢？我认为：第一，应当学习知识；第二，应当学习劳动；第三，应当学习为人民服务的共产主义精神。

建设社会主义和共产主义，既然是人类历史上空前伟大的事业，也必然是人类历史上空前复杂的工程，而且越往后就越复杂。有什么办法能够在这个愈来愈复杂的工程中贡献自己的力量呢？旁的办法是没有的，一个办法就是要从系统的读书中去获取知识。我们这一辈的许多人，由于小时候被旧社会剥夺了读书的机会，现在在参加建设社会主义中就遇到了不少的困难。你们就不同了，党和国家为你们创造了一个非常好的学习条件，你们都可以上学校读书。我们的国家现在有八千六百万少年儿童在学校里读书。希望你们不辜负党和国家的期望，从小就用功读书，从小就养成读书的习惯，用书本上丰富的知识，把自己的头脑武装起来。

光有知识还不够，还要有为建设社会主义和共产主义而劳动的意愿和决心。你们知道吧，全世界共产主义的导师马克思、恩格斯、列宁、斯大林和我们的毛泽东同志，都主张你们从小就参加一些轻微的短时间的劳动，以便自幼养成劳动习惯，促进身心发育。几年来，特别是这两年来，你们响应了党和毛泽东同志的号召，做了一些自我服务的劳动，帮家庭做了一些家务的劳动，参加了学校里小工厂、小农场的劳动，还做了一些力所能及的社会公益劳动。由于你们参加了这样一些劳动，我们的敌人很不高兴，他们讥笑我们。他们说：新中国的儿童还要劳动哩。我们应该怎么回答他们呢？我们应该这样回答我们的敌人：是的，我们从小就参加了劳动，在我们看来，这是一件光荣的事情！你们这些帝国主义分子，你们这些地主，你们这些资本家，是不劳动的，你们专靠侵略别人过活，专靠剥削别人过活。你们一点也不体面，你们是一些可耻的寄生虫。我们还要这样回答他们：我们新中国的少年儿童永远热爱劳动，我们一定要努力准备好我们勤劳和灵巧的双手，跟着父兄和接替父兄，把我们的社会主义和共产主义一直多快好省地推向前进。

　　光是用功读书和热爱劳动还不够，还要有为人民服务的共产主义精神。我们都记得，当祖国第一个五年计划开始的时候，你们积极地开展了小五年计划的活动。当第二个五年计划开始的时候，你们积极开展了种植、除四害〔18〕和学习普通话的三项活动。我们都晓得，我国的少年儿童有一句最响亮的口号，这就是要经常不断地为祖国为人民做一件好事。不是成天为自己着想，而是常常为祖国为人民着想；不是斤斤计较个人利益，而是时时关心祖国和人民的利益。这就是伟大的共产主义思想，这就是伟大的共产主义精神。希望每个少先队员努力培养这种思想，努力培养这种最高尚的感情，成为我国人民伟大事业最可靠的接班人。

在党和毛泽东同志的领导下，一个无限美好的未来，在向我们招手。亲爱的少先队员们，在结束我的讲话的时候，我要用你们的口号问你们：

你们是否有决心，有信心，有志气——

准备着，为共产主义事业而奋斗！

在农业战线的伟大斗争中
造就一代新人*

（一九六〇年十一月二十二日）

　　毛泽东同志说："农村是一个广阔的天地，在那里是可以大有作为的。"[19]广大青年正是把农业战线看作是为建设社会主义贡献力量的广阔天地，是确立和发展自己的革命世界观的广阔天地，是使自己受到全面发展的锻炼的广阔天地。

　　为什么说，农业生产第一线是为建设社会主义贡献力量的广阔天地呢？

　　大家知道，废除了剥削制度的社会主义社会，给国民经济和文化教育的不断高涨，给人民生活的普遍富裕开辟了广阔的途径。在这种条件下，我们可以大力地发展农业生产以提供充足的生活资料和原料，还可以迅速地全面地发展工业、交通、商业和文化科学事业。而任何一个社会，要全面发展这些事业，都需要占用相当数量的人力。如果每一个农业人口的生产品，只能满足他自己的需要，或者只能向社会提供少量的农产品，从而只能腾出较少的人力从事其他事

────────────

　　* 这是胡耀邦同志发表在一九六〇年十一月二十二日《人民日报》上文章的节选。

业，那么，其他的事业就不可能发展或者发展得很慢。因此，马克思说："超越于劳动者个人需要的农业劳动生产率，是一切社会的基础。"[20]这里所说的"一切社会的基础"，当然也包括社会主义和共产主义。当前我国全部工业百分之四十的原料，其中轻工业百分之八十的原料来自农业；重工业尤其是轻工业的最广大的市场也在农村；国家财政收入的一半以上直接间接地要靠农业；许多可以换回机器设备的重要出口商品，也是农产品。发展农业生产对于我国有着特殊重要的意义，所以毛泽东同志告诉我们，农业是国民经济的基础，粮食是基础的基础。我们集中力量加强农业战线，不仅能够促进农业的持续跃进，而且能够推动工业和整个国民经济的持续跃进。几年来我国的经验证明，社会主义建设能不能高速度地发展，在很大程度上就决定于农业能不能高速度地发展。因此，在当前，我们党采取了一系列的措施来加强农业战线，进一步调整农村中社会主义生产关系，使之适应并更大地促进农业生产力的发展。这是加速社会主义建设的一个十分重要的步骤。因此我们说，农业生产第一线是一个非常光荣的岗位，非常有出息的岗位，是广大青年能够为社会主义建设作出重大贡献的岗位。

加强农业第一线，大办农业，不仅是党的当前的革命措施，而且是党的长期的战略方针。为什么这样说呢？这首先是因为，中国是一个拥有六亿五千万人口而底子又十分薄弱的大国，在这样一个大国里，要根本改变农业面貌，是一个极端复杂、艰巨而长期的任务。那种认为轻易就可以彻底解决农业问题的想法，是不切实际的。而且农业在社会生产中是一个最广大的原料部门，它所经营的范围极其广阔，包括了农、林、牧、副、渔，包括了粮、棉、油、麻、丝、茶、糖、菜、烟、果、药、杂等许多方面。要使这些方面都得到全面发展，充分满足社会的需要，就不能只靠少数人力从事经营，也不能指望在短时期内就可以办到。何况，随着人民生活需要的不断增长和加工部门的不断发展，在农、林、牧、副、渔各个方面，原料生产的范围必将不断地扩大，越来越多的新的原料生产部门必将不断地开辟出来。这也就需要不断地吸收大批新的劳动力，从事这种生产。毛泽东同志在论证我国农业发展的伟大前景的时候，就向我们指出："社会主义不仅从旧社会解放了劳动者和生产资料，也解放了旧社会所无法利用的广大的自然界。人民群众有无限的创造力。他们可以组织起来，向一切可以发挥自己力量的地方和部门进军，向生产的深度和广度进军，替自己创造日益增多的福利事业。"[21]这种向大自然的进军，这种向农业的深度和广度的进军，以及由此而形成的社会生产的不断发展的过程，将是无尽无休的。由此可见，在相当长的时间内，农业战线总是需要着大量的人，精强力壮的人，在那里坚持奋斗。

由于我国目前还没有全面实现农业机械化，大部分地方基本上还是手工劳动，农业战线需要大量的劳动力，因而把强劳动力集中到农业生产第一线去，是当前保证发展农业生产力的头等重要的革命措施。那么，在将来农业实现了机械化，农业战线是不是就不需要那么多人了呢？我们说，在工业的装备下，实现机械化、水利化和电气化，当然是我国农业生产的根本出路。几年来，我国农业的机械化程度已在逐年提高，到今年年底，广大农村就将拥有八万一千个标准台拖拉机。正像列宁所说的，拖拉机"是彻底摧毁旧农业和扩大耕地的最重要的工具"〔22〕。有了它，事情就好办多了。以耕地为例，一个人一天只能翻三分，一条牛只能翻三亩，而一台拖拉机就能翻一百三十亩。按照毛泽东同志提出的"四年以内小解决，七年以内中解决，十年以内大解决"〔23〕的农业机械化规划，从去年起，经过十年，我们就可以在整个耕地面积上，凡是能够使用上机器的都使用上机器。到那个时候，如果有了一百万台拖拉机，那么，全国能够机耕的土地只需要十天到十五天，就可以耕完。我们有了党的正确的路线、方针和政策，而又实现了机械化，我们就能够极大地提高农业劳动生产率，就能够彻底改变现在的"五亿人口搞饭吃"的落后局面，当然会腾出大批的劳动力来。但是，就是到了那个时候，农村的劳动力，除一小部分转向工业和其他部门外，大部分人的出路，也不是到城里去，而是在更大的规模上去发展农业，向农业的深度和广度进军。

我国全体农村青年都应当认清农业发展的这一伟大前途，认清自己在夺取农业伟大胜利中的光荣使命，把自己的青春和力量献给这个壮丽的事业。现在，许许多多青年自觉地从城市走向农村，他们的行动不仅坚定了广大农村青年长久地为农业奋斗的意志，而且为今后城市青年继续走向农村作出了样子。在我国城市里，每年都将有几百万少年成长为新的青年劳动力，工业战线当然要吸收一部分人，但是在今后一个长时期内，搞农业的人总是要比搞工业的多。而且，随着工业合理布局的发展和从根本上消灭城市与乡村差别的需要，工业也是更多地要到农村里去办。所以今后每年都要有大批城市青年到农村去，中学生要去，大学生也要去，他们的最广阔的天地，在广大的农村。青年们不是常常讲，要忠于党，忠于人民吗？到农村去，到农业生产第一线去，就是这种耿耿忠心的重要表现之一。

为什么说，从事建设农业的伟大斗争能够确立和发展青年的革命的世界观呢？

革命的理想是革命青年的灵魂。有了伟大的理想，就能产生伟大的物质力量。我们的理想就是把伟大的祖国建成具有现代工业、现代农业、现代科学文化的社会主义强国，经过若干年后，社会产品极大地丰富了，全体人民的共产主义思想觉悟和道德品质极大地提高了，全民教育普及并且提高了，社会主义时期还不得不保存的旧社会遗留下来的工农差别、城乡差别、脑力劳动和体力劳动的差别，都逐步地消失了，反映这些差别的不平等的资产阶级法权的残余，也逐步地消失了，国家职能只是为了对付外部敌人的侵略，对内已经不起作用了，在那个时候，进一步地把我们的社会主义社会推进到各尽所能、按需分配的共产主义时代。共产主义是人类最高的理想，正是在这个理想的鼓舞下，我国成千成万的革命先驱，英勇奋斗，前仆后继，推动了历史的前进，开创了我国社会主义革命和社会主义建设的新时期。今天，摆在我们年轻一代面前的历史使命，就是继承他们的事业，不停顿地奋斗下去，争取共产主义在我国彻底实现。

要把这个伟大的理想变成光辉的现实，就要行动，就要实践。没有实践，再好的理想也只是空想。在今天，革命实践的最突出的任务，就是要充分发扬革命精神，拿出最大的干劲，来参加建设农业的伟大斗争。我们是认识和实践的统一论者。一个真正的革命者，必然是一个既有高尚的革命理想，又有脚踏实地的实干精神，既有伟大的理想、伟大的抱负，又把这种雄心壮志同当前的实际斗争结合起来的人。这是毛泽东时代青年的英雄本色，这是无产阶级世界观的生动体现。

农业在我国国民经济中占很大的比重，农民占我国人口的百分之八十以上，这是我国社会的一个突出而重要的特点。我们的党和毛泽东同志历来强调农民问题是中国革命和建设的基本问题。因此，每一个中国的革命青年，如果不熟悉农民的问题，不详细调查和研究农村的情况，不亲身参与到改造农村社会的斗争中去，也就不可能具体而深刻地认识中国社会现实的本质，认识中国革命和建设发展的客观规律，自然也就不可能正确解决革命世界观的问题。同时，由于农业建设特别复杂，各种矛盾很多，这就需要我们进行不断地改造，不断地斗争。而人们经历过一场斗争，就会熟悉一个客观事物或事物的一个侧面，经过再一次的实践，人们又会熟悉另一个客观事物或事物的另一个侧面，这样不断地实践，就会逐渐熟悉事物的各个侧面，从而掌握客观事物的发展规律，更快更好地锻炼自己的立场，更大地扩展自己的认识能力，增强从事更艰巨的斗争的信念。像大家所熟知的邢燕子[24]等先进青年，都是用他们英勇豪迈的行动，在反复实践中，丰富了革命理想，提高了变革现实的本领，在农村社会主义建设事业中作出了可贵的贡献。革命队伍里的千千万万的骨干分子也都是这样锻炼出来的，他们不是简单地从书本上，而是从改造客观世界的实践中改造了自己的主观世界，奠定了革命的世界观，锻炼成为具有丰富斗争经验的马克思主义的坚强战士。我们青年都应当走这条道路。

投身到农业战线的火热斗争中，还可以增强青年的群众观点和集体主义的革命品质。建设农业，是一个造福农民、造福全体人民、造福后代子孙的崇高事业。一个革命者活在世界上为了什么？就是为了造福人民、造福社会而战斗终生。今天，建设农业是党和人民所面临的一项迫切而重要的任务，千百万人民和青年在党的统一指挥下，集结到农业生产第一线来，这个行动本身就表明我们青年把自己的命运同五亿农民和全体人民的最大最长远的利益，紧紧地拴在了一起。这是一个伟大的集体主义的行动。在这里，我们所进行的每一个建设、所开展的每一个斗争，都会为人民公社增添物质财富，都会加深我们对人民公社的血肉联系。在这里，我们和广大农民朝夕相处，同甘共苦，一道生产，一同战斗，就会不断地受到劳动人民的优秀品质的熏陶，使自己的思想情绪同广大农民的思想情绪打成一片，关心群众的生活，热心于公共事业。所有这些，都会培养和增强青年热爱人民公社、热爱农业的深厚感情，促进青年共产主义精神的更大高涨。

农业战线是一条比较艰苦的战线，在这条战线上，又最能磨炼青年坚韧不拔的革命毅力，培养青年艰苦奋斗的革命精神。在建设农业的过程中，要进行许多艰苦的劳动，比如，我们要把荒滩改造成良田，要辟山开岭，绿化大地，要把这个地方改造好了，再去改造另外的地方，而在这些改造中，又时常会遇到旧事物的顽强抵抗。但是梁山的好汉都是逼上去的，革命的本领都是斗争出来的。在改造大自然的劳动中，人们要打通前进的道路，争取自己的主动权，就必须迎击一个又一个的困难，打倒一个又一个的障碍。正是通过这样的斗争，才最能激发人们敢于斗争敢于胜利的革命精神，不达目的誓不罢休的英雄气概和建立强国的雄心壮志。这种艰苦奋斗的精神，是我们革命事业的传家宝。我们的党就是一个从艰苦斗争中百炼成钢的党，我们的革命历史就是一部艰苦奋斗的历史。在过去的革命斗争中，革命人民在同困难斗争中所锻炼出来的百折不回、英勇顽强、艰苦奋斗的革命精神，将永远闪耀着灿烂的光辉。毛泽东同志告诉我们，任何一个国家，任何一个社会，任何一个革命历史阶段，都是会有困难的，只是性质不同。和过去相比，现在的艰难困苦是小得多了，但是各种各样的困难还是存在的。今天，我们更要发扬革命的优良传统，发扬艰苦奋斗的精神，埋头苦干，自力更生，加速社会主义建设。在解放了的、充满革命精神的中国人民和青年看来，任何困难都不过是纸老虎，都是可以打倒的。人所共知，最近两年，我们就连续地抗御了二十世纪以来我国所遇到的最大的自然灾害。我们还将乘风破浪，在农业战线上取得更多更伟大的胜利。正像毛泽东同志指出的：“我们不但善于破坏一个旧世界，我们还将善于建设一个新世界。”[25]

农业生产是非常宽广和复杂的，在这条战线上，又最能丰富青年生产斗争的知识，提高青年生产斗争的本领。比如，我们要在各种不同的自然条件下贯彻“八字宪法”[26]，要对土壤开战，对水、旱、病、虫等自然灾害开战，这里面就大有学问。我们要掌握各种农作物和各种牲畜的错综复杂的生长规律，要探索农、林、牧、副、渔的高产秘密，要把许许多多现代科学知识应用于农业生产，我们要管天、管地、管山、管水、管植物、管动物。这么繁多的项目，这么丰富的内容，是使青年取得活的知识、活的经验的最好的课堂，也是促进青年全面成长的重要因素。曾经有一种论调，说在农村成天跟泥巴打交道，没什么可学，这显然是错误的。

　　当然，这样丰富的农业生产知识和经验，是不会唾手而得的。要取得它，必须钻到农业生产里去，刻苦地学习，顽强地学习。我们应当把书本知识和实践知识很好地结合起来，并且以在生产实践中学习为主。实践出真理，一切伟大的自然科学和农业科学学说，都是从反复的实践中总结出来的；一切有成就的自然科学家和农业专家，都是从刻苦的脑力和体力劳动中锻炼出来的。几年来，在我国青年中，涌现了许许多多做出重大成就的土专家，他们原来都是普普通通的农民，文化水平不高，但是由于他们辛勤劳动，结合生产进行认真的钻研，而且在一次又一次的失败中百折不挠，终于从生产斗争中创造了突出的成绩。我们相信，在党的领导下，只要广大青年在农业生产战线上辛勤劳动，继承和发展伟大祖国几千年积累下来的农业生产的丰富经验，充分运用我国发展农业的自然条件，经过若干年以后，从我们这一代中，一定会出现农业科学上更伟大的创造，产生出无数杰出的农业科学家、育种学家、园艺学家、病虫害学家以及林业、渔业、牧业等各个方面的专家。这些人是用现代科学和我国丰富的农业生产经验武装起来的新型的科学技术专家，他们一定能做出许多前人所不能做出的业绩。

　　直接从事生产实践，对于消灭脑力劳动和体力劳动的差别也有着十分重要的意义。我们知道，在当前条件下从事农业生产，主要是进行体力劳动。没有这种艰苦的体力劳动，就不可能改变农业生产的落后面貌。体力劳动是人类赖以生存和发展的根本条件，是一万年也消灭不了的。我们今天到农业战线上去，可以一面劳动，一面进行业余学习，以提高我们的科学技术和文化水平。我们应当通过这样的道路，把自己培养成有社会主义觉悟和有文化的劳动者。

对青联委员的要求和希望[*]

（一九六二年四月二十七日）

上星期我和照华[27]同志找一部分同志座谈，问同志们有什么要求，当时你们提了三条要求、一条希望。今天我也反转来向你们提出三条要求、一条希望，来个"等价交换"。

先讲三条要求。简单来说，一条叫勇敢，一条叫大胆，一条叫认真。

第一条要勇敢。要求同志们勇敢什么？勇敢地反映情况、发表意见。

反映情况、发表意见是一个什么性质的问题呢？是我们国家正常的、健康的、不可缺少的人民民主生活的一项非常重要的内容。

今年一月，我们党开了一个扩大的中央工作会议[28]，这一次又开了人代会[29]。在这两个会议上，毛泽东、刘少奇和周恩来同志重申了这个问题。毛泽东同志在党的扩大的中央工作会议上，对我们的党员首先是党的干部讲过这么一段话，他说："看起来，我们有些同志，对于马克思、列宁所说的民主集中制，还不理解。……他们怕群众，怕群众讲

---

[*] 这是胡耀邦同志在中华全国青年联合会第四届委员会第一次会议上讲话的一部分。

话，怕群众批评。……我看不应当怕。有什么可怕的呢？……我们工作中的是和非的问题，正确和错误的问题，这是属于人民内部矛盾问题。解决人民内部矛盾，不能用咒骂，也不能用拳头，更不能用刀枪，只能用讨论的方法，说理的方法，批评和自我批评的方法，一句话，只能用民主的方法，让群众讲话的方法。"[30] 同志们都读过周恩来同志在人代会上所作的政府工作报告，其中在讲到各民主党派和人民团体的时候有这么一段话："政府应该通过这些组织，了解情况，发现问题，吸取这些组织成员的有益的意见，改进政府的工作。"[31] 这两段话讲得非常明确、非常肯定。

因此我想，我有义务也有权利向各位提出这个问题来，而且特别有义务，特别有权利。为什么呢？理由有两条：第一，我不是一个普通的党员，是负责联系青年方面的一个党员干部。我们党联系青年群众方面有许多党员干部，我是其中之一。第二，你们又不是普通的群众，而是全国青联的委员。能不能这么看，反映情况、发表意见是同志们正当的权利，也是必尽的义务。

反映情况、发表意见要不要注意什么问题？我看主要是两条。第一条是有组织。什么叫有组织？就是向你所属的单位的行政和党的组织，你所属的党派和团体，或者是你所属的上级行政和党派、团体，一直到中央，反映情况，发表意见。不要到大街上去游行示威，大喊大叫，更不能向什么外国大使馆去反映情况，也不能向"蒋委员长"反映情况，因为那样只能对敌人有利。我们的国家是有组织的国家，我们的人民是有组织的人民，这是我们有力量的一个重要因素。第二条是尽可能真实。我加了一个"尽可能"，就是说，要求大家百分之百的真实是不可能的，大体上是真实的，而不是有意歪曲的。至于发表意见，只要是在组织里，正确的和不正确的都可以发表。因为在没有发表以前不晓得自己的意见是否正确，发表出来以后，大家可以用开"神仙会"的方法自由地讨论。我想，只要有了这么两条，而且主要是第一条，我们还是坚决实行我们党所讲的"三不"主义，即不抓辫子、不打棍子、不扣帽子。会不会坚决？我看做到这么两条，会坚决的。

还有什么顾虑没有呢？我看应该没有了。有同志说，还有一点点顾虑，第一条叫怕印象不好，第二条叫怕记下账来。有些同志讲，中央是不会记的，下面有些地方可能会记。这一条要我们现在打个保票，说是一切组织、一切单位都不会记。我们暂时还不敢打。但是，所谓印象好不好，账好不好，这里面恐怕也要加以分析。是下面某些人印象不好，还是多数人印象不好？记账也有这么一个问题，是好账还是烂账？是功劳账还是欠债的账？这次有许多委员发表了许多很好的意见，我没有一条一条来讲，还有许多问题需要我们进一步加以调查，加以研究，因此现在不能答复。中央讲了，我们又这么办了，我看是可以打破顾虑了。为了给人民多办事，向社会主义多贡献力量，一定要请大家勇敢地反映情况，勇敢地发表意见。要求做到这一条行不行？我们来真正交一个知心朋友好不好？

第二条要大胆。大胆什么？大胆地联系群众，团结一切可以团结的人。

联系群众，团结一切可以团结的人，这是毛泽东同志反复讲了几十年的话，有的时候用"密切联系群众"，有的时候用"广泛联系群众"。团结一切可以团结的人，这是自从我们党确立了毛泽东同志的正确领导以来一直在讲的。

什么叫"一切可以团结的人"呢？毛泽东同志在《关于正确处理人民内部矛盾的问题》中讲过社会主义时代哪些属于人民的范围。人民群众中有先进的部分，这部分人当然是好团结的。我们所说的"一切可以团结的人"，主要是指人民群众中的落后部分，就是犯有错误，即使是有重大错误但是愿意改正的人，还有是从敌对阶级分化出来的人。假使我们把这件事情做好了，我们的团结面可以扩大到多少呢？可以扩大到百分之九十以上。百分之九十以上还不是绝大多数啊?！我们这里所讲的百分之九十以上，不是以一个单位来分的，是就全国、就一个省的范围来讲的，从某一个具体单位来讲，可能是百分之九十九，也可能是百分之百。

要做到这一条靠什么？怎样才能团结他们？需要耐心地听取他们的意见。他们的意见中有没有某些正确的部分和合理的要求呢？不能因为他是落后的，是有过缺点错误的，就认为他的意见中没有一点正确的东西。可能有，这就需要加以分析，是正确的就加以采纳。怎样帮助他们呢？就是要接受他们的合理意见，尽可能地满足他们的合理要求，同时又说服改正他们的错误思想，提高他们的思想觉悟，也就是说，把他们提高起来。我们的团结是有基础、有原则的。照华同志在青联的报告里说："热爱祖国，拥护中国共产党，拥护社会主义，是我们的团结的政治基础。"拿必要的团结的基础去帮助他们，一步一步地提高他们，有的时候要说服他们改正错误思想、错误行为，有的时候还需要等待，需要时间。

　　广泛地联系群众对我们这么一种性质的国家大有好处，不单单可以团结绝大多数，还可以在联系群众、团结大多数的过程中提高自己。你要说服落后的部分，说服犯错误的人，就需要有道理。简单粗暴的办法，压的办法，或者是隔离的办法，都是无能的办法。没有学会说服，就不能说自己有多大提高。

　　这几年我们学到了马克思主义的一条原理，就是在改造社会、改造自然的过程中，要学会同时改造人，而在改造别人的同时又改造自己。要做到这一条，一个先决条件就是要接近一切应该接近的人。不是不接近、怕"沾边"，不是同他们隔离，而是大胆地去接近。全国青联的委员包括有十一个方面的人士，可以接触多少人，了解多少问题，做多少工作啊?! 用正确的态度、方法、目的去接近那些人，帮助他们，提高他们，不是什么立场不稳，恰恰是立场稳的表现，是正确的立场，是为社会主义服务。

　　第三条要认真。认真什么? 认真地互相通气，做好各级青联的工作。

　　青联的组织在各省和大中城市都有，全国共有委员九千多，将近一万人。同志们，这个"万"字很好，有什么万字的成语? "万众一心""万紫千红""万山红遍""万马奔腾"……我们要万众一心地来干这种事情。一九五九年，在青联的三届二次会议上，我讲了三大事情：一、组织学习和讨论，二、要搞些社会工作，三、要加强联系、反映情况。

　　这一次照华同志的报告讲了四条，比我那个讲的更完全，我完全拥护这四条。我想着重讲讲第三条和第四条。第三条是"认真倾听各方面青年的意见和要求，进一步扩大团结面。通过各种活动和交朋友，加强同各方面青年的联系，关心他们的思想、学习和生活，协助有关方面，尽可能地帮助他们解决一些具体问题"。这一条很重要，我觉得写得很具体。第四条是"配合有关方面，做好对城市中不能升学的青少年的工作。对他们加强思想政治教育；运用各种有效的形式，积极组织他们自学；鼓励有条件下乡的青年参加农业生产，加强农业战线"。这一条很重要。周恩来同志在政协会上着重向青年团讲了这个问题。特别是今后这几年，是我们的调整时期，不能升学、不能在城市里就业的要加多，因此，我们——在座的有各级团委的干部，不管是青联也好、团委也好——要好好地想办法来解决这个问题。

解决城市里不能升学就业的青年的问题有哪些办法呢？

现在我们想到的有以下四条办法：

一，我们每年要征兵，要轮换，征一些，复员一些。以后征兵先在大中城市征，主要对象是高中毕业没有考取大学的学生。今年八九月份就要干这个事情，请同志们开始适当地做一点宣传工作，还是贯彻自愿原则。

二，在城市里各行各业都有许多有手艺的人，还有一些很有名气的艺人，可以允许他们收一些徒弟。有些同志反映，这几年统得太死了，有些手艺没有接班人，是缺门。应当适当开放。

三，组织自学。照华同志的报告里特别讲了这个问题。搞一些补习学校、自学小组，形式可以多种多样。要求不要那么一律，可以有各种专业，学文化的，学工艺的，学服务行业的，学音乐的，学马季〔32〕同志相声那一行也可以。要多样化，不要强求一律。在政府统一领导下，青联可以搞，青年会也可以搞一点，多有这么一些朋友负责搞，调子又不要太高，事情就好办。特别是城市青少年这么多，双职工家庭的负担很大，孩子半天上学，是有组织的社会主义社会，半天是"自由世界"，"无法无天"。为了把这个事情搞好，甚至拿一点钱都可以。究竟要多少钱？我看，不会要多少钱，有一处房子就行。我们把这件事搞好了，双职工也感谢我们。这是关系广大职工生活的一个问题，我们要好好干这个事情。

四，欢迎下乡、上山，下海也可以。城市里有些不能升学的青年和街道青年，欢迎他们中的一部分人到农村去行不行？听说有些城市青年很害怕下乡这一条。上海的工商界朋友就相当害怕。你们把宣传搞好，实行"选好地方、完全自愿"的方针，只作宣传，不搞鼓动，只搞欢迎，不加压力，这样，他就不害怕了。把地方选好，又实行完全自愿的原则，我看总会有一些人去。假使宣传得不好，气势太凶，调子很高，去又没有去几个人，反而把名声搞坏了。因此，请各地事先考虑清楚开一点小会，讲清楚，把消息传清楚，不要引起人心不安。要把方针政策讲清楚，不是只有一个办法，而是有好几个办法，使大家觉得合情合理。

归侨青年总的来讲是很好的，他们是热爱祖国的，从几千里地以外跑回来。不远千里而来，亦将有利于祖国乎？他们来参加祖国的社会主义建设，当然对祖国有利。现在在各地的学校学习的归侨青年有五万多人，我们要热情地欢迎、热情地帮助、热情地照顾他们。要照顾他们的习惯，他们的生活习惯有很多特点，正像湖南人吃辣椒、山西人吃醋、山东人吃大葱一样，这都不是什么问题。

提了这么三条要求，行不行？高不高？你们给我们提的要求我们都答应了，我们的要求同志们能不能答应？

还有一条希望，九个大字：学马列、信马列、用马列。

我这里所说的马列，当然也包括毛泽东思想，因为毛泽东思想就是活的马列主义，是马列主义的发展。

这里可能还有个问题，在座的有许多宗教界的朋友。说是要学马列、信马列、用马列，那么是不是还允许宗教信仰自由？我们说当然完全允许，我们完全不反对宗教界朋友对宗教的信仰。但是，在信教的同时可不可以信信马列呢？当然不信也可以啦，我只是讲一条希望，而且是就大多数人而言的，更不是必须完成的任务。

这几年，学习马列之风大大提高了，这很好。但是，在学习中间是不是又有三种情况：第一种情况是很卖劲、真相信、能够用；第二种情况是心不定、不太信、不能用；第三种情况是学不进、也不信、胡乱用。所谓第三种情况，就是在马克思、恩格斯、列宁、斯大林和毛泽东同志的著作里搞了几个名词，乱套一气，实际上对马列主义的精神实质并不了解，也不相信。

我们学习马列主义、毛泽东著作应该有一个目的。马列主义之所以有用，就是因为它能够正确地分析形势、观察事物、判断是非、解决问题。当然，要我们这些人精通马列主义，那是比较困难的，但是要掌握它的基本东西，也不是那么高不可攀。

我这里所说的马列主义基本的东西，是指它的基本的思想方法。什么是马列主义最基本的思想方法呢？就是两条：一条叫唯物主义，一条叫辩证观点，合起来就是唯物的辩证观点，或者叫辩证的唯物观点。

什么是我们看待事物的唯物主义？我的体会，最主要的，就是认为，归根到底在历史上起决定作用的东西，不是什么神仙皇帝，而是社会生产力发展要求基础上阶级力量的对比；不是武装武器的对比，而是人力心力的对比；不是暂时起作用的因素，而是长久起作用的因素；不是已经表现出来的力量，而是尚未充分表现出来的真正具有强大生命力的潜在力量。

什么是我们观察事物的辩证观点呢？我的体会，最主要的就是认为对一切事物不但要看现象，而且要看本质；不但要看表面，而且要看实质；不但要看局部，而且要看全部；不但要看支流，而且要看主流。

在我看来，我们马克思主义者就是用这两个基本观点来看待一切问题的。

抓规划，抓管理，组织
推动生产高潮[*]

（一九六三年三月四日）

正确地估计当前形势

对社会主义教育运动^[33]的伟大意义必须有足够的估计。但是对于运动已经取得的成绩又不可估计过高，更不可因运动取得巨大成就而自满松劲。

不可估计过高的理由是：（一）运动发展不平衡，一部分地方做得很好，一部分地方做得不够好，还有一部分地方没有做起来。（二）运动中留下了大量的问题，需要我们继续做进一步的细致处理。

群众积极性起来了，对如何切实搞好今年生产，如何认真办好集体经济，向我们提出了更多更高的希望和要求。这就给我们各级党委提出了一个庄严的任务，要万分珍视群众已经起来的政治热情和劳动热情，及时地而不是放任自流地、认真地而不是粗心大意地、正确地而不是主观主义自以为是地把这种热情引导到扩大今年的生产中去，引导到从政

＊ 这是胡耀邦同志在中共湖南省湘潭地委扩大会议上的讲话要点。当时胡耀邦同志任中共湖南省委书记处书记兼湘潭地委第一书记。

治上、经济上、措施上、制度上进一步办好集体经济中去。

下一步抓什么

既然群众现在最关心的是增加生产，办好集体经济，那么我们就要再到群众中去，同群众一起，细细地讨论研究，今年的生产安排落实了没有？劳动力有剩余怎么办？生产门路是不是想周到了？还有哪些实际困难，应当如何解决？大家对集体生产还有哪些地方不放心，有什么意见？等等。这就是生产规划和经营管理问题，是摆在我们面前的需要立即加以解决的突出矛盾。

重复地说一遍：为什么我们下一段要突出地抓生产规划和经营管理呢？下一段和前一段有什么关联呢？前一段我们是集中力量解决两条道路的矛盾。现在，我们把这个矛盾解决了，群众的积极性高涨起来了，社会生产力发展起来了。而我们原来的经营范围和管理方法，却不大适应或者很不适应这个新情况。我们原来的经营范围太窄小，我们的管理方法掉了队。这就是旧的矛盾解决了，又带来新的矛盾，需要我们去解决。

现在春耕生产已经开始，我们突出地抓住和解决这个矛盾，组织和推动生产高潮，具有十分迫切的意义。

有人说，群众不关心甚至害怕生产规划。这话不对。这是没有调查、没有分析的说法。群众害怕的是我们的瞎指挥，相反地倒是欢迎我们同他们一道想增产的主意。群众可能听不懂"生产规划"这个名词，但群众一定希望今年生产有个好打算。"打算"就是"规划"。

有人说，群众对经营管理意见很多，问题太复杂，很难办。这话又对又不对。对，就是我们不能一下子把这个问题解决透。不对，就是我们终究不能绕开它走。

正是由于这个问题没有好好解决，正是由于这个问题将是挫伤群众积极性的一个重大因素，就愈要求我们大家同群众一道好好钻研这个问题，解决这个问题。

因此，下一步究竟抓什么，我们的意见，就是要通过狠抓规划，狠抓管理，组织和推动生产高潮。

这里，有这么几个问题。

（一）重点问题。各级都要搞规划，是不是各级现在都同时一齐抓？这样会抓不好。我们的意见是，主要是抓生产队。生产队是基础。只要把生产队的生产规划和经营管理抓好了，大队的、公社的就好办了。

（二）结合问题。只考虑了抓生产规划和经营管理还不够。上面说过，有些地方社会主义教育运动还没有搞好，有许多遗留问题还需要我们解决。还有，许多地方有些困难户口粮已成了问题，如果不解决这个问题，有些基本群众对搞生产规划和经营管理就不关心。

因此，下一段还要结合安排困难户的生活，进行对后进队社会主义教育运动的补火和处理社会主义教育运动的遗留问题。

（三）方法问题。我们是为了群众的利益，为了促进生产而帮助生产队搞规划，搞管理，并不是为了向上级报账而干这两件事。因此，当我们大家深入生产队帮助做这两件事的时候，要切切实实掌握两条原则：一条是为了推动生产，促进生产，哪个问题对生产妨碍最大就优先解决哪个问题。

一条是要充分走群众路线，同群众反复商量，只有群众自觉自愿并亲自参加做出来的东西，才是积极可靠的东西。

（四）时间问题。时间短了，抓不深，抓不细。要记住社会主义教育运动的经验，要有充足的时间，要集中全部的精力，大概要两个月。抓准了就要沉得住气，要打歼灭战。不要分心，不要乱了步伐。

（五）先后问题。社会主义教育运动没有结束的地方和要补火的地方，仍以社会主义教育运动为中心。要做好了以后再转。

生产规划如何体现总路线精神

地委提出了这个方针。大家很关心这个问题，到群众中去后，群众也会很关心这个问题。

几年来，中央和毛泽东同志提出的许多完全正确的方针和口号，由于我们执行中发生了一些缺点错误，在某些干部和部分群众中产生了误解，这需要我们耐心地加以澄清。

生产规划中怎样体现总路线精神？就是：凡是经过努力今年可以办到的事情，就一定要集中主要力量，把它办起来；凡是对今后长远发展有重要意义，但是今年还不能用较多的力量去办的事情，就要认真说服群众，拿出一定的力量为它创造条件；凡是经过同群众反复商量，群众坚决反对而又实在办不到的事情，就一定不要硬着头皮去办。

根据这个原则，对生产规划的总的要求是，在以千方百计增产粮食为主的同时，尽可能发展多种经营。

具体内容有五：

（一）积极增产粮食；

（二）因地制宜地积极地发展一些经济作物；

（三）认真抓好副业；

（四）大力发展生猪；

（五）为明年、后年大力经营山林创造条件。

今年增产粮食的有利条件比去年多了，但还要同群众一道因地制宜地找更多的增产办法，各个生产队原来的基础不同，今年增产的幅度可能差距很大，因此不要去比指标，而应该去比措施。

经济作物在我们这个地区项目不是很少而是很多。每个队可能都有自己的土质特点、技术特长和传统习惯，这就要求我们到群众中去，向群众作具体的调查，同群众作具体的研究，并及时解决种子供应和其他问题。

副业是规划中的一大项目，意义很大，也是社员中认识不一、争论较多的一个问题。这里反映了富裕户（包括家庭富裕的干部）和贫下中农在发展集体经济上的矛盾。必须首先把贫农、下中农的积极性调动起来，同时也要把富裕户说服好。副业门路更多，特点很大，必须一件一件落实。既要落实经营范围，又要落实管理方法。既要使集体副业有一个较大的发展，也要使家庭副业继续发挥它的积极作用。生猪在我区农业经济中占很重要的地位，要继续鼓励个人饲养，同时要采取公有私养办法，有计划地发展集体饲养。

要为明年、后年大力经营山林切实准备条件。这方面要有沙石峪、羊井底和毛田那样顽强的决心和毅力，还要有自己的具体步骤。具体步骤中的决定一环，就是切实从苗圃开始。

　　怎样具体帮助生产队作好规划？可以采取层层作点、边作边训、以点带面、全面铺开这个有效办法。

必须切实解决经营管理上
社员最关心的几个问题

　　集体生产的经营管理问题，是一门很复杂的学问。这方面，我现在还完全是外行，说不清楚。

　　我不主张泛泛地谈经营管理问题，或者在还没有完全把握的时候，就急忙忙地普遍推行一种一刀切的经营管理办法。我主张先及时解决社员最关心的几个问题。

　　什么是社员最关心的问题？根据各地材料，目前有如下三个问题。

　　第一个是劳力有剩余，大家争出工的问题。这要求大家切实遵照已印发给大家的毛泽东同志关于这方面的指示，指导生产队扩大经营范围，提倡精耕细作，决心向生产的深度和广度进军。

　　第二个是有些地方和有些社员忽视工夫质量的问题。工夫质量不好，原因往往是多方面的，必须具体调查，具体分析。定额不合理，会影响工夫质量；定额合理，但执行得不好，得不到应得的报酬，也会影响工夫质量。干部没有大公无私的精神，会影响社员的工夫质量；干部只带头生产，对某些工夫质量不好的社员迁就，不教育、不批评，也会影响其他人的工夫质量。没有必要的分工，什么事都一窝蜂，会影响工夫质量；但分得太细，分工不当，力量太小，不利于在耕作技术上互相协作，互相帮助，也会影响工夫质量。

前几年过分强调协作，不注意等价交换、按劳分配，产生了严重的窝工浪费和责任不明、质量不高的现象。这两年推行责任制，收到了一定的效果。但由于孤零地、过分地强调了责任制，在一定程度上助长了各种形式的单干。正确的做法应当是，坚持协作和分工的统一，坚持统一领导下的集体的或个人的责任制。当然，工夫质量不是只靠一个制度就能解决全部问题的。既要有必要的合理的制度，又要有坚强的政治思想工作。

劳动管理是个很复杂的问题。为了更好地研究这个问题，建议五月以前，每县解剖三个队的"麻雀"给地委。

第三个是财务公开问题。据我看来，多数地方的群众最关心这个问题。从我们这次"放包袱"的事实中，也反过来佐证了这个问题。我们应该想想：许多群众并不吝惜多流点汗，他们痛心的是流了许多汗却少得了报酬，我们应该警惕这个问题，必须用各种办法，死抓民主理财这一环，努力做到生产队按月公布账目。

在下一步工作中继续改进我们的工作作风

我们许多地方，许多干部，保持和继承了我们党的一整套好作风，在前次运动中这种作风又有了进一步的发扬，这是一大收获。

但是，有些地方，有些干部身上，仍然存在着一些不健康或不太健康的作风。主要是表现在这样三个问题上。

一是群众路线问题——我们一些同志过分迷信数字，过分迷信下面干部的汇报，过分迷信分片包干的形式。这种过分迷信，往往妨碍了我们对真实情况的了解，使我们听不到群众特别是基本群众的呼声，也使某些干部感觉没有约束而敢于放肆。应该警惕这个问题。应该提倡：既听下面干部的汇报，又亲自到群众中去谈谈心；既不一概抹煞下面报来的数字，又亲自考察一些必须了解的客观真相，做到心中有数；既可继续采取分片包干形式，又要相互交换进行检查和有步骤地建立各系统的经常工作。

二是实事求是问题——这是我们党的一个极好的传统。前几年，由于许多运动的一些是非界线没有及时划清，在某些干部的思想上留下了一些错觉，我们应该积极地把它扭过来。一切不应该硬着头皮再坚持的事，绝不再坚持；一切应该向上级反映的东西，一定要向上级反映。应该使所有的干部坚信，说老实话，做老实人，是符合党和人民的根本利益的，是终究不会吃亏的，是终究要取得党和人民的信任的。

三是革命朝气问题——这几年的困难，锻炼了许多好干部，也使某些干部考验没有及格。我们必须重视，有些地方，有些部门，虽然经过了社会主义教育，但风气仍然不好：对工作、对学习冷冷淡淡，对吃喝、对玩乐热热乎乎；对敌人、对困难怕得要命，对群众、对同志神气十足；对人家马列主义，对自己自由主义；对上级要民主，对下级搞独裁。这些都是牵涉到革命立场、革命意志、革命纪律的重大问题。对这些现象不可放任，要敢于揭露、敢于批评。要提倡严格要求自己，对敌憎恨、对党热爱，对革命事业无限忠诚。

放手大胆地抓工作、抓生产[*]

（一九六五年二月十二日）

一、要集中抓生产，以"二十三条"〔34〕为动力。"二十三条"要认真学习，讨论清楚。但一次不可能完全学习讨论好，以后每年要学习讨论两三次。因此，这次不要搞得时间太长。一切为生产服务，一切围绕争取大丰收，在争取大丰收的原则下统一思想。我们的征购任务减下来，是为了把生产尽快地搞上去，不是为了松一口气。生产好不好，是检验工作好坏的最主要的标志，县、社、队都要在生产上过得硬。这次县的多级干部会议上，要集中讨论生产问题。县、社、队都要目标明确，千方百计为今年的大增产奋斗。

二、在生产上，"两手抓，双丰收"。关中，一手抓粮食，一手抓棉花，粮食、棉花双丰收。陕南，一手抓粮食，一手抓山货土特产，粮食、山货土特产双丰收。

三、各级党委要算大账，抓关键，向前看。

不要过分地纠缠过去的老问题，不要往后看、算老账。要立足于现在，面向将来。

要经常讨论方针、政策问题，经常关心方向性的问题，

---

* 这是胡耀邦同志在视察陕西安康地区的安康、宁陕、汉阴、平利、旬阳、石泉、白河七县时的谈话要点。当时胡耀邦同志任中共中央西北局第三书记、代理中共陕西省委第一书记。

抓思想领导，抓措施落实，不要抓细微末节的问题。

对于有错误的干部，不要急于处理，先派他们去搞生产，看一年再说，给他们将功补过的机会，允许和欢迎他们在实际工作中改正错误。改得好的，可以免予或减轻处分。处分人是手段而不是目的，目的是教育人，改造人。

"双开"〔35〕要停下来，开除错了的要主动收回来。抓人也要停下来，除了进行破坏活动的现行反革命分子，一般不要抓人。就是现行反革命分子中写反动标语的，可以开大会揭露、批判、斗争，也不要抓起来。已经抓起来的脱产干部，一般不要判刑。

四、现在有不少干部思想不解放，精神不振作，整天考虑个人问题，五心不定，束手束脚，甚至愁眉苦脸，提心吊胆，挺不起腰杆。要教育干部立大志，鼓干劲，往前奔，往前赶，朝气勃勃，放手大胆地抓工作，抓生产。

一些同志政治上看不远，生产上想得少，经济工作卡得死。要坚决改变这种状况。要政治上放得大些，生产上想得宽些，经济工作搞得活些。

五、这次多级干部会议上，可以号召干部"洗手洗澡""放包袱"，也可以不号召。一律不斗争，不批判，不处分人。多吃多占、公私不分、官僚主义、强迫命令、一般的轻微的男女关系，还有帮助家庭搞过一点小量的贩卖，这六条已经洗过澡的不要再洗了。犯有其他重大错误的，要交代交代，但允许他将功补过。

多级干部会议，不要孤立地、静止地去开，要找几个生产搞得出色的公社、生产大队书记，在会上作报告，大家讨论。抓住典型，通过对实际工作的讨论，活学"二十三条"。会要开活，时间不宜过长。

六、今年秋收后，各县来个生产大评比。哪个社、队生产搞得好，就奖给化肥、耕牛、良种、农药、农具等。地方财政上拿出一点钱来，比如，小县两万，中县三四万，大县五万，奖励生产搞得好的社队和干部。

七、从今年开始，安康地区要大力治山，开发山。山货土特产主要搞什么，要调查一番，排一排队，明确先抓什么，主要抓什么。白河县根据当地情况，提出要抓"桐油、皮纸、龙须草，蚕桑、柿子加核桃"，目标明显，口号响亮。各县都应根据本地情况，提出自己发展山货土特产的项目。

狠抓苗圃。今后造林统一称"育苗造林"。集体造林，苗圃先行，一队一亩，队上经营，品种多样，群众欢迎，参加分配，责任到人，年年狠抓，前途光明。育苗，要种子、技术、管理三落实。

各县要有一个副书记、副县长专管多种经营，生产大队、生产队，要有一个副队长管副业。

我们要有志气，发展生产，改变山区面貌。三年、五年、十年，做出计划，一步一步使山区的人民富起来，要有这股劲，要有雄心壮志。

八、安康地区农业上需要抓住以下几个增产措施：

（一）修梯地。白河县冷水区大双公社新庄大队支部书记李太根，采用砌石坎、修梯地的办法，使全大队粮食生产在三年内增产一倍。修梯地需要的炸药、钢钎，可由水土保持经费中予以解决。

（二）调整农作物配置。增种蚕豆、豌豆和苕子，减少稻田复种小麦的面积，提高水田的肥力，提高稻谷的单位面积产量。

（三）允许生产队开粉坊，促进生猪的发展。生猪发展到一户一头之后，就要注意发展集体养猪，不然就发展不上去了。集体养猪可采取公有私养，主要是分配给贫下中农中的困难户去养，也可搞专业组饲养。但这件事要有计划地办，要经过社员讨论，不要又是一股风。

（四）安康地区系棉花分散产区，全年收购三千担，仅及全省收购任务的千分之二。为了发展这些地区的棉花生产，可以免除收购任务，只缴纳农业税就行了。国家原来供应的絮棉，照旧供应。

九、救灾问题，要坚决克服平均主义。根据多年调查，农村最困难的户数占百分之二左右，一般困难户占百分之十五左右。只要把百分之二左右的最困难人的困难解决了，就死不了人。救济款绝不能"撒胡椒面"。

十、修建道路，完全靠国家投资，"漫天要价"，"就地还钱"，这种精神状态和思想方法不好。交通建设，是安康地区经济建设中的重要关键问题之一，一定要发动群众，用民办公助的办法进行。安康地区可以考虑在三年时间内修五百公里的架子车路。国家供应炸药、钢钎，并给修路的群众一天斤半粮食、二角菜金的补助。实行农忙务农，农闲搞农田基本建设和交通建设。

十一、安康地区水力资源比较丰富，应充分利用水力发电。修水电站采用打涵洞的办法，好处多。第一，没有危险，便于将来防止战争破坏；第二，不淹没耕地。今后修水电站，基本上不搞高水坝工程。

十二、商业工作、经济工作要做得活些。要注意研究政策，要有利于发展生产。我们的商业工作许多地方脱离群众，打不开局面。有些山货土特产的价格，不利于生产的发展，严重地影响生产的发展。有些同志做官当老爷，不关心群众要求。要很好地开放和组织集市贸易，允许正常的短途运输。要把投机倒把和群众的互通有无区别开来。这方面的工作搞不好，我们会犯大错误。

山货土特产品的经营，考虑作如下改变：取消单项计价，实行综合计价；分级核算，共负盈亏（取消省、专两级的利润计划）；按行政区划布置收购任务，按经济区划确定货物流向。此外，对于某些急需的产品，如茶籽等，可以采取高价收购的政策，国家给予一定的补贴。

十三、农村分配，不要搞繁琐哲学。究竟实行基本口粮加奖励还是按劳分配加照顾，由社员讨论决定，按多数人的意见办。大家主张按劳分配加照顾，就实行这个办法。实行这个办法时，劳动力强的社员会强调"按劳分配"，忽视"加照顾"，县、社、支部就要注意"加照顾"这三个字，这样就平衡了，就不会出问题。如果多数社员主张实行基本口粮加奖励，基本口粮的标准不能过高。否则，不利于调动广大群众的集体生产积极性。不管实行哪一种方法，百分之二左右的最困难户的困难都不能完全解决，要走群众路线，把救济款用在最困难户身上。

十四、加强党委对经济工作的领导。不少地方党委，过去对干部处分等问题讨论得多，对经济建设问题讨论得少。今后各级党委要经常讨论经济工作的情况和方针政策，使经济工作真正统一于党委的领导之下。大权不能旁落。

十五、号召干部加强对理论、政策、科学技术和文化的学习。加强对先进地区、先进人物的学习。各地都应该有自己的标兵。

《中国科学》要真正代表
中国的科学水平 *

（一九七五年八月二日）

今天先了解一下情况。中央派我、李昌〔36〕、王光伟〔37〕同志来，我们预计用三个月左右的时间，根据中央的精神对科学院作一些整顿。有些人一听说整顿，就很紧张，似乎又要大鸣大放、大批判。中央两位副主席〔38〕讲了整顿，就是思想上、组织上、政治上的整顿。

我们来谈谈《中国科学》的问题。《中国科学》登政治论文太多了，也不行，要有分工嘛！要结合自然科学，把马克思主义的观点，首先是自然辩证法拿来阐述自然科学，不是简单地拿《红旗》的文章来转载，那还用《中国科学》干嘛？！"不登政治性论文是个错误"，这种说法不准确。我看办《中国科学》的思想政治路线不端正，是没有系统地把马克思主义的观点融化在《中国科学》的文章里去。还有"脱离工农兵"，什么叫"脱离工农兵"？"三脱离"〔39〕当然不好，但要认真研究，搞准确些。你们有《中国科学》，还有《科

---

* 这是胡耀邦同志在《中国科学》杂志编辑部召开的座谈会上讲话的一部分。一九七五年七月，胡耀邦同志到中国科学院主持工作。同年十月，任中国科学院党的核心小组第一副组长。

学实验》，总有个分工嘛！当然，理论脱离实际那就不好了。没有登工农兵文章，也要分析。毛主席有句话："要向外国学习科学的原理。学了这些原理，要用来研究中国的东西。"[40] 在自然科学方面，我们也要努力，要有独创性，并且要用近代外国的科学知识和科学方法来整理中国的科学遗产，直到形成中国自己的学派。

"《中国科学》主要是对外的"，不对。我觉得应该首先对我们自己。毛主席讲，人家有人家的上帝，我们主要办好我们自己的事。对外宣传的目的是什么？要既使专家看得懂，有收益，也要使外行看得懂。我们要把学到的东西用来为人民服务，为社会主义祖国服务，为我国科学事业的繁荣服务。没有知识的，要好好学习。有些口号不知从哪里来的，老是跟风转，可上当了！这方面经验可多了，有些人就是不觉悟。一个杂志百分之六七十的文章读者看得懂，百分之三四十看不懂，还可以。如果百分之九十的文章看不懂，那花这么多钱买它干什么？社会科学不一样，如果社会科学文章，共产党员看不懂，非党同志也看不懂，那还叫什么社会科学？既然看不懂，怎么能受鼓舞？列宁的《国家与革命》讲的是大问题，大家都可以看懂。上海要办《自然辩证法》杂志，教育部愿办《争鸣》，那就让他们办。我们办我们的《中国科学》，百花齐放嘛，就看哪朵花放得好，这就给你们增加了压力了。《中国科学》名气很大，牌子很大嘛！

我们的《中国科学》需要改进，恐怕需要大大地改进，要名实相符。怎么改？不是一谈就是什么方向问题，而是首先要解决一个大大提高质量的问题，要真正代表中国的科学水平，要与名字相符！毛主席说："吸收外国的东西，要把它改变，变成中国的。"〔41〕形成中国自己的学派就是用自然辩证法、唯物主义观探索自然规律、人类历史。你们要吸收上海《自然辩证法》杂志和教育部《争鸣》的经验。现在要做准备，你们先考虑一下提高质量的目标是什么？关键是什么？中国的科学技术是一条战线，一条很大的战线，没有一个好的刊物，科技战线的水平就反映不出来。

今天谈这些问题，是为了向中央汇报。先要摸情况，落实政策，抓班子问题。许多所还要调整、加强。还有好些事情要做。讨论你们的报刊，恐怕要到九、十月，最早九月底。

一定要把科研搞上去 *

（一九七五年十月）

一

什么任务是主要的？科学研究嘛！今年是这个样子，明年还是这个样子，怎么行？

这几年有不少人盲目讲自力更生，自力更生当然对，盲目就不对了。人家有了的，我们为什么还要从头搞呢？比如你电子所能不能看到国外关于电子学的最新理论？图书资料搞到搞不到？你们看不看，学不学？这些资料有，为什么不采来，却盲目地让院部定方向、任务。

长期争论方向、任务，院要负责，你们也要负责。什么方向、任务，你电子所就是搞电子学嘛。科学院，中央让你搞科学研究嘛，还争论什么方向、任务。首先是我们科学院的各级领导，以后不要再讲这个话了，这是无知的话。

国外介绍先进理论的报刊，我们看不看，学不学？国内外还有没有比我们更高明的科学家？第一流的专家有几个？你们开个单子。你们在座的同志，有的在科学院搞了二十多

---

* 这是胡耀邦同志在中国科学院有关单位和有关会议上四次谈话、讲话的节录。

年了，有的也上过大学了，要响应毛主席的号召，又红又专地前进。我们科研单位的同志，不注意又红又专，或只注意红，不注意专，这就是教训。所以要号召所里大学毕业生、年轻的同志，响应又红又专的号召，要下苦功夫钻。千万不要麻痹大意，不要被历史淘汰哟！历史要求我们向四个现代化前进，你跟不上历史的步伐，你不前进，躺在那埋怨、争论，不就被历史淘汰了？我们科学院的政治工作，说到底，就是要把科研搞上去。

领导班子的好坏，当然要解决，但都是为一个根本目的，就是把科研搞上去。我们抓紧整顿也好，调整班子也好，不是为整顿、调整而整顿、调整，我们是为把科研搞上去而整顿、调整嘛。我们的根本目标是把科研搞上去嘛！离开把科研搞上去而搞整顿要走偏方向的。要明确讲清这一条，我说八级台风不行，要刮十二级台风。不把科研搞上去，整顿就没有达到目的。

现在就是要想办法，既要把电子科学基础理论搞上去，又要把试制新产品的任务接受下来搞好，几个管子也要完成。理论研究、尖端产品试制两不误。

理论差些应该承认。你们再成立个基础理论研究室，搞三十人左右行不行？你们一千一百多人，抽百分之二点七到百分之五，这就会削弱你们的试制任务吗？我看削弱不了。你们试试看。这么宣布后，会引起什么风浪？风浪可以讨论，一是反对，二是说风凉话，三是这三十多人可能骄傲起来。什么叫攀登科学高峰不怕艰难险阻啊！一点点风浪怕什么？

我们向中央汇报如何贯彻毛主席的科研路线，搞两手嘛。你们也一样，一手抓基础理论，一手抓新技术的研制，这就是方向。对不同意见的人，你们还是要照顾团结，不要伤人，过去可能有不同认识，不要过多地争论什么谁是谁非了。要搞基础理论，是毛主席多年的指示，这个大方向绝不会错。

主要是这九个字：一定要把科研搞上去。

（一九七五年十月七日同中国科学院电子研究所党委成员的谈话）

二

你们的工作是研究环境保护，这是一门新兴的科学，全世界都在研究这个问题。你们是我们祖国这门新科学的第一代开创者，开路先锋。你们的任务是很光荣的。世界上一切事物开创的时候困难都是很多的，从无到有。学科上有许多困难，我们不懂，你们有一百五十三名大学生，比我们懂得多一些。学科上都要摸索前进，从懂得比较少到懂得多一些。你们的第一个任务是要好好学习，努力精通这门新科学。最好是不但不比人家落后，还要超过人家，这是重要的任务。环境化学所的同志首先要了解这个任务。除了学科上的困难之外，还有许多其他的困难，如没有房子，没有实验室，没有托儿所，还有两地分居的问题。开创者什么都要自力更生搞起来，希望同志们懂得，连生活条件都要自己开创。任务很光荣，困难也很多。我想我们的后代，还有历史是不会忘记开创者的，正像现在的人们不会忘记井冈山一样。你们开创的环境化学所是保护我们九亿人民的一个强大基地，这是小事情还是大事情呢？我看是个大事情。你们保护谁呢？保护全国人民，使他们能够进行社会主义、共产主义的劳动。你们要了解这个任务。你们这里大多数是三十多岁的壮丁，完全有条件活到二十一世纪初。那时，我们国家要多少环境保护所、环境保护机构呀。新一代的环境保护机构都要你们去撒种子。现在种子很少，你们仅此一家，别无分店。你们为社会主义贡献力量的时间还长得很，不要被暂时困难和小利蒙蔽了为社会主义贡献力量的雄心壮志。今后几十年，你们为社会主义祖国的九亿人民担负着光荣的任务。现在，你们是环境保护工作的开创者，将来要成为播种者。对你们寄予这样的希望，希望你们要下定决心，努力努力再努力。

（一九七五年十月十二日在中国科学院环境化学研究所全所大会上的讲话）

三

为什么这次要以思想整顿为主呢？因为科研思想路线不端正。现在好多思想工作、政治工作是妨碍科研的、破坏科研的。行政管理工作，政治思想工作，不是去帮助科研发展，为科研服务，而是妨碍甚至破坏科研工作。总有一天，要使我们的同志大吃一惊："我是破坏呀！"科学院干什么？搞科研工作。要遵循毛主席制定的基本路线，按照社会主义方向，发展科研工作。其他工作就要保证它。这个问题没有弄通，在争谁重要、谁管谁，是你管我，还是我管你？就像有的高干子弟，经常争你的爸爸官大还是我的爸爸官大，是我爸爸管你爸爸，还是你爸爸管我爸爸。小孩子这么争可以原谅，假使研究所的党员争这个问题，争你管我还是我管你，那就把共产党员的水平降低到什么地步？业务、政治、行政三个部门，有个共同目标，就是繁荣社会主义的科学技术，保证每年都要有新成果。这个必须要弄清楚。根据中央同志指示，我带来的就是这个精神。上述情况扭过来没有？远远没有扭过来，还在那里争。

当前，头一步工作是把干部政策落实问题迅速完成，不要拖，迅速把它完成，迅速把它了结。对被审查的同志实事求是，作出结论，不要老是拖着。如果只是认识上的错误，只是历史上的一般问题，交代清楚了，就算了。认识上的问题写了检讨就算了，不要老是扭住人家不放。落实政策不单是作个结论，结论要落实，工作也要落实，包括他的工作安排。工作安排好了，基本上恰当，才叫作落实完了。整顿有六个方面，落实政策只是第一个方面。如果一个方面就花三个月，六个方面就十八个月，得搞到明年底。老牛拉破车，那怎么行呢？什么叫只争朝夕呀？口头上只争朝夕，实际上我们不争日月。政治家嘛，我们是搞政治的，管大事情，搞远大目标。我们搞了五十四年。前二十八年搞了一个事情，推翻三座大山[42]。解放后二十六年打下了一个社会主义的基础。现在搞第三个伟大目标，沿着社会主义方向，在本世纪末实现四个现代化。四个现代化，有我们科学院一项；三大革命运动[43]，有我们一项。一个四分之一，一个三分之一，我很着急，不知你们着急不着急？四个现代化实现不了，总有一天我们大家全完蛋，我们的子孙后代是要骂我们的。吃老本，什么叫老本？推翻三座大山就是老本。总之，行政工作，政治思想工作，都要围绕实现四个现代化转。现在要强调这些。把这个思想搞通了，其他的好办。整顿，落实政策，政治思想工作，所有的工作为一个目标服务，为把科研工作搞上去扫清道路、创造条件。

（一九七五年十月十五日在听取中国科学院
遗传研究所党委汇报时的讲话）

四

大干社会主义的科学技术，要求同志们要大树革命雄心。我们这条战线树什么样的雄心壮志？就是在本世纪末我们一定要在科学技术上赶超世界水平，一定要站在世界科学技术的前列。同志们，跑上去，挤上去。同志们可不能吹牛啊，"我是世界前列"呀，什么前列?! 我们最近向中央向毛主席写了汇报提纲[44]，汇报提纲开始有一段话：我们同社会主义发展要求来比，同国际上先进水平来比，我们和世界水平还有相当的差距。讨论时中央同志说：什么相当差距？老实一点！谦虚一点！因此后来我们改了，叫差距很大。同志们，我在这里补充一句，我们并没有否认二十六年来，在毛主席路线指引下，广大干部、职工、科技人员做出了很大成绩，我们承认这一条。但是，邓小平同志告诉我们，毛主席讲的更多了，我们一定要实事求是，少吹，不要吹，落后就是落后。落后了怎么办？难道落后就落后万岁？追嘛！干嘛！决心书上这么说：青年同志们，我们现在是科研战线上的新兵。在座的你们是不是新兵呀？是的。你们有权利问我，你是不是新兵？我是新兵，是老新兵。有的同志，台上有些同志是老兵，他们做的比我们多得多。新兵怎么办呢？学嘛！钻嘛！看看谁的本事比我强，谁比我懂得多，采取毛主席教导的，恭恭敬敬地学，老老实实地学，不懂就是不懂，不要装懂。钻研中国的，钻研外国的。一面学习、钻研人家的好东西，一面还要创新，一学二钻三创。下决心搞几十年，搞不上去吗?! 又红又专嘛！这是党、毛主席、全国人民对我们的要求。不要吹牛啊，谁吹牛都不行！假使我们自己不懂，还要拿棒子打人，那就犯了罪。我们能不能在今后几十年之内，来个老中青比赛，叫钻研科学技术的革命大竞赛，我也参加。革命不是开玩笑，必须万众一心，大干社会主义科学技术，把科学技术搞上去。

（一九七五年十月二十四日在中国科学院团委纪念红军长征胜利四十周年大会上的讲话）

对当前如何治理国家的建议[*]

（一九七六年十月十日）

自古以来，有识之士总是说，大乱之后要顺从民心。民心为上。根据这种远见卓识的道理，我以为当前有三件大事特别重要：

一、停止批邓[45]，人心大顺。

二、冤狱一理，人心大喜。

三、生产狠狠抓，人心乐开花。

---

* 一九七六年十月八日，叶剑英之子叶选宁代表叶剑英看望胡耀邦同志，告诉他粉碎"四人帮"的消息，并征求对当前如何治理国家的建议。十日，叶选宁再次看望胡耀邦同志时，胡耀邦同志谈了他的建议，并请叶选宁向叶剑英转述。

用马列主义最核心的
东西武装干部*

（一九七七年八月二十九日）

怎么搞好理论班的教学？这个问题还可以多商量。我的设想是分三大段进行。

第一大段。前六个月同一、二部一起学习马列主义、毛泽东思想的基本原理。我主张全党理论队伍对马列主义、毛泽东思想的基本原理，对我们选定的书目，统统都学一遍。为什么？这是从全党理论队伍的基本情况出发的。目前全党理论队伍的现状是有老的、有新的，大部分是新的，而且这几年发展得很快。有脱产的、专业的，有不脱产的、业余的，数量有多少，也搞不清楚，估计在一百万以上至三百万之间。新发展起来的理论队伍，都是"四人帮"在台上的时候形成的，是在"四人帮"控制着舆论工具下产生的。因此，不论是老的还是新的，都面临着一个重要任务，就是马克思列宁主义基本理论的再教育的问题。说通俗一点，就是理论队伍的整顿，要从理论上、思想上和组织上进行整顿。

整顿理论队伍，主要是思想整顿，要自觉地清理思想。

---

* 这是胡耀邦同志在听取中共中央党校三部学员基本情况和教学意见汇报后谈话的一部分。当时胡耀邦同志任中共中央党校副校长。

这是一个严重的任务。我们的理论队伍不可能不受"四人帮"的影响。比如，有些人不去真正研究马克思列宁主义的理论问题，不去认真思考问题，相反却学了一个坏东西，听了人家的讲话，看到人家的文章，头脑里想的，嘴里说的，就是"你的矛头是指向谁的?"借此提出问题，抓辫子，打棍子，扣帽子。他们把主要的思维能力、思想方法都放在这上面。看起来他们挺革命，只有他们才是捍卫毛泽东思想的。这种提问题和思考问题的方法，完全是"四人帮"的那一套。为什么会这样? 他们就是学"四人帮"，靠这个起家。"四人帮"不就是靠这个东西成了理论上的"暴发户"吗? 有些人学了这个方法，像押宝一样，把自己的全部心思放到赌博上。这样能走多远呢? 走不了多远，也是吓唬不了人的。他们这一套在"四人帮"时期还可以，现在就不行了。

有的人搞理论研究很不严肃，有形而上学的东西。比如，有人认为按劳分配可以产生资产阶级，说什么他到一个生产队做了调查，有一个农民按劳分配所得二百元钱，借给生产队每年可以取得一定的分红，说这就是剥削，就是资产阶级分子。这种理由，正像前几天有个同志打的比方那样。他说：有一个人可能是反革命，也可能不是反革命，他拿了按劳分配的三十元钱，买了一把刀子杀了人。有人下去调查后，就说按劳分配可以产生杀人犯。这种调查结论不是荒唐可笑吗?! 这实在是小孩的思维逻辑。

中"四人帮"流毒是可以理解的，我们主张自觉地清理自己的思想，而不是人人过关。自觉清理同人人过关是两码事。干什么都要讲求方法，干革命要有个策略性，原则性要同策略性结合起来。

教学计划上选定的书目不足一百万字，这是每个学员必须读的马克思列宁主义基本原理。我们要用这个基本原理为武器，狠批"四人帮"，澄清自己的思想。我看这是全党当前不可缺少的一课。我主张，这个教学计划经过中央审查补充后，全国县以上领导干部都能认真学习一遍，用马列主义最核心的东西把县以上领导干部好好武装一下，清除自己思想上的流毒和渣滓。如果没有渣滓，也可以加深对马列主义基本原理的理解。这是马列主义理论再教育头等重要的一课。

第二大段。学完马列主义、毛泽东思想的基本原理之后，后半年可以集中三四个月的时间，学习和研究毛泽东同志在各个领域各个方面的思想体系。这个计划是邓小平同志在十届三中全会上提出要完整地准确地学习、掌握和运用毛泽东思想的体系[46]之后新增加的。这是邓小平同志的想法，不是我的发明创造。邓小平同志的讲话非常重要，非常适时，解决了我们党校教学工作中的一个很大问题。目前，全党全军都在学习毛泽东同志的思想体系，我们是办党校的，更应该学习和研究。原来教学计划上只提出"学习"，后来我加上了"研究"。全党有多少人在那里研究，不清楚。邓小平同志催过我们好几次，叫我们党校好好研究，把毛泽东同志在各个领域、各个方面的思想体系整理一下。这是一个光荣而艰巨的任务，是一个创造性的劳动，不是抄书。半年时间不一定搞得出来，这就需要走群众路线，靠大家动手。少数人的指点是必要的，但是只靠少数人不行。这个工作首先希望你们三部和教研室搞起来。

三部的主要力量应放到这方面，这是领导教学、组织教学的一项重要工作。这是一场硬仗，希望你们要出大力量。

　　第三大段。要用一个半月左右的时间搞搞理论队伍的整风。学习了马列主义、毛泽东思想的基本原理，搞清楚了毛泽东同志在一些重要领域重要方面的思想体系，然后每个人都可以回忆一下，过去在理论上思想作风上是否按照马列主义、毛泽东思想全面地正确地贯彻执行毛主席的路线方针政策。是实事求是地搞理论教育和宣传工作呢？还是说大话、空话，对马列主义的词句各取所需呢？我在党的十一大代表团里提出这样的问题：是"打砸抢"的危害大呢？还是"吹拍骗"的危害大呢？目前大家对"打砸抢"都非常痛恨，而对"吹拍骗"却恨不起来。我看它们对社会主义事业危害都是严重的，它们是一双难兄难弟，一是武的，一是文的。这些年来，吹吹拍拍，欺骗成风，参观不是参观，而是游山玩水，到哪个地方，就是请客摆席，光叫看所谓好的，把黑暗面都隐藏起来，这就是把上面来的同志的嘴，用蜜把它封起来，然后"上天言好事""回宫降吉祥"，保他们的官。可惜，我们的报纸还没有揭露这方面的问题。这种作风就是违反科学态度，就是违反实事求是。我们理论班要整顿。其次再搞搞写作方法。我们的语言和文字，要合乎逻辑，要讲究文法，要讲出道理来。关于三个世界[47]的问题，有人提问为什么要划分三个世界？很多人都答不出来，只会说"这是毛主席讲的"，"这是正确的"，等等，可是就讲不出个道理来。搞理论工作讲不出个道理来，那算什么理论工作？

　　总之，第一大段和第三大段都不分专业。第二大段不分专业，可以分组，有所侧重地研究，每组研究好后，写出论文或详细提纲，可以进行全支部、全校的交流，达到共同提高、共同加深理解的目的。

　　在教学过程中，要防止两种偏向的产生：一是不注重基本原理的学习，不在原著上下功夫，而是零零碎碎走捷径，只搞点语录，注重第二三手材料，这就要犯经验主义的偏向。一是只读书，搞考证，搞繁琐哲学，不同实际联系，这就要犯教条主义的偏向。两种偏向都要防止。

理论要联系实际*

(一九七七年十一月二十九日)

教学辅导中应该特别注意什么问题？我的意见主要是两条。

第一条，要很好地、尽同志们最大的努力，把马克思主义关于政治经济学的基本原理，把马克思、恩格斯、列宁、斯大林、毛泽东有关政治经济学的基本原理，帮助辅导对象弄懂一些。问题就是怎样使他们能够尽可能地弄懂？这就需要我们有水平、有技巧、有胆量，用深入浅出的语言给他们讲解。在哲学课辅导的时候，我听到许多同志提意见，说我们讲马列主义的基本原理是从概念到概念、从书本到书本。还有个意见，说你们不敢大胆地讲。怎样才能用通俗的语言、深入浅出的语言把马克思主义的原理说清楚？说得使我们的干部特别是工农兵干部都能听清楚？我觉得斯大林，特别是毛泽东同志把马列主义的许多原理讲得非常深入浅出。今年五六月份，河北省委党校的一位同志调到党史教研室工作。我问他：你们怎么给公社干部讲唯物论？他说，什么叫唯物论？什么叫唯物主义的认识论？我们把它归纳成四句话：世界是物质的，物质是运动的，运动是有规律的，规律

---

* 这是胡耀邦同志在中共中央党校政治经济学教研室座谈会上的讲话。

是可以认识的。归纳得不错嘛！我们这一期的政治经济学课选了马克思、恩格斯的原著，这东西很难。你们讲解的时候，我是鼓励你们用比较通俗的语言大胆地试讲一下。这个难关总要突破，不突破怎么能把马列主义的原著教给群众呢？不是说用通俗的语言把原著的原意翻译一遍，而是把原著里主要的、核心的观点反复解释清楚。我指的是这个，不是那些不特别重要的词句。

第二条，理论怎样联系实际？我的意见，要引导大家思考、讨论、研究、解答社会主义社会的一系列问题，尽可能地通过讨论研究，解答一些解放以来特别是所有制改造以后的重大的实际问题。万一有解答不清楚的，也要放手让大家讨论。比如说，社会主义时期的上层建筑同经济基础的关系。上层建筑包括一些什么？马克思怎么说的？恩格斯怎么说的？我们搞了二十八年的社会主义，上层建筑包括什么？实际工作中就遇到这些问题。

比如说，生产关系问题。什么叫马克思主义所说的生产关系？生产关系包括些什么东西？我们现在的生产关系合不合乎生产力发展的水平？由此讨论到我们现在农村人民公社的三级所有制，由以生产小队为基本核算单位上升到以生产大队为基本核算单位要有什么条件？不能随心所欲地改。这次我们一定要把它研究清楚，生产力要发展到什么水平才行？第一，你总要有点机器吧。第二，你总要有些积累吧。第三，思想总要有所提高吧。三个条件，如果你一个都没有，就急急忙忙地要改变基本核算单位怎么行？你先创造条件嘛。以为大队为基本核算单位是革命的，小队为基本核算单位是不革命的，哪个讲的?！是主观唯心主义。还有，说什么自留地是资本主义的尾巴，我看是绝对化了。自留地在我们现在的条件下，在现在生产力的水平下，有没有某些进步作用？一个三级所有制，一个自留地，还有一个家庭副业。家庭副业是什么？更不能说是资本主义的尾巴，那是一个劳动潜力的发挥问题，是一种生产能力。如此等等，都要给以马克思主义的理论解释。对于社会主义生产关系中的这些问题，要上升到马克思主义政治经济学原理的高度给以肯定的回答。

再比如说，社会主义时期的商品生产，社会主义制度下的货币、银行、市场的问题，货币起什么作用？商品生产是怎么回事？要用马克思主义的原理大胆地讨论清楚，给以理论上的回答。这次你们还选了《资本论》第四章。一个农民他为买而卖，他能产生剥削？他拿了几个鸡蛋、一斤枣子、一双鞋子，到市场上去卖，为的是买一点盐，换其他的生活必需品。在我看来，现在的自由市场长期取消不了，只能加强管理，加以领导。要大胆地从理论上回答清楚。总之，离开我们的国情，离开我们的实际，谈不上什么马克思主义。要在讨论、研究的基础上用马克思主义原理加以回答，力求做到把二十几年特别是近十年来经济生活中的重大问题、被"四人帮"颠倒了的问题加以澄清。

政治经济学教研室怎样把理论联系实际结合得更好，不单单是这半个月的问题，而是长久的问题。政治经济学要联系实际，必须把读书同了解当代世界、当代中国的经济生活的情况密切结合起来。当代世界经济生活的一个突出问题，就是现代科学技术的发展日新月异。这是当代世界生活中最大的问题，最突出的问题。我们这十年，可以说打了十年内战。十年来世界上有多少新鲜事物，日本的生产力翻了三倍半，人家一个钢铁公司年产三千五百万吨钢，比我们全国多将近三分之一。罗马尼亚的钢产量一千三百万吨，人口比我们少得多，却可以做几万吨的货轮。"四人帮"借一个万吨级的货轮出航就登报，头版头条，说是巨轮，叫创纪录，真是坐井观天。[48] 今天我讲了点泄气的话。我的意见是：

第一，要经常接触世界上的现代科学技术，要看一些世界上现代科学技术的资料。讲政治经济学的，离开现代科学技术是讲不好的。

第二，要经常接触全国工业、农业、科学、文化等方面的实际。过去我们有一个错误的提法，以为接触实际就是背着包袱到农村去蹲点。一下厂就是两年、三年，叫安家落户。人一生有几个两年、三年？当然，这也是一个方法。毛泽东同志讲三种方法：走马观花、下马看花、安家落户。接触材料，这是现代化的方法。还有更新的方法，坐在那里看电视，一面娱乐，一面了解材料。就是要用各种方法接触实际。

第三，还要接触政治经济学理论界的思想实际。各个工业部门、农业部门、理论界在研究什么问题？提出什么问题？思想倾向、思想动向是什么？要接触这方面的实际。

第四，要联系我们的历史实际。十几年来也是一个历史，昨天也是历史，今天的一小时以前也是历史。昨天的、前天的中国怎样？比如说，现在我们讲党史就遇到一个问题，怎样讲我们这十几年的党史？我们的历史也是一种实际。

不用心接触这些实际问题，我们的政治经济学就会很贫乏。接触新事物、研究新问题，就可能会碰到这样那样的问题，出现这样那样的挫折，这不要紧。凡是我们研究的事情，只要没有登报，没有在党校以外随便议论，就不算犯错误。属于研究、探讨嘛。在教研室里，没有定论的东西，谁也没有权力打人家的棍子。

关于平反冤假错案的批语

（一九七八年四月——一九七九年十二月）

一

（一）这信说我们几个月没有实际解决他的申诉。看来，我们的工作效率还有改进的地方。（二）反右派[49]中个别完全错了的案子要大胆处理，完全错了和二十年表现好的，我意应恢复党籍（不用甄别平反这个名称）。可考虑从此案着手办。如何，请即研究。

（一九七八年四月七日在一封反映在反右
运动中被开除党籍问题来信上的批语）

二

可先同冶金部同志商量，把真实情况摸一摸，再考虑如何按邓副主席[50]"请中组部酌处"的批示精神办理。我的意见是：清理工作搞稳当一点是对的，对一些犯错误甚至严重错误的同志，主要是着眼从思想上解决问题，某些不合适的同志，可以把工作变动变动，也可以下放。这样处理，可以稳定多数，恢复我们党的好传统好作风。但过去搞的错案、冤案，一定要抓紧纠正，愈快愈好，拖久了更被动。这里有一个切实打通一些负责处理过错案、冤案而现在仍在负责岗位上的同志的思想问题。因为这方面的工作一些地方进展不快，往往是这些同志思想不通。

商量后，再进一步如何办，也请提出方案。

事情办到一定程度（如两个月左右），请鞍钢党委向省委、冶金部、我们写一个报告，以便我们转中央同志看。

（一九七八年四月二十八日在一份反映鞍山市清查运动存在问题的材料上的批语）

三

我们党内政治生活，由于林彪、"四人帮"干扰破坏，弄得太不正常。现在这个流毒没有肃清。只要不是特殊情况（如叛国投敌、阴谋叛乱、行凶杀人等），凡处分党员，特别是开除党籍，必须经党组织讨论决定，并必须经本人到场，任何人无权个人决定。这个党内正常生活必须严格恢复起来。否则，党内是非功过，永远纠缠不清，而许多违法乱纪行为，则得不到有力的防范。这件事，要在《组工通讯》[51]上发议论。

（一九七八年九月五日在《中央调查部陈士诚同志申诉材料摘要》上的批语）

四

信访同志们：你们看，一件冤错案平反昭雪了，起了这么好的作用。你们的信写得及时，也写得好。希望你们加紧工作，对一切判明是冤错案和合理要求、建议的信，都尽量给所属党委写信，甚至给本人写回信。但信写得好，也不容易。这就得学习，耗费精力。但我们每个人的进步都是在用心学习、勤奋工作中得来的。如果只是看一看，转一转，清清点点，收收发发，怎么能有多大进步呢？对不对？

（一九七八年九月二十九日在一封群众来信上的批语）

五

此件是否请陈云同志先看看，请他提点意见后再上报？此外，我总感到干审局写的有些复查报告不够清晰、明确。写这种文件，也是一门大学问，须经常不断研究，要努力做到：阅看的人一看就很明白问题的前因后果、关键所在。

（一九七八年十月六日在中共中央组织部干部审查局报送的关于王鹤寿[52]问题复查报告上的批语）

六

请你们大胆工作，想更多的办法使各地认真解决我们转去的案子。最核心的问题是：怎么使全党真正迅速地、负责地、认真地办案。共产党员要会干实事，多干实事，不是应付上面，更不是图虚名。这一点，还要请你们不断地想办法。

（一九七八年十一月三日在中共中央组织部一位干部所写报告上的批语）

七

老干局、干审局：我不知其中谁有其他问题，如果不是什么特别重大的问题，只是工作上的错误，甚至严重错误，就不要再追究了、再作什么另外的结论了。人都死了，为党做了几十年工作，死前又是有点含冤死去的，更不应该吹毛求疵。如果有谁有重大政治问题，那又当别论。我意应即通知所属单位，并尽可能通知本人家属，有些问题现在就解决。中央文件发出后，迅速搞骨灰安放仪式。骨灰安放重要的一项是写好悼词和谁参加。

这种事解决越快越好。不快或不热情，都会招来人们理当的责备。

（一九七八年十二月六日在中共中央组织部干部审查局关于"六十一人案"〔53〕中十二位同志在"文化大革命"中去世善后工作的报告上的批语）

八

廖沫沙〔54〕同志原系北京市委干部，复查结论仍以北京市办理为好，中组部可以协助。复查时，可以向中专办要原始审查材料，也可以不要。中组部一年来复查的许多案子就没有向中专办要过原始材料。许多原始审查材料不实之词不少，如果钻到这种材料中去，反而使自己糊涂了。对一切人的复查，一定要着眼于大是大非、敌我性质的区分，不可在细微末节上费工夫，否则，久拖不决。对廖的复查我看并不难，只要敢于实事求是，个把星期就可以解决。我还主张现在就改善对他的生活待遇，并同时考虑对他的工作安排。北京市落实干部政策和平反冤假错案的工作近来大有进展，这很好。但部分地方、单位仍不适当地留有尾巴，请注意克服。

（一九七八年十二月八日在廖沫沙来信上的批语）

九

　　野苹[55]同志：这个同志的申诉，请你负责同总政有关同志及本人再商量一个合情合理的方法加以解决。季[56]同志吃了苦头，这一点我是很同情的。季同志申诉中提出的一些要求和看法，也是可以理解的。但是否能全部按季同志的意见处理，组织上就要慎重考虑了。总政的决定，已明确说了过去对季同志的处理是不适当的，明确宣布撤销，在我看来也就是彻底平反了。当然，如果结论能够多说几句话，并且同季同志商量着一起办可能更周全一些。文化大革命以来的重大案件，我们一般用冤假错案名义，因为这是林彪、"四人帮"造成的，全党都赞成，而且大得人心。文化大革命以前的错案，我们一般不用冤假错案，而只用完全搞错了，或过头了、同事实不符等说法，而加以撤销、改正。比如对右派，如果用现在的眼光看，当年定成右派分子的一些同志，也可以说是冤案，但我们不这样说。因为当时有当时的历史情况和条件，如果也用冤案名义，也用平反名义，那就离开了历史的具体分析，全党也不赞成，反而使事情不好办。这一点必须同季同志说清楚。在这个原则下，如果总政对季同志的决定能再修改一下，我赞成。如档案中仍装着季同志的材料，那应该加以撤销。这一点，我是完全支持季同志的。究竟如何办好，请你们开诚布公地商量办。

（一九七九年五月八日在季铁中申诉信上的批语）

十

中组部：要考虑向各地打个招呼，为刘案[57]受冤屈的同志要提前平反才好，以免临事被动。

（一九七九年十二月二十二日在中国社会科学院简报登载的《群众纷纷来信，要求为刘少奇同志公开昭雪和恢复名誉》一文上的批语）

要坚持实践是检验真理的
唯一标准 *

（一九七八年五月——一九七九年三月）

一

把学术争论一下子上升到政治上[58]，这个风气再不改变怎么得了呀！

真理越辩越明。总的来说，历史潮流滚滚向前，不可阻挡。我们的民族在这么一场大的灾难后，能否科学地预见到，今后二十年是肯定要重复这个灾难，还是肯定要实现大的飞跃？依我看，反面教育如此之深，要倒退，多数人民通不过。这也不以某些人的意志为转移。社会往往在倒退后大跃进。这有没有规律？必须有一篇文章说一下这种辩证的看法。"四人帮"带来的人民的觉悟，是任何金钱买不来的。由于这个觉悟而带来今后的大发展，这是"四人帮"反面的功劳。历史潮流不可阻挡，怎么个不可阻挡？要把这个问题讲透一点。思想先驱就是在现有条件下起一点呼喊的作用，可起一定的历史启蒙者的作用。现在

---

* 这是胡耀邦同志在《实践是检验真理的唯一标准》一文发表后五次谈话、讲话的节录。

不是说风浪大吗？我们再前进一步，说透它，从古今中外的
历史怎么前进的讲起。

（一九七八年五月十三日同中共中央党校、

《人民日报》有关同志的谈话）

二

　　我们讲毛泽东思想体系，是指普遍原理，不是指那些个
别原理、个别结论。还有些是工作指示，有些是具体问题。
不是一码事。《马克思恩格斯全集》二千多万字，并不都是
普遍规律。普遍规律的东西要有许多东西来说明，几千句话
几万句话是为了说明一句话。材料性的东西不是真理。这几
年，有些人一见到实践是检验真理的唯一标准就大吃一惊，
一听到"一分为二"是普遍现象又大吃一惊。这些马克思主
义常识，一些老同志淡忘了，一些新同志根本不知道。毛泽
东思想是什么？要恢复本来面目。

　　昨天下午，邓小平同志打电话叫我去，三点半钟谈到
五点，问我们的情况，谈了几个问题。他说，你们《理论
动态》[59]班子很不错。你们的一些同志很看了一些书，不
要搞散了。他说，他原来没有注意《实践是检验真理的唯一
标准》这篇文章，后来听说有不同意见，就看了一下。这篇
文章是马克思主义的。他还说，争论不可避免，争得好，根
源就是"两个凡是"[60]。邓副主席[50]这个话对我们是个
鼓励。

（一九七八年七月二十三日同《理论动态》

编辑部有关同志的谈话）

三

你们希望我解答什么是实践是检验真理标准的问题，那不是解决了吗？实践是检验真理的唯一标准这个提法错了没错呢？没有错。为什么要讨论这个问题，因为我们有许多同志不懂。这个是常识问题，我们有许多同志对常识问题就是不懂，在实际工作中不会解决问题。我们有些同志的思想方法不对头，或者叫思想路线不对头，不是从实际中来，到实际中去。经过实践检验错了的，改过来；经过实践证明对了的，坚持。

今后我们的工作怎么搞呢？我们要尊重实践论。有些人不重实践，总说毛泽东同志没有说过呀！没说过的问题多了。马克思、恩格斯也是这样。马克思没有坐过汽车，马克思当然更不知道高速公路。一八八六年才有汽车，马克思一八八三年就去世了。怎么叫开足马力前进，我看马克思就可能不大懂。恩格斯没有坐过飞机，斯大林没有穿过"的确良"。毛泽东同志去世两年了，这两年发生的新问题，毛泽东同志也没有经历过。我们也是如此嘛！我们的后代，我们的子孙，他们所遇到的新问题比我们就多得多。马克思主义是发展的嘛，毛泽东思想是发展的嘛！所以我们要研究新问题。我们有些同志是拿那么两根棍子来吓人：你否定文化大革命了，你否定毛泽东思想，你砍旗。什么砍旗，是你砍旗还是我砍旗？你参加砍旗，砍了多少年了，你还瞎说八道，还以为自己高明，老子天下第六：马、恩、列、斯、毛、我。摆教师爷的架势，老子天下第六不好哇。总说自己是最革命的，最最最，三个最还嫌少。要虚心嘛，大家商量问题嘛，不要当教师爷，一条扁担，扁担一条。你们看过《打渔杀家》[61] 没有？你这个是什么？我这个是一条扁担。我这个是什么？扁担一条。就是把它转了一个弯，低级趣味！同志们，我们大家都要虚心，我们大家都有很多东西不懂。你们不要看我在台上慷慨激昂，我懂得很少，我也犯过不少错误，刮"共产风"我也刮过的。拿棍子打人，我也错误地打过几次，上纲太高。我们说过错话，做过错事。我们大家都要谨慎、谦虚，大家都尊重实践论，一切靠实践检验。实践证明错了，我们要改；实践证明是对的，我们要坚持。不要当狂妄分子。我们互相帮助，互相监督，搞批评和自我批评。从团结的愿望出发，经过批评和自我批评，达到新的团结。我们都要采取这么一套作风。实践是检验真理的唯一标准这个讨论[62]，我觉得起了很好的作用，起了解放思想、面向实际、真正地按毛泽东思想办事的巨大作用。这个讨论还没有完，还要深入，因为我们不少同志的思想方法不对头。我们每一个同志，过去对头了，今天对头了，今后也可能不对头。对不对头这是不能够自封的。说你那个姓张的，你那个姓李的，你那个姓胡的，你在实践检验真理的标准上面，你对头了，你以后就永远对头了？不会的，同志们，我们今后可能犯错误的。尊重实践论，就不要搞天才论，不要搞特殊论。有的同志不是讲嘛，实践论的对立面是天才论。我说还不够，是天才论加特权论。我的职务比你高，我的真理就比你多。哪里有这么个道理呢？等级论，分等级，那是盲从论，提倡盲从。天才论，特权论，等级论，盲从论，我说归根到底还是奴才论。不能搞

这个，要重实践，一切主观世界的东西，一切人都要经受
实践检验。

（一九七八年十一月二十八日在中共中央

党校三部第一期学员结业会上的讲话）

四

实践是检验真理的唯一标准还要不要继续讨论？我的意
见，可以继续讨论，但是必须要有新道理可讲才讨论。这个
问题要在实际工作中解决，不是半年一年的事情。一九七八
年也好，一九七九年也好，八十年代也好，九十年代也好，
张三也好，李四也好，凡是实践证明是对的，必须坚持；是
错了的，必须改正。一切主观世界的东西、一切人都要经受
实践的检验，根据实践的结果判明是非，包括这两年没有犯
大错误的同志在内。我们就是按这个标准办事。你现在没有
犯错误，就能担保你自己永远不犯错误？不可能。犯过错误
的也好，没有犯过错误的也好，明年、后年、七十年代、八
十年代、九十年代，都由实践来判明是非，判明功过。在一
切实际工作中都要坚定不移地按《实践论》办事。

（一九七八年十二月三十一日在中央宣传

系统所属单位领导干部会议上的讲话）

五

要继续坚持实践是检验真理的唯一标准。要坚持这个原
则：实践证明是对的一定要坚持，实践证明是错的一定要改

正。过去搞错了的事情，一定要把它改正过来。自己办错了的事情，要让他改过来，确有困难哪！我们搞落实政策搞了多久呀？党中央大喊大叫至少有一年半了，有些地方就是慢慢腾腾。中央有些部门也是如此。为什么不落实呢？我们有些同志就是不太识大体。如果不同整风、批评和自我批评结合起来，要真正按实践是检验真理的唯一标准这个原则办事，就很困难。

（一九七九年三月十七日在中共中央党校第三期开学大会上的讲话）

落实干部政策，关键
在于实事求是[*]

（一九七八年九月二十五日）

落实干部政策，任务还很大。全国究竟有多少人要落实政策，有多少冤案、错案、假案，我们没有要各地统计。一是一时难以统计清楚，二是免得分散下面同志抓紧解决实际问题的精力。我现在讲点情况。天津市在文化大革命中立案审查的干部，占干部总数的百分之十六，上海市占百分之十八，陕西、甘肃各占百分之十二。有的省、市比例大一点，有的小一点。如果按百分之十五估算，全国各类脱产干部受审查的，就有二百多万人，加上不脱产的干部，数量就更大。从复查的情况看，受审查的人中，需要落实政策的，占相当大的比重。

由于林彪、"四人帮"搞法西斯专政，制造了大量冤案、错案、假案。许多案件真是骇人听闻。粉碎"四人帮"后，党中央一再强调要落实干部政策。从全党看，这方面做了大量的工作，取得了很大的成绩，应当充分肯定。但发展很不平衡，有的地方实际上才开始搞。上海是做得比较好的，市

　＊　这是胡耀邦同志在全国信访工作会议上讲话的一部分。当时胡耀邦同志任中共中央组织部部长。

委最近有个报告说，到六月底止，被审查的干部已结案的有二万四千多人，尚待复查的还有六万人。因此，对已经取得的成绩又不能高估。

明年是建国三十周年。我们想，争取在明年把落实干部政策的工作基本做完。工作一定要抓紧，慢慢吞吞、拖拖拉拉不好；但是催得太急，就容易浮皮潦草，搞虚假的东西，也不好。这是第一点。

为什么有些地方落实政策搞得好，有些地方不那么好，甚至很不好？关键的问题在于：能不能实事求是，敢不敢实事求是。

毛泽东同志历来教导我们，实事求是是马克思主义的一个根本问题，共产党员要靠实事求是吃饭。几十年来，我们党做任何事情，都是讲实事求是的。搞民主革命，靠实事求是；搞社会主义，还是靠实事求是。什么时候坚持了实事求是，我们的事业就发展，就前进；违背了实事求是，革命事业就受挫折，受损失。

粉碎"四人帮"以后，党中央一再号召全党，要大力恢复和发扬实事求是的传统和作风。在落实干部政策问题上，反复要求我们，应当严肃认真尽快妥善处理。需要作出结论的要尽快作出。林彪、"四人帮"强加于人的一切诬蔑不实之词应予推倒。冤案要昭雪，错案要平反。全错的全平，部分错的部分平，不错的不平。可以工作而没有分配工作的，要尽快分配适当的工作。年老体弱不能工作的，要妥善安排。党中央还多次重申毛泽东同志的指示，干部是我们党的宝贵财富。我们必须消除林彪、"四人帮"干扰破坏所造成的恶果，全面地、正确地贯彻落实党的干部政策。同志们，你们看，党中央的这些话，说得何等清楚啊！有方针，有政策，有界限，有办法，有要求。问题就在于我们怎么样付诸实践。现在竟然有人说"没有文件"，"不了解意图"，"不知道精神"。这种说法，讲轻一点是思想糊涂，讲重一点是不负责任！

为什么有人对落实干部政策总是犹犹豫豫、怕这怕那呢？就我们的同志来说，我看有两种情况，一种是认识问题，一种是有私心杂念。认识问题比较好解决，私心杂念问题就难一些。我这里说的私心杂念，主要是指有些同志过去主持或参与了一些错案，伤了一些同志，现在又缺乏纠正错误的勇气。他们口头上说怕否定文化大革命，实际上是怕否定自己。办了错案，做了错事，输了理，本来没有什么了不起，因为我们党历来有个规矩，错了就改，改了就好。

我们共产党人的一生，是战斗的一生，要同阶级敌人斗，同错误路线斗，同坏人坏事斗，同错误倾向斗。在斗争中，一定要立场坚定，旗帜鲜明，这是毫无疑问的；同时也要头脑冷静，讲究政策，把方法搞稳妥。由于各种复杂的原因，我们在斗争中都很难避免遇到两种情况，一是挨错斗，二是斗错人。挨错了斗，固然很不好受，但也可以受到锻炼。给你平反了，你就应当心情舒畅，鼓足干劲，为党工作。如果对过去受的委屈，老是耿耿于怀，斤斤计较，把心思纠缠在这上面，我看犯不着，一点好处也没有。至于斗错了人，一要改正，二要总结经验教训。我们的同志有时为什么会错斗自己的同志呢？我看大体上有这样一些情况：一是粗枝大叶，不作调查；二是主观猜疑，贸然从事；三是偏听偏信，没有核实；四是头脑发热，感情用事；五是关系不好，趁机出气；六是宁"左"勿右，无限上纲；七是遇到压力，丢了原则；八是不明真相，上当受骗。好好总结自己在这方面的经验教训，养成实事求是、对党负责、对同志负责的好思想好作风，对党的事业、对自己都是大有好处的。

我们这些人，在一生中办的错事是很多的。要革命，要工作，就不能不犯错误。我自己在对人的处理上，就犯过不少错误。延安时期，我搞组织工作，错误处理过几个干部；解放初期，在川北工作期间，也批过几个案件，后来证明是假案；在团中央工作期间，对几个干部的处理，很不恰当；文化大革命，我靠边站了，但是在写证明材料时，对两三个同志也说过不符合实际的错话。对这些事，我至今感到不安。对革命者来说，问题不在于不犯错误，而在于错了就改。知错就改，光明磊落一辈子；知错不改，内疚一辈子。在我们党内，有的人整人整得不少，整错了又不肯改正，不主动解放被错整的同志，结果自己也不得解放，别人不想打倒他，最后自己毁坏了自己。这个历史教训，很值得我们记取。这是第二点。

现在，需要落实干部政策的人还很多，要解决的问题成堆，这些问题怎么办？

有同志问，"四清"〔63〕中的错案可不可以纠正？这个问题，今年八月一日中央在批复贵州省委的一个请示报告中作了批示，明确指出：现在实事求是地加以纠正，这对恢复和发扬党的优良传统，落实党的政策，调动干部、党员的积极性，增强团结，巩固"四清"成果，都是十分必要的。中央这个批示的精神，对全国都是适用的。我们要认真贯彻落实。

有同志问，反右派斗争[49]中真正搞错了的可不可以改过来？一九五七年的反右派斗争，当时有些地方工作做得比较粗糙，对一些人的定性处理确实不适当。例如，把一些并非反党反社会主义，只是给领导人提意见、向党交心和反映农村实际情况的好同志，也错划成了右派。毛泽东同志在世的时候就曾经多次提出，对真正搞错了的人要改正过来。由于种种原因，毛泽东同志的这个指示没有实现。现在，党中央很重视这个问题，今年发了一个十一号文件[64]，最近又发了一个五十五号文件[65]，指出：做好摘掉右派帽子的人的安置工作，落实党的政策，是我国政治生活中的一件大事。对于过去错划了的人，要做好改正工作。还有一条提到，凡是划错了的党员，没有发现新的重大问题，应恢复党籍；是团员的，应撤销开除团籍的处分。对中央的这两个重要文件，一定要认真贯彻执行。

中央领导同志多次同我谈到落实干部政策的问题，还谈过几个有关全国的大案问题，也要重新复查，实事求是地加以解决。我的体会是，落实干部政策的根据是什么？是事实，也就是干部过去的实践。判断对干部的定性和处理是否正确，根本的依据是事实。经过对实际情况的调查核实、分析研究，凡是不实之词，凡是不正确的结论和处理，不管是什么时候、什么情况下搞的，不管是哪一级组织、什么人定的、批的，都要实事求是地改正过来。总之，对待一切案件，都要尊重客观事实，这才是彻底的唯物主义。

有同志问，在大规模地落实干部政策中，有人借口落实政策，有错也不认账，提出许多无理的要求，对组织上分配的工作讨价还价，向党伸手要官要地位，怎么办？这种情况可怕不可怕，我看没有什么可怕的。不是说彻底的唯物主义者是无所畏惧的吗？你确有错误、有问题，你不承认，是你不实事求是；我迁就你、包庇你，岂不是我也不实事求是了吗？所谓留"尾巴"，也是这样。你确有问题、有错误，这个"尾巴"是你本来就有的，你硬说没有，这不是实事求是。你没有"尾巴"，硬给你安上一个，也不是实事求是。你提出无理的要求，甚至向党伸手，是你不顾大局，这叫实事求是？我迁就了你，我把实事求是丢到哪里去了？我们的同志对落实政策中出现的一切不正确的东西，要敢于抵制，要做耐心细致的说服教育工作，说服不听，就批评，批评再不听，就可以拿到党组织中去辩论。说来说去，落实干部政策的工作，要达到党中央的要求，非搞实事求是不可。坚持正确的，要靠实事求是；纠正错误的，也要靠实事求是。我们大家都坚持这种态度，落实政策中的许多具体问题，诸如材料处理问题、补发工资问题、子女安排问题等等，都是不难解决的。这是第三点。

还有同志问，落实干部政策的任务这么大，要办的事那么多，人手这么少，怎么办？根本的出路，还是要大家动手，全党办案。现在，全国县和相当于县以上的党政机关、群众团体、工交财贸、文教科技、卫生体育等单位，有几万个。如果平均一个单位办好一两百个案子，全国一年就是几百万个。做到了这一点，明年把这个工作基本上做完，是大有希望的。

现在的问题是，有些同志不敢办，不会办。这就要靠上面的党委，特别是中央各部委和各省、市、自治区党委典型示范。毛泽东同志告诉我们，做任何工作都要把一般号召和个别指导结合起来。落实干部政策，单靠开会、作决议、发指示、提要求还不够，还要领导亲自动手，解决一些老大难案件，作出样子，下面就可以跟着学。学你那个敢于坚持原则、拨乱反正的实事求是精神，学你那个深入实际、调查研究、解决问题的好作风。大家都这样做，我们的事情就可以办得更快些更好些。这是第四点。

另外，附带讲一点关于当前对人的处理问题。

现在，全党在搞清查定案，搞"双打"〔66〕。这件事，我们一定要遵照毛泽东同志历来的教导，遵照党中央的指示，认真做好。对那些追随林彪、"四人帮"干了大量坏事的人，特别是那些拒不悔改的人，那些打砸抢首恶分子，那些严重贪污盗窃、投机倒把分子，那些严重违法乱纪、民愤很大，特别是至今还目无党纪国法、继续为非作歹的分子，必须坚决揭露，严肃处理。对他们决不能心慈手软。但是，对那些犯了错误，甚至是犯了严重错误的干部，只要他们诚恳检讨，认真改正，就要从宽处理；对那些群众意见较大，不适宜做现任工作的，可以采取调动的办法，加以解决。对任何人，都要重证据，重调查研究，不要搞逼供信，不要牵连他们无辜的家属和子女。我们决不可重复林彪、"四人帮"搞的那一套错误的政策和方法。只要我们认真做到扩大教育面、缩小打击面，我们就能够巩固和发展安定团结的大好局面。有了这个局面，加快建设社会主义现代化强国的进程，就有了可靠的保证。

为什么对知识分子不再提
团结、教育、改造的方针 *

（一九七八年十月三十一日）

《关于落实党的知识分子政策的几点意见》[67]的讨论稿，可以再修改一下，作为中央组织部文件发下去。实践是检验真理的唯一标准，讲得对的人家就驳不倒。

你们要我谈谈党对知识分子的方针问题，团结、教育、改造这个方针是怎么提出来的？为什么现在不适用了？按照实际情况决定政策，按照变化了的情况实事求是地修订政策，是马克思主义政党必须坚持的原则。为了说清楚这个问题，有必要对我国知识分子的状况和党对知识分子的政策，做一番历史的考察。

一九三九年，我们党做出大量吸收知识分子的决定[68]。为什么那个决定着重强调"大量吸收"的方针？这是因为那时我们革命队伍中知识分子很少。那时大量的红军干部是工农出身。一九三七年，八路军、新四军深入到敌后，我们的许多领导干部集中注意力搞根据地建设，搞减租减息[69]，忽略了"大量吸收"知识分子。我们许多同志还没有认识到

---

* 这是胡耀邦同志在中共中央组织部召开的落实党的知识分子政策座谈会上讲话的一部分。

知识分子的重要性，有些人还存在着疑惧甚至排斥知识分子的心理。毛泽东同志针对这种倾向，为中共中央起草了大量吸收知识分子的决定，这是我们党在遵义会议[70]以后制定的第一个关于正确对待知识分子的文件。

我们党对知识分子实行团结、教育、改造的方针，是在建国前后着重地提出来的。在老解放区，我们的干部队伍中大部分是工农干部，也有一些是小知识分子成长起来的干部。随着解放战争的发展，我们从乡村到城市，接收了国民党遗留下来的大量的宣传教育机构，学校和文化团体，企事业单位。对这些单位中的大量知识分子，我们采取什么方针政策？是要他们还是不要他们？是团结他们还是抛弃他们？是改造他们还是赶走他们？党中央认为，不要排斥他们，抛弃他们，而应该采取团结、教育、改造的方针，使他们为新中国服务。这些从旧社会过来的知识分子，大约有二百多万人。他们的绝大多数经受过帝国主义、封建主义、官僚资本主义的压迫，有程度不同的革命性。但是，他们还没有和共产党相处过，对共产党领导的革命事业，对共产党的政策、主张，对人民政府的领导方法和工作作风，都还很不了解，很不熟悉。在他们的头脑里主要还是民主主义和个人主义的思想。要使他们适应新中国的需要，全心全意为人民服务，就必须对他们进行教育，帮助他们重新学习，逐步改造旧的世界观。这样做，是革命的需要，是为了使这些从旧社会过来的知识分子逐步转变为工人阶级的知识分子。党对知识分子的团结、教育、改造的方针就是在这样的历史条件下提出来的。同时，对老干部，特别是工农干部，我们党也提出了重新学习的任务。毛泽东同志说："我们熟习的东西有些快

要闲起来了,我们不熟习的东西正在强迫我们去做。"〔71〕我
们要好好学习,拜老师。一方面号召工农干部要团结知识分
子,另一方面又号召工农干部恭恭敬敬地向知识分子学习。
我们原来的红军干部、工农干部不断地学习提高,他们的知
识就多了,加上过去军队、根据地培养起来的小知识分子,
再加上从旧社会过来的经过教育改造的知识分子,就融合成
了我们的干部队伍。

　　建国后,除了接收了大量的旧知识分子以外,我们自己
还培养了更多的知识分子。现在我们的知识分子队伍人数已
有两千多万。所以说,随着社会主义革命和建设事业的发
展,我们的整个干部队伍、知识分子队伍都发生了很大的
变化。

　　我们现在的一千几百万脱产干部,已经不是原来的状况
了。我们工农出身的干部,经过二三十年的培养提高,难道
还是原来那个意义上的工农干部吗?我看不同了。我们有许
多干部,二三十年前相当没有知识,现在有的很有知识,已
成为某些方面的专家、学者。你们说郝建秀〔72〕同志是什么
分子?她原来是个纺纱工人,后来进了工农速成中学,又在
大学毕业,总应该承认她是工人出身的知识分子吧。解放初
期参加工作的知识分子也不是原来的面貌了。他们在学习马
克思列宁主义、毛泽东思想的过程中,在同工农相结合的过
程中,在自己的工作实践中,努力改造世界观,已经有了很
大的进步,已经不是对共产党的主张、方针、政策,对社会
主义制度不甚了了的知识分子了。他们中的绝大多数几十年
来跟着党走,为社会主义事业而努力工作。我们自己培养出
来的知识分子已经占知识分子队伍中的绝大多数。我国知识

分子队伍的状况已经发生了一系列根本的变化，因此，我们党在建国前后提出来的，以旧社会过来的知识分子为主要对象的团结、教育、改造这个方针，现在已经不适用了。

过去，我们对毛泽东同志什么时候说要大量吸收知识分子，什么时候说要团结、教育、改造知识分子，没有研究清楚，加上林彪、"四人帮"的干扰破坏，诬蔑知识分子是"臭老九"，把人们的思想搞乱了。因此，现在我们的一些同志还有糊涂认识，不仅看不到知识分子的进步，而且对知识分子产生了一种偏见和厌恶心理，总觉得他们不行，不是自己人。今年邓小平同志在全国科学大会开幕式上的讲话[73]中，肯定知识分子的绝大多数是工人阶级的一部分，有的人就说怎么提法与过去不同了？情况变了嘛，邓小平同志是根据变化了的情况说的，这是正确地坚持了毛泽东思想。至于说现在两千多万知识分子中，是不是还有仇视、反对社会主义的人呢？会不会出现现行反革命分子呢？当然会有。但这是极个别的现象。工农出身的国家工作人员和工人、农民中，也会有这种个别的情况。这没有什么奇怪的。对于这一点，我们要保持警惕，但不应当因此否定绝大多数知识分子的进步，不承认他们中的绝大多数已经是工人阶级的一部分。

情况变化了，就要根据新的情况，决定党的方针、政策。关于这个问题，今年全国教育工作会议开过以后，没有写文章宣传解释，把道理讲清楚。会后有的人思想不通，仍抱着对知识分子团结、教育、改造这个提法不放。他们问为什么你那个报告对这个方针不提了？我们的科学教育机关、文化机关和党报党刊，有责任把这个问题说清楚，要摆事实，讲道理，做分析。从去年开始，《人民日报》社论、特约评论员文章一再讲对马克思的话要看是在什么情况下讲的，不能乱用乱套。我们有些领导同志不学习，不看报纸，不调查研究，凭不适合当前情况的老框框办事。报纸上讲实践是检验真理的唯一标准，有的人就很不理解。我们有些同志办事，你说他是从"本本"出发，实际上他连"本本"也没有多少，是从小道消息出发，有些是从"想当然"出发。这种思想方法害死人。我们要从实际情况出发，要对历史和现状作调查研究。你要讲团结、教育、改造这个方针，就得调查历史和现状，过去情况怎么样，现在情况怎么样。你不懂历史，又不了解现状，还要坚持你那一套，这是一种错误的思想方法。我们一定要把毛泽东同志倡导的理论联系实际的学风传下去，搞调查研究，向历史作调查，向现状作调查，向马列著作作调查，向毛泽东著作作调查。要从实际出发，经过周密的调查研究，正确地分析和解决问题。要靠马克思主义吃饭，靠真理、科学吃饭，靠实事求是吃饭，不要靠别的什么吃饭。靠别的什么东西吃饭是要上当的。

在中央工作会议西北组的发言[*]

（一九七八年十一月二十六日）

（一）党中央经过反复酝酿和核实，又一次果断地解决了文化大革命以来一批大是大非问题，消息传出去，一定是党心大振、人心大振，世界人民和友好人士也一定高兴。这些问题的澄清和解决，必将大大提高我们党的威望，极大增强我国人民的团结力，有力推动全党全国人民政治生活的健康发展。实在令人高兴和鼓舞。

（二）党中央反复强调要珍惜来之不易的大好形势，同心同德。这首先要求我们几千个高级干部，要有更高的自觉性。我们要同按马列主义、毛泽东思想办事之心，同举国一致为加速四个现代化而奋斗之德。我认为，我们几千人在反"四人帮"和搞四个现代化上，同心同德的基础是比较好的。但由于思想、经验和对文化大革命感受参差不齐，我们每个人都可能发生这样或那样的缺点、偏差和错误。因此，为了

---

* 一九七八年十一月十日至十二月十五日，中共中央在北京召开工作会议，会议就全党工作重点转移问题、解决"文化人革命"中遗留的一批重大问题、一些重要领导人的功过是非问题等进行了认真的讨论。邓小平同志十二月十三日作的题为《解放思想，实事求是，团结一致向前看》的讲话，实际是随即召开的中共十一届三中全会的主题报告。在十一届三中全会上，胡耀邦同志被增选为中共中央政治局委员，当选为中央纪律检查委员会第三书记，随后任中共中央秘书长、中共中央宣传部部长。

同心同德，一定要提倡互相帮助，互相监督。一定要提倡批评和自我批评。"四人帮"在台上时，对同志不是搞批评，而是搞毁灭；不是要人做自我批评，而是要人搞自我诽谤。我们这次会议真正恢复了毛泽东同志所提倡的同志式的批评和自我批评风气，把这个风气保持下去，同心同德就可以不断增强。

（三）全国人民的脉搏，主要还是为安定团结、尽快实现四个现代化而跳动，人民希望继续弄清许多大是大非问题，也是为了这个。因而党内和人民中的不同意见，都应该而且能够在这个大前提下统一起来。王任重[74]同志昨天说，这方面势必要接触到如何正确评价文化大革命和如何全面评价毛泽东同志的问题，回避是回避不了的。我同意这个看法，也赞成中央经过周密准备之后，说清这两个问题。

（四）要尊重实践论。不能搞天才论，特权论，盲从论，奴才论。从实践中来再回到实践中去，是毛泽东同志留给我们一项伟大的精神财富，毛泽东同志还说，这就叫理论工作。毛泽东同志离开我们了，更要提倡用实践论来考察一切，检验一切，避免再走弯路，吃大苦头。

理论工作务虚会引言

（一九七九年一月十八日）

一、这个会议的由来、目的和开会方法

党的理论工作务虚会[75]今天开始了。先讲一讲召开这个会的由来和开会方法。

粉碎"四人帮"以后，我们的思想理论战线面临拨乱反正、正本清源的工作。这个工作是同组织上的清查同时进行的。两年多来，在党中央的直接领导下，经过惊心动魄的斗争，这个工作取得了伟大的成绩。打碎林彪、"四人帮"的精神枷锁，是马克思列宁主义、毛泽东思想的科学思想体系同反马列主义、反毛泽东思想、反科学的思想体系的大搏斗。在前年八月党的十一大政治报告中提出完整地、准确地领会和掌握毛泽东思想体系，就是为了彻底批判林彪、"四人帮"那个反科学的假马克思主义思想体系。但是由于种种不同的情况和原因，在我们党内，特别在思想理论战线，对党中央提出的这个重大理论原则问题认识上参差不齐。有些同志虽然赞成中央关于"完整、准确"的提法，但认识并不深刻，甚至存在着这样或那样的错误观点。

到了去年五月，思想理论战线的一个重要发展，就是开始了关于实践是检验真理的唯一标准的讨论[62]。这场讨论

的重要意义，是使全党和全国人民的思想重新统一到毛泽东
同志的《实践论》的基础上来，重申毛泽东同志一贯强调的
在辩证唯物论的认识论中实践第一的观点，重申只有千百万
人民的社会实践，才是检验真理的尺度。这虽然是马克思主
义的普通常识，但多年来被遗忘了，甚至被搞颠倒了。这个
问题的重新提出，的确打中了林彪、“四人帮”那个反科学
的思想体系的要害，推进了对林彪、“四人帮”的假马克思
主义理论的总清算。同时，也深深触动了人们对马克思主义
的根本态度问题。这就引起了我国思想理论战线上的一场风
波。有些同志给《实践是检验真理的唯一标准》那篇文章以
及参加讨论的其他文章和发言扣了很大的帽子，甚至说那是
“丢刀子”，是“非毛化”，是“砍旗”。

去年六月二日，邓小平同志在全军政治工作会议上精辟
地阐述了毛泽东同志的实事求是、一切从实际出发、理论与
实践相结合这样一个马克思主义的根本观点、根本方法，批
评了那股反对实事求是、反对实践是检验真理的唯一标准的
思潮，使这场讨论提高到新的水平。许多省、市、自治区和
军队的领导同志和理论工作者都积极地参加了这场讨论。广
大干部和人民群众对此十分关心。这一场讨论，已经对我们
的实际工作起了巨大的促进作用。去年九月，《红旗》杂志
社写出了一篇题为《重温〈实践论〉——论实践标准是马克
思主义认识论的基础》〔76〕的长文，文章送到了中央常委。叶
剑英同志建议中央召开一次理论工作务虚会，大家把不同意
见摆出来，在充分民主讨论的基础上，统一认识，把这个问
题解决一下。

最近举行的中央工作会议和三中全会〔77〕，对这场理论

讨论摆出了许多情况，提出了不少问题，对一些同志提出了不少批评意见，为召开理论工作务虚会创造了有利条件。

我们召开这样一次理论工作务虚会，要达到什么目的呢？第一，要总结理论宣传战线的基本经验教训。总结经验，可以总结两年，也可以总结十来年、三十年。建国三十年来，理论宣传战线有许多好的经验，也有许多教训，要把这些正反两方面的经验都总结起来，把思想理论上的重大原则问题讨论清楚，统一到马克思列宁主义、毛泽东思想的基础上来。第二，要研究全党工作重心转移之后理论宣传工作的根本任务。这两个目的是互相联系的。总结过去的经验教训，也是为了向前看，把我们今后的工作做得更好，使理论工作更加蓬蓬勃勃地开展起来。

这次会议的开法，应当推广三中全会和中央工作会议的那种会风，大家解放思想，开动脑筋，畅所欲言，充分恢复和发扬党内民主和党的实事求是、群众路线、批评和自我批评的优良传统，达到弄清是非，增强整个理论宣传队伍的团结。会议大体上分两段开。第一段，由中宣部和中国社会科学院召开。邀请中央和北京理论宣传单位的一百多位同志参加，各省市也都各派一位联络员。会议从今天开始，开到二十六日，然后过春节，休息五天。二月一日接着开，开到二月十二日左右。休息几天后，进入会议的第二段，拟用中央的名义召开，再开十天左右。邀请各省市的同志参加，扩大到四五百人。第一段以小组会为主，第二段以大会为主。最后请党中央主席、副主席作报告。为了把这次会议开好，我们建立了一个十一人的领导小组。同时还邀请了二十一位长期在我们党内做思想理论工作的老前辈、老同志，请他们做指导。在我们这个会的同时，还希望各省、市、自治区也能召开理论工作务虚会，以收到上下呼应、互相交流的效果。

二、对两年来思想理论战线形势的估计

两年来，我们党领导的揭批"四人帮"的斗争，不但在政治上、组织上取得了伟大的胜利，而且在思想理论战线上同样取得了伟大的胜利。思想界、理论界、新闻界、文艺界和科学界，对林彪、"四人帮"的大量反马克思主义谬论，如"天才论""一切从本本出发论""批判唯生产力论""按劳分配产生资产阶级论""全面专政论""党内有一个资产阶级论""社会主义时期只能反右不能反'左'论""儒法斗争论""黑线专政论""三突出论""反对科学是生产力论"等等，进行了深入的批判，冲破了他们设置的各种禁区，运用马克思列宁主义、毛泽东思想的锐利武器，分清了被他们搞乱了的思想是非、理论是非、路线是非和政策是非。全党和全国人民的思想获得了大解放。

这两年的思想理论工作，就它的规模来说，就它的战斗作用来说，就它对全党理论水平的提高来说，超过了建国以来任何一个时期，可以说是延安整风[78]以后理论工作做得最出色、最有成绩的两年。马克思说："理论在一个国家的实现程度，决定于理论满足这个国家的需要的程度。"[79]这两年理论工作为什么取得这样伟大的进步，根本原因是斗争的需要，人民群众实践的需要。人民对于理论工作从来没有像今天这样关心。关于实践是检验真理的唯一标准、关于民主和法制、关于按劳分配这三个问题的讨论，吸引了广大人

民群众特别是青年参加。理论工作像今天这样成为真正群众性的活动，是历史上少有的。"四人帮"搞什么群众理论队伍，那是假的，实际上是愚弄群众。我们放眼世界，像中国人民这样关心理论问题，这样有理论兴趣的民族，不是很多的。这是一种可贵的民族精神。恩格斯在一百多年前讲到德国工人阶级的理论兴趣时指出："在这里，没有对地位、利益的任何顾虑，没有乞求上司庇护的念头。"[80] 同志们，在我们党和我国人民中迸发出来的理论兴趣，不正是这样的吗？

我们的理论宣传队伍，在这两年中也发生了可喜的变化。这支队伍在战斗中前进，进步是很大的。特别令人高兴的，是在揭批林彪、"四人帮"的伟大斗争中，涌现了一大批理论联系实际、密切联系群众、善于思考问题、敢于发表创见的闯将。应当看到，这两年的思想理论战线并不平静，有过那么几次风浪。这些同志在斗争中冲锋在前，不愧为思想理论战线的前卫战士。他们敢于实事求是，破除迷信，顶住种种非难和指责，不怕飞来的帽子和棍子。他们旗帜鲜明，立场坚定，抓住真理，所向披靡，敢想敢说敢干敢闯。这种无所畏惧的彻底唯物主义精神是非常可贵的。这一批优秀闯将的出现，增强了我们马克思主义理论队伍的力量，是一个了不起的收获。我们要认真地培养、提高他们，使他们在理论宣传战线发挥更大的作用。

在这次会议上，我们要总结这两年理论宣传工作的伟大进步和理论宣传队伍成长的经验。同时也要看到工作中的不足，看到我们理论宣传战线上还存在的严重缺点和问题。当前理论宣传战线的一个突出问题，是有相当数量的同志思想还处于僵化或半僵化的状态。少数同志甚至掉队了，离开了实事求是的思想路线，设禁区，下禁令，成为解放思想的阻力。我们应当研究一下，产生这种现象的症结在哪里？我看一个重要的思想根源就是轻视实践，轻视群众。我们有些同志不愿意实行毛泽东同志教导的眼睛向下，去倾听实践和群众的呼声，而是昂首望天，只从本本、文件和上级指示出发，甚至只相信自己那个小圈圈，不同人民往来。这当然是很危险的。这样的理论工作就失去了源泉，必然走到斜路上去。

意识形态战线是容易犯错误的一条战线。如果脱离实际，脱离群众，更容易犯错误。我们应当允许在理论问题上犯错误。对待犯错误的同志要进行帮助，犯错误的同志也应总结经验教训，有所进步。我们要提倡对理论问题的不同观点的争论，提倡对理论文章的批评和反批评，真正发扬民主学风。

理论战线上怎么搞批评和自我批评，这是个很重要的问题。近几天《人民日报》发表了两篇特约评论员的文章，一篇叫《发扬批评与自我批评的好风气》，一篇叫《团结起来向前看》。两篇都是中央组织部研究室写的。这两篇文章的观点我是赞成的。我从文化大革命以来，特别是去年搞了组织工作以来，脑子里经常想着两个问题：一个是我们这么个大国，"打倒"这个词意味着一个什么样的数量概念？毛泽东同志经常告诉我们，干部的绝大多数是好的和比较好的。要打倒的只能是极少数。我们现在的脱产干部已经有一千七百万，今年年底可能要到一千九百万，同罗马尼亚的人口差不多。打倒百分之一，就是十九万，打倒百分之二，就是三十八万，不得了。这就产生一个问题，什么叫干部的绝大多数是好的和比较好的？是百分之九十八、九十九，还是九十九以上？第二个问题，可不可以说所有的干部都是难免有缺点甚至有错误的，或者过去没有犯过错误今后也可能犯错误？这是两个性质不同但又互有联系的问题。一个是干部的绝大多数是好的和比较好的；一个是所有干部都难免有这样那样的缺点或错误。正因为绝大多数干部是好的和比较好的，我们一定要吸取过去的经验教训，决不要轻易把一个干部打倒；正因为我们的干部都是有这样那样的缺点或错误的，所以又要经常进行批评和自我批评，要像毛泽东同志教育我们的，如同洗脸一样，要天天洗。

我还想起毛泽东同志讲过的两段话。一段话是一九六五年底，彭德怀[81]同志分配到三线[82]当副总指挥，毛主席请彭老总吃饭，对彭老总讲了三句话："你要向前看。你的问题由历史做结论吧。也许真理是在你这一边。"这是中央纪律检查委员会开会时浦安修[83]同志讲的。我相信毛泽东同志当时是这样讲过的。他老人家在经过一个时期后总要回过头来想一些问题。第二段话是一九六八年十月十四日八届十二中全会[84]上我亲自听见的。这天下午一点钟，主席讲了几句话后问我们："同志们，你们对文化大革命怎么看？"下面鸦雀无声，没有答复。主席接着说："我看五十年、一百年之后，可能我们这一段是历史上的一个小插曲。"我听了这句话后，一夜没有睡着。我曾多次想找毛主席谈谈，想问一问这句话。我觉得毛主席讲这个话是意味深长的。那天他还说，这一次中央委员许多人没来，我希望下一次来的更多。可是九大来的不是更多，而是更少了。毛泽东同志的一

生，特别是六十年代以后，他的思想，他对待问题，有许多
事情，我们还不宜匆匆忙忙做判断，匆忙判断往往容易吃
亏。这两段话我听了很感动，有很多想法。开展批评和自我
批评不容易。特别是理论工作的批评和自我批评，同别的批
评，同政治路线的批评，同党性的批评，有什么不同，有没
有它的特点，要研究清楚。这次理论工作务虚会，要分清是
非。分清是非就要进行批评和自我批评。意识形态领域的批
评和自我批评，要搞得更有说服力，防止片面性，允许有更
多的时间考虑，使理论上的批评和自我批评在总结经验的基
础上做得更好，更健康，不犯或少犯错误。

前些年，我们党内有那么几个理论棍子，或者叫理论恶霸，
像陈伯达[85]、张春桥[86]、姚文元[87]、关锋[88]、戚本禹[89]，
还有康生[90]。他们把马克思列宁主义、毛泽东思想垄断起
来，只许自己任意歪曲篡改，不许别人进行创造性的研究。
他们可以利用特权毫无根据地把人民欢迎的作品扣上"反党
文章""反党小说""黑画""黑戏"的帽子。这种摧残文化、
钳制思想的恶霸作风必须肃清。有些同志把"革命就是批
判"这句话，理解得很狭窄。批判是扬弃，吸取好的，排除
坏的。马克思、恩格斯、列宁、斯大林、毛泽东，还有鲁
迅，不但批判了许多人，还推崇了许多科学家、哲学家、思
想家、文学家。他们对许多作者并不认识，但评论作品时，
从不抓住作者的片言只语，无限上纲，而是看整个作品的主
要思想倾向，区别它是好东西、有价值的，或者是坏东西、
毒草。我们要发扬这种马克思主义的学风。这样，我们才能
够真正实现百花齐放和百家争鸣，使马克思主义的理论工作
和整个科学文化事业兴旺发达起来。

三、伟大的转变和理论宣传工作的任务

我们这次理论工作务虚会，是在全党工作重心转移的时候召开的，应当着重讨论一下理论宣传工作怎样适应这个伟大的战略转变。

我提出一个初步的考虑，全党工作重心转移之后理论宣传工作的根本任务，是不是可以归纳为这样几句话：把马克思列宁主义、毛泽东思想的普遍真理同实现四个现代化的伟大实践密切结合起来，研究新问题，解决新问题，尽可能地使我们的思想理论工作走在实际工作的前头，使马克思列宁主义、毛泽东思想在实践中不断丰富和发展，指导我们夺取新长征的胜利。

对于马克思列宁主义、毛泽东思想的普遍真理，在任何时候，在任何一条战线上，都是不能背离的。我们要坚决捍卫马列主义、毛泽东思想的基本原理，继续警惕以"左"的或右的形式出现的修正主义倾向。当前，我们同林彪、"四人帮"的以极左形式出现的修正主义的斗争并没有结束，必须花很大的气力，从思想理论上继续深入批判林彪、"四人帮"，从各个方面肃清他们的流毒，这是顺利实现伟大转变的思想条件。

今天摆在理论宣传工作者面前的，有这样两个方面的任务。

一方面是继续扫清我们前进道路上的思想障碍。我们要议一议，在思想理论上还有哪些阻碍我们前进的东西应当继续破？还有哪些禁区？还有哪些精神枷锁？包括毛泽东同志

在世时来不及阐述清楚，后来又被"四人帮"严重歪曲了的思想理论问题，譬如社会主义社会的阶级斗争等问题。康生、张春桥起草的那个九大政治报告，在理论上有许多错误，"四人帮"的很多谬论是从那里来的。这些理论是非不分清，会使我们的思想受到束缚，成为我们向四个现代化进军的绊脚石。关于这个问题，胡乔木[91]同志有个意见，将作为材料发给大家。同时希望同志们在这次会上议论出一批需要继续解决的问题，有些题目，希望做了研究的同志，充分发表自己的看法。

另一个更重要的方面，是研究和解决伟大转变中层出不穷的新问题，把马克思列宁主义、毛泽东思想同新的实践密切结合起来，使理论工作从实际出发又能走到亿万人民实现四个现代化的伟大实践的前头，生气勃勃地指导我们的实际工作飞跃前进。这就是全党工作重心转移以后理论宣传工作的根本任务。我们要认真地讨论清楚这个问题，使理论宣传工作者从思想上来一个转变，面向四个现代化的实际。例如，社会主义计划经济如何搞，如何搞经营管理，如何加快农业的发展。最近，中央写了一个一万五千字的《关于加快农业发展若干问题的决定》[92]草案，是否从理论上全讲透了？特别是根据我国的实际情况，如何把农业尽快搞上去，需要从理论和实践的结合上加以解决。这就需要我们用马列主义、毛泽东思想作指导，认真研究新情况、新问题，真正做到理论同现代化建设的实践紧密结合。如果根本不结合，把马克思列宁主义、毛泽东思想挂在空中，当作神，那就等于打着招牌招摇撞骗，只能叫作假马克思主义、反马克思主义。如果结合得不紧密，只能叫作半马克思主义，至少不能算完全的马克思主义。我们一定要努力做到紧密结合。当然，做到这一点是不容易的，是很困难的，要下很大的苦功。许多国家的无产阶级政党没有能够做到这一点，所以至今革命没有成功。我们的党和毛泽东同志做到了这一点，所以中国革命成功了。这是了不起的。林彪、"四人帮"破坏这种结合，把马列主义、毛泽东思想当作幌子，反对马克思主义。我们现在要恢复毛泽东同志的理论工作方向，要坚定不移地朝着马列主义、毛泽东思想同四个现代化紧密结合这个方向前进。这是理论工作唯一正确的方向。离开了这个方向，都是邪门歪道。我们一定要排除各种障碍，朝着这个方向前进。

怎样才能坚定不移地朝着理论工作的唯一正确方向前进呢？我想至少必须具备以下三个条件。

第一，一定要认真读马列和毛泽东著作。没有这一条，我们拿什么去同实践结合呢？我们拿什么指导现代化建设呢？理论是行动的指南。恩格斯说过："一个民族想要站在科学的最高峰，就一刻也不能没有理论思维。"[93]我们实现四个现代化，就是要站在科学的高峰，没有理论指导是绝对不行的。全党工作着重点转移后，不但不能放松理论工作，而且必须更加重视理论工作。必须使我国四个现代化的伟大事业有正确的理论指导，形成一套完整的路线、方针、政策、办法，使我们的事业沿着正确的道路前进。不要再让什么样的政治骗子牵着鼻子走到邪路上去，这样的历史教训切切不可忘记。理论宣传工作干部自己应带头学好理论，认真看书学习，弄通马克思主义。我建议半年以后，全党的理论宣传干部，从宣传部长起，都来一次开卷考试，考马列主义基本原理，不得请秘书代劳。

　　第二，一定要认真面向实际。我们的理论宣传工作，可不可用个形象的说法，就是要背靠马列，面向实际。马列主义、毛泽东思想是指导我们一切工作的理论基础。这个基础我们要靠得牢牢的，一刻也不能背离。但是理论如果不面向实际，不去解决实际问题，那就不叫背靠，而是躺在马列上面睡觉了。所以理论一定要面向实际。面向什么实际？要面向四个现代化的实际，面向党内外干部和人民群众的思想实际，面向过去、现在和今后的经验教训的实际。实际的范围宽广得很。我们不能只是一时一事地面向实际，而是必须长期地、不断地下苦功去面向实际。马克思主义理论的源泉就是实际，不是本本，不是文件，不是上级指示，那些都是流，不是源。理论离开了实际，就成了无本之木，无源之水，就失去了理论的生命线。所以我们必须到实际中去吸取马克思主义理论的源泉，使自己的头脑丰富起来，永葆理论工作的生命力。

　　第三，一定要解放思想，带头搞好毛泽东同志一贯提倡的优良学风。最根本的，就是要完整地准确地领会和掌握马列主义、毛泽东思想的科学体系，反对本本主义。要从思想僵化或半僵化的状态中解放出来，从小生产的习惯势力中解放出来，从各种官僚主义的"管、卡、压"下面解放出来，冲破一切"禁区"，打碎一切精神枷锁，充分地发扬理论民主。坚定地实行理论工作的群众路线，彻底地肃清林彪、"四人帮"的理论专制主义、理论恶霸作风的流毒，使马克思主义的理论园地百花盛开。理论工作的天地无比广阔，理论工作者要有勇气，有远见，敢于从实际出发提出新问题，解决新问题，树立为人民利益坚持真理的科学态度，反对为个人私利出卖原则的恶劣学风。

我想我们的理论宣传队伍认真地做到了这三条，就一定能够使我们的理论工作赶上人民群众向四个现代化进军的丰富实践，并且跑到实践的前面去指导我国的现代化建设事业大踏步地前进。

加强理论研究、理论宣传工作，要出成果。要在理论和实际紧密结合的基础上，写出一批有分量的理论文章和理论著作。粉碎"四人帮"以来，前年出了一批理论文章，去年也出了一批，对于从思想理论上拨乱反正，正本清源，起了很好的作用。我们要不断努力，今年再搞出一批有分量的理论文章，并着手搞一些理论专著，使马列主义、毛泽东思想在实践中不断丰富和发展，推动社会主义现代化建设。

为了把理论工作搞好，请所有报刊、各级宣传部注意两个问题。第一，对于有分量、有影响的重点理论文章，不要匆忙发表，要深思熟虑，研究清楚。例如社会主义民主问题，我对这个问题也还没有完全想清楚。现在总的思想倾向是好的，是要搞四个现代化的。但去年党内有那么一股思潮，就是"一切照办"；今年社会上也有股小小的思潮，表现在上访的问题上。上访的人多数是有委屈、有冤屈的，百分之九十八、九十九的人要求是合理的。这是主流。我们工作没有做好，使他们吃了苦头，要帮助他们解决问题。但是否也有那么千分之一、万分之几的人，他们的想法和做法都是不妥当的。有的举大标语游行，提出"反饥饿，反迫害，要民主，要自由"，和外国人挂钩，一谈四个小时。对这种情况，怕是不要怕，也不要随便抓人。但要研究这个别人是什么思想？《毛泽东选集》第四卷中提到一种民主个人主义者，这些人的思想，是不是民主个人主义倾向？我们党提倡的是人民民主，是民主集体主义，或民主集中主义，反对民主个人主义。有各种各样的个人主义，这种个人主义是以讲抽象的"民主"为其主要特征。主要表现有四条：（一）离开宪法的基本原则、离开具体的历史条件讲民主自由。宪法的个别条文，不是不可以修改。但是，诸如我们的国家是共产党领导、要搞社会主义、以马列主义为指导思想等等，这些基本原则不能违背。这些人离开具体的历史条件要民主，要自由，这就不对了。（二）离开发展生产搞改善生活。（三）离开人民的整体利益去搞个人利益。（四）离开马列主义的普遍原理搞思想解放。有这四条，能算马列主义吗？我看不能算。这叫什么主义？可不可以叫民主个人主义倾向呢？可以研究。当然，不管怎么样，有三条一定要坚持。一是不要随便抓人；二是不要随便点名批判；三是不要乱打棍子。在这方面我们是吃过亏的。毛泽东同志说过，民主个人主义者可以变好，也可以变坏。朱自清[94]、闻一多[95]曾经都是民主个人主义者，后来不是变进步了嘛！有些青年思想活跃，敢想问题，但敢想问题不等于就是马克思主义者，不能把敢想问题和马克思主义者画等号。要用马列主义引导他们，要找他们谈谈，帮助他们。类似这些问题要很好研究，但不要轻易在报刊上发表文章，重点文章不要匆忙发表。第二，要多走群众路线，多找人审查，提意见。反复思考再加群众路线，可以使我们少犯错误。错误是免不了要犯的，但这样做了以后可以少犯错误。

今天我提出这么几个问题，算作这次会议的引子，意思是抛砖引玉，希望大家踊跃发表意见，努力把这一次在伟大转变中召集的理论工作务虚会开好。

关于落实知识分子政策的批语

（一九七九年一月——一九八二年十二月）

一

要大力提倡文艺界亲密团结，互相支持，互相学习，为促进文学艺术的极大繁荣而携手奋斗。要大大表扬那些胸有大志、顾全大局、严于律己、乐于助人的人民歌手、人民艺人。要以开导、表扬为主，批评为辅，使最大多数的同志在这种感召下团结、进步，认识到如再搞什么小打算、小天地，实在是太渺小和太可怜了。

（一九七九年一月二十七日在一位京剧演员
来信上的批语）

二

文艺界（大概还有科技界和教育界）确实还有一大批人的政策要落实，有更多的人可能是落而不实。请中组部宣教干部局在今年内主要抓好这件事。对于一些（比如说几千人吧！）有名望的没有人管的老人，要开出一个名单来，指定哪一级或哪个部门负责解决，即一落到底，才能解决问题。

（一九七九年二月十六日在一位业余美术
爱好者来信上的批语）

三

文化人落实政策这件事，中组部宣教局要亲自抓，中宣部文艺局要亲自抓，文化部要亲自抓，文联和各协会也要亲自抓。现在的情况是：谈大政方针的人多，做具体事情的人太少。到处是这种情况，到处问题成堆。

请宣教干部局同上述单位同志联系一下，请他们各自发挥作用，不要说"没有办法""无能为力"。办法和能力都是闯出来的。要一个一个地查，发现一个就同那里的党组织商量解决，直到解决了才罢手。

（一九七九年十月十三日在一部小说的作者
来信上的批语）

四

现在，我们党要给知识分子解决的问题也是成山的。大部分问题中央不做出决定、规定，任何人都解决不了。这是对的，不成问题的。中央也在积极做这件事。但有些问题各地方、各单位是能够解决的。有些问题，如果我们不去了解、考察、纠正、批评，即使中央有了文件，有些地方还是不办。可见办任何一件事，既要有中央的指示、规定，还要组织实施。二者缺一不可。这里就发生一个中组部宣教干部局的工作方法问题。宣教干部局做了很多工作，工作是做得很好的，这也是不成问题的，但因为知识分子要解决的问题多，所以我特别希望你们能干更多的事。比如说，这个材料中就有许多事，你们和统战部、中宣部、教育部、卫生部、文化部的管干部工作的部门联合起来，就可以办到。一是联合，一是经常掌握情况，一是亲自去办，一竿子到底。这样，看起来是手工业方法，很笨，但能立即见效，就会传开去，影响各级干部注意去办，有利于知识分子情绪的安定和使他们放心。因此，我总是肯定这是一个非常好的工作方法。我建议你们再同上述几个部门管人事工作的同志联合起来，用百分之六十、七十的精力抓中央一级部门知识分子的能够解决的问题，用百分之三十、四十的精力抓各省市的问题。一个月能解决五件，那就了不起了。半年有三十件，能发生多大的作用啊！如果再把半年的成效在内部刊物上做个总结，用来传播经验，又会产生多大力量啊！请你们约集上述部门有关同志议一议，并立即解决一些具体人的具体问题。然后将结果告诉我一下。

（一九七九年十月二十二日在政协全国
委员会一份内部材料上的批语）

五

现在，我们要重用科学技术干部，并且要以这种人才来从根本上改善厂矿企业的经营管理。这个问题，基本上还没有为我们各级组织部门、经济部门充分理解。这个问题之所以没有得到解决，甚至还没有着手解决，我看原因有两条：一是习惯势力太大。我们用干部的标准还是老一套，了解干部、物色干部还是从老资格、老党员、老做党委书记的人中兜圈子。这也是干部工作中思想僵化的一种表现。二是对知识分子出身的科技干部的状况不了解，没有直接的考察，心中无数。

为了彻底解决这个问题，我主张中组部在半年之内，直接考察三百个左右的大企业和经济部门，并从中提出二百人左右的名单，直接把这些人提到厂长、总经理这样的工作岗位上去。

（一九七九年十一月二十四日在新华社内部
刊物登载的一份调查材料上的批语）

六

这个材料请中宣部同天津市的同志商量一下，如何酌情处理。有些问题是不能解决或暂时不能解决的，有些问题是能解决的。一百个问题能解决五个也好。现在各条战线问题成堆，需要有一大批实干家、闯将去干、去闯。我们宣传部各局都要放手联系群众，搞调查研究，抓住一个问题就设法解决一个问题，不要来回汇报、请示。主动工作，实事求是，按党的政策多做工作，群众高兴，知识分子高兴，干部高兴，中央也高兴，何乐而不为！

（一九七九年十二月十九日在中共天津市委
一份内部材料上的批语）

七

我们现在各级组织部对科学技术人才，特别是对中年人才，情况不甚了解。不说是漆黑一团，也是若明若暗。这样，不可能正确地执行新时期党的干部路线。

（一九八○年四月一日在新华社一份内部
材料上的批语）

八

用新眼光新标准挑选提拔干部是一场斗争。全党组织部门不首先树立新观点，事情办不好。

（一九八○年四月六日在新华社一份内部
材料上的批语）

九

落实知识分子政策，选用科技人才作领导干部，扭转一些单位的歪风邪气，要认真抓一批正反两方面的典型，并且反复核实，严格实事求是，充分说理，予以大张旗鼓地报道，向全国干部和群众进行教育。零敲碎打，就事论事，形不成一个思想潮流；而含含糊糊，是非不明，则一定会阻碍一个好思想好政策的贯彻。

（一九八○年五月十二日在一位工程师
申诉信上的批语）

十

知识分子政策落实得很不好。请中组部配合统战部、宣传部、教育部、卫生部、国家科委切实抓紧办。我们现在到处的通病是：讲大道理的多，写规定条文的多，漫无边际议论的多，发现问题的少，解决问题的少，深入检查督促的少。这个风气各部门一定要认真改过来。

（一九八〇年九月二日在一封要求为湖南
一位眼科专家落实政策的来信上的批语）

十一

知识分子，不论是党员或非党员，都是党和国家的干部。按照干部要统一管理的规定，知识分子的工作当然要由中央组织部抓总。

但由于我国的知识分子绝对数已经不小，情况又较复杂，加上历史上形成的习惯，照管好知识分子各方面的问题，中央其他部门也有不可推卸的责任。比如：党外民主人士、起义军官、宗教界人士，中央统战部就要多负责任；民族干部，特别是民族上层干部，民委就要多负责任；作家、文化人，中宣部就要多负责任；科技人才、教授、医生，国家科委、教育部、卫生部就要多负责任；归国侨胞，侨办就要多负责任；等等。过去是这么做的，这几年也是这么做的。问题是有些部门抓得紧，做得好些，有些部门抓得不紧，做得差些。一般地说，大多数是时紧时松，这同我们几十年形成的工作习惯有关系，同我们的工作制度不健全有关系。因此要从工作制度上多下功夫来改进。

我建议搞一个联系小组，由中组部一位副部长牵头，其他有关部门派人参加。定期（如每星期一次）开碰头会，出题目，搞情况，做检查，办事情，办不了的向上反映。

据我看，没有什么办不通的事情，也没有什么不可克服的困难。困难只是一下子不可能把工资提上来。其他的如平反不彻底问题，工作安排实在不合理问题，夫妇长期两地分居问题，子女上学就业问题，住房问题，只要我们一个城市一个城市、一个行业一个行业加以检查、考察、督促，我认为都有潜力可挖，都可以创造条件逐步解决。这方面，不能再盲目向中央要钱，列预算。

知识分子工作的方针、政策，中央已有了一整套，因此，一两年之内没有必要开什么知识分子工作会议。不要无意中引导我们的同志每隔一个时候就聚在一起高谈阔论一通，然后万事大吉，而要每时每地都在引导大家脚踏实地，解决问题，讲求实效。

（一九八一年三月二十七日在中共中央
组织部宣教干部局《关于一九八〇年
知识分子工作情况的汇报》上的批语）

十二

对待知识和知识分子，在我们的队伍中还有许多错误的观点和做法，这些还要经过极大的努力才能克服。克服的办法主要有两条。一条是造舆论，即向全体干部和人民做说服教育工作。这要开列一大批题目，然后分头组织人加以研究，研究清楚再写成文章。每篇都要反复推敲，都要使工农同志，也使知识分子感到入情入理。思想通了，事情就好办了。一条是狠抓知识分子的政策落实。这方面，主要不是靠一般号召，而是靠检查督促。要不断地检查督促，发现一起就解决一起，抓住不放。谁不落实，就严肃批评。到处检查，使人们感到无法推脱。这样，还可推动整个风气的改进。扭转风气，没有特别的轻松窍门。窍门就是抓住不放，顽强到底！

（一九八二年十二月十七日在中共中央
组织部宣教干部局负责同志一封信上的
批语）

解放思想首先是要实事求是[*]

（一九七九年三月十日、十八日）

解放思想这个口号，提得很早了。毛泽东同志说，要破除迷信，解放思想。马克思、恩格斯也有类似的话。党的十一届三中全会[77]上，针对党内思想僵化状态，中央领导同志的讲话和公报中，都强调了要继续提倡解放思想。最近党内有同志说，什么解放思想，现在是思想大混乱。我看这种估计过头了。由于思想活跃而带来某些混乱，是难免的嘛！这不是什么大混乱。实际上，打倒"四人帮"以前，群众中思想就相当活跃。天安门四五运动[96]中，群众思想不是很活跃嘛！粉碎"四人帮"以后，思想自然更加活跃，出现了解放思想的潮流。三中全会以后，思想的活跃和解放，达到一个新的高潮。这是件大好事，对于肃清林彪、"四人帮"的流毒，拨乱反正，落实党的各项政策，发挥人们为四化而奋斗的积极性、主动性和创造性，已经和正在起着巨大的影响。对于这一点要作充分的肯定。要继续提倡解放思想，活跃思想。至于活跃中有这样那样的观点，或有某些混乱，我看也是合乎事物发展规律的，用不着慌乱。从领导上讲，应该进一步研究、考虑，弄清楚什么叫解放思想，避免出现大

---

[*] 这是胡耀邦同志在全国新闻工作座谈会上讲话的一部分。

混乱的情况。例如民主问题，要发扬民主、健全党的民主生活，这是坚定不移的。但提倡民主生活，要正确引导，使之沿着健康道路前进，避免走大的弯路。

什么是解放思想？从根本上来说，就是要有一个正确的思想方法，即唯物的、辩证的思想方法。要解放思想，首先就是要实事求是，一切从实际出发，理论密切联系实际。在我们当前的思想工作中，有两个方面的问题要注意。第一个方面，即凡是经过实践检验的，是对的就坚持，错了的就改正过来。不管是谁说的，不管是谁定的，只要错了就改正。但是，这个原则用到新闻宣传工作上来，还要注意区别不同情况。无非是三种情况：一种是需要宣传的，就一面改一面宣传，大改大讲。一种是大改少讲，多做少讲。还有第三种情况，只做不讲。有的同志认为，凡是坏事、丑事，《美国之音》都知道了，为什么我们不能讲？不能因为人家讲了，广播了，全世界都知道了，我们就一定要讲，这不一定。当前，我们还有好多事情没有改过来，中央现在要做的事很多。有些事的处理还要有一定时间，不能着急。有些事情讲得太快了不行，要有意识地慢一点，检验以后再讲。总之，解放思想，就是要求我们不要僵化，不要一成不变，一切以时间、地点、条件为转移。有些问题已经过去了，就不要再讲了。比如"捂盖子"这话，以后就不要提了。粉碎"四人帮"后，曾有过"揭"与"捂"的斗争，这个我赞成。现在还有捂盖子的，一般就不要公开讲了。还有什么"路线对比""路线分析""大批资本主义，大干社会主义"这些话也不要再讲了。你说大批资本主义错了没有？没有错。难道资本主义不要批吗？问题是我们过去的界限不明确，往往批的不一定是资本主义的东西。又如"团结、教育、改造知识分子"这话，现在也不这么提了。随着时间的推移和工作的发展，我们经常提出新的口号。过去有些口号与当前形势不适合、不贴切的，就要少讲或者不讲。这也是解放思想。重复说一遍：在实际工作中，凡是经过实践检验过的，对的一定要坚持，错的一定要改。但在新闻宣传中，要区别几种改的情况。这是一方面。

另一方面，解放思想的重点，是要向前看，按照马列主义、毛泽东思想的科学态度来研究新情况，解决新问题。这比研究老问题，研究过去的问题难得多。为什么呢？因为新情况、新问题，有时候一下子还看不清楚，因为它刚刚从地平线上冒出来。而老问题容易看得清楚些，因为老问题是旧问题嘛。所以，向前看，在某种意义上讲，比向后看要困难一些。我们说，解放思想，要有勇气，就包括要有敢于排除万难，探索前人没有遇到过的新情况、新问题的勇气。

因此，可不可以向做新闻工作的同志们讲清楚，解放思想的重点要转到研究新情况、解决新问题上来。现在，我们有一系列新问题要研究。各条战线都有新问题，年年都有新问题，甚至天天都要冒出新问题来。我们的政治生活、经济生活、文化生活中，以及外交、军事方面，都会不断地产生新问题。前年党校办《理论动态》[59]时，同志们曾经担心地说：五天出一期，出到三个月没有东西写了怎么办？我说你发这个愁干什么，有的是要写的东西。我曾在中宣部说过，每个礼拜一开次会，提出一批报刊上的言论题目。对新事物，经常需要大家琢磨、大家提醒、大家考察、大家议论。

前天邓小平同志在报告[97]中提出，向前看的问题还没解决。我们就在这个问题上琢磨一下，什么叫向前看？怎么向前看？如果写这么一篇言论，讲出一点道理来，那就受大家欢迎了。

思想言论的题目多得很。我们的言论不是多了而是少了，我们的思想工作不是强有力而是还不够。解放思想，抓新问题，不但《人民日报》要写，各个人民团体的报纸、各个省市的报纸都要写嘛，都要组织你们自己的言论。

在全国组织工作座谈会上的讲话

（一九七九年十月五日）

这次组织工作座谈会开了一个月。今天是中秋节，把你们留在北京过节。过去说，每逢佳节倍思亲，现在是每逢佳节更思党，想我们党的事业。明天十月六日，是粉碎"四人帮"三周年，要发表中共中央关于农业问题的决定。这个时期，事情很多，对组织工作我没有多想。在会议开始的时候，宋任穷[98]同志已经讲过了，明天他还要讲。我想讲五个问题。

第一个问题，我们这次会议究竟开得怎么样。

我个人看，会开得是好的。座谈了许多有关组织工作的重要问题，重大问题。经过调查、讨论、修改、制定了几个重要文件。这几个文件，我看方向是正确的。至于说有的文件是不是长了一点，有的问题是不是写得还不够完善，不够周密，可能有。但这是第二位的，是次要的，文件的方向是对的。

同志们还参加讨论了四中全会的重要文件，学习了叶剑英同志在庆祝中华人民共和国成立三十周年大会上的讲话[99]。这是全党的事情。你们来开会，总比在家里了解全党的事情更多一些，这也是一个收获。

回去怎么办？宋任穷同志的讲话，会议的几个文件，已经送给中央政治局常委，也送给了各省、市、自治区党委第一书记。原来打算在这次中央小型工作会议上汇报讨论，但是来不及了，因为要集中精力讨论经济问题。中央组织部这几个文件，中央是要讨论的，采取什么形式批转，中央政治局也要考虑，也可能采取批转中央统战部文件的办法，一个一个批转。你们可以把文件带回去。回去后，你们是否也像中央组织部这样开会，请你们向各省、市、自治区党委汇报后，由各地党委决定。要开会，早一点可以，迟一点也可以，开大一些可以，开小一些也可以，时间短点，少讨论一两个问题也可以。要废除这样一个习惯，好像会议开得小，不层层传达，问题就不重要。这也是一个框框，也是思想僵化的一种表现。按照实践是检验真理的标准，实事求是地用辩证唯物主义观点来看问题，会议开得好不好，要以是不是解决问题为标准。否则，我们衡量一个会议开得好不好就没有一个马列主义的态度。不能认为，中央领导同志接见了，才是第一流的会议，没有接见是第二流的，既没有接见，又没有批转文件是第三流的会议。如果这样看，还是思想路线不对头嘛。要把思想路线搞对头，搞端正，坚持辩证唯物主义的思想方法，也是不容易的。但是我们一定要解决这个问题，要坚定不移地朝这个方向前进。

第二个问题，怎样理解邓小平同志讲的组织路线还没有解决。

什么是我们党的思想路线？叶剑英同志在国庆三十周年庆祝大会上的讲话中指出："我们党在毛泽东同志领导下，经过长期的革命实践特别是延安整风[78]，在全党确立了一条辩证唯物主义的思想路线。这就是一切从实际出发，实事求是，理论联系实际。"有时候我们这样提：解放思想，开动机器，实事求是，团结一致向前看，团结一致搞四化。这是把思想路线同政治路线、政治任务结合起来一块提。讲思想路线，还是讲一切从实际出发，实事求是，理论联系实际更确切。简单地说，就是四个大字：实事求是。

什么是党的政治路线？叶剑英同志在讲话中也讲了一段："现在我们的任务，就是团结全国各族人民，调动一切积极因素，同心同德，鼓足干劲，力争上游，多快好省地建设现代化的社会主义强国。"这就是我们党的政治路线。简单地说，叫作实现四个现代化，就是搞四化。

邓小平同志所说的我们党的思想路线、政治路线确立了，我体会就是说在党的文件上，用明确的语言规定下来了，是具有党规党法性质的东西了。邓小平同志说确立了，并不等于说全党都解决了。我们有三千多万党员，一千多万干部，思想是参差不齐的，绝大多数是拥护的，也有糊涂的，模糊的，甚至有抵触的。正确的路线确立了，并不是每个党员、每个干部都理解了，都掌握了。确立了同完全解决了并不是一回事。因此，还要再学习，再教育。

说组织路线还没有解决，并不是说我们组织部门的工作做得不好。我看，粉碎"四人帮"以后，特别是从去年以来，全党组织部门的工作，总的来说，做得是好的。组织部门的广大干部的工作，是有成绩的。大家可以摆事实讲道理嘛。可以这样说，中央组织部的领导班子改组后，各级组织部门做了大量工作。比如说，主管平反或经手平反了大量冤假错案，落实了党的干部政策；在党委的领导下，调整了领导班子；发现了一批或一大批优秀的干部。我们还在组织工作的拨乱反正方面，提出了一些方针性、路线性的好意见。具体讲，对《组工通讯》[51]，全党反映是强烈的，《组工通讯》在组织工作方面提出了一大批马克思主义的理论性的、政策性的、方针性的问题。我们也加强了组织部门本身的建设。这三年来，组织部门的干部调整面是不小的，就大多数来讲，组织部门在党内、在干部中是有威信的，是广大干部、广大党员信得过的。许多同志反映，现在，组织部门又成了"党员之家""干部之家"，名誉是好的。我讲的这些，是摆事实的嘛。三年来，特别是去年以来，就组织部门来讲，就中央组织部来讲，成绩是显著的。我看讲到这个地方就差不多了。是不是组织部门已经成为党委部门里面第一流的了，是不是成了模范部门了呢？那还差得远。把自己估计过高也不恰当。应做出合乎事实的估计，这也是实事求是。

说组织路线没有解决，就是说我们还没有把纷繁复杂的组织工作，用明确的、科学的语言概括出来，像政治路线、思想路线那样具有法规的性质，为全党同志所理解和掌握，并遵循这条路线前进。

怎样概括我们党在新时期的组织路线？我还没有想清楚。能不能这么说，我们的组织路线就是，要使党的组织工作、干部工作能够促进和确保四个现代化的实现，就是使我们党的建设和干部工作去保证党的政治路线的实现。这几年，我们的组织工作是不是朝这个方向努力的呢？我看是朝这个方向努力的。但是时间不长，只有三年。林彪、"四人帮"对我们党的建设破坏很严重，政治上、思想上、理论上、组织上、作风上破坏得都很严重。组织路线要确保党的政治路线的实现，工作量不晓得有多大。我们已经做了大量工作，还有大量的工作要做。有些问题，我们看出来了，但还没有找出周全的、有效的解决办法。还有些问题，我们看出来了，办法也大体可行，也宣传了，但还没有条件去做，如机构臃肿问题。有些问题解决了，基本解决了，或者大部分解决了，比如冤假错案平反问题。因此，我们对组织工作中的问题，需要冷静地分析，分清轻重缓急。正是由于这个情况，昨天，邓小平同志在省、市、自治区党委第一书记会议上提出来，我们组织工作上一些与四个现代化密切相关的迫切问题，要准备花三年左右的时间加以解决。邓小平同志还提出，组织工作方面要解决的问题，不能搞政治运动，比如整风、提干、整党等等，不能在全党用搞政治运动的办法来解决。今后，再也不用这种办法啦，这些工作要结合在四个现代化的进程中来进行。邓小平同志说，实现四个现代化是最大的政治，更确切地说，是压倒一切的政治问题。宣传工作、统战工作、组织工作、纪律检查工作，都不能把全党的中心工作抛在一边，都要结合实现四个现代化来做。这个思想，全党应该理解。在组织路线方面，有些迫切的问题，中央看出来了，但是不可能在今年解决，要用三年左右逐步解决。组织路线、接班人问题要作为经常工作来进行，不搞运动，不要想在一九八〇年，或者在一九八一年搞个什么整党运动，整风运动，选拔接班人运动。

回顾过去，一九五六年在生产资料所有制改造基本完成以后，我们本来应该专心致志地搞经济建设，把政治工作紧密结合到经济工作中去搞，结果没有这样做。一九五七年对极少数资产阶级右派分子的进攻进行反击是必要的，但在斗争中犯了扩大化的错误，这是叶剑英同志讲的。现在，我们党确定了这样一个原则，不要离开四个现代化，专门拿一段时间搞一个什么运动，今后不会有啦，不会再采取这种方法了，我们有这个教训了。个别同志心有余悸，担心再搞运动，这是不必要的。

如何理解邓小平同志讲的组织路线没有解决，同志们对这个问题很关心。我讲了上面这些，经过议论，大家有个共同语言，免得回去后各谈各的。

第三个问题，当前我们组织工作的重点是什么。

请同志们考虑，是不是可以用一句话来概括组织工作的重点，即，应该放在提高全党建设四个现代化的坚定性、积极性、创造性上，或者说放在提高实现党的政治路线的坚定性、积极性、创造性上。

坚定性，就是搞四化，不能动动摇摇，犹犹豫豫，五心不定，甚至怀疑。如果动摇、犹豫、五心不定，四个现代化能搞成吗？这种情况有没有呢？我看有。没有这种情况，何必讨论真理标准问题呢？自卫反击战〔100〕中，如果没有坚定性，这个仗能打好吗？打日本鬼子、打蒋介石也是这样。搞四个现代化，比过去打仗更艰巨，动动摇摇行吗？

积极性，就是建设社会主义现代化强国的积极性。马马虎虎，干好干坏一个样行吗？为什么要考核、评比、奖励，执行党的纪律，都是为提高人们的积极性服务的。我们要求党员在四化建设中起模范作用，也正是为了发挥党员的积极性，并以党员的模范作用，去带动广大群众的积极性的。

创造性，就是要创造性地工作，敢于负责，有所创造，有所发明，要造成你追我赶的局面。只上班不办事，只画圈不拍板，什么事情都不管，都请部长、省长、书记拍板，那要你干什么？比如组织部下边设老干部局，就是让他们提出解决老干部问题的方针、办法，负责解决老干部的问题嘛。现在，什么事情都往上推，往旁推，往下推。而我们有的同志喜欢什么事情都要人家来请示我，包办一切，搞"一言堂"。所以批"一言堂"，也要注意另外一种情况，有些人什么事情都往上推，自己不负责任，平平安安，保险嘛。搞四化，我们必须有创造性。

叶剑英同志在讲话中讲到选拔领导干部的标准时，强调当前要特别注意三条。这三条就包括了要求干部具有实现党的路线的坚定性、积极性、创造性。第一条是坚决拥护党的政治路线和思想路线。这还不是坚定性？第二条是大公无私，严守法纪，坚持党性，根绝派性，这样才能更好地发挥积极性。第三条是强烈的革命事业心和政治责任心，有胜任工作的业务能力。如果没有积极性、创造性，还有什么事业心？

当前，组织工作的重点，一句话，就是要提高全党同志实现四个现代化的坚定性、积极性和创造性。要做到这三点并不容易，这是紧迫的，又是长期性的。这不是靠空谈可以达到的，而是要扎扎实实地做艰苦的工作。我们不少同志的毛病就是空谈，一级一级地喊，不干实事，不解决实际问题。昨天，邓小平同志讲，共产党有一条，就是敢于办事情，敢于解决问题，这一条非常重要。有许多问题，本来一天可以解决的，一拖就是半年。许多外国人讥笑我们办事效率低。很值得注意啊。

要使组织工作的重点放在提高全党实现四个现代化的坚定性、积极性、创造性上，要做哪些艰苦的细致的工作？比如说：

一、要同宣传部门密切配合抓思想教育，把叶剑英同志的讲话学习好，把真理标准问题的讨论搞好。学习叶剑英同志讲话，不要采取层层布置的办法，要一竿子插到底。前些年，林彪、"四人帮"把我们的作风搞坏了，为了自己保险，什么事情都等上级说话，这不好。三中全会后，有的地方等上级布置学习，现在四中全会开了，三中全会[77]文件还没有好好学。如果学四中全会文件也要等布置，可能还没有学上，五中全会又开啦，老是跟不上。这不是现代化的工作方法，是手工业的工作方法。不能那么等，不能那么拖。我们是个大国，有七级，中央、省、地、县、区、社、大队。罗马尼亚才三级，中央、县、乡。现在我们存在很大的问题就是层层照搬，层层等，只搞"机械化"，不搞"自动化"。要把党校办好，选一些好的干部到党校学习，办好训练班。要采取各种形式培训干部，帮助干部提高政治水平和业务能力。要加强对党员的教育。中宣部和中组部合编的党员课本，同志们觉得基本上可以，但认为前几章讲得不大通俗，有些问题还没有同叶剑英同志的讲话相衔接。再修改一下，发下去。以后还可以修改嘛。我们做组织工作，不要忘记任何时候思想工作都是第一位的。组织部门的同志同干部谈话，包括同犯错误的干部谈话，就是做思想教育工作，批评也是教育。

二、要经常不断地搞好党风，严肃党纪。这是组织部门的一项很重要的工作。现在，在搞好党风严肃党纪方面，有不少议论，有不同的估计。有些人讲，我们的党风现在很不好，党的威信下降了。不能这么看。三年来，党的威望有很大的恢复，但是也确实存在不少问题。还有的同志认为，我们党搞党风、党纪问题搞得太凶了、过头了。这种看法不切实际，我们才开始嘛。说我们党风很坏，我认为不对；说搞过头了，我也不赞成。在搞好党风、严肃党纪方面，我们也要有坚定性，不但要恢复党的优良传统，而且还要发扬。但方法要稳妥，注意内外有别，多做预防性的工作。各种议论都要听，但要分析。要坚定不移地搞好党风。

三、调整班子问题，可能有些地方值得继续注意。我总觉得，有部分厂矿企业、财贸单位、地县委的领导班子还没有调整好，占多大比例，我说不清。这些地方和单位，党的路线得不到很好的贯彻执行，四个现代化搞不上去，问题很多，群众意见很大。我们曾经说过这么一种方针，对干部要少采取撤职的办法，多采取交流的方法、调动工作的方法。一个干部能力不够，表现不好，群众意见一大堆，怎么办？调开嘛。在派性严重的地方，搞派性没有一帮子人搞不起来，没有三个人他成不了气候。三个人当中调开一个，易地闹革命。少搞撤职，不是一个不撤。除极个别很坏的人以外，一般地采取调开的办法。总之，要区别情况，采取不同的方法来解决。

最大的一件事，就是要特别精心选拔和培养一大批年富力强的各级领导班子的接班人。国内也好，国际上也好，都担心我们中央和省一级的领导班子，尤其是中央的领导班子年纪大了，几年以后政治上的继续性怎么样，能不能延续下去。现在有老一辈在，没有问题。老一辈不在了，中国这块天会不会起变化？广大的老百姓关心这个问题，我们国际上的朋友也关心这个问题，包括同我们做生意的外国人，都担心中国的政局能不能长期保持稳定。所以，党中央讲了注意解决好接班人问题。我们老一辈的同志出生入死，经验丰富，优点很多，轻视老同志是不对的。但是，老同志毕竟有年老的弱点，精力不旺盛，体力不够了。一个年纪很大的地委书记，不能够经常往下面跑。冰天雪地三伏天，不坐小卧车，坐嘎斯六九，甚至要骑马走路，那就有很多困难啰，年纪太大的省委书记也有这个问题。所以，从我们党的事业来讲，选拔一大批年富力强的，符合三个条件的干部，是我们党中央的一个重大决策，是组织工作上的一个首要的任务，是具有深远意义的，希望同志们要深刻理解。中央的同志都讲了，要使我们老同志认识到，他们的任务在什么地方，作用在哪里，责任在哪里。要认识培养接班人是老同志的第一位任务。十几年前老一辈的历史责任是战斗在第一线；现在年老了，他们的光荣责任就是支持、培养、帮助第一线的指挥员。还是毛泽东同志讲的，自己退到第二线，支持第一线的人，培养好接班人，这要比自己站在第一线意义更大，更重要。这个思想我认为我们宣传得不够，从政治上物质上关心老一辈同志也不够。特别是有些行政部门的同志只关心在位的首长，房子是一把手的好，话也是他的"真理"最多。我们非要把这种状况改过来不行。中央做过讨论，肯定了对退休老同志的物质待遇要从优。我们现在要造舆论，两方面的舆论都要造。在台上的要尊重老同志。向老同志也要造舆论，讲退居第二线，支持、培养、帮助第一线的同志，是自己最光荣的历史任务。选拔和培养一大批各级领导班子的接班人，要找出具体落实的办法来，不能半年过去了还是没有音信。我的意见，中央组织部能不能在一年、一年半、两年内，掌握五百个左右五十岁左右的、能担任省市委二三把手，或担任中央部委的二三把手的干部的名单。现在中央有一百一十六个单位，加上二十九个省、市、自治区，共一百四十五个单位。名单每半年调整补充一次，在两年或三年中间逐渐提上一些干部来。省市一级经常掌握三百个左右四十五岁左右，或四十二岁左右，能够担任地市一级包括部、厅、局，还有学校、厂矿的二三把手的干部名单。一谈到领导班子，有些同志往往只注意地市县委的班子，而不注意学校、厂矿和研究机构，这不对。地市委组织部要经常掌握一百来个三十八岁左右、四十岁左右能担任县委二三把手的干部名单。各级都要找出具体落实的办法，否则，一谈找年轻干部又是临时选，这也是手工业方式，而且不容易选得准。中央各部委也要采取建立后备名单的办法。中央宣传部总要掌握二百个左右能够做宣传工作、文化工作、理论工作、学校工作的年轻干部名单。这一工作统战部做得比较好，民主党派第一名不在了，第二名是谁，第二名不在了，第三名是谁，都有数。我们要学统战部的办法。比如工交各部，必须掌握一批年轻的四十岁左右的行政领导人才，科学技术人才。全党组织部门都要采取切实可行的办法。我们去年搞了一个二三百人的中青年干部名单，因为抓落实干部政策很忙，这项工作没有落实。今年我们要下决心抓下去。组织部门要对干部非常熟悉，要把情况装在脑子里，要做活字典。

　　第四个问题，组织工作中要注意的几个问题。

　　一、落实政策要善始善终。争取今年搞完，有些地方完不了，明年上半年搞完。对要求过高的，要教育批评。你把那些该解决的解决了，对无理取闹的就有办法对付了。

　　二、要正确对待上访人员。这同上面讨论的问题有关。

不久前，报纸上发表了一篇评论员文章〔101〕，有些地方有些议论，提了意见。提的意见有些道理，就是对上访人员区别不够。有的同志讲，上访人员大体有三种情况：第一种是错案问题没解决好的人，大体占三分之一或多一点。第二种是表现不好的人，无理取闹的人，或者叫"上访油子"，甚至是别有用心的人，这是少数，占百分之几。第三种人最多，他们的意见虽然有一定的道理，比如"四清"〔63〕中间退赔过头了的，财物被社员分掉了，还有复员军人的问题等，要求解决，当前解决不了。这种人相当多，占上访人员的百分之五六十，或六七十。但是当前国家没有钱，不能解决，对他们要做说服工作，只要把道理讲清楚，他们中的绝大多数人是会理解的。个别实在有困难的，给予照顾。中央的同志同意这个意见，组织部门的同志要掌握这个问题。对于历史上遗留下来的麻烦问题，要采取不怕麻烦的态度去解决，共产党应当是不怕麻烦的。

三、对历史上犯有严重错误的人，就是指在粉碎"四人帮"以前犯有严重错误、路线错误的人，我个人的意见，要对他们进行教育，使他们吸取经验教训，如果没有新错误，在结论和处理上不要再加码了。对三年前犯过错误的人，在处理上再加码不利于安定团结。对极少数不适合现任工作的，可以调动工作，或者下放。我们要尽量避免造成这样的风气，好像算旧账算个没完没了，避免造成这种空气，这样一种压力。对待现在犯错误和今后犯错误的，要比较严肃一点，这也是毛泽东同志经常告诉我们的原则，过去从宽、今后从严嘛。

四、对派性，我同意这种看法：有些地方还有派性。但对派性问题要做具体分析。有些地方有派性，有些地方说他是派性，说高了，人家也不服，可以讲是派性残余，或者说是一种山头情绪。不要用派性的帽子到处套。有的是一种偏向，一种偏心，一种情绪，一种残余。具体问题要进行具体分析，分析得恰如其分，更能解决问题。分析得愈加合情合理，就更有助于解决问题。估计过了头，反而会妨碍问题的解决。稍留有余地，更能启发人、帮助人做自我批评。如有的搞任人唯亲，拉拉扯扯，对干部不是一视同仁，有亲有疏，影响团结，压抑干部的积极性，这是很不好的，要认真加以解决。是什么问题，就解决什么问题。当然也要注意另一种倾向，当老好人。不敢得罪人的相当普遍，不敢光明磊落地把问题讲出来，该批评的也不批评。有些厂子搞得确实不像话，问题长期得不到解决。有人在"西单墙"〔102〕上经常写大字报，出风头，常年不上班，还给他照发工资。对半年不上班的人，还照发工资，这太想买好啦。买好，不是共产党员的品质和风格。这一方面的倾向我们要防止。另一方面，批评人的时候，要留有余地。留有余地的方法，更能激发人，更能促进人，更能帮助人。这也算做干部工作的经验之谈。

五、现在对干部特殊化也是议论纷纷。有些人把老干部和特殊化画等号，这不对头。讲这样话的人，至少是缺乏分析。有几个城市传得很广，有名有姓的。这不好，要做工作。有的人说报纸上、党的文件上写特殊化不对。特殊化是要解决的，是中央的方针，是上了三中全会文件的。防止特殊化，克服特殊化，要采取立法的办法，搞一些规定。中央已委托纪律检查委员会正在起草一个规定。财政部、建委、计委在小型座谈会上提出，我们现在有些机关、工厂行政费的开支很乱很大，参观访问，书报费，汽油费，用钱不少。有个县小汽车就有四十八辆。泰国总理江萨骑自行车上班，带头节约汽油。节约汽油，南斯拉夫、罗马尼亚比我们抓得紧。关于节约开支问题，中央在十月或十一月要批转一个文件。总之，我们共产党员，党的干部要带头艰苦奋斗，要提倡节约，发扬党的优良作风，这对密切联系群众有重要作用。说什么不要防止特殊化、不要反对特殊化，这种议论不能听；把老干部都说成特殊化，这种议论也不对。

第五个问题，组织部门的干部，要从严要求自己。

组织部门的干部，应该成为我们党的干部的表率，在党性方面能够起表率作用。坚持党的路线，坚持党性，坚持党的优良作风，密切联系群众，批评和自我批评，这是最有说服力的。我们组织部门靠什么团结干部、教育干部，靠什么获得其他干部对组织部门的信任？靠自己身体力行。我们要从严要求，高标准要求，组织部门干部都注意了这一条，就会在全党发生很好的影响。这是我们党几十年来选择组织部门干部的一个重要的标准。希望同志们要经常对自己、对自己的部门提出严要求、高标准，这要作为搞好工作的一个最基本的条件。

当前经济工作的几个问题[*]

（一九七九年十月九日）

我来讲一讲个人意见，四个问题。

第一个问题，讨论经济问题要有一个好的办法。

这次讨论经济问题，是非常重要的，应该有一个比较好的讨论方法。这次讨论不算完。十一月开全国计划会议还要讨论一次，也不算完。明年二月前可能召开中央工作会议，就要定一个通盘的解决方案，把思想统一起来。什么是比较好的讨论方法呢？我的看法，恐怕要有这么四句话：解放思想，实事求是，虚实并举，多谋善断。粉碎"四人帮"以来，特别是党的十一届三中全会以来，我们对一些重大问题的讨论，采用的就是这个方法。我们研究、起草农业文件，也是这个方法。这次起草叶剑英同志的国庆讲话〔99〕，也是这个方法。这一次首先是解放思想，不解放思想，建国三十年的经验，特别是"文化大革命"的经验教训，能够总结得出来？我看是不敢总结的。我认为我们的党中央，在处理许多重大问题上，因为采取这样的方法，威信愈来愈高，人民、党员对中央愈来愈信赖。谈到经济问题，那就更复杂了。究竟我们的经济能不能搞上去，究竟四个现代化能不能

＊ 这是胡耀邦同志在省、市、区党委第一书记座谈会上的发言。

搞得成，人民是很着急的，也是有疑虑的。我们的干部，意见也相当不一致。所以，更需要采取这个方法。这是我讲的第一个问题。

第二个问题，我们经济工作的基本经验教训。

二十多年以来，我们搞经济，究竟吃苦头吃在什么地方？或者说，基本的经验教训究竟在哪里？只要我们把这个问题找到了，就可以看出，现在要把经济搞上去，最基本的环节在什么地方。最近经济界有许多同志写文章，写材料，都在探讨病根究竟在哪里，我觉得，这个题目出得好。但是，人们对这个问题，意见很不一致，我同有些同志的看法也不一致。我个人的看法，我们二十多年在经济问题上吃苦头，最主要的教训有三条：

第一条，我们没有真正集中主要精力搞经济。毛泽东同志虽然在五十年代就提出来要把工作重点转移到经济建设上来，但实际上我们是不断地搞阶级斗争，偏离了要集中主要精力搞经济建设这个方向。党的十一届三中全会[77]决定，转移全党的工作重点，把生产搞上去，这是最大的政治，前几天邓小平同志讲，是压倒一切的政治。我们已经把这个问题写在党的文件上，变成了党规党法，当作我们的纲领记载下来了。但是，实际上解决了没有呢？在我们各级党委、各行各业、各条战线的工作中解决了没有呢？我觉得，还没有完全解决，甚至远远没有解决。要真正解决这个问题，必须认真照这么几句话办事：第一句，要较快地适应四个现代化；第二句，要紧紧地围绕四个现代化；第三句，要认真地服务于四个现代化；第四句，要坚决地服从于四个现代化。

这次叶剑英同志的国庆讲话，经过邓小平同志提议，加了这么几句话：现在我们的任务，就是团结全国各族人民，调动一切积极因素，同心同德，鼓足干劲，力争上游，多快好省地建设现代化的社会主义强国。我们中央各部门的工作是不是较快地适应了这个要求？应该说，我们的同志都是好同志，绝大多数是努力工作的。但是，还不能说，全都是鼓足干劲，力争上游，多快好省的；全都是对四个现代化较快地适应了，紧紧地围绕了，认真地服务了，坚决地服从了。拿财贸部门来说，总的讲工作是做得很好的，但是，有的地方收购农副产品压级压价，群众是很有意见的。商业要为工农业生产服务，要为群众生活服务，这样的话，我们讲了几十年，但是，在实际工作中有时还是离开了这个方针。

要使我们各个部门的工作能够适应四个现代化的要求，有一个方法，这就是，领导同志一定要对自己、对自己的部门严格要求。从严要求自己，从严要求自己的部门，努力挖掘内部的潜力，这才叫作鼓足干劲，力争上游。把困难推给别人，把便利留给自己；对人严，对己宽，这就说不上是鼓足干劲，力争上游了。我觉得，现在有一种倾向，对自己部门的同志不敢批评，不敢得罪，把批评这个武器，变成了导弹，打远不打近，打人家不打自己人。这种倾向要注意。当然，我们根本反对林彪、"四人帮"那一套，动不动就把干部打倒、搞臭。但一定要敢于严格要求自己的部门，严格要求自己部门的同志。这样，才能使干部少犯错误，犯了错误也比较容易纠正。大庆的"三老四严"〔103〕，应该是我们做思想政治工作、对待自己和部属的一条很值得推广的经验。只有"三老四严"，才能练出好兵，打好仗。

集中精力搞四化，同心同德搞四化，这是中央确定的总方针，大家也都热烈拥护。但是，在很多具体工作中，还不能说全党都很好地体现了这一方针的要求。如果你干你的，我干我的，都搞自己的一套东西，那就把总路线架空了。毛泽东同志曾经讲过这样的意思，我们任何一个部门都不要忘记总路线，不要忘记总目标。同心同德，鼓足干劲，力争上游，多快好省地实现四个现代化，这就是我们的总目标。不管哪一级党委，哪一个部门，都要服从这个总目标。离开这个总目标，哪个部门的具体工作也办不好，即使一时做得还不错，迟早也是要犯错误的。

第二条，我们的经济建设实行了一条不对头的方针。有的同志讲到产品不对路问题，我看首先是我们的方针不对路。我们有一句口号，讲得很普遍，叫作要按照客观规律办事。什么是客观规律？你说我们完全不知道，我们也知道一些；你说我们一清二楚，我看也不能这么说。现在报刊上对客观经济规律各有各的解释。所以，我就特别同我们报刊的同志打招呼说，我赞成你们写要按照客观规律办事，因为这是马克思主义的话。但是，不要使人家有这个感觉，好像只有我们讲的才是按照客观规律办事，别人都不是按照客观规律办事。千万不要用这个姿态。我们大家都要学习、摸索按照客观规律办事。列宁讲过，无产阶级专政是个伟大的字眼，是不能随随便便说的。按照客观经济规律办事也是一个伟大的字眼，也是不能随随便便说的。它是不容易做好的，我们也不要轻易说完全学会了按照经济规律办事。我们大家都要认真学习和探索客观经济规律，这样说，比较实事求是，能够以理服人。

关于按照经济规律办事，斯大林有一段话值得我们注意。斯大林在《苏联社会主义经济问题》一书中，对社会主义基本经济规律做了科学的论述："用在高度技术基础上使社会主义生产不断增长和不断完善的办法，来保证最大限度地满足整个社会经常增长的物质和文化的需要。"[104] 斯大林在批评当时苏联一个经济学家的错误时指出："雅罗申科同志忘记了，人们不是为生产而生产，而是为满足自己的需要而生产。他忘记了，跟满足社会需要脱节的生产是会衰退和灭亡的。"[105] 如果说，二十年来我们没有很好地按照经济规律办事，首先是没有按照社会主义基本经济规律办事。我们党内有相当多的人，没有弄清楚社会主义生产的目的，或者是把手段当成目的了，在某种程度上是为生产而生产，使得我们现在的经济结构很不合理，是畸形发展的，同社会需要和人民生活的需要长期脱节，缺乏活力。

　　粉碎"四人帮"以后，如果说我们在经济工作中也还犯了一些错误的话，还是在这个问题上犯了错误，还是承袭了过去的为生产而生产，过分地强调要搞钢、搞重工业。我们现在的基本建设共有一千七百多个项目，再加上二十二个引进的项目，要把这么多项目全部建成，成龙配套，真正发挥作用，估计还需要再投资一千多亿元，有的同志估计还不止这个数字。而且有一些项目在一个时期内还发挥不了效益，有的可能是长期用不上。我觉得，在这个问题上，我们可能出了比较大的毛病。长期以来，我们不但老是把摊子铺得很大，而且老是以重工业来武装重工业，而不是以重工业的大部分来武装农业和轻工业。陈云同志首先发觉了这个问题，要我们根据过去的经验，在积累和消费之间找出一个比较合适的"杠杠"来，要调整积累和消费之间的比例关系，他在这个问题上做出了贡献。

现在，我们要在经济调整中进一步弄清楚社会主义生产的目的，如果我们不弄清这一点，生产跟社会需要长期脱节，生产是要衰退和灭亡的。我们现在已经受到了惩罚。在这点上，我同薄一波[106]同志有共同的语言。我们现在搞调整，就是要深入考虑社会主义生产应该是个什么结构，是个什么目的。我听谷牧[107]同志讲，有些省现在同外国直接挂钩引进技术。引进技术，我是赞成的。但是，千万不要只搞那些大家伙，只搞那些重型工业。如果是重工业里面搞些小型的，比如搞五万吨的特殊钢厂，用来搞人民迫切需要的质量好的轻型工业产品，投资很少，效果很好，那就值得搞了。各个省要多从轻工业上想办法，轻工业门路很多。例如，我们现在最脱销的是家具。一说到家具，可能有关部门的同志就会说，没有木材啊。一句话把我堵住了。据我了解，黑龙江的什么采伐剩余、加工剩余等等，那些枝枝权权，只要把它充分利用起来，就能够满足北京、上海、天津这三大城市制造家具的需要。又如，云南的白药，假使在三五年内把它翻一番，那个外汇谁都抢不去。九亿人民生活需要的各种消费资料，除农业产品外，绝大部分是轻工业产品；轻工业产品也提供一部分生产资料。所以，搞轻工业，一定要千方百计，一定要广开门路，一定要因地制宜。我们非要吸取这个教训不可。

第三条，我们的高度集中的管理体制严重地束缚了生产的发展。我们现行的管理体制，是五十年代从苏联搬来的。长期以来，问题很多。苏联六十年代开始改了，现在将进到八十年代了，我们不改能行吗？我们现行体制的主要问题是高度的中央集权，不能适应四个现代化的要求。中央高度的集权，自古以来不好，连在封建社会也是一种不好的办法。任何时候，任何事情，任何人，什么都搞高度的集权，不搞分权，不搞分级，历来不好。我提议，同志们看看范文澜[108]的《中国通史》续编第四编第一、二章，那里讲了北宋高度的中央集权所带来的危害。还有尚钺[109]的《中国历史纲要》第五章也讲到这个问题。许多同志说，当前主要是集中过多，不是分散过多，我赞成这个意见。我认为，同时还需要考虑一下有些什么事应该集中还没有集中的问题。我的意思是，在思想上、政策上，我们要警惕分散主义；在管理体制上，主要是要改变集中过多的现象。集中和分散应该是辩证的统一，缺一个方面，就违反了事物的发展规律。

为什么管理体制过分集中不行呢？理由就是我们的事业不能靠少数人，我们搞经济建设要靠大多数人，靠各级组织和广大人民群众的积极性。我们力量的源泉不在少数人的头脑中间，而是在全党、全军、全国人民的身上。我们是一个大国，一切工作都应该特别注意这个问题。只有集中，没有分散，是不符合我们党的思想路线的。把这个问题弄清楚了，我们应该怎么办呢？就是三中全会公报中讲的，要实行分工、分级、分人负责。比如说企业，我赞成首先要搞分级管理，中央直接管一部分，究竟是管五百，还是三百，这是可以计议的。地方也要管一部分，并且是要全职、全权、全责地管。第二，要搞企业的自主权。还有计划、财政、商业、物资，都采取分级管理。中央搞综合平衡，计划调节。以后我们搞计划，不是首先由少数人提出一个方案来，然后布置下去，而是要上下结合，条块结合，自下而上，逐级平衡。我的看法是，对体制改革，要聚精会神，走群众路线，用三五个月，把它研究清楚，宜早不宜迟。不要再犹豫、徘徊了。

我们二十几年来吃苦头的基本教训，在我看来，最主要的是上面这三条。

第三个问题，应该研究清楚的几个问题。

一、速度问题。在财经委员会〔110〕讨论明后两年的经济计划时，有几个同志讲了这么一个原则，速度问题要采取实事求是的态度。我赞成这个态度。我们还是要遵照毛泽东同志的教导，不要勉强地去做那些实在做不到的事情。经过努力都不可能办到的事，你还做它干什么？但是，我现在要从另一方面提出一个问题。同志们知道，毛泽东同志还讲了另外一句话，另外一方面的意思，即经过努力本来可以做到的事情也不去做，那也不好。不然，社会主义优越性在哪里？所以，对速度问题，必须实事求是地研究清楚。现在世界上有些国家和地区，是长期的高速度。日本、南朝鲜，香港的增长为什么能够长期在百分之十以上？究竟我们研究透了没有？南斯拉夫、罗马尼亚的高速度，我们研究透了没有？从统计数字看，我们的速度不论是一九七八年同一九五二年比，或者一九七八年同一九六六年比，都不能算很低。但是我们的社会财富增长不快，人民生活改善不多。什么原因？我们自己的速度究竟能搞多快？这些都需要进行认真的研究。

我同意邓小平同志的意见，在这两年或者三年的调整中，要把各种条件创造好，使调整以后的速度更快些，更高些。如果过了两三年以后不能比百分之八还高一点，你总要有一个能说服人的理由，说服全党的理由嘛。也可能确实只能百分之八，可是要拿出硬理由来。现在我们都说潜力很大，但一提到速度和质量，不少同志信心又不高，而且张大口要投资，要设备，这不是矛盾的吗？我主张，对速度问题要认真解放思想，实事求是，真正把它研究清楚。

二、平衡问题。世界上的一切事物，都是在运动和平衡的统一中发展的。林彪、"四人帮"横行时期，他们根本不让我们做计划，即使做了计划也没有很好地进行平衡，结果造成国民经济比例严重失调的后果。我们现在进行国民经济的调整，并且把调整作为关键，逐步改变比例关系严重失调的状况，这是非常必要的。不这样做，我们的国民经济就无法发展，我们的事业就不能前进。

陈云同志今年九月十八日在财委汇报会上的讲话中提出，在安排明后年的财政收支的时候，要保持平衡，消灭赤字。他特别提出，基建投资年年有赤字是不行的，年年用发票子来搞基建，到了一定时候就会爆炸。我完全同意陈云同志的这个意见，但还有两种不同的情况。一种情况是，生产发展了，物资丰富了，市场扩大了，票子相应地多印一点，使货币流通量和商品可供量保持平衡，这是正常的。这同我们平常所说的通货膨胀不是一回事。不这样做，就会使商品流通受到限制，并进而使生产的增长受到阻碍。另一种情况是，采取银行贷款或者财政补助的办法，来搞那些适销对路、见效快、盈利多的产品的生产，在半年、一年或者稍多一点的时间之内，多支出一些货币，我看这没有什么危险。这些事情搞起来以后，可以很快把贷款收回，不但有了更多的商品满足人民的需要，而且可以使国家收入有较快的增加。

一个时期投放了一批货币，很快收回了更多的货币，这类可办的事情很多，可是我们过去的财政部门、银行部门办得却很不够，很少。例如邓小平同志所说的，武汉钢铁公司可以轧制十二万五千吨的宽薄钢板，出口也有销路，可是每轧一吨企业要亏损四十块钱，所以它只接受三万多吨。如果财政部门每吨补贴它四十块钱，一共是五百万元人民币，把这些钢板出口，每吨是三百多美元，那就是三千七百五十多万美元的外汇。可是我们就没有想到这么干、敢于这么干。像这样的例子我们可以举出很多很多。我认为这样考虑财政收支平衡、信贷平衡，是用静止的观点来看平衡，不是用运动的观点来看平衡；是用凝固的观点来看平衡，而不是用变化发展的观点来看平衡；是用机械论的观点来看平衡，而不是用辩证法的观点来看平衡。总之，是用消极的态度来看平衡，而不是用积极的态度来看平衡。只要我们认真改进这种非常死板的财政管理、信贷管理办法，许多事情是可以大有可为的。当然，我声明，我不赞成搞赤字财政，因为在通常情况下，应该是收大于支，略有节余，破坏了正常的比例关系总是不好的。

还有一个产销平衡问题。原来叫产销平衡，现在发展成一句口号，叫以销定产。我觉得这个口号应该加以具体分析。看来也应该区别两种不同的情况。一种情况是商业部门不了解市场情况和需要，怕商品收进来销不出去，就以自己主观设想的数量来向生产企业定购，我定购多少，你工厂只能生产多少，生产多了还不准人家自销。这样的“以销定产”，对生产是个限制，对销售也是个限制，是应该改变的。

另一类的以销定产，说的是生产企业要了解市场的需要，了解市场供求关系的变化，了解哪些商品销售得出去，哪些商品销售不出去，了解消费者需要的是什么品种、规格的商品，通过对这些情况的准确了解，来确定生产什么，生产多少，真正做到产销对路，产销结合，避免出现或者商品脱销，或者商品积压的不好现象。这样的以销定产或按需定产是完全必要的，我们现在的许多企业还没有做到这一点。世界上的资本家还有一门本事，就是不但能及时了解世界上的供求变化，而且还能积极地寻找市场，打开销路。这门本事我们太小了，因此要向资本家学习。这是我们改善经营管理的一个非常重要的环节。当然，做到这一点是不容易的。我们要看到，产销关系不是一成不变的，因此，要经常研究，经常调整，要预测，要钻研，以便尽可能地使产品适合用户的需要，而不是生产出来就积压在仓库里。

还有一个物资平衡。生产不断增长，物资也要随着这种增长来平衡。过去多年来，反复争论是按照"长线"来搞物资平衡，还是按照"短线"来搞物资平衡？所谓按长线平衡，就是按某种最多的物资搞平衡，要其他的东西都向长线看齐，这样，表面上计划平衡了，实际上留了许多缺口。结果，摊子铺得很多，物资分散使用，有限的物资不能用在最必需的地方。多年以来这种平衡被人们叫作所谓积极平衡，结果是愈来愈不平衡。今后无论如何也不能这样搞了，再也不能处处留缺口了。还有所谓向短线看齐的平衡。这就是，以最少的物资作为基础，要其他东西都向它看齐。面对物资缺乏的情况，不是千方百计地增加这些物资的生产，而是无所作为，得过且过，懒洋洋地干，慢腾腾地熬。这样用消极态度来对待平衡，是应该反对、应该改正的。

我们搞平衡，必须是在准确计算的基础上，真正搞清楚哪些是长线，哪些是短线，然后千方百计地使短线能够增加生产，厉行节约，加上动用必要的库存，再加上组织可靠的进口，用这样的办法把短线搞上去，对长线进行适当的安排，或者组织出口，或者缩减生产，这样来做好综合平衡，一方面不留缺口，另一方面也不造成积压。陈云同志说，这种平衡是一种紧张的平衡。我们今后应该搞这种平衡，也只能搞这种平衡。这样就不是用消极的态度来搞物资平衡了。此外，解决物资平衡，一定要搞市场调节，不搞市场调节，我们要搞好物资平衡是困难的。

总之，我的意思，平衡是有的，要注意平衡，但不能把平衡绝对化。一切都在流动。也就是说，一切事物都在不断地运动。运动是绝对的，永恒的；平衡是相对的，暂时的。因此要经常研究产销关系、供产关系、收入同支出的关系，用运动的观点来代替静止的观点。毛泽东同志说，我们的经济工作要越做越细。我理解，越做越细，就是越做越精明，越做越深入，越做越科学，而不是越做越神秘，越做越繁琐，越做越瞧不起别人。

三、简单再生产同扩大再生产的问题。相当长的时期以来，人们把扩大再生产同基本建设完全等同起来，你给我基本建设投资，我才能扩大再生产。这是一个陈旧的观念。拿我们这几十年来的农业扩大再生产来说，应该承认国家的投资起了一部分作用，但是，不能说农业生产的发展，全是农业投资起的作用。这两年，我国农业生产的发展，主要是靠政策调动了农民的积极性，而不是靠国家的基本建设投资。如果把扩大再生产同国家的基本建设投资画等号会带来什么问题呢？就是容易忽视农民的积极性。现在，我们已经有三十五万个工业企业，这是我们前进的主要阵地、主要依托。引进要搞，新厂子要搞，但是，今后增加生产、扩大生产，主要应该对现有工业企业进行挖潜、革新、改造，充分发挥它们的积极作用。

一提到扩大再生产就认为只是搞基本建设，这在实际上理论上都是站不住脚的。马克思在谈到资本主义条件下扩大再生产的时候说，不断扩大的生产，需要一个不断扩大的市场。他指出："生产逐年扩大是由于两个原因：第一，由于投入生产的资本不断增长；第二，由于资本使用的效率不断提高；在再生产和积累期间，小的改良日积月累，最终就使生产的整个规模完全改观；这里进行着改良的积累，生产力的日积月累的发展。"[111]他还指出，在再生产所经历的周期中，"资本不是简单地以原来的规模把自己再生产出来，而是以扩大了的规模把自己再生产出来，不是画一个圆圈，而是画一个螺旋形"[112]。拿我们任何一个企业来说，提高职工的政治责任心和生产积极性，提高他们的文化科学知识水平，提高他们的技术熟练程度，改善劳动组织；加强现有设备的维修、管理，改进工艺操作规程，提高设备的利用率，降低原材料的消耗，提高质量，增加品种；改进经营管理，健全规章制度等，不用花钱，或者不用花很多钱，就可以使现有的生产能力充分发挥，使生产不断扩大。在这些方面，应该说，我们每一个企业都大有文章可做，大有潜力可挖。如果我们再引进一点先进的技术和某些必要的设备，使现有企业填平补齐、成龙配套，结合职工的合理化建议，增加少量的投资，比建设一个新厂少花许多的钱，很快就可以收到很大的效果。我们有很多同志，脑子里根本不是这样想问题，而是一提到扩大再生产，就伸手要投资，就要盖新厂。说得挖苦一点，就是熊瞎子掰苞米，掰一个扔掉一个。在这方面造成的浪费和损失还少吗？这种精神状态，这种错误做法，如果不坚决地彻底地改变，我们搞现代化的本领根本学不到手，我们的四个现代化建设可以说毫无希望。我认为，这是一个非常严重的问题，必须在全党和全体职工中展开认真的讨论，并且要有计划地用有力的组织措施，坚决而稳妥地解决这个问题。

为了进一步说明这个问题，我还要向同志们介绍两点日本朋友的看法。最近中国社会科学院请来了一个日本经营学者代表团，代表团成员都是些有名的大学教授。他们在参观考察了我们的一些厂矿企业后，明确地向我们说：增加生产有两种方法，一种是引进新的先进设备，一种是改进经营管理。只要认真改进和全面加强企业的生产管理，老设备仍然可以发挥巨大的作用，即使暂时不更新设备也可以达到增产的目的。他们认为，日本有些企业的设备的确是先进的，但也有不少企业的设备还不如中国。他们明确指出，中国的企业在现有设备的条件下，只要加强科学的管理，提高生产力的潜力很大。

这个代表团的一位教授，还给我们提了一条意见。他说：中国现在对企业只提管理，不提经营。他认为"企业管理"这个概念不完善，经营和管理是两个概念，只有把经营和管理统一起来才是真正的经营管理。他建议我国在不改变所有制的原则下，扩大企业的自主权，大企业改为公司，集中搞组装，多搞些承包加工的专业厂。他说像哈尔滨量具刃具厂以及上海电表厂，如在日本，至少要有五十个承包企业为它们加工零件。他还建议我国的企业要走上国际经济舞台，要随时收集外国同类企业的有关资料，把自己的产品与外国的同类产品进行比较。只有这样，才能更好地提高经营管理水平。他认为我国的"两参一改三结合"[113]管理制度比较好，三级管理、三级核算制度也是可取的，应在这个基础上采用科学的经营管理方法，形成中国式的经营管理体系。各国风土人情、文化历史不同，经营管理方法也应有所不同。日本就是在传统的经营管理体系的基础上，学习美国的科学经营管理方法，逐步形成了日本自己的经营管理体系的。

我认为日本朋友讲的学习和加强企业的经营管理问题，同研究扩大再生产问题有直接关系。他们的意见很值得我们重视。今年四月中央工作会议[114]确定，今后三年经济工作的主要任务，也就是我们经常讲的调整、改革、整顿、提高的八字方针，就包含有对现有企业进行整顿、改进经营管理这个极为重要的内容。可惜我们对于这个问题，至今仍然没有引起应有的重视。比如，我们现在做工作，做计划，往往对现有企业的实际状况不甚了了，不注意从如何改进企业的经营管理考虑问题，等等。这样能做出鼓足干劲、力争上游的计划来吗？我看是困难的。

四、利用外资的问题。在这个问题上，由于我们的经验不足，吃了一点亏，付了一点学费，没有什么值得埋怨的，我们还是要大胆吸收外资。吸收外资采取什么形式？第一是合营。第二就是划个地方，让你办厂，我收税，实际上就是列宁在十月革命以后讲的租让制[115]。租让制可以培养干部，人家占点便宜，我们也从人家那里学到一些东西。当然，在谈判中我们不要上当。

五、明年能否提出这样两个口号：力争农业生产有个全面的较大丰收，轻工业有个较大幅度的增长。去冬今春，我们讲比例失调，讲调整。我们讲调整本来是说在继续前进和发展中有上有下，是要把长线调下来，把短线调上去。但是，有些同志没有正确理解，无形中产生了副作用，今年春天工业生产有些松劲。我们要接受这个教训。要鼓干劲，鼓农业的劲，鼓轻工业的劲，各行各业都要鼓劲。调整要坚决进行，该上的上，该下的下。对调下来的企业的职工，虽然是少数人也要鼓劲，鼓励他们好好学习提高，准备再战，特别是要保护好厂房、机器、物资。这一点，必须严格提出来，否则便是犯罪。

我认为在继续强调以调整为中心的同时，还要强调千方百计地发展工农业生产。电是肯定要上的，电不仅关系到整个工业生产，也关系到农业生产，关系到人民生活。农业、轻工业要搞上去，第一，靠方针政策。各个省内都有个发展不平衡的问题，即使搞得好的省也有落后面，要特别注意那些地方。第二，不搞批判，不搞运动，而是用教育的办法，把干部的作风真正搞好。农业还有个因地制宜、多想门路的问题，轻工业更有这个问题。我们现在有一亿五千万城市人口。每一个城市都要广开门路，发展劳动群众集体所有制经济。

最后一个问题，要搞一个经济工作的好文件。

明年二三月以前，我们一定要搞出一个比较解放思想，合乎实际，虚实并举，有说服力，有动员力的经济工作的好文件。要有个主要的文件，这是要管好多年的。除了这个主要文件以外，还要有几个附件，对其他一些问题做出具体规定，比如企业自主权问题，分级管理问题，等等。

应该如何看待我们自己 *

（一九八〇年二月十二日、十三日）

我想着重讲一讲如何看待自己。我这里不是指作为我们个人的自己，而是指广义的自己。

第一，如何看待领导我们的、我们自己的党。中国共产党是不是我们自己的呢？共产党是领导我们事业的核心力量，怎么不是自己的呢！我们的党是不是真正伟大、真正可爱的呢？我们的党确实犯过错误，我们党的各级组织都有这样那样大大小小的问题，我们的党确有不少党员不够格，有极少数甚至很坏。总之，第一犯过错误，第二存在问题，第三确有党员不够格，某些人确实很坏。这些都是事实。但是不管有多少缺点、错误，总得肯定这样两条：第一条，如果没有我们党，中国革命能不能成功？中国人民的翻身，新中国的出现，没有我们这个党是办不到的。哪个党、哪个派都没有把旧中国变成新中国，唯有中国共产党领导全国各族人民把革命搞成了。第二条，谁能领导我国人民建成四个现代化的社会主义强国？不能靠别的人，不能靠别的党，只能靠中国共产党来领导。邓小平同志最近又提出：要坚持党的领导，改善党的领导。每个同志，包括文艺界的同志，对党的

---

* 这是胡耀邦同志在剧本创作座谈会上讲话的第二部分。

认识，要有这么个前提。我们希望一定要正确地对待这个党，这个党不管有多少缺点、错误，总还是伟大的，可爱的。

第二，如何正确地看待我们这个社会。我们这个无产阶级专政的社会主义国家，是不是真正有优越性？我们应该不应该引以自豪？这也是所有同志都要明确的问题。我们的国家生产那么落后，文化那么落后，三十年来经济、文化的发展不快，什么原因呢？我看第一条是历史原因，就是说，旧中国给我们留下的底子太薄，负担太重。第二条，林彪、"四人帮"十年来的破坏和动乱。第三条，我们政策上的问题。林彪、"四人帮"的破坏是非常严重的，但光这样说还不完全。我们有些政策长期不大对头。有些政策，在林彪、"四人帮"当权以前就有不对头的、"左"的东西。第四条，我们有些同志，包括我自己在内，搞生产的经验不足，不懂或不大懂经济规律，现代科学技术、经营管理等方面的知识懂得不多。第五条，我们的制度不完善。比如搞按劳分配，搞奖金，究竟怎么办？摸了两年还没摸清楚。我们国家经济落后，文化落后，不承认这一点，不是真正的共产党人。但是有一条我们比谁都优越，就是我们铲除了剥削制度，从根本上消除了人吃人、人压迫人的现象。我们完全应该因此而感到自豪。我们有的同志恰恰忘记了、忽视了这个最根本的事实。假使我们看看资本主义国家比较好的影片、小说，不是单从形式上看，而是从实质上看，就可以看到这些影片、小说好就好在揭露了资本主义社会人吃人的本质。我很少看电影，举不出特别好的片子来。《百万英镑》就不错吧，还有《流浪者》，都反映了这一点。我们用几十年的时间废除了剥削制度，结束了受压迫、受侮辱、受歧视的局面，请同志们一定不要忘记这一条。有许多青年同志不懂，这也难怪。我们的老工人、老农民、老教授、老科学家、老文化人懂，比如说我们在座的夏衍[116]同志，感受就很深刻。还有在座的曹禺[117]同志，他的《雷雨》《日出》，都反映了这一点。这方面，我们要反复地宣传。自然，宣传的方法要实事求是、讲道理、讲历史，不要搞公式化、概念化和形式主义的东西。宣传新旧中国制度上的根本不同，就是揭示历史的真理。真理不怕千百次重复，这是列宁讲过的。

第三，如何看待占我国人口绝大多数的从事体力劳动和脑力劳动的人民。长期以来我们对知识分子的看法不对头。对这一部分劳动人民看错了，歪曲了他们的形象，说是"臭老九"，使我们的脑力劳动者蒙受了一场冤屈。粉碎"四人帮"以后，我们把这个错误的观念改过来了。新中国的知识分子也是劳动人民，是脑力劳动者，是工人阶级的一部分。现在我们在纠正过去的错误看法和由此产生的错误做法，纠正得有成绩。但遗留的问题还不少，还要继续纠正，彻底纠正过来才罢休，这是不成问题的。这里应该强调的是，我们理论战线、宣传战线、文艺战线的同志，千万不要忘记从事体力劳动的人民。两条理由：第一，他们占我们人口的绝大多数；第二，他们过去是革命的主力军，现在是四个现代化的主力军。我们的知识分子，作为工人阶级的组成部分，当然也是搞四化的主力军的一个组成部分，而且是一支特别重要的、宝贵的骨干力量。但我们的知识分子人太少了，只有两千多万。我们的体力劳动大军，还缺乏文化。我们过去提倡接受贫下中农再教育，这个话现在看来讲得太绝对了。知识分子应该向农民学习，这是对的；而农民为什么不可以向脑力劳动者学习呢？相互学习嘛！不要认为体力劳动者不值得我们学习。相反，体力劳动者在许多问题上确实比我们高明，值得我们学习，值得我们歌颂、表现他们。我最近看了一个电影《泪痕》，我觉得在表现农村干部、表现农民方面做得很不错。我们社会主义祖国百分之九十粗手粗脚的普通工人、农民，是我们社会的主人。在旧社会，进步的作家们还不能充分表现他们。我记得马克思说过，资本主义国家的工人、农民还是一支没有发掘的力量。社会主义中国工人、农民的力量，已经和正在发掘和显示出来。我们的文艺创作，有责任把他们的生活、劳动和情绪生动而准确地表现出来。

第四，如何看待我们的人民解放军。我们的军队也确有某些缺点，几百万人民解放军里也有个别不好的人。但总的来说，我们这支军队有两条：第一条，确是最可爱的人。从一九二七年建军起，几十年来枪林弹雨、出生入死，没有他们，不可能有中国人民革命的、胜利的光荣历史。我们的革命历史和人民解放军是密不可分的。第二条，我们的四个现代化的实现主要要靠他们来保卫，因此他们又是最可靠的人。一是最可爱，一是最可靠。我们的宣传工作、文艺作品中，应该有他们的重要地位。

第五，如何正确地看待毛泽东同志、看待毛泽东思想。我们过去对他老人家，有些看法是不恰当的。林彪、"四人帮"把毛泽东同志捧为神，把毛泽东著作捧为圣经，搞迷信。他们用这种方法，反对毛泽东同志，反对毛泽东思想，搞唯心主义、形而上学。那时，谁要提他老人家有缺点错误，那还行啊？叫作"一千个不答应"，"一万个不答应"。人怎么会没有缺点呢？毛泽东同志在一九六二年的七千人大会[118]上自己就讲过，一些事情他要负责任嘛。说没有缺点错误，这是违反我们党的根本学说的一种错误的看法。三年来我们纠正这种错误看法费了多少劲！提出毛泽东同志确有过缺点和错误，有人就说，走资派又在那里复辟了。现在这么看的人少了，经过这几年的教育，慢慢打通了思想。现在我们反倒要注意另一方面的问题，就是决不可以全盘否定毛泽东同志。确有人认为毛泽东思想不灵了！毛主席讨嫌了！我们要注意。我们说毛泽东同志虽然有这样那样的缺点错误，但是我们要充分肯定，毛泽东同志的贡献也是最大的。中国共产党里没有哪一个人的贡献超过他。他为中国各族人民，为我们的党，做出了伟大的贡献。毛泽东思想是科学。毛泽东思想是中国共产党和中国各族人民几十年革命斗争经验的结晶。毛泽东思想曾经指引着我们的革命取得了胜利，它的一系列根本原则今后同样会指导我们夺取四个现代化的胜利。毛泽东同志的著作里有些东西过了时，但大量的、作为普遍真理的东西没有过时。我们应当从毛泽东同志的著作里吸取智慧，把我们的事业推向前进。我们只能否定该否定的错误，不能否定科学；只能否定一个人的错误，不能否定一个人对事业、对科学的伟大贡献。

现在有一种说法：我们的国家出现了危机，一个叫信仰危机，一个叫信心危机，一个叫信任危机。我想和同志们商量一下，不知你们怎么看这个问题。在革命遭受挫折的时候，有些人产生思想混乱，甚至发生动摇，这没有什么奇怪。如果说是什么危机，那是这些人自己的问题，我们要好好地做他们的工作。至于我们的广大人民对党的领导的看法，我们整个革命事业本身，究竟有危机没有？如果说有危机，我觉得一九七六年粉碎"四人帮"以前可以说是一次危机。粉碎"四人帮"，我们挽救了党，挽救了革命，也就是说我们摆脱了这个危机。当然，我们现在还到处可以碰上这个危机所带来的后遗症。但现在我们是不是还处在危机之中呢？危机这个话是不能轻易地说的。危机者，摇摇欲坠，快完蛋之谓也。我们的党，我们的社会主义，我们的马克思主义摇摇欲坠了？快完蛋了？我不相信。我说我们的党现在不是什么危机，恰恰相反，我们是恢复了生机！充满着生机！特别是在党的三中全会以后，我们的党，我们的国家，我们的社会主义，我们的马克思主义充满着生机。我们有意识地在报刊上用了这么个题目：春已归来，春回大地。春天已经回来了！那么，可不可以说我们党的威信有些下降呢？比以前低了呢？这个对，我看这样说没什么不好，这是个实际情况。人民看到我们党犯了错误，这激发我们的党组织，激发我们的广大共产党员，激发我们的中央要努力奋斗。为什么我们党提出要搞好党风、整顿党纪，最近又进一步提出要改善党的领导？这都是针对威信下降这个实际情况提出来的。中央相信，再过几年，经过我们自己的主观努力，党不但要恢复自己的威信，而且要力争比以前有更高的威信！（鼓掌）这当然是我们的奋斗目标，现在没有兑现，所以鼓掌不鼓掌都没有关系。我们相信，我们党里面是有有骨气的人的，是有有志向的人的！（鼓掌）这个鼓掌我是同意的。我们确有许多有骨气、有志向的人，能够把我们的党改善得更好。有些同志说我们存在危机，有的可能是听来的，有的可能自己就这么看，心中装满忧虑。这个也不要紧。怎么办呢？我们要正面地做说服工作、宣传工作，交换意见嘛！再一个可靠的办法是等待。善于等待，是符合马克思主义的，就是通过实践嘛！我们相信，再过三年以后讲我们有危机的人就可能少了。当然要有一个条件，就是我们不犯大错误，犯了错误就迅速改正。

上面讲的五条，我看都是和认识我国现时社会的本质有密切关系的东西。你们不是说文艺创作要表现社会本质的东西吗？社会主义时期的文艺作品如果离开了或者忽略了表现社会主义本质的东西，那当然就可能出现这样那样的缺点和不足。什么叫社会的本质呢？就是社会发展的内部规律。我们要正确地反映这个规律，就不仅要反映出新旧事物的矛盾斗争，而且要反映出它的发展趋势，反映出我们这个新社会里占主导地位的前进的力量。不是说落后的东西、阴暗的东西不该反映，即使是落后的、阴暗的东西，只要有代表性、有典型性，也应该作为本质的一个侧面加以反映。但是从文艺的总体上说，如果单单是或者总是反映落后面、阴暗面的东西，我觉得就不能说是充分地、准确地反映了我们社会的本质，也就不符合社会整体的真实。中国无产阶级文艺的伟大先驱鲁迅一九二五年就说过："文艺是国民精神所发的火光，同时也是引导国民精神的前途的灯火。"[119] 我觉得这两句话非常精彩。我们当代的火光从什么地方找呢？我看最主要的就是前面讲的五个因素：党、社会主义制度、从事体力和脑力劳动的人民、人民解放军、指导我们事业前进的马列主义毛泽东思想。反映我们国家、人民的精神火光，同时又作为精神的灯火，引导九亿多人民有更高的精神境界，更高的理想，更高的革命品质、风格，推动我们的历史前进，这就是我们文艺创作要注意的问题。

我们的文学题材无比宽阔*

（一九八〇年二月十二日、十三日）

我们的题材之所以宽阔，第一，因为我们确实是世界上最伟大的国家之一。美国没有我们历史长，美国无产阶级至今未闹成革命。苏联比我们的国土大，但历史没有我们丰富。我们这个国家，现在的事业是这样雄伟，比已经做过的事业更加轰轰烈烈，更加伟大。

第二，我国的革命历史是长期艰苦奋斗、可歌可泣的历史。世界上的主要帝国主义国家都欺侮过我们。我们的革命，从旧民主主义开始，已经一百多年了。

第三，我国的古代文化，有非常宝贵而又值得继承的部分。近代文化也很丰富，也有很值得继承的部分。

第四，我国幅员广阔，人口又那么多，民族有几十个，各个民族都有自己独特的文化。生活是这么丰富多彩，历史是这么辉煌灿烂，反映我们历史和现实生活的题材当然是无穷无尽的，用之不竭的。

现在具体说一说，我们希望扩大表现哪些方面的题材。

第一方面，反映当前全国各族人民如何同心同德搞四化，这是最值得大写特写的题材。文艺作品要指导生活，就

---

* 这是胡耀邦同志在剧本创作座谈会上讲话的第六部分。

要走在生活的前头去。应该反映全国各民族的工人、农民、战士、知识分子、干部、青年、妇女，加上港澳同胞和海外侨胞，为四个现代化英勇献身的情景和场面，以及他们的内心世界的活动。我们工作着重点的转移已经一年多了，假使八十年代第一年还写不出几部话剧、几部电影、几部小说，较好地反映四化建设的现实生活，请同志们想一想，你们脸上有光吗？我们脸上有光吗？我们能不着急吗？我们着急没有用，首先你们要着急呀。因此，要重视搞反映四化建设、向四化英勇进军的作品。要不要揭露那些不好的东西？也要揭露。现在各种各样干扰四化的力量、倾向、错误思想、错误行为多的是。我赞成你们在写向四化进军的时候，狠狠揭露那些阻碍向四化进军的错误行为、错误思想。据说斯大林在卫国战争期间，看《前线》剧看了七遍。那个戏里有歌颂，也有暴露，暴露那个戈尔洛夫和客里空。戏里有几个落后的典型，都不是敌人，作者把他们写成妨碍卫国战争的绊脚石。我们现在搞四化，也有许多绊脚石。我们有没有客里空呢？我们不叫客里空就是了，叫"假大空"。要描写我们的主导力量，如何排除阻力，如何克服落后思想。比如批评阴暗面，也是为了排除对四化的干扰，要放在这个里边去写。我认为这才是反映了我们当前的最大的真实。

第二方面，我们党所领导的革命已有将近六十年的历史。这段历史内容多么丰富，我们的经历多么感人哪。我们有这么七八个阶段：第一，一九二一年到一九二七年党的成立和大革命阶段，我们党如何创立，然后如何北伐。北伐军有个"女生队"，我们现在有几位老大姐，就是北伐时期的女英雄啊。叶挺[120]同志的铁军有人写没有？那是很好的题材。第二，一九二七年到一九三七年，十年红军时期，土地革命时期。红军的题材我们发掘完了没有呢？井冈山的斗争，我多次同一些老同志讲，请你们写革命回忆录。现在红军时代的人，就剩下那么两三千人了。第三，一九三七年到一九四五年，抗日战争时期。有多少轰轰烈烈的斗争故事啊。过去我们写赵一曼〔121〕，是讲抗日联军的。还有其他一些作品是写八路军、新四军、各抗日根据地和国民党统治区的斗争的。但已经写出来的东西还不够，还应该多写。第四，一九四五年到一九四九年，解放战争时期，我们这方面作品多不多？我们原来提出写三大战役，没有写出来。这是中国历史上的最伟大的战役，也是世界战争史上的奇观。四年解放战争，亿万人民打了这么多仗，消灭敌人八百万，毛泽东同志的军事学说发展到一个新的高峰。第五，一九四九年到一九六六年，新中国成立后的十七年。写这个阶段的作品不少，也不能说就发掘完了。第六，一九六六年到一九七六年那十年。粉碎“四人帮”后，写那十年的作品不少，但写完了没有呢？我觉得还可以写，还可以写得更深刻，更典型化；不只是暴露，更要写那十年中广大人民群众同林彪、“四人帮”英勇斗争的典型。第七，一九七六年到现在，三年拨乱反正，继往开来。再加上从去年开始的工作着重点的转移，一共八个阶段。我们自己的六十年，有多少题材还未发掘呀！

第三方面，一八四〇年到一九一九年，八十年的旧民主主义革命。这一时期发掘得更少，只有《林则徐》《甲午风云》等少数作品。多少重大事件，多少风流人物，我觉得也是应当继续搞的。

第四方面，我们有几千年古老的历史，有多少劳动人民斗争的故事、传说，有多少历史上的大变化、大变革，有多少英雄人物，有多少思想家、政治家、军事家、历史学家、科学家、文艺家，这些人物都起了一定的历史作用，我们都应给予他们一定的历史评价，用来启发我们的思想，丰富我们的历史经验。

这四个方面的题材，写当前的题材是第一位的，但也不要使人觉得写过去的就不光彩。

以上这些说的是我们国家的历史和现实社会生活的题材。至于表现我们所可能熟悉的外国生活的题材，中外交往的题材，或是表现神话、童话、寓言、民间传说、科学幻想的题材，以及其他能对人起认识作用、美感教育作用和健康的娱乐作用的题材，那更是无比宽阔了。

题材这么宽阔，现在我们应当怎样帮助作家去熟悉和表现他所愿意并为社会所需要的题材呢？我主张采取几个措施：

第一，要帮助作家搞规划设计。文化部门，全国文联，各个协会，以及各省市的文化艺术部门，尽可能搞点类似这种性质的座谈会。当然，文艺家搞创作和搞工业不同，创作是精神生产，是形象思维，又是个体劳动，因此不能勉强文艺家机械地搞集体设计和死板的计划。但是，有那么一些领导同志、做实际工作的同志和文艺家们在一起，经常搞点座谈，建议写些什么，怎么去熟悉生活，议论议论怎么写法，提出一些规划性的意见，供作者们自己选择参考，这还是有益的。

第二，要想办法提供各种历史资料。比如他要写北伐、土地革命战争、抗日战争、解放战争，没有历史资料怎么行？我主张各级文联和协会，从今年开始，逐步设立写作资料室，或者叫文艺创作资料馆。资料可以借出去，可以请作者来看。

第三，要由宣传部门、文化部门，或其他部门系统地介绍一些现实生活中的典型人物、典型故事，提供创作素材。过去光凭文艺家自己去找，文艺家感到有许多困难。去年我就曾经建议，中央和每个省市每年都要向文艺家提供三五百个创作的素材资料，包括劳动模范、先进的集体以及一些特别感人的故事。

最后一个办法，我主张文化部、宣传部、文联、各协会，每年要开一些座谈会，像这次座谈会一样，谈谈创作思想问题，交流一下创作经验。这次会拖得时间长了，以后要经常开，每次讨论一个较大的问题，每次时间不一定这么长，要多搞些来往，多搞些思想交流。

大力发展科学事业 *

（一九八〇年三月二十三日）

整整两年以前，我们党中央在北京召开了全国科学大会。华国锋[122]同志、邓小平同志都在大会上作了长篇讲话[73]，阐明了科学和四个现代化的关系，提出了实现我国科学技术现代化的方针、政策。叶剑英同志为大会写了"神州九亿争飞跃"的诗句。两年来，我们的科研工作取得了一批新的成果，我们的科技队伍有了新的壮大，我们的科普工作重新活跃起来，我们党和政府对科技工作的领导有了改善。党和人民为科技战线取得的新成就，感到由衷的喜悦。

但是，我们是严格地实事求是的人，我们对一切问题都要讲真话，讲实话。应该说，我们还没有造成整个国家、整个民族爱科学、学科学的热潮；我们虽然有愈来愈多的同志向科学进军，但也还有不少的人在那里踏步。许多同志，特别是做科学工作的许多同志，对这种状况是焦急的。

这是怎么一回事呢？

同志们知道，三年前，我们 举粉碎了"四人帮"，举国上下一片欢腾。我们大家很自然地产生了一种过分乐观的情绪，一方面，对林彪、"四人帮"十年破坏所造成的恶果

---

* 这是胡耀邦同志在中国科学技术协会第二次全国代表大会上的讲话。

有些估计不足，对党拨乱反正的阻力有些估计不足；另一方面，对在我们这样一个有九亿多人口的长期贫困落后的大国里实现四个现代化的进程，要求有些过高过急。对科学事业发展速度的设想也是如此。我们可以立即利用的能源、原料、材料和资金不足，技术人才和管理人才不足，有的资源和人才没有发现，或者使用不当。这种状况不是少数人在短时间内凭决心就可以改变过来的。正是为了有效地改变这种状况，我们提出了调整、改革、整顿、提高的方针〔123〕。我们在实践中不断提高认识，我们始终紧张地工作，坚韧不拔地前进。

现在，大家都亲身感受到：从我们党的十一大以来，特别是三中全会以来，我国社会主义事业，生气勃勃地向前发展。我们在继续清除林彪、"四人帮"残余势力和思想流毒，继续大规模地落实党的各项政策的同时，坚决把全党工作的着重点转移到四个现代化建设轨道上来。我们争得了农业的连续丰收。我们调整国民经济的八字方针，已经开始显示威力。我们党的政治路线、思想路线和组织路线，广泛地深入人心。我们整个国家的安定团结、生动活泼的政治局面，日趋巩固，不断发展。一句话：我们的国家已经扭转了林彪、"四人帮"十年横行所造成的严重混乱局面，正在有领导有秩序地、满怀信心地向着四个现代化的目标前进。这是我们党克服了巨大困难所取得的巨大胜利。

我们并不满足于这些胜利，当然更不会在胜利面前停顿下来。我们清楚地知道，还有许多困难有待我们去克服。就是在这种情况下，我们党召开了十一届五中全会。同志们已经知道，十一届五中全会解决和提出了一系列的问题。这些问题的解决和提出，着眼于什么，围绕一个什么样的总的指导思想呢？这就是，为了使安定团结的政治局面能够持久地巩固和发展，保证党的路线、方针、政策和党的集体领导有长期的连续性和稳定性，使已经开始的四个现代化建设在八十年代能够取得决定性的胜利。

这样，同志们就可以明白，这几年我们是在怎么样的一种极其艰难的环境中前进的。我们碰到的矛盾，纷繁复杂。我们要解决的问题，成千上万。我们只能分步骤地，一个一个问题来解决。先抓住那些重要问题中的最迫切需要解决的问题加以解决，而那些虽然同样重要的问题，就被稍稍挤到后排去了。这就是我们的科研事业和教育事业中，一些亟待解决的重大问题在今天以前没有得到解决的主要原因。

我们的思想路线，一个很重要的要求，就是要研究新情况，解决新问题。随着最迫切问题的逐个解决，科学工作和教育工作的问题，理所当然地更加突出在我们党和我国人民的面前。我们必须不失时机地加以切实解决。

科学是推动历史前进的巨大力量。科学愈来愈迅速地转化为巨大的生产力。没有先进的科学技术就没有四个现代化。掌握当代最先进的科学技术是关系我们国家前途的根本问题。这些道理，在我们党的许多文件中，在党中央领导人的言论中，说得非常之多了。你们比我懂得更多，体会更深。我们应该继续向广大干部和人民宣传这些道理，并且力求宣传得生动活泼，切实具体。但是，我们认为更重要的是如何通过切实的组织工作，使党中央向科学进军的伟大号召，变为我国亿万人民扎扎实实的自觉行动，变成我国亿万人民日常生活中的一个重大的组成部分。

有人说我们是务实派，这个说法并不正确。第一，我们党现在没有也不应该分什么派，我们党是一个团结统一的先进的战斗集体。第二，我们党不但务实，而且始终不离开我们的伟大理想。我们共产党人应当成为既有伟大理想，又能采取切实措施加以实现的人。

应当采取什么切切实实的措施，动员我国人民大踏步地向科学进军，发展我国的科学事业呢？

第一大措施，就是要坚决地建立一支能够真正坚持社会主义道路、具有专业知识和能力的干部队伍。这就是我们党的组织路线的一个主要内容，是实现四个现代化的可靠保证。

我们有没有这样一支干部队伍呢？我们现在有一支一千八百万人的干部队伍。但是这支队伍还不够理想，还有不少人不合格或者不大合格。一是政治上不合格或不大合格，二是能力上不合格或相当地不合格。所谓政治上不合格，就是我们有些干部对党的路线、方针、政策不完全理解，对我们的党规党法不认真执行。我们党正在采取一系列的措施来解决这个问题。通过一系列的工作，我们相信会有更多的同志在这方面变成合格的人。

所谓能力上不合格，就是缺少专业方面的知识和能力。我们党中央的领导同志反复强调，我们的干部，无论在什么岗位，都要有一定的专业知识和专业能力。用什么办法来解决这个问题呢？要采取两个办法。

一个办法，就是要把那些热爱社会主义事业，又有专业知识和能力的优秀人才，大胆选拔到领导岗位上来。新中国成立以来，我们培养了几百万个中专以上的人才。这些同志，绝大部分人不但年富力强，而且经过一二十年的锻炼和考验，政治和业务水平都有了很大的提高，他们当中许多人比我们现在的某些领导干部更合格。但是，这些人中的绝大多数还没有被提拔到负责的岗位，以致他们的能力还没有得到充分发挥。

我们党中央常委前几天认真地议了这件事。我们认为，这件事有些地方办不起来，主要是不大了解情况和对选拔干部还是守住老框框。我们党内不少同志对有知识的人，仍然不大信任，往往把他们不盲从、爱动脑筋、爱提意见的优点看成是骄傲自大。我们必须认真地解决这个问题。我们应该把那些有科研能力、热爱科研事业但不擅长做领导工作的科研人才，放到他们专长的岗位上去，大胆放手地让他们发挥聪明才智，并虚心听取他们的意见和建议；同时，把那些既有科学技术专长又有组织领导才能的科技人才，大胆地有计划地提拔到党的、政府的、经济事业的、科学教育事业的领导岗位上来。我们希望科学界的同志积极而又负责地向各级党委推荐这两种人才。

另一个办法，就是要组织一切干部认真学习与自己工作有关的科学技术和管理知识。同志们记得，三十年前我们进城的前夕，毛泽东同志写的《论人民民主专政》一文中说过一段著名的话："严重的经济建设任务摆在我们面前。我们熟习的东西有些快要闲起来了，我们不熟习的东西正在强迫我们去做。这就是困难。""我们必须克服困难，我们必须学会自己不懂的东西。我们必须向一切内行的人们（不管什么人）学经济工作。拜他们做老师，恭恭敬敬地学，老老实实地学。不懂就是不懂，不要装懂。不要摆官僚架子。钻进去，几个月，一年两年，三年五年，总可以学会的。"[124]我们成千成万个干部热烈地响应了毛泽东同志这个伟大号召，学得很好，因而取得了社会主义改造和社会主义建设的巨大胜利。这是我们党历史上第一次重新学习。现在我们面临的情况，很类似那个时候，但是任务更加繁重，也更加紧迫。我们深信，我们党的广大干部，是有志气的人。我们将遵循毛泽东同志的这个教导，掀起我们党历史上第二次更大规模的重新学习的热潮。历史将再一次表明，我们党的广大干部，一定能够学会我们现在不懂的东西！

在科学方面，我自己就不合格。叶剑英同志在五中全会讲话中，对我们书记处提出了三点要求。要求之一，就是希望我们勤奋学习。今天，我代表中央书记处正式向在座的科学家报名，我们准备邀请你们中的一些同志开开座谈会、专题研究会，请你们当我们的老师。

为了发展我国的科学事业，第二大措施，就是要大规模地培养我国科学技术的生力军和后备队。

什么是我们的生力军和后备队呢？这就是我们的青少年。为了使他们能够真正成为我国科学技术的生力军和后备队，就要认真解决我国的教育问题。我们党的五中全会公报上提到了这个极端重要的问题，并且在全国人民中引起了强烈的反响。

办好教育，有两个很大的问题值得我们认真想一想。

一个是，一九六六年到一九七六年的十年期间，从八岁到十八岁的青少年大约有一亿五千万人。那时，他们本来都应该在小学和中学里好好学习，但是，由于林彪、"四人帮"的破坏，他们中的绝大多数人的学业基本上荒废了。林彪、"四人帮"煽动的"打砸抢有理"和"交白卷光荣"，毒害了我们整整一代青年。连国外许多朋友都清楚，在这场大破坏中，受害最大和最深的就是这一代青年。现在他们一般是二十岁以上到三十岁左右的青壮年，大部分已走上了工作岗位，小部分还在学校学习。他们中的大多数表现不错，思想上受毒害较深的只是少数。无论如何，他们所受的思想上的毒害还比较容易消除，但要弥补他们文化科学知识上的损失，那就不是一个短期能够做到的事情。因为他们每天都担负着繁重的生产劳动任务，有的已经成了家，还要操劳家务。我们希望科协的同志协同教育部门、工会、共青团、妇联的同志用心研究这个问题；希望一切厂矿企业、农村人民公社的同志们，也都来认真考虑这个问题，看看采取什么最有效最便利最切实的办法，在继续帮助他们提高思想觉悟的同时，有计划、有步骤地帮助他们提高文化，提高技术，使他们真正成为适合四个现代化需要的一代新人。

另一个是，现在有两亿一千万青少年在中小学校学习。他们是我们实现四个现代化的后备队。他们今天上课堂，明天就要上战场。现在课堂上的功夫如何，同今后战场上的战果有密切关系。我们要想得远一点。

我们现在的中小学校的情况如何呢？总的来说，比林彪、"四人帮"作恶时期好多了。但不够理想。无论在教育的体制和结构上，还是在培养学生的数量和质量上，都跟不上形势发展的需要。这倒不是我们的教育部门和学校的负责同志不努力，更不是老师们不努力。教育部门和学校的负责同志，特别是学校的老师们，绝大多数同志是非常尽心的。他们中的许多同志呕心沥血，把自己的一切默默无闻地献给了庄严的教育事业。如果说要致敬的话，我们大家都应该向这些真正的英雄致最大的敬意。

怎样把我们国家的教育事业，特别是中小学教育事业办得更好，我们还要专门讨论。我们一定要用更大的力量来办教育，但是我们的国家还很穷，不可能一下子增加大量教育经费，这是容易理解的。但我们一定要在教育的许多重大问题上求得显著的改进，这是必须的，也是可能办到的。

这里，我着重说一说尊师爱生的问题。我们有些同志把尊师爱生理解得太窄了，以为这只是学校中老师同学生的关系问题。爱生，首先是老师的问题，是学校领导同志和全体员工的问题，同时和我们整个社会的成员都有密切的关系。我们各级领导同志、教育家、科学家、科普工作者，应该拿出最大的热情，关怀学生和青年一代，给他们提供更多更好的学习课本、教科书，以及适合他们阅读的各种读物。至于尊师，不仅是学生的问题，我们整个社会的成员，所有学生的家长，特别是我们各级党和政府的负责人都要尊师。有人说，各级党委每年开了许多干部会，为什么不请老师们来开开会。这很有道理。我们的新社会一定要创造和形成一种社会风气，就是人人都要热爱青年、少年和儿童，人人都要尊敬在各级学校里辛勤培养一代又一代新人的老师。

为了发展我们的科学事业，第三大措施，就是我们全党都要充分支持科学家和科学工作者大展宏图。

我们国家已经有了一支水平相当高的科技队伍。这支队伍包括理论家，发明家，革新家，工程技术专家、农学家和医学专家。在这支队伍里出过像李四光[125]、竺可桢[126]等同志这样的世界上第一流的科学家。这是中华民族的光荣。

但是，我们的这个队伍，毕竟美中不足，人数太少，水平也不够高。正因为如此，我们党对这支队伍寄以特别殷切的希望。一是希望他们带头攀登科学高峰；二是希望他们精心培育后继人才。这是历史赋予我国科学家光荣的双重任务。

我们的根本目的，是在建设高度的社会主义物质文明的同时，建设高度的社会主义的精神文明。两种文明是互相联系、互相促进的。物质财富、物质文明为精神财富、精神文明奠定基础；而精神财富、精神文明反过来又促进物质财富、物质文明向前发展。在我们实现四个现代化的征途上，要努力攀登精神文明的这三个高峰：思想理论高峰，科学技术高峰，文学艺术高峰。为了在八十年代取得四个现代化的决定性胜利，有成就的科学家有责任带领大批的科学工作者去努力攀登当代科学技术的高峰。

我们党希望科技界树立和发扬科学的优良作风。科学之所以成为科学，就是因为它能破除迷信，勇于探索；它反对因循守旧，敢于打破陈规陋习。科学家之所以能够成为科学家，就是因为有严格的科学精神，也就是求实精神、革新精神、独创精神，反对夸夸其谈、华而不实、抱残守缺。科学家之所以能够不断前进，就是因为他们永不满足，能尊重别人的成果，又能互相探讨，互相学习；既善于从劳动群众的实践中不断汲取智慧，又善于从外国的先进科学技术汲取营养。我们党希望我国的科学界精心培育和传播这种好作风，使我们的科学园地百花盛开，永不凋谢。

我们的科学技术协会，在粉碎"四人帮"之后，经过大家的努力，又英姿勃勃地前进了。这使我们党和全国人民感到高兴。科协是科学家和科技工作者自己的组织，是同工会、共青团、妇联、文联一样重要的群众团体。在向四个现代化进军的征途上，科协尤其具有重要的地位。

周培源[127]同志在大会上的报告，提出了科协今后一个时期的奋斗纲领和许多切实可行的措施。这是一个很好的报告。我们希望各级党组织都重视这个报告。

发展科学，发展教育，大力培养各方面的专门家，提高全民族的科学文化水平，是开发人类智力资源的伟大事业。四个现代化建设能否顺利进行，在很大程度上，要取决于这种资源的开发。科协在这方面一定会发挥它巨大的历史作用。我们党希望全国各级科协，奋发图强，为我们的伟大事业做出新的贡献。我们也希望各地党组织给予科协的工作以热情的支持。

我们党反映和代表全国各族人民的意志，确定了一个伟大的奋斗目标——实现四个现代化。这个目标已经深深扎根在九亿人民的心坎中了。扎根于人民心坎中的最美好的东西，它的胜利是谁也阻挡不了的。

当孙中山先生以一个伟大的民主革命先行者出现在历史舞台上的时候，他曾经写下了十六个大字："世界潮流，浩浩荡荡，顺之则昌，逆之则亡。"[128]他的这个远见卓识，激励了许多仁人志士为中国的民主革命事业而英勇献身。

现在的历史潮流，比孙先生的时候远远地向前推进了。我们有理由比孙先生看得更远，我们有条件比孙先生时代的人干得更好。当然，在我们的面前，还会有新的困难、新的障碍。但是，天下哪里有什么伟大的胜利是平平安安、舒舒服服，而不需要克服各种严重的困难就能取得的呢！

让我们同心同德地在克服困难中前进吧。胜利一定属于我们！

在北京郊区考察工作时的谈话

（一九八〇年四月二十六日、二十七日）

一

中央书记处讨论北京建设方针时讲的意见，不知道市委讨论了没有？讨论了几次？我提的那四条[129]，不是随便讲的，书记处的同志当场都表了态。你们什么时候再向中央汇报？建议按四个方面来准备，每个方面都要有具体的目标和措施。四条有了眉目后，希望进一步具体落实，一直落实到社队，落实到每一户。要好好开动脑筋想一想，搞点调查研究。整个城市建设都得好好搞一搞。全国抓城市建设就从北京开始。

对首都来说，已经烧油的，就不要改烧煤了。焦化厂、化工厂是污染源，这就有个工业发展方向问题。首都究竟要搞成什么样子？难道我们现在还不要想一想吗？北京已变成世界上污染最严重的城市之一了。发展生产，不能反对，不发展生产还叫什么共产党，我们还叫什么共产党员？现在首先解决城市污染，否则叫什么高度文明的社会主义？问题得尖锐地提出来。要把水力发电搞起来，烧煤一步步减少，以至完全停下来。用电做饭，价格太贵，国家可以补贴，这要综合算账。电可以减少污染，烧煤还要投资净化空气。二者比较，哪个更合算？净化环境要综合办，不要单项办。

关于小城镇建设问题。全国可不可以部署一万个小城镇，如果每个小城镇两万人口，就可容纳两亿人口。当然，这要花若干年工夫才能做到，但没有小城镇，政治、经济、文化都搞不上去。

二

埃及开罗一年旅游收入五十亿美元。我看北京搞得好，五年至十年后，每年搞二十亿美元是可能的。何必花那么多钱搞工业、搞化学工业？我们可以同外国人合资办旅游，又没有那么多污染。发展工业，旅游业不叫工业？是无烟工业。

要将北京的旅游事业搞好。可不可以在近郊山区搞几个大公园，还要考虑逐步建设高速公路。外国人一天要玩几个地方。中国的长城别处没有，都得来看。

首都不搞安定团结，不搞方便群众，不行。服务、修理、旅店、食品、蔬菜，都关乎安定团结和方便群众。北京的服务业紧张，做衣难，饭馆紧张。现在全国服务行业一千二百万人，可否考虑几年后搞到三千万人。

三

北京面积一万六千八百零七平方公里，等于半个海南岛。有什么办法比较快地把荒山绿化搞起来？我一九四六年路过沙城、南口，到现在绿化还没搞起来，还是老样子。

绿化远山区有什么办法？单搞苗圃然后种树不行。研究一下可不可以点籽？要仔细调查一下，研究一下我们的科学技术。一个是要快，一个是花钱要少。把北京的树种起来，是一件大事。五年到八年的时间，要做到真正能完成绿化。

延庆要拿很大一部分精力来搞林业，因为这里山多。造林可以调节气候，涵养水源，保持水土，防风固沙，减轻污染，美化环境。成千上万件事情，这是一件大事。毛泽东同志提出绿化祖国，老一辈没有完成，我们再完不成，不行。如果我们不采取新办法，那就完不成。

绿化可以分片包干，自己负责。要提倡户户养花。要用美化环境来引导群众改变社会风气。道德风尚要引导，不能光是批评、整顿。要使基层干部懂得，环境越好，道德品质越好。我们有些人抓治安光是强调教育、整顿；我也可以用另一种办法搞好社会治安，引导青年去种花种草、看电视、学文化。比如，我们这个车上有地毯，就不随地吐痰了。环境越美化，他越是守纪律。当然抓人、批判也是必要的。如果城市建设搞得好，社会道德风尚肯定就好。建设小城镇，也是为了这个。说你不搞政治，他不晓得这就是政治。

四

农业所有制、责任制问题你们解决了没有？由于贯彻政策，责任制解决了，去年全国粮食增产三百三十亿斤，我估计今年还可以增加二百亿斤，副业会有个大发展。

"左"和右的问题一定要具体分析。政策上有个"左"的问题；对群众的积极性估计不足是个右的问题，不相信广大群众的积极性。去年说农业总产值增长百分之四，结果增长百分之八还多一点。

只靠粮食我们怎么能翻身？我们国家得靠多种经营。去年如果有十几个省放得开一些，我看增产四百五十亿斤没问题。今年我们得腾出一部分耕地搞多种经营。

我们农业的教训是什么？最重要的两条：想得太窄，限得太死。基本教训就是这个，改也得改这个。不能老是想粮食，要搞多种经营。

关于多种经营。将来我们畜牧业主要是发展猪和羊，主要拿土地搞经济作物，糖、棉花、麻、水果、蚕桑、茶叶等等。要把牧业搞上去，主要是改革问题，其次是搞好牧草。

要放开，再放开。我们现在棉花总产量不到五千万担，有了五亿只羊，就等于全国棉花的总产量。羊还有潜在价值，比五千万担棉花大得多，有肉、皮、毛、粪等等。我们多少年都没算这个账。

不能把农业基本建设仅仅理解为平地、挖沟。有些地方今年挖，明年填。冷库就是大的农业基本建设，要把观念改过来。办小学，是不是农业基本建设？我看也是。文化教育、冷藏设备、苗圃、池塘、种子、肥料、沼气、照明，都是农业基本建设。

投资要有比较。有的看起来只解决小题，实际对全局有利；有的是没有效益的。水利，我不是一棍子打死，该搞的搞；花钱太多的，暂时不搞。把钱放到发展多种经营，收效可能更快。我提出这个问题，目的是打开脑筋。不仅是农业，而且还要看怎样扶植牧业、各业的发展。

中央书记处准备搞几十个县，一九八五年人均达到五百元。搞了三十年，还这样穷，实在没味道。虚夸，我们当然不要。总之要开动脑筋，大家想办法。十年内，北京郊区农民收入可否翻四番，至少翻三番。

要富起来，一个是干部、群众人人出主意，一个是政策要对头。商业政策也要对头，要考虑怎么支持生产。山西雁北地委副书记反映了两个问题，一是不少农民家里空空如也，被子、农具都没有，家底搞空了；二是户里养鸡养鸭的多了，养大牲口的少了，他不敢养，怕政策变。你们要进一步考察考察，农民还有什么顾虑。批判极左路线要反其道而行之，要放手地干。

生活提高账，有两个算法，一个按收入算，一个按生活标准算，如一个人一年吃多少肉、吃多少粮，从实际生活水平看。我们如果不犯错误，十年之内，在一部分地区，基本实现电气化是可能的。生活电气化，无非是电灯、电话、电视、电扇、电冰箱，并不是遥遥无期的。说中国人没吃奶的习惯，不是那么回事。我们可以先把奶山羊搞起来，让小孩子吃奶。对于电气化和改变食物构成，不要做右倾估计，犯右的错误。

总之，我们要使农民富起来、工业富起来，这样就好办了，税收也就有了。基础还是社队、企事业单位。他们不富，我们富不了。

今后两年组织工作的几件大事[*]

（一九八〇年五月十八日、十九日）

为什么讲这样一个问题？今年，全国各条战线都要有一个比较长远的打算和规划。组织工作目前还是搞两年布局为好。为什么？就是想从现在起到召开六届人大之前，争取两年左右，把全党组织工作方面的主要问题基本上解决好。今后两年，党的整个组织工作抓哪些大事？我初步设想，主要抓好四件大事：第一，基本上把各级、各方面的领导班子调整好，以适应四化发展的迫切要求。第二，切实把党风党纪搞好，使党的威信有一个大幅度的提高。第三，努力改进各级领导班子的工作方法，促进广大干部在思想上、政治上、业务能力上更快地成长起来。第四，认真做好召开党代会的各项准备工作，力争把我们党的十二大和各级党代会开成建国以来最好的大会之一。

先说第一件大事：基本上把中央、省（市、自治区）、地（市）、县（市）、公社各级和各方面的领导班子调整好，以适应四化发展的迫切要求。

我们现在已经真正在搞四化了，全世界都不怀疑这一

---

* 这是胡耀邦同志在中共中央组织部召开的选拔优秀中青年干部工作座谈会上的讲话要点。

点。但国内外都有人说，我们中国搞四化有很多困难。最大的、第一位的困难是什么？我看，最大的困难是领导班子不够理想。如果同意这个说法，统一了思想，那就在文件上说清楚。请同志们注意，我说的是领导班子不够理想。这个提法跟"四人帮"在台上时的提法不同，跟"文化大革命"前的提法也不同。我不是说领导班子烂掉了，而是说领导班子不够理想，不适应四个现代化的要求。这个提法，是打气，还是泄气？我看是打气，是用积极的态度提出问题。

什么是理想的领导班子？中央讲过了，基本的条件是，班子里的成员是坚决执行党的路线、坚持社会主义道路的，具有专业知识和组织领导能力的，年富力强精力充沛的。坚持社会主义道路，就是不背离社会主义方向。同志们一定要注意，不要随便说人家搞修正主义啦，搞资本主义啦。这样一提，就很吓人了。其实，我们有些班子，还有人在那里闹派性，闹个人主义，搞家长作风，要正视这类问题。具有专业知识，反面叫什么？你讲"万金油"人家不高兴，那就叫外行吧。除此，还有懒班子、散班子的问题等等。

对于不够理想的领导班子怎么调整呢？我认为，调整班子是三位一体的工作任务。即：一、大胆选拔一大批年富力强的、坚持党的路线的、有专业知识和本领的、有培养前途的干部，充实到各级各方面的领导班子中来。二、要认真负责地妥善安排一大批对党和人民有贡献的年老体弱的同志，退居第二线或第三线，使他们既能延年益寿，又能更好地发挥传帮带的作用。三、正确地解决经过三年多考验证明难以胜任现职的同志的工作调整问题，让他们到适合的岗位上去，并且真诚地帮助他们继续进步。这三项任务，是三位一体的，缺一不可。所以，要统筹兼顾，全面安排，做到皆大欢喜。当然，要做到百分之百的人欢喜不可能，做到百分之九十几是可能的。

这三位一体任务的第一项，有些地方已经做了，有的正在做，个别地方做得不错。但一般地说，恐怕还没有引起应有的重视，说得重一点，有的同志脑子里还有抵触情绪。为什么没有引起应有的重视呢？原因很多。一是我们的事情太多，忙于处理各种问题。二是了解干部的面太窄，只从各级党政主要领导人中找。三是没有抓住选拔干部的主要条件。四是方法不对头，还是手工业方式加神秘化，不敢大胆放手地走群众路线，还是首长点头啊。五是思想不大解放，或者说有点保守、僵化。

说领导班子不够理想，也包括中央书记处。这是邓小平同志代表中央在五中全会上讲过的，叶剑英同志也有这个意思。我们中央书记处不够理想，这没有什么秘密，主要是年龄大了。在这个问题上，没有什么客气话好讲的。我们能不能在今后几年选出一批五十几岁、四十几岁的人，把担子压给他们。必须破除静止地、片面地、孤立地看人看事的形而上学观点。把思想搞通了，脑子不僵化了，大量坚持社会主义道路、有专业知识和组织领导能力、年富力强的干部就站在我们的面前了。《组工通讯》[51]要把这个问题写透。选拔年富力强干部的进度必须加快，不能老是犹豫不前。要规定出具体的进度，今年把省一级搞好，两年左右把公社以上各级、各方面的领导班子基本搞好。

今后，脱产干部从哪里来？主要应当根据干部条件，从大、中专毕业生和具有相当文化水平的青年中挑选，一般不直接从文化水平低的工人农民中提拔。这个话两三年前不能讲，讲了有人会问你是什么立场。什么立场？四个现代化的立场！选拔干部，还按照土改[1]时的方向和办法已经不行了，新时期要用新观点、新办法。

三位一体任务的第二项，是认真负责地妥善地安排一大批年老体弱的同志。我们的各级党委，首先是组织部门，对老同志不能存有任何嫌弃的情绪，不要认为人家是什么"老麻烦""老糊涂""老难办"。我们要从党和人民的整个事业着想，也是为了使一批年老体弱的同志延年益寿，让他们到适宜的岗位上更好地发挥作用，搞好传帮带。要在政治上充分尊重他们，不是假尊重；待遇上要充分照顾他们，真心实意地照顾他们，不是敷敷衍衍。要从中央和省、市两级做起，县一级好办。我觉得，安排老同志这件事，思想上的问题解决得不好，办法也还没有研究出一套。总之，对年老体弱的同志必须安排好，不安排好要犯错误，会影响安定团结，影响党的优良传统的恢复和发扬，甚至会影响现在的中年干部。安排和照顾老同志，人大常委会、组织部以及县以上各级党委和中央、国家机关各部门，都要有专人负责，给他们权力，务求把这件事办好。为了办好这件事，宁愿拿出点钱来，拿出点人来。

三位一体任务的第三项，正确解决相当一个数量的经过三年多考验证明确实难以胜任现职的干部的调整问题，分配他们到适当的岗位上，并且继续给以帮助。像这样不称职的人，是不是有相当数量呢？我看是有的。经过三年多的考验，确实证明他们工作不称职，事情办不好，群众不赞成，还继续留在原来的岗位上不好嘛，对党的事业不利，对他本人也不利。对不称职的怎么办？有的调开，有的下放。各地区、各部门人数多少不等，但总的说来数目不会很大。可以分几步走。调开、下放，不是打倒，也不要随便给人处分。

还有一个问题，党政机关干部多怎么办？机构体制怎么搞，中央正在研究。要搞，先从中央机关搞起。机关干部是要精减的，但精减不是把干部赶走，干部是宝贵财富，还是要爱护。办法主要是抽出来学习提高。有两种重新学习的形式，一是进党校、专业训练班，一是下去蹲点。中央和省市机关，有些局长、处长、科长长期蹲机关。干部为什么要长年累月蹲在机关里呢？我主张你们回去鼓励一些干部，到下面去学习，主要是五十五岁以下的。我们要下决心把重新学习的空气搞浓。

第二件大事：切实把党风党纪搞好，使党的威信有一个大幅度的提高。

我们的党风，三年多来有比较显著的好转。这段时间，我们抓党风党纪，经历了几个历程：开始提倡实事求是，然后提出解放思想，去年抓了反对特殊化，中央发了八十三号文件[130]，五中全会又通过了《关于党内政治生活的若干准则》[131]，印发了党章修改草案。这样一步步地走过来，我们的党风确实有比较显著的好转。另一方面，党的威信和声望，在国际上、在国内人民当中还远远没有恢复。原因是：一、林彪、"四人帮"长期破坏，影响太深了。许多同志对这种情况估计不足。二、有些老党员，对党风党纪方面的优良传统忘记了，有些新党员不熟悉，分辨不清什么是正确的，什么是错误的。三、一个很重要的原因，是我们工作抓得不够狠。恢复好传统，抓党风党纪，就是要抓住不放。强调抓住不放，并不等于整人，而是要宣传教育，表扬好的，批评坏的。在这方面，我倒主张年年抓，月月抓。好作风，形成不容易，破坏很容易。所以，抓紧搞好党风，是政治思想工作中头等重要的工作之一。

搞好党风党纪，今后两年，我主张抓住四个环节：

第一个环节，坚决、彻底、干净、全部地把一切冤假错案处理好，解决好。这件事情，已经搞了三年。能不能立个法，如果再过两年，哪一级还有冤假错案，就唯哪一级的第一把手和主管同志是问。刘少奇同志的冤案都平反了，你那里还有比这更大的冤案不能平反吗？

第二个环节，全部、妥善地把林彪、"四人帮"这两个案子的有关人员处理完毕，并且使处理结果经得起历史的检验。

第三个环节，把群众最有意见的不正之风基本上压下去，使它的市场缩得小而又小。

第四个环节，更加广泛深入地进行《关于党内政治生活的若干准则》和党章修改草案的学习和教育，并在教育的基础上，考虑全党性的整党问题。

下面，就如何抓好这四个环节，分别讲几点意见。

关于平反冤假错案。三年多来，成绩很大，但还不能收兵。应该平反的冤假错案，不少地方还有，有的就是顶着不办。平反搞得好的地方，也还有尾巴。我已经告诉纪委，对顶着不办的，再抓几个典型案件，严肃处理，在《人民日报》上公开发表。各地也可以抓几个典型案件，公开处理。在这个问题上，没有什么客气的。平反冤假错案是直接关系到党心民心的问题，哪一天不解决，哪一天就不能有安定团结，党心民心就不服。所以我们要抓紧搞。

关于认真负责地处理两案有关人员的问题。对两案有关的人，要判刑、开除党籍的只能是很少很少，对大部分人要采取改造的办法，使消极因素变为积极因素。

对犯错误的人，要做历史的全面的分析，要放在一定的历史条件下分析。这个问题，看来还没有完全解决好。为什么我们一些同志对历史旧账，老是不同意中央同志提出的宜粗不宜细、宜宽不宜严的方针呢？依我看，可能主要有两条原因。原因之一，是对"文化大革命"中我们一大批群众，特别是青少年，在林彪、"四人帮"的毒害下犯罪，缺乏历史的、全面的分析。我们的方针应当是，处理已经过了许多年的群众性的历史悲剧事件，抓人愈少愈好。如果我们稍不谨慎，只能延长整个民族的巨大痛苦。我们的同志应当了解这一点，应当有这个觉悟。顾全大局，从党和人民的根本利益出发考虑和处理问题，这是我们共产党人应有的党性。原因之二，可能是我们一些同志顶不住受害者或其家属的要求和压力。我们必须说服这些同志，要引导这些同志向前看，顾大局。特别是老同志和文化程度高的同志，在这个问题上胸怀要宽广一些，要历史地看问题，要认识到当时很多青年缺乏政治经验而上当受骗，也是受害者。我们要理解他们，谅解他们，并且要抓紧教育，使他们在痛苦的经验中接受教训，为四化立功补过。我们的负责同志如能带头做出榜样，就会起很大的示范作用。

"四人帮"不是没有该杀之罪，但我们一个不杀。对跟着林彪、"四人帮"犯了罪的不是一个不判，犯错误的也不是一个不处分，而是处理的时候，能宽则宽，能不处分就不处分，再看他几年嘛。要判刑的，只限于一九七八年中央四十八号文件中所讲的那四种人[132]。我还想到一个问题，就是对态度好不好，要做分析。我相信，只要我们的政策对头，大多数犯错误的人包括犯严重错误的人，是可以转化的，五年、十年总可以变。应当坚信这一条。凡是变好了的同志，特别是"文化大革命"初期犯有错误、包括犯有严重错误，后来变好了的同志，或者后来犯过相当严重的错误，这几年表现很好的同志，都应当真心实意地欢迎他们。如何教育犯错误的同志，如何同他们的错误做斗争，这个问题还没有解决好，有的就是由于解决问题的方法不是马克思主义的方法。八十年代必须解决这个问题。总之，对两案有关的人，有的人要判刑，有的人要开除党籍，有些人要降职使用，有些人要解脱。

关于纠正不正之风的问题。什么是当前群众最有意见的不正之风？我看主要有这样几种表现：一、利用职权，为非作歹，称王称霸，打击人，陷害人，敲诈人，等等。二、利用权势搞小圈子，垒山头，搞派性，这部分人可能多点。三、到处闹个人主义，党的利益脑子里装的不多。四、亲属关系超过了革命关系，无原则地照顾。昨天，我家发生了一场风波，我哥哥要我安排他儿子的工作。我说，你毁坏我的名誉，你对我不起，其实不是对我不起，是对革命不起，所以我不理你。我们可要注意，一个新官上任，一群苍蝇就会飞来，围着你要吃蜜糖。亲属关系必须服从革命关系，不能搞什么家族关系、裙带关系。这类不正确的关系，是农民小生产者的自私自利性的反映。现在干什么都走后门，买东西走后门，杀猪、卖猪也走后门。我主张对那些不听招呼，硬把亲属关系凌驾于革命关系之上的人，要惩办几个。五、工作极不负责任，造成国家人力、物力、财力的严重浪费。有的人浪费几百万、几千万，甚至几个亿都不心疼。抓党风，就要抓住这么几条，表扬好的，追究违法乱纪的，重点放在一九八〇年发生的，现在发生的。

关于对党员进行广泛深入教育的问题。贯彻执行《关于党内政治生活的若干准则》，今年要抓住不放。现在，对落实《准则》的情况，宣传报道的规模小了，可以五天报道一次，坚持下去。请研究室的同志转告一下中纪委和中宣部。这方面的工作，组织部自己要搞，《人民日报》要搞，各省、市、自治区也要搞。不要认为文件通过以后就没有事了，要狠抓落实，坚持抓到底。

第三件大事：努力改进各级领导班子的工作方法，促进广大干部在思想上、政治上、业务能力上更快地成长起来。

改进工作方法的问题，是实现政治任务、培养人才的重大问题。领导方法好不好，同能不能造就好的领导干部有密切联系。有两种领导：正确的领导，错误的领导。政治路线、思想路线、组织路线不对头，当然是错误的领导，但不是说，路线对头了，就等于领导方法都是对头的。现在，党中央的政治路线、思想路线、组织路线是正确的，但是我们的工作方法，党内党外有许多意见，外国人也议论很多，批评我们工作上的官僚主义，效率很低，拖拖拉拉，没人负责任。我们面临着搞四化的任务。四化本身就是先进的东西，因此，搞四化也要采取先进的、科学的、现代化的工作方法。我看有四个关系问题，必须好好解决：

第一，很好地解决认识事物的共同性和特殊性的关系问题。我们的国家是一个大国，情况千差万别。这样认识我国的国情非常重要。什么工作都要搞一个标准，一律照办，整齐划一，统一进度，一刀切，是完全行不通的。我们的一刀切，可厉害啦。南方与北方，农区与牧区，少数民族地区与汉族地区，发展快的地方同落后的地方，都是有差别的。不承认差别，不承认发展不平衡，是主观主义的思想方法。现在，要改进工作方法，必须来一次思想大解放。为了弄清楚这个问题，要提到认识论上来说。我们看问题，是从一般概念出发，还是从实际情况出发？是先从认识事物的特殊性开始，还是先从认识事物的普遍性开始？列宁早就说过，对具体事物进行具体分析，是马克思主义的活的灵魂。毛泽东同志根据马克思列宁主义的认识论，总是教导我们，认识一个事物，要首先认识它的特性、特点，才能真正认识事物的本质。

我们经常听到这样一种呼声："这个问题中央没有指示呀！""没有文件不好办呀！"搞四化，中央的路线、方针、政策是明确的，你那个地方怎么贯彻执行，你研究实际情况，提出具体办法嘛。不能拿着上面的东西来套，自己不搞调查研究。现在工作效率低，这是一个主要原因。实现四化，那是一般，你那个地方如何搞现代化，那是特殊。中央的大政方针只能从全国的普遍情况出发，你执行中央的指示，必须结合你那个地区的特点。如果有了中央的东西，你就不研究自己的特点，不根据本地情况拿出具体办法，那还要你那个党委干啥？一个领导者，首要的是了解你那里的特性，把共同性和特殊性结合起来，立脚点要研究特殊性，从实际出发，才能正确解决你那里的问题。

　　第二，弄清楚统一和独立、集中和分散的关系。我们的
国家这么大，统一是必要的，但要把一切都统起来，统得死
死的，那怎么行？几十年只强调统一、集中，这是不对的。
应当又有统一，又有独立；又有集中，又有分散。在集中下
的分散，在统一下的独立。事物不是整齐划一地前进的。什
么都统，统得死死的，违背事物运动的法则。一定要把统一
同独立、集中同分散有机地结合起来，并且不断地协调两者
的相互关系，事情才办得好。这个矛盾我们还解决得不好。
为什么会发生互相扯皮、互相重复、互相抵消力量的事？就
是该分散的没有分散，该集中的没有集中。一般都是上面强
调统一、集中，下面强调独立、分散。必须从思想上、管理
体制上解决这个问题。集中与分散，统一与独立，是辩证的
关系，对立而又统一的双方，失掉了一方，另一方也就不存
在了。只要集中，不要分散；只要统一，不要独立，事情就
办不通。反过来也是这样。体制改革，要体现这种辩证
关系。

　　第三，解决组织性、纪律性和积极性、主动性、创造性
的关系。我们党的组织性、纪律性在历史上是比较好的。我
们讲组织性、纪律性，并不妨碍或者排斥人们的积极性、主
动性、创造性，而是保障这种积极性、主动性和创造性的充
分发挥。我们讲的组织性、纪律性，主要的是政治上的一
致，按照党章办事，严格遵守党规党法，坚决执行党中央的
路线、方针。在这个基础上，要求大家最大限度地发挥积极
性、主动性、创造性。多年来，我们只强调组织性、纪律
性，很少强调发扬和保护积极性、主动性、创造性，更没有
具体有效的措施。多年不提倡发挥积极性、主动性、创造性

了，现在要大胆放手地提倡。今天上午，书记处讨论基本建设时，强调了两个问题，一叫端正基本建设的思想，二叫严肃基本建设的纪律。集体领导，要抓方针政策，不是所有问题都由集体决定。如果集体领导和分工负责解决得不好，组织性、纪律性同积极性、主动性、创造性结合得不好，那么，事务主义、形式主义、忙乱现象、工作效率不高，就永远解决不了。

第四，解决好务虚和务实的关系。日本人总是说我们党内有个务实派。哪里有什么务实派、务虚派？我总想找个机会回答他们一下。前两个月，我在科协大会上公开做了回答，说我们党内没有什么务虚派、务实派之分，我们是既有远大理想，又有求实精神，是虚实结合的。毛泽东同志历来讲，我们既要务虚，又要务实，要虚实结合。毛泽东同志说的务虚，就是要研究点理论，谈点思想，读点书。毛泽东同志说的务实，就是搞调查研究，解决实际问题。不能老说"研究研究""考虑考虑"，研究半年也不解决问题。不能光画圈圈，不拍板，不点头，不摇头。

改进领导方法和工作方法，必须从思想方法上挖根子。各级都要考虑这个问题，花一两年时间解决好。

第四件大事：认真做好召开党代会的各项准备工作，力争使我们党的十二大和各级党代会成为建国以来开得最好的大会之一。

五中全会已经预定今年召开六中全会，明年初召开十二大。我们党的全国代表大会，是党的最高领导机关，要决定党的路线、方针，选举党中央领导机构，决定全局性的重大问题。对于一个党来说，开好一次代表大会，就是在全党、全国和全世界树立起一面旗帜。明年是我们党成立六十周年。从建党到现在，共开过十一次代表大会，有开得好的，有开得不够好的，也有开得不好的。

我们党的十二大，必须开好，应该开好，也有可能开好。说必须开好，应该开好，是因为这次大会是在新的历史转折时期召开的，全党关心，全国人民关心，全世界关心。说有可能开好，是因为粉碎"四人帮"以来党的状况已经发生了根本性变化，并且在政治、思想、组织各方面都有了正反两方面经验。

要开成最好的代表大会，有什么标准呢？我看，大体有三条：一、它制定的路线是正确的。二、它选出的领导班子是有威望的，是全党绝大多数同志所满意和拥护的。三、它的方法是体现民主集中制原则的，是充分走群众路线的。

各级党委都要认真做好准备工作，保证把党代会开好。这项任务，组织部门负有重大的责任。从组织工作方面来说，首先是选好代表，使选出的代表真正有代表性。这里说的代表性，不是代表哪个单位、哪个方面，而是真正为全党绝大多数同志所信任、所赞成，这样才会有威信，有权威。

十二大中央委员究竟怎么选，还没有最后定下来，正在酝酿。人选问题，也要提前酝酿。酝酿是酝酿，决定是决定，不要把酝酿中的意见当成决定。

各省、地、县，可不可以在两年内基本上把党代会开完？要通过召开党代会，进行一次发扬党内民主、健全党的生活、加强党的领导的生动教育，达到依靠党内同志监督党的领导机关，加强领导班子建设，提高领导水平的目的。

今后两年组织战线上的四件大事，讲得全不全，有些话讲得准不准，请大家讨论一下。我希望各级组织部门带头把自己的事情搞好，把班子搞好，把思想搞好，特别是要注意思想问题。我看，我们有些组织部门的同志，在看待和执行党的组织路线方面，思想上还是有老框框，不解放。看来，解放思想不容易。解放思想是无止境的。可能有时在有的问题上偏了一点，但总的讲还是继续解放思想，克服那些落后的、不符合客观实际的、不适应新情况的东西。组织部门在这方面也要带个好头，要不断适应新情况，研究新问题，接受新事物。

关于密切党同党外朋友
关系的批语

（一九八〇年六月——一九八五年一月）

一

建议中组部、统战部、民委、政协，经常听取党外朋友
的合理建议，每个合理建议都在核实处理后转告建议人。这
样，使我们同党外朋友关系愈来愈密切。这对加强整个民族
的大团结和改善我们党的领导，都会发生更好的作用。

（一九八〇年六月三日在中共中央组织部
经济干部局一份报告上的批语）

二

党外三个党派团体，对中药的发展问题，提了许多好意
见，值得我们重视。党外确有能人，他们有知识，又热心，
因而能发现和提出问题。我们有些做领导工作的同志，因为
长期做那项工作，对许多问题司空见惯，头脑麻木，思想陈
旧，如果再加上一些私心杂念，那不仅打不开新局面，反而

会把问题弄糟。请你们把这个材料转给专管此事的同志，并请他们同这批党外朋友密切合作，看如何能把中药这件事搞得更好些，以造福于人民。

（一九八二年十二月七日在中国民主建国会、
中华全国工商业联合会、中国农工民主党
《关于扶持和振兴中药事业的建议》上的
批语）

三

主要人物中党外朋友几乎没有一个。党内人物第一线的同志太多，退居第二线的人物又太少。一切出头露面的事，各条战线都要广为吸收党外朋友和党内退居第二线的同志，这要成为一条原则，加以注意。

（一九八三年八月八日在国家体委《关于
成立第五届全国运动会主席团的请示》
上的批语）

四

落实党外人士政策看来要组织一个班子，用一两年时间去各地巡回检查落实。但这个班子不许搞一般号召、指示、经验介绍等等，因为这些东西即使正确，下面多数人不看，即使看了，顶多也是照转一下，解决不了任何问题。因此这个班子只干一件事，就是向党内外人士打听谁未落实好政策，每发现一个就督促所属党委解决一个，不落实好，就不罢手。

（一九八三年十一月五日在新华社一份
材料上的批语）

五

一个教育，一个科研，这两个部门要多同党外朋友商量，改革文件也要他们多提意见。此事万万不能掉以轻心！

（一九八四年十二月二十四日在中共中央
统战部一份材料上的批语）

六

我看，我们许多地方对党外人士那种荒唐、幼稚的"左"的思想基本上没有得到克服。之所以克服不了，我以为首先同我们有些地方的统战部门、组织部门有关，同我们有些做统战工作和组织工作的同志有关。我主张中央组织部和中央统战部两家从上到下在整党中要把这作为一个重大问题，进行拨乱反正和认真整改。

（一九八五年一月十一日在中共中央统战部
一份材料上的批语）

怎样正确对待毛泽东同志和
毛泽东思想[*]

（一九八〇年七月十一日、十二日）

中央指定一些同志，正在起草《关于建国以来党的若干历史问题的决议》[133]。决议肯定避不开怎样正确对待毛泽东同志和毛泽东思想这个问题，很可能要以这个问题为轴心。

我认为，党中央对毛泽东同志、对毛泽东思想采取了非常严肃认真的态度，这是很正确、很必要的。因为对待毛泽东同志、对待毛泽东思想的态度，不单是中国的问题，也是世界性的问题；不单是我们这一代人的问题，也是关系到我们子孙后代的问题。所以，全党必须十分谨慎，十分严肃，千万不能掉以轻心。中央同志对待毛泽东同志和毛泽东思想采取科学的分析态度，不是盲目地肯定一切，更不是盲目地否定一切，照顾全党全国人民的实际情况，一步一步地向前引导，这种方法也是稳妥的。这都是无可非议的。

毛泽东同志和毛泽东思想有密切的联系，但表述这两个问题时，又应该适当地区别开来，不要把它们完完全全看成一回事。中央同志一直讲，毛泽东同志对我们党、对中国革命、对中国人民做出了最伟大的贡献。这种估计不

---

* 这是胡耀邦同志在全国宣传工作会议上讲话的一部分。

是随便说的,是根据历史事实说的。我们过去这么说,现在这么说,将来还要这么说,这是不能含糊的。至于对国际共产主义运动、对世界被压迫民族和人民,毛泽东同志也做出了伟大的贡献,这也是事实,但我们可以不讲,让人家去讲。

毛泽东同志是我们党的创始人之一。我们的党从一个没有经验的幼年的党,历经风浪,逐步建设成为善于把马克思列宁主义的理论同中国革命的实践密切结合的、同广大人民群众血肉相连的、完全能够带领全国各族人民艰苦奋斗百折不挠去夺取胜利的党,这同毛泽东同志的正确领导是分不开的。

毛泽东同志最早寻找出中国革命的道路,这就是农村包围城市的道路,武装割据的道路,后来在这个基础上发展成一整套理论、路线和策略,指引着全党和全国人民胜利地完成了中国的民主革命。

毛泽东同志和其他同志一道创建了在我们党绝对领导下的革命军队,经过许多曲折,战胜了错误路线,形成一整套中国革命武装斗争的战略战术。没有他老人家,中国人民要进行胜利的武装斗争是很困难的。在极端困难复杂的情况下,毛泽东同志和其他同志一起领导我们保存和壮大了红军。遵义会议[70]后,领导红军胜利完成了举世闻名的战略大转移——长征。后来,又领导我们坚持独立自主的抗日游击战争,打出一个新的局面。抗日战争胜利后,领导我们同国民党进行了最后一次大决战,取得了解放战争的胜利。全国解放后,我们党作为全国范围的执政党,面临更为艰难复杂的局面。在党中央和毛泽东同志的领导下,新中国很快站住了脚，胜利地完成了几亿人口的土地改革[1]、镇压反革命、抗美援朝，胜利地完成了社会主义改造，开始了社会主义建设。

如果我们想到，我们的国家这么大，情况这么错综复杂，革命的每个转折关头形势变化这么迅速，那么，我们更可以想到领导中国革命取得胜利是很不容易的，想到毛泽东同志对中国党、中国人民、中国革命所建立的功勋是不朽的。

恰恰在这个问题上，我们有许多年轻的党员、团员，不少青年人，对于中国革命的艰难、困苦、复杂，对于革命的胜利来之不易，是了解不够的。这一点要充分地讲。毛泽东同志的贡献是多方面的，功绩是不朽的。我们马克思主义者不否认个人在历史上的作用，不否认杰出人物在历史上的作用。恩格斯曾经这样谈到马克思的作用："我们之所以有今天……都应归功于他的理论的和实践的活动；没有他，我们至今还会在黑暗中徘徊。"[134]我觉得我们中国人民、中国党对于毛泽东同志为中国革命做出的伟大贡献，也可以仿效恩格斯的这句话：如果没有毛泽东同志，我们现在很有可能还在黑暗中徘徊，即使获得了光明，获得了胜利，其代价也可能比现在大得多。这一点我们是必须充分肯定的，是应该讲够的。

毛泽东同志有没有缺点错误？过去触及到这个问题的时候，一些同志说，毛泽东同志不可能有错误。这不是可不可能的问题，而是有没有的问题。前两年，我们党中央开始指出，毛泽东同志也有过某些缺点和错误。后来接着说，"文化大革命"他老人家是有责任的，他晚年是有某些缺点错误

的。关于他老人家的失误或者错误，许多同志提出，在若干
历史问题的决议上要写够。为了向人民负责，向子孙后代负
责，是应该写够的。因为不是一般的错误，写够了有好处。
我们写够，不是带着别的什么心情，是恢复毛泽东同志倡导
的对任何事物任何人都要实事求是的优良传统，对历史负责
任。写够，并不一定要写得很多，主要是把错误观点实质讲
清楚，更重要的是要分析一下他老人家这么严重失误的原
因。在原因上，我主张多讲几句话。毛泽东同志年纪大了，
这一点也是有一定关系的，但这和我们党的有些制度没有搞
好分不开。所以，我们现在修改党章，提出了废除终身制的
问题。邓小平同志最近讲了这么一句话，我非常同意，就
是："毛泽东同志说了许多好话，但因为过去一些制度不好，
把他推向了反面。"〔135〕不搞集体领导，搞个人说了算，终身
制，这种制度的确会把人推向反面，这是不以人的意志为转
移的。因此，和个人的思想、品质、作风比起来，制度问题
是一个重要的客观原因。还要分析产生错误的社会、历史条
件，不能把他的错误看成是一个偶然的、孤立的现象，更不
能把过去的错误完全归到他一个人身上。当然，也要讲到他
自己主观上的原因。他本来特别强调不要脱离实际，不要脱
离集体，不要脱离人民，但他自己在后来就没有这样做。现
在看来，一个人脱离了实际，脱离了人民，脱离了集体，非
犯大错误不可，即使是伟大人物也要发生严重的失误。这的
确是非常严重的教训。把教训讲够，对全党同志都有好处。
毛泽东同志的伟大功绩，我们要讲够，他的严重错误，也要
说透，话不一定多。要着重分析产生这些错误的环境和原
因，社会、历史的根源和思想的根源。总的目的是把经验教

训提给全党，让每个党员都来严肃地考虑。不能感情用事、个人意气用事，要向历史负责、向人民负责。

最重要的是如何看待毛泽东思想。这是一个比看待毛泽东同志个人更重大的问题，更要谨慎从事，多作分析。我的意见，要做这样几点分析：

第一点，毛泽东思想是历史上形成的，为全党所公认的。我们党从一九四五年提出这个概念，讲到现在，也讲了三十五年了。我们承认它是一个在我国革命的实际过程中客观存在着的东西，它存在于中国人民的思想里，存在于世界上相当一大部分人的思想里，存在于世界各种文字的书籍里。这是客观事实。

第二点，什么是毛泽东思想？最近有同志提出，既然毛泽东思想是马列主义的普遍真理同中国革命的具体实践相结合，那么，取消毛泽东思想的提法似乎也可以。我认为，这种看法是不妥的。毛泽东思想就是马列主义普遍真理同中国革命的具体实践相结合，这个话是不错的，但还不够完全、不够具体。当我们解释什么是毛泽东思想的时候，不能停留在这个概念上面。讲毛泽东思想，我认为至少还要补充这么几句话：一、毛泽东思想是中国革命胜利的科学总结。更确切地说，是中国实现民主革命和社会主义改造的科学总结。在毛泽东思想的指引下，我们党领导各族人民把中国的民主革命搞成功了，社会主义改造搞成功了，开始了社会主义建设。所以说毛泽东思想是中国革命实践的科学总结。斯大林曾经讲过，什么叫共产主义运动的理论呢？共产主义运动的理论就是国际工人运动的经验总结嘛！我们在四中全会、五中全会的文件上讲，毛泽东思想是中国人民斗争经验的结晶。这是一句话。二、还要补充一句话，毛泽东思想是添加在马克思主义理论总宝库中的新财富。马克思主义是发展的。马克思主义从创立到现在已有一百三十几年。一百三十几年中间，马克思主义的总宝库中，各国的党都增加了一些新的东西。毛泽东同志经常教导我们，不要轻视小国的经验。但是，有两个大党，一个是俄国的党，一个是中国的党，它们在马克思主义这个总宝库中间增加的财富确实多一些，也应该多一些，因为它们的斗争复杂嘛！列宁增加过很多东西，叫作列宁主义。斯大林也增加过一些东西。我觉得我们中国党和毛泽东同志本人对马克思主义那个总宝库也是增加了一些东西的。所以，补充这一句话是很重要的。

第三点，毛泽东思想是怎么来的？毛泽东思想不是天上掉下来的，不是毛泽东同志脑子里固有的，而是毛泽东同志通过中国革命长期的、艰难曲折的实践逐渐形成的。所以，毛泽东思想是有它萌芽、形成的过程，有它发展、成熟的过程。恐怕它的萌芽是在毛泽东同志革命活动的初期，形成是在第一次大革命失败后的一个较长时间里，以后逐渐发展，高峰是在延安时期和建国前后。新中国成立以后，应该说还在前进，还没有减弱它的锋芒。六十年代以后，特别是"文化大革命"以后，虽然毛泽东同志也还有不少光辉的思想，但错误的东西就越来越多了。他的思想光辉减弱了，甚至有些东西同他原来所阐述的思想相反了。所以，讲毛泽东思想，要讲它的形成、发展和高峰这样一个过程。当然，同时也要说清楚，毛泽东思想之所以能够形成和发展，一是离不开毛泽东同志个人的努力，离不开他个人惊人的才能、智慧和革命毅力，他的丰富经历和渊博学识，他深刻的思考能力、正确的思想方法和刻苦精神。毛泽东同志的才能是多方面的，哲学、历史、政治、军事、经济、文化、艺术、诗词、书法，都达到了很高的水平。中国近代和现代史上像他这样具有多方面才能的人，我们能数出几个来啊！二是毛泽东思想又是全党智慧的集中。毛泽东同志的许多思想、著作，都是在大家的讨论中形成的，有些就是共同讨论、撰写、修改的结果。所以，毛泽东思想不单单是他个人智慧的结晶，而是凝聚了全党的智慧，是全党智慧的结晶，反映了我们党对于中国革命和社会主义建设的认识过程。毛泽东思想不只是毛泽东同志个人才能的表现，它还是全党奋斗的成果。当然首先是出于他个人的惊人才能。这样来认识问题，就不会对毛泽东思想轻易否定。

第四点，毛泽东思想究竟有没有科学体系？我看是有的，只是我们现在还没有把它总结好。究竟什么是毛泽东思想的科学体系，现在一下子讲不清楚。但我们有责任至少要把它粗略地概括出来。比如说，在中国这么一个半殖民地半封建的国家，如何把革命搞成功，毛泽东同志提出了一整套理论、路线、方针。比如说，他提出革命成功了的、经济上落后的国家，怎么向社会主义转变，怎么搞社会主义改造。我们在对资本主义改造的问题上，是很成功的。这么一个经济落后的大国，无产阶级取得政权之后，怎么向社会主义过渡，他的思想丰富了马克思主义的理论、策略。又比如说，毛泽东同志在党的建设方面，对于怎样建设一个马克思主义的革命党，是有许多新的贡献的，提出了马克思、恩格斯、列宁所没有提出的许多新的问题、新的见解，有许多成功的东西。又比如说，他为马克思主义提供了关于武装斗争、军队建设方面的理论。毛泽东同志的许多军事思想、军事著作，对今后我们进行反侵略战争，都还有重大的指导意义。我只举了四个例子，肯定还不止这些。毛泽东同志的哲学著作和哲学思想是形成我们党的路线和策略的理论基础，应该说是大大丰富了马克思主义的。

第五点，毛泽东思想主要表现在哪里？我的意见，毛泽东思想主要反映在《毛泽东选集》上面。毛泽东思想还体现在我们党的历史上的一些重要的文件中，如遵义会议的决定、七大文件等，还有其他一些文件。还应该说，刘少奇同志、周恩来同志等人的重要著作也体现了毛泽东思想。

第六点，毛泽东思想应该是发展的。马克思主义本身就是发展的，因为历史是发展的，中国社会主义事业是发展的。我们这三年多将近四年以来，同毛泽东同志逝世以前的情况大不相同了嘛。历史在前进，情况在发展，我们不能躺在毛泽东同志的书本上。要把毛泽东思想推向前进，讲起来比较容易，要真正做到就不容易了。要把毛泽东思想推向前进，总要先了解它。你不研究它，不向它请教、学习，怎么发展它？似乎有某些同志想过多地否定它，那就不可能发展了。在这个问题上，采取感情用事的、轻率的态度是不好的。我们党要特别强调认真学习理论。不单对毛泽东著作中提出来的理论要不断地温习，而且对马克思的、恩格斯的、列宁的、斯大林的，也应该不断地温习。温故而知新，这是古人有益的格言。马克思主义的导师们经常讲学习和掌握理论的重要意义。理论一旦同革命实践结合，就可以把革命事业迅速推向前进。马克思主义一旦掌握人心，就可以变成巨大的物质力量。这一点，我们的同志并不都了解。相反，党内有不少同志是轻视理论、鄙视理论、鄙视知识的。要注意解决这个问题。

可不可以搞这么几条分析，请大家考虑，目的就是使毛泽东思想更容易为全党同志所理解。

同各种理论比较起来，还是马克思主义更科学，经得起实践的检验。它是被压迫人民和被压迫民族的灯塔，照亮了我们前进的方向。对于资产阶级学者的那些理论、书籍，我们也要看，也要向它做调查。现在我们有些同志喜欢强调理论是灰色的，生活之树是常青的。我觉得，不能错误地理解这个话。马克思引用这句话的用意，是说你搞理论不要脱离实际，你要研究生活，研究实际。如果理论能够正确地反映生活，能够随着生活的发展而发展，这就不能说理论是灰色的了。理论是非常重要的，没有革命的理论就没有革命的运动。这些年来，我们全党学习理论、追求真理的气氛很不够。林彪[136]讲"走捷径"，一百条语录就够了，根本取消了理论学习。所以有必要澄清一下，轻视理论是完全不对的。

思想政治工作要积极地抓 *

（一九八〇年十月十五日）

这个会，是我提议开的。为什么提议开这个会呢？是想到当前思想问题很多，思想政治工作要积极地抓。我不讲思想理论问题和政治问题，只是讲讲有关思想政治工作的其他一些问题。

第一个问题，为什么现在的思想问题特别多，思想问题特别多可怕不可怕？

大家反映这几年思想问题特别多，党内党外、干部群众思想问题都多。为什么特别多？这是因为我们现在处在一个历史的转折关头，或者说，这个历史的转折关头还没有过去。转折时期比平常时期的思想问题总要多些。从历史上看来，比如战国时代的思想问题就很多。我们党的历史也是如此。思想问题特别多，加上我们有一个正确的政策，就反映为思想很活跃。

那么，思想活跃是好事还是坏事呢？思想活跃同一切事物一样都有两重性。

思想活跃首先是大好事，它表明广大人民群众敢于讲话了，敢于发表意见了。是一潭死水好还是一潭活水好？有些

---

* 这是胡耀邦同志在中央和国家机关思想政治工作座谈会上的讲话要点。

同志喜欢一潭死水，喜欢纹丝不动，喜欢安安稳稳，其实这是不切合实际的。一潭活水，议论纷纷，肯定会出来大量的好意见，好主张。作为一个领导机关，作为执政党，作为一个领导同志，可以从中听到自己长期听不到的事情，可以发现自己长期不能发现的问题。我们的同志常说，希望把大家的积极性发挥出来。什么是积极性呢？我看思想政治上的积极性是最大的积极性。当然这里讲的思想政治上的积极性，是拥护党、拥护社会主义的积极性，是拥护坚持四项基本原则的积极性，是健康的积极性。这是最可贵的积极性。什么是我们共产党员、我们革命党的最大本事呢？最大的本事就是团结同志，把广大群众的这样一种积极性充分调动起来，不是把盲目的、甚至和历史前进方向相背离的积极性调动起来，不是把那种抬轿子、吹喇叭的积极性调动起来。

思想活跃会带来大量积极的、正确的、健康的因素，这是主导的方面。当然，它同时也难免带来一些消极的错误的有害的东西，甚至就某个短暂时期和某些局部问题来说，还可能带来一些有破坏性的东西。所以我们要全面地看问题，不要片面地看问题，不要一个矛盾掩盖另一个矛盾。总之，思想活跃是好事，不可怕。但也要注意，也要警惕，以便靠我们的工作来发展和推动积极的正确的健康的东西，防止和杜绝消极的错误的有害的东西。

第二个问题，思想工作应该采取什么方针的问题。

可以有两种不同的方针。我们党历史上就曾经采取过两种方针，一种是错误的方针，一种是正确的方针。

什么是错误的方针呢？就是压制的方针，堵塞的方针，甚至采取高压的方针。"文化大革命"中形成那么一个理论，叫"大批判开路"。我们不是说什么时间、对什么问题都不要批判了。马克思主义对旧世界就是批判的。但是，"文化大革命"中间林彪、"四人帮"歪曲马克思主义这个原理，使它达到了荒谬绝伦的地步，结果我们吃了苦头。

什么是正确的方针呢？可不可以说，正确的方针就是疏和导的方针，在疏通中引导，在引导中疏通，又疏又导。疏通就是广开言路，集思广益。我们的言论渠道很多，有党的组织，有人代会，有政协，有职工代表会，有民族自治，还有信访接待工作，这都是广开言路的渠道。我们要治理国家，就要广开言路，集思广益，发扬民主，这是基本的政治建设。

现在我们的情况是两个都不够，疏得不够，引得也不够，既不敢疏，又不敢积极地导。我们有些党委的同志，有些领导同志，说思想工作我注意不了，我很忙。这个意见不对。把经济工作同思想工作对立起来，是一种错误的意见。邓小平同志在八月间政治局扩大会议上讲话中说，要更好地加强党的工作，加强思想政治工作。应当说，我们现在没有发生大的偏差。大家一定要清楚，思想工作只能加强，不能削弱。

第三个问题，如何不断地解决思想问题，不断地提高广大干部和人民群众的思想水平？

解决思想问题，就是提高人们的思想水平。为什么说要不断呢？因为思想问题永远会有，老问题解决了，新问题又出来了，所以说要不断地加以解决，其中大量的问题能够解决，有的问题一下子解决不了。解决不了就挂起来，挂起来也是一种解决的办法。

当前有哪些思想问题呢？我想，主要的有六个方面的问题。

第一个方面是对形势不了解。国内形势，比如经济形势、政治形势、党的形势、思想形势、文艺形势、干部形势等等，还有国际形势。因为不了解或者了解得不全面、不准确，就议论纷纷，就产生这样那样的思想问题。

第二个方面是对党的政策不理解。粉碎"四人帮"以来，特别是十一届三中全会以来，我们党实行的是一套符合实际的新政策。它既不同于"文化大革命"期间的那套，许多方面也不同于"文化大革命"以前的政策。例如经济政策、干部政策、文艺政策、宣传政策、统战政策、知识分子政策、民族政策、宗教政策、外交政策等等，都有发展。由于不理解，就怀疑、抵触甚至反对了。

第三个方面是对历史上有些问题迷惑不解。包括对"文化大革命"怎么看？对毛泽东同志怎么看？对毛泽东思想怎么看？自从盘古开天地，三皇五帝到如今（我们的"盘古"是从遵义会议[70]开始的），毛泽东同志怎么会犯错误？"文化大革命"怎么会有错误？"文化大革命"万岁嘛！"文化大革命"就是好、就是好、就是好嘛！怎么能说也错了呢？这个弯转得很大，翻了个过，当然有人会迷惑。粉碎"四人帮"以后四年，通过三中全会、四中全会、五中全会，通过认识的不断发展和深化，我们才搞出了《关于建国以来党的若干历史问题的决议》[133]的草稿。我们是一步一步走过来的。

第四个方面是对领导机关、对有些领导干部的作风有意见。虽然不是所有的意见都那么恰如其分，但大多数意见是好的，有些是很好的。我们党的作风在延安时期是相当好的，当然毛泽东同志那时还说我们脸上有灰尘。现在的问题比那个时候的问题要复杂得多、严重得多了。

第五个方面是对我们的国家大事、对各项工作有建议。当然，有些建议不实在，有些办不到甚至是空想的。但我们即使对这样的建议，也决不应当采取官僚主义态度，也要重视里面的积极因素，何况还有更大量的很好的建议。我们没有任何理由不认真对待群众的建议。

第六个方面是对自己的冤屈——老的冤屈、新的冤屈——要申诉。现在每天来北京上访的平均四百人，怎么也减不下来。里面确有"上访油子"，确有要求不合理的，也确有诬告的，跑到北京搞投机倒把的，还混进少数坏人，但这毕竟是小部分。因为政策没有落实，许多人确有冤屈，所以中央老是不松这个口，不说平反冤假错案的工作已经全部完了。我认为对于前来申诉的人的意见，应该倾听，应该妥善解决。

解放思想问题，应当立足于相信群众。要由大家来讨论，大家来学习。领导同志也要上阵，个别交谈，上课，做辅导报告，当然首先是以身作则。党要动员和组织大家来干这件事。中央的文件要发动大家讨论，仔细读一遍，一遍不行读两遍嘛！

各级党委要亲自抓思想工作。宣传部门要站在第一线，了解情况，组织讨论，个别交谈，加以辅导。谁不搞，谁就是失职。邓小平同志在政治局扩大会议上提出了官僚主义问题。我们思想工作中的官僚主义也不轻，相当严重，不尖锐地提出来不行。我主张发个通知：多数中央文件一竿子到底，主动学习、讨论，宣传部门的同志作报告、辅导，这要成为风气。

第四个问题，应不应该同不正之风做坚决的斗争？

同不正之风做坚决的斗争，是当前思想政治工作的一个重要内容。现在有这么一种舆论，叫"多栽花，少栽刺"。昨天朱穆之[137]同志讲了这个问题，官官相卫，官官相安，你不犯我，我不犯你，和平共处。我们党里面的思想，往往是两种倾向都有。我们确有"左"的东西，干部路线上面有"左"的东西，思想工作也有"左"的东西。堵塞言路，有点错误揪住不放，采取惩办主义，就是"左"的东西。但是我们也确有右的东西，自由主义的东西，连批评、自我批评都取消了。

我们党风不正，主要表现在哪里呢？违法乱纪，特殊化，官僚主义，压制民主，打击报复，贪污受贿，化公为私，诸如此类，相当厉害。中央一级是一些什么问题呢？可能最大的是官僚主义。有的同志讲，反官僚主义主要就是精简。我说不对。精简只是反官僚主义的一个办法。反官僚主义得有两个东西，第一，从制度上解决，这是主要的，过去重视不够；第二，从思想作风上解决，思想作风不转变，可以照样搞官僚主义。怎样通过转变自己的思想作风来克服官僚主义，这是各级党组织和领导干部做好思想工作的一个重要课题。

不正之风要坚决刹住！中央机关要带头做出成绩来。我们的思想工作两种偏向都有：一、粗暴专横，动不动就打棍子，上纲，个人说了算；二、软弱无力。要告诉同志们，我们许多老同志老当益壮，这个好得很。但是，我们也有某些老同志确实背离了（说"背叛"恐怕太重了）年轻时候的革命理想。我们有些干部，年轻的时候出来革命，思想高尚得很，纯洁得很，在党里面几十年，反而落后了，甚至掉队了。

我看，报纸对坏的东西还是要揭露的。但是，在人和事的选择上，在时机的选择上，要注意有利于促进安定团结，要同党解决这些问题的步骤相适应。我们常说要振奋精神，批评坏的也是振奋精神。无论是表扬好的，还是批评坏的，都是为了发扬积极因素，克服消极因素。在新的条件下，思想政治工作怎样通过表扬好的、批评坏的，达到这个目的，是需要下功夫进行研究的。我们的党艰苦奋斗六十年，我们要毫不动摇地把思想政治工作做好，把党治好。

第五个问题，怎样有效地减少社会上的坏现象和坏风气，或者说怎样有效地同社会上的坏人、坏现象、坏风气做斗争？

我们的社会还有坏人，还有坏现象，还有坏风气，这是个客观事实。如果不注意，坏的东西，捣乱分子，破坏分子，坏现象，坏风气，就会蔓延。自然界的坏东西，危害人的生命的细菌，生命力特别强，传染得快。所以，列宁曾经把社会上的坏东西比作瘟疫。

同这些现象做斗争，政法机关是个非常重要的部门和阵地，法律是很重要的武器。但有许多问题，如果只靠政法部门解决，那是要失望的。应当说，除了法律之外，也还要把思想工作、教育工作和其他有关的工作做好。首先必须发挥新闻、广播、出版、教育、文艺工作的巨大力量、巨大作用。怎样引导整个民族的精神朝气勃勃，奋发向上，怎样更好地使自己成为社会主义现代化事业的一个卓有成效的战线，所有从事这些工作的同志，都应当为此付出毕生的精力。

我们的宣传部门做了大量的工作，是应当受到称赞的。但是，也应当看到，我们的工作还有欠缺。有些同志觉得，我们的新闻、报刊发扬积极因素不够，某些地方甚至站在旁观者的立场说话。还有，我同一些有关部门的负责同志谈了，你们可怜可怜那些青年人嘛，晚上七点钟、八点钟、十一点钟在马路上打扑克，能不能多修点公园？修公园能花多少钱？多搞点娱乐场所，可以就业，又可以引导青年向健康的方向发展。

我们的民族向来有对美好生活的向往，有理想。不要搞那个歪门邪道的东西，而要发愤图强，艰苦奋斗。我们这个民族是能够艰苦奋斗的，是能够发愤图强的。这是举世公认的。我们的思想工作、宣传工作应当怎样使我们的民族精神更加振作，这个问题还有待于认真加以解决。总之，要发愤图强，振作精神，敢想敢干，赴汤蹈火。

第六个问题，善于加强我们全党、全军、全国各族人民大团结的问题。

加强全党、全军、全国各族人民的大团结，是当前思想政治工作中的重大问题。团结就是力量，团结就是胜利，团结就是我们事业的根本保证。当然，这是建筑在马克思主义基础上的团结，是建筑在共同遵循宪法的基础上的团结。我们所讲的团结，是百分之九十五以上的人的团结。十年动乱，林彪、"四人帮"给我们的损害太大了。这种损害，可以分为两种，一种叫有形的损害。这是看得见的，什么生产

啦，物质啦，建筑啦，生产工具啦，人啦，等等。还有一种
叫无形的损害。我看，无形的损害比有形的损害大得多。这
些损害是无法估量的。这种无形的损害，包括思想上的损
害，精神上的损害，团结上的损害，主要表现在两个方面：
第一，把我们的优良传统，优良作风破坏了；第二，增加了
人民内部相互之间的许多隔膜。干部之间，干群之间，上下
之间，军民之间，军政之间，民族之间，伤痕确实很大。请
大家考虑，"文化大革命"中我们相互间形成的伤痕怎么办？
这也联系到对在"文化大革命"中犯过错误的人怎么办？当
然，犯错误性质有所不同，比如要犯、死党，两案审判，是
敌我矛盾；多数是人民内部矛盾。人民内部矛盾里面又有程
度的不同。要教育我们的同志，在形势不好的时候，能够坚
持共产党人无产阶级的气节，坚持硬骨头精神。我们干部有
一千八百万，现在可能到一千九百万。我说有几种人，一种
是带头打砸抢，一种是品质十分恶劣的人，那是必须深刻检
讨的，检讨以后，不能重用。还有一种人就是这几年，特别
是三中全会以后，还对中央的正确路线和正确决策搞两面三
刀，阳奉阴违。这些人必须坚决调开，否则就是炸弹。除了
这几种人以外，我的意见，在学习《关于建国以来党的若干
历史问题的决议》，清理自己的思想之后，可不可以从此以
后这个案就算了了。做了认真的自我批评，就不查了，不写
检讨了，不再议论了。

　　我感觉有这么一个问题，大家可能没有注意到，就是对
现在那些阳奉阴违、两面三刀的人，不正之风、违法乱纪很
严重的人，要严肃一点，紧一点。对历史问题要适当地宽一
点。过去讲要重在表现是正确的。有没有这样的情况，往往

对现在的问题不注意，马马虎虎，你好我好，相安无事，而对过去有些问题却纠缠不放。现在要倒过来。即使"文化大革命"表现很好，但是现在表现很坏的，要警惕。增强团结，必须同团结绝大多数，同抵制消极因素、破坏因素，特别是现在的消极因素联在一起来提。在这个问题上，组织部门一定要按照中央所讲的接班人的三条来办，第一看政治表现，第二看年富力强，第三看有没有比较高的专业知识。这个问题我们各级党委都要抓，要有实际措施，实际行动。现在不是太快了、太急了，而是太迟了、太慢了。要放手让群众酝酿，广泛听取来自群众的意见。

第七个问题，关于继续解放思想、克服思想僵化的问题。

现在有些同志不大提继续解放思想了。我的意见，我们思想工作上、政治工作上还要继续强调解放思想。历史不断发展，情况不断变化，思想就要不断前进。从这个意义上讲，我们的思想要不断解放。思想解放确实没有止境，因为历史发展没有止境。毛泽东同志《实践论》上的两句话讲得很好，人为什么犯错误，就是"主观和客观相分裂，认识和实践相脱离"[138]。

我们要想想，我们的官僚主义为什么比人家多，为什么上面同志比下面同志多？因为脱离了实际嘛。请你们在自己的部党组讨论一下。毛泽东同志讲，每年要四个月下去做调查。现在我们不大下去了。有的下去是走马观花，甚至是游山玩水。这样，我们就培养不出人才，自己就没什么长进。陆定一[139]同志有句话讲得好：实事求是不是从天上掉下来的，实事求是必须同调查研究相结合。调查研究，才能实事求是。调查研究是基础，是十月怀胎。没有主观想象的实事求是，只有对实际情况有比较基本的了解，才能实事求是。我主张做个决定，就是中央机关一定要下去搞调查研究。现在下去之风可不对哩。边远地区，像青海、甘肃、宁夏，很少人去。去就是上海、广州。一个燕子，夏天向北，冬天往南。这也是一种不正之风。

不联系实际，不下去调查研究，主观主义问题怎么能解决得了？外行问题怎么能解决得了？各级领导干部一定要多下去。我们书记处这一点做得也不够好。说是分不开身，其实，还是毛泽东同志说过的，离开了你，地球照样转。

进行调查研究才能解放思想，要继续宣传这一点。要把调查研究，解放思想，切实和我们的工作结合起来，不要老是停留在嘴巴上。没有调查研究，就难免瞎说，瞎吹，瞎刮风，导致主观主义。

继续解放思想也要同防止思想僵化联系起来提，这是一个问题的两个方面。你僵化，怎么能够解放思想？你思想解放了，就可以克服僵化。思想僵化往往来自两种情况。第一，对实际情况不了解；第二，对老经验、老套套过于留恋，过于偏爱。我讲的老经验，包括过去成功的经验。有些成功的经验，我们也不能再留恋了。换句话说，对新情况一知半解，对老经验一往情深，都可能僵化。谁都可能僵化，老同志可能僵化，年轻同志同样可能僵化。这件事情上不僵化，那件事情上可能僵化；今天不僵化，明天可能僵化。为什么呢？就是因为情况在发展、变化，情况是复杂的。可不可以这么说，凡是对情况一知半解，对老套套一往情深，不加分析，认为神圣不可侵犯，都可能产生僵化。我建议思想界、理论界，再把思想解放、思想僵化展开来说一说，根据目前干部的思想和工作状况，从理论上做些细致中肯的分析。我们如果不打破思想僵化，想要统一思想，解决政策问题，特别是顺利地进行体制的改革，那就不行。

真正思想解放，是不容易的。我们对各种东西都要不断进行周密的调查研究，不断进行思想方法的教育，辩证唯物论的教育，不断注意防止和克服表面性和静止性。表面性就是看到一些现象就做判断、做决策。静止性就是固定在一点上，不用发展的眼光看问题。毛泽东同志提出要防止思想上的表面性、片面性、主观性，我觉得现在主要是表面性和静止性。如果说这两年中央的领导作风有所好转，那是因为我们的调查研究，比他老人家在"文化大革命"时要好一些。我们的许多文件都要广泛听取各方面的意见，反复修改十几遍。这四年，我们也有些失误。我在军队说，我们这四年怎么走过来的？八个大字：步履艰难，经验丰富。这几年经验确实很丰富。总结工作，不要停留在现象上，要更高一点。解放思想很重要的一点，就是总结经验，拿主张，出主意，并不是为解放思想而解放思想。

第八个问题，中央一级机关在思想政治工作问题上要带头做出新成绩。

我们党中央这一级，国务院这一级，当然包括书记处在内，以及各部委，要带头把思想政治工作搞得活跃，更有成效。思想工作不能削弱，不能放松。我们现在有些软弱无力，有些迟钝，也有粗暴现象。必须改变简单粗暴的现象，改变软弱无力的状态。从哪里改起呢？过去的思想工作，有些单位有个毛病，就是只搞下面，只搞基层。几十年的实践证明，这是错误的办法，不成功的办法。应当先搞上面，先从领导做起，"君子求诸己"〔140〕嘛！中央机关要先做个好样子。要联系自己的实际。每个部门、每个领导干部都有自己不同的实际。要针对自己的实际，实事求是，对症下药。这个问题，建议各部委党组讨论一下。讨论也要结合实际，解决问题，哪怕解决一个问题也好。我们首先这样要求自己，才能切实取得经验，并推广到下面去。中央一级机关先搞两三个月，再考虑召开全党的思想政治工作会议，这样可能更好一点。

做一个彻底的唯物主义者[*]

（一九八〇年十一月二十三日）

做一个彻底的唯物主义者，这对我们广大干部，特别是做宣传工作、理论工作、报刊工作的干部，是一个根本的要求。这不是什么新问题。这是马克思主义者的根本立场、根本观点、根本方法的问题。毛泽东同志在一九七〇年的庐山会议上讲过，是唯心主义的先验论，还是唯物主义的反映论，这是马克思主义认识论的一个根本问题。[141]

以往的实践反复证明，是搞彻底的唯物主义，还是搞唯心主义，对于我们许多同志来说，并没有解决好。有些同志本来是正确的，后来背离唯物主义，搞唯心主义，犯了错误。有些同志主观上想搞唯物主义，实际上还是滑向了唯心主义。

这是什么原因呢？可能原因很多，其中一个最重要的原因，就是没有紧密地联系实际，联系群众。而脱离实际，脱离群众，就一定要走到脱离唯物主义。

这里，想从五个方面谈谈做彻底的唯物主义者的问题。

---

* 这是胡耀邦同志在省、市、自治区思想政治工作座谈会上的讲话。

一、如何用彻底的唯物主义精神
对待上级的指示

对上级的指示态度不正确，往往是我们离开唯物主义、犯主观主义错误的一个重要方面。

什么是上级呢？有上级组织，上级机关，上级部门，上级负责人。这些概念有联系，又不完全是一回事情。当党内生活不健全的时候，以个人代替组织，个人代替党委，就破坏了民主集中制。所以，不能把上级负责人个人同上级画等号，不能把个人的东西都当作必须坚决奉行的东西。当然，在某一个时候，在一定的情况之下，党委没讨论，没做决定，他个人发现了问题，并提出了很好、很精辟的意见，这种情况也是常有的。但是，一般地说，经过大家讨论的意见，总是胜于个人的意见，集体的智慧总是超过个人的智慧。所以，把上级负责人个人的意见就当作上级的决定、指示，这是不妥当的。

上级的东西要不要执行？当然要执行。但是，各级党委在执行的时候，一定要把中央和上级的指示，同本地区、本单位的具体情况相结合。马克思主义的一个根本原则，就是要把马克思主义的普遍真理同本国的具体情况相结合。这个原则是普遍适用的。任何时候，如果不把中央、上级的意见，即使是正确的意见，结合本地区、本单位的情况加以具体化，满足于照抄、照转、照搬、照套，就是错误的，就不可能把工作做好。因为中央是从全国的一般情况出发的，只能讲一般的原则。中央、上级也不可能把一切都想到，把一切都安排好。特别是我们这样一个大国，情况非常复杂，事物又在不断地发展，中央不可能把一切问题都想得很周密。所以，五届人大三次会议以后，中央对地方提出了四条，就是：中央没想到的，地方可以想；中央没有叫干的，地方看准了的，可以干；中央所说的不适合地方情况的，地方可以变通办理；中央决定错了的，地方可以争论。一个叫想，一个叫干，一个叫变，一个叫争。当然，按照组织原则，这几条都需要向上级、向中央及时反映汇报，或者交换意见，或者请示报告。同时，该集中的一定要集中，一定要服从统一指挥。否则，各行其是，上级和中央一点不知道，那也是会出问题的。紧密结合实际情况去贯彻上级的指示，这才叫作按唯物主义办事。

上级可不可能犯错误？中央可不可能犯错误？中央的负责同志可不可能犯错误？都有可能。中央的决定、中央的文件、中央同志的意见，在特定的条件下，也可能出现错误。五十年代末期以后，由于党内缺乏正常的民主生活，缺乏正确的批评和自我批评，中央的负责同志就开始离开了自己的正确思想，犯了错误。多少年来，特别是林彪、"四人帮"横行时期，搞个人崇拜，把个人封成神，认为谁谁说的做的都是百分之百正确，不可能有错误。什么明察秋毫呀，洞悉一切呀，大救星呀，那是封建愚昧的表现。粉碎"四人帮"以后，我们还搞了一段个人崇拜。危害之烈，莫此为甚。这样搞，第一，根本不可能有党的民主集中制；第二，根本不可能做到实事求是；第三，根本不可能解放思想；第四，不可避免地要导致一言堂、家长制等封建专制主义，并被某些坏人利用搞法西斯主义。所以，个人崇拜这种根本反马克思主义的东西，必须严肃批判，以后再也不能搞了。我们共产党员，只有能力大小强弱之分，没有绝对行同绝对不行之分。不能说这个人的能力绝对行，那个人的能力绝对不行。

在相当长的时间内，不少地方几乎形成了一种习惯，传达上级指示一个字不能掉，要一层一层传下去。根本不结合本地区本单位的实际情况，认真讨论哪些要办，怎么办。认为传达了，事情就完了。这种机械的、形式主义的做法，我们要坚决废掉。这种封建性的个人崇拜，必然把我们的思想束缚得死死的，造成极不正常的政治局面。这样一来，不负责任就出来了，创造性就没有了。什么叫推？什么叫等？什么叫靠？推、等、靠，大都是这样来的。在我们党的历史上，王明[142]路线时期出现过这种情况，后来我们把它扫了一下，思想解放了。以后这个东西又复活了。这几年扫了扫，但是不少地方还继续盛行。我们必须下最大的决心，把这种恶劣的风气纠正过来。不然，什么生动活泼的政治局面，什么朝气蓬勃的创造性，都起来不了。

二、如何用彻底的唯物主义精神
对待自己、对待自己的工作

用彻底的唯物主义精神对待自己，也确实不容易。按照马克思主义的原理，个人在历史上的作用只能有两种：当我们按照历史发展规律办事，按照人民群众的意志办事的时候，就可以多多少少起到推动历史前进的作用；反过来说，如果我们违背历史发展规律，背离人民群众的意志，就要多多少少延缓或阻挠历史的前进。

我们不能把个人放在人民群众之上，不能把个人置于历史规律之外。个人是不能随心所欲地推动历史前进的。为什么号召打倒"刘邓司令部"，十年还打倒不了呢？就是因为违反了历史发展规律，违反了党心民心。为什么"四人帮"被一举粉碎？就是因为他们违背历史发展规律，是孤家寡人，摧枯拉朽，不发一炮一弹，就被打倒了。"四人帮"祸国殃民，不得人心，早已是空架子。他们罪恶的事实教育了人民，人民早已起来做斗争了。天安门事件[143]就为粉碎"四人帮"奠定了强大的群众基础。所以，归根到底，粉碎"四人帮"的一举，是人民群众的力量，是历史发展的必然，是人民群众推动历史前进的生动表现。中央的同志顺应党心民心，做出决策，粉碎了"四人帮"，减少了我们党的损失，是有功的。但是，这两者不能颠倒，颠倒了就是反马克思主义的，就是错误的。必须看到，历史发展规律，人心所向，还是第一位的。

关于宣传个人在历史上的作用的问题，多少年来，我们在思想、理论上相当混乱，即使到现在也还没有完全澄清。什么大救星啦，什么首长到我们这里来是莫大鼓舞、莫大鞭策、莫大教育、莫大幸福啦，诸如此类的话，以后再也不要说了。我们的一些同志往往受小生产思想的影响。小生产的软弱地位，决定了他们没有远大眼光，需要别人来代表他们。他们往往企求于大救星，把自己看成无能为力的。对小生产的狭隘眼光，对封建迷信，要做工作，要逐步使人们从这种思想枷锁中解放出来。

马克思主义认为，人民群众是历史的创造者，是历史的主人翁。正由于我们正确对待个人在历史上的作用，许多问题才搞得清楚。比如，人总是有缺点和错误的，没有完人，没有百分之百正确的人。对每个同志来说，总是既有成绩和优点，也有错误和缺点。成绩、功劳有多少之分；缺点、错误有性质和大小的不同。但一点错误都不犯的人是不会有的。再如，成绩从哪里来的？主要是党的培养，执行了党的正确路线，当然与个人的努力也是分不开的。错误从哪里来的？人们在错误路线下会犯错误，在正确路线下也可能犯错误，这里总有自己的一份责任。因此，在一定的历史条件下，每个人都有个主动性的问题。我们要发挥主动性，不要把自己看成是消极被动的。

还有一个批评和自我批评问题。我们的工作经常有成绩也有错误，要不断总结经验。总结经验就一定要搞批评和自我批评。明明不对，硬要说对，明明不好，硬要说好，这怎么叫讲真话，怎么能总结经验呢？在批评和自我批评中，要学会正确区分两类不同性质的矛盾。在我们的国家里，大量的是人民内部矛盾。人民内部矛盾处理得不好，往往可能发展为势不两立，发展为对抗。不久前《中国青年报》登了一篇通讯《爱的力量》，讲的是两个要自杀的女孩子，由于我们许多同志及时地、真诚地做了思想政治工作，最后挽救了她们。这个事例说明，只要我们做细致耐心的工作，就可以使许多人民内部矛盾不至于激化起来，并会得到妥善的解决。

中央和地方的党政各部门之间，也有人民内部矛盾，也不能采取激化的办法，要靠批评和自我批评妥善地加以解决。这个问题，我们是有深刻的历史教训的。有些事本来是人民内部矛盾，可以通过批评和自我批评求得解决，但有的同志采取激化的办法，就往往造成非常严重的后果。这里还有一点需要着重指出的，当着人民内部矛盾被错误地处理、走向激化时，我们千万要冷静，不要跟着起哄，需要忍耐一下，有意识地"钝化"一下，实行"冷处理"。常言说，宰相肚里好撑船，听听不同意见还是有好处的。根据历史经验，遇到这种情况，第一，不要躺倒不干；第二，不要急急忙忙反击。如果相信自己是对的，为什么要把自己推向不对的方面？如果觉得自己也有点不对，为什么还要坚持这些不对的东西？我们是对的，人家反对不了，推不倒；我们有缺点，人家指出了，就认错，这就很好，就比较容易解决问题。所以，对待自己要经常坚持两分法，要有批评和自我批评，不要使自己负激化矛盾的责任。

三、如何用彻底的唯物主义精神
对待我们国家的大事

我们是社会主义制度的国家。建国以来，是轰轰烈烈的三十一年，还是乱七八糟的三十一年？是光明的三十一年，还是黑暗的三十一年？总的来说，从历史发展趋势来说，是轰轰烈烈的三十一年，是光明的三十一年。第一，社会主义是一个新鲜事物。从人类历史发展的长河来讲，社会主义制度在世界上诞生以来的时间还很短，实践经验还极其有限。第二，我们有占世界四分之一的人口，国家很大。有的外国政治家就对我们说：你们十亿人口，按我们的标准，我们可不知道怎么办哩！这是真话。所以，不能把我们的社会主义制度说得一钱不值。社会主义、共产主义是人类历史上最先进的制度。这一条是不能动摇的。我们只能说，由于我们党内出了坏人，我们有的领导人犯了错误，我国社会主义制度的优越性有时没有得到很好的发挥。但是决不能因此否定社会主义制度本身所固有的优越性。有优越性没有很好发挥出来和根本没有优越性，这是两个不同的问题，不能混为一谈。三十一年来我们取得了巨大成绩，这主要是：第一，我们消灭了剥削制度，建立了社会主义公有制，初步实现了按劳分配；第二，我们有了相当大的建设社会主义的物质基础。有了这两大条成绩，我们就有了前进的阵地。不能因为讲我们的错误，就把我们的成绩甩在一边。

我们的党和国家，确实出现过严重危机。危机的顶峰是一九七六年天安门事件以前。粉碎"四人帮"特别是党的十一届三中全会以后，我们就基本上结束了这个危机。现在我们还没有完全摆脱这个危机带来的后遗症。经济上还存在着许多严重的问题，要采取有效的办法认真克服。因此，对经济工作、宣传工作，我们要谨慎。总之，一个是不要自己吓自己，一个是不要自己麻痹自己。我们要坚定地相信党、相信人民，是能够采取切实措施解决各种暂时的困难和问题的。

当前，我们面临的问题很复杂，工作量很大。我们要把国家搞好，基本上是两条。第一条，力求国民经济有稳步的上升，包括人民生活有适当改善，文教事业、科学事业有所发展。搞好这一条，就要坚定不移地执行以调整为中心的八字方针：调整、改革、整顿、提高。明年要进一步调整，进一步压缩基本建设，真正退够，去掉盲目建设。经济建设是中心任务，各级党委、政府、宣传部门，都要扎扎实实地为经济建设服务。第二条，政治上发展安定团结的局面。要继续努力消除一些不利于安定团结的因素。安定团结不是什么事情也不去办，或者一切都照老规矩办，那样也安定不了。要按照法律程序同确有证据的反革命分子做坚决斗争，要把林彪、"四人帮"的帮派体系分子从领导岗位调开来，对实质上是反党反社会主义的那些人的活动，要研究和采取有效措施予以制止。要随着历史的发展，发扬安定团结的积极因素，消除不利于安定团结的消极因素。什么是积极因素？例如发扬我们党的光荣传统，健全我们的民主生活，加强我们的法制，等等。什么是消极因素？例如不正之风等等。当然，发扬积极因素，克服消极因素，要讲究领导艺术，分清轻重缓急，有正确的措施、步骤和方法。

四、如何用彻底的唯物主义精神对待群众

我们的工人、农民、知识分子，绝大多数是很好的。任何时候都不要模糊这个认识。我们有的同志成天看一些出事情的材料，集中起来就以为很多很多。实际并不是那么一回事。与我们的总人口一对比，干坏事的、闹事的，那是极少数。毛泽东同志告诉我们，人们的认识有感性认识和理性认识两个阶段，要从感性认识上升到理性认识，不能停留在感性认识上。可是，我们不少同志的思想往往被一些表面现象所迷惑，停留在感性认识上。我们要看到问题的存在，但是也要看到，有些问题只是枝节，只是极少数人的事情。这样我们就不会慌乱。我们还要说，许多问题本来是人民内部矛盾，由于我们自己没有做工作，或者处理不当，激化起来

的。在这方面，我们思想工作的作用，就显得非常重要了。所以，不向群众做工作，不提高群众的思想，不引导群众前进，那是完全错误的，那就是放弃了我们共产党人的职责。我们的职责是改造社会，改造人，使人们的觉悟向更高的水平前进。

我们经常批评的官僚主义，很重要的一个表现就是只躲在房子里面办公，脱离群众。不动员我们的党组织、工会组织、青年团组织和我们的干部，到群众里面去，同群众打成一片，了解群众的情绪，反映群众的愿望和要求，就容易产生官僚主义。这一点，列宁讲过很多，毛泽东同志也讲过很多。我们一定不要同群众隔离，要更有成效地向群众做工作。我们做工作的着眼点，是激发全国各族人民同心同德、奋发图强、艰苦奋斗、实现四化、改造中国的豪情壮志和英雄气概；同时，也要提倡舍己为公、助人为乐的良好的社会风气。我们的社会制度为培养、形成这种良好的社会风气开辟了道路。在我们的社会制度下，尔虞我诈是被否定的。这种现象在我们这里并不是已经没有了，还是有，而且还可能滋长。但是，同资本主义国家比，少了不知多少倍。

我们要引导青年奋发图强，脚踏实地，为人民做出更多、更好的贡献。要防止青年人陷于目光短浅或者好高骛远的境地。人在青年时代，确有优点，也确有弱点。弱点往往是或者好高骛远，不切实际；或者目光短浅，小天小地。我们的宣传工作不要助长他们弱点的发展。要发扬积极的东西，奋发图强，舍己为公，朝气蓬勃地前进。我们现在拨乱反正，进行四化建设，在群众里和干部中有千千万万真实的动人的事迹。我们的思想理论界、报刊新闻界、文艺界，要多反映这方面的东西。用实际生活中出现的那种建设我们伟大国家的动人事例来教育人民，这是最好的教材。这方面我们现在做得还很不够。

我们要很好地重视知识分子，重视文教事业。知识分子很重要。我们的国家，我们的人民，普遍缺少知识，而知识和知识分子是密切不可分的。我们对知识分子落实政策的工作还没有结束，对知识分子的使用还不够妥当，对他们的许多实际困难，如住房、两地分居、工资问题，也还没有很好解决。现在我们有些同志却说，我们对知识分子的待遇过头了，他们翘尾巴了。可见，这个工作阻力很大。知识分子的头刚刚抬起来，有极少数同志又想把他们压下去。这就要向有关各方面的同志做工作。多年来，在许多方面，我们对待知识和知识分子的态度不是唯物主义的，不是马克思主义的。今天，我们一定要改变歧视知识分子的状况，克服歧视知识分子的残余思想。我们要下定决心，采取措施，非把这个问题解决好不可。

现在，我们还有一些小城镇，破烂不堪。云南的保山县有一个板桥公社，粮食单产高，亩产一千七百斤，确实是个好公社。板桥镇原来的六百户中，有一百二十户是从事手工业、服务行业的，很热闹。现在一看，差得多了。我们的国家，经过了抗日战争、解放战争、民主改革，后来又经过了"文化大革命"，小城镇里的住户，有许多搞农业去了，很多小商小店没有了。现在我们要发展商品经济，小城镇不恢复是不行的。要使农村里面的知识分子不到大城市来，不解决小城镇问题就难以做到。如果我们的国家只有大城市、中城市，没有小城镇，农村里的政治中心、经济中心、文化中心

就没有腿。城镇，首先要解决发展方向问题。要好好地搞集
体所有制，搞服务行业，搞手工业，搞饮食业。在思想政治
上和社会风气上，要来一个五讲：讲文明，讲礼貌，讲卫
生，讲秩序，讲道德。这些工作，都要采取一些有效的办
法，扎扎实实地进行，不要一哄而起。在小城镇，把照相
馆、理发店、洗澡堂、娱乐场所一搞，治安也就好了。所以
治安不能只懂得抓人，要想办法扩大就业面，发展教育文化
娱乐事业，使青年人有事干，有书读，有地方玩。那样，社
会就会繁荣安定。现在中小城市工作非常薄弱，这个问题非
解决不行。要搞试点，把小城镇的建设搞起来。

五、如何用彻底的唯物主义精神
对待党的领导

　　社会主义的命运同党的领导是密切联系在一起的。离开
党的领导去谈什么坚持社会主义道路是不可能的。我们党是
中华人民共和国的中流砥柱。只有我们党能领导中华民族翻
身。这是毫无疑义的。别的党不是都试过了吗？不行，国民
党就不行。社会主义革命也只有我们党能领导。总的讲，我
们的一千八百万干部，三千八百万党员，无论老干部、新干
部，老党员、新党员，绝大多数都是好的。这是不能怀疑
的。但是，主要是由于林彪、江青反革命集团的破坏，使党
受到很大摧残，党的战斗力大大削弱，加上我们工作中的错
误，党员思想上的灰尘，比过去、比"文化大革命"前、比
延安时期增多了。相当多的党员不合格，或者不完全合格，
党的形象受到很大损害。不看到这个方面是不对的，不是唯

物主义的。党的威信不高，是现实的实际情况。因此，要坚持党的领导，改善党的领导。不改善党的领导，就不能坚持党的领导。

我们党的六十年历史，经过两个阶段。二十八年搞民主革命，夺取政权；三十一年是执政党。执政党同地下党、非执政党有什么根本区别？党执政以后危险性在哪里？在于搞不好会蜕化变质。党执政后不能够命令群众，不能把自己变成旧社会那样的统治者，那样的统治阶级。防止党蜕化变质，重要的一条就是必须认真地改善党的领导。

如何改善党的领导，需要研究一系列问题。如加强民主集中制，废除干部领导职务的终身制等。还有一条，就是坚决克服不正之风。克服不正之风，是个原则问题，是不能动摇的。当然，这项工作会遇到很大阻力。纠正、克服不正之风，方向上要坚定不移，不能有什么错觉。在方法、步骤上是要认真研究的。鉴于不正之风在一个时期相当盛行，纠正不正之风，要注意这么一些问题：第一，《关于党内政治生活的若干准则》[131] 公布以前发生的问题从宽。除个别民愤极大的，不要再查。《准则》公布以后、五中全会以后，特别是现在发生的问题，要认真对待，要从严。第二，对于不正之风，不管查到谁的头上，都要核实。鉴于过去的教训，不要起哄，不要当成运动来搞，不要搞成一股风。往哪里核实？当然要通过所在机关、通过党委核实。事实一定要核实清楚。没有闹清楚之前，不要急急忙忙下结论，以免误伤了好人。核实材料，要征求本单位意见，也要听取本人意见。第三，要抓重点。克服不正之风，是人人有责、级级有责的。在克服不正之风方面，每个党员都要提高自觉性，提高坚定性。我们既然是共产党人，就一定要增强党性，不怕吃苦耐劳，有决心、有勇气、有办法去掉我们身上的一切不正之风。

我们党的绝大多数人是从小生产者出身的。这可以说是我们党内存在不正之风的一个社会根源。农村、城市的小生产者，在民主革命时期，确有革命性，轻视这种革命性是错误的。但也确有弱点，比如自私、保守、狭隘等等。所以毛泽东同志、刘少奇同志在他们的著作中，反复强调在党内要克服小生产者的思想，共产党员要有伟大的无产阶级气概、胸襟、眼光。我们同不正之风做斗争时，宣传、教育战线的同志要从正面来启发，给广大党员以思想武器。要特别注意，在党的历史上，前仆后继、英勇牺牲的榜样是大量的，过去有，现在有，将来还有。我们确实有许多模范党员、模范干部。我们的报刊要多宣传这些东西，使搞不正之风的人看后感到惭愧。我们一定要用正面形象来感染人，鼓舞人，教育人，鞭策落后者。

我们的方法主要是表扬，同时也要有批评。纠正不正之风，提高党的战斗力，各级党委、每个党员都要主动。我们党的每个细胞，都要毫无例外地为党的肌体更加健康而努力奋斗。这是我们每个党组织、每个党员的职责。

搞好党风的几个问题 *

（一九八〇年十一月二十六日）

我们这次贯彻《准则》[131]座谈会，讨论如何进一步搞好党风问题，我觉得开得是非常适时的。我想就四个问题谈一些个人的看法。

我在准备发言的时候，曾经看了陈云同志的三条很重要的意见。陈云同志这三条意见是：

第一，执政党的党风问题是有关党的生死存亡的问题，因此，党风问题必须抓紧搞，永远搞。

第二，纪委工作会有困难，但是经过统一认识是可以解决的。

第三，必须实事求是，查清问题，核实材料，再处理问题，并和本人见面。

陈云同志提醒我们、提醒全党同志高度注意的这三条重要意见，我觉得讲出了我们做好纪律检查工作、搞好党风的三个基本思想或叫三条基本原则。

我今天要讲的四个问题，就是根据陈云同志的三条意见展开来说一说。

---

* 这是胡耀邦同志在中央纪律检查委员会召开的第三次贯彻《关于党内政治生活的若干准则》座谈会上的讲话。

一、要正确地评价纪委的工作

　　党的纪律检查委员会是三中全会[77]重建的。三中全会和以后的几次全会，确立了我们的思想路线、政治路线和组织路线。重建党的纪律检查委员会，就是端正我们组织路线所采取的一个很重要的措施。从三中全会到现在，快两年了。两年来，我们党的各条战线的工作都有较大的进展，纪律检查委员会的工作也取得了比较大的成绩。纪律检查委员会的工作成绩在哪里呢？据我看来主要的有三条：第一，代中央制定了几个重大的党的法规；第二，解决了历史上的几个大的是非问题；第三，检查和处理了一批违反党纪的重大案件。

　　我还有这么一个看法，三中全会以来，我们党把纪律检查委员会的工作提高到了一个新的水平。可不可以这么看，就是这次恢复党的纪律检查委员会以来，我们不单单是继承了"文化大革命"以前的党的纪律检查工作的许多好的传统，而且发扬了这些传统，这就是不只是限于检查党内违反纪律的案件，而且从整个搞好党风、维护党纪上面提出问题，研究问题，解决问题。这种做法，就使我们纪律检查委员会的工作比过去站得更高、想得更深、做得更主动了。

　　这个时期的工作，还有一个特点，就是我们的工作总的来说，是实事求是的，是稳妥的。正是由于我们做出了比较显著的成绩，所以党的纪律检查委员会在党和人民的心目中是有威望的。

　　但是，也不要把成绩估计得过高，估计过高也是不符合实际的。同党的事业的要求来比，同全党同志和人民群众的希望来比，我们的工作还是做得不够的。我们不是做得很多了，而是做得还少；不是做得过分了、过火了，而是在做的过程中，拿人民群众的话来讲，还有点勇气不足，劲头不足。就全国来讲，纪律检查工作还有一个发展不平衡的问题。有些部门、有些省市好一些，有些部门、有些地方差一些。为什么会有这种差别呢？原因可能是多方面的。但是，重要的原因可能有这么一条，就是敢不敢做！纪律检查委员会的工作确实很难做，这就有个"敢"的问题。纪律检查委员会要面对严酷的事实，要得罪人，要敢于伸张正义，敢不敢？其实，我们在拨乱反正时都存在个"敢"字的问题。要使我们的事业重新蓬蓬勃勃地发展，犹犹豫豫，马马虎虎，怎么能够拨乱反正呢？不管是分清是非也好，还是克服困难也好；不管是增长才干也好，还是取得人民的信任也好，确实有个精神状态的问题。有没有该做、想做而不敢做，该主持正义、想主持正义又怕主持正义，该讲、想讲却不敢讲的精神状态呢？大家想想看，在许多情况下，为什么会出现"踢皮球"的现象呢？为什么明明应该自己负责解决的问题，又不勇于负责，而总是希望中央说话，希望中央发红头文件呢？我觉得，这不只是我们这条战线，在许多战线相当多的同志中间，都存在一个精神状态问题。所以，在肯定我们的工作取得很多成绩的时候，还是要讲讲我们工作的不足方面，并要联系到我们的精神状态来考虑这些问题。

二、要深刻认识搞好党风的巨大意义

党风好不好，是党能不能站得住，能不能存在和发展的问题。陈云同志讲话不很多，但都是经过深思熟虑的。我很赞成他这个话：执政党的党风问题，是有关我们党的生死存亡的问题。可是，我们党的许多同志认识不到这个问题的重要性，相当多的同志的认识是不正确的。这些同志说，我经济工作都忙不过来，哪里还能够抓党风？或者说，安定团结是前提，党的纪律抓得太紧了，太严格了，可能要妨碍安定团结。这些想法实际上是把纪律，把党的纪律检查委员会的工作，搞好党风的工作，看成是可有可无的，甚至看成是同发展经济，搞好安定团结相对立的。这是完全错误的。我想根据我们党的历史，来说一说党的路线、政策同我们党内生活，同党的作风的关系。

从我们党几十年的历史来看，大体上有这么四种情况。

第一种情况，在党的路线、政策犯大错误的时期，党内生活是不正常的，叫作封建式的家长专断，因此导致革命遭到很大损失，遭到很大挫折。但是，即使在那个时候，只要党风很好，广大干部和党员英勇奋斗，前仆后继，流血牺牲，坚贞不屈，党仍然能够赢得人民的尊敬，使革命没有全部失败，而且在正确路线指引下，又生气勃勃地前进了。这主要是指一九二七年到一九三五年这一段时间。

第二种情况，路线、政策是正确的，党内生活也是正常的，但是我们的党风不够好，或者说，相当多的一部分干部，风气不大好，因此思想不一致，矛盾很多，同群众的关系也不够好。这就是我们到延安以后的几年时间，大体上是一九四〇年到一九四三年。毛泽东同志那时提出我们党内主观主义、宗派主义、党八股盛行。这些东西的确是严重存在的。什么叫党八股呢？用我们现在的话来讲，就是"假、大、空"，讲假话、讲大话、讲空话。因此，党中央当时下决心，来了一次大规模的整风运动。整风运动又可以叫"洗脸"，搞"清洁卫生"。经过整风，提高了全党的思想觉悟，端正了作风，使我们党更加生气勃勃地前进了。党的三大优良作风，即理论联系实际、密切联系群众、批评和自我批评的作风，就是在这个时期确立的。这是第二种情况，作风同路线、政策有时候不适应。

第三种情况，就是路线、政策是完全正确的，党内生活很好，搞民主集中制，党的风气也很好。在这种情况下，我们党团结一致，生动活泼，党在人民群众中的威信很高。路线政策、党内生活和党风三个方面都很好，使我们的党、使我们的革命能够大踏步地前进。这主要是指抗日战争的大部分时期、解放战争的全部时期以及建国初期。

第四种情况，路线、政策是错误的，党内生活极不正常。党内生活极不正常，坏人就钻空子，甚至好人也被人家拖下水，做了些坏事。这就严重地败坏了我们的党风。投机钻营的分子吃得开，党内盲目性很大，党的威信急剧下降。这种情况，我指的是"文化大革命"的十年。

"文化大革命"的十年，党风遭到空前破坏，主要表现在两个问题上。一是个人崇拜登峰造极，达到荒谬绝伦的地步。党内出现了大大小小的救世主，大大小小的奴隶。什么民主生活，什么实事求是，什么解放思想，根本谈不上。二是"有了权就有一切"，一些人拿了权到处做坏事。

我们党到明年就有整整六十年的历史了，我们走过的这个路程，可不可以说，有这么四种不同的情况。王鹤寿[52]同志在中央书记处汇报的时候提出来这么一个概念，就是党的路线、政策，同党的正常生活，同好的党风是相依为命的。根据我们党六十年来走过的路程，我是赞成这个看法的。我觉得提出这个看法很有好处。只有一套正确的政治路线、政策是不够的，还要有一套正确的组织路线和好的党的作风。这两个方面结合起来才能把我们的党搞好。所以，只满足于路线、政策的正确，而忽视党的生活的建设，忽视党的作风的建设，这是站不住脚的，是错误的。这是从历史的教训来说。

再从我们执政党的地位上来说。马克思主义的党，从被压迫、被屠杀、被"围剿"的地位变到在全国执政的地位，这是个根本的变化。执政以后，会不会变质呢？历史的发展，向全世界的共产主义者、向国际共产主义运动提出了这个问题。一百多年来共产主义运动的活生生的历史，不是说可不可能有这个问题；这不是个抽象的理论问题，而是一个很实际的问题。

执政以前，形势迫使我们党要有一个好的作风。搞什么主观主义、官僚主义、脱离群众，搞特权，就会被敌人打垮、消灭。而且环境本身就很艰苦，没有多少特权可以搞，也不能像我们现在这样搞那么严重的官僚主义，一个事情一拖就是一年。尤其是在战争年代里，敌人来了，打不打，走不走？考虑考虑吧，研究研究吧，画画圈吧，那样几个小时后，你不是被俘就是呜呼哀哉。在我们没有取得全国执政党的地位之前，环境迫使我们要搞唯物论的反映论。

执政以后，我们一些革命意志薄弱的同志很容易被糖衣炮弹击中，腐败下去。在剥削制度的历史上，执政的人都是把自己变成压迫人民的统治者。共产党人和他们的根本区别之一，就在于无论担负多么重要的领导职务，都决不能从人民的公仆蜕变为骑在人民头上的老爷，变为压迫人民的统治者。党是社会主义事业的领导者，但是党如何领导，党同其他组织的关系是怎样的，党怎样不是通过强制性的命令，而是通过耐心细致的思想政治工作，通过号召、说服、教育来吸引人民群众，通过党员的模范行动来带动人民群众，今天不可能拿很多时间专门谈这些问题。我希望做实际工作和做理论工作的同志，也希望我们纪委的同志，来认真地思考研究这些问题。执政以后，把我们的党看成高居于其他组织之上，由党包揽一切，事事发号施令，把党员看成是凌驾于人民之上的统治者，这是完全错误的，是十分危险的。波兰的事件[144]非常值得我们注意。所以我们的同志千万不能忽略，党从被压迫、被屠杀、被"围剿"的地位，转到了执政党的地位这个根本变化，搞得不好，就有蜕化的可能，有变质的可能。我们不要忽略了这个问题。

我们有些同志还忽略了：党风不正是我们现实工作搞得不好的一个原因。为什么我们今天经济稳步上升的工作搞得不好，安定团结的工作还有不少问题？原因在哪里？就客观上来说，有林彪、"四人帮"残余势力和其他敌对分子的存在；就我们主观上来说，则不但有思想路线的不够端正，"左"倾思想还没有完全克服的问题，而且还有我们党风不正的问题。经济工作搞得不够好只归结为一个原因，就是"左"倾思想还没有完全克服，我觉得不合乎事实。除了这"左"倾思想没有完全克服外，还有待于端正我们的党风，有待于切实解决不正之风这样一个严肃的问题。

不管从历史经验看也好，从执政党的地位变化看也好，从现实情况来看也好，我完全同意陈云同志提出的这么一个命题：执政党的党风问题，是关系我们党的生死存亡的问题。我们全党，首先是我们的干部，要认真地考虑这个问题。

三、要坚定不移地把党风搞好

我同意《座谈会纪要（讨论稿）》对当前党风情况的基本估计。我同意这个看法："经过全党努力，我们的党风已经有了相当大的进步。但是，与建国初期相比，党风还没有根本好转，不正之风还相当严重。"我觉得这个估计是合乎实际情况的。在中央书记处会议上，黄克诚[145]同志提了个很好的意见，他说，我们党内的不正之风，是个腐蚀剂，腐蚀我们党的肌体。我完全同意这个看法。这也是《座谈会纪要（讨论稿）》上写的："党风不正，严重破坏了党和群众关系，损害了党的威信，削弱了党的战斗力，带坏了社会风气"。"带坏"这两个字似不妥当，改为助长了社会不良风气的泛滥，比较恰当些。我们党有好的作风，就是三大作风，也有不正之风。这是事实。所以不正之风这个概念是能够成立的。不正之风是个腐蚀剂。每一个热爱党、拥护党的人，不管是党员、非党员，都应该关心我们的党风，都有权利、有责任关心我们的党风。我们的国家是共产党领导的，为什么中国的公民不能关心领导者、关心我们党的党风呢？所以，不论工人、农民还是知识分子，不论老年人还是青少年，都有权利、有责任关心我们的党风。我主张在党报上公开地讲明这个问题。当然，像陈云同志讲的，一定要实事求是，查清问题，核实材料，同本人见面，有的还要同有关方面打招呼。尤其重要的是，我们自己特别是党的高级干部应当关心党风问题，应当带头搞好党风。关心我们的党风是有党性的表现；不关心是没有党性，或者说是党性不强的表现。这没有什么可含含糊糊的，应当尖锐地把问题提出来。

不正之风是从哪里来的呢？应该说，是剥削阶级思想的影响，不能把不正之风说成是无产阶级政党固有的。是无产阶级政党受了剥削阶级思想影响，是剥削阶级思想传染到无产阶级政党里面来了。现在有些党外人士就不服这种说法。他们发问：你们党内的不正之风，怎么是别人传给你们的呢？有人提出这么个问题，为什么把剥削阶级推倒了以后，剥削阶级思想又泛滥起来？我们说，把剥削阶级推倒了，并不等于社会上、人们的头脑里剥削阶级的思想、旧的习惯势力就同时完全消失了。不正之风泛滥了这十几年，还因为我们党里面出了一伙子坏人，出了林彪、“四人帮”，他们接受了剥削阶级那一套恶劣的思想、作风，并在党内推行。再加上我们领导上包括党中央的组织生活在一个时期不健全，破坏了民主生活，党风不好，不正之风就泛滥起来。如果是这么看，我们就有理由说，搞好我们党风的这一场战斗，是肃清林彪、“四人帮”流毒的继续，是我们的好同志同林彪、“四人帮”这一伙彻底划清界限的标志。在这样严肃的、重大的问题面前，决不允许共产党员采取马马虎虎、等闲视之的态度。

我们应该怎样同不正之风做斗争呢？根据陈云同志的意见，我提两条：

第一条，继续认真地、扎扎实实地在全党进行党性、党规、党法的教育。任何时候都不能忘记思想教育。改造中国，那是非常艰巨的。旧中国是个落后的半殖民地半封建的社会，遗留下来的有封建思想，有资产阶级思想，有小资产阶级思想，有旧的不合乎历史发展要求的习惯势力，这些都不是短时间所能够消除的。按照列宁的说法，这是几代人的事情。所以，任何时候都不要放松思想教育，如果放弃思想教育那就更是错误的。

教育什么呢？要使广大党员懂得党的光荣传统和优良作风。我们现在三千八百万党员中有两种不好的情况：一种是老党员忘了党的优良作风；另外，还有半数以上的新党员中有不少同志不懂得什么优良作风。他们说："你都是同我讲假话，我就不相信你们二十年前就那么奉公守法，那么正人君子？"他们不相信十多年、二十年、三十年前，我们党那么纯洁，那么高尚。现在，我们就是要向广大的新党员宣传说明党的光荣传统，进行党的优良作风的教育；就是要继续开展《关于党内政治生活的若干准则》和党章的学习。在联系实际进行党性、党规、党法的教育中间，我还主张经常宣传现在我们党内继承优良作风的典型，宣传知错改错的事例，像今天《人民日报》头条消息，河南省平舆县在县委领导干部带动下，清退利用职权安排的子女亲朋六百多人这样的事例。还要宣传移风易俗的新闻。我们现在正处在改革的时代，一方面要扭转旧的风气，另一方面还要提倡新的风尚。前些天政协副主席张冲[146]同志去世了，他在遗嘱中说，不送花圈。他那个追悼会，就没有花圈。还有集体举行婚礼也是移风易俗的东西。所以，要宣传发扬优良作风的典型，宣传知错改错的事例，宣传移风易俗的新闻，这些都是

促进我们扭转不正之风的积极因素。要从多方面来提高我们
抵制不正之风的自觉性。党的各级纪律检查部门应当同党的
组织部门、宣传部门、报社、电台广泛配合，共同研究，要
准备打一场搞好党风的思想教育的持久战。一年是搞不完
的，先搞它五年再说。有的同志提出，要不要来一次整党运
动？这在我们这个会上是不能定的，这只能由中央来考虑。
现在我们没有可能像延安时代那样集中力量搞两三年的整风
运动。解放以来，毛泽东同志曾提过小整风的办法。但是，
搞好党风，靠一阵风，看来是很难成功的。这是一件很细致
的工作，要由组织上和领导同志个别谈话，打通思想，努力
启发有不正之风的同志自觉地改正错误。主要还是要靠发动
广大党员，发动人民群众，经常监督我们，切实恢复我们批
评和自我批评的传统。这是我对搞好党风的第一条意见。

　　第二条，要认真联系实际，同现在存在着的不正之风做
坚决的斗争。这个不要含糊。这就要看各级纪律检查委员会
有没有这种勇气，有没有这种革命胆略。《座谈会纪要（讨
论稿）》上归纳的十三条表现，我看了一下，还没有研究好，
说不准。我主张要抓最重要的，要抓干部，要抓群众最不满
意的。因此，提十三条好呢，还是减少一些条，把有些条文
讲得更明确一点，请同志们再考虑一下。中央书记处的同志
每天至少可以看到五十件以上有关党风方面的材料。这两天
我想了一想，根据这些年来的感受，我看主要还是先抓六个
方面的问题：

　　第一，对党中央的路线、方针、政策采取阳奉阴违、两
面三刀的态度。这里要把认识问题排除出去。三中全会以
后，有相当一部分同志由于一时的不理解，有抵触，我们应

该理解这种情况，不要纠缠。只要跟上就是好的，确实由于认识问题跟不上，要热情而又耐心地进行帮助。我这里是指拒不执行党的路线、方针、政策，对党的路线、方针、政策采取阳奉阴违、两面三刀的恶劣做法，使工作遭受了重大的损失的，而不是指一个时候认识不清楚的问题。

第二，利用党和人民赋予的职权，谋取私利，拉帮结派，安插私人。群众对这一条是意见很大的。

第三，丧失原则或者说不顾党的原则去搞"关系学""关系户"，请客送礼，索礼受贿，损害党和国家的声誉，挥霍国家和集体的财产。请客送礼，这个风可是厉害得很呀！有材料说有一个省今年一至九月份，仅此一项就花掉一千五百万元。如果别的省都这样，全国就得三四个亿。有些单位随便可以吃夜餐，如果一顿夜餐每人是三角钱，两千万人吃一百天，就是几个亿。有的人索礼受贿，搞到外国人头上，确实丢脸呀！

第四，有错误不承认，反而凭借权力、权势，诬陷和打击报复好人。这个问题是相当严重的。

第五，有意弄虚作假，专爱抬轿子吹喇叭，欺上瞒下，骗取荣誉，投机钻营。我们党里有人搞个人崇拜，可是我们党内的确也有那么一些人，专门当吹鼓手，十几年、几十年专门搞那一套。

第六，工作极端不负责任，比如订计划，进行基本建设，或者搞经营管理，都极端不负责任，从而使国家和人民的利益遭受严重损失。

我的意见，一个时期内，集中抓几件事情，面不要太宽。不是说有些事情不抓，而是说先抓那些主要的，群众最不满意的。

关于处理问题，陈云同志提出这么一个很好的原则：必须实事求是，核对材料，并和本人见面。必须实事求是，十条里有一条不实在，就去掉那一条。为着实事求是，就要核实，就要征求所属党委的意见，也务必要同本人见面。然后再考虑哪些要登报，哪些要党内通报，哪些要处分，哪些由本单位批评一下就可以了。

对于那些违犯党规、党法、党纪的人的处理，对于不正之风的处理，一个重要的原则，我赞成首先抓《准则》公布以后所发生的案件。你们《座谈会纪要（讨论稿）》上是这么写的："处理不正之风问题，一般以《准则》公布为界，过去从宽，今后从严。"我的意见是，凡属《准则》公布以前的，除了极个别的，民愤很大的，应进行适当处理以外，能不能规定一条，一般就不要再查了。因为，这会牵涉到实际工作中一个很大的问题，就是我们各级党委纪委的实际工作和精力是放在查现在的问题上，还是引导大家去查过去的问题？我个人意见，必须以我们的主要精力来查现在的，查《准则》公布以后的问题。前几年，被打成走资派，刚刚被解放，子女没有办法，走个后门安插，我看这类问题一般不要再查了。我不是说要定一条"下不为例"，不是这个意思。我们许多老同志两年以前才解放出来，两年以前的情况非常复杂。有的同志染了一身泥巴，很不干净；有的同志解放出来以后，要求解决一点实际困难。听说陈云同志同王鹤寿同志谈话的时候还讲了这么一条，就是由于十年来林彪、"四人帮"的横行，我们许多干部可能大大小小都存在一点问题。陈云同志是这么说的，他说：我们干部中有不少同志是

"维吾尔的姑娘——小辫子不少",随便都可以抓一条。所以,处理这些问题要慎重考虑。我认为陈云同志提出这么一个问题来,是希望我们处理不正之风既要坚决,又要谨慎。对于犯错误的同志,应该诚心诚意帮助他,不要使他下不了台。假使我们采取这样的办法,我们是能够取得全党、全国人民拥护的。这样,就会使我们搞好党风的工作,一步一个脚印,不断地推向前进。

四、我们的党一定能够以更高大的形象 出现在十亿人民当中

我是有这么个坚定的信念的。去年七月二十二日,我曾经在纪委的一次会议上说,我们要争取这么一个目标:经过三年,三年不成就五年,把我们的党建设得更好,给我们这个光荣的正确的伟大的党,再增添一些分量。

自从粉碎"四人帮"以后,在当前,在今后的若干年,或者十几年,或者二十年,我说有三股潮流是阻挡不住的。

第一股潮流是团结起来干四化。还能不能有人大规模地挑动打内战、揪走资派、搞穷过渡?个别的可能搞得起来,大规模地搞,我说搞不起来。潮流是团结起来干四化。你搞什么民族分裂,人民的分裂,我看通不过,人民不答应。

第二股潮流是健全民主和法制。能不能再出现林彪、江青反革命集团里的那种人物?让那种人物一下子来当副主席,中央委员会通得过吗?把江青[147]式的人物奉承为旗手,搞逼供信,我看有是有,但不可能大规模地搞。潮流是广大干部、党员、群众都要求健全社会主义的民主,健全社

会主义的法制。

第三股潮流是发扬党的好传统，要求改善党的领导，加强党的领导。邓小平同志代表政治局讲这个话的时候[148]，一下子就得到了党内、党外的广泛拥护。要改善党的领导，要加强党的领导。只有在改善党的领导的前提下，才能够坚持党的领导。

这三股潮流汇成一股总潮流，就是建设社会主义的强大的中国。或者说：国家繁荣富强，人民安居乐业。人民要求这三条。这三股潮流只会愈来愈强，谁都阻挡不了。历史不是按照少数人的意志、不是按照少数人想怎么发展就怎么发展的。历史的发展不是以个人的主观愿望为转移的，这是马克思主义的开宗明义第一篇。我党几十年奋斗的过程，教育我们懂得了这一条。为什么"四人帮"能够一举粉碎？我们中央的一些同志出了力，作了贡献，但不是我们有些同志比毛泽东同志还强、本事还大，而首先是"四人帮"丧失了群众，成了一个空架子。群众已经起来反对他们多少年了！为什么"渤海二号"的处理[149]，得到这么广泛的拥护？一登报，人民高兴得很！要透过现象看人民的意志、看人民的愿望。代表人民的意志和人民的愿望的潮流是谁都阻挡不住的。

因此，我的意见，不要悲观，不要无所作为。也不要存什么侥幸心理，我们有些搞不正之风的人就是存侥幸心理。"大概不知道吧"，"大概我们这个党就是这个样子，睁一只眼闭一只眼吧"。有些人犯错误，总是把历史潮流估计错了。我们有些同志一九七五年以前没有犯错误，恰恰在一九七六年犯了错误。他们想，啊呀，一九七六年那些人把邓小平又打倒了，我们还有什么希望？一九七六年"批邓"〔45〕，这是最后一关，他看不出那个历史潮流。"四人帮"最后丧尽人心是那个"批邓"。"批邓"把"四人帮"的最后一点基础挖空了。我们一些同志的思想方法，往往对人民的力量、人民的意志、历史的潮流，看不清楚，总把暂时的黑暗看成长久的东西，或者把个人的作用看得过大。这当然也同我们十几、二十年来，对个人在历史上的作用问题解释得不正确，违背了马克思主义的基本原理有关系。

我们共产党员应该心明眼亮。我们是先锋队、先锋战士，应该站在历史潮流的前头，决不要当历史前进的绊脚石。当然不能超越历史，超越历史也会犯错误。我们一定要发挥先锋战士的作用，或者叫发挥先驱者的作用。如果这么看问题，这么想问题，那么我们的纪律检查委员会的工作是能够很有作为的，是能够为党、为我们的国家、为我们的民族做出一番事业的。

在党的十一届六中全会
闭幕会上的讲话

（一九八一年六月二十九日）

我们的这次全会就要结束了。我讲三点简短的意见。

第一点，这几年谁的贡献大一些？

粉碎"四人帮"之后，政治局和常委的同志都在各自的岗位上做出了贡献。但是，贡献大一些、多一些的，还是老一辈革命家。

拿常委来说，是叶剑英、邓小平、李先念、陈云四位同志。邓小平同志因为经验特别丰富，精力很充沛，加上长期斗争建立起来的巨大威望，他起的作用就更突出些。

在去年十一月政治局会议上，我曾经列举了三中全会之前的两年期间里有十件拨乱反正的大事，都是老同志提出、坚持或者大力支持，才办成的。

从三中全会到现在的两年半，也可以列举出十二件重大的决策，几乎全是老同志提出来，事先同大家交换意见，然后集体决定的。历史决议上的第二十六条中列举了其中的一些最重大、最主要的决策，但是把起作用的情况略去了。这是同志们在这个会议上大体都了解了的。

我之所以首先要讲这一点，就是我认为，我们的党还有一些建党前期的老革命家健在，并且在党的领导核心中起中流砥柱的作用，实在是我们党和全国人民的幸运。

这当然不是说，我们要要求他们在一切具体问题上都出来做主，而且对每个具体问题都说得那么完满，周全，天衣无缝；更不是要要求他们这样的高龄像我们这些年纪比较小一点的人一样，承担繁忙的日常工作，而是说，他们的健在和长寿，使我们党和国家的大事，确实好办得多。即使我们突然遇上十二级台风，我看，也没有什么了不起。

第二点，两个没有变。

我是在我们党的一个特定的历史条件下，被推上现在这个岗位的。

本来，按全党绝大多数同志的意愿，中央主席是要由邓小平同志来担当的。除邓小平同志之外，无论从水平、从能力、从资望上来说，还有好些老同志都比我更适合。就是年纪比我小一些，而且确实是我们党的优秀干部，也不乏其人。

现在就这样定下来了，这当然是一个很大的变化。但是，我想，我有责任向全会说明，有两条并没有变：一是老革命家的作用没有变，二是我的水平也没有变。

前面我说过，这些年常委起主要作用的是叶剑英、邓小平、李先念、陈云四位同志，特别是邓小平同志。这不是什么秘密。连外国人都知道，邓小平同志是现今中国党的主要决策人。有时候他们还用另外一个词，叫"主要设计者"。不管是哪个词，意思是一样的。现在的中央领导核心，政治生活很正常，真正恢复了集体领导。好几位老同志就说过，现在中央的政治生活，算得上是我们党历史上最好的年代。我是同意这个话的。老一辈革命家仍然是中央起主要作用的核心人物。这个情况可不可以告诉全党呢？我认为，不但可以，而且应该。

至于我的水平并没有变，那更是同志们看得很清楚的。因为世界上根本不可能有这样的情况：一个人的工作职务突然上升了，他的本事也随即膨胀起来。今天的胡耀邦，还是昨天那个胡耀邦。对待这样的问题，当然主要是靠我自己有自知之明，但是，也要请全党按照这次历史决议的精神，实行监督，首先要请中央委员会的成员进行监督。

第三点，我们的劲该往哪里使了？

这些年，为了清理堆积如山的历史遗留问题，我们费了极大的精力。为了做出这次全会通过的历史决议，我们又花了巨大的精力。花费这些精力，是值得的。随着时间的推移，全党和全国人民将愈来愈信服，我们这样做，是非常正确的。

我相信，历史决议的公布，党内党外的绝大多数，是会热烈拥护的。但也有人，对其中的一些看法、说法感到不理解，会提出这样那样的问题。对此，我的意见，不必过于着急。要采用通常的学习讨论办法，逐步地加以解决。时间可能要一年左右。采取这样的办法，不但比较稳妥，而且可以大大提高人们的思想水平。不过，我们也还要估计到，一些坏人会乘机出来造谣、捣乱，但只要我们提高警惕，善于对待，我看也没有什么了不起。附带地说一下，现在有许多怪现象，比如散布流言蜚语，制造各种混乱，声言要打倒谁谁谁，等等，除了一部分是来自社会上的坏分子之外，有相当的部分是出自我们自己的干部队伍中间的某些人。对这一点，我们一定要清醒，发现之后，一定要采取有效的措施。

清理遗留的历史问题，从领导方面来说，可以说是已经结束了。请同志们特别注意六中全会公报上这一句话："这次会议将以在党的指导思想上完成拨乱反正的历史任务而载入史册。"就是说，在党的指导思想上，拨乱反正的历史任务是已经完成了。但实际工作并没有完成，拨乱反正的历史任务并没有结束。所以，拨乱反正的实际工作，具体工作，据我看，还得两三年，三五年。既然我们在指导思想上已经把历史上的是非问题解决了，那么，现在我们领导上的劲，中央同志、省市同志，我们指导思想上的劲应该往哪里使呢？应该集中主要的精力，来考虑如何把国民经济搞上去，同时考虑如何有效地建设社会主义的精神文明。

三中全会以来，由于我们采取了几个重大的决策，经济形势正在稳步地好转。农业好转得快一些。但是，我们的许多工作，问题仍然成堆。我们的党风，社会风气，社会治安，也还没有根本的好转。这两方面的问题，也就是物质生产的问题和精神面貌的问题，是相互关联的，决不可把它们分割开来看。

为着把我们的事业推进一步，首先就要求我们全体中央委员、候补中央委员，各省、市、自治区党委和中央、国家机关的各部委，从今年下半年起，大家都一起来下一番苦功夫，抓住重点，分门别类地真正研究清楚几个问题，认真解决一些亟待解决的问题。不应该在困难面前感到很难找到出路。不应该被什么老框框把自己的脑子框住，感到没有办法动弹。也不应该是停留在一些表皮的观察上面，而随随便便做判断、下决心，使问题解决得不深不透。

　　两个月之前，陈云同志同我谈过一次话。他曾经向我说，现在我们的担子很重，人民对我们的要求很高，因此，重要的问题是要真正办成、办好几件事。这是四月二十日陈云同志在杭州同我谈的。叶剑英同志在六月二十六日致全会的信中也说到，希望我们"更进一步统一思想，加强团结，共同奋斗，把经济工作以及其他各项工作做得更好"。我觉得，他们两位上面的讲话，都讲得非常好。但是，究竟今年下半年和明年一年我们能办成、办好哪几件事情，或者说能够办成、办好哪两三件事情，哪怕是一两件事情，我也没有想清楚，我只是提出来，请大家考虑。

在庆祝中国共产党成立六十周年
大会上的讲话

（一九八一年七月一日）

同志们，朋友们：

今天，我们在这里隆重集会，庆祝中国共产党成立六十周年。此时此刻，我们大家都深深地意识到：我们党和国家正处在拨乱反正、继往开来的重要历史时期。

拨乱反正、继往开来，就是要彻底消除"文化大革命"的消极后果，继承我们党在毛泽东同志和其他老一辈无产阶级革命家领导下所开创的伟大事业，进一步开拓中国人民的社会主义——共产主义光明大道。

刚刚结束的党的十一届六中全会，通过了《关于建国以来党的若干历史问题的决议》[133]。这个决议，回顾了党的六十年战斗历程，总结了建国以来三十二年党的基本经验，实事求是地评价了一系列重大历史事件，分析了这些事件的指导思想的正确和错误，以及这些事件所以产生的主观因素和社会原因，科学地阐明了毛泽东同志的历史地位和毛泽东思想，进一步明确了我们前进的方向。这次全会还做出了其他重要决定。历史将证明，这次全会是我们党的又一次十分重要的会议，是党和国家拨乱反正、继往开来的一个新的里程碑。

当我们回顾党所走过的道路的时候，我们深切地体会到，中国革命不是一帆风顺的。可以这样说：中国共产党的六十年，是为中国民族解放和人民幸福而前仆后继、英勇奋斗的六十年，是马克思列宁主义普遍原理同中国革命具体实际经过反复实践而愈益结合的六十年，是党内正确纠正错误、光明面战胜阴暗面的六十年，因而，也是经过无数艰难和曲折走向一系列胜利的六十年。

为什么说中国共产党的历史，是为民族解放和人民幸福而前仆后继、英勇奋斗的历史呢？

在近代中国历史上，从鸦片战争到五四运动以前，中国人民为了反抗帝国主义和封建主义，进行了长期的英勇斗争。伟大的革命家孙中山先生所领导的辛亥革命，推翻了清朝皇帝，结束了两千多年封建专制王朝的统治。但是所有这些斗争，都没有找到真正解救中国的出路。直到俄国十月社会主义革命和中国的五四运动之后，在国际无产阶级援助下，马克思列宁主义同新兴的中国工人运动相结合，产生了中国共产党，中国革命才打开了全新的局面。

中国革命的敌人是异常强大和残暴的，但是，人世间的一切艰难困苦，都没有把中国人民和中国共产党压倒。我们党以大无畏的革命精神，领导人民起来战斗。我们同人民相依为命。我们紧紧依靠人民，人民深深信赖我们。在极其严酷的斗争中，我们党把自己锻炼成为中国革命历史上最先进和最强大的领导力量，并且建立起一支英勇善战的新型人民军队。经过二十八年的艰苦奋斗，经过北伐战争、土地革命战争、抗日战争和解放战争这样四次伟大的人民革命战争，我们党领导中国各族人民终于在一九四九年推翻了帝国主义、封建主义和官僚资本主义的反动统治，取得了新民主主义革命的伟大胜利，建立了人民民主专政的中华人民共和国。

建国以后，我们党领导全国各族人民继续前进。我们战胜了帝国主义、霸权主义的威胁、颠覆、破坏和武装挑衅，维护了伟大祖国的独立和安全。除台湾省和其他一些岛屿以外，我们实现和巩固了国家的统一，实现和巩固了全国各族人民的大团结，实现和巩固了全国工人、农民、知识分子的大团结，实现和巩固了中国共产党领导的，同各民主党派通力合作的，由全体社会主义的劳动者、拥护社会主义的爱国者和拥护祖国统一的爱国者组成的最广泛的统一战线，并且成功地实现了我国社会从新民主主义向社会主义的伟大转变。经过全党和全国各族人民的努力奋斗，我们基本上完成了生产资料私有制的社会主义改造，开展了有计划的大规模的社会主义经济建设，使我国经济文化事业获得了历史上从未有过的巨大发展。无论我们的工作还有多少缺点和错误，我们的一些制度还多么不完善，但是，我们已经消灭了剥削制度和剥削阶级，确立了社会主义制度，使占世界人口近四分之一的中国进入了人类历史上崭新的社会主义社会。毫无疑问，这是中国历史上最深刻的社会变革。这是世界人类进步事业中的一次具有深远意义的飞跃。这是马克思主义的巨大胜利和发展。

对比是如此鲜明：在中国共产党产生之前，从鸦片战争算起的八十年间，人民斗争尽管英勇卓绝，连绵不断，但是一次一次都失败了，多少仁人志士为此而抱终天之恨；自从中国共产党产生之后，到今天六十年，情况就完全不同了。中国历史进入了新纪元，中国人民掌握了自己的命运。在世界的东方，中国人民坚强地站起来了。中华民族被人欺负压迫的时代一去不复返了。

在庆祝中国共产党成立六十周年的时候，我们深深感到，中国人民革命的伟大成果，是来之不易的。它是中国人民在中国共产党领导下经过整整六十年的艰苦战斗得来的，是千百万在刑场上、战场上和各种战斗岗位上牺牲了的共产党员和党外革命者，用鲜血浇灌出来的。

现在，让我们大家起立，向六十年来各个革命历史时期中，一切为中国人民利益而献身的革命领导人和革命干部，共产党员和共青团员，老一辈革命家和年轻战士，党外战友和国际朋友，向所有这些革命先烈们，表示最深切的悼念。

为什么说中国共产党的历史，是马克思列宁主义普遍原理同中国革命具体实际经过反复实践而愈益结合的历史呢？

我们党从一开始就是以马克思列宁主义作为指导思想的。但是马克思主义的一般原理，不可能对任何国家的革命，尤其是中国这样的半殖民地半封建东方大国的革命，提供现成的公式。我们党的幼年时期，也就是本世纪二三十年代，曾经一再犯过把马克思主义教条化和把外国经验神圣化的幼稚病。患着这种病，只能使中国革命在黑暗中摸索，甚至陷于绝境。毛泽东同志的伟大贡献，就在于他能够在同这种错误倾向做斗争的过程中，在党和人民的集体奋斗中，把马克思主义普遍原理同中国革命具体实际成功地结合起来，总结了和创造了一系列新鲜经验，形成了适合中国情况的科学的指导思想——毛泽东思想。只是在这个科学思想指引

下，中国革命才能够高屋建瓴，势如破竹，取得了一个又一
个伟大的胜利。

毛泽东思想是在中国革命历史过程中形成和发展的，是
我们党集体智慧的结晶，是中国人民伟大斗争的胜利纪录。
毛泽东思想关于新民主主义革命的理论，关于社会主义革命
和社会主义建设的理论，关于革命斗争的战略和策略的理
论，关于革命军队的建设和军事战略的理论，关于思想政治
工作和文化工作的理论，关于党的建设的理论，以及对我们
今后的工作更具有普遍指导意义的关于科学的思想方法、工
作方法和领导方法的理论，都以独创性的内容为马克思主义
总宝库增添了新的财富。毛泽东思想，作为被实践证明了的
正确的理论原则和经验总结，作为马克思主义在中国的运用
和发展，过去是、现在和将来仍然是我们党的指导思想。

如同很多站在历史潮流前面的伟大人物大都有他们的缺
点和错误一样，毛泽东同志也有他的缺点和错误。主要是在
他的晚年，由于长时期受到全党和全国各族人民的爱戴而过
分地相信自己，越来越严重地脱离实际，脱离群众，特别是
脱离党的集体领导，往往拒绝甚至压制别人的正确意见，这
样就不能不发生许多失误，直到发生"文化大革命"那样全
局性和长时间的严重错误，给党和人民带来了很大的不幸。
当然，应该承认，在"文化大革命"以前的一段时间里和在
"文化大革命"发动的时候，党没有能够阻止毛泽东同志逐
渐发展起来的错误，而且接受和赞同了他的某些错误主张。
我们一些长期同毛泽东同志共事的他的战友们，以及很多长
期跟随毛泽东同志战斗的他的学生们，也深感自己对此负有
责任，并且决心记取应有的教训。

虽然毛泽东同志晚年犯了严重错误，但是就他的一生来看，那就十分清楚，他对中国革命的功绩远远大于他的过失。毛泽东同志从青年时起就献身于中国革命，并为之奋斗了一生。他是我们党的创始人之一。他是光荣的人民解放军的主要缔造者。他在中国革命最困难的时候，最早找到了革命的正确道路，制定了正确的总战略，并且逐步形成了一整套正确的理论和策略，使革命转败为胜。建国以后，在党中央和毛泽东同志领导下，新中国很快站住了脚，并且开创了伟大的社会主义事业。即使毛泽东同志在他一生的最后几年，错误已经很严重的时候，他仍然警觉地注视着祖国的独立和安全，准确地把握住世界形势的新发展，领导党和人民顶住了霸权主义的一切压力，确定了我们对外关系的新格局。在长期斗争中，我们全党同志从毛泽东同志和毛泽东思想那里吸取智慧和力量。毛泽东同志和毛泽东思想，培育了我们党的一代又一代的领导者和大批干部，教育了全国各族人民。毛泽东同志是伟大的马克思主义者，是伟大的无产阶级革命家、理论家和战略家，是中华民族历史上最伟大的民族英雄。他为世界被压迫民族的解放事业和人类进步事业做出了重大的贡献。他的伟大功绩是永垂不朽的。

在庆祝中国共产党成立六十周年的时候，我们深切怀念毛泽东同志。我们深切怀念同他一起为中国革命的胜利、为毛泽东思想的形成和发展做出重要贡献的党的其他杰出领导人，伟大的马克思主义者周恩来、刘少奇、朱德，以及任弼时、董必武、彭德怀、贺龙、陈毅、罗荣桓、林伯渠、李富春、王稼祥、张闻天、陶铸等同志。我们还深切怀念我们党创建时期的重要领导人李大钊、瞿秋白、蔡和森、向警予、邓中夏、苏兆征、彭湃、陈延年、恽代英、赵世炎、张太雷、李立三等同志。我们还深切怀念早年为党为国捐躯的人民军队的杰出将领方志敏、刘志丹、黄公略、许继慎、韦拔群、赵博生、董振堂、段德昌、杨靖宇、左权、叶挺等同志。我们还深切怀念长期同我们党战斗在一起、临终前又成为光荣的中国共产党党员、本世纪伟大的女战士宋庆龄同志，现代中国知识界的卓越前驱蔡元培先生，我国无产阶级革命文化的伟大旗手鲁迅先生。我们还深切怀念一贯支持我们党的党外亲密战友廖仲恺、何香凝、邓演达、杨杏佛、沈钧儒等同志。我们还深切怀念卓越的科学文化战士邹韬奋[150]、闻一多[95]、郭沫若[151]、茅盾[152]、李四光[125]等同志。我们还深切怀念对中国人民革命胜利做出了重要贡献的著名爱国人士杨虎城、陈嘉庚、张治中、傅作义等先生。我们还深切怀念中国人民的亲密朋友、杰出的国际主义战士白求恩、史沫特莱、斯特朗、柯棣华等同志和斯诺、浅沼稻次郎、中岛健藏等先生。

为什么说中国共产党的历史，又是党内正确纠正错误、光明面战胜阴暗面的历史呢？

我们党所从事的革命事业，是根本改造中国社会的伟大事业，是前人从来没有做过的崭新事业。革命的敌人曾经异常强大，而革命所处的社会条件又极端复杂。因此，我们在革命斗争中，就难免会犯这样那样的错误，甚至严重的错误。问题是在于，犯了错误，就要善于倾听实践的呼声，及时猛省，努力改正，力求避免全局性和长期性的错误，避免重犯已经犯过的严重错误。

我们党是在旧社会环境中产生和发展起来的。在革命大浪潮中，大量的革命者涌入我们的队伍，使我们的力量壮大起来；但也混进了极少数野心家和投机分子，这也是难以避免的。问题是在于，我们党必须在改造社会的同时，很好地注意改造自己，善于教育和改造那些带着各种非无产阶级思想到党内来的人们，对于那些野心家、阴谋家则要善于识破他们，使他们的阴谋诡计不能得逞。

党之所以具有伟大力量，并不在于它能保证党内绝对不会发生这样那样的消极现象，而在于它能够自己起来克服缺点，纠正错误，战胜一切异己力量的破坏。让我们大家回忆一下吧，我们党不就是这样战斗过来的吗？在党的历史上，曾经发生过陈独秀[153]右倾投降主义的严重错误，王明[142]"左"倾教条主义的严重错误。在党的历史上，又曾经发生过张国焘[154]和高岗[155]、饶漱石[156]的分裂党的阴谋事件，甚至出现过林彪、江青反革命集团。但是所有这些，都没有能够把我们党搞垮。即使是像林彪、江青那样极端危险的野心家、阴谋家，他们利用"文化大革命"的条件，攫取大权，祸国殃民，造成了极为严重的后果，但是他们终究被揭穿，被党和人民扫进了历史垃圾堆。这难道不是历史事实吗？我们党不仅没有被各种各样的破坏所断送，不仅没有因为这样那样的挫折而沉沦，相反，却总是在克服错误和战胜阴暗面的斗争中，获得了新的更加强大的生机和活力。我们的党是不可战胜的。

六十年的历史证明：我们的党，确实是一个马克思列宁主义、毛泽东思想武装起来的无产阶级政党。确实是一个全心全意为人民服务，除了广大人民的利益以外没有任何特殊利益的党。确实是一个久经考验，获得了极其丰富的经验和教训，有能力领导人民排除万难去不断地夺取革命胜利的党。这样一个伟大的党，它在中国人民革命事业中的核心地位和领导作用，是历史所决定的，是中国各族人民的利益和意志所决定的，是任何力量所无法改变和动摇的。

同志们，朋友们！

我们党在一九七六年十月，依靠广大人民群众的支持，一举粉碎江青反革命集团，挽救了革命，挽救了我们的社会主义国家，使我们国家进入了新的历史发展时期。经过十一届三中全会[77]，我们实现了建国以来党的历史上的伟大转折。

十一届三中全会的巨大意义，就在于它真正开始了全面的、坚决的、依靠群众和深思熟虑的拨乱反正。经过四中全会、五中全会到六中全会，在复杂的情况中，在困难的条件下，我们党聚精会神，紧张工作，从思想上、政治上、组织上和社会主义建设事业各方面，有步骤地提出和执行了一系列重大决策，从根本上扭转了"左"倾错误方向，并且根据新的历史条件，逐步确立一条适合中国情况的社会主义现代化建设的正确道路。

最明显的变化，就是在清查和批判林彪、江青反革命集团的基础上，实现了全党全国工作重心的转移。从中央到地方各级领导机关的主要精力，愈益集中到社会主义现代化建设事业上来。整个社会主义经济文化建设，开始清理长时期的"左"倾指导思想，正在走上适合国情、循序前进、讲求实效、稳定发展的轨道。特别是广大农村，随着党的各项政策的实施、各种生产责任制的落实和多种经营的发展，出现了建国以来少有的好形势。

在社会政治关系方面，我们党果断而妥善地解决了一大批长期遭到错误处理的重大问题，消除了不利于安定团结的一系列重大因素，结束了"文化大革命"中那种社会动荡和纷扰不安的局面。我们正在致力于加强社会主义民主和法制，致力于社会主义政治制度的改革和完善，这有力地推动着我们国家安定团结、生动活泼的政治局面的巩固和发展。

经过组织整顿和作风整顿，党内生活的正常化，党内民主的发展，党同人民群众联系的加强，都取得了比较明显的成绩。在"文化大革命"中遭到严重损害的党的威信，正在逐步恢复。

为了正确贯彻解放思想的方针，我们党重申了坚持社会主义道路，坚持人民民主专政即无产阶级专政，坚持共产党的领导，坚持马列主义、毛泽东思想。这四项基本原则，是全党团结和全国各族人民团结的共同的政治基础，也是社会主义现代化建设事业必定胜利的根本保证。

伟大的转折，正确的方针政策，顺乎人心和党心。对十一届三中全会以来的大政方针，一些同志说："很顺劲。""很顺劲"这三个字，代表了广大干部和群众思想情绪的主流。这也正是十一届三中全会开始的转折之所以强有力，所以不可阻挡的一个根本原因。

当然，在我们前面还有许多困难。拨乱反正的任务还没有完成，各方面的工作都还存在许多问题。我们的四个现代化建设，物质条件和知识、经验都很不足。人民生活水平还很低，有许多急迫的问题需要解决。党的领导和党的作风还有待进一步改善。轻视困难是不对的。充分估计我们的困难，才能立于不败之地。我们还要走一段相当长的艰难的路程。好比登泰山，已经到了"中天门"，前面还有一段要费很大气力的路——三个"十八盘"。要爬过这一段路，才能到达"南天门"。由"南天门"再往前，就可以比较顺利地向着最高峰"玉皇顶"挺进了，到了那里就好比我们实现了社会主义现代化建设的宏伟任务。只要上了"南天门"，就能够领略杜甫的著名诗句"会当凌绝顶，一览众山小"的意境了：曾经有如"众山"的许多艰难困苦，就显得渺小了；通往"绝顶"道路上的困难，就比较容易对付了。毫无疑问，在伟大征途上，我们一定能够征服"十八盘"，登上"南天门"，到达"玉皇顶"，然后再向新的高峰前进。

同志们，朋友们！

六十年来的历史经验，集中到一点，就是一定要有一条马克思主义的革命路线，要有一个能够确立和坚持这条路线的无产阶级政党。在新的历史时期中，面对着以经济建设为中心的社会主义现代化建设的宏伟任务，我们深深感到，完成这个任务的关键，就在于我们的党。

现在，全国各族人民都把希望寄托在我们党身上，全世界人民也在注视着我们的党。我们能否在新时期中，驾驶中国革命这条航船，乘风破浪，使我们的农业、工业、国防、科学技术的现代化建设比较顺利地进行，不要经历过去那么大的曲折，不要付出过去那么高的代价，而取得使人民满意、为后人称道的成绩，这完全取决于我们全党同志在今后十几年、二十年的努力。我们一定不要辜负人民的期望。

我们要以高度的自觉，把我们党建设成为政治上更加成熟、思想上更加一致、组织上更加巩固的，能够团结和领导全国各族人民进行社会主义现代化建设的坚强核心。

一、我们全体党员要为中国社会主义现代化建设事业奋不顾身，全心全意为人民服务。

全心全意为人民服务，从来就是中国共产党人的根本立场，是我们必须永远坚持的宗旨。我们党为人民服务，最根本的就是要把广大群众都团结到党的周围，通过党的正确的方针和政策，通过党同人民群众的密切联系，通过共产党员的模范作用，通过党的宣传工作和组织工作，使人民群众认识自己的根本利益所在，并且团结起来为之奋斗。

人民是历史的创造者。我们党所领导的人民革命事业和社会主义建设事业，都是人民自己的事业。在人民中，共产党员任何时候都是少数，所以我们的一切工作都要依靠人民，相信人民，汲取人民的智慧，尊重人民的创造力，并且接受人民的监督。如果不是这样，我们就会一事无成，就会遭到失败。在革命胜利以后，人民就是国家和社会的主人。党对国家生活的领导，最本质的内容，就是组织和支持人民当家作主，来建设社会主义的新生活。

为人民服务，对共产党人来说，最重要的就是一定要有为共产主义事业奋斗终身，为人民利益甘愿做出自我牺牲的精神。战争年代，广大共产党员在战场上冲锋在前、退却在后，在敌人屠刀下坚贞不屈、慷慨就义，任何时候都吃苦在前、享受在后，曾经给千百万人民群众以多么大的教育和鼓舞啊！在今天，在和平建设时期，尤其是在"文化大革命"的十年破坏以后，更加需要这种革命精神。我们的优良党风，虽然受到林彪、江青反革命集团的严重践踏，但是仍然有大批优秀的共产党员，保持和发扬了为人民利益甘愿牺牲个人利益甚至献出自己生命的革命精神。他们受到人民的高度赞扬，是当之无愧的。那种认为和平建设时期就可以把革命精神丢掉，可以不与群众同甘共苦，可以把党员的个人利益摆在群众利益之上的思想行为，是完全错误的，是对于我们共产党的党性的败坏。

执政党的党风，是有关党的生死存亡的问题。一九四二年，毛泽东同志就指出："只要我们党的作风完全正派了，全国人民就会跟我们学。党外有这种不良风气的人，只要他们是善良的，就会跟我们学，改正他们的错误，这样就会影响全民族。只要我们共产党的队伍是整齐的，步调是一致的，兵是精兵，武器是好武器，那末，任何强大的敌人都是能被我们打倒的。"[157]我们一定要下最大的决心，把党和毛泽东同志创造的优良党风大力地恢复和发扬起来，并且带动全民族，建设高度的社会主义精神文明。

二、我们要善于在新的历史条件下把马列主义、毛泽东思想推向前进。

我们过去在马列主义、毛泽东思想指引下，取得了革命和建设的伟大胜利。在今后长远的征途上，我们同样要依靠马列主义、毛泽东思想的指引，去夺取新的更加伟大的胜利。如果说我们共产党人也有传家宝，那么马列主义、毛泽东思想就是我们最重要的传家宝。坚持马列主义、毛泽东思想，坚持以马克思主义的基本原理为指导，从来就是我们中国共产党人不可动摇的一项基本原则。

马克思主义是无产阶级革命的科学的思想的结晶，是我们认识和改造客观世界最强大的精神武器。马克思主义的基本原理是经过实践反复检验了的真理，但是，它没有也不可能穷尽人类社会历史长河中的一切真理。马克思主义的理论是我们革命者的行动指南，而决不是要人们去生吞活剥的僵死教条。一切忠于马克思主义的革命者，有责任不使它同社会生活隔绝，停滞不前、僵化枯萎，而必须以新鲜的革命经验丰富它，使它保持旺盛的生命力。因此，把马列主义、毛泽东思想推向前进，是我们中国共产党人对待马克思主义的根本态度，也是我们中国共产党人不可推卸的历史职责。这当然不是轻而易举的事情。为了担当起这个重任，需要我们付出艰巨的劳动，倾注毕生的精力，把马克思主义基本原理同中国社会主义现代化建设的具体实际更好地结合起来。

我们必须继续学习和研究中国的革命历史。因为今天的中国是昨天的中国的发展。而我们大家对昨天的中国，不是懂得太多，而是懂得太少了。我们尤其要研究今天的中国，因为要创造美好的明天，首先要求我们立足于对今天的中国有比较正确的认识。而我们大家对现实中国的国情，对建设社会主义的客观规律，不是已经懂得很多，而是懂得太少了。

我们的事业是一个整体，有统一的奋斗目标，而我们的国家又是一个幅员辽阔的国家，情况千差万别。这就要求我们把研究全局、通晓全局和研究局部、通晓局部密切结合起来。目无全局，不顾统一，指导局部就要犯脱离整体的盲目乱干的错误；否认局部，无视特殊，指挥全局就要犯脱离实际的主观臆断的错误。我们中国共产党人应该是既有远见卓识又有求实精神的革命者。

我们强调自力更生，依靠自己的力量解决自己的问题，珍惜自己的切身经验。但是，我们决不能妄自尊大，轻视别人的经验。无论是人家成功的经验或失败的经验，我们都要通过自己的分析，吸取其中有益的可供借鉴的东西。因此，我们要在努力研究和总结自己的经验的同时，努力研究和分析别国、别地、别人的东西。

马克思主义普遍原理同中国实际相结合，需要经历一个实践、认识、再实践、再认识的循环反复的长期过程。在新的历史时期中，我们要解放思想，不断地去接触和发现实践中的新情况和新问题，使自己的脑子有丰富多彩的具体的感性知识，同时要开动脑筋，努力掌握社会科学和自然科学的知识和方法，使感性知识上升为理性知识，成为比较系统的有条理的理论的认识，并且不断地把它们放在实践中去检验。这就要求我们下苦功，勤奋读书，向专家请教，善于听取不同意见，同时深入实际，进行系统的周密的调查研究，把直接经验和间接经验很好地融合起来。

只要我们用这样的立场、观点和方法从事学习和工作，就能把我们党的全部工作放在科学的轨道上，就能在社会主义现代化建设中有所发现、有所创造，从而保证我们的伟大事业胜利前进。

三、我们要进一步健全党的民主生活，严格党的组织纪律。

"文化大革命"的严重错误之所以长期不能得到纠正的根本原因，就是我们党的正常的政治生活遭到了破坏，党的民主集中制特别是中央的集体领导遭到了破坏。其结果，个人崇拜盛行，无政府主义和极端个人主义也盛行，这就给林彪、江青反革命集团和其他各种坏人以可乘之机。这个惨痛的历史教训，我们全党同志一定要永远记取，引为鉴戒。

我们是历史唯物主义者。我们不否认杰出的个人在历史上的重大作用，不否认党的杰出领导人对于无产阶级政党的重大作用。但是我们同时认为，我们党必须由在群众斗争中产生的德才兼备的领袖们实行集体领导，必须禁止任何形式的个人崇拜。对于在各条战线上作出特殊贡献和优异成绩的同志，不论职位高低，党组织都应当给以表彰，鼓舞广大党员和群众向这些榜样学习，但是这种宣传应当是实事求是的，不应有任何夸大。

我们党的各级组织，领导者和被领导者之间应当建立起正确的关系。下级必须尊重和服从上级的领导，不能阳奉阴违，顶着不办；上级必须倾听下级的意见，尊重下级的职权，接受下级的监督。领导者要和普通党员一样，参加组织生活，遵守党纪国法，联系党内外群众，不能因为担任领导职务而成为特殊党员。

凡属重大问题，都必须经过党委的集体讨论，做出决定，不能个人说了算。党委的决定，所有成员都必须遵守。各级党委都要实行集体领导、分工负责，每个成员对自己所承担的工作都要认真负责，讲求质量，讲求效率。

任何党员有权在党的会议上批评党内的任何个人直至中央领导人，不受打击。各级党组织和全体党员，都应当充分发挥工作中的主动性，充分发挥敢想敢干的独立负责精神，但是任何党员都不得把党委托自己负责的部门和单位，当作独立王国，而损害党的利益，损害党的统一的奋斗目标。

朝气蓬勃而又纪律严明，历来是我们党的强大战斗力的源泉。今天我们正在进行社会主义现代化建设，任务繁重，困难很多，特别需要我们发扬党的这个优良传统。

四、我们要善于经常清除自己身上的灰尘，在执政条件下永葆革命青春。

我们党是一个有三千九百万党员的大党，并且处于执政地位，这很容易使一些同志滋长骄傲自满情绪，沾染官僚主义习气。在我们面前，新情况、新问题很多，工作中难免发生缺点错误。在我们社会中，阶级斗争在一定范围内仍然存在，各种剥削阶级和其他非无产阶级的思想影响仍然存在，加上国际交往中的复杂情况，资本主义、封建主义和小生产习气的灰尘天天都向我们脸上扑来。党内无产阶级思想和非无产阶级思想之间的矛盾，正确思想同错误思想之间的矛盾，要求我们更好地运用批评和自我批评这个共产党人自我改造的最好武器。

共产党人在原则问题上应当坚持真理，旗帜鲜明。对于关系党和人民利益的是非问题，每个党员都应当坚持党性，明确地表明自己的态度，表明自己赞成什么，反对什么。那种不讲原则，"你好我好，一团和气"的腐朽庸俗作风，是同我们党的无产阶级性质不相容的。

我们党的批评和自我批评的好传统，在过去一段时间里受到了严重的破坏，现在正在恢复和发扬，并且积累了一些新的好经验。批评或者自我批评，都要从实际出发，是什么错误就纠正什么错误，既不掩盖矛盾，又不夸大矛盾。批评应当充分说理，富有教育意义，有利于帮助同志提高觉悟，而不应当主观臆断，以势压人。要启发犯错误的同志自觉检查改正，不要牵强附会和"上挂下联"。犯了错误的同志，只要有了认识，愿意改正，就要鼓励他们大胆工作。过去我们主要的错误是过火斗争，结果走向反面，导致人们既不愿自我批评，也不敢开展批评。我们要把这种不健康的风气纠正过来。

共产党人所以需要批评和自我批评，是为了使我们党更加团结，更有战斗力，而不是相反。毫无疑问，只要我们把批评和自我批评的优良传统完全恢复并发扬光大起来，我们党的肌体就一定能够充满青春的活力，而不会衰朽。

五、我们要把更多德才兼备、年富力强的干部选拔到各级领导岗位上来。

我们党的干部队伍，从斗争经历来看，可以说已经有了三四代人，这说明我们的事业源远流长。值得庆幸的是，今天我们各条战线上的领导骨干，大都是经过长期革命斗争锻炼的老干部。如果说干部是党的宝贵财富，那么这一大批老同志就是党的更加宝贵的财富。

但是，由于自然规律的作用，大多数老同志毕竟身体弱了，精力差了。为了我们的事业后继有人，保持我们党的方针政策的连续性，必须从现在起，用极大的努力，选拔和培养成千上万的德才兼备、年富力强的干部，让这些同志参与各种领导工作，使他们得到更多的实际有效的锻炼。建设好一支革命化、知识化、专业化、年轻化的干部队伍，这是摆在全党面前的一项紧迫的战略任务。

在这一项战略任务面前，老同志负有特别重大的使命。叶剑英、邓小平、陈云、李先念等同志多次讲过，如果说老同志犯一些别的错误还可以谅解的话，那么，不加紧培养年轻的接班人，就是犯了不可原谅的历史性错误。老同志要亲自动手，同党的组织部门和群众一起选拔培养年轻干部，高高兴兴、满腔热忱地把他们引上各种领导工作岗位的第一线，同时使自己转到比较超脱的地位，避免繁重的日常工作的压力，在重要和长远的问题上发表意见，提出建议。中央殷切希望全党老同志，都能深谋远虑，把培养接班人这个极为重要的历史责任更好地担当起来。同时，各级党组织和所有被选拔上来的年富力强的同志，都要尊重老同志，照顾老同志，向老同志学习。

当前，我们面临着一个重新学习的严重任务。中央希望全党同志尤其是比较年轻的同志奋发努力，增强党性锻炼，提高政治水平，严格要求自己，刻苦地学习马列主义、毛泽东著作，学习党、国家和世界的历史，并且按照各自不同的工作岗位，学习本行工作所需要的理论知识、实际知识、管理知识和技术知识。我们学习的好坏，将决定我们的领导水平和工作水平，直接影响社会主义现代化建设的进程。我们既然很好地学会了破坏一个旧世界，我们也一定能够更好地学会建设一个新世界。

六、我们永远要坚持国际主义，同全世界无产阶级和人民大众同呼吸共命运。

中国共产党人从来是把爱国主义与国际主义融为一体的。

我们是爱国主义者。我们一贯为中国的民族解放和人民幸福，为祖国的统一和富强而全力以赴地进行斗争。无论过去和现在，我们从来没有在任何外国的任何压力面前屈服过。无论面对多么巨大的困难，我们从来没有动摇过独立自主、自力更生的决心。尽管我们国家现在经济、文化还比较落后，但是我们无论是在霸权主义的武力威胁面前，或者是在同任何强国、富国的交往中，都一贯保持我们的民族自尊心，而决不允许有任何卑躬屈节的思想行为。现在台湾还在祖国统一的大门之外，我们决心同全国人民包括台湾同胞一道，为台湾真正回到祖国，彻底实现祖国统一的神圣大业而奋斗。

我们又是无产阶级国际主义者。我们历来把自己的命运同全世界人民的正义斗争，同人类进步事业紧密联系在一起。我们的斗争一直得到世界人民的支持，我们也一直支持全世界被压迫民族和被压迫人民的解放斗争，一直支持世界和平事业和人类进步事业，一直坚决反对帝国主义、霸权主义、殖民主义、种族主义。我们的社会主义现代化建设事业，是爱国主义的事业，同时又是国际主义的事业。它的成功，将是对世界和平和人类进步事业的巨大贡献。在这里，我们愿意再一次郑重宣告：中国共产党永远同世界上一切为人类进步事业和民族解放事业而斗争的政党和组织平等相处，友好合作，借鉴他们的有益经验，我们决不干涉任何外国党的内部事务；社会主义的中国将来富强起来，也永远属于第三世界，永远同全世界人民在一起，致力于世界和平和各国人民的友好交往，信守和平共处五项原则[158]，继续扩大同世界各国的经济、文化、科学技术的交流和合作，永远不损人利己、恃强凌弱，永远不称霸。

同志们，朋友们！

党的十一届六中全会的各项决定，都是经过长时间的广泛酝酿和全会的认真讨论做出的。这次全会的成果，充分证明了我们党善于在坚持马克思主义原则基础上维护和加强党的团结，充分证明了我们党的政治生活是更加健全了。

国内外有些好心朋友曾经担心我们党能否团结得好，还有极少数居心不良的人把希望寄托在挑拨和破坏我们党的团结上面。现在事实已经做出了明确的回答：中国共产党在马克思主义原则基础上的坚强团结，是任何力量都破坏不了的。

同志们，朋友们！

我们无产阶级是掌握未来的阶级。我们的党是怀有远大的理想和抱负的党。庆祝我们党的生日这个重大节日的最好办法，就是在汲取历史经验的基础上，团结一致向前看，把注意力集中到还没有解决的任务上来。

社会主义现代化建设是一场伟大的革命。我们是在一个曾经受尽帝国主义压迫和掠夺的经济文化落后的东方大国，进行这场伟大革命的。中国先于发达资本主义国家进入社会主义社会，这是中国所处的特殊历史条件、我们党的正确领导和全国人民艰苦奋斗的结果，是科学社会主义的发展，是我们党和中国人民的光荣。但这同时又使我们的社会主义事业，不可避免地要遇到一系列由于经济文化落后而产生的困难，要经历更加艰苦和更加长久的奋斗。我们还处在来自国外的侵略、破坏的威胁之下。所有这些，要求我们全党、全军和全国各族人民，继续发扬革命精神，提高革命警惕，砥砺革命意志，去夺取这场伟大革命的胜利。

我们在社会主义道路上遭受过严重的挫折，吃了大苦头。但是，错误和挫折也把我们锻炼得更加清醒，更加坚定，更加成熟，更加实事求是，更加强有力了。我们已经从挫折和错误中学到了许多东西，我们将要继续学到更多的东西。从这个意义上说，严重的错误和挫折终究只是暂时的现象。应当看到，我们有经过千锤百炼的干部队伍，我们已经建立起相当可观的物质基础，我们的党心、军心、民心都强烈要求祖国兴盛起来，我们有社会主义制度的优越性，加上我们已经有了正确的思想路线、政治路线和组织路线，这些都是长期起作用的决定因素。毫无疑问，我们的社会主义事业有伟大的前途，我们全国亿万人民有伟大的前途。

党的团结，党同人民的团结，是我们事业胜利的基本条件。在庆祝中国共产党成立六十周年的时候，我们向英勇奋战在各条战线上的全国工人、农民、知识分子，向保卫祖国的钢铁长城、光荣的人民解放军，向辛勤工作的广大干部，向我们党的亲密助手、朝气蓬勃的共青团员，向台湾同胞、港澳同胞和国外侨胞，表示诚挚的敬意！向一切同我们党合作，给予人民革命和建设事业以宝贵支持的各民主党派、党外人士和各方面朋友们，表示最深切的感谢！

中国人民同全世界人民的团结，也是我们事业胜利的基本条件。在庆祝中国共产党成立六十周年的时候，我们向一切同我国平等互助的友好国家，向一切给予我们党和中国人民以宝贵支援的外国朋友和同志，表示最深切的感谢！

让我们全党同志和全国各族人民，在马克思列宁主义、毛泽东思想伟大旗帜下，同心同德，百折不挠，为把我们国家建设成为繁荣富强的、高度民主的、高度文明的现代化的社会主义强国，为共产主义的远大理想，而努力奋斗！

关于思想战线上的问题的
几点意见 *

（一九八一年八月三日）

第一点意见，我们召开这次会议的目的。

这次会议，是中央书记处决定召开的，由中宣部主持的。参加会议的，有中央、国务院的同志，有各省、市、自治区的同志，有理论界、文艺界和新闻出版界的同志，有部队的同志，一共是三百二十多位。这个会叫什么会？叫思想战线问题座谈会。讨论什么问题呢？就是讨论邓小平同志七月十七日关于这个问题的谈话。

党的十一届六中全会以后，邓小平同志有两次重要的谈话：一次是同万里〔159〕、余秋里〔160〕、谷牧〔107〕、姚依林〔161〕等同志谈关于经济战线上的问题。这个谈话记录还没整理出来，我的意思，还是把它整理出来。他这次谈话的主要意思，是要积极想办法把经济搞上去，经济发展要有一个经过努力能够达到的速度；如果搞不上去，我们这些在台上的人就要受到责备。另外一次谈话，就是七月十七日同中央宣传部门负责同志的关于思想战线问题的谈话。我们书记处议了一下，认为邓小平同志这两次谈话非常重要。一个经济问

---

* 这是胡耀邦同志在思想战线问题座谈会上讲话的一部分。

题，一个思想领导问题，这两个问题，都是牵涉到我们今年下半年全局的问题，两个问题都要进一步讨论。经济问题，我们想八九月份做点准备，我们书记处同志下去做调查，同时要各部委和各省、市、自治区党委在八月底以前向中央作个报告，准备九月底或者十月初，在中央机关召集一千人左右的大会，讨论一个星期。我们这次思想工作会议先开，走在经济工作会议的前头，也可以叫思想先行，或者叫捷足先登。思想战线这条腿应该跑得快点嘛。

第二点意见，邓小平同志七月十七日谈话的主旨是什么？

邓小平同志的这个谈话，大约二千七百多字，它的基本点、核心是什么？我的理解是一句话：我们党对思想战线的领导处于涣散软弱的状态，必须改变这种状态。我们必须把这个主题、主旨抓住；抓住了，问题才能研究得透，解决得好。

在这里要解释一下，邓小平同志这个讲话，是准备作为中央文件发下去的，是经过两次整理和邓小平同志同意定稿的。

邓小平同志说，"要找宣传部门谈谈思想战线上的问题，特别是文艺问题。党对思想战线和文艺战线的领导是有显著成绩的，这要肯定。工作中也存在着某些简单化和粗暴的倾向，这也不能否认和忽视。但是，当前更需要注意的问题，我认为是存在着涣散软弱的状态"[162]。这就说明问题的重点是要解决我们思想领导的涣散软弱问题。因为邓小平同志最近着重接触的是文艺界的问题，所以就特别联系了文艺问题，但他谈话的主旨是要解决思想领导的涣散软弱问题。它的意义不是只限于文艺战线，也不是只限于思想战线本身。因此，我们要弄清楚，这次会议是要正视我们党对整个的思想工作领导软弱的问题。这就是说：

第一，邓小平同志提出的思想战线领导的涣散软弱状态，指的不是个别部门，个别地方，个别单位，而是全党的一个带普遍性的问题。如果把加强思想领导只看成是某一个局部问题，那就减弱了邓小平同志谈话的意义。思想战线要加强思想领导，经济战线也有个加强思想领导问题，军队也有个加强思想领导问题。

第二，讨论这个问题的时候，首先不是追究谁的责任，而是要分析我们对思想战线的领导涣散软弱状态的原因，看看有什么历史原因、领导原因、主观原因，提出研究克服涣散软弱状态、使我们思想领导统一坚强起来的办法。不是首先追究谁的责任多一点，谁的责任大一点。不然的话，我们就变成争高低，争输赢，怎么能把工作搞好？当然，从总结经验教训出发，责任问题也不是不可以谈，但主要不是追究哪一个人的责任，而主要是分析原因，提出办法。这个态度很重要。态度不端正，我们讨论问题的时候很可能出偏差，弄得不好，甚至会走到邪路上去。如果说追责任，思想领导软弱的责任在哪里呢？首先要追中央书记处，因为思想工作也是我们领导的嘛，首先是总书记，你管这个嘛。当然，中央书记处也不能大包大揽，好像只有中央书记处是软弱的，别人是坚强的。不能这么说吧。每一个单位，每一个领导干部，都要想一想，我这个地方是坚强的，还是软弱的？是统一的，还是涣散的？把自己摆进去，才能学到一点东西。

第三，更重要的，是要研究克服涣散软弱状态、坚强起来振作起来的正确办法、正确途径。不能说因为我们过去软弱了，现在要坚强起来，那么好吧，就大批大斗，大轰大嗡地猛上一阵吧！这个不行。如果找不出克服涣散软弱状态、使我们的领导统一坚强起来的正确途径，我们就要重犯历史性错误，很可能我们这个会议还没开完，下面就传开了，又要"反右派"了！这是不对的。无论如何，我们再不能忘记毛泽东同志在《关于正确处理人民内部矛盾的问题》中所说的："思想斗争同其他的斗争不同，它不能采取粗暴的强制的方法，只能用细致的讲理的方法。"思想问题，"只有采取讨论的方法，批评的方法，说理的方法，才能真正发展正确的意见，克服错误的意见，才能真正解决问题"〔163〕。坚强起来，不是鲁莽从事，不是大轰大嗡，不是乱批乱斗。鲁莽从事，大轰大嗡，乱批乱斗，算不了什么坚强。

第三点意见，在思想批评和思想斗争上，我们应该如何正确对待历史经验。

为了改变思想战线上领导的涣散软弱状态，变为统一坚强，需要正确地对待历史经验。

历史经验从什么地方说起呢？我的意思，可以从一九五七年二月毛泽东同志《关于正确处理人民内部矛盾的问题》这篇著作说起。他在这篇著作中第一次提出，社会主义社会是充满着矛盾的，社会主义社会要在揭露和解决矛盾中前进。毛泽东同志在这部著作里讲，社会主义社会有两类不同性质的矛盾，要用不同的方针和方法解决。他还说，如果处理得当，敌我矛盾许多可以转变成非对抗性的矛盾，如果政策恰当，敌对阶级的成员大部分可以改造成为自食其力的新人；如果处理不当，人民内部矛盾也可以激化为对抗性矛盾。毛泽东同志这篇著作是一大贡献，是他在社会主义时期增加到马克思主义宝库里面的新的财富。这个问题，十一届六中全会的决议上也写了，在关于毛泽东思想那一部分里有，最后一部分也有。毛泽东同志还在这篇文章中重申了在思想上政治上解决人民内部矛盾的公式：从团结的愿望出发，经过批评或者斗争使矛盾得到解决，从而在新的基础上达到新的团结。延安时期叫团结——批评——团结，比较简单，一九五七年说得更完全了。开国初期，毛泽东同志曾经特别强调"在新的基础上"这几个字。全党同志都承认毛泽东同志这部著作是光辉的。里面虽然有个别段落是在反右派[49]后加上的，有些提法同全篇的基本论点和八大的基本方针[164]不协调，但很容易辨别出来，不影响它的主要价值。它过去也好，现在也好，将来也好，对我们都是很有指导意义的马克思主义的著作。

但是，恰恰就在毛泽东同志提出这些思想以后，发生了问题。问题在哪里呢？问题在后来我们的实际工作没有贯彻他的这些正确观点，他自己也没有贯彻。他的话是一九五七年二月讲的，六月发表的。毛泽东同志给我们留下了伟大的思想财富，但是在实际工作中，包括他自己在内，却违背了他自己提出的正确原则。从反右派以后，到他去世，将近二十年。这二十年中，先是在局部性的问题上，以后是在全局性的问题上，混淆了两类不同性质的矛盾，把大量的人民内部矛盾夸大为敌我矛盾。我们党长期行之有效的理论联系实际，密切联系群众，批评和自我批评这三大优良作风，被破坏了。"文化大革命"中间，更是把批评和自我批评这个优良作风歪曲成为搞派性活动的一种借口，一种护身符，把所谓批评（当时叫批判，实际是缺席裁判）变成比王明[142]路线时期还要严重的残酷斗争，无情打击。毛泽东同志他自己犯了这个错误，我们党里许多同志，或者大多数同志（包括我在内），也在不同程度上犯过这个错误。有的同志犯得重一点，有的同志犯得轻一点，有的同志觉悟得早一点，有的同志觉悟得迟一点，有的同志甚至到现在恐怕还没有觉悟。所以，党内外许多同志一听说要搞思想斗争，要搞批评和自我批评，就顾虑重重，心有余悸，就感觉怀疑和恐惧。这是可以理解的。二十年中的主要错误就在这个地方嘛。但是有些人却不同。他们一听说要有适当的思想斗争，一提起要搞批评和自我批评，就反感，就抵制，就反对。他们批评别人攻击别人可以，要他们受批评那可不行，自我批评更不行。这就是完全错误的了。这种思想是危险的，是有害的，是远离马克思主义，违反四项基本原则的。我们这次会议必须尖锐地提出这个问题。从我们的老祖宗起，马克思、恩格斯，到毛泽东同志，一直到我们现在的党中央，我们无产阶级政党，没有批评和自我批评行吗？毛泽东同志在《论联合政府》中讲："有无认真的自我批评，也是我们和其他政党互相区别的显著的标志之一。我们曾经说过，房子是应该经常打扫的，不打扫就会积满了灰尘；脸是应该经常洗的，不洗也就会灰尘满面。我们同志的思想，我们党的工作，也会沾染灰尘的，也应该打扫和洗涤。'流水不腐，户枢不蠹'，是说它们在不停的运动中抵抗了微生物或其他生物的侵蚀。对于我们，经常地检讨工作，在检讨中推广民主作风，不惧怕批评和自我批评……正是抵抗各种政治灰尘和政治微生物侵蚀我们同志的思想和我们党的肌体的唯一有效的方法。"[165]

是不是还有第二个有效的方法呢？我们全党要考虑这个问题。你把犯了错误的人捉起来，能不能解决问题？你不管他，或者向他磕头，行不行呢？当然不行。最有效的办法，只能是开展批评和自我批评。所以，一提到批评和自我批评就反感，就抵制，就反对，是远离马克思主义和违反四项基本原则的。这一点，我们每个革命者必须明确。

我们有两种历史经验，不是一种历史经验。一是正确的历史经验。这就是我们树立了并且坚持了三大优良作风，搞理论联系实际，搞密切联系群众，搞批评和自我批评。正是由于我们坚持了三大作风，才能够使我们的党不断地兴旺发达。回忆回忆我们党的历史吧。遵义会议[70]，就是经过了批评和自我批评。我们的七大之所以开得好，是先整了风，也就是开展了批评和自我批评。粉碎"四人帮"以后，我们有三次：第一次是十一届三中全会[77]。人们说三中全会开得很好。三中全会之所以开得好，是经过批评和自我批评，还有必要的斗争，才有这个拨乱反正的结果。没有三中全会开展批评自我批评和必要的斗争，我们坐在这里的几位同志都出来不了，比如杨尚昆[166]同志。所以，三中全会之所以开得好，是经过了斗争的。第二次是去年十一月和十二月政治局扩大会，第三次是十一届六中全会，也都是经过批评和自我批评，经过必要的斗争的。历史决议改了多少遍，讨论来，讨论去，不也是经过了许许多多的批评和自我批评？而且决议本身，就包含最深刻的自我批评。所以，第一，我们有正确的历史经验，就是凡是我们坚持三大作风的时候，我们的党就兴旺发达。离开三大作风来谈兴旺发达，就寻不到根，找不到源。这是一种历史经验。

二是错误的历史经验。建国以来，其代表就是"文化大革命"，那是个典型，就是无限上纲，乱批乱斗，乱打一通。这种乱斗一气，乱打一通，我们说了，永远不能搞了，不应该搞了。

可是，我们有的同志往往只想到错误的历史经验，而没有想到我们还有正确的历史经验。很多同志谈起要恢复我们党的优良传统，往往只记得一条，就是实事求是，而不记得还有密切联系群众，还有开展批评和自我批评。不能密切联系群众，不走群众路线，不开展必要的批评甚至斗争，实事求是就只能是空谈。三大优良作风是不能割裂的。我在"七一"讲话[167]（这个讲话并不是我个人的创作，是集体创作，书记处、政治局讨论了的，几十个人参加修改的）中有这么两句话：我们已经从挫折和错误中学到了许多东西，我们将要继续学到更多的东西。这个意思是，我们从正反两个方面已经学到很多东西了，我们还要、还将要学到更多的东西。我们有些东西还没有学会。不是说哪一个人，比如说中央的同志都学会了，更不是说我胡耀邦都学会了，决不能那样说。我们还有许多东西没学会。我觉得，正确地开展批评和自我批评，这个问题我们很多同志就没有学会，我们开这次会也就是要解决这个问题。

第四点意见，全党都必须学会运用批评和自我批评这个武器，来增强团结，改进工作。

我们的社会主义制度建立还不久，而且遭到了林彪、"四人帮"的严重破坏，现在的问题还很多，困难很大，任务很重，人民对我们的希望很高。我们必须注意我们国家这么一个总的状况。在我们面前，还是有两类矛盾，如毛泽东同志过去提出的那样，一种是敌我矛盾，或者是带敌我性质的矛盾，我们不能掉以轻心。我们的历史决议，鉴于历史的教训，根据实际情况，取消了"以阶级斗争为纲"的提法，取消了"无产阶级专政下继续革命"的提法，但是肯定了"还有阶级斗争"的提法。我在"七一"讲话中，根据邓小平同志的意见，写了两句话，"我们正在致力于加强社会主义民主和法制，致力于社会主义政治制度的改革和完善"。这两句话，就是要加强人民民主专政，其中也包括要正确进行阶级斗争、正确处理敌我矛盾。这一方面的问题，这里不多讲。

我们现在还有另一种矛盾，更大量的矛盾，这类矛盾如果我们处理不好，可能就如邓小平同志在谈话中指出的，弄不好会使矛盾激化，会出大乱子。所谓弄不好，来自两个方面：不教育，不批评，撒手不管，要出乱子；批评得不恰当，教育得不恰当，也会出乱子。现在更大量的矛盾，总的来讲，还是人民内部矛盾。这类矛盾中，我现在要谈到的，主要有两方面的问题：一方面，是在重大的原则问题上，首先是在坚持还是怀疑、反对四项基本原则的问题上，在政治性的问题上，公开散布极其错误的言论，这里也包括某些很有害的文艺作品。另一方面，是搞派性活动，官僚主义，工作中严重的不负责任和各种不正之风。而这两个方面的问题往往又互相联系，互相影响，互相交错。上月二十九日，我在中央党校第六期毕业生大会上发表了一篇简短的讲话。我说，据我看，我们粉碎"四人帮"将近五年了，有三个还没有根本好转：一个党风还没有根本好转；一个社会风气还没有根本好转；一个社会治安还没有根本好转。有些地方，三种同志受孤立：第一，拥护十一届三中全会以来路线的同志受孤立；第二，积极干工作的，工作卓有成效的人受孤立；第三，敢于坚持原则，讲公道话，敢于同错误言论和歪风邪气做斗争的人受孤立。这三种人都是好同志。好同志受孤立，说明什么问题？我们必须敏锐地看到，我们的国家，我们的党，我们的社会，还有问题，还有大量矛盾，还有许多消极现象、消极因素。主要问题还在于我们党员的思想政治状况有问题。在这种现象面前怎么办？我们只有两条路可以选择：一条叫闭着眼睛不管；另一条，就是抖起精神批评，或者叫理直气壮地批评。理在我们方面，理在人民方面，你怕什么？正义在我们这方面。歪风邪气，错误言论，是没有多少群众基础的，因为它根本不代表人民的利益。要敢于理直气壮，或者叫敢于抖起精神批评、揭露，这才能恢复和发扬我们的好传统。

有同志说，有人不赞成批评，反对批评，是因为不了解情况，不了解真相。这有点道理，但是不完全有道理。我有这么点看法，凡是诚实的人，郑重的人，善良的人，在事实没有准确了解以前，在是非没有分辨清楚以前，他顶多只会在批评面前表示沉默，表示犹豫，而不会一味反对。他只会是：哎呀，这个东西敢不敢批评？批评了好不好呀？考虑考虑吧。比如说，十一届六中全会，我们不但批评了毛泽东同志，而且批评了现在的一个领导同志。凡属是诚实的人，郑重的人，善良的人，他可能会说，哎呀，我现在弄不清楚，为什么又要批评一个同志，要考虑考虑，但不会一味反对。凡属一味反对批评的，很可能是这么三种人：第一种，是自以为是的人。他根本不想搞调查，不愿意弄清真相，却老是

以为自己了不起，已经看清一切，看透一切。第二种，是有
一定错误情绪的人。你说他不了解一点真相，他也了解一
些，但看问题、想问题有成见，有错误情绪。第三种，是别
有用心的人。这第三种人，他不赞成正确的批评，而赞成批
评那些主张进行正确批评的人；他不但要批评那些人，甚至
还要打倒那些人。所以，对一味反对批评的人，我们要做点
调查研究，做点分析。我主张，我们中央的机关，各部的党
委，各省、市的同志，对待情况和问题都要搞一点调查分
析，不要心中无数。

　　至于说我们怎么样开展批评，我们党历史上有很多好的
经验，我们新的党章修改草案有规定，中央通过的党内政治
生活十二条准则〔131〕也规定得非常详细，其中特别对正确的
批评和"打棍子"划清了界限。我以为，现在主要不是没有
章法的问题。我们要进行适当的正常的思想斗争，开展必要
的批评和自我批评，不是说我们党现在没有章法。现在有章
法，而且章法很多。如果我们还要求中央再立多少章法，我
觉得不妥当。粉碎"四人帮"以来，我们已经总结了历史经
验，立了许多章法嘛。我们现在的问题是没有很好地实践，
主要是我们党的政治生活、组织生活不健全。我们这么一个
大党，我们的党是深入到全国一切地方、一切部门，哪一个
地方没有我们党的组织？支部、党员到处都有。主要是我们
党的生活不健全，我们的党委不领导，该党委处理的问题不
讨论，许多事情党委不带头，自己不走群众路线。说是批评
和自我批评出偏差怎么办？你坚持原则，走群众路线，就不
会出偏差，至少不会出大的偏差嘛。前不久，中央开了个河
北工作会议，河北的同志来了二百多人，这也是走群众路

线。有一天，我们搞了一个民意测验：对于河北地市委以上的干部，你们主张哪些同志要调开，来一个秘密投票，不许串联，无记名投票，记名也可以，你们主张调出哪些同志，投个票，供中央和省委参考。省委常委不参加投票。河北同志共二百零一人，投票一百八十一张。投票的结果，主张要调开的有好几位同志（一不撤职，二不开除党籍，三不处分）。可见，走群众路线可以减少犯错误嘛。所以，我的意见，现在我们主要不是没有规章，主要是我们没有认真地实践。毛泽东同志说，正确的批评和自我批评并不难掌握，他说："以'惩前毖后，治病救人'为宗旨的整风运动之所以发生了很大的效力，就是因为我们在这个运动中展开了正确的而不是歪曲的、认真的而不是敷衍的批评和自我批评。"[168] 批评要正确，不要歪曲。你歪曲，他就有理说不清了。自我批评要认真，而不是敷衍。一九四五年，我们当时在延安的同志可能记得，王明[142] 的自我批评是敷衍的，博古[169] 同志的自我批评是认真的。一个人的检讨不在乎字数多不多，而是看你是诚恳的还是虚伪的。所以，只要我们的党委把这个事情领导起来，抓起来，坚持原则，认真实践，我们的批评和自我批评是可以掌握好的。我们开展批评和自我批评，是为了在新的基础上达到新的团结，这就要坚持原则。而在现在，就首先要求同中央保持一致，同六中全会保持一致，尤其是要坚持中央多次重申、在六中全会又一次重申的四项基本原则。这是我们全党、全军和全国各族人民团结一致的共同基础。我们观察历史，观察现状，都应该以六中全会的决议为标准。否则，我们用什么标准来进行批评和自我批评，又能在什么基础上团结呢？

解放军要带头走在前面[*]

（一九八一年九月二十四日）

这次方面军防御演习，是建国以来也是建军史上最大规模的一次演习，是近似实战的以现代化作战手段对付霸权主义者侵略的一次演习，是经过充分准备、精心组织的一次演习，是在军事指挥、政治工作、后勤保障等各方面都获得丰收的一次演习。党中央、国务院和各部委的主要领导同志能够来的都来观看了，各省、市、自治区也都派了一两位领导同志来，大家看了都很满意。演习地区的干部和人民群众，通过这次演习也都受到很大鼓舞。对于这次演习的成功，我代表党中央向参加演习的全体指战员同志，表示热烈的祝贺。

大家都知道，我军从创建以来，经历了小米加步枪的漫长时期。在战争中，我们缴获敌人的武器武装自己，装备不断得到改善。建国以后，我们又由单一的陆军发展成为包括海军、空军和其他技术兵种在内的合成军队。但是，像这次出动这么多的飞机、坦克、大炮和多种技术装备举行联合演习，还是第一次。这次演习，标志着我军在提高合成军队协同作战能力、运用现代化作战手段对付敌人方面，迈出了新

---

* 这是胡耀邦同志在全军高级干部战役集训班上的讲话。

的一步。当然，我国国防现代化的程度还不是很高，但它已经以稳健的步伐进入了一个新的建设时期。我们有长期的人民战争的丰富经验，再加上现代化的战争手段，一旦霸权主义者敢于向我们发动侵略战争，我们就更有把握把它打败。

这次演习，将有益于广大指战员打开眼界，激起学习和掌握现代军事科学技术的热情；将会帮助地方的同志和人民群众增进一些现代战争的知识，鼓舞科学技术和教育战线的同志们更加关心国防建设。中央希望，在认真总结经验的基础上，编写出材料，拍好电影，作为国防教材，使广大干部和人民群众看到光荣的解放军的形象和力量，看到军威、国威，看到人民战争的伟力，提高未来反侵略战争的胜利信心。

邓小平同志主持中央军委工作以来，特别是近一年来，军队工作有新的重大进步。军队比其他一些战线的工作，在不少方面进步更快些，更大些。有什么事实根据呢？

第一，全军广大指战员在政策水平上，在同党中央保持政治一致上，有明显的提高。去年十一月有一个炮兵团发生了一起反革命事件。邓小平同志抓住这个典型，要求各部队深入进行教育，结果把坏事变成了好事，有力地促进了部队的政治思想建设。去年中央关于进一步加强和完善农业生产责任制问题的文件[170]下达后，部队认真组织传达教育，开展农村调查，使干部战士对党的农村政策的正确性，特别是对农业生产责任制，加深了理解，消除了疑虑。去年十二月中央工作会议[171]一结束，立即召开了全军政治工作会议加以贯彻，对团以上干部普遍进行了轮训，对部队进行了四项基本原则的教育。党的十一届六中全会以后，及时组织学习《关于建国以来党的若干历史问题的决议》[133]，用全会精神统一思想。这一系列工作,军队行动快,抓得紧,效果好。广大干部战士坚信现在的党中央领导正确,坚信党的三中全会[77]以来的路线方针政策正确。有些不怀好意的外国人说什么军队是保守派,是同十一届三中全会路线对立的,这纯粹是造谣挑拨。事实证明,我们军队是坚决听党的话的,党说到哪里做到哪里,指到哪里打到哪里。

第二,组织性纪律性有明显加强,军容风纪有了进步。今年春天,邓小平同志和中央军委提出搞阅兵,很快就把这方面的问题抓起来了。阅兵,这不是搞形式主义,是加强组织纪律性,整顿军容风纪,养成良好作风的很实际很有效的办法。而且通过阅兵,能够促进正规化的训练和管理。一搞阅兵,首先举止动作都要像个军人的样子,谁也不能松松散散了。大家都看到,这次演习军容严整,作风紧张,组织严密,行动准确。这说明我们军队要搞现代化,就必须搞正规化。

第三,响应中央建设社会主义精神文明的号召,行动迅速,效果显著。中央发出建设社会主义精神文明的号召以后,军队结合自己的实际,提出"四有、三讲、两不怕"的要求。四有就是:有理想,有道德,有知识,有体力;三讲是:讲军容,讲礼貌,讲纪律;两不怕是:不怕艰难困苦,不怕流血牺牲。这个口号好,符合军队实际,已在全军深入人心,见诸行动。各部队都为人民群众做了大量好事,涌现出许多新的雷锋式人物。今年有几个省发生了特大水灾,部队在抗洪救灾中,全力以赴,奋不顾身,抢救人民生命财产。群众反映,在关键时刻,解放军还是过得硬。守卫祖国南大门的边防部队,在法卡山、扣林山战斗[172]中,发扬两不怕精神，打得英勇顽强，获得全国人民的高度赞扬。这次进驻农村的演习部队，同群众一起开展建设精神文明的活动，留下了很好的印象。群众反映"老八路又回来了"。全军搞精神文明建设，不但进一步焕发了革命精神，改善了官兵关系，而且增进了军政军民团结，对改变社会风气也起了积极作用。

第四，教育训练抓得紧，军政素质有一定提高。林彪、"四人帮"对我们军队的破坏是很严重的，其中主要的一点，就是使军队经常的教育训练废弛了。党的十一届三中全会以后，我们全面恢复了严格训练的优良传统。各个部队都在搞战备、搞训练，干部战士摸爬滚打，学习和掌握新技术，很紧张、很艰苦。这次演习所以搞得这样好，决不是一日之功。如果不是政治思想、作风纪律、组织指挥、战术技术和后勤保障等方面都加强了，是不可能做到的。人民群众看到我们军队的这种进步，是很高兴的。在这一方面，解放军值得我们的许多机关、学校、工矿、企业很好地学习。

总之，军队是紧跟中央步伐的，对中央的各项号召，坚决响应，走在前头。"文化大革命"中被林彪、"四人帮"歪曲和玷污了的人民解放军形象，正在逐步地恢复过来。只要全军指战员保持谦虚谨慎、戒骄戒躁的作风，模范地贯彻执行党的路线、方针、政策，就一定能够更好地执行保卫社会主义祖国、保卫现代化建设的光荣使命。

同志们都很关心形势，我简要地说几句。国际形势，总的来说对我们建设四化很有利，对反对霸权主义很有利，但是霸权主义仍然威胁着我国的安全和世界和平。国内形势，总的来说是很好的。党的十一届六中全会以来，全国政治局

面进一步好转，党的威信不断提高，六中全会的精神和通过
的《决议》，得到了绝大多数人的拥护。经济形势，虽然有
几个省遭到很大的旱涝灾害，但今年整个农业仍然是一个全
面的较大幅度增产的年景；轻工业生产有较大的增长；其他
战线的同志们虽然做了很大努力，但是调整任务还很繁重，
所以情况的改善还不够理想。由于种种困难，明年和今后几
年，国民经济的发展不可能有很高的速度，但是经过努力，
我们仍将能够达到一个使人满意的速度。全党、全军、全国
各族人民，应该同心同德克服困难，使我们的政治、经济形
势一年比一年好。

我们的大政方针都有了，当然，今后还要在实践中检
验，进一步丰富和发展。当前最主要的是扎扎实实地工作。
军队和地方工作都要强调扎实，不能搞虚假。这就要求我们
的干部、党员、团员带头实干，希望解放军带头走在前面。
在哪些方面带头呢？

第一，带头克服思想领导的涣散软弱状态，切实加强思
想政治工作的战斗性、有效性。

党的十一届六中全会以后，党中央抓两件大事：一个是
抓经济问题；一个是抓思想问题。这都是关系全局的问题。
不久前，中央召开了全国思想战线问题座谈会，指出了当前
思想战线的领导存在着涣散软弱的状态。中央要求，凡是有
这种现象的地方，党的领导都要坚强起来，统一起来，严格
分清是非，分清两类不同性质的矛盾，及时地采用正确的方
法克服各种错误倾向。对于违背四项基本原则，搞资产阶级
自由化的错误言行，要进行严肃的正确的批评以至必要的恰
当的斗争。思想领导涣散软弱，不是个别单位、个别部门的

问题，而是相当普遍的现象。军队总的来说是比较好的，但也不是没有问题。

毛泽东同志在《中国共产党在民族战争中的地位》一文中谈到干部政策时，讲了爱护干部的五条办法。其中第三条指出，对干部"有委托而无检查，及至犯了严重的错误，方才加以注意，不是爱护干部的办法"〔173〕。过去那种无限上纲、过火斗争是毁坏干部的办法，要牢牢地记住，这种错误永远不能再犯了。但是，对有缺点错误的干部，不及时提醒和批评教育，也会毁坏干部。我们一定要开展正常的实事求是的批评和自我批评，把党的这个优良作风更好地恢复起来，发扬光大。

第二，带头深入实际，深入群众，深入干部，深入基层。

我们现在有许多问题长期得不到解决，主要原因就是不深入，这是个带普遍性的问题。深入下去干什么呢？不是做表面文章，不是给上边看的。深入是为了了解情况，解决问题；也只有深入下去才能了解情况，解决问题。叶剑英同志对部队提过一个很好的要求，叫作"了如指掌"。对干部、对基层的情况，都要了如指掌。不深入怎么能了如指掌？不了如指掌，怎么能解决问题？这次演习的规模这么大，出动人员这么多，情况这么复杂，没有出什么大的问题，我看，主要的原因，就是各级干部工作深入、细致、扎实。希望军队同志把这个优良作风，保持下去，推广开来。

第三，带头刻苦学习，学习业务，学习科学技术，把自己变成本行业的专门人才。

现代科学技术在日新月异地发展。由于历史的原因，我们底子薄、基础差，科学技术水平低，这同建设四化的要求是个现实的矛盾。军队干部的文化科学水平，同现代化国防建设的要求，也存在着差距。在过去一个相当长的时间里，我们对于通过正规院校培养合格干部，缺乏应有的重视，是造成这种差距的重要原因。为了缩短这个差距，一方面要大力办好各级各种军事院校，培养各行各业的专门人才；另一方面，要大力提倡在职学习，建立业余学习的制度，养成学习习惯，形成好学上进的风气。领导上要努力创设必要的条件，组织干部学习科学技术文化知识，使他们在业务上不断提高。应该看到，随着经济建设的发展，我们的武器装备会逐步地得到改进。有了新的武器装备，还要学会掌握和运用。改善武器装备，是我们国防建设面临的重要任务，培养专门人才同样是我们国防建设面临的重要任务。这次演习就有力地证明，建设现代化军队，胜利地组织和指挥现代条件下的战争，如果没有大批称职的军事指挥、政治工作人才和能干的后勤人才，是不可能的。我们要对这个问题有足够的认识，并从现在起就着手积极解决。这个问题解决得好，我们国家和军队的现代化建设，就会得到顺利的发展。

第四，带头培养选拔优秀的中青年干部。

培养和选拔大批能执行党的路线，有干劲，有能力的年富力强的干部，到各级领导岗位上来，是全党紧迫的任务，对军队来说更为紧迫。因为军队是要随时准备打仗的。军队对这个问题抓得比较早，团以下干部的年轻化解决得比较好，但是师以上干部平均年龄仍然偏高。希望军队在怎样安置好老干部，怎样选拔好中青年干部，怎样既能发挥老干部的传帮带作用，又使老干部逐步退到第二线，怎样使中青年干部接好班等方面，摸索出一套办法，走出一条路子，建立起一套制度，在较短时间内做出显著成绩来。

第五，带头建设社会主义精神文明。

我在济南军区讲话时提出人民解放军要成为保卫祖国的钢铁长城，建设社会主义精神文明的光荣标兵。为什么要解放军当建设精神文明的标兵呢？因为我们军队在党领导下，历来有崇高的革命理想，有光荣的革命传统，有高度的爱国主义精神；历来以全心全意为人民服务为唯一宗旨，井冈山精神、延安精神在部队中深深地扎下了根；有坚强的政治工作作为我军的生命线，有严密的组织和严格的纪律，有生动活泼、团结友爱的政治空气，有高度的集中统一。我们军队是个大熔炉，曾经冶炼出千千万万个雷锋式人物。我们军队又从来是新思想、新文化、新风尚的传播者。党中央把建设高度的社会主义文明作为一项崇高的目标，军队理所当然要成为这方面的光荣标兵。毛泽东同志曾经号召全国人民学习解放军的优良传统和作风。这个号召后来被林彪、"四人帮"歪曲、破坏了。希望经过一两年的努力，使解放军的形象，恢复得比"文化大革命"以前更好。

我国正处在继往开来的新时期，我们要响应六中全会的号召，把思想统一到《关于建国以来党的若干历史问题的决议》上来，增强团结，振奋精神。现在我们有些同志精神不振，这也不能办，那也办不成。我们要继续纠正那种盲目蛮干的"左"的错误思想，又要大力克服这种无所作为的精神状态。中央相信，我们光荣的久经考验的人民解放军，一定能够出色地完成党交给的任务，并且以自己的榜样影响和推动各条战线的工作，胜利前进！

在鲁迅诞生一百周年
纪念大会上的讲话

（一九八一年九月二十五日）

同志们，朋友们：

鲁迅是中国近代革命历史上的伟大英雄，是文化战线、思想战线上的伟大战士。鲁迅的革命精神和他所留下的极其丰富的思想遗产，在他逝世后四十五年间，越来越受到人民的尊重。现在，我们隆重集会，纪念鲁迅诞生一百周年，就是要学习他的革命精神，纪念他为中国人民建树的不朽功勋。

鲁迅的一生处于中国在帝国主义、封建主义和官僚资本主义统治下，人民遭受残酷的奴役和压迫，民族灾难极其深重的黑暗时代。早在辛亥革命前夕，他抱着改造中国的目的而开始从事文学工作和思想工作。辛亥革命的失败使他迷惘痛苦，但他没有停止前进的脚步。他作为一个革命民主主义者积极参加了五四新文化运动。在五四运动右翼的一些资产阶级知识分子相继表现消沉、倒退的年代里，他继续以其卓越的文艺创作和锋利的思想批评，对一切阻碍中国进步的旧势力进行坚持不懈的斗争。他对中国共产党参加和领导的一九二五年到一九二七年的革命表现了高度的热情。在这次革命失败后，他的思想有了一个新的跃进。我国有不少知识分子从资产阶级、小资产阶级的革命民主主义出发，进而成为无产阶级的共产主义战士，鲁迅是他们中最杰出的一个。在他一生最后八九年间，他把他对中国历史的深刻认识，他和旧势力斗争的丰富经验，同无产阶级的革命立场、马克思主义的科学思想紧紧地结合了起来。他的著作中的战斗性及其对人民的教育作用都达到了中国文化史上前所未有的水平。在中国共产党所领导的军事的和文化的两支队伍同国民党反动派进行生死搏斗的时候，鲁迅是冲破反革命文化"围剿"的主将。鲁迅的一生是战斗的一生。他热切地追求真理，永不停顿地前进，始终站在时代潮流的前列。

鲁迅是通过长期的实际斗争和独立思考而接受共产主义世界观的，所以他的信仰是非常坚定的。在最严酷的法西斯统治下，他公开宣布，"惟新兴的无产者才有将来"〔174〕，并且在中国共产党和它所领导的工农红军身上看到中国的希望。在三十年代抗日战争开始以前，我党正处于极困难的年代，党所领导的人民革命力量不但还很弱小，而且在"左"倾错误领导下遭到严重的挫折和失败。就在这样的时候，鲁迅坚信党的力量，同党站在一起，直到生命的最后一息。这是何等可贵的革命精神和远大眼光啊！鲁迅的革命精神是那种鼠目寸光、稍受挫折就灰心丧气的人所不能比拟的，也是那种对革命抱着不切实际的幻想，以为一革命就应当出现"极乐世界"，否则就嘲笑以至咒骂革命的人所不能比拟的。鲁迅深知革命的道路决不可能是平坦笔直的，一定会有荆棘，有曲折。他敏锐地把握住时代的要求，不顾会遭遇多大的艰险，坚定不移地同人民革命事业共命运。鲁迅没有在组织上加入共产党，但他是个真正的马克思主义者、共产主义者。

鲁迅始终把斗争锋芒对准帝国主义、封建主义及其走狗。他的骨头是最硬的，他对敌人的斗争是异常坚决和勇敢的。在革命阵营内部和进步文艺界内部，他总是着重于团结起来，一致对敌。他既反对右倾投降主义，又拒绝任何"左"倾空谈和"左"倾冒险的错误方针。对于同志和战友的缺点错误，他出于公心，提出针砭和批评，决不含混敷衍，尽管有时可能失之过严，但总是善意的、深刻的，富有启发和教育的意义，有助于人们思想的提高。鲁迅对自己是很严格的。他说，"我的确时时解剖别人，然而更多的是更无情面地解剖我自己"〔175〕。他就是这样做了的。为了培养青年一代，鲁迅付出了大量的时间和精力。他以自己的言行鼓舞和教育青年，给了他们以前进的力量和智慧。

鲁迅的主要战斗武器是文艺。在文艺和社会的关系问题上，他有力地批驳了文艺是个人"灵感"的爆发之类的论调，指出在战斗的时代要离开战斗而独立，只不过是臆造的幻影。他强调革命文艺是属于人民大众的，是为了人民大众的，是改革社会的工具，是感应的神经，攻守的手足。文艺要正确而有力地描写社会，并且反过来影响社会，使革命更加深化和展开，推动社会前进。鲁迅以他毕生的创作实践告诉人们，他极端重视作品的社会效果，总是以思想上、艺术上尽可能完善的作品献给人民。他尖锐地指出那些革命立场不坚定的作家往往将革命写歪，甚至借革命文学推销自己的错误观点，这样的作品对革命是有害的。在鲁迅看来，革命文艺应当对人民特别是青年极端负责任，如果用自己的错误思想把青年引入危途，那是一种不可原谅的罪孽。鲁迅把革命作家应当首先是一个"革命人"，看作根本问题。革命作家应当是"大众中的一人"，必须和革命同命运，深切地感受着革命的脉搏，和人民大众"喜怒哀乐，无不相通"，这样才会有革命文艺。鲁迅十分重视文艺批评，认为"文艺必须有批评"，"剪除恶草"，"灌溉佳花"是文艺批评的任务。没有批评，文艺就不能前进。批评家应当有明确的是非，好就是好，坏就是坏，这样才于作者有益，于人民有益。鲁迅终生孜孜不倦，勤奋的程度是惊人的。他对青年苦口忠告，要不断地努力，切勿幻想以一年半载，几篇文字和几本期刊，便立了空前绝后的大勋业。从五四运动算起到鲁迅逝世，不过十八年，他在这段不长的时间里，在极其艰难的条件下，为人民创作了四百万字，翻译了三百万字高水平的作品。这些著作至今几乎全部仍然保持着巨大的吸引力、启发力和长远流传的价值。

鲁迅是伟大的爱国主义者，又是伟大的国际主义者。他十分重视中外文化的交流，用很大精力吸收外国的进步文艺。他关心和支持世界上被压迫民族和人民的解放斗争，在三十年代国际反法西斯斗争中，他是一个英勇而坚定的国际主义战士。

同志们，朋友们！

由于鲁迅逝世过早，他没有亲眼看到我国各族人民，在中国共产党领导下，在世界的东方这块大地上所掀起的翻天覆地的变化。这确实是一件非常遗憾的事情。但是，鲁迅逝世前两年所做的社会主义新社会一定要实现的预言，的的确确已经变成活生生的现实了。

　　尽管我们党由于多年来的许多失误，遗留下成堆的问题，至今还没有解决好，尽管横在我们的前进道路上的种种困难，还有待于我们去克服，但是，全党全军全国各族人民愈来愈相信，这几年我们党中央根据历史经验和人民意志所确定的路线、政策和各种根本措施，是正确的，是卓有成效的。把我们的国家建设成为一个现代化的、高度民主的、高度文明的社会主义强国，这个目标是一定能够实现的。

　　我们的工作，一年比一年有进展。现在，大家可以看出：我们今年的情况确实比去年好。通过对党的六中全会决议的学习和讨论，我们全党全军全国各族人民政治上的团聚力是大大加强了。我们调整和改革的决策正在逐步实施，国民经济已经开始走上健康的稳步发展的道路。虽然今年有好几个省区发生了较大的水旱灾害，但是可以肯定地说，今年我国的农业仍将是一个全面的较大幅度增长的年景。

　　几年来，我们党一直肯定，现在仍然肯定，文艺战线的绝大多数领导者和文艺工作者都是站在正确的立场上，做了辛勤的努力，文艺工作是很有成绩的部门之一。但是，在充分肯定文艺战线的主流的同时，我们也指出了文艺工作中同时存在着某些不健康的、消极的、有害于人民的东西。同志们都记得前年冬天和去年春天，我们党曾为此发表了一系列的意见，并且同文艺界的同志们进行了多次亲切的讨论，进一步提出了繁荣文艺的许多建议。可惜的是，我们党的一些带根本性的重要意见，没有引起文艺界同志的充分注意。

　　要促进文艺的健康发展，正确地开展批评和自我批评是十分必要的。现在的情况是，好些优秀的作品，得不到应有的表扬，而某些很坏的作品，则受不到有力的批评和谴责。

对好作品和不好的作品，都缺乏马克思主义的科学的分析和评论。有些同志和朋友虽然知道文艺批评的重要性，但是过于忧心忡忡，老是担心刚刚恢复过来的文艺欣欣向荣的局面会被打下去。这些同志和朋友看问题不大全面，缺少两点：第一是缺少一点辩证法。如果我们让恶草和佳花并长，而不做必要的斗争，那我们的文艺只能是一个混乱的局面。第二是没有充分地估计到我们党已经正确地总结了在发展文艺批评工作中的正反两方面的经验，因而始终注意和能够消除来自任何方面的干扰。

党中央已经并将继续精心指导全党，对于文艺界、理论界、出版界、新闻界发表过严重错误言论的人们，采取分析态度，区分不同情况，加以正确对待。

有些同志曾经做过许多好事，写过许多好的作品，由于一时的迷误，也发表了有害的作品。我们既不能因此否定他的成就和贡献，也不能因为他有过成就和贡献，就放任他的有害作品。还有些同志因为过去受了冤屈，吃了苦头，有点情绪，这是可以理解的。如果因此抱着对党对社会主义制度怨恨的情绪来观察社会，写成作品，那就是极错误的了。我们应当通过说服和批评，帮助他们把自己的有害作品修改好或索性废弃。我们党对于自己的经过实践检验，证明是错误的决议，就加以撤销和废除，难道文艺界不可以借鉴和推广这种终归不仅不会丢脸反而大有出息的风格吗？

还有某些作者是由于对人民，对我们的国家和民族所从事的伟大事业缺乏正确的认识，因而坚持错误的创作方向。这里的情况就复杂一些。有的是把个人同人民群众的关系摆错了位置。用鲁迅的话来形容，就是脱离现实人民的斗争，用心造的幻影，编出几篇东西，借革命以营私。有的是对新社会发展和革命征途中难免出现的错误和曲折，不做分析。他们不懂得鲁迅所说的有缺点的战士终究是战士，完美的苍蝇终究是苍蝇。他们也像鲁迅所说的那样，只做叫苦鸣不平的文学。而鲁迅处在旧中国的黑暗时代就斩钉截铁地断言，仅仅只有叫苦和鸣不平的文字，这个民族还是没有希望的，何况现在已经到了社会主义新时代？也有的是对社会主义制度缺乏信心。用鲁迅的话来形容，就是对自己的国家、民族和人民，缺乏自信力，因为没有这种自信力，就转化为信外国，信资本主义国家的他信力。而这种他信力，到头来，变成了使人民上当也使自己吃苦的自欺力。我国人民能够容忍上述种种错误的创作方向和创作态度吗？对于这样产生出来的作品和硬要把这样的作品塞给人民群众，特别是要塞给缺乏生活经验的青少年的人，难道我们大家不应该挺身而出，进行批评，进行抵制，这样来教育团结人民，同时也教育帮助犯这样错误的作家吗？

我还想和同志们讨论的是，是不是还有另外一种人，这种人骨子里从来就是仇恨新中国，仇恨社会主义，仇恨我们的党。新社会也有这样的人，如同鲁迅所说的：狮子身上也有害虫。用他的另一种说法，就是化了装从背后捅刀子的人。我决不是说我们国家现在有好些这样的人，更不是说这样的人有多大的能量，能够扭转已经前进的历史车轮。我只是告诉同志们，我们党认为，这种人，哪怕是极少数的、个别的，我们也决不能丧失应有的警惕性，小看他们的危害。对这种人的反革命罪行，必须绳之以法。

我们把党对当前文艺界和其他思想界的错误倾向的看法

和克服的方法，告诉了同志们。我相信广大文艺界同志和人民群众是赞成的，但也免不了会引起国内国外有些人的议论。其中可能有的人要鼓起舌根起点哄，甚至咒骂几句，这也无关大局。鲁迅说得好，一切古今人从来就没有被骂倒过，凡是倒掉的，决不是因为骂，而是因为被揭穿了假面具。我们党被骂过几十年，不是从来没有被骂倒过吗？而那些造谣惑众的人，终究是要被揭穿的，是站不住脚的。

还有同志认为，为什么只要思想界开展批评和自我批评，而其他战线不要开展？难道只有思想界才有消极面而其他战线没有消极面吗？

这完全是误解。我们党一直认为，我们各条战线都取得了伟大的成绩，但同时都存在大量的问题。我们的一切工作，既有光明面，这是主要的一面，又有阴暗面，这是决不可忽略的一面。

当前，我们的工作中，广大干部、党员和国家工作人员中，除了思想战线上一些人存在资产阶级自由化的错误思想之外，其他战线也还存在这样那样的消极因素。例如，在党的各级领导机构的某些领导干部中，存在着脱离实际，脱离群众，既不钻研问题，又不解决问题，死抱住老框框，对必要的改革不感兴趣，对党和人民交给的任务极不负责任的那种官僚主义现象。例如，在某些部门，首先是某些经济部门的某些同志，缺乏全局观点，凡是不合自己局部利益和口味的事，就扯皮，就顶着不办。这是一种损害整体利益的本位主义错误行为。例如，在某些工矿企业和某些农村社队干部中，违反党和国家历来主张的要兼顾国家、集体和个人三者利益的全局观点，打着代表群众利益的旗号，实际上是代表一部分工人、农民中的落后意识，一有机会就向国家敲竹杠，要高价，这是损害国家利益的错误行为。例如，某些干部不顾党纪国法，胆大妄为，利用党和人民赋予的职权，谋取个人的私利，甚至发展到向外国人索取财物，接受贿赂，丧失国格人格。所有这些消极的因素，都需要我们严肃地对待，采取正确的方法，坚决地加以克服。

社会主义社会现在有，在一个很长的时间里还会有各种阴暗现象。这没有什么不可理解。但是，社会主义社会不能容忍旧社会遗留下来的这些祸害。我们的党历来说，我们要发动和依靠广大人民，同这些错误的、丑恶的行为以及各种不正之风做斗争。这个斗争不是几天，不是一年两年，而是经常的，像鲁迅所提倡的那样，靠长期不懈的韧性的战斗。

什么是正确的方法呢？急急忙忙乱斗一通行吗？不行。拖拖沓沓放任自流行吗？不行。几十年来的经验告诉我们，在人民内部，唯一有效的方法就是恢复和发扬我们党历来行之有效的批评和自我批评的优良作风。我们要一步一步地恢复和发扬这种作风，先党内后党外，先干部后群众，经过一个时间，使我国人民人人都学会使用这个武器，正确运用这个武器。

有同志说，这个武器运用得好，可以使有严重错误的同志变成好同志，使好同志变为更好的同志。这当然是对的，但还不够。我们党认为：这是全党全军全国各族人民实行自我教育的一大法宝，是巩固和发展全国安定团结、生动活泼的政治局面的一大法宝，是提高我们各族人民精神境界，发扬新社会优良美德，建设社会主义精神文明的一大法宝。

我们党历来认为，文艺界和整个思想战线的同志们，在学习和正确运用这个法宝上有着极其重要的作用。如果文艺界和一切思想战线上的兵是精的，武器是好的，那么，你们就可以极大地帮助党更好地实现建设高度的社会主义精神文明的伟大历史任务。我们党之所以热切地希望文艺界和一切思想战线上的同志，首先克服自己队伍中的消极因素，发扬自己队伍中的积极因素，完全是出于这个积极的目的。我们党相信，经过千锤百炼，作过巨大历史贡献的我国思想战线的革命大军，一定能够把这个光荣的任务担当起来！

同志们，朋友们！

去年二月，我在剧本创作座谈会上曾经说过，我们建设社会主义精神文明，要攀登这么三个高峰：思想理论高峰、科学技术高峰、文学艺术高峰。我们是沿着一条不平坦的崎岖道路前进。我们的头顶上有暴风骤雨，我们的脚底下有陡壁险坡，我们同志们的身上有各种各样的包袱，还有这样那样的创伤。能不能攀上思想理论、科学技术、文学艺术的高峰呢？有人会掉队，有人会开小差吗？我回答不了。我只能回答一点，我们党鉴于历史的教训，决不会抛弃忠于党、忠于人民、忠于伟大事业的同志，也决不会抛弃犯了错误而愿意改正的同志。总之，我们的路途遥远，道路艰险，我们必须紧紧地手拉着手、心连着心前进！我们还必须加强同各国进步的文艺界思想界的友好往来，吸收他们的一切优良成果，并同他们一起，共同为世界和平和人类进步事业而携手并进。

在我们纪念伟大的革命家，思想战线、文化战线的伟大旗手——鲁迅诞生一百周年的时候，让我们发扬鲁迅的革命精神，为我国社会主义文化的繁荣昌盛和健康发展，努力奋斗吧！

在首都各界纪念辛亥革命
七十周年大会上的讲话

（一九八一年十月九日）

同志们，朋友们：

整整七十年前的一九一一年，以孙中山先生为领袖的革命党人在古老的中国发动了推翻清皇朝的革命。这次革命在中国大地上树起了民主共和的旗帜，建立了中华民国。这是在中国历史上具有重大意义的一次革命。在今天的形势下，我国大陆的九亿八千万同胞和台湾的一千八百万同胞，共同纪念这个光荣的节日，尤其具有巨大的现实意义。

从十九世纪四十年代起，中国逐步沦为半殖民地半封建的国家以后，中国人民几乎一天也没有停止过反帝反封建的革命斗争。十九世纪后期中国民族资本主义初步发展，资产阶级作为一个新兴的力量登上历史舞台。具有资产阶级、小资产阶级民族民主思想的爱国志士所领导的革命运动，在二十世纪初年，成为时代潮流的先锋。这个革命运动集中反映了当时全国人民争取民族独立，建立民主共和国的愿望。由于清朝政府极端腐败，丧权辱国，不但是反动封建势力的集中代表，而且已经彻底地成为帝国主义统治中国的工具，革命党坚决主张，必须用革命的武力推翻这个政府。他们的号召得到了广大人民群众的拥护。毛泽东同志曾经指出，在中国人民近代革命斗争史中，辛亥革命是在比较更完全的意义上开始了反帝反封建的民族民主革命。这个评价是完全正确的。

辛亥革命没有能达到建立一个独立自由的资产阶级共和国的预期目的，没有能使中国摆脱半殖民地半封建的地位。但是辛亥革命的历史功绩是不可磨灭的。辛亥革命结束了统治中国几千年的君主专制制度，这是中国社会的一个巨大进步。从此以后，不但民国初年两次复辟帝制的丑剧迅速遭到失败，而且任何形式的反动专制统治都不能不以失败告终。辛亥革命违反帝国主义列强的意愿，推翻了他们所支持的清朝政府，这就在近代史上第一次证明了中国的命运毕竟不是帝国主义所能任意支配的。从此以后，任何以帝国主义为靠山的反动势力，不管有多么强大的武力，最后都不能不由于人民的反对而覆灭。辛亥革命带来了一次思想上的大解放。既然几千年来被认为神圣不可侵犯的皇权都能打倒，还有什么反动的、落后的东西是不可侵犯、不可改造的呢？这就极大地鼓舞了中国人民和他们中的积极分子继续发挥首创精神，学习先进思想，不断地为探索中国的革命道路而英勇奋斗。

辛亥革命后八年，发生了五四运动，无产阶级在中国革命中开始表现为独立的政治力量，不久成立了中国共产党。辛亥革命后十三年，孙中山改组国民党，实行第一次国共合作，由此举行了推翻受到帝国主义支持的北洋军阀统治的北伐战争。辛亥革命后二十六年，国民党和共产党实行第二次合作，因而中国人民能够进行历时八年的伟大的抗日战争，取得了胜利，使台湾得以归还中国。辛亥革命后三十八年，以毛泽东同志为首的中国共产党领导全国人民取得了新民主主义革命的胜利，建立了中华人民共和国，这才彻底结束了中国的半殖民地半封建的时代，实现了国家的独立和人民的民主，并且进而转入社会主义。中国的经济和文化，在非常落后的基础上，在十分困难的条件下，由于全国各族人民的共同奋斗，得到了前所未有的巨大发展。孙中山先生和辛亥革命的其他志士们所追求的目的，终于成为现实，而且远远高出当时设想的水平。七十年来的历史表明，辛亥革命作为民主革命的开端，为以后一系列的历史发展打开了道路。因此，我们共产党人和全国各族人民，都把新民主主义和社会主义的胜利看作辛亥革命的继续和发展，对于领导辛亥革命的孙中山先生和他的同志们抱着崇高的敬意。

在辛亥革命时期，许多爱国志士加入孙中山领导的革命行列，进行了艰苦卓绝的斗争，有的甚至献出了自己的生命。当时著名的风云人物有陆皓东、郑士良、黄兴、章太炎、邹容、陈天华、宋教仁、朱执信、廖仲恺、蔡元培、胡汉民、陶成章、秋瑾、徐锡麟、熊成基、刘静庵、詹大悲、张培爵、吴玉章、陈去病、柳亚子、居正、于右任、李烈钧、蔡锷、朱德、焦达峰、董必武、林伯渠、冯玉祥、续范亭、张奚若、司徒美堂以及其他许多人。在他们中，除了当时牺牲的先烈以外，有些人继续追随孙中山进行民主革命，有些人进一步成了共产主义者，也有些人后来离开了革命。所有为辛亥革命建树了功绩的人们，永远受到人民的称颂，他们为革命牺牲奋斗的高尚精神，永远值得后人尊敬和学习。

孙中山先生是伟大的民族英雄，伟大的爱国主义者，中国民主革命的伟大先驱。他的丰功伟业是永垂史册的。他为追求民族独立、民主自由和民生幸福贡献了毕生的精力。中国各族人民永远不会忘记他在黑夜沉沉的中国，高举革命民主旗帜的历史功勋；永远不会忘记他领导革命，推翻帝制，建立民国，并且同窃据民国的招牌实行反动统治的军阀势力坚持斗争的历史功勋；永远不会忘记他领导国民党同共产党实行第一次合作，把辛亥革命时期的三民主义发展为一九二四年国民党第一次代表大会时期的三民主义的历史功勋。

孙中山先生一生既有成功，又屡经失败，备遭险阻，但百折不挠。他不断地总结经验，追求新的思想，勇敢地随同历史的进程一道前进。他坚信经过人民的斗争，中国一定能够在政治、经济、文化各方面实现大的飞跃，一定能够迎头赶上先进的国家。他以坚强的意志和非凡的毅力为实现这个理想奋斗不息，正如他自己所说，“吾志所向，一往无前，愈挫愈奋，再接再厉”[176]，表现了一个伟大爱国者的英雄气概。孙中山一生宣传“天下为公”和“民有民治民享”，坚持“唤起民众”和“联合世界上以平等待我之民族”。直到晚年，他仍然为召集国民会议、废除不平等条约而抱病北上，并且提出了“和平，奋斗，救中国”的庄严口号。孙中山的这种革命精神是他留下的最珍贵的遗产，将永远激励着我们民族的一切革命者、爱国者。对于孙中山先生的崇敬和怀念，至今仍然是把中国大陆和台湾联系在一起的强大的精神纽带。

同志们，朋友们！

我们的祖国已经进入了全面进行社会主义现代化建设的历史时期。我们党的十一届三中全会重新确立了马克思列宁主义、毛泽东思想的政治路线、思想路线、组织路线，十一届六中全会又做出了《关于建国以来党的若干历史问题的决议》[133]，分清了历史经验中的是非。前进的目标已经明确，建设的道路已经确定。我们现在要进一步加强全国各族人民的团结，发展壮大全体社会主义劳动者、拥护社会主义的爱国者和拥护祖国统一的爱国者的最广泛的统一战线，调动一切积极因素，同心同德地为把我国建设成为现代化的、高度民主和高度文明的社会主义强国而奋斗。在目前时期我们的内外任务，概括说来，有三件大事，这就是：实现四化建设、保卫世界和平、完成统一大业。

集中主要力量，进行社会主义建设，实现农业、工业、国防和科学技术的现代化，这是全国各族人民的第一件大事，也是我们做好第二件第三件大事的根本依靠。使富强雄伟的中国进入世界的先进行列，是一百多年来特别是辛亥革命以来中国人民梦寐以求并为之奋斗的崇高理想。现在我们已经有条件、有可能经过有计划的努力逐步实现这个理想。中国在经济文化上还比较落后，但并不是一切都落后。前进路上还有许多困难，但也有各种有利的条件。落后是能够改变的，困难是能够克服的。我们要继续解放思想，实事求是，振奋精神，打破一切不符合辩证唯物论和不适合于四化建设需要的老框框，努力研究各行各业的新问题，开辟新路子，创造新局面。我们要继续坚持四项基本原则，巩固和发展安定团结、生动活泼的政治局面。我们要建设一支为四化英勇奋斗的，思想先进、技术熟练、纪律严明、团结协作的体力劳动和脑力劳动的强大队伍。我们要充分利用已有的物质技术基础，充分发挥社会主义制度的优越性，充分发扬我们民族的创造精神和爱国主义精神；同时，还要尽量吸收外国一切对我们有用的科学技术和管理方法，并且在平等互利

的原则下发展同外国的经济交往和经济合作。我们的现代化
建设的宏伟目标一定能够胜利地实现。在这个问题上，我们
必须以辛亥革命以来的无数革命先烈为榜样，在全国各族人
民中大力进行爱国主义和国际主义的教育，树立高度的民族
自尊心和民族自信心。这是我们要建设的社会主义精神文明
的重要基础，它将成为我们建设社会主义物质文明的强大
动力。

　　保卫世界和平，这是我们的第二件大事。保卫世界和
平，防止世界战争，这不但是实现我国的现代化事业所必需
的国际条件，而且也是我国各族人民对全世界人类所应尽的
国际义务。新中国成立，实现了完全的国家独立，中国在外
交上仰帝国主义鼻息的时代已经一去而不复返。我们独立自
主地从中国民族的利益出发，也从世界人民的共同利益出
发，确定和执行对外政策。我们坚决反对帝国主义、霸权主
义，反对一切侵略和武力威胁，维护世界和平，促进国际形
势朝着有利于世界和平、有利于各国人民的方向发展。现
在，各种大小霸权主义正在世界许多地方侵略扩张，这是加
剧国际形势的动乱、破坏世界和平的主要根源。我们始终认
为，世界战争的危险是一个十分严重的问题，应当给予充分
的注意。全世界一切爱好和平的力量必须为反对霸权主义、
反对侵略扩张而进行坚决有力的斗争，这样就有可能延缓世
界战争的爆发，维护较长时间的国际和平。为了达到这个目
的，我们主张第三世界国家必须求同存异，联合一致，并力
争在平等的基础上同一切反对战争、反对侵略的国家建立广
泛的联合。我们仍然主张"联合世界上以平等待我之民族共
同奋斗"，在全世界范围内普遍实行和平共处五项原则[158]。

我们反对在大小霸权势力的侵略行为面前做无原则的纵容退让，也决不希图从任何范围的战争中牺牲别人来谋取一己之利。我们要求全世界一切爱好和平的国家和人民共同加强反霸权、反侵略的斗争，这是维护世界和平的唯一现实的道路。中国人民具有坚毅的斗争精神和很强的生存能力，我们不怕任何霸权主义的威胁和挑战。中国人民决心为保卫世界和平做出自己应有的贡献。

台湾回归祖国，完成统一大业，是我们的第三件大事。这在纪念辛亥革命七十周年之际，尤其是人同此心，心同此理。台湾在被割让五十年之后，才得复归中国，而随后由于国共和谈破裂，国内战争重起，台湾又同祖国大陆分离达三十二年之久。这是我们民族多么深重的不幸啊！中华各民族从建立统一国家的几千年来，一贯具有反对分裂、维护统一的光荣的爱国传统。历史上的国家分裂，从来只是暂时的，从来是不得人心的，因而总是复归于统一。一九四九年中国人民革命的成功，在祖国大陆上永远结束了几十年来国家四分五裂的局面，实现了人民所要求的国家统一。但是大陆同台湾还没有统一，始终是笼罩在全国同胞心头的阴影。时至今日，中国和世界的形势已发生了很大的变化。尽快结束台湾同祖国大陆分离的要求，已成为日益高涨而不可抗拒的历史潮流。

全国人大常委会在一九七九年元旦发表《告台湾同胞书》[177]，郑重地宣告了台湾回归祖国完成祖国统一大业的大政方针。随后不久，我们提出了尽早实现大陆和台湾间通邮、通航、通商和经济、科学、文化等方面交流的主张。十天前，也就是国庆日前夕，全国人大常委会委员长叶剑英同志又发表谈话，进一步阐明了关于台湾回归祖国实现和平统一的方针政策[178]。叶委员长的这个谈话代表了我们全党、全军和全国各族人民的共同意志。我们讲话从来是算数的。台湾人民、港澳同胞和国外侨胞为祖国统一大业已经做了许多有益的工作，他们一定都会热烈地赞助叶委员长宣布的方针政策。全世界关心远东和平的人们听到这些方针政策也是感到高兴的。

台湾问题，纯属我国的内政。这个问题要由海峡两岸的领导人和人民来解决。在历史上，国共两党已经有过两次合作，这两次合作实现了北伐和抗日的大业，有力地促进了我们民族的进步，现在为什么不可以为建设统一的国家而实行第三次国共合作呢？诚然，过去两次合作都没有延长下去，但是任何公正的人不能不承认，两次不幸的分裂都不是共产党方面挑起的。我们不想在这里算旧账，让过去的一切都成为过去吧！而且让过去的教训使今后的合作做得更好吧！

现在我们提出的建议，对于台湾方面没有任何不公平、不安全的地方。如果台湾方面还有不放心的问题，也不妨在双方谈判中提出来研究解决。由于长期隔阂而存在着某种不信任感，这是可以理解的。但是不接触，不交谈，怎么能消除隔阂，建立互信呢？如果我们不解决这个难题，还要让彼此的力量在对峙中互相抵消，我们将何以上对中山先生和辛亥革命以来的先烈，下对海峡两岸的各界同胞和子孙后世呢？共产党决不用国民党曾经用过的方法来回报；"文化大革命"时期的过火行为永远不会再重复。在这里我愿意告诉台湾当局，不但孙中山先生的陵墓经过一再修葺，而且奉化茔墓修复一新，庐山美庐保养如故，其他国民党高级官员的老家和亲属都得到妥善安置。树高千丈，叶落归根。难道蒋经国[179]先生就没有故乡之情？就不想把蒋介石先生的灵柩迁移到奉化蒋氏墓地来？

我今天愿以共产党负责人的身份，邀请蒋经国先生、谢东闵[180]先生、孙运璇[181]先生、蒋彦士[182]先生、高魁元[183]先生、蒋纬国[184]先生、林洋港[185]先生，邀请宋美龄[186]女士、严家淦[187]先生、张群[188]先生、何应钦[189]先生、陈立夫[190]先生、黄杰[191]先生、张学良[192]先生，以及其他各位先生，邀请台湾各界人士，亲自来大陆和故乡看一看。愿意谈谈心当然好，暂时不想谈也一样热烈欢迎。这对于蒋经国等先生和台湾各界同胞会有什么损失呢？外援是重要的，但是最重要最可靠最有力的还是本国十亿人的爱国大团结。唯自助者天助之。自毁长城的人，无论高唱什么不现实的口号，任何人也无法帮助他转危为安，化否为泰。我们如果能够互相谅解，互相尊重，长期合作，风雨同舟，使我数千年文明古国真正昂首阔步于世界，中山先生必当含笑于九泉。中山先生生前号召"和平，奋斗，救中国"，我们今天为什么不大声疾呼"和平，奋斗，兴中国"呢？和平统一，振兴中华，千秋伟业，系乎一转念一反掌之间。让我们学习中山先生的遗训，"适乎世界之潮流，合乎人群之需要"[193]，携起手来，为创造中华民族光辉灿烂的新历史而共同奋斗！

中华民族大团结万岁！

辛亥革命烈士永垂不朽！

伟大的革命先行者孙中山先生永垂不朽！

社会主义精神文明建设要从
社会治安、社会风尚和党风抓起*

（一九八一年十二月十五日）

　　一九八二年，是我们粉碎"四人帮"以后的第六个年头，是十一届三中全会以后的第四个年头，是我们党在指导思想上完成拨乱反正的历史任务以后的第一个年头。这也就是说，一九八二年将有更多的有利条件，使我们党能够集中更多的精力，来更好地领导社会主义现代化建设。因此，完全有理由要求我们全党，在新的一年中，把工作做得比以往几年更好一些，使我们的社会主义建设取得更大的进展。

　　我们说社会主义建设要取得更大的进展，它的标志和含义有三条：

　　第一，要两手抓，一手抓物质文明的建设，一手抓精神文明的建设，使这两方面都取得比较令人满意的新成就。建设社会主义精神文明这个口号，是我们党在六中全会的决议中记载下来的，我觉得这个口号很好，对全国人民有很大的号召力，在政治上能起很好的动员作用，在国际上也有很好的影响。

　　第二，在经济上，要努力争取一个扎扎实实的、没有水

　　＊　这是胡耀邦同志在省、市、区党委第一书记座谈会上讲话的一部分。

分的一定的速度。这个提法，是邓小平同志在政治局会议上提出来的。这个提法的好处是，既包含了一定的数量要求，又包含了严格的质量要求，把二者统一起来了。"没有水分"这几个字，意思就是要强调经济效益的提高。这就要求我们，在经济方面，明年还要有步骤地解决一系列重大问题。

第三，在政治上，在精神文明的建设上，要努力争取社会治安、社会风尚和我们的党风有一个决定性的好转。在民族聚居地区，还要努力争取民族关系、民族团结也有大的好转。

为此，需要采取一系列切实有力的措施。我想了一下，主要的办法有五条：

第一条，要动员全党和整个社会力量，动员各种舆论工具和各种人民团体，大家来造成一个建设社会主义精神文明的强大而持久的社会舆论。没有这一条，社会主义精神文明是建设不起来的。回想战争时期，人民军队搞三大纪律、八项注意，我们造舆论是很有办法的。造舆论，就要强大而且持久，要扶正压邪，那种零零星星、软弱无力的办法不行。我在这里不是又要批评文艺界，总起来讲我们的文艺界确实是做了很多工作的，但是一些电影里面，那种恋爱高于一切的不健康情调，大家是有很多意见的。我们当然不是反对写恋爱，但总不能搞恋爱至上吧。我们的文艺，总是要努力宣传为民为国的远大理想嘛！

对于如何更好地运用我们的舆论的力量，要好好地研究一下。我们这个民族要建设高度的社会主义精神文明，就要向全党全军和全国各族人民进行广泛、深入和持久的教育，要经常讲，要家喻户晓。

第二条，要求一切机关、部队、企业、事业、学校和各种团体，总共一亿人口以上，带头开展"五讲四美"〔194〕，开展绿化祖国、美化环境等社会主义的公益活动，并且坚持下去，而不要停停打打，有气无力。这也就是移风易俗、改造中国，对这件事的意义不要估计小了。全国十亿人口，先在一亿人口当中坚持不懈地抓起来，整个社会的风气就会变。

第三条，要切实整顿城镇和农村的基层组织，建立和加强基层党的政治思想工作和政权工作。现在，有些农村社会治安不好，社会风气不好，赌博、迷信盛行，产生这些现象的一个重要原因，就是我们的基层党组织不健全，基层政权组织也不健全。所以，一定要认真整顿基层组织，建立和加强基层党的政治思想工作和政权工作。

第四条，要继续加强党的纪律检查部门和政法部门的工作，切实解决落实政策方面的遗留问题，坚决和及时地打击一切违法乱纪和刑事犯罪活动。昨天，邓小平同志就广东、福建一些单位和干部继续从事走私、贩私活动的问题，批了这么一段话："耀邦同志：这类事为什么总处理不下去，值得深思！我建议由中纪委派一专门小组进行彻底追究，越是大人物、大机关，处理越要严、要重。"对于党内这类违法乱纪的严重现象，如果我们不能坚决地、毫不留情地加以追究，党风是搞不好的。

第五条，要有计划有步骤地改造上层建筑，精简机构，努力克服官僚主义，大大提高工作效率。这是经过政治局讨论决定的。现在征求一下同志们的意见，可不可以在两年内，分期分批地把精简机构这件事搞完。中央机关先走一步，明年上半年搞完；省市一级，明年下半年搞完；地县后年搞完。这样虽然时间长一点，但是一级一级搞，不走弯路，不误事。不抓住精简机构这一环，不由这里着手，官僚主义是克服不动的。

建设社会主义精神文明，是一项长远的宏大的战略任务，事情很多。明年一年，要从社会治安、社会风尚和党风抓起，这是问题的关键所在。办法提这么五条，请同志们研究一下。

要使我们全党同志，充分地懂得争取一九八二年工作取得新的重大进展的意义。如果我们在一九八二年，在经济方面和政治方面，在物质文明方面和精神文明方面，都能取得重大的进展，那么我们的脚跟就站得更稳了；从明年过渡到后年，并且向着六五计划的目标前进，也就会更加顺利了。同时，这对于促进台湾回归祖国和处理国际事务，也将具有重要意义，因为我们力量更强，讲话更有分量了。总之，一九八二年的战斗任务，要求我们，首先是要求中央和省、市、区这两级的同志们，对明年工作一定要通观全局，精心指导。

坚持两分法，更上一层楼 *

（一九八一年十二月二十七日）

我是啦啦队，是球赛的"啦啦队"，是广播、电视的"啦啦队"，是电影的"啦啦队"，就是给大家"加油"。我们各级党委，各级宣传部门的同志，都应该给自己确定这么一个任务，就是当"啦啦队"，给大家鼓劲。一个体育，一个文艺，有广泛的群众性。凡属具有群众性，有益于广大人民，能鼓舞和教育人民积极向上，又为他们喜闻乐见的事业，我们都要组织和领导人民，千方百计地把它们搞上去。这才算得上真正具有我们党经常说的群众观点。

还有四天，一九八一年就要过去，新的一年就要到来了。如何看我们今年的工作，如何迎接新的一年？送同志们两句话：坚持两分法，更上一层楼。如果说新年要有对联的话，这可不可以算一副？

我们的同志，任何时候都应当坚持两分法。中央最近召开了各省、市、自治区党委第一书记座谈会，总结了今年的工作。用两分法看问题，可以看到，一方面，今年我们全党的工作确实取得了很大的进展，总的说来是良好的。但是，另一方面，又有些事情，包括本来应当和可以做得更好一些

的事，也还没有做得很好。比如思想政治工作问题，物价问题，等等。文艺工作如何呢？希望同志们也采取两分法的科学态度和方法，加以分析，以利明年的工作。

就电影来说，应当充分肯定，几年来进步很大，今年又有新的进步。好的和大体可以的影片是主流，大多数同志是很努力的。一些中青年导演和作者，一些青年演员，快马加鞭地成长起来了。全国各族人民，我们的工人、农民、士兵和知识分子，我们的共产党员、共青团员和少先队员们，无论男女老少，无论在城市还是在农村，对电影界的成绩和进步，对同志们的辛勤工作和做出的贡献，是高兴的、欢迎的，是看在眼里、记在心里的，是感谢大家的。这就叫作是非自有公论。这是事实，也是一种应有的自信心。

当然，事情还有另一方面，就是确实有些影片不够好，有些同志努力不够，个别作品和个别同志还有比较严重的缺点和错误。主要的问题，无非是两条：

第一条，有些作品，有些同志，政治情绪不健康。表现在什么地方呢？主要是忽视以至否定中国人民社会主义事业的伟大成就，把我们革命过程中的失误和林彪、江青反革命集团的破坏，都归结为整个党和国家不好，整个革命队伍不好，整个社会主义制度不好。由此得出结论：没有前途，或者前途渺茫。这就是政治思想或者说政治情绪的不健康。

毫无疑问，对错误的东西，一定要进行有说服力的、严肃的批评，这里要讲真理，不能讲面子。最好是本人进行认真的自我批评，而不要护短。周围的同志，读者和观众，也要给予帮助。对于作家来说是这样，对于我们各级党委的负责同志来说也是这样。中央政治局常委，中央政治局和书记处的同志，如果有错误，可不可以批评呢？当然可以批评。毛泽东同志的错误都可以批评，我们如果有错误，为什么不能批评呢？为了我们伟大的事业，革命队伍中无论是谁，犯了错误都应当进行批评和自我批评。但是一定要尊重事实，与人为善，讲究科学，讲究政策，决不是乱批一通。也许有同志会说，一批评，就破坏了积极性。我们说，问题要看你是什么样的积极性。如果是不利于社会主义事业的积极性，难道不应当来一点破坏吗？这样的破坏，同时也就会促进健康的积极性的进一步发扬。

第二条，有些作品，有些同志，思想境界不高，甚至太低下。表现在什么地方呢？主要是不能正确处理爱情与革命、爱情与社会主义事业的关系，把爱情强调到不适当的地位。

当然，爱情是文学艺术的重要题材之一，可以写，而且应当写。去年我在剧本座谈会上就讲过，谁说不能写爱情呢？这是人类生活的一个组成部分，是社会生活的一种重要现象嘛。问题是究竟把爱情放在什么地位上。一切共产主义者，一切革命者，一切爱国者，胸怀和眼界应当广阔和远大得多。热爱我们的伟大祖国，热爱我们的伟大人民，热爱我们的社会主义事业，这才是最可宝贵的。如果可以把我们的热烈爱慕的感情分为第一、第二和第三的话，那第一位的就应当是这个东西。社会主义时期的文学艺术，比新民主主义革命时期的文学艺术，应当前进一大步。我们的文学艺术作品，首先要教育人们，特别是青年，爱祖国的社会主义事业，爱我们的人民。健康的爱情，从根本上来说，应当是同革命事业相一致的。一个革命者，为了人民的利益，为了社会主义的事业，在必要的时候，完全可以牺牲个人的爱情，以至于生命。

人们都还记得匈牙利诗人裴多菲[195]的有名诗句："生命诚可贵，爱情价更高；若为自由故，二者皆可抛！"这位十九世纪中叶的民主主义革命家，为了民族的独立和祖国人民的自由，能够达到这样崇高的思想境界，难道我们今天的社会主义文艺，反倒可以倒退到爱情至上吗？不应当使两性之间的爱情超过革命，压倒革命。不应当宣传爱情高于一切，一切为了爱情。我们的文艺作品，总是要提高人们的精神境界，激励和鼓舞人们为祖国的社会主义现代化建设事业献身嘛！

坚持两分法，才能更上一层楼。明年，不但你们要更上一层楼，我们全党的工作，各行各业的工作，都要努力奋斗，更上一层楼。你们说明年可以争取出一百部故事片，这很好。但还有个问题：什么样子的一百部。大家都认为，不但数量要达到一百部，而且质量也要比一九八一年达到更高的水平。这就要求同志们付出巨大的劳动，从思想上、艺术上和各项工作上，努力认真地解决一系列的问题。关于经济发展，邓小平同志有一句话，就是明年要有一个扎扎实实的、没有水分的一定的速度。这句话很好，既有一定的数量要求，又有严格的质量要求，把数量同质量统一起来了。我看，邓小平同志这个要求对我们电影工作，也是完全适用的。

如果我们不犯大的错误，有科学的态度，鼓足干劲，把国民经济不断地推向前进，那么，人民生活改善的速度，就可能逐步略为加快一点；但是，总起来看，从现在起，五十年内，也就是直到二十一世纪的头二三十年，我们的生活水平要赶上世界上经济最发达的国家，是不大可能的。看一看历史吧。中国从十九世纪中叶开始，逐步沦为半殖民地半封建社会。经过一百多年，到二十世纪中叶，中国发生了一次社会大变动，进入了社会主义时代。从这以后，再过一百多年，大约要到二十一世纪中叶，我们国家才有可能再来一个经济和社会面貌的全面的根本的大变化，站到世界的前列。所以，社会历史的进程，决定了我们中国人在这两个世纪内，要多吃一点苦。苦一点有什么了不起！艰难困苦，玉汝于成。这两个世纪，正是中华民族大变化、大前进的两个世纪啊！

这种历史的发展和变化，要求我们的同志，能够自觉地经受各方面的艰辛和磨炼，并且经过这个历史阶段的困苦，开辟我们民族的远大前程。这样的思想境界，才真正是思想解放了嘛。这样的思想境界，是革命浪漫主义的，也是革命现实主义的。难道这不叫现实主义吗？我们下决心，要在今后的半个世纪内，通过我们自己的艰苦奋斗，来达到建设一个政治安定、经济繁荣、教育发达、道德高尚的社会主义现代化强国的目的，使我们国家翻这么个大身，这才真正是革命现实主义与革命浪漫主义的高度结合。无视社会历史发展的本质，把人民的事业和理想看得一钱不值、一无是处的精神状态，难道称得起是现实主义的吗？那是短视主义，自然主义，没落情绪！

同志们，这个思想境界的问题，带有根本的性质和时代的特点。在整个人民当中，在党员和干部当中，坚信我们国家能够由乱到治，由穷变富，实现大变化大发展，并且自觉

地为此而奋斗的，肯定会越来越多。现在有的人热烈期望，
也有的将信将疑；还有极少数人，则是坚决反对这个大变化
大发展的，他们要倒退。这就要求我们，一定要经过我们的
思想政治工作、理论工作、宣传工作，经过我们的文艺工
作、新闻工作、教育工作，使我们党的正确路线和奋斗目
标，真正成为广大党员、干部和人民的坚定不移的意志和信
念，真正成为亿万各族人民的思想、意识和舆论，真正成为
他们的实践。我们的文学艺术，如果不为这个目标服务，是
没有前途的。如果文艺工作者不是站在时代潮流的前头，而
是站在旁边，专写和演唱些"风花雪月""卿卿我我"之类
的东西，或者站在后头，专写和演唱些"凄凄惨惨""不堪
回首"之类的东西，那能有什么前途呢？更不要说站在对立
面，专门用阴暗的心理和仇恨的语言来歪曲革命和诅咒革
命，那就更加没有前途，一定会被人民所唾弃。当然，这丝
毫不是说不要批评我们社会生活中的丑恶现象。我们说过多
次，可以而且应当批评。问题是看你站在什么立场上，是什
么样的思想境界。

　　刚才夏衍[116]同志对我说，要我多讲几句关于学习的问
题。我认为，这是一个极端重要的问题。不只你们这一行，
而且全党和全国各族人民，包括我们这些人，都面临着一个
重新学习的问题。当然，社会分工不同，学习的要求有共通
之处，也有不同之处。就文艺工作者来说，我感到，一定要
加强对马克思主义的学习，加强向社会生活的学习，加强对
文化科学和历史知识的学习。

　　马克思主义产生一百多年，有丰富的文艺理论。但这并
不是说，马克思主义经典作家已经对文艺工作的一切问题，

都提供了现成的答案。我们今天学习马克思主义，不是为了别的什么，而只能是为了从马克思主义学得立场、观点和方法，用以指导自己的艺术实践。我们应当力求有较高的思想性，又有较高的艺术性，力求使这二者统一起来，融为一体。只有这样，我们才有可能大大提高自己的思想境界，并以自己的特定方式推动整个社会的进步。王朝闻[196]同志的《美学概论》和其他一些同志的美学著作，不知道你们看过没有？我看了一点，没有看完。我感到，不论哪一种美学理论的书，都可能存在这样那样的缺点，但它们总还是可以帮助我们从中弄清楚一些有关美的概念和常识，使我们少走点弯路。现在我们一些同志对理论问题注意不够，而文艺理论工作的成果确实也太少了。

深入生活，深入地观察、体验、研究、分析各种人和各种社会现象，这是我们文艺创作的前提。离开这一条，只能主观臆造，只能按照作者的主观需要去胡编。比如那个坦克里面谈恋爱的情节，别的不论，只问一点：坦克乘员人数是有限额的，怎么能够随便加一个人呀？高尔基[197]曾经诚恳地劝告一位青年作者：不要急急忙忙地写，而要学习。他还说，要能够鲜明有力地反映新的生活，就要注意现实。现实有三种：过去的现实，现在的现实，还有已经看见大致轮廓的未来的现实。

学习科学文化和历史知识，特别要在语言上多下功夫。我以为也需要提醒同志们，主要是青年同志们，对这件事给予极大的注意。"言之无文，行而不远"[198]，这话是很有道理的。它说明，没有文采，没有好的语言，就不能打动人心。这是一条极其重要的经验。文学是语言的艺术。言而无文，肯定是没有多少生命力的。大家看中国近代的大文豪，鲁迅、郭沫若[151]、茅盾[152]、巴金[199]、曹禺[117]、老舍、赵树理，等等，哪一位不是语言艺术的大师？但是现在一些青年同志，看来没有很好地注意这个问题。本来文学素养不足，又不肯用功学点中国古代的散文和诗词，不肯用功学习群众语言，结果搞出来的东西干巴巴，没有多少感人的力量。长此下去，怎么能行呢？

有同志说到电影《知音》，我以为这个片子还是可以拍的。蔡锷[200]在旧民主革命时期参加推翻袁世凯[201]的斗争，确实立了大功。小凤仙也算得上是一位有眼力有胆识的妇女。但是我不知道电影的编剧和导演同志，是否看过小凤仙给蔡锷的挽联？那挽联的上联是："万里南天鹏翼，直上扶摇，那堪忧患余生，萍水姻缘成一梦。"下联是："几年北地燕支，自悲沦落，赢得英雄知己，桃花颜色亦千秋。"你看，这里说到蔡锷的抱负和斗争，也说到小凤仙自己，以及她同蔡锷的关系，是有一定思想深度和文采的。据说这副挽联是别的文人假托小凤仙之名写的，但是意思不错。如果《知音》就用这副挽联作为主题，甚至把它写个主题歌，岂不很好？可见，还是需要加强历史和文化的修养。如果我们的作品，既有正确的主题和动人的情节，又有丰富而优美的语言，那就一定可以有力地教育和感染人民。

有同志说，电影也要像打球那样，到国际影坛上去争雄。我以为，这个问题需要分析，如果不分析清楚，可能迷失方向。现代国际体育比赛，作为竞技运动，是有国际公认的统一的竞赛规则和评判标准的。按照这种统一的规则和标准，优胜劣败，了了分明，很自然地为全世界所承认，而无所谓阶级性。但是文艺（包括电影）就不同了，它是具有强烈的阶级性和社会性的意识形态部门之一。同样一部文艺作品，不同的人们由于社会地位和世界观的不同，可以做出不同的甚至根本对立的评价。当然，不同民族和国家的文艺，在艺术形式和技巧方面，可以而且应当互相借鉴。一切民族的文艺，它们的一切积极成果，都会对全人类文化的发展作出自己的贡献。但是归根到底，我们的文艺是否具有强大的生命力，只能以是否适合我国各族人民前进的需要为转移。所以，今天我们文艺的奋斗目标，不是要到国际上去如何如何，而是要真正深入到中华民族最广大人民的心灵中去，成为鼓舞亿万中国人民为社会主义现代化建设事业奋斗的强有力的精神武器。真正做到这一点，也就表现了重大的国际意义。中国这样一个占世界人口四分之一的伟大国家，使自己的文化健康地发展和繁荣起来，以具有高度文化的民族出现于世界，这对于整个世界文化的发展，将是一个不可估量的巨大贡献，并将给它以巨大的推动。在世界文化史上，这难道不是值得大书特书的一件大事吗？

　　总之，为着我们国家的利益，人民的利益，我们一定要振作精神，奋发图强，准备进行持久而艰苦的努力。要学习中国女排为祖国为人民争光的拼搏精神。同志们说担子重，感到有点"压力"，我看这是一件好事。高楼自来水上不去，就是因为"压力"不够。"压力"要有一点，当然也不要太厉害。更上一层楼，归根到底，要靠自己迈开两条腿。两条腿能不能迈得开，就看我们对祖国、对人民、对党和社会主义事业的忠诚的程度。

在全国统战工作会议上的讲话

（一九八二年一月五日）

前天，统战部向中央书记处汇报了召开会议的情况。你们这个会上提出了许多问题，特别是引出了胡厥文、胡子昂两老的一篇好意见[202]。所以，我觉得会议还是开得很好。

会议就要结束了，我提议邀请八位同志来讲一讲。这八位同志，包括我们书记处四位同志[203]，还有李维汉[204]同志和廖承志[205]同志，他们两位是多年做统战工作的，另外还有你们统战部的两位，就是乌兰夫[206]同志和刘澜涛[207]同志。刘澜涛同志说，他已经讲过了，这次不讲了。书记处四位同志为什么一起来呢？因为你们会上有期简报，说有那么一个省，统战部开会，一个书记都不去，而组织部开会，四位书记都去了。所以，我们今天就来了四位书记。书记处十二位书记，只有六位是专职的，其他六位主要在政府和军队工作。专职书记当中，除了因病因事没有来的两位以外，其余都来了。现在，五位已经讲了，都讲得很好。我再讲四点意见，最后由乌兰夫同志做总结。

第一点，五年多来我们的统战工作究竟做得怎么样？

我同意这样一种估计：做得不错，成绩很大。同五年以前相比，情况根本改观了。

五年以前，由于十年内乱，毛泽东同志为我们党所制定的中国革命的三大法宝之一——统一战线，被林彪、江青反革命集团摧残得七零八落，奄奄一息了。说七零八落，意思就是还没有完全摧垮，还剩下二三成。怎么能够还剩下一点呢？这里要讲句公道话：是因为毛泽东同志维护了一下，特别是周恩来同志，维护了一批统一战线中的老朋友。

五年来，特别是三中全会以来，统一战线已经逐步恢复和形成了生气勃勃的局面，并在一些方面有所发展。绝大多数党外朋友们的心情舒展了（虽然还不能说是很舒畅），爱国热情逐渐高涨起来。对于我们党的统一战线政策和国家的统一战线局面，台湾、港澳的爱国人士和国外爱国侨胞感到高兴和放心，许多外国朋友也表示钦佩和称赞。由于统一战线的恢复和发展，我们国家在政治上的团结是大大增强了。

统一战线局面的根本改观，是我们党拨乱反正的一大成果，是中央主要领导同志带头拨乱反正的结果，是全党同志坚决执行中央方针路线的结果，也是我们各级统战部门努力工作的结果。几年来，邓小平同志、叶剑英同志、李先念同志，接待了许多国内的党外人士和国外的华侨、华裔人士，交了多少朋友呀！陈云同志出面较少，他的主要精力放在经济和党的建设上，但他也是非常关心统一战线问题的。

说到对于统战部门工作的评价，能不能打满分？我的意见，以不打满分为好。打个九分，或者九点二三分，可不可以呢？听说有种意见，认为我们这几年的统战工作是做得"过分"了，做得太多了，意思就是统战工作搞右了。我认为这种意见是完全错误的。实际上，这几年的统战工作，不是做得过分，而是做得还不够；不是做得太多，而是还少了一些；不是做得十全十美，而是还有距离。所以，建议同志们采取毛泽东同志所倡导的两分法的科学态度和方法，肯定成绩，指出不足。这样，我们才能真正保持清醒的头脑，使今后的统战工作做得更多一些，更好一些，更充分一些。

第二点，我们全党应该如何看待统战工作？

要做好统战工作，首先必须解决的一个问题，就是一定要充分地认识统战工作在新的历史时期中的极大的重要性。现在许多同志，包括做统战工作的许多同志，对这一点还是认识不足。而如果我们不首先解决这个认识问题，那么统战工作要搞上去是根本不可能的，因为这是一个拦路虎嘛。

在民主革命的长期斗争中，我们党依靠三大法宝，包括统一战线这个法宝，取得了革命的彻底胜利，这已经被历史所完全证明了。在建设现代化的社会主义强国的新的历史时期中，还要不要统一战线这个法宝呢？它还灵不灵呢？中央认为，必须明确地和强调地告诉全党同志，在新的历史时期中，在今后很长很长的历史时期内，统一战线将仍然是必要的、重要的，仍然有强大的生命力，仍然是我们党的一大法宝。我们不是讲要实现建设祖国、完成统一和国际反霸这三大历史任务吗？离开统一战线这个法宝是绝对不行的。如果我们忽视以至抛弃统一战线，就会不可避免地遭受很大的困难，甚至遭受严重的挫折和失败。我想再说得彻底一点：在我们国家，什么时候阶级还没有最后消灭，什么时候还要有无产阶级的先锋队——中国共产党，什么时候也就不可避免地还要有我们党所领导的统一战线。

廖承志同志讲得很好，我们现在有两个统一战线，一个是国际范围的反侵略扩张的统一战线，一个是国家范围之内的爱国统一战线。这后一个统一战线，说得完全一点，就是全体社会主义劳动者、拥护社会主义的爱国者和拥护祖国统一的爱国者的最广泛的统一战线。全党同志一定要深刻地注意，千万不能幻想只靠无产阶级的孤军奋战，或者再加上农民阶级，就可以完成我们所面临的宏伟任务。冒险主义是注定要失败的。历史的和现实的经验已经反复地告诉我们，只有在工农联盟的基础上，争取和团结一切可能团结的力量，我们的事业才能无往而不胜。所以，我很同意大家这样一个看法，在今后的长时期内，统战工作的对象不是越来越少，而是越来越多，统战工作的范围不是越来越狭小，而是越来越宽广。

就国家范围内的爱国统一战线来说，我们党有哪些统战对象呢？可以大致列举以下十个方面：一是民主党派；二是无党派知名人士，其中主要是爱国人士，也有一些虽然没有多少爱国表现，但仍应加以团结的旧社会过来的知名人士；三是非党的知识分子干部，这是大量的；四是起义和投诚的原国民党军政人员；五是原工商业者；六是少数民族的上层人物；七是爱国的宗教领袖人物；八是去台湾人员留在大陆的家属和亲友；九是港澳朋友；十是归国侨胞和国外侨胞。这十大方面，究竟有多少人？恐怕不是几百万、几千万，而是上亿人口。对于如此广大的上亿人口的统战对象，我们一定要很好地同他们讲团结，并且主动地积极地和很细致地向他们做工作。前面五大方面，主要由统战部门去做；六、七两大方面，主要由民族事务委员会和宗教事务局去做；后面三大方面，则主要是由廖承志同志主管的那几个部门去做。你们这些部门，既有分工，又要相互配合，相互协作。这就叫作统一领导，分工合作。

问题还不仅仅在于他们人数众多，问题还在于，这上亿人口的统战对象，确有许多优点。主要有三条：第一，他们比较有知识；第二，他们有比较广泛的社会联系；第三，他们还有为国家出力的强烈愿望。我认为，这三条，是他们的主流，是我们决不应当忽视的极其重要的方面。至于这些人们当中，有些人曾经有过这样那样的毛病，甚至还有这样那样的污点，但是只要我们全面地加以估量，就可以看到，那是属于比较次要的，多半已经成为过去的方面。如果我们只是强调这后一方面，而看不到他们的主流的方面，我们就会缩手缩脚，处于被动的地位，就会不敢放手地争取和团结他们，也就不可能真正打开统战工作的新的局面。所以，从统战工作的实际状况来说，中央认为，当前和今后应当着重加以强调的，还是继续肃清"左"的影响，防止和克服关门主义的，孤家寡人、包打天下的错误倾向。

有的同志提出：我们统战部门的同志，有没有衙门作风？有没有害怕心理？害怕以后算账，被说成是"修正主义"或"右倾"。有没有训人的姿态？这三个问题提得好。我们统战部门，一定不要有衙门作风，而要把统战部门办成党外朋友之家。一定不要有害怕心理，而要坚定不移地相信和贯彻执行中央的正确方针和政策。一定不要有训人的姿态，而应当对一切党外朋友采取平等商量、互相切磋的同志态度。

在这个党同非党的关系问题上，还应当进一步地提出全党同志究竟怎样正确看待自己的问题。从整体来讲，我们党对中国革命的贡献，是大大地超过了中国近代革命运动中的任何其他政治力量，这是中国革命的一个基本的无可辩驳的历史事实。如果不是这样，我们党怎么能够取得领导资格，成为领导的党呢？但这当然不是说，由于我们党是这样一个伟大的党，领导的党，因而我们每一个党员也就一定比党外朋友高明。从个体来讲，有相当数量的党员，不一定比党外民主人士高明。有些党员，甚至比党外民主人士差得多！有些号称共产党员的人，论知识，没有知识；论群众关系，没有什么群众联系；论爱国心，总是认为我们国家这也不行、那也不行，低人一等！最近北京市有个工厂选举厂长，全厂三百二十多人投票，原来的厂长只得了三票，党支部书记只得了一票，相反地，一个不是党员的普通工人，却被选上了。可见我们有些党员，脱离群众，被群众瞧不起，而又缺乏自知之明，严重到什么程度！所以，我们的同志，一定要正确地看待上亿人口的统战对象，同时又要正确地看待自己。只有这样，才能真正打破衙门作风，破除畏惧心理，纠正训人姿态，而同一切党外人士交朋友，并且从泛泛之交变成真朋友，进而达到肝胆相照、荣辱与共的关系。

我认为，我们应当鲜明地向全党同志提出，同时也告诉党外朋友，在新的历史时期中，我们一定要同党外朋友真正建立起肝胆相照、荣辱与共的关系。在过去一个时期中，是我们在许多方面对不起党外朋友，而不是人家对不起我们。当然，要使全党同志都理解这些道理，不是一朝一夕所能做到。但是，一九八二年内，如果我们全党各级领导干部有百分之三十的同志相信了这些道理，首先是你们做统战工作的同志相信了这些道理，事情就会好办得多。

第三点，当前国家范围内的统战工作主要应该抓好几件什么事？

在我看来，基本上可以按照胡厥文、胡子昂两老意见书中提出的建议办，抓好四件大事：

第一件大事，宣传新时期的统一战线工作的重要性。

两老意见书说这种宣传和教育，是肃清"左"的流毒和影响，发挥和提高统战工作效益的"要着"，这是讲得很对的。在新的历史条件下，究竟如何正确地认识统一战线的内容、意义和作用，对许多同志还是一个没有解决的大问题。这就要求我们从思想上、理论上和政策上，大大提高全党，首先是从事统战工作的同志的认识。我这里说的做统战工作的同志，除了统战部门本身以外，还包括宣传、文教部门和组织部门的有关同志。要先把这样一部分人的思想武装起来，并且通过他们，去影响和推动全局。

怎样来提高对于新时期统战工作的认识呢？根本的办法，是要把马克思列宁主义、毛泽东思想的理论原则，我们党的历史经验，同今天新的历史条件和党在新时期的方针任务，紧密地联系起来，进行统一战线的理论和政策问题的再教育。我们应当组织各方面做统战工作的同志，认真学习和研究三中全会以来党的路线、方针、政策。我们还应当组织各方面做统战工作的同志，重新读一读毛泽东同志关于统一战线问题的光辉论著。毛泽东同志在统一战线问题上，对马克思列宁主义是有重大贡献和发展的。我们决不能因为毛泽东同志晚年有严重错误，而忽视以至抛弃他的科学思想财富。我们一定要从毛泽东同志的光辉论著中，汲取新的智慧和力量，把我们今后的统战工作推向前进。

当然，这种宣传和教育，只能逐步开展，要求太急是不行的。有一种意见，主张一九八二年就在全党范围内进行统一战线问题的再教育，这是难以行通的。比较切实的办法，是首先在几个担负统战工作的部门开展起来，并且通过这一部分同志把舆论造起来。学习理论，宣传政策，表扬先进，批评顶着不办者，这样认真一抓，舆论影响就很大。

第二件大事，放手让各民主党派和工商联等人民团体独立自主地开展工作，充分发挥它们的积极性。

应该说，这是我们在统战工作中走群众路线的一个极其重要的方面，是我们团结广大党外朋友为社会主义现代化建设出力的一个极其重要的方式。

毛泽东同志在中国革命即将进入抗日战争时期的新形势下，曾经及时地指出：一定要适应情况，改变我们调动队伍进行战斗的方式，用统一战线这个武器去组织和团聚千军万马，包括一切可能的革命友军。毛泽东同志的这个正确方针，引导我们党取得了伟大的成功。刘少奇同志在总结抗战初期华北、华中工作经验的时候，又曾经精辟地指出了那时一部分负责同志，由于不能适应历史的飞跃前进，不能及时地转变工作方式，大刀阔斧地开展工作，因而不能打开抗日新局面的教训。今天，也可以说是我们中兴事业的开始时期，我们的同志也要努力创造，找到适合于新形势的调动空前广大队伍的新的方式。我们统战部门的力量是有限的，但是只要我们善于运用新的方式，包括善于发挥民主党派和其他统战性质的人民团体的作用，我们一下子就可以增加几倍的力量，做出几倍于现在的好事。比如两老意见书中所说的，让民建会、工商联发挥主动性，协助党和政府做好原工商业者安排使用工作的经验，不就是一个很有说服力的好例子吗？事实已经反复证明，只要我们放手，同时给以方针、政策和方法上的适当帮助,民主党派和工商联等人民团体是完全有能力做成许多好事的。又比如,动员在台人员的家属给他们在台的亲友写信,就让人家自己写嘛,但是我们有些同志偏要插手去帮,写出来的东西,头一句话就叫"你好"。人家不是那个话嘛,台湾也不兴这个话嘛。所以,放手地发挥几十万、成百万党外人士的聪明才智,是我们学会科学的领导方法和改进同党外关系的一个大问题。许多民主人士能够做出成绩,将来见了马克思,他可以高兴地同马克思握手,说我是你们的好朋友啊,你招待招待我吧。

总之,要善于调动千军万马。我们在抗战初期,党员只有几万人,但是由于方针政策正确,调动了多少知识分子,多少爱国的旧军官,结果真正是浩浩荡荡,千军万马,迅速打开了新的局面。这个历史经验,值得我们很好研究,并在新的历史条件下加以发展。

第三件大事,狠抓各种政策的落实,包括对民主党派的政策,对知识分子的政策,对起义人员的政策,以及对原工商业者的政策,对归国侨胞的政策,等等。

十年内乱,把我们的许多党员打成"反革命",把我们的许多朋友也打成"反革命",使我们党在政治上的信誉受到极大的损害。现在,粉碎"四人帮"已经五年了,但是落实政策方面还有相当大的尾巴。对老干部政策的落实可能好一些,而其他方面就比较差。对右派的改正比较快,但是遗留问题也还不少。有些地方一谈到落实政策,就是要钱要条件。实际上,并不都是那么难,也并不都是要钱的。比如安排职务,统战部门可以提意见嘛。又比如做结论,恢复名誉,花什么钱呀?安排就业也不一定都要多花钱,可以扩大集体所有制、个体所有制嘛。比较困难的是房子问题，只好一步一步地解决。所以我觉得，在落实政策问题上，一味叫苦是不对的。如果真是那么困难，为什么有些省市已经落实得很好了呢？应当学习人家的好经验嘛！

落实政策搞得不够好，我们书记处有责任，统战部门和其他有关部门也有点责任，不很了解情况，又不大敢讲公道话。刚才彭冲[208]同志讲到周恩来同志总结的十六个字，"了解情况，掌握政策，安排人事，调整关系"，确实总结得好。但是现在我们有些统战部门的同志，恰恰没有做到这一点。有些同志大概还在关起门来害怕，哎呀，我什么时候会犯"左"的错误，什么时候会犯右的错误啊？这样一种心理状态，能搞好统战工作吗？我劝这些同志改变一下心理状态，把那些无穷忧虑抛到九霄云外，而应当时刻想到这样一条，就是搞好统战，义不容辞。这个义，是社会主义之义，是共产主义之义。为了我们的社会主义和共产主义事业，要鼓足干劲啊！当然，除了精神状态这一方面的问题以外，我们也还要警惕有些同"四人帮"藕断丝连的人，他们坚决顶着不办，这是另外一种性质的问题。总之，我们无产阶级政党应当是最讲信誉的。我反复说过，如果今后两年政策仍然落实不了，国内外的朋友问起我们来，我们何言以对呀？这个话，请你们回去带给省、市、自治区党委。我们中央一级，省、市、自治区一级，一定要首先搞好。

唐朝文学家韩愈在做潮州刺史的时候，有一篇《祭鳄鱼文》，是因为当时那一带地方鳄鱼为害，韩愈于是通令鳄鱼，限期回到大海里去。他这样说，"三日不能，至五日，五日不能，至七日，七日不能，是终不肯徙也"，那就是"冥顽不灵"，就要以抗命论处。现在，我们不妨也来套用一下韩愈这个话。我们说，一年不落实，三年；三年不落实，五年；五年不落实，七年。同志们，今年再搞一年，是六年，明年再搞一年，就是七年了。七年还不落实，谓之冥顽和抗命，这难道不是公公道道的吗？这里的问题，实质上是涉及对中央的态度，在政治上是不是同中央保持一致的问题。这样一个重大的原则问题，能够含含糊糊吗？

第四件大事，必须妥善地安排党外的人员。

今年十二月要开五届人大五次会议，全国人大代表的安排问题，到那个时候再说。但是，各个省、市、自治区的人大和政协的安排和调整，以及各民主党派和人民团体的人们需要适当增加安排的问题，从现在起就可以逐步调整。今后关于党外人士的安排问题，由统战部门负责同党外朋友商量提出意见，从中央到地方，各级都这样办。

这里有个问题需要明确一下，就是党外的代表性人物，包括全国性的和各省、市、自治区的，有些人虽然年纪老了一些，但是只要他们的心还是热的，他们还健在，就要保留他们的位置，而决不应该随便把人家替换下来。我们说废除终身制，是对我们执政党来说的，不是要民主党派也照办。当然，一部分民主人士兼职过多，应该适当解决；同时，对党外人士的安排，也要注意吸收一些新的人物上来。这些新人，太年轻了不行，但有点中年人还是必要的。我看今年一年之内，如果全国能够再多安排五千名党外人士，统一战线的气氛就会很不相同，统战工作又会大进一步。

还要附带说明一下，我这里有意识地没有讲宗教问题和民族问题。这是因为，民族问题，中央已经有了几个指示，你们还是听听乌兰夫、杨静仁[209]等同志的意见吧；宗教问题很复杂，一下子说不清楚，书记处最近要专门讨论。

第四点，对做统战工作的同志有什么希望？

在讲主要的希望以前，我想先说几点具体意见。

你们会上反映说，统战部门人手太少。我认为，如果实在太少，可以考虑加一点。横直现在干部很多，可以把其他方面的干部调一些到统战部门来，无非是调整编制，而不存在什么增加编制的问题。

还有同志提出，有些统战部门的主要领导同志年老体弱。我认为，有这种情况的地方，可以适当调整一下，吸收一点年纪较轻和身体较好的同志上来。但是，这里要注意两点：

第一，各级统战部门都有一批老同志，几十年来为党的统战事业，默默无闻地埋头做了很多工作，对他们一定要照顾好。有同志告诉我，在党委的各个部门当中，统战部门可能是老干部最多的部门之一。请组织部考虑一下，对这些老同志怎样照顾。一定不要使他们觉得几十年忠心耿耿，结果冷冷清清而别，那就不好，不利于鼓励来者。

第二，换上一点什么人？根据统战工作的性质，看来要注意三个条件：一在党内有一定威望，这样便于同党外人士打交道；二要懂政策，那种不懂政策，一贯很"左"的人就不适合；三对统战工作是热心肠。在老同志里面，是可以找到不少这样同志的。如果有的省委书记退居第二线，请他到统战部当个部长或顾问也好嘛。

我认为，当前要提倡向我们的老同志，向邓小平同志、陈云同志这两位老一辈的革命家学习。第一，他们真正是用大力用诚心扶持比自己资望低、能力小和经验差的同志上台，自己退居第二线，把自己的位置摆在后头，而且把这当作自己对党和人民的光荣责任和愉快的事。第二，他们对小事情放手让处在第一线的同志干，而对大事情就认真帮助处在第一线的同志出主意。我觉得，这两条，值得我们全党大大提倡。现在有些老同志退出来当顾问，本来是很好的事，但是却抓小不抓大，大事不考虑，专门计较这样那样的小问题为什么不向他请示，这就不大好了。总之，要鼓励一些有一定威望的同志退居二线，而把年轻一点的人推到第一线去，这是关系我们党和国家兴旺发达、长治久安的根本决策。

还有同志说，统战工作要全党来做才行，统战部只是参谋部。这是对的。但是我还要补充一点，就是要弄清究竟什么是参谋部？所谓参谋部，第一要出主意，第二要办事情。总不能把参谋变成旧社会的清客和参议之流的人物嘛！这里也要讲句公道话，"文化大革命"前，李维汉同志主持统战部工作的时候，虽然如李老所说，确实也有"左"的东西，但那时的统战部，还是勤勤恳恳地搞调查研究、总结经验、出主意定方针的，是得力的，是好的。至于"左"的东西，属于奉命办理，以后就不要再算这笔旧账了。

现在，我要讲一下我们对做统战工作的同志的主要希望。

我想，在这个会议上，我们有理由向所有做统战工作的同志倡议，要努力学习周恩来同志的好思想、好作风、好风格。

大家知道，毛泽东同志总结中国革命的经验，为我们党制定了三大法宝，其中第一大法宝就是统一战线。而在实际斗争中，在中国民主革命时期和社会主义时期的几十年时间内，为建立、巩固和发展我们党所领导的革命统一战线做出最大贡献的，则是周恩来同志。周恩来同志，不愧是我们党建立以来从事统一战线工作的第一个模范。他为我们党和中国革命事业，争取、团结和教育了一批又一批的党外朋友。他在国内和国外朋友的心目中，赢得了崇高的威望，为我们党增添了光彩。而当我们党在斗争中发生失误和遭受挫折的时候，由于有周恩来同志的崇高形象，许多朋友理解和原谅了我们的许多失误，增强了对我们党的同情和信念。周恩来同志一生对中国革命统一战线所做的巨大贡献，他所留下的光辉形象和精神力量，是永存的。所以，我们大家和一切做统战工作的同志，都应该努力学习周恩来同志。

学习什么呢？我初步概括了这样四条：

第一，要努力学习周恩来同志坚信无产阶级一定要解放全人类的远大眼光和革命气魄。

《共产党宣言》说过，无产者在革命中失去的只是锁链，而他们获得的将是整个世界。马克思还说，无产阶级只有解放全人类，才能最后解放自己。我们的周恩来同志，正是因为具有这种马克思主义的远大眼光和革命气魄，并且把这种眼光和气魄贯穿到他所从事的一切实际工作包括统战工作中去，因而他就能够在中国革命的艰难曲折的伟大斗争中，敢于到任何最危险、最艰苦、最复杂的地方去，坚定不移，临危不惧，从来没有丝毫的动摇和犹疑。也正因为周恩来同志具有远大眼光和革命气魄，所以，他不但能够在任何复杂环境中，始终如一地保持崇高理想和清白节操，出污泥而不染，而且能够胸怀广阔，气度恢宏，站在解放全人类的高度，争取、团结和改造一切可以争取的人们，充分显示出伟大的无产阶级革命家在思想上、政治上和道义上的精神威力。

第二，要努力学习周恩来同志平等待人的民主精神。

周恩来同志在任何强大的敌人面前，都是顶天立地的好汉，而在人民和人民的一切朋友面前，却从来没有任何架子。他总是平等待人，循循善诱，同朋友们商量问题，在同人家商量当中提高人家，甚至使人们在接受他的领导的时候也不感觉到有丝毫的勉强。他深刻地懂得光凭领导地位并不能使人得到知识和经验，因而他总是面向群众，广泛结交朋友，并且通过同人民群众的经常和密切的联系，通过各种方式的坦率交谈，汲取群众智慧以提高自己，同时又热情地帮助朋友，激励人们前进。正因为这样，周恩来同志能够避免思想的僵化，而始终保持不断前进的活力，直到生命的最后一息。

第三，要努力学习周恩来同志见义勇为的革命风格。

周恩来同志不但在革命斗争中敢于承担最困难的任务，而且在革命队伍内部的是非问题上，也敢于主持公道。正确的东西，敢于坚持；自己错了，敢于自我批评；人家错了，敢于帮助人家；人家冤枉了，敢于为人家仗义执言；自己所领导的范围出了问题，敢于承担责任，保护广大干部的积极性。这也是见义勇为嘛！当然，在"文化大革命"中，他也说了一点违心的话，但是我们全党同志都深深地理解，在"文化大革命"那种极端复杂的特殊条件下，周恩来同志为保护党和人民，做了何等可贵的贡献啊！任何事情，主持正义，见义勇为，这是共产党员应有的风格。

第四，要努力学习周恩来同志严于律己的高尚品德。

周恩来同志总是感到自己的不足，因而总是十分严格地要求自己。干到老，学到老，改造到老——他经常讲的这样一句自己真正完全做到了的名言，确实应当成为我们全党同志的座右铭。他注重身教，身体力行，对自己身边工作的同志也从来都是严格要求的。他工作勤奋，夜以继日，多少年如一日，甚至身带重病也不稍松懈。他的这种精神，不但中国人民永志不忘，而且许多外国朋友也深为感动。

以上几条，概括得并不完全，发挥得也不很好。但是仅就这些，我们向周恩来同志学习的内容，已经是够丰富的了。

周恩来同志离开我们将近六年了。我刚才说过，他一生对统一战线工作的巨大贡献和他的精神、品德和风格，是永存的。我们大家和一切做统战工作的同志，都应该是他的学生。周恩来同志虽然离开我们了，但是今天我们全国统战部门的干部，都是周恩来同志所参与开创和精心培植起来的我们党的统战事业的继承者。我们应当无愧于前人，而不应当有任何无所作为和软弱无能的思想。在新的历史时期中，我们有信心，有把握，有能力，有办法，打开统战工作的新局面。

关于对外经济关系问题[*]

（一九八二年一月十四日）

为了打开新的局面，指导对外经济关系的全面发展，中央和国务院需要一个系统的有分量的文件。这样的文件，应当涉及对外经济关系的一系列根本问题，总结正反两个方面的历史经验和新鲜经验，提出明确有力的方针和政策。

现在，我讲几点意见。

第一点，对外经济关系究竟是个什么性质的问题？

前几年邓小平同志就提出，对外经济工作，是关系我国四个现代化建设的一个战略问题。我是完全赞成这个提法的。

我在前面用的是"对外经济关系"，而没有说"对外贸易"，因为对外经济关系的内容，比对外贸易广泛得多。马克思那篇有名的《经济学手稿（一八五七——一八五八年）》的《导言》，在说明了社会生产的各个环节及其相互关系之后，指出还应当研究"生产的国际关系"，并且认为，应当把这种关系作为经济学的专门篇章来研究，包括"国际分工""国际交换""输出和输入""汇率"等方面的内容。[210]我看这个提示很重要，简单扼要地指明了在近代条件下，经

---

* 这是胡耀邦同志在中共中央书记处会议上的讲话。

济问题决不是一国的现象，必须联系到国际关系来加以考察，而不能同国际关系割裂开来。讨论今天中国的对外经济关系，我们不应当忽略马克思的这个重要观点。

当代世界的绝大多数国家，也许只有极个别的国家除外，都把对外经济关系问题放在极其重要的地位。许多国家和地区，例如日本、新加坡和香港，甚至把它放在生死攸关的地位。马克思、恩格斯早在一百多年前就指出，随着资本主义世界市场的形成，各民族之间经济上的互相往来和互相依赖，逐步取代了原来的闭关自守和自给自足状态。近几十年来，特别是第二次世界大战以后，这种情况又有了空前巨大的发展。这是一个基本的历史事实，也是社会发展的必然趋势。我们今天对待中国的对外经济关系，也决不应当忽略这一点。

建国以来，我们在对外经济关系方面，经历了曲折的过程，没有取得很大发展。这当然不能归因于我们宁愿闭关自守，而是有当时的历史原因的。第一，是因为以美国为首的世界主要资本主义国家，长期敌视和封锁我们，对我国搞禁运。第二，是因为从六十年代起，苏联撕毁同我国的经济合同，我们同苏联和东欧一些国家的经济关系大为缩小。第三，是因为一个时期内，特别是"文化大革命"中，严重地曲解了自力更生的方针。自力更生的方针是完全正确的，但是如果加以曲解，把它同发展对外经济关系对立起来，那就是完全错误的了。

大约从一九七二年起，在我国的对外经济关系方面，情况开始有所转变，逐步打开了一点局面。直到粉碎"四人帮"以后，特别是党的十一届三中全会〔77〕，才明确地向全党提出了大力发展对外经济关系的问题。这是邓小平同志提出的，陈云、李先念等同志完全赞成的。这是一个很有远见的决策。在这以后，在一九七八年至一九八〇年这段时间里，我们的对外经济关系确实取得了不同于过去情况的重大进展，同时也在某些具体问题上发生了一些偏差。有鉴于此，我们应当总结经验，把步子放稳当一点。不过也不要因此就产生错觉，似乎应当退缩，而不敢再积极发展对外经济关系了。总结经验，是为了把我们这个社会主义国家的对外经济关系搞得更好，否则就不符合三中全会的方针了。刚刚有些起色，怎么能够因为出了一点问题，就退缩呢？

前不久，中央书记处一致认为，我们的社会主义现代化建设，要利用两种资源——国内资源和国外资源，要打开两个市场——国内市场和国际市场，要学会两套本领——组织国内建设的本领和发展对外经济关系的本领。这就把对外经济关系的战略地位，进一步地明确起来了。按照这个观点，我们在对外经济关系问题上，还要大大地开阔眼界，提高水平。当前我们要注意的是，很好地总结经验，经过系统的思考和继续努力，制定一整套正确的方针、政策和措施，走出一条适合中国情况和国际情况的发展我国对外经济关系的路子。只有这样，我们才能真正有效地克服各种因循保守的陈旧观念，克服盲目性和自发性，打开新局面，掌握主动权。

第二点，为什么发展对外经济关系是现代化建设的一个重要战略问题？

这个问题，实质上也就是如何清醒地认识我们今天究竟是在什么样的历史条件下，在什么样的国情下，在哪些有利的和不利的条件下，进行现代化建设的问题。

我们的有利条件，在我看来，主要是四条：

第一，除台湾省外，已经在全国范围内确立了社会主义的经济制度和政治制度，把生产资料的私人所有制改造成为公有制，把剥削阶级分子改造成为自食其力的劳动者，国民经济命脉已经掌握在代表工人阶级和全体劳动人民的国家手中。

第二，已经在指导思想上完成了拨乱反正的任务，开始形成了一整套实现四个现代化的路线、方针和政策，有了一个能够驾驭四个现代化航向的坚强的党中央。

第三，依靠强大的国防部队，我们有力量保卫我国人民的和平建设；同时，由于实行正确的对外政策，我们在世界上有巨大的政治信誉。

第四，国际条件也很有利于我们集中力量进行现代化建设。无论是为了赚钱或者为了摆脱经济陷于萧条和危机，资本主义国家都愿意发展同我国的经济交往。

我们的不利条件，在我看来，也有四条：

第一，虽然我们已经拥有一定的技术力量，甚至在某些方面达到了相当先进的水平，但是总的说来，我们的装备、工艺、技术队伍和经营管理的水平，毕竟还很落后，同世界先进水平还有不小的距离。

第二，虽然我们已经拥有相当可观的物质基础，并且每年还可略多地积累一些资金，但是毕竟很有限，大约一年只有七百亿元左右的固定资产投资。国内资金缺乏的状况，相当长时期内不可能有很大改变。

第三，资源丰富是一个优势，但许多资源实际上还埋在地下睡大觉。因此，这种优势只是潜在的优势，不是现实的优势。

第四，人口太多，负担沉重。劳动资源虽然丰富，但是还缺乏充分发挥的条件。当然，劳动力如果充分发挥出来，又可以变包袱为财富。

我认为，以上这些有利和不利的条件，是我们考虑今天中国的经济问题，包括对外经济关系问题的出发点。正是从这种历史条件出发，我们一定要艰苦奋斗，自力更生，独立自主地进行社会主义现代化建设，这是绝对不能有丝毫动摇的。十亿人口大国的现代化事业，应当而且只能放在自己力量的基点上。除此之外，难道还有什么别的出路吗？但是另一方面，也正是从这种历史条件出发，我们又绝对不能困囿于过去的狭小圈子里，把自力更生曲解为闭关自守、孤立奋斗。我们一定要在自力更生的基础上，把视野从国内范围扩展到国际范围，不但要放手地调动国内一切可以调动的积极因素，而且要放手地利用国外一切可以为我所用的因素，以天下之长，补一国之短。用《管子》的话来说，就是要使"天下之宝，壹为我用"[211]。只有这样，通过对外经济联系，借助国外资金和先进技术尽快地发展我们的民族工业，才能使我们面临的困难得到更为顺利的解决，使社会主义现代化建设事业得到更加迅速的发展。我们所说的对外经济关系的战略意义，就在这里。

在对外关系问题上，我国近代历史所提供的经验教训是够多的了。曾经有过两种人。一种是崇洋媚外，奴颜婢膝，结果是丧权辱国，被人民所唾弃。从慈禧[212]太后、袁世凯[201]到蒋介石，都是如此。另一种是闭关自守，夜郎自大，结果是自甘落后，被历史所淘汰。清朝末年那些视中国为"天朝"，把外国一概看作"蛮夷"的顽固派，不就是这样一流人物吗？在今天新的历史条件下，在一部分人们当中，包括在我们一部分党员和一部分干部当中，这两种倾向都仍然在不同程度上有所反映。这大概也可以算是一种历史的遗产吧。有些人在外国人面前自惭形秽，以为外国一切都好，我们什么都不行。有些人却又深怕对外开放，以为不开放或少开放，才能天下太平。这两种倾向，有一个共同点，就是都不相信我们今天作为一个发展中的伟大社会主义国家，在对外关系方面，能够开辟一个全新的局面。

我们的同志，首先是一切从事对外活动包括对外经济活动的同志，一定要从战略上深刻地认识对外关系，特别是对外经济关系的意义，敢于和善于跳到更广阔的天地里去，打开新的局面；同时又一定要善于防止和克服各种消极现象，坚持社会主义的原则和共产主义方向。既要学会游泳，又不被淹死。这是保证我们对外工作健康发展，保证我们建设事业胜利的必不可少的和极端重要的条件。

第三点，对外经济关系要有一整套正确的方针和政策。

这就是说，我们不能就事论事，零零星星地办事，走到哪里算哪里，而是要有一套贯通全局的系统的章法，要有科学预见。为此，就要切实地掌握对外经济关系的主要问题和特点。

对外经济关系有什么特点呢？

第一，是同外商打交道，不是同自己人打交道。对自己人还可以讲纪律，必要时强调服从，搞点一厢情愿；对外商就不能来这一套，而只能讲信誉，讲协议，讲合同，讲平等互利，讲两厢情愿。由此出发，我们既要有对内的严格纪律，又要有对外的灵活反应。

第二，涉及多种对象和多方面的内容，有些问题甚至影响到国家的整个经济和社会生活。由此出发，我们各个地方、部门和单位就不能在对外经济活动中各行其是，让外商钻空子，让肥水落了外人田，而要统一领导，全面规划。只有在这样的前提下，才能更好地发挥各方面的主动性和积极性。

以上两个方面，综合起来，就是四句话：统一领导，全面规划，灵活反应，严格纪律。请同志们考虑，这四句话作为一个总的工作原则，可不可以呢？

对外经济关系所包含的问题千头万绪，概括起来，无非一个输出，一个输入，或者叫作一个出口，一个进口。而这两方面，又是互相制约，互相渗透，互为条件的。因此，对外经济关系的一个中心问题，就是正确处理这两个方面的关系，使它们辩证地结合起来。

围绕这个中心，我认为可以提出以下六个问题，来着重地加以讨论：第一，要善于吸引国外资金；第二，要正确引进国外先进科学技术；第三，要大力发展国际劳务合作；第四，要大力促进国内产品进入国际市场；第五，要正确掌握对外经济援助；第六，要正确处理对外关系中政治和经济的关系。只要我们在这六个问题上，思路明确，政策对头，措施得力，对外经济关系就一定能够年年有所发展，有所进步，并且越来越充分地发挥对于国内建设的促进作用。

第四点，应该如何吸引国外资金？

在我看来，这是当前我们在对外经济关系上亟待解决而又远远没有解决好的一个突出问题。

　　所以要把吸引外资提到这样重要的地位，是因为我们现代化建设事业所面临的第一个困难，就是缺乏资金。我们现在不是英雄无用武之地，九百六十万平方公里难道还小吗？我们是英雄无用武之器啊！

　　所以把吸引外资提到这样重要的地位，还因为从资本主义国家和地区尽可能地吸引资金，这对我们是一件新事，过去长期没有接触过。其实，苏联在半个世纪以前，在二十世纪的二三十年代，遵循列宁的方针，在极端困难的条件下，就搞过租让制[115]。租让制企业，多的时候达到二百多个，利用外资达到几千万金卢布，胆子相当大！

　　今天我们利用外资的方式，大体有三种：第一种，吸引直接投资，包括合资经营、合作经营、合作开发、补偿贸易，以及加工装配等等；第二种，争取外国政府和国际金融组织提供的中长期、中低利贷款，以及各种名目的开发基金、救济基金等等；第三种，一般商业贷款。就近期来说，我认为吸引直接投资，应当成为最重要的方式。它有两大好处：一是同投资者的利益直接挂钩，共担风险；二是可以更好地学习人家的先进技术和经营管理经验。许多国家的成功事例证明，这种合资或合作经营的企业，本身就是一个个经济和技术的训练班。美国那个大资本家哈默，当年同列宁见过面，现在愿意同我们合作开发山西平朔露天煤矿，可能投资二亿五千万到三亿美元。争取到一百个哈默这样的人，就是一个可观的数字。

　　为了有效地吸引直接投资，需要一套开明的方针。第一是大中小项目一起上，当前以中小为主，这样见效快。第二是欢迎外国资本家、华侨资本家和港澳、台湾资本家一起来。第三是适当放宽政策，让他有利可图。你不让他赚点钱，就没有吸引力，局面就打不开嘛！有胆有识地放手地干，才能争取时间。

至于一般商业贷款，我赞成陈云同志的意见，一定要谨慎些。既然是贷款，总要还本付息，还要国内配套，势必有很多限制。当然，对于中长期、中低利的贷款，特别是自由外汇，可以稍微大胆一点，但毕竟有限。资本家总还是资本家嘛！只要是资本家，他总是要追求高额利润的。东欧国家债台高筑的教训，尤其应当引以为戒。今后对于贷款的调子，要适当放低一些。也不要用什么"优惠贷款"之类的说法，有多少"优惠"呢？无非利息稍低一点而已，叫它"低利贷款"也就可以了。

总之，要解放思想，并及时总结经验，培养典型，成功一个就可以带动一片，一步一步地打开局面。

第五点，如何正确引进国外先进科学技术？

引进国外先进科学技术，路子宽广，不要理解得太狭窄。这方面的内容，大致可以包括五大项：一是先进设备或部件，二是新型的优质材料，三是新的原理、数据和配方，四是新的工艺和科学的操作规程，五是先进的经营管理方法。

关于引进设备。走过一点弯路，但是也要具体分析。进口一点成套设备，不但过去是必要的，今后也有必要。过去的问题，一是引进成套设备太多，二是重复，三是没有同时买技术，四是自己又不钻研，没有很好消化推广。大体是这么四大缺点。接受了教训，今后就可以一步一步地搞得更好。

关于引进新型的优质材料。我们自己首先要努力搞，特别要鼓励我们的专家和技术人员密切联系生产，掌握新的科学技术，为国争气。但是同时一定要充分地估计到，我们建设所需要的各种原材料，特别是新型的优质材料，将会长期紧张。引进新型的优质材料，不可避免地将是一个长期的方针。世界各国，包括新技术比较全面发展的国家，如美国、日本、西德也都是这种情况。

关于引进先进的科学技术知识和经营管理方法。应当承认，我们脚踏实地地向世界学习不够，下苦功夫不够。科学技术的信息、情报，搜集的并不少，每年有二三千万美元的科技书刊进口，出国考察恐怕还要花上亿美元，究竟得到了多少东西？我们要进一步提倡广大干部、知识分子和工人大长中国人的志气。向科学要本领，拜行家做老师，这两句话应当成为一个行动口号。在全党，在广大干部、知识分子和工人当中，以至在全社会和全民族，要努力造成一种奋发图强、刻苦学习的风气，这是至关紧要的一件大事。

这里还有一个问题，就是要在国家的统一领导下，管好用好中央各部门和地方的外汇。看到一个材料，说甘肃去年地方外汇一千五百万美元，留成六百多万美元，但就是这点外汇也不用到刀刃上。除少数地、市进口了一点急需设备和医疗器械，大多数地、市都是盲目进口什么手表、自行车、缝纫机之类，而且质量低劣，上当受骗！据说除此之外，就不知道该进口什么东西了。你看，辛辛苦苦得来一点外汇，不晓得拿来进口急需的设备、技术和原材料，从而扩大生产，取得更多的外汇，却自己浪费到进口劣质消费品上，让外国人又赚回去！这种情况能够继续下去吗？

第六点，如何大力开展国际劳务合作？

人多是我们的一大问题，但劳动力多又是我们的最大优势。现在的问题，不是没有劳动积极性，也不是无用武之地，主要是没有资金和原材料。出路何在呢？看起来，今后相当长历史时期内，最主要和最可靠的办法是两条：第一是加快发展农村多种经营，在城市广开就业门路，这是密集型劳动，可以安排大量劳动力，产品还可以出口。第二是面向全世界，积极发展国际劳务合作。

我们的国际劳务合作，刚刚起步。一九八一年，对外承包工程总金额达到四亿九千多万美元，实际收汇一亿多美元，按合同派在国外的劳动力一万七千多人。但是，这同我们的潜力相比，同国外市场的需要相比，特别是同其他一些发展中国家相比，我们做的事情还是太少太少了。我们建筑业对外承包工程，已经在国际市场上显示了相当强的竞争力，同时又带动了国产建筑材料的出口。可见，这件事确实是大有可为的。

劳务合作，不仅是对外承包工程，还应当包含以下三个方面的内容。第一，是来料、来样、来图加工，即广东同志所说的"三来"。第二，是走出去，到国外开设各种企业。第三，还要大力发展旅游事业。外国人说临潼兵马俑是世界八大奇观之一，去年有五万外国人参观。我们要改善旅游条件，并且下决心把向旅游者卖的东西的价钱合理地降下来，薄利多销。这样做的好处，第一是扩大了就业；第二是赚了外汇。改善交通和旅馆条件，最好是由国家同地方一起搞，社队经济富裕又有积极性的也可以参加。河南那个刘庄大队，前年就有几十万元资金没有地方投，去年的集体经济总收入，又比前年增长了百分之二十三。

看起来，今后相当长时期内，我们在国际上最有竞争力的，还是工资低廉的劳动力。来料加工，要指导沿海各省市大力开展。但是一定要注意，成品应外销，不允许内销，否则就不是来料加工了。

第七点，如何更大规模地促进国内产品进入国际市场？

我们国内产品的出口，规模过于狭小，这是一个严酷的事实。我国人口占世界人口将近四分之一，而一九八〇年出口在世界市场上的比重不到百分之一，只有千分之九，名列第二十八位。当然，这几年工作是做得好的，进展比较快，但也不能估计过高。

三十几年来，出口规模如此狭小，原因很多，有客观历史原因，也有主观原因。当然，不必过于责备我们主观上的失误，但是必须清醒地认识这个严酷的事实，并且力争在不太长的时间内有个较大发展。

前几天看了一个录像片，讲阿曼情况。它那里年产石油一千五百万吨，其中一千三四百万吨用于出口。过去阿曼老苏丹卖了石油，买回黄金来埋在地下，完全是土老财的办法。老苏丹让位以后，改变方针，把钱用来办工厂，开矿山，修道路，办学校，几年来发展很快。这个情况，我感到很有启发。我们在进口与出口的关系问题上，是不是也有一个打破老框框、打开新局面的问题呢？

一般地说出口是外贸的基础。只有进口，没有出口，当然不行。历来讲几大平衡，就包括外汇收支平衡嘛。但这是不是说，在进出口的具体安排上，在每一年度的安排上，都要定死一条，出口多少才能进口多少呢？我认为不能这样

说。这里就有一个统筹安排，正确认识和处理进口与出口的
辩证关系的问题。出口而后能够进口，只是事情的一个方
面；另一方面，进口又能够带动和促进出口。比如在缺乏原
材料的情况下，只有进口原材料，或者发展来料加工，才能
促进出口。又比如引进设备和技术，从而提高产品的数量和
质量，提高竞争能力，这同样也是进口带动出口。日本和其
他许多国家和地区的成功经验，不是已经充分地说明了这一
点吗？如果不是这样，只讲出口多少才能进口多少，他们能
够生存吗？所以，以出养进和以进养出，二者是辩证的关
系。这种关系，只有在运动过程中，包括跨年度的运动过程
中，才能实现合理的平衡，得到合理的解决。

　　扩大国内产品的出口，方针和方向是什么呢？在这个问
题上，也需要总结一下我们的历史经验。过去，某些产品的
出口，在很大程度上是依靠挤国内消费需要。当然，五十年
代那时没有多少东西，只好走这条路；如果今后仍然这样走
下去，就不妥当了。挤一点高档产品出口，挤一点农副产品
出口，这是可以的。但是如果搞得过分，把主要希望寄托在
这上面，那就会同国内需要发生尖锐的矛盾，只好压缩国内
人民的消费，又使国内加工工业不能顺利向前发展，而国内
商品不足，又会打击人民的积极性，助长国内市场的投机倒
把。讲得彻底一点，如果一个国家单纯依靠农产品出口和大
量进口国外的消费工业品，这是殖民地半殖民地类型的经
济。有同志可能会说，美国也大量出口农产品。我认为这种
说法，没有抓住问题的实质。美国农业已经差不多工厂化，
而且大幅度地超过了国内市场的需要，这与第三世界国家的
情况完全不同。美国农产品大量出口，实质上是过剩产品的

倾销。而第三世界国家向发达资本主义国家出售农产品，买进消费的工业品，却是在不等价的交换关系中遭受富国的剥削和损害。我们不能走这样的路，否则就要犯错误。

按照正确的方针，应当怎样办呢？我认为主要应当向着以下四个方面去努力。

第一，积极扩大矿产品的出口。煤炭、石油要挤一些出口，还要努力发展有色金属和稀有金属矿产品的出口。过去有种说法，凡是战略物资不能出口。这是一种过时的陈旧观念。超级大国的战略武器已经储备得过量了，你那一点点战略物资为什么不能出口？在这个问题上也要解放思想。当然，为了防止压价，要有计划地安排出口，要取得有利的交换条件，但是首先必须解除禁令。

第二，积极扩大机电产品的出口。几年来，这方面进展比较快。机械、船舶出口也有大量增加，但潜力还很大。要动员我们的机械工业，包括军工和民用两部分的几百万职工，努力提高质量，改进技术，打入国际市场，为国争光。

第三，进一步发展我国的轻纺产品和特有的手工艺产品，诸如瓷器、挑花、中成药、服装、刺绣、雕刻等几千几百种产品的出口。

第四，发展我国的土特产品，诸如茶叶、中药材、畜产品、野生名菜、果脯等等的出口。

当然，除此之外，在必要的时候，也还要适当挤一点内外销都需要的货源较紧的人民生活消费品出口，但主要应当是上面所说的那四项。

为了发展出口，我也赞成这样一系列方针和办法。例如：要采取适当的扶助出口的政策；要打破等客上门的方式，走出去搞销售网、情报网、服务网；要不断提高我们的产品的信誉，讲质量，讲履约；要解决运输和港口的问题，中央地方一起上，大中小港口一起上；要统一组织，发挥各部门、各地方的积极性；以及打开同苏联和东欧国家的贸易；等等。

第八点，如何正确地支援第三世界？

支援第三世界各国人民保卫民族独立、发展民族经济和反对帝国主义、霸权主义、殖民主义的正义斗争，是我们不可推卸的国际义务。三十几年来，我们在这方面做了大量的工作。虽然也有一些失误和教训，但总的说来，名声是好的，在国际事务中发挥了重大的积极作用。

第三世界多数国家都同我们友好，有反对帝国主义、霸权主义、殖民主义的积极性，但它们的社会制度、政治制度和经济发展水平，却有很大不同。第三世界各国当局在对待帝国主义、超级大国的态度上，在对待本国人民的态度上，也有种种差别。对于第三世界国家的国内社会经济政治状况和阶级状况，我们至今还很少研究，不甚了了，甚至可以说还处在一团混沌的状态。除了几个社会主义国家以外，可以看到有些国家是大地主、大资产阶级的军事专制，有些国家是民族资产阶级的军事专制，还有些国家可能是比较开明的资产阶级和小资产阶级联合专政，以及其他，等等。就经济发展水平而论，第三世界的大多数国家是穷国和最穷国，但也有少数国家很富。从按人口平均的国民生产总值来看，世界前三名是阿拉伯联合酋长国、卡塔尔和科威特，都是第三世界国家。还有不少第三世界国家，比我们富得多。鉴于以上这些复杂情况，我认为，对于支援第三世界国家的方针，包括经济援助和经济交往的方针，究竟应当如何具体执行，如何分别对待，需要过细地加以研究。

我同一些外国人谈话，感到第三世界许多国家是希望我们帮助他们开发的。包括委内瑞拉、巴西，也说欢迎到他们那里开厂子。他们说，第一、第二世界国家到他们国家开厂子，欺负他们，甚至颠覆他们，对中国人他们信得过。我们能否在这方面也打开一点出路？据说印度近年在国外，以第三世界国家为主要对象，发展合资企业，很有成效。我们也应当在这方面做出更多的事情。

第九点，要正确认识政治和经济的关系问题。

对外经济活动要搞上去，就要打破一些老框框，摆正政治和经济的关系。

长期以来有种观点，说经济要服从政治。这种提法有部分的道理，但不全面。从马克思主义的基本观点来看，经济和政治是相互影响、相互作用的，归根结底还是经济决定政治。在对外关系问题上，同样也是这样。大家看吧，如果对外经济关系搞得好，不断发展，政治上的外交就好办；反之，如果对外经济关系打不开局面，政治上的外交也就不可避免地受到限制，缺乏生命力。去年我们说经济要调整，日本一些资本家以为没有生意好做了，放肆地骂我们，后来一看不是那么回事，还有希望，他们又不骂了。许多国家政治上可以尖锐对立，但是经济上照样往来，因为双方经济利益需要嘛！不但资本主义国家，而且一切国家，政治背后都有一个重大的经济利益问题，这是国际上的通常现象。因此，我们一切外事部门，一切从事外事工作的同志，都要努力了解世界各国，特别是你所到的那个国家的经济和政治的全盘情况。不仅要了解上层人物的动向，还要了解背景；不仅要研究这个国家的政治和文化，还要研究它的经济和历史。

在政治同经济的关系问题上，我认为还应当强调一点：对外国一切先进科学文化和经营管理知识，一定要努力学习和钻研；而对一切资产阶级腐朽思想的影响，一定要坚决抵制。现在有些人恰恰相反。对人家真正先进的东西，他们不学不钻，置若罔闻，而对资本主义那些糜烂透顶的坏东西，他们却如获至宝，风靡一时。这个问题，一定要尖锐地提出来，引起全党和全国人民的警觉和注意。要严肃对外经济活动纪律，明确规定出几条来，一切从事对外经济工作的人员，都必须认真遵守。任何人违反时，都要给以党纪、政纪、国法处置。要加强爱国主义和国际主义的教育，使我们的党员、干部和公民，都懂得在对外交往中，抵制资本主义思想的腐蚀，维护民族尊严和利益，维护党和国家的声誉。

第十点，扩展对外经济关系的深远意义。

我国社会主义现代化建设事业能不能在本世纪搞出一个名堂来，这是中央领导同志反复考虑的一个重大问题。我们是有信心的。但是就全党来说，有些同志信心不是很足，少数人甚至是怀疑的。当然，现在谁也不可能一下子说清楚我们现代化建设的名堂究竟可以搞多大，而只能估计一个大致轮廓。我的初步看法是，如果搞得好，可能搞成一个比较大的名堂；如果搞不好，那就只能搞点小名堂或者中名堂。这里一个有决定意义的问题，就是我们能不能在最近这几年内，真正打开局面。

打开局面是不容易的。抗战初期，毛泽东同志和刘少奇同志着重强调的就是打开局面这四个字。刘少奇同志讲得好，凡属转折时期，就有个打开局面的问题。历史的事实就是这样。中国近代史上，太平天国开始一段，曾经打开了局面，但是打到南京以后就不行了，没有局面了。孙中山起来，辛亥革命打开了局面，但是他过世以后也停顿了，没有局面了。这种历史的曲折告诉我们，一切站在历史潮流前面的人们，要打开局面，就要有点眼力、魄力和毅力，并且要有一整套正确的战略和战术。否则就不可能打开局面，即使一时打开，也不能持久，不能取得彻底的胜利，甚至功败垂成。

就我们当前任务来说，就经济领域来说，要打开局面，我认为主要取决于四个环节：

第一，农业的潜力能不能继续发挥，特别是多种经营能不能来一个大的发展。

第二，工业潜力能不能发挥出来，特别是企业整顿能不能较快地做出成效。

第三，对外经济关系能不能较快地发展起来。

第四，国内财政金融和商业流通能不能更加健康地向前发展。

如果二十年内，我们的对外经济活动，仅就对外贸易的规模来说，扩大到现在的四倍，就是一千六百亿美元。这样的规模似乎很大，实际上不过只占现在世界贸易额的百分之四。

唐朝有位杰出政治家和理财家叫作陆贽的，讲过这样一段话："吝少失多，廉贾不处；溺近迷远，中人所非。"[213]我看这段话讲得好，对我们做经济工作的同志应当有所启发。那种吝少失多，因小失大的事情，一切高明的、善于薄利多销、把生意真正做活的商人即"廉贾"们，是不会干的。那种溺近迷远，拘泥于眼前利害而迷失远大前景的想法和做法，甚至具有普通见识的人们也会懂得是错误的。这就是说，一定要善于看大局，看到事物的总体和发展的前景，有战略眼光，而不要目光短浅。

我们不是经常讲要同心同德吗？同心就是大家想到一起，同德就是大家战斗在一起。只要我们大家在战略思想上真正统一起来，在战术行动上真正协调起来，想到一起，又战斗在一起，局面就一定能够打开。当然，这要有一个过程。在这个过程中，我们用交换意见和调查研究的办法来求得同心，以战斗在一起的实践来求得同德。总而言之，让我们大家同心同德，打开局面，来发展我们祖国的社会主义现代化建设事业。

改革党的干部制度※

（一九八二年一月二十一日）

关于中央机构精简，主要的问题，邓小平同志都讲过了[214]，我想补充一点意见，讲几个问题。

第一个问题，这次政治局所讨论的问题，是个什么性质的问题？粉碎"四人帮"已经五年零三个月了。五年多来，我们做了很多事情，最重要、有历史意义的是三件大事。现在准备做第四件事情。

第一件事，是粉碎了"四人帮"。这件事不是小事。如果让"四人帮"再搞五年，我们就可能亡国了！第二件事，举行十一届三中全会[77]。真正的拨乱反正是从三中全会开始的，这是六中全会肯定了的，也是为全党所承认了的。第三件事，就是去年举行六中全会，对毛泽东同志的功过做了正确的评价，对建国以来三十二年的基本经验做了正确的总结，党的指导思想上完成了拨乱反正的工作。然后调整了中央领导班子，这也是件很不小的事情。

现在要做的第四件事情，概括地说，就是要在干部问题上来个根本的改革，从根本上改革我们党的干部制度。这件事的深远意义同前三件事情的重要性不相上下。三中全会

※ 这是胡耀邦同志在中共中央直属机关局以上干部会上的讲话。

时，我们中央有些同志曾经考虑了这个问题，邓小平、陈云、叶剑英、李先念等同志酝酿过这个问题，经过四中全会，到五中全会时，明确了我们党不能再搞领导职务终身制。五中全会公报上写了废除领导职务终身制，得到全党拥护，全世界都报道了这一条。废除领导职务终身制的意义很不小，这就是挖掉了党内个人迷信，对实现党内政治生活正常化会起极端重要的作用，在十二大通过的党章上，同样要加以肯定。废除党和国家领导职务终身制，解决什么矛盾呢？第一是解决一个革命到底和领导到底的矛盾。革命到死，不是领导到死。破除迷信，健全党的政治生活，这个意义不可估量。这在法律上的作用，也决不可轻视。第二是解决机构臃肿重叠的矛盾。这是解放以来三十年逐渐积累起来的矛盾，有同志说是倒宝塔型的。中央机关党政军群六十万，军队四十万、国务院十五万、中直机关五万。全国的干部是两千万，是一个"干部国"。我们长期从事小农经济，一谈到加强领导，就要加人，叠架子。前天有份参考资料上说，日本的一个厂子，只有三个人，我们引进了这样一个厂子，就要四十多人，多十几倍！加强领导同改进领导方法、精简班子，是辩证统一的，而我们一说加强领导，就加人。我们要克服官僚主义，不破除这个臃肿的机构就办不到。第三是解决干部队伍新老交替的矛盾。必须选拔大批德才兼备的年轻干部上来，同时要安排好老同志。

　　废除领导干部终身制，中央考虑得比较成熟。解决后两个矛盾，即机构臃肿、提拔年轻干部，想了两三年，现在必须提到日程上来，准备再用两三年时间解决。从现在开始，先中央一级，后省一级，然后地、县、社。把这两个问题解决好，关系到工作效率、安定团结、党的事业的继承性。即使政治路线正确，如果组织路线不正确，新老结合不好，交替不好，干部路线处理不好，同样会发生问题。反过来说，如果处理得好，可以预见到未来的二十年、三十年，我们的社会主义制度肯定会兴旺发达，我们的事业、我们党能够巩固地向前发展，我们国家能够顺利地健康地向前发展。如果说粉碎"四人帮"之后，从三中全会到六中全会是拨乱反正的话，那么，改革干部制度这件事就是继往开来，主要是开来。

　　第二个问题，改革干部制度现实的第一件事，就是自上而下精简机构，从中央带头。邓小平同志说，按现在的规模，不应该有两千万人，顶多有一千五百万人就够，至少多五百万人。下个决心，把国家机构、政府机构、党的机构、群众团体的机构精简下来。精简下来怎么办？我们国家一定要搞退休制度，叫离休也好，退休也好，老同志年老体弱的要下决心退下来，这是一。第二，暂时不到离休、退休年龄的，采取什么办法？办学校，轮流去学习。书记处决定，中央党校下期停止招收各省的学员，接收中央机关精简下来的干部去学习，可收三千人，一千六百住宿生，一千四百走读生。多余的、文化低的，到了退休年龄，可以不去学习；不到退休年龄的，去学习。什么叫才，才无非是专业化、知识化。六十岁以下文化程度不够的，决心在精简之列，抽出来学两年再说。可不可以考虑规定中央党校三千名额分给中直机关七八百人。还有些人，在"文革"中有毛病的，三中全会以后表现也不怎么好，但是与"四人帮"也联不上，在精简中就要开门见山，对他讲清楚，调出来学习。采用陈云同志所讲的，讲真理，不讲面子。一种是文化太低，一种是群众不大赞成的,我觉得不要背后议论,拿到桌面上,开诚布公,光明正大,可能这个办法更好一些。书记处考虑,中央机关能否减五分之一,百分之二十,不下决心不行。第一要从中央机关四万多人下决心减,必须认真把减人问题当作第一条,必须采取三定,定编制、定人员、定任务。你这个部是干什么的?局是干什么的?第一步先搞三定,能不能在半个月内交账,二月十五日以前交账。这次要下决心,各部一个部长,三个副部长,不管哪个部,一律平等。邓小平同志说,搞两个副部长。我们书记处讨论目前搞两个副部长还办不到。当然,四个副部长在全世界确实是没有的,人家就是一个、两个。局长怎么减,究竟是两个,还是三个?总之不能超过三个,否则工作起来你签字,他也签字,不得了。不管企事业都要定。中央机关四万人减百分之二十,就是八千人。警卫部队人数也多了,中央讲了几次要进一步减下来。邓小平同志说,中南海服务员就多。不管企事业都要定编、定人、定任务。

第三个问题,全党要考虑,很好地提拔、支持德才兼备的年富力强的干部。这个任务的责任主要是老干部。我们党能否引进一批年富力强的干部上来,关键在老同志把这个责任担起来。我们现在的情况,书记处平均年龄去年六十六岁。现在我们副总理平均年龄也是六十七八岁,省委第一把手七十岁以上的有八九个。我们党确实面临着这个问题。假使我们党现在要大批引进,陈云同志说要引进成千上万个,那么,我们这两年在这个问题上就显得过于谨慎、犹豫了。拿书记处说,平均年龄六十七八岁,如果只是想个办法,退出两三个老的,引进六十一二岁的,各部也采取这个办法,这就变成老化循环。如果总是这样,过两三年又要换,危险得很。中央机关这次精简，部长、副部长能不能百分之五十由六十岁以下的人来干？副总理、各部部长、副部长一级六十岁以上的保持百分之五十，六十岁以下的增加到百分之五十，如果实在不行，百分之四十也可以，总不能低于百分之三十。司局长能否使五十五岁以下的增加到百分之五十？周恩来同志当总理的时候，不就是五十一岁嘛。邓小平同志说，进更重要。陈云同志专门给书记处写了三条，第一条是"出重要，进更重要"。必须保证年轻的要有个比例。年轻的，当然要八个大字，德才兼备，年富力强。德，主要看"文革"中的表现，特别是三中全会以来的表现。如果现在是四十五岁，"文革"时才三十岁，要着重考虑同中央在政治上是否保持一致，对中央的路线政策是一条心，还是两条心。才，主要看知识化、专业化。比如搞统战工作，也是专门的学问，也是专家。做党的组织、宣传等工作，也都是专业，都要有专业知识。有人说，这个同志好是好，就是没有领导经验。你没让人家上台，哪来的领导经验？还有一条，说这个人太骄傲了。对这个骄傲，邓小平同志讲过好几次了，也要分析，可能这个人比较有胆识。四面讨好的人不叫有德，不叫有才，叫滑头。还有年富力强，要真的年富力强，年富不一定力强，有的同志虽然年轻，但体质不好，不用说一天干十几个小时，连八个小时都不行。我们革命战争年代，一两天不睡觉也没有问题。所以年富力强，要确实精力充沛。选拔年轻干部上来，使我们党朝气蓬勃地前进！

　　第四个问题，要很好地照顾和发挥老同志的作用。我们对这个问题，思想要统一起来，政策要统一起来。首先一定要向全党讲清楚，绝大多数老同志对革命做出了巨大贡献，对老同志，不讲这一点不公道。因为人都要老的，人都要碰到这个问题，特别是开国以前的老同志，首先要承认他们，至于有这样那样的错误，谁都有嘛！毛泽东同志讲过这个话，革命越长，错误越多。老同志，特别是建国以前的老同志绝大多数是有功劳的，对党和革命事业有功绩，这是我们永远不能忘记的。要尊重老同志，照顾老同志，要比在职的照顾得更好一些。没有这一条，就要影响党的安定团结。过去是照顾在职的多了，这样搞反了，必须纠正过来。

现在中央考虑这个办法，不管老同志退休也好，退居二线也好，政治待遇、生活待遇一律不降低，都由本单位负责，谁降低了，就唯他那个单位的党委是问。什么看文件呀，看病呀，坐车呀，都要照顾。

老同志的工作怎么办，要区别情况，有几种不同情况。我这里讲的主要是建国以前的老同志，建国后的老同志年纪大了就退休。建国前的老同志有几个数字，大革命时期的六百多，红军时期包括地下党的一万八千多，抗战时期的四十二万多，解放战争时期的一百九十一万，最大的数字是解放战争时期的。这个问题怎么解决好？采取几个办法，第一条，完全丧失工作能力的，完全离休，什么职务也不担任。如刘帅[215]、蔡大姐[216]，他们不做十二大代表，中央委员也不担任了。到七中全会时，用中央委员会的名义，给他们写个致敬信，评价他们的一生，在报上公布。先从他们两位做起，今后对完全丧失工作能力的老同志，都可以采取这个办法。第二条，在很大程度上丧失工作能力的，安排荣誉职务，只安排一个荣誉职务，党的、国家的或群众团体的，别的实际工作的职务免去，在他们多多少少有一点工作能力时，保留一个荣誉职务。第三条，年纪比较大些，如七十多了，精力基本还可以，但同年富力强时期相比，已差得多了，那就退居第二线，让年轻的同志上台。邓小平同志、陈云同志确实值得我们学习。以邓小平同志来说，他的精力，不说是百分之百，但百分之八十不减当年。我们党的主席本来应当是他，但他不当，他建议让资望比他差得多、经验比他少得多、水平比他低得多的同志做，把这样的同志扶上来，心情很愉快，我觉得这了不起。如果老同志都来做这一条，把推荐、支持年轻同志上台，当成对党的事业的贡献，当成光荣的职责，这本身对我们子孙的教育作用，就是无穷无尽的。

总之，一是教育年轻的同志尊重老同志。我们要立一条规矩，年轻的和比较年轻的同志，不管担任了多高的职务，都要尊重自己的革命前辈。二是老同志要善于培植、爱护、支持年轻同志，先支持，然后再批评。我们老同志一定要把这个任务担当起来，这就是一个革命！培养一批年轻干部，按照陈云同志讲的，需要成千上万。我估计地委以上主要领导干部有三万左右，在两三年里，选拔一万人上来，是百分之三十。邓小平同志说过，从年龄来说现在书记处的班子也是不够理想的，也是个过渡性的班子。这是自然规律，没有什么客气的。

今天在座的建国以前的老同志多，这次精简机构，要彻底想通这个问题。把这个问题放在精简的第一位，把这个事情搞好，我们就好去见马克思了。共产党，我用句浪漫主义的话说，叫远见党，因为有远见的嘛！我相信老同志为了党的长远利益会想通这个问题。我们一起来完成这一件对党有历史意义的大事。

做坚定的清醒的有作为的马克思主义者*

（一九八二年二月十三日）

我们的社会主义现代化建设，现在处在一个至关紧要的时期。我认为，能不能在最近这几年内，在建设工作的各方面，包括对外经济关系方面，真正打开新的局面，这对于我们今后十几、二十年的发展，具有决定的意义。前不久，中央书记处提出了这样一个观点：我们的现代化建设要利用两种资源——国内资源和国外资源，打开两个市场——国内市场和国际市场，学会两套本领——组织国内建设的本领和发展对外经济关系的本领。这就把经济上的对外开放、发展对外经济关系的战略地位，进一步明确起来了。这就要求我们的同志，既要深刻地理解经济上对外开放的战略意义，敢于跳到更广阔的天地里去打开局面；又要精心地注意我们在对外开放条件下所面临的新的环境的极端复杂性，善于学会新的本领，并且及时地发现和克服各种严重危害我们事业的消极现象，首先是党内特别是党的干部当中的各种消极现象。这样两个方面，是缺一不可的，都要做好，否则就会贻误我们的工作，甚至败坏我们的事业。正因为这样，我们就一定

＊　这是胡耀邦同志在广东、福建两省座谈会上讲话的一部分。

要不断地认真总结经验。

一、必须做坚定的、清醒的、有作为的马克思主义者。

中央的《紧急通知》[217]，强调地提出了一定要对那些走私贩私、贪污受贿、把大量国家和集体财产窃为己有、利用权力进行投机诈骗的党员和干部，特别是负责干部，加以严惩的问题。这是一个什么性质的问题呢？我认为必须明确地毫不含糊地认识到，这是一个关系我们党的生死存亡，关系我们国家兴旺还是衰败的极其重大的问题。很明显，党员和干部特别是负责干部在经济上的犯罪行为，已经严重地破坏了我们党的威信。如果听之任之，任其发展下去，那就会更加严重地毁坏我们党的威信，毁坏我们的社会主义事业，甚至毁坏六十年来我们党和人民艰苦斗争取得的一切革命成果。对于这样一种巨大的危险，我们一定要提起全党同志的高度警觉。

应当充分肯定，粉碎"四人帮"五年多以来，特别是党的十一届三中全会以来，经过全党同志的努力奋斗，我们已经把党和国家从"文化大革命"十年内乱所造成的严重危机中挽救过来，并且使之重新走上了兴旺发达的道路。这是一个基本的历史事实，是谁也否认不了的，是我们的子孙后代也不会忘记的。但这是不是说，我们的党和国家，我们的社会主义事业，除了战争危险之外，就再也没有其他任何重大危险了呢？当然不是。在和平的条件下，危险仍然存在。正如有同志讲的，那种使党衰败下去，走向"和平演变"的危险性，就远远没有消除嘛！经济领域中的违法犯罪活动，比三十年前的"三反"[218]"五反"[219]时期严重得多；在思想文化领域和整个社会风气方面，资本主义腐朽思想、封建主义残余的侵袭和崇洋媚外等现象的严重性，也是建国以来少有的。在这个关系党和国家前途和命运的重大问题上，一定要清醒地看到还有很大的危险。这是第一个要清醒的地方。

危险主要来自哪里？我们经常说要警惕帝国主义、霸权主义的侵略和颠覆的阴谋，还经常说要警惕已被打倒的林彪、江青反革命集团的残渣余孽的蠢动，这些话无疑都是对的，确实应当经常地加以注意。但是我们同时还应当明确认识，我们党是工人阶级先锋队，是领导中国这样一个大国的党，只要党自身的肌体是健全的，能够有效地抵御各种"病菌"的侵蚀，自己不倒下去，自己不烂下去，始终和人民在一起，那么，任何敌对力量要把我们搞烂，把我们推倒，就都不是那么容易，他们的阴谋就都不可能得逞。正是在这个意义上，应当说，主要的危险不是来自别的方面，而是来自我们党内不坚定分子的腐化变质。看到危险主要来自哪里，这是第二个要清醒的地方。

就党本身来说，关键又在哪里呢？是不是全部三千九百万党员都是关键所在呢？不是的。问题的关键，是在于党内中上层的领导者，在于主要的领导干部。如果我们中高级领导干部是坚定的马克思主义者，是清醒的马克思主义者，是有作为的马克思主义者，就可以把我们的党带好，党就有力量克服一切错误的东西。毛泽东同志一九三八年在《中国共产党在民族战争中的地位》这篇文章中说："在担负主要领导责任的观点上说，如果我们党有一百个至二百个系统地而不是零碎地、实际地而不是空洞地学会了马克思列宁主义的同志，就会大大地提高我们党的战斗力量，并加速我们战胜日本帝国主义的工作。"[220] 毛泽东同志的这个观点，非常深刻，非常重要。他那时说要有一二百人，现在历史条件不同，恐怕要一万到两万人，大体就是中央管理的干部那个范围吧。如果我们今天有一万到两万个干部真正成为坚定的、清醒的、有作为的马克思主义者，我们党的战斗力就可以大为提高。党搞好了，我们的社会主义现代化建设事业不管多么艰难，都一定可以搞好。反之，如果我们党内一部分中高级干部在和平环境中腐化变质，而且不能及时地加以制止，任其滋长泛滥起来，那就很危险。所以，关键是在于党的中高级干部，这是第三个要清醒的地方。

坚定和清醒，是紧密地联系在一起的。清醒地看到危险，指出主要危险和关键所在，不是回避和掩盖它们，而是勇敢地和恰如其分地加以揭露和处理，团结起来战胜危险，这本身就是无产阶级革命坚定性的表现，是真正坚持马克思列宁主义、毛泽东思想的表现。反之，如果不是这样，而是回避和掩盖矛盾，或者乱斗一气，那就既谈不到清醒，也谈不到坚定。

这两天有好几位同志说，现在对我们是一种考验。这话讲得很对。在新的历史时期中，在最近几年内，我们党的中高级领导干部，作为执政党的领导集团，能不能真正顺应历史的潮流，放开眼光，拿出魄力，打开局面，为建设现代化的社会主义伟大强国奠定坚实的基础，这对我们确实是一个非常严峻的历史性的考验。我们这些人干得究竟怎么样，若干年后，比如说二十年后，我们的后代就将做出一定的评价。我看这里无非是三种可能：第一种，肯定我们这些人确实是一些坚定的、清醒的、有所作为的人。第二种，说我们这些人无能，庸庸碌碌，是平庸之辈。第三种，说是昏庸腐朽，昏聩之徒。大家看，"有为之人""平庸之辈""昏聩之徒"，有这样三种可能的评价。所谓对我们的考验，我看归根到底，就是考验我们的中高级领导干部，在这三种情况里面，自己究竟属于哪一种。

二、必须坚定不移地对党内特别是某些党员负责干部的腐败现象，做严肃认真、顽强到底的斗争。

这个问题，是党中央近几年来始终抓住不放，老一辈革命家一直关注的一个重大问题，特别是邓小平同志、陈云同志、叶剑英同志、李先念同志，他们一直关注这个问题。为什么呢？是因为鉴于"文化大革命"的破坏和林彪、江青反革命集团流毒的极端严重性，也是因为鉴于在经济对外开放的情况下，我们党所面临的新的历史条件。

邓小平同志、陈云同志都讲过，被林彪、"四人帮"破坏得最厉害的，是我们的党风。我们必须把反对不正之风，包括反对和打击在经济领域中的违法犯罪行为，作为今后一个时期整顿党风党纪的中心之一。

现在，我们除了经济上对外开放，还要在不远的将来用另外一种方式，即一个国家容许两种社会制度的方式，来解决统一台湾和收回港澳主权的问题。这是我们在新的历史条件下应当采取的正确方针。但是，同时必须看到，在实行这种方针的情况下，斗争必然是非常严重和极端复杂的。十月革命以后，列宁在实行租让制[115]的情况下，就曾经尖锐地指出过这一点。他一方面肯定要搞租让制，不能动摇；但同时又强调，租让制并不是和平，而是"战争"，是"战争"在经济范围的继续，不过是另一种对我们更加有利的"战争"。所以，按照列宁的观点，同国际资本交往是完全必要的，但这种交往同时包含着严重的斗争，交往的目的则是为了促进苏维埃国家的社会主义经济建设。而托洛茨基[221]的观点，却完全相反。他认为既然要同国际资本交往，那就必然要受资本主义世界经济的控制，成为人家的附属品，而这就排除了一国建成社会主义的可能性。按照托洛茨基的这种观点，要同国际资本交往，就不要革命，就不能搞社会主义。历史已经证明，列宁是完全正确的，托洛茨基是完全错误的。我们今天仍然要按照列宁主义的观点办事。孤立奋斗，拒绝同国际资本交往的思想，是错误的；另一方面，在同国际资本的交往当中，任何忽视和放弃必要的斗争的观点和行为，也是错误的。一句话，既要交往，又有斗争。问题是在于我们的共产党员和党的干部，首先是领导干部，会不会在这种斗争中被人家腐蚀，被人家拉走。

毛泽东同志在建国之前就说过，敌人的武力没有征服我们，资产阶级的糖衣炮弹却可能征服我们队伍中的意志薄弱者。现在我们许多老同志，不单单是没有被敌人的武力征服，而且也没有被林彪、"四人帮"的镇压征服。一次是党外反革命的暴力，一次是党内反革命的暴力，是两个没有被征服啊！但是，近几年来，在同国际资本的交往当中，有些同志，包括极少数很没有出息的老同志，却已经实实在在地被资本主义的糖衣炮弹征服了，打倒了，成了资产阶级的俘虏，当了共产主义事业的叛徒和逃兵！事物发展的逻辑，就是这样的残酷无情。这难道还不发人猛醒吗？难道还不应当在全党大声疾呼吗？难道还不应当用这样的事实来教育我们党员和干部，特别是老党员、老干部吗？

现在被糖衣炮弹打倒的干部，其中有些是属于跟随林彪、江青一伙"造反"起家的那"三种人"[222]。但是除此之外，肯定还有另外一种人，就是我刚才说到的那种枪林弹雨挨过了，林彪、"四人帮"的监牢坐过了，都没有被征服，而现在却被资本主义腐蚀了，被历史淘汰了的人。福建的同志说，有个被腐蚀了的有三十多年党龄的支部书记，竟然说什么"跟共产党几十年，今天才晓得上了当"。大家看，明明是他上了资产阶级的当，却颠倒过来，说是上了共产党的当！这样的人，堕落和腐烂到什么地步了！可见资本主义的思想，资产阶级的金钱，厉害呀！

　　当然，这里需要附带说明一点。我认为对于我们与之交往的国际资本和港澳工商业者，要有分析。任何一个资本家，只要是资本家，他就要谋求利润，这一点是没有任何疑问的。问题是在于，要区别两种不同的情况。一种是以正当手段来同我们做生意。对于这种情况，无论生意是否做得成，条件是否谈得拢，我们一律采取欢迎态度，待之以礼，并且对于任何能够同我们合作的资本家，一律实行平等互利的政策原则。这里只有一个我们是否会做生意的问题，而并不发生什么抵制和反对腐蚀的问题。但是另外一种，如果是以不正当的手段，甚至是用侵犯我们国家主权的手段，诸如走私、贩毒、行贿、欺骗和蓄意传播腐朽的资产阶级生活方式等等，来侵害中国人民的权利和利益，腐蚀我们的党员、干部和公民，那就理应受到中国人民的坚决抵制，有的还要根据法律提起诉讼。而一切在这种不正当活动面前丧失立场，被拉下水的我们的党员、干部和公民，也就是上面所说的被糖衣炮弹打倒了的人们，则理应受到批判、处分以至法律处置。这不是天公地道的吗？

　　这场斗争，首先要看我们有没有决心。第一是决心，第二是决心，第三也还是要看决心究竟大不大。决心大，坚定不移地把这场斗争进行到底，就可以挽救许多人，及时地清除党和国家肌体上的腐化变质的部分，保持党的纯洁性，从而可以使我们党的事业在本世纪内获得强有力的保证。中央《紧急通知》上有"两个必须"，就是对于走私贩私、贪污受贿、把大量国家和集体财产窃为己有等严重违法犯罪行为，必须抓住不放，雷厉风行地加以处理；对情节严重的犯罪干部，特别是占据重要领导职位的犯罪干部，必须依法严处。还有"两个不许"，就是不许熟视无睹，知情不报；不许优柔寡断，姑息包庇。中央的这个决心，是已经下定了的。因为这件事的意义太深远了，太重要了，不狠狠抓住这一环，党就会先是有某些部分，尔后有更多的部分，腐化起来，"和平演变"，成为不治之症。

　　关于开展斗争的方法，《紧急通知》已经讲了，由于当前工作很多，许多领导班子没有调整好，不要在所有干部和群众中开展有关这方面的检举、揭发运动，以防止发生诬告和人人自危等混乱现象。当然，不开展群众运动，并不是说就可以不走群众路线了。凡属重大案件，必须动员了解情况的群众揭发、检举，案件的处理也可以提交群众讨论，征求意见。中央书记处还确定：一般案件和重大案件，重点要抓重大案件；现行案件和历史积案，重点要抓现行案件；一般干部和中高级干部，重点要抓中高级干部（包括其亲属）和一些单位集体作案的。特别是对于现行的要案、大案，更要坚决一些，严厉一些。不如此，这股歪风刹不住，人家会说你们雷声大，雨点小。手软搞不下去，结果反倒害了更多的人。当然，在处理上，要把违法犯罪行为同工作中的失误加以区别。那些严重违法乱纪的人，搞到几百万、上千万，我就不相信他们会不搞一点私分。比如那个所谓"缉私队"，一个人分几千块钱，不要退出来呀？违法乱纪，劲头那么大，没有个人算盘在里面？总之，政策界限的问题，基本上是明确了的，当然也还需要根据查处的进展情况，不断地加以研究。

为着把这场重大斗争开展起来，坚持下去，我们中央书记处，中央各部门，国家机关和军委各部门，各省、市、自治区党委和各地、市、州党委，以及各大军区、省军区党委，有必要在一个时期内，把这件事作为中心工作之一。你们两省的党政军主要负责同志和广州、福州两大军区的主要负责同志，要亲自主持这件事。同时，我们还要在这场斗争中，把各级纪律检查委员会认真地健全起来。现在精简机构，不少干部要下来，其中有许多历史上一贯正直廉洁，愿意为党的事业奋斗的同志，可以挑选一批去加强纪律检查委员会。

为着把这场重大斗争开展起来，坚持下去，还必须大力加强宣传教育。加强宣传教育，报纸要多抓一些典型。要以正面宣传为主，多选一些好的，讲党性、讲原则、长中国人民志气的典型；同时发表一些查处大案、要案的情况，特别要尖锐地揭露那些犯罪干部怎样被糖衣炮弹打中，一些本来还好的干部怎样因此而变成了坏干部的情况。要有一定的声势，造成强大的社会舆论。我认为，今年这一年，中央报刊应当把这场重大斗争，作为宣传中心之一。

加强宣传教育，还必须批评各种错误思想，澄清糊涂观念。比如那种认为各种坏事都是实行特殊政策和灵活措施的结果的说法，就应当给以答复。应当明确指出，那些坏人坏事，同特殊政策、灵活措施是根本不同的两回事。特殊是相对于统一而言的，灵活是相对于原则而言的，并且二者是结合在一起的。我们的特殊政策，是在统一国策之下的特殊政策。离开"四个坚持"，离开社会主义方向，那叫什么特殊政策？那叫蜕化变质。至于灵活措施，也只能是在坚定的原则立场之上的灵活。丢掉共产主义立场，丢掉党性和党的政策，那叫什么灵活？那叫投降主义。不这样明确地指出根本界限，不批驳错误言论，各种动摇怀疑的论调就会滋长泛滥。

我想把问题回到党风上来。这里需要回顾一下，粉碎"四人帮"以后的五年多来，直到今年一月的中央《紧急通知》，我们在党风问题上是怎样抓的，经过了一个什么样的战斗历程。大家知道，我们首先是反对了"两个凡是"[60]，提出恢复和发扬党的实事求是的优良传统和作风；接着是反对个人崇拜。应当说，"两个凡是"也好，个人崇拜和突出宣传个人也好，都不是无产阶级的彻底唯物主义的思想，而是违反无产阶级党性的腐朽的东西，是属于思想上作风上的腐败现象。在那以后，我们提出坚持四项基本原则，提出反对官僚主义，也反对无政府主义和极端个人主义，随后又提出反对资产阶级自由化，所有这些，实质上也都是属于从思想上、政治上和组织上，克服各种腐败现象。十一届三中全会以后，我们党恢复了中央纪律检查委员会，陈云同志挂帅。五中全会，又通过了《关于党内政治生活的若干准则》[131]。这两件事抓得好，意义是重大的。特别是《准则》的制定和由中央全会正式通过，实际上是就党风问题，进一步郑重地有系统地向全党打了招呼。中纪委成立以后的几年来，整顿党风党纪的实际工作，又经历了一个过程。第一步是突出地反对特殊化。这是反映了当时广大干部和党员的要求。我们下了一个决心，制定了一个关于高级干部生活待遇的规定，高级干部带个头，起了好作用。虽然也有少数同志一度发生一点错觉，似乎"特殊化就是高级干部，高级干部就在中南海"，这种错觉是不对的，是上了当。但是总的说来，从一九七九年到一九八〇年所进行的反对特殊化的斗争，是好的，产生了积极的效果。接着，我们在全党范围内，突出地强调了党员和干部，特别是领导干部，必须忠实于党的路线、方针和政策。这是因为，当时党内外一些人怀疑以至反对党的路线、方针和政策，种种公开半公开的议论相当多。针对这种情况，我们强调了在政治上与中央保持一致，这就有力地刹住了那股从政治上严重腐蚀和败坏我们党的歪风。在这以后，从去年起，我们开始突出地抓经济领域中的不正之风。直到今年一月十一日的中央《紧急通知》，更加尖锐地把这个问题提到全党的重要议事日程上来。总之，几年来的战斗历程，说明了党中央对党风党纪的问题，确实是始终抓住不放的。同时也说明，事物总有一个发展过程。如果说我们对经济领域中的不正之风，可能抓迟了一点，是一个教训，那么，这也还是要从几年来的发展过程，加以理解的。因为事情总是这样：矛盾要有一个暴露过程，工作要有一个发展过程，总要一个环节一个环节地抓。

给 华 罗 庚 的 信

（一九八二年四月一日）

罗庚[223]同志：

你三月二十二号给我的信，几天前我就看过了，因为忙于应付其他的事情，没有及时回信，非常抱歉。

你信上谈到的许多看法是很对的，我已经把你的信转给了方毅[224]、李昌[36]、卢嘉锡[225]同志，请他们重视你的这些见解。

至于你谈到你今后工作的过重打算，我倒有点不放心。几十年来，你给予人们认识自然界的东西，毕竟超过了自然界赋予你的东西。如果自然界能宽限你更多的日子，我希望你能把你一生为科学而奋斗的动人经历，以回忆录的形式写下来，留给年轻人。你那些被劫走失散的手稿中的一些最重要的观点和创见，能不能夹在其中叙述呢？完成了它，我认为就是你在科学上的超额贡献了。

科学的门路非常广阔，但科研功夫必须非常坚实。我们这些门外汉并不反对有些同志继续做纯理论性的研究，去探索还没有为人类认识的新领域、新原理。但我们希望更多的同志投身到新技术、新工艺攻关的行列中去，从而把我国的四个现代化推向前进。

我没有看过圣经。前些天偶然看到一本小册子上引用了它上面的一个故事：古代巴比伦人决心建造一座通天塔。这件事触怒了上帝。上帝使这些梦想上天的人内部不和，在如何建造通天塔的问题上争吵不休。结果，使这件事成了泡影。

现在，中国人接过了巴比伦人没有实现的理想。那个愚弄巴比伦人的上帝又不存在了。中国的科学工作者们能不能齐心协力、团结一致地为这个工程而英勇献身呢？如果能，我以为，它的成功，是可以计日而就的。

写长了，有机会再面谈。

祝你

近安！

胡 耀 邦
一九八二年四月一日

关于思想政治工作问题 *

（一九八二年四月二十四日）

　　我们党所以能够领导和团结人民群众进行伟大的斗争，并且不断取得胜利，是同我们党一贯重视思想政治工作分不开的。建党以后，我们就通过各种报刊、书籍和其他方式，广泛宣传马克思列宁主义，宣传俄国十月革命的胜利，这对中国工农群众和知识分子起了有力的启蒙作用。井冈山时期，我们首先在红军中建立政治工作制度。政治工作的中心环节，就是用革命思想教育干部和战士，启发他们的革命觉悟。整个十年土地革命时期，在物质条件很差、其他条件也很差的情况下，我们打败了敌人多次"围剿"，扩大了红军和根据地，完成了史无前例的二万五千里长征，终于坚持下来了。以后经历了八年抗日战争，三年多解放战争，取得了全国胜利。我们靠的是什么呢？从根本上说，是因为我们党的路线、方针和政策是正确的，我们党把马克思列宁主义的普遍原理同中国革命的具体实际密切地结合起来了；是因为我们党代表了全国人民的利益，我们的广大党员和战士为全国人民的解放艰苦奋斗、流血牺牲，因而也就能够动员和带领广大人民群众进行胜利的斗争。在这中间，通过思想政治

---

　　* 这是胡耀邦同志同中央宣传部门负责人的谈话。

工作提高人民群众的革命自觉性，是我们党采取的一项主要方法。我们党的全部历史经验证明，我们事业的发展和胜利是建立在领导正确和群众自觉的基础之上的，而在领导正确这个条件一经获得之后，群众的自觉就是决定的因素。所以说，善于做好思想政治工作是我们党区别于其他政党的一个重要特点，是取得革命和建设胜利的一个极其重要的条件。

现在，我们党的思想政治工作，在许多方面、许多环节上反而做得比过去差了，可以说，把党的好传统丢了不少。不重视思想政治工作是普遍现象，不会做思想政治工作也是普遍现象。这当然有许多原因，原因之一，就是我们没有根据建国以来革命和建设的实践，很好地、系统地、深刻地总结思想政治工作的经验。因此，我认为，认真进行调查研究，总结思想政治工作正反两个方面的历史经验，形成一套正确的观点和方法，这是所有地方、所有部门和所有单位的党组织都应该做的一件大事，党的宣传部门尤其应该抓好这件大事。

一九八一年七月，邓小平同志在一次谈话中，明确指出党在思想政治工作的领导上存在着涣散软弱的状态。这个批评切中时弊，一针见血，把我们思想战线上存在的一个关键性的问题提出来了。中央为此专门召开了思想战线问题座谈会，后来又发了文件，各部门、各地方都传达讨论过了。但是，当时实际上除了包括文艺创作在内少数几个方面抓了一下资产阶级自由化倾向的问题以外，别的领域基本上没有触及。可见，按照党中央提出的要求，结合实际去解决各方面的问题，并不容易。就是说，没有使中央的方针同自己的实际对上号。不是叫对号入座吗？我们有些同志对中央的指示常常在本单位找不到座位，工作落不到实处。一九八二年刚开头，党中央着重抓了建设社会主义精神文明，打击经济领域的严重犯罪活动，实行机构改革。这三个问题一抓，才进一步改变了思想政治工作的涣散软弱状态。思想政治工作不能泛泛地抓，而是应当一个时期抓一两个主要问题，抓住就不放。就这点来说，我们党的思想政治工作，现在还有不少方面没有落到实处，在许多部门、许多地方的领导上还存在着涣散软弱的问题。

近几年来，我们许多部门、许多地方的工作都有起色，但是思想政治工作仍然没有很好地抓上去。这是一个基本的事实。这不是说我们做思想政治工作的同志不好，绝大部分是好同志；也不是说我们的同志没有水平，不少同志是有水平的。看起来，思想战线上的一个主要问题，是系统地总结经验不够，对当前干部和群众的思想情况及其特点研究得不够，方法也不那么得当。因此，全党都要系统地、深入地想想这个问题。这次，我只是提出问题，发表一点个人意见，希望大家研究。

什么是我们党的思想政治工作？

为了总结经验，我们首先要弄清什么叫思想政治工作？这个问题，照理说，好像是不成问题的问题。思想政治工作的对象是人，是人的思想、观点、立场。我们党的思想政治工作，是要解决人们的思想、观点和政治立场问题，动员广大干部和群众为实现当前和长远的革命目标努力奋斗。这还有不懂得的吗？其实不然。在这个问题上，许多同志还有一些模糊的思想，甚至还有糊涂的思想。因此，真正弄清这个问题非常重要。

我们研究事物，有个方法问题。从最普遍、最基本的东西入手，去揭示事物的本质，这是马克思告诉我们的方法。马克思研究资本主义社会，就是从最简单、最普遍、最基本的关系即商品交换研究起。他写出了《资本论》，成为政治经济学的经典。马克思主义哲学的历史唯物论，首先是从人要吃饭、穿衣、居住，因而必须从事生产，得出了生产力决定生产关系、经济基础决定上层建筑的结论。记得在中央革命根据地，毛泽东同志批评教条主义、主观主义的时候，就说人是要吃饭的，路是要人走的，走了路以后人是要睡觉的，子弹是会打死人的。毛泽东同志为什么要讲这么一些话？因为当时的教条主义者一个命令，要部队一夜之间行军一百二十里去把敌人消灭。这办得到吗？所以毛泽东同志用最普通、最基本的道理驳斥他们，这就是用唯物主义反对主观唯心主义。科学社会主义的理论，也是从阶级分析开始，弄清人类一开始是不是存在阶级，阶级怎么形成、发展和变化，怎样消灭阶级和实现无阶级的共产主义社会，等等。所以，我们研究如何加强思想政治工作，就要用马克思主义的方法，透过现象，抓住思想政治工作最基本、最本质的东西，而且要指明和澄清许多含混不清的认识。

例如说，思想政治工作就是好好地组织大家学习中央的文件。这种答复对不对呢？当然有一点道理，可是并没有接触到思想政治工作的本质。

例如说，思想政治工作就是表扬好人好事，表扬先进人物、先进事迹，总结和宣传先进经验。这也有点道理，但也没有接触到思想政治工作的本质。

例如说，思想政治工作就是搞批评和自我批评。当然，批评和自我批评是思想政治工作的一种重要的方法，但是，这也没有接触到思想政治工作的本质。

上述这些说法，从不同的角度和侧面，指出了思想政治工作的某些重要内容和重要形式，但还没有接触到思想政治工作的最本质的东西。所以，我们有必要对思想政治工作展开研究和讨论，使大家真正弄清楚，思想政治工作的本质是什么，或者说它的目的和任务是什么，它同其他工作首先是经济工作的关系怎么样，经过研究和讨论，把对思想政治工作含混不清的认识端正过来。

思想政治工作的目的和任务是什么？

思想政治工作最根本的目的和任务，用一句话说，就是提高人们对世界的认识和改造的能力。更详细一点说，就是用革命思想和革命精神，也就是用共产主义思想，用马克思主义的基本理论，用马克思主义的普遍原理同中国革命和建设的具体实践相结合的毛泽东思想，教育党员和干部，教育广大群众，教育整个工人阶级以至全体人民，启发和提高人们的革命自觉性，使人们确立正确的立场、观点，掌握正确的思想方法和工作方法，并通过反复的实践提高人们认识和改造世界的能力。

毛泽东同志在《实践论》中指出："无产阶级和革命人民改造世界的斗争，包括实现下述的任务：改造客观世界，也改造自己的主观世界——改造自己的认识能力，改造主观世界同客观世界的关系。"〔226〕我们共产党人作为无产阶级的先锋战士，不但应该以身作则，实现既改造客观世界又改造主观世界的任务，而且要通过思想政治工作，去影响和引导愈来愈多的人民群众实现这个任务。我们要使愈来愈多的人懂得："通过实践而发现真理，又通过实践而证实真理和发展真理。从感性认识而能动地发展到理性认识，又从理性认识而能动地指导革命实践，改造主观世界和客观世界。"〔227〕我们一定要弄通这个辩证唯物论的认识论，使我们党的思想政治工作，不离开认识和改造世界这个根本目的和根本任务。

提高认识客观世界的能力，包括观察的能力，分析的能力，分辨的能力。这当然是不容易的，因为客观世界是很复杂的，谁都不可能一下子认识清楚；而且由于社会实践是不断发展的，作为个人，谁的认识都是不完全的。在这个问题上，我们在一个相当长的时期内犯过很多的错误，说某人某事正确就一贯正确、绝对正确，事实当然不是这样。"客观现实世界的变化运动永远没有完结，人们在实践中对于真理的认识也就永远没有完结。"〔228〕一切真理在人类认识的长河中都是相对的，相对中有绝对，绝对真理是无数相对真理的总和。人类的认识只能通过相对真理去接近绝对真理，而接近的界限和程度是要受历史条件制约的。所以，不可能有全知全能的人，不可能有绝对正确的人。

我们的思想政治工作，是要把党关于革命和建设的理论、路线和政策，斗争的目标、方针和方式方法，向广大党员、干部和群众进行宣传教育，启发和提高他们的革命觉悟，引导他们自觉自愿地服从党的政治领导，以便从思想上和政治上发挥强大的动员作用，从而保证革命和建设任务的实现。毛泽东同志在《论持久战》中强调了思想政治工作的极端重要性，除专门写了"抗日的政治动员"一节以外，还在"兵民是胜利之本"一节中指出："革新军制离不了现代化，把技术条件增强起来，没有这一点，是不能把敌人赶过鸭绿江的。军队的使用需要进步的灵活的战略战术，没有这一点，也是不能胜利的。然而军队的基础在士兵，没有进步的政治精神贯注于军队之中，没有进步的政治工作去执行这种贯注，就不能达到真正的官长和士兵的一致，就不能激发官兵最大限度的抗战热忱，一切技术和战术就不能得着最好的基础去发挥它们应有的效力。"[229]毛泽东同志在这里讲的是战争，但这一原理同样适用于建设社会主义的物质文明和精神文明。为了建设社会主义，我们不但应该建设高度的物质文明，不断发展和改进社会主义制度的物质技术基础，而且必须建设以共产主义思想为核心的高度的精神文明，这也是社会主义制度的本质要求。如果不提高广大工人、农民、知识分子及其他人民群众的革命觉悟，不启发他们坚定地信仰共产主义，不鼓励他们建设社会主义的积极性、创造性和主动性，不激发他们对自己工作的光荣感、自豪感、责任感，特别是不教育我们的广大共产党员、广大共青团员和广大干部在这方面发挥模范带头作用，我们的建设就不能顺利进行，以至难以达到目的。这是因为，人们头脑中装着各种各样的东西，有共产主义的思想，也有非共产主义的思想；有资本主义思想，也有封建主义思想，更不用说小资产阶级的落后思想了。各种非无产阶级思想，妨碍我们正确地贯彻执行党的路线、方针和政策，妨碍我们为实现党提出的任务所必须进行的百折不挠的斗争，这就是说，妨碍我们改造客观世界，也妨碍我们改造自己的主观世界。不去掉这些非无产阶级思想，革命不能成功，建设也不能胜利。做思想政治工作，就是要扫除这些东西。这也是清洁卫生运动，大扫除。大家动手，天天扫，而且扫得得法，才能见效。

由此看来，我们党的思想政治工作，首先是坚定、鼓励和激发人们改造客观世界的信念、热情、毅力和斗志，这就是我们常讲的要有坚定的科学的信念、革命的热情、坚强的毅力和旺盛的斗志。如果思想政治工作停留在只讲认识世界，不讲改造世界，不动员群众去实践这个改造，那么，它就是只讲空话了。提高人们的革命觉悟，也就是坚定和提高广大党员、干部和群众的革命信念、革命热情、革命干劲、革命的坚韧性。应该看到，在革命和建设的实践中间，人们会不断地产生这样那样的错误思想、错误行动，比如过火的行为、懦弱的行为、倒退的行为，等等。我们做思想政治工作的同志，要善于及时地了解新情况，研究新问题，有针对性地、有成效地并且不断地教育和帮助人们，在认识世界和改造世界过程中，随时纠正错误的认识、错误的立场、错误的方法。甚至还要把这项工作做在前头，防患于未然，使问题解决在萌芽状态之中，或者使人们一事当前事先有充分的思想准备。这样说来，通过反复的实践，使我们的认识不断深化，改造世界的能力不断提高，这就是我们以改造世界为己任的党的思想政治工作的根本的目的和任务。所有从事思想政治工作的同志，都要心中有数，切不要把思想政治工作上一些具体的内容和方式方法同我们的根本的目的和任务混为一谈。思想政治工作的具体内容和方式方法是多种多样的，是随着历史条件的不同、周围环境的不同和具体对象的不同而发生变化的。只讲方式方法，只记得一些个别的具体的内容，忘掉根本的目的和任务，我们的思想政治工作就不能取得好的效果，做这项工作的同志自己也提不高。

思想政治工作的特点是什么？

任何工作、任何部门都有自己的特点，认识事物是先从事物的特点开始的。谁能把自己部门的特点以及它同其他事物的关系认识清楚，他的工作就会有成效。思想政治工作的特点是从它特定的工作对象来的。上面说过，思想政治工作的对象是人，要端正人的思想、观点、立场，这就同经济工作不一样，同组织部门的工作也不完全一样。

思想政治工作的范围是很宽很广的。任何部门、单位都有人，人都有思想活动，因此任何部门、单位都要做思想政治工作。任何工作都是人做的，人在劳动和工作时都会这样想那样想，因此办任何一件事，都要做思想政治工作。毛泽东同志说过，思想政治工作是经济工作的保证。推而广之，思想政治工作应该是一切工作的保证。做好了思想政治工作，解决好了思想问题，事情就解决了一大半。任何部门、单位，进行任何工作，千万不能忘记思想政治工作。

思想政治工作首先要提出的，是解决思想认识问题，政治立场问题。列宁反复讲过，马克思主义不能在工人中自发产生，而是要实行灌输。后来毛泽东同志反复讲，要启发，要教育。我们要提倡爱祖国、爱人民、爱劳动、爱科学、爱社会主义的公德，进行爱国主义和国际主义、集体主义和共产主义的教育，进行辩证唯物主义和历史唯物主义世界观的

教育，反对资本主义、封建主义等腐朽思想，使人们有革命
的理想、道德和纪律，提高当家作主的主人翁思想。这些，
无疑是思想政治工作最经常最普遍的内容。

毛泽东同志在《论持久战》中还指出了军队政治工作的
三大原则，即：官兵一致，军民一致，瓦解敌军。这里讲的
实际是正确处理人与人之间的关系。在建设社会主义的物质
文明和精神文明中，也要很好地注意处理好这类关系，如工
人和农民的关系，工农群众和知识分子的关系，干部和群众
的关系，国内各民族之间的关系，中国人民和各国人民的关
系，中国无产阶级和外国资产阶级的关系，等等。其中包括
正确处理各种人之间在政治、经济、思想、文化和社会生活
等方面的关系。当然，这里涉及我们党和国家的一些基本政
策，不仅是思想政治工作部门的事情。但是，我们的思想政
治工作，一定要有利于全国各族人民和各阶层人民的团结，
有利于中国人民和世界各国人民的团结。有了坚强的国内团
结和国际团结，我们在建设社会主义过程中就可以战胜各种
困难，可以有力地反对国内外敌人，可以用较短的时间和较
小的代价达到我们的目的。

人们的思想变化，同经济技术等物质的东西相比，有着
不同的规律。所以，做思想政治工作，不能像经济部门订年
度计划或五年计划那样，定出明确的指标。前几年我同宣传
部的同志讲，宣传部的工作，不能一年只开一次会。计划部
门可以一年开一次，今年的指标怎么样，资金多少，物资多
少，如何平衡。组织部门大体上也可以一年开一次。宣传部
门如果一年只开一次会，笼统地提出几项任务，就解决不了
好多问题。宣传部门一年要开许多次会，大会、中会、小会

都开，主要是开小会。要抓住一个问题就开会。把有关的同志找来，共同座谈，怎样认识和对待，怎样进行宣传和教育，怎样坚持原则和掌握分寸，务求收到实效。总之，要根据当前发生的问题，特别是发现一种带普遍性的思想倾向，立即开会，进行分析解剖，理出几条，下达执行。有些工作则要及时总结，比如全国开展的"文明礼貌月""五讲四美"〔194〕等活动就要及时总结，研究一下到底起了什么作用，有什么典型，有什么问题，今后怎么办。我看，各级宣传部门都要根据工作的进程和人们思想的变化，一年要抓一批题目，研究解决。

思想政治工作的基本原则是对人们进行教育工作、说服工作，而不是采取强制的、压服的办法和行政命令的办法。对人民群众中的思想问题、认识问题，我们要坚持疏导的方针，反对堵塞的方针。疏和导的方针是思想政治工作的正确方针。我们要在疏通中引导，在引导中疏通，又疏又导。疏通就是广开言路，集思广益。引导就是循循善诱，说服教育。我们要实事求是，以理服人，讲求实效。要深入到群众中去，针对群众的思想情况，耐心地做艰苦细致的工作。对人们的思想问题，如果靠强制、压服；对需要动员群众办的事，如果靠讲大话、空话，搞虚夸欺骗，那是同我们党的一切原则，包括正确的思想教育原则，完全背离的。

既然思想政治工作是教育人、说服人，提高人们的革命觉悟和认识能力，除了要依靠广大党员、广大群众自己来做外，它的大量工作要依靠干部来做。因此，对组织领导这一工作的宣传部门、政治工作部门来说，首先就要做好干部的工作，教育干部，说服干部，提高干部的革命觉悟和认识能力。《毛泽东选集》前四卷阐述了中国革命的理论，指明了各个阶段工作的路线、策略、方针、政策，就其教育对象来说，首先就是对干部做思想政治工作，教育、说服干部懂得革命的道理，然后通过干部去教育、团结和带领群众，从而取得革命的胜利。毛泽东同志系统地讲思想政治工作的文章，最早就是一九二九年写的古田会议决议〔230〕。那时主观主义盛行，非无产阶级思想泛滥，这个决议，使工农红军建立在马克思列宁主义的基础上，将旧式军队的影响基本肃清了。它首先也是对干部讲的，比如讲虐待士兵、打骂士兵，讲谁呢？讲干部。《上海太原失陷以后抗日战争的形势和任务》《论持久战》，首先也是说服干部的。干部思想通了，干部的水平提高了，对普通的工人、农民、战士的思想教育工作就比较好做了。

我们党的思想政治工作搞得好的是红军时期、延安时期和建国初期。以后，有一段时间，在"左"的错误影响下，逐渐地把思想政治工作变成一些领导者用来对付普通工人、农民、战士和知识分子的一种方法，败坏了思想政治工作的声誉，结果很坏。在一些干部看来，似乎都是普通老百姓思想不通，自己是通的；似乎提高革命觉悟和认识能力都是普通老百姓的事，干部自己不要提高。有一些领导干部，则认为自己比一般干部高明万倍，根本不要改造。毛泽东同志就多次批评了这种错误倾向。事实恰恰相反，许多工作没有做好，甚至出乱子、受损失，首先是我们的干部、党员的思想认识和政治立场有问题，或者作风有问题。干部的思想提高了，错误的东西克服了，事情就好办。

所以，我们搞思想政治工作，首先要解决好干部中的思想问题。煤炭部的领导为着要转变煤炭生产工作中的无组织无纪律行为，首先就是抓各级干部：第一条，跟班劳动；第二条，把自己本来在井上工作的子弟送到井下去；第三条，批评干部精神不振作。毛泽东同志不是经常提出要"感动上帝"吗？上帝就是老百姓，感动就是要去做思想政治工作，包括干部以身作则，参加集体生产劳动，同群众打成一片，起模范作用。

建国以后，我们对干部的轮训、教育，提高干部的文化水平、科学水平、理论水平，开头几年是比较重视的，可惜的是没有能够坚持下去，错过了很多有利时机，这是一个很大的失误。现在，中央下决心抓干部的教育和训练工作，普遍轮训干部，提高干部的素质。要号召我们的一切干部，多想国家的事情、人民的事情，不要把个人的事情摆在第一位。整天闹个人主义的人，是没有多少出息的。要提倡干部把工作之余的主要时间拿来读书，读点理论书籍、科学书籍、业务书籍，提高文化水平，提高思想水平。

认识和掌握了思想政治工作的特点，才能产生出正确的方法。不认识中国的特点，我们党就不能领导中国革命取得胜利，就不能领导社会主义现代化建设取得胜利。不认识思想政治工作的特点，要改善和加强思想政治工作，推动这项工作生气勃勃地向前发展，卓有成效地取得新进展，也是不可能的。

教育者必须先受教育

既然思想政治工作主要是教育、说服工作，那么，教育者必须先受教育。实际上，这也就是如何加强思想政治工作队伍建设的问题。教育者自己既要有正确的思想观点、政治立场，又要有正确的方式方法。

教育形式有两种：一种是说理的教育，一种是形象化的教育（主要是文学艺术）。教育者必须熟悉这两种教育的形式，并且善于运用这两种形式进行工作。

现在，我们说理教育的情况怎么样呢？这方面的问题，主要是缺乏说服力。所谓缺乏说服力，就是道理讲得不够，鼓动性不强，打不动人心。说理教育，无非有两种方式：一种是口头上的，讲演、报告、传达文件、谈话、争论、搞批评和自我批评等；一种是文字上的，决议、指示、理论著作、通俗读物、评论文章、新闻报道等。我们的许多文章和讲话，有两大通病：一大通病是只用演绎的方法，不用或很少用分析的方法，往往是由一个概念，推论出必须怎么样，应该怎么样，不摆事实，不讲道理，不是根据事实做具体分析，不是夹叙夹议。列宁和毛泽东同志就不是这样。我们读他们的主要著作，就会感到有一个鲜明特点，就是对具体问题进行具体分析，有很强的说服力。比如毛泽东同志的《论持久战》这篇文章，首先分析、比较中日两个国家的实际情况，长处和短处，提出亡国论是不对的，速胜论也是错误的，然后充分摆事实，讲道理，进行详细的分析、说理。第二个通病是概念堆砌太多，概念套概念，大概念套小概念。为什么一个报告，一篇讲演，一篇论文，一篇社论，许多人不愿意听、不愿意读呢？原因不要单从听者、读者这方面去找，还要从我们自己方面找，主要是没有深入地分析问题，解剖问题，讲清楚道理。

我们的形象化教育，主要是文学艺术方面存在的问题。

除了有些作品政治倾向不好，思想感情不健康，社会效果不好外，也有些作品缺乏感染力，社会效果不大。"文化大革命"前党中央指出文艺创作有公式化、概念化的毛病，就文艺的特点来讲，是抓住了要害的。形象化的教育缺乏感染力，人们不愿意看，或者看了以后，在思想感情上、在灵魂深处没有发生共鸣，因而产生不了震动的力量和潜移默化的作用。

为什么说理教育缺乏说服力，形象化教育缺乏感染力呢？就是我们的教育者没有掌握这两种教育的规律。因此，我们的各行各业，首先是同思想政治工作有直接关系的宣传、文化、教育等部门都有必要搞一点基本方法的训练。党务工作也好，思想政治工作也好，各行各业都要有自己的基础知识和业务专长。不能认为只有做经济、技术工作的人员才有专业化问题。我们各行各业的干部，首先是领导干部，不受一点业务知识的基础训练，不具备业务专长，不成为内行，那是做不好工作的。

教育者必须先受教育，从思想观点、政治立场方面来说，主要有三点要求：

第一，革命觉悟，各方面的知识，认识客观事物的某些方面的能力，总要比人家高一点，多一点，强一点，走在前头一点。你要说服人家对我们的社会主义有信心，首先你自己要有信心。如果你自己动动摇摇，没有信心，怎么能够提高人家的信心？

第二，要认识思想政治工作的特殊规律，熟悉自己工作的特点，从实际出发，正确运用客观规律去做工作。这不仅是个业务问题，首先是个思想政治水平问题。

第三，自己要做榜样，既要言教，更应身教，两者要结合。你说得很好，自己不那么办，人家就不听；说全心全意为人民服务，自己实际上连半心半意都不够，影响就很坏！为什么现在有些人做思想政治工作没有力量，效果不好？一个重要原因就是自己不能做表率。自己能够做表率，讲话才会有分量，才能有威信，这是做好思想政治工作最重要的条件。凡是需要动员群众做的，每个党员，特别是担负领导职务的党员干部，自己必须首先做到。

当前思想战线上应当注意的一些问题

党中央已经多次指出，在政治、经济、思想领域中，还必须继续肃清"左"的东西，同时必须严重注意和认真对待资产阶级自由化，注意克服封建主义的东西，不可掉以轻心。认为拨乱反正以来，"左"的东西都已经肃清了，这个判断是不正确的，实际上今后还要花很大气力同它做斗争。有些在"文化大革命"中"左"得出奇的人，现在又右得出奇，从一个极端走到另一个极端。当然这种人是极少数。在政治、经济、思想领域中，在不同的工作中，在各个具体问题上，哪些是"左"，哪些右了，要进行合乎事实、合乎原则的分析，有什么就反什么，不能一概而论。

我们实行对外开放政策，带来许多有利的东西，也带来许多"病菌"。因此，我们要采取两手，一手坚定地实行对外开放政策，因为这个政策是正确的；一手坚决地抵制资本主义的腐败东西，包括资产阶级思想和生活方式。"糖衣炮弹"不止是一种，至少有两种：一种是物质上的"糖衣炮弹"，什么金钱、美女、洋货，从物质上腐蚀我们；还有一种是精神上的"糖衣炮弹"，资本主义的腐朽的思想观点、文化艺术、生活方式等，从思想上侵蚀我们，松懈我们的斗志，瓦解我们的信仰，搞乱我们的思想。每个民族都有先进的东西，也有落后的东西。对于一切外国的东西，我们要采取两分法，即只能吸收人家好的东西，坚决抵制那些腐朽、落后的东西。社会主义和资本主义是两个世界。我们建设的是社会主义的精神文明，总的说来比资本主义高尚得多。我们实行对外开放政策，外界也有各种各样的舆论。我们也要采取分析的态度，坚持自己的马克思主义的立场、观点、方法，坚持社会主义的原则，而不要受外界舆论的支配。

关于新闻报道，首先，崇洋的东西不要登报；第二，注意政策；第三，要核实清楚，不要搞浮夸的假东西。我们的报刊对于资本主义世界的报道，要很严肃，很慎重，要采取分析批判的态度，决不能美化，不能搞所谓纯客观的报道。新闻是意识形态的东西，不能没有阶级性。将来全世界消灭了阶级，也还有是非曲直，何况现在世界范围内的阶级斗争还很尖锐、复杂。资本主义世界的科学研究成果，先进的技术，合理的管理方法，我们可以报道，也提倡学习，但要根据我国的国情，根据我们的具体情况，来吸收、消化或加以发展。至于它的社会制度，它的腐朽的思想观点，一切同社会主义对立的东西，那是绝对不能歌颂的。

文学艺术，特别是电影、戏剧、小说，要防止不加区别地过分地学习西方的技巧、手法。对于西方的艺术观点，更不能不加批判地接受。那些肆无忌惮、明目张胆地散布资产阶级毒素的人，第一步要批评；如果不听，第二步就要调开；屡教不改，坚持错误，第三步就要执行纪律。有意从思想上放毒，诋毁我们的社会主义制度，鼓动崇洋媚外，大搞封建迷信，要受到社会舆论的谴责，确实造成了严重后果的还要受到法律的追究。我们搞社会主义，把我们的国家建设成为现代化的高度文明、高度民主的社会主义强国，如果不靠马克思主义维系我们的人心，靠什么呢？我们为共产主义奋斗的精神支柱一垮，坚持四项基本原则这四根支柱一垮，我们中华民族这座大厦还能不倾倒吗？一个民族只要精神上一瓦解，就会使政治、经济、文化一蹶不振，前车之鉴很多。在对外实行开放政策的条件下，我们共产党员和党的干部，首先是我们的中高级干部，一定要有清醒的头脑：要坚信马克思主义，要注意保持共产主义的纯洁性，要用无产阶级世界观来观察问题和处理问题。我们一定要站稳爱国的立场，人民大众的立场，无产阶级的立场，决不要当资产阶级思想的俘虏。

最后，我要强调一下，既然思想政治工作这样重要，它的任务这样繁重，对于革命和建设的胜利是这样不可缺少，那么，我们党的各级组织，就应当把这项工作放在重要地位，列入党委的重要议事日程，加强对思想政治工作的领导，重视思想政治工作队伍的建设。毛泽东同志说过："思想政治工作，各个部门都要负责任。共产党应该管，青年团应该管，政府主管部门应该管，学校的校长教师更应该管。"[231]"各地党委的第一书记应该亲自出马来抓思想问题"[232]。只有重视和研究了这个问题，思想政治工作领导上存在的涣散软弱状态，才能得到有力的克服；思想政治工作队伍中存在的各种问题，才能得到正确的解决；思想政治工作对于实现新时期党的任务的动员作用和保证作用，才能充分发挥出来。

在党的十一届七中全会
闭幕时的讲话

（一九八二年八月六日）

同志们：

我们第十一届中央委员会，一共开了七次全会。我们这一届中央委员会的历史任务，可以说是胜利地完成了。

五年前，党的第十一次全国代表大会的代表同志们，把我们这些人推上了中国历史活动的前台。五年以来，中国历史的发展，同我们这个领导集体的工作和活动，是密切地联系在一起的。我们在这段时间的功过是非，已经载入了党和国家的历史纪录，印在广大党员和人民的心坎之中。公道自在人心。我们坚信历史是客观的公正的，坚信党和人民是以社会实践作为检验一切事物的标准的。人民将对我们这个领导集体，做出切合实际的评价。

作为我们这个领导集体的一分子，我在这里想说几句话。

第一，几年来我们所以能够取得重大成就，是因为党的一系列重大决策是正确的。这些决策的绝大多数，首先是由我们党的几位老革命家做出的，这就是叶剑英、邓小平、李先念、陈云同志，特别是邓小平同志。还有徐向前[233]、聂荣臻[234]、彭真[235]、邓颖超[236]等几位老同志，虽然年事已高，也出过许多好主意，做了重大的贡献。我深深感到，他们的高瞻远瞩，深谋远虑，对我们这个领导集体确实起了卓越的带领作用。老革命家健在，并且能够在领导集体中发生这样重大的影响，实在是全党、全军和全国各族人民的幸运，是我们大家的幸运。现在，让我们大家对他们表示崇高的敬意，祝他们长寿再长寿！

第二，我们这个领导集体的三百多位同志，除了极个别人之外，几年来也都以自己对党和人民的忠诚，做出了值得称道的贡献。这中间的情况，当然有所不同。有些同志特别努力，工作特别出色。有些同志一度跟不上形势，但是虚心接受了教训，跟上来了，表现得很好。还有些同志，几年前曾经犯过这样那样的错误，但是后来严格要求自己，将功补过，也做出了新的贡献。所有这一切，所有这些同志包括犯过错误的同志的努力，党是看见了的，广大党员和人民也都是不会忘记的。

我们这样坚持党性原则，公道正派地看待每一个同志，并且以这样的立场和态度来维护党的团结，就一定能够很好地团结自己，团结人民，团结一切可以团结的力量，进一步巩固和发展安定团结的政治局面，战胜一切困难，促进我们伟大事业的兴旺发达。

根据我们这次全会的决定，三周之后，党的第十二次全国代表大会即将召开。我们第十一届中委、候补中委总共三百五十四人，除了已经逝世的十六位，被开除党籍或撤销中委职务的二人以外，其余三百三十六位同志当中，已经当选为十二大代表、候补代表的有二百一十三位同志，另外一百二十三位同志不是十二大代表，将不出席十二大了。新的代表大会，将审议和通过我们提交大会的工作报告和党章修改草案，确定今后的战斗纲领，并将选举新的中央委员会。我们大家现在都还不能判断，新的代表大会召开以后，新的中央委员会将由哪些同志组成，这最终要取决于大会的民主选举。但是，情况可能是，将有相当一部分德高望重、年高体衰的老同志要退出来，转到中央顾问委员会，担负起支持和帮助新的中央委员会的重任。实际上，已经有许多老同志主动要求退出领导岗位，支持年富力强、德才兼备的中青年干部到第一线主持工作。这是老一辈革命家的一项最重要最光荣的历史责任。与此同时，还将有相当一部分虽然是某一条战线上的先进人物，但继续担任中委有一定困难的同志，不再当中委了。这些同志的绝大多数，将继续从事他们已经担负的工作，他们对这些工作是完全胜任的。还有很少数同志，需要另行安排，他们仍将受到党的信任。新的代表大会这样做，是完全必要的、合理的、实事求是的，是完全符合党和人民的根本利益的。中央常委相信，我们绝大多数同志，一定能够衷心地赞同新的代表大会将要做出的正确决策。

在我们党内生活中，有两种长期没有得到澄清的错误舆论。一种是一个人被提拔了，特别是当上中委了，那么似乎他就会一下子变得特别能干，或者说他碰上了好运气，同某某人的关系好，等等。另一种是以为凡是不再当中委的，或者按其条件来说可以当中委而没有当上的，那一定是得罪了什么人，要永远倒霉了。这两种舆论，从根本上说，都是受了旧思想旧意识残余的影响。毛泽东同志曾经多次说过，当了中委的，不一定都比没有当上的强；没有当上的，或不再当的，也不一定就比当上的差。我们应当坚定地确信，只要真正是心在人民、心在党，党是决不应当也决不许可嫌弃任何一个这样的同志的。让我们大家一起来打破那种种涣散我们队伍的陈腐观念吧！让我们大家奋发努力，掌握好自己的命运吧！

散会以后，许多同志就要回到自己的工作岗位上去。祝同志们一路平安！祝同志们在今后的工作中，为党为国为人民做出新的贡献！

全面开创社会主义现代化建设的新局面*

（一九八二年九月一日）

同志们：

现在，我代表中国共产党第十一届中央委员会，向党的第十二次全国代表大会作报告。

一、历史性的转变和新的伟大任务

自从一九七六年十月粉碎江青反革命集团以来，特别是党的十一届三中全会以来，经过全党全军全国各族人民的艰苦努力，我们已经在指导思想上完成了拨乱反正的艰巨任务，在各条战线的实际工作中取得了拨乱反正的重大胜利，实现了历史性的伟大转变。

这次代表大会的使命，就是要通过对过去六年历史性胜利的总结，为进一步肃清十年内乱所遗留的消极后果，全面开创社会主义现代化建设的新局面，确定继续前进的正确道路、战略步骤和方针政策。党中央坚决相信，这次代表大会一定能够把这个历史的重任担当起来。

---

* 这是胡耀邦同志在中国共产党第十二次全国代表大会上的报告。

历史性伟大转变的胜利实现，有哪些主要标志呢？

我们在思想上坚决冲破长期存在的教条主义和个人崇拜的严重束缚，重新确立马克思主义的实事求是的思想路线，使各个工作领域获得了生气勃勃的创造力量。我们恢复了毛泽东思想的本来面目，在新的历史条件下坚持和发展了毛泽东思想。

我们结束了长时期的社会动乱，实现了安定团结、生动活泼的政治局面。社会主义的民主和法制正在逐步健全，各民族的平等团结关系重新获得加强，爱国统一战线有了进一步的扩大。由于出现了这样的政治局面，现在是建国以来最好的历史时期之一。

我们党和国家的各级领导班子逐步得到了调整、整顿和加强。从总体上看，党和国家各级组织的领导权已经基本上掌握在忠于党和人民的干部手中。

我们果断地把党和国家的工作重点转到了经济建设上来，坚决清除经济工作中长期存在的"左"倾错误，认真贯彻执行调整、改革、整顿、提高的正确方针。现在我国经济已经度过最困难的时期，走上了稳步发展的健康轨道。

我们的教育科学文化工作正在走上正轨并得到一定的发展，呈现出初步的繁荣景象。党同知识分子的关系，比以前有了很大的改善。工人、农民和知识分子这三支基本社会力量相互间的团结状况，现在也比较良好。

我们为建设现代化、正规化的革命军队做了重大的努力。人民解放军在加强军事训练和思想政治工作方面，在改进军政军民关系方面，在守卫边境、保卫祖国安全和参加社会主义建设方面，都取得了显著成就。军队的军事素质和政治素质在新的历史条件下有了新的提高。

我们党在领导人民完成历史性伟大转变的过程中，本身也经受了考验和改造。党为端正党风做了大量工作，逐步恢复优良传统，正在斗争中锻炼得更加成熟和坚强。

回顾过去六年的战斗历程，我们走过的不是一条平坦的道路。十年内乱给党和国家带来了极其严重的创伤。胜利是来之不易的，是党中央领导全党和全国各族人民克服了种种巨大困难以后才取得的。

"文化大革命"和它以前的"左"倾错误，影响很深广，危害很严重。在深入揭发批判林彪、江青这两个反革命集团的同时，必须对"文化大革命"和它以前的"左"倾错误进行全面清理。这就不能不涉及毛泽东同志晚年所犯的错误。毛泽东同志对中国革命做出了不朽的伟大贡献，因而他在党和人民中长期享有并且今后仍将享有崇高的威望。对于我们党的错误，包括毛泽东同志所犯的错误在内，有没有马克思主义的勇气进行自我批评，能不能历史地、正确地进行这种自我批评，是能否拨乱反正的关键问题。刚刚粉碎江青反革命集团的时候，我们党对全面清理"左"倾错误的思想准备还很不够，加上当时党中央主要负责同志在一系列重大问题上继续犯着"左"的错误，这就使得十一届三中全会前的两年间，党的指导思想上的是非没有得到应有的澄清，拨乱反正呈现徘徊局面。党的第十一次全国代表大会宣告"文化大革命"结束，重申建设社会主义现代化强国的任务，这对于动员群众起了积极作用。但是，这次大会的政治报告仍然肯定"文化大革命"的错误理论、政策和口号，这就起了严重阻挠拨乱反正的消极作用。十一届三中全会[77]的伟大历史功绩，就在于从根本上冲破了长期"左"倾错误的严重束缚，端正了党的指导思想，重新确立了马克思主义的思想路线、政治路线和组织路线。此后，党从各个方面深入总结历史经验，科学地阐述了许多从实践中提出的有关建设社会主义的理论和政策问题。十一届六中全会通过的《关于建国以来党的若干历史问题的决议》[133]，标志着党胜利地完成了指导思想上的拨乱反正。党依靠广大干部和群众的集体智慧，既对多年来的"左"倾错误和毛泽东同志晚年的错误做了科学的分析和批判，又坚决地维护了党在长期斗争中形成的优良传统，维护了毛泽东思想的科学真理和毛泽东同志的历史地位。这样做的结果，既分清了是非，又加强了团结，为各项革命和建设事业的健康发展提供了根本保证。

十一届三中全会以后，党在制定和实施一系列方针政策的过程中，力求符合客观实际，防止在注意一种错误倾向的时候忽视另一种错误倾向。在历史大转变的时刻，由于旧思想、旧习惯的严重影响，由于对新事物缺乏经验，加上其他社会政治因素的作用，人们思想上的片面性是很容易发生的。近几年来，对党的解放思想的方针，对毛泽东同志和毛泽东思想的评价，对社会主义现阶段阶级斗争形势的估计等重大原则问题，在一部分党员和党的干部中出现过不同倾向的错误认识。有些同志不能完全摆脱过去"左"倾错误的影响，有意无意地要回到"以阶级斗争为纲"的老路上去。另外一些同志则偏离马克思主义的轨道，发展到了怀疑甚至否定党的领导和社会主义道路的地步。党在这些重大原则问题上，始终保持坚定的立场，及时地正确地开展了反对"左"和右的倾向的两条战线的思想斗争。党中央一方面系统地清理了"文化大革命"期间提出的"无产阶级专政下继续革命"即还要实行所谓"一个阶级推翻一个阶级的革命"的错误理论,防止导致阶级斗争扩大化的错误继续发生,大力推进社会主义民主和社会主义法制的建设,恢复和发展党的统一战线工作;另一方面,重申以坚持党的领导为中心的四项基本原则,批评和制止资产阶级自由化倾向,并对破坏社会主义建设的各种犯罪活动进行坚决的打击。在处理许多实际问题的时候,都尽力按马克思主义的科学性和全面性的要求办事。因此,我们才能够在较短的时间内,把许多相当复杂的思想问题和社会政治矛盾处理得比较妥善。

在经历了十年内乱之后,积累的问题非常之多,应兴应革的事项头绪纷繁,新的工作的开展又不可避免地要遇到新的问题。这就要求党分别轻重缓急,有秩序地进行工作,逐步解决各种问题。拿经济工作来说,十一届三中全会首先抓住农业这一环,着重克服过去指导上长期存在的"左"倾错误,恢复和扩大农村社队的自主权,恢复自留地、家庭副业、集体副业和集市贸易,逐步实行各种形式联产计酬的生产责任制,同时提高了粮食和其他部分农产品的收购价格,随后又解决了多种经营的方针问题,从而使农业面貌很快发生显著变化,由原来的停滞不前变得欣欣向荣。广大农民多年来没有像今天这样高兴过。这对于带动整个经济形势以至政治形势的好转,都起了重大作用。随着农业状况的改善,又在调整工业结构中着重解决轻重工业的比例失调问题,调整重工业的服务方向,使轻工业得到迅速发展。在这同时,还调整了积累和消费的比例,压缩了过大的基本建设规模。这样就既改善了国民经济的内部比例,也改善了人民生活。

解决别的方面的问题，基本上也是采取这种抓住中心环节以带动其他的方法。

党所以能取得上述许多方面的胜利，归根到底，是由于坚持了马克思主义的理论和实际相结合的科学原理，坚持了马克思主义的人民创造历史的科学原理。事实不正是这样的吗？党坚决相信人民，依靠人民，顺应了人民的要求和历史发展的潮流。在粉碎江青反革命集团之后，人民对党寄以很高的希望。人民要求拨乱反正，要求安定团结，要求集中力量进行社会主义现代化建设，要求社会主义物质文明和精神文明的提高。党正是集中了人民的意志，制定了正确的路线、方针和政策，才把祖国的社会主义事业重新引上康庄大道。人民对党的信任和支持，是我们的事业能够不断取得胜利的关键所在。

当我们回顾过去六年的战斗历程的时候，很自然地会想起党领导中国民主革命期间发生过的两次历史性转变，一次是由北伐战争的失败到土地革命战争的兴起，一次是由第五次反"围剿"的失败到抗日战争的兴起。在那两次转变中，当党和人民的力量遭到惨重损失，革命陷于危机的时候，国内外敌人都曾认定我们必将彻底失败，我们自己队伍里也曾有不少人动摇悲观。但是，党并没有被巨大的困难所压倒。在毛泽东同志为代表的一大批杰出人物领导下，党以超乎寻常的革命胆略和革命毅力，顽强地继续战斗，独创性地寻求适合中国特点的革命道路，终于扭转危险的形势，使革命事业获得新生，开创了胜利发展的新局面。

这一次转变，与过去那两次相比，历史条件有了很大的不同。我们党已经是全国政权的领导核心，我们国家已经经过长时期的社会主义革命和建设。人民的力量比过去革命战争时期强大得多。社会主义事业虽然由于"文化大革命"而受到巨大损失，但仍具有不可战胜的强大生命力。我们虽然失去了毛泽东同志、周恩来同志、刘少奇同志、朱德同志等老一辈无产阶级革命家，但是还有同他们并肩战斗过的许多老革命家作为中流砥柱，还有受过革命战争考验的许多老同志和建国以后锻炼成长的大批中青年同志作为中坚力量。在党中央领导下，经过全党上下的紧张努力，经过全党同志同全国亿万人民的团结战斗，我们终于实现了又一次历史性的伟大转变。

同志们！我们在过去六年中取得的伟大胜利是有目共睹的。但是，我们不仅不能满足于已经取得的胜利，而且必须看到，我们党的工作还有不少缺点，还有很多困难，还有种种不如人意的地方。我们一定要进一步振奋革命精神，埋头苦干，为夺取新的更大胜利而努力奋斗。

中国共产党在新的历史时期的总任务是：团结全国各族人民，自力更生，艰苦奋斗，逐步实现工业、农业、国防和科学技术现代化，把我国建设成为高度文明、高度民主的社会主义国家。从这次代表大会到下次代表大会的五年间，我们要根据上述总任务的要求，从当前实际出发，大力推进社会主义物质文明和精神文明的建设，继续健全社会主义民主和法制，认真整顿党的作风和组织，争取实现国家财政经济状况的根本好转，实现社会风气的根本好转，实现党风的根本好转。在这同时，我们要同包括台湾同胞、港澳同胞和国外侨胞在内的全体爱国人民一道，努力促进祖国统一的大业。我们还要同全世界人民一道，继续为反对帝国主义、霸

权主义和维护世界和平而斗争。这就是摆在我们面前的全面
开创新局面的伟大任务。

二、促进社会主义经济的全面高涨

在全面开创新局面的各项任务中，首要的任务是把社会
主义现代化经济建设继续推向前进。为此，党实事求是地确
定了我国经济建设的战略目标、战略重点、战略步骤和一系
列正确方针。

从一九八一年到本世纪末的二十年，我国经济建设总的
奋斗目标是，在不断提高经济效益的前提下，力争使全国工
农业的年总产值翻两番，即由一九八〇年的七千一百亿元增
加到二〇〇〇年的二万八千亿元左右。实现了这个目标，我
国国民收入总额和主要工农业产品的产量将居于世界前列，
整个国民经济的现代化过程将取得重大进展，城乡人民的收
入将成倍增长，人民的物质文化生活可以达到小康水平。到
那个时候，我国按人口平均的国民收入还比较低，但同现在
相比，经济实力和国防实力将大为增强。只要我们积极奋
斗，扎扎实实地做好工作，进一步发挥社会主义制度的优越
性，这个宏伟的战略目标是能够达到的。

通观全局，为实现上述经济发展目标，最重要的是要解
决好农业问题，能源、交通问题和教育、科学问题。

农业是我国国民经济的基础，只要农业上去了，其他事
情就比较好办了。目前我国农业的劳动生产率和商品率都比
较低，抗御自然灾害的能力还很薄弱，特别是人多耕地少的
矛盾将越来越突出。今后必须在坚决控制人口增长、坚决保

护各种农业资源、保持生态平衡的同时，加强农业基本建设，改善农业生产条件，实行科学种田，在有限的耕地上生产出更多的粮食和经济作物，并且全面发展林、牧、副、渔各业，以满足工业发展和人民生活提高的需要。

当前能源和交通的紧张是制约我国经济发展的一个重要因素。这几年，我国能源生产的发展放慢了一些，而能源的浪费仍然十分严重。交通运输的能力同运输量增长的需要很不适应，邮电通讯设施也很落后。要保证国民经济以一定的速度向前发展，必须加强能源开发，大力节约能源消耗，同时大力加强交通运输和邮电通讯的建设。

四个现代化的关键是科学技术的现代化。目前我国许多企业生产技术和经营管理落后，大批职工缺乏必要的科学文化知识和操作技能，熟练工人和科学技术人员严重不足。今后必须有计划地推进大规模的技术改造，推广各种已有的经济效益好的技术成果，积极采用新技术、新设备、新工艺、新材料；必须加强应用科学的研究，重视基础科学的研究，并组织各方面的力量对关键性的科研项目进行"攻关"；必须加强经济科学和管理科学的研究和应用，不断提高国民经济的计划、管理水平和企业事业的经营管理水平；必须大力普及初等教育，加强中等职业教育和高等教育，发展包括干部教育、职工教育、农民教育、扫除文盲在内的城乡各级各类教育事业，培养各种专业人才，提高全民族的科学文化水平。

总之，在今后二十年内，一定要牢牢抓住农业、能源和交通、教育和科学这几个根本环节，把它们作为经济发展的战略重点。在综合平衡的基础上，把这些方面的问题解决好了，就可以促进消费品生产的较快增长，带动整个工业和其他各项生产建设事业的发展，保障人民生活的改善。

在我国经济和社会的发展中，人口问题始终是极为重要的问题。实行计划生育，是我国的一项基本国策。到本世纪末，必须力争把我国人口控制在十二亿以内。我国人口现在正值生育高峰，人口增长过快，不但将影响人均收入的提高，而且粮食和住宅的供应、教育和劳动就业需要的满足，都将成为严重的问题，甚至可能影响社会的安定。所以计划生育工作千万不能放松，特别是在农村。对农民要进行深入细致的思想教育。只要我们的工作做好了，控制人口的目的是能够达到的。

为了实现二十年的奋斗目标，在战略部署上要分两步走：前十年主要是打好基础，积蓄力量，创造条件，后十年要进入一个新的经济振兴时期。这是党中央全面分析了我国经济情况和发展趋势之后做出的重要决策。

这几年来，国民经济在调整中仍然持续增长，成绩是很大的。但是，许多方面的经济效益还很差，生产、建设、流通领域中的浪费现象还十分惊人。单位社会产品所消耗的物资、工业企业的资金利润率、大中型项目的建设周期、工商企业流动资金的周转速度等，都还没有达到历史上的最好纪录。其原因除了某些不可比的客观因素以外，主要是过去"左"倾错误所导致的企业盲目发展、经济结构不合理、经济管理体制和分配制度有缺陷、经营管理混乱和生产技术落后。一九八二年由于强调经济效益，情况开始有某些好转。但是，长期积累的这许多问题，不可能在短期间完全得到解决。在确定经济发展的战略部署的时候，必须考虑到这种基本性的状况。

在一九八一年到一九八五年的第六个五年计划期间，要继续坚定不移地贯彻执行调整、改革、整顿、提高的方针，厉行节约，反对浪费，把全部经济工作转到以提高经济效益为中心的轨道上来。要集中主要力量进行各方面经济结构的调整，进行现有企业的整顿、改组和联合，有重点地开展企业的技术改造，同时要巩固和完善经济管理体制方面已经实行的初步改革，抓紧制订改革的总体方案和实施步骤。在一九八六年到一九九〇年的第七个五年计划期间，要广泛进行企业的技术改造，逐步展开经济管理体制的改革，同时继续完成企业组织结构和各方面经济结构的合理化。在八十年代，还必须在能源、交通等方面进行一系列必要的基本建设和一系列重大科技项目的"攻关"。因此，国民经济的发展不可能很快。但是，只要我们切实做好上述各项工作，就可以把历史遗留的问题解决好，并且为后十年的经济增长打下比较坚实的基础。九十年代我国经济将全面高涨，发展速度肯定会比八十年代高得多。把这样的战略部署向人民群众进行充分的宣传解释，人民就会更加看清楚我们的光明前途，鼓起更大的干劲去迎接新的经济振兴时期的到来。

从这次代表大会到下次代表大会的五年间，我们将完成第六个五年计划，开始执行第七个五年计划。我们说在这个期间要争取实现财政经济状况的根本好转，就是要按照上述战略部署，做到显著提高经济效益，巩固地保持财政基本平衡、信贷基本平衡和物价基本稳定。很明显，做好这五年的经济工作，对于我国经济的长远发展，将具有十分重大的意义。

　　为了促进社会主义经济的全面高涨，在全部经济工作中，必须继续贯彻执行五届人大四次会议批准的十条经济建设方针[237]，特别要注意解决以下几个重要原则问题。

　　首先，关于集中资金进行重点建设和继续改善人民生活的问题。

　　要实现今后二十年的战略目标，必须由国家集中必要的资金，分清轻重缓急，进行重点建设。为此，必须调动各方面的积极性，努力发展生产，提高经济效益，使国民收入有较快的增长，同时要改变资金过于分散的现象。近几年来，一方面，国家的财政收入有所减少，急需进行的重点建设缺乏资金；另一方面，地方、企业自有资金增加较多，用来进行了不少就当地看来是急需的建设，但是这样就势必难以完全符合全国范围的整体需要，也难以防止和克服建设中的盲目性。应当看到，如果国家的重点建设得不到保证，能源、交通等基础设施上不去，国民经济的全局活不了，各个局部的发展就必然受到很大限制，即使一时一地有某些发展，也难以实现供产销的平衡，因而不能持久。我们必须牢固树立"全国一盘棋"的思想。在继续执行现行财政体制和保障企业应有自主权的同时，要根据不同地区、不同行业的实际情况，适当调整中央、地方财政收入的分配比例和企业利润留成的比例，还要鼓励地方、部门、企业把资金用到国家急需的建设项目上来。当然，在集中资金的过程中，仍然要照顾地方、企业的需要。地方、企业拥有一定的机动财力，有利于发挥它们的积极性，去办那些适宜于地方举办的事情，特别是进行现有企业的技术改造。我国劳动力资源非常丰富，必须十分重视扩大劳动积累。在农村要利用众多的劳动力因地制宜地、有效地进行农业基本建设，在矿山、交通和其他建设中也要重视劳动积累的作用。

不断满足人民日益增长的物质文化需要是社会主义生产和建设的根本目的。"一要吃饭，二要建设"，是指导我国经济工作的一项基本原则。这几年，党和政府做了很大的努力，使人民生活有了显著改善。但总的说来，人民的生活水平还是比较低的。在农村中的一部分低产地区和受灾地区，农民还很贫困，要积极扶助他们发展生产，增加收入。城镇居民中，在工资、就业、住宅和公用设施等方面都还有许多问题需要解决。对在生产建设和各项工作中起骨干作用的中年知识分子，国家已经决定采取切实措施，使他们的生活待遇和工作条件陆续地、分批地得到改善。无论如何，城乡人民生活水平的提高都只能靠努力发展生产，而不能靠减少国家必不可少的建设资金，否则将损害人民的根本利益和长远利益。具体地说，农民收入的增加不能再主要靠提高农产品价格，不能再靠降低征购派购基数和扩大议价范围。职工平均收入增长的幅度，只能低于劳动生产率提高的幅度。不顾生产和利润的实际情况而滥发奖金和各种津贴的现象，必须制止。事实上，只要全国工人、农民进一步提高认识，为不断提高劳动生产率、降低各种消耗、消灭各种浪费做出坚持不懈的努力，人民生活是可以得到不断改善的。至于那些不需要花很多钱甚至不花钱就能解决的群众日常生活中的种种问题，各级领导更必须积极采取措施，努力解决。关心群众生活是我们党的优良传统，任何时候也不应当忽视。

其次，关于坚持国营经济的主导地位和发展多种经济形式的问题。

社会主义国营经济在整个国民经济中居于主导地位。巩固和发展国营经济，是保障劳动群众集体所有制经济沿着社会主义方向前进，并且保障个体经济为社会主义服务的决定性条件。由于我国生产力发展水平总的说来还比较低，又很不平衡，在很长时期内需要多种经济形式的同时并存。在农村，劳动人民集体所有制的合作经济是主要经济形式。城镇手工业、工业、建筑业、运输业、商业和服务业，现在都不应当也不可能由国营经济包办，有相当部分应当由集体举办。城镇青年和其他居民集资经营的合作经济，近几年在许多地方发展了起来，起了很好的作用。党和政府应当给以支持和指导，决不允许任何方面对它们排挤和打击。在农村和城市，都要鼓励劳动者个体经济在国家规定的范围内和工商行政管理下适当发展，作为公有制经济的必要的、有益的补充。只有多种经济形式的合理配置和发展，才能繁荣城乡经济，方便人民生活。

为了发挥企业和劳动者的积极性，无论在国营企业或集体企业中，都必须认真实行经营管理上的责任制。近几年在农村建立的多种形式的生产责任制，进一步解放了生产力，必须长期坚持下去，只能在总结群众实践经验的基础上逐步加以完善，决不能违背群众的意愿轻率变动，更不能走回头路。随着农业生产的发展和农民经营管理能力的提高，必然会提出新的各种联合经营的要求。我们要真正按照有利生产和自愿互利的原则，促进多种形式的经济联合。可以预料，我国农村在不太遥远的将来，一定会出现有利于因地制宜地发扬优势，有利于大规模采用先进生产措施，形式多样的更加完善的合作经济。在工商企业中最近开始推行的经济责任制，也取得了一定的效果。工商业同农业有很大不同，但是实行经济责任制，包括对一部分国营企业实行盈亏责任制，同样有利于贯彻马克思主义的物质利益原则，增强劳动者的主人翁责任感，推动生产的发展。我们应当采取积极的态度，认真总结经验，寻找和创造出一套适合工商企业特点的、既能保证国家统一领导又能发挥企业和职工积极性的具体制度和办法。

生产资料公有制是我国经济的基本制度，决不允许破坏。目前，在某些农村出现的毁坏农田水利设施、乱砍乱伐森林、取消集体提留等等现象，在某些国营工商企业中出现的违反国家统一计划、擅自扣留统配物资、截留上缴利润、偷税漏税、随意涨价、互相封锁等等现象，这些虽然是少数人的问题，但都严重地破坏着公有制经济，损害国家和人民的利益，必须坚决纠正。

再次，关于正确贯彻计划经济为主、市场调节为辅原则的问题。

我国在公有制基础上实行计划经济。有计划的生产和流通，是我国国民经济的主体。同时，允许对于部分产品的生产和流通不做计划，由市场来调节，也就是说，根据不同时期的具体情况，由国家统一计划划出一定的范围，由价值规律自发地起调节作用。这一部分是有计划生产和流通的补充，是从属的、次要的，但又是必需的、有益的。国家通过经济计划的综合平衡和市场调节的辅助作用，保证国民经济按比例地协调发展。这几年我们对经济体制实行了一些改革，扩大了企业在计划管理方面的权限，注意发挥市场调节的作用，方向是正确的，收效也很明显。但是，由于有些改革措施不配套，相应的管理工作没有跟上，因而削弱和妨害国家统一计划的现象有所滋长。这是不利于国民经济正常发展的。今后，要继续注意发挥市场调节的作用，但决不能忽视和放松国家计划的统一领导。

为了使经济的发展既是集中统一的又是灵活多样的，在计划管理上需要根据不同情况采取不同的形式。对于国营经济中关系国计民生的生产资料和消费资料的生产和分配，尤其是对于关系经济全局的骨干企业，必须实行指令性计划，这是我国社会主义全民所有制在生产的组织和管理上的重要体现。对于集体所有制经济也应当根据需要下达一些具有指令性的指标，如对粮食和其他重要农副产品的征购派购。由于我国还存在着多种经济形式，由于对社会的各种复杂需求和大量企业的生产能力难以作出精确计算等原因，除了指令性计划之外，对许多产品和企业要实行主要运用经济杠杆以保证其实现的指导性计划。无论是实行指令性计划还是指导性计划，都要力求符合客观实际，经常研究市场供需状况的变化，自觉利用价值规律，运用价格、税收、信贷等经济杠杆引导企业实现国家计划的要求，给企业以不同程度的机动权，这样才能使计划在执行中及时得到必要的补充和完善。至于各种各样的小商品，产值小，品种多，生产、供应的时间性和地域性一般很强，国家不必要也不可能用计划把它们都管起来。这类小商品，可以让企业根据市场供求的变化灵活地自行安排生产，国家应当通过政策法令和工商行政工作加强管理，并协助它们解决某些重要原材料的供应。

正确贯彻计划经济为主、市场调节为辅的原则，是经济体制改革中的一个根本性问题。我们要正确划分指令性计划、指导性计划和市场调节各自的范围和界限，在保持物价基本稳定的前提下有步骤地改革价格体系和价格管理办法，改革劳动制度和工资制度，建立起符合我国情况的经济管理体制，以保证国民经济的健康发展。

商业工作的好坏直接影响工农业生产和人民生活，这个问题在我国经济发展中的重要性已经越来越明显地显示出来。目前商业网点和设施严重不足，中转环节过多，市场预测薄弱，在经营思想和管理方面都有许多问题需要解决。我们必须在充分了解情况、认真总结经验的基础上，切实改进商业工作，大力疏通、扩大和增加流通渠道，做到货畅其流，物尽其用，充分发挥商业在促进生产、引导生产、保障供应、繁荣经济中的作用。

最后，关于坚持自力更生和扩大对外经济技术交流的问题。

实行对外开放，按照平等互利的原则扩大对外经济技术交流，是我国坚定不移的战略方针。我们要促进国内产品进入国际市场，大力扩展对外贸易。要尽可能地多利用一些可以利用的外国资金进行建设，为此必须做好各种必要的准备工作，安排好必不可少的国内资金和各种配套措施。要积极引进一些适合我国情况的先进技术，特别是有助于企业技术改造的先进技术，努力加以消化和发展，以促进我国的生产建设事业。

我们进行社会主义现代化建设，必须立足于自力更生，主要靠自己艰苦奋斗。这是绝对不能动摇的。扩大对外经济技术交流，目的是增强自力更生的能力，促进民族经济的发展，而决不能损害民族经济。国内能够制造和供应的设备特别是日用消费品，不要盲目进口。要在统一计划、统一政策和联合对外的前提下，发挥地方、部门和企业开展对外经济活动的积极性，同时反对任何损害国家民族利益的行为。我们千万不要忘记，资本主义国家和资本主义企业决不会因为同我们进行经济技术交流，就改变它们的资本主义本性。我们在坚持实行对外开放政策的过程中，一定要坚决警惕和抵制资本主义思想的侵蚀，反对任何崇洋媚外的意识和行为。

同志们！列宁说过，生气勃勃的创造性的社会主义是人民群众自己创造的。毫无疑义，没有亿万群众的高昂的劳动热忱，没有成千上万个生产单位的首创精神，没有各地方、各部门的积极奋斗，社会主义建设事业的蓬勃发展是不可能的。我们的全部经济工作，我们的一切方针、政策、计划、措施，都必须立足于统筹安排，兼顾国家、集体、个人三者利益，把中央、地方、部门、企业和劳动者的积极性都充分调动起来，科学地组织起来，使之发挥出最有效的作用。这是促进社会主义经济全面高涨的最重要的途径。我们相信，全国各族人民必定能够万众一心，奋发图强，努力实现我国经济发展的宏伟目标。

三、努力建设高度的社会主义精神文明

在全党把工作重点转移到现代化经济建设上来以后，党中央曾多次郑重提出：我们在建设高度物质文明的同时，一定要努力建设高度的社会主义精神文明。这是建设社会主义的一个战略方针问题。社会主义的历史经验和我国当前的现实情况都告诉我们，是否坚持这样的方针，将关系到社会主

义的兴衰和成败。

精神文明和物质文明在社会主义建设中的关系是十分密切的。马克思说过：在改造世界的生产活动中，"生产者也改变着，炼出新的品质，通过生产而发展和改造着自身，造成新的力量和新的观念，造成新的交往方式，新的需要和新的语言"[238]。毛泽东同志也指出，无产阶级和革命人民改造世界的斗争有两个方面的任务："改造客观世界，也改造自己的主观世界"[239]。客观世界包括自然界和社会。改造社会的成果是新的生产关系和新的社会政治制度的建立和发展。改造自然界的物质成果就是物质文明，它表现为人们物质生产的进步和物质生活的改善。在改造客观世界的同时，人们的主观世界也得到改造，社会的精神生产和精神生活得到发展，这方面的成果就是精神文明，它表现为教育、科学、文化知识的发达和人们思想、政治、道德水平的提高。社会的改造，社会制度的进步，最终都将表现为物质文明和精神文明的发展。我国的社会主义社会现在还处在初级发展阶段，物质文明还不发达。但是，如同有了一定程度发展的现代经济，有了当代最先进的阶级——工人阶级及其先锋队共产党，社会主义革命就有可能成功一样，在建立起了社会主义制度以后，我们就能够在建设物质文明的同时，建立起高度的社会主义精神文明。物质文明的建设是社会主义精神文明的建设不可缺少的基础。社会主义精神文明对物质文明的建设不但起巨大的推动作用，而且保证它的正确的发展方向。两种文明的建设，互为条件，又互为目的。

社会主义精神文明是社会主义的重要特征，是社会主义制度优越性的重要表现。过去在讲到社会主义特征的时候，人们往往强调剥削制度的消灭和生产资料的公有，按劳分配，国民经济有计划按比例的发展，以及工人阶级和劳动人民的政权。人们还强调，高度发达的生产力和比资本主义更高的劳动生产率，作为社会主义发展的必然要求和最终结果，也是它的特征。这些无疑都是正确的，但是还不足以完全包括社会主义的特征。社会主义还必须有一个特征，就是以共产主义思想为核心的社会主义精神文明。没有这种精神文明，就不可能建设社会主义。

共产主义作为社会制度，在我国得到完全的实现，还需要经过若干代人的长时期的努力奋斗。但是，共产主义首先是一种运动。马克思、恩格斯说过：“我们所称为共产主义的是那种消灭现存状况的现实的运动。”[240]这种运动的最终目的是实现共产主义的社会制度。在我国，共产主义思想的传播，人们为最终实现共产主义理想而进行的运动，早在中国共产党成立和领导进行新民主主义革命的时候就开始了。现在这个运动在我国已经发展到建立起作为共产主义社会初级阶段的社会主义社会。毛泽东同志在民主革命时期就说过：中国共产党关于社会制度的主张分为现在和将来两部分，“在现在，新民主主义，在将来，社会主义，这是有机构成的两部分，而为整个共产主义思想体系所指导的”[241]。还说过：“共产主义是无产阶级的整个思想体系，同时又是一种新的社会制度。”[242]“中国的民主革命，没有共产主义去指导是决不能成功的，更不必说革命的后一阶段了。”[243]因此，共产主义的思想和共产主义的实践早已存在于我们的现实生活中。那种认为“共产主义是渺茫的幻想”“共产主义没有经过实践检验”的观点，是完全错误的。我们每天的生活都包含着共产主义，都离不了共产主义。我们党内和党外的那么多英雄模范，那么多为了革命理想而奋不顾身、牺牲一切的人，难道他们的奋斗是为了换取社会给他们的报酬吗？指导他们行动的难道不就是伟大的共产主义精神吗？社会主义社会是向着未来共产主义高级阶段的目标不断前进的，这个进程不能仅仅依靠物质财富的增长，还必须依靠人们共产主义思想觉悟的不断提高和革命精神的不断发扬。当然，在现阶段，我们必须在经济和社会生活中坚持按劳分配制度和其他各项社会主义制度，我们当然不能要求每一个社会成员都成为共产主义者，但必须用共产主义思想要求共产党员、共青团员和一切先进分子，并且通过他们去教育和影响广大群众。如果忽视在共产主义思想指导下在全社会建设社会主义精神文明这个伟大的任务，人们对社会主义的理解就会陷入片面性，就会使人们的注意力仅仅限于物质文明的建设，甚至仅仅限于物质利益的追求。那样，我们的现代化建设就不能保证社会主义的方向，我们的社会主义社会就会失去理想和目标，失去精神的动力和战斗的意志，就不能抵制各种腐化因素的侵袭，甚至会走上畸形发展和变质的邪路。同志们，这决不是危言耸听，而是从当前国内外活生生的事实中得出的结论。我们必须从这样的理论高度和政治高度来认识建设社会主义精神文明的意义和作用，并且下定决心，保证尽一切努力，同时进行物质文明和精神文明的建设，使我们的社会主义事业永葆革命的青春和活力。

　　社会主义精神文明的建设大体可以分为文化建设和思想建设两个方面。这两方面又是互相渗透和互相促进的。

　　文化建设指的是教育、科学、文学艺术、新闻出版、广播电视、卫生体育、图书馆、博物馆等各项文化事业的发展和人民群众知识水平的提高，它既是建设物质文明的重要条件，也是提高人民群众思想觉悟和道德水平的重要条件。文化建设也应当包括健康、愉快、生动活泼、丰富多彩的群众性娱乐活动，使人民在紧张劳动后的休息中，得到有高尚趣味的精神上的享受。一切文化建设当然也要在共产主义思想指导之下发展。过去由于"左"倾思想和小生产观念的束缚，在我们党内相当普遍、相当长期地存在着轻视教育科学文化和歧视知识分子的错误观念。它严重地妨碍我国物质文明和精神文明的建设。近几年来，我们努力清除这种错误观念，决心逐步加强文化建设，逐步改变文化同经济发展不相适应的状况。我们努力落实党的知识分子政策，使全党和全社会认识知识分子同工人、农民一样是我们建设社会主义的依靠力量，并且决心尽可能创造条件，使广大知识分子能够心情舒畅、精神振奋地为人民贡献自己的力量。这方面还需要坚持做许多细致的思想工作和切实的组织工作。普及教育是建设物质文明和精神文明的重要前提，关于这一点，党中央和国务院在一九八〇年就已经做出决定：全国要在一九九〇年以前以多种形式基本实现初等教育的普及，经济比较发达、教育基础较好的地区，要争取提早实现。这个任务对全国广大农村是比较艰巨的，然而为了农业和农村的发展，又是必须完成的，经过坚持不懈的努力，也是能够完成的。各级学校教师，特别是全国农村的小学教师，他们的工作十分艰苦，又十分崇高，他们的努力将决定我们下一代公民在德、智、体各方面的成长。我们必须使全社会普遍尊敬和大力支持他们的光荣劳动。其他各项文化事业，也都应当分别做出发展规划，提出最近五年到十年的奋斗目标。

思想建设决定着我们的精神文明的社会主义性质。它的主要内容，是工人阶级的、马克思主义的世界观和科学理论，是共产主义的理想、信念和道德，是同社会主义公有制相适应的主人翁思想和集体主义思想，是同社会主义政治制度相适应的权利义务观念和组织纪律观念，是为人民服务的献身精神和共产主义的劳动态度，是社会主义的爱国主义和国际主义，等等。概括起来说，最重要的就是革命的理想、道德和纪律。我们全党和全社会的先进分子，一定要不断地传播先进思想，在实际行动中发挥模范作用，带动越来越多的社会成员成为有理想、有道德、有文化、守纪律的劳动者。

我们不仅要努力提高每一个社会成员的精神境界，而且要在全社会建立和发展体现社会主义精神文明的新型社会关系。这就是国内各民族之间、工人农民知识分子之间、干部群众之间、军民军政之间以至全体人民内部的团结一致、友爱互助、共同奋斗、共同前进的关系。列宁曾经指出，建立新形式的人与人的社会关系，需要做几十年的工作，这是最高尚不过的工作。我们可以满怀信心地说，依靠长期的革命传统，依靠这方面已经奠定的基础，我们一定能够进一步建设和发展这种新型的社会关系。

建设社会主义精神文明，是全党的任务，是各条战线的共同任务。党的思想建设是全社会精神文明建设的支柱，共产党员应当首先在思想道德方面起模范作用。思想政治工作者、各种文化和科学工作者、从幼儿园到研究生院的各级各类学校的教育工作者，在建设社会主义精神文明中担负着特别重要的责任。尤其是他们中间的共产党员，一定要统一认识，统一步调，以便组织起有战斗力、有说服力、有吸引力的思想工作的宏大队伍。要在广大人民群众中，首先是干部和青年中，加强马克思列宁主义、毛泽东思想的教育，加强祖国历史特别是近代史的教育，加强党的纲领、党的历史和党的革命传统的教育，加强宪法和公民权利、公民义务、公民道德的教育，在各行各业加强职业责任、职业道德、职业纪律的教育。这些教育要联系当前的实际，采取生动活泼的形式，运用多种多样的手段。经济战线的各级领导干部，在制定和执行政策中，在进行一切工作中，都不仅要考虑生产的发展，而且要考虑到社会主义精神文明的建设。我们在生产建设中不仅需要创造更多更好的物质产品，而且需要培育一代又一代的社会主义新人。我们决不容许任何方面的政策和工作妨碍以至破坏社会主义精神文明的建设。最近一两年，在全国人民和人民解放军中广泛开展了建设精神文明的群众性活动，学校制定学生守则，企业制定职工守则，城市制定文明公约，农村制定乡规民约，各行各业制定职业公约，已经开始取得可喜的成效。我们要求全国每个地区、每个部门都努力把这些工作发展起来，坚持下去。在今后五年内，要通过一切可能的途径，采取一切有效的方法，努力实现理想教育、道德教育、纪律教育在全国人民中首先是全国青少年中的普及。这是争取在五年内使社会风气根本好转的一项基本措施。今后，党中央和各级党委检查一个地区、一个部门、一个单位的工作，除了检查物质文明建设的情况以外，一定要检查精神文明建设的情况。每一个公民都应当遵守公民义务、社会公德和职业道德，每一个劳动者都应当是社会主义精神文明的建设者。

　　建设社会主义精神文明不是一件轻而易举的事，在今天尤其是这样。革命战争年代和建国初期，物质生活虽然比现在艰难得多，但是党和人民的精神状态很好。十年内乱把人们的是非善恶美丑的标准搞乱了，消除它在精神方面造成的严重后果，比消除它在物质方面造成的后果要艰难得多。加上其他种种现实原因，当前社会风气中还存在着许多严重问题。党中央下决心要在今后五年内实现社会风气的根本好转，主要是做到社会秩序明显改善，人们的劳动态度、工作态度和服务态度普遍改进，社会刑事犯罪事件显著减少，各种损人利己、损公肥私、好逸恶劳、"一切向钱看"、不择手段地追求享受、孤立和打击先进分子的歪风邪气受到有效的制止和普遍的鄙视，并且坚决消灭那些在新中国早已绝迹而目前又重新出现的丑恶现象。我们一定要用最大的努力，适应建设时期的新的条件和情况，把建设社会主义精神文明的工作认真做好，用革命的思想和革命的精神振奋起广大群众建设社会主义的巨大热情。

四、努力建设高度的社会主义民主

　　社会主义的物质文明和精神文明建设，都要靠继续发展社会主义民主来保证和支持。建设高度的社会主义民主，是我们的根本目标和根本任务之一。

　　我们的国家制度是人民民主专政制度。这种制度，一方面保证占人口绝大多数的劳动人民当家作主，另一方面保证对极少数破坏社会主义的敌对分子实行专政。社会主义事业是全体人民的事业。只有建设高度的社会主义民主，才能使各项事业的发展符合人民的意志、利益和需要，使人民增强主人翁的责任感，充分发挥主动性和积极性，也才能对极少数敌对分子实行有效的专政，保障社会主义建设的顺利进行。

社会主义民主是资产阶级民主所无法比拟的。社会主义民主制度和民主生活的建设需要进行长期的、大量的工作，过去我们做得还很不够，在"文化大革命"中又遭到严重破坏。近几年来，我国社会主义民主得到了恢复和发展。我们一定要按照民主集中制的原则，继续改革和完善国家的政治体制和领导体制，使人民能够更好地行使国家权力，使国家机关能够更有效地领导和组织社会主义建设。社会主义民主要扩展到政治生活、经济生活、文化生活和社会生活的各个方面，发展各个企业事业单位的民主管理，发展基层社会生活的群众自治。民主应当成为人民群众进行自我教育的方法。应当根据社会主义民主的原则，建立人与人之间的平等关系和个人与社会之间的正确关系。国家和社会保障公民正当的自由和权利，公民履行对国家和社会应尽的义务。公民在行使自己的自由和权利的时候，不得损害国家的、社会的、集体的利益以及他人的自由和权利。我们在努力发展社会主义民主的过程中，所采取的一切措施都必须有利于社会主义制度的巩固，有利于促进社会生产和其他建设事业的发展，而绝不给危害社会主义的敌对分子以进行破坏活动的自由。

社会主义民主的建设必须同社会主义法制的建设紧密地结合起来，使社会主义民主制度化、法律化。几年来，我国法制建设的成就是显著的。在党的领导下，国家相继制定了刑法、刑事诉讼法、民事诉讼法（试行）、新的婚姻法等一系列重要法律。特别是不久即将提交全国人民代表大会通过的新宪法草案，根据党的十一届三中全会以来我国民主建设所取得的成就和已经确定的方针，做出了许多具有重大意义的新规定。这部宪法的通过，将使我国社会主义民主的发展和法制建设进入一个新的阶段。现在的问题是，不但有相当数量的群众，而且有相当数量的党员，包括一些负责干部，对法制建设的重要性还认识不足，有法不依、执法不严的现象在一些方面仍然存在，已经制定的法律还没有得到充分的遵守和执行。这种状况必须加以坚决改变。今后，我们党要领导人民继续制订和完备各种法律，加强党对政法工作的领导，从各方面保证政法部门严格执行法律。在这同时，要在全体人民中间反复进行法制的宣传教育，从小学起各级学校都要设置有关法制教育的课程，努力使每个公民都知法守法。特别要教育和监督广大党员带头遵守宪法和法律。新党章关于"党必须在宪法和法律的范围内活动"的规定，是一项极其重要的原则。从中央到基层，一切党组织和党员的活动都不能同国家的宪法和法律相抵触。党是人民的一部分。党领导人民制定宪法和法律，一经国家权力机关通过，全党必须严格遵守。

进一步发展国内各民族之间平等、团结、互助的社会主义民族关系，是我国社会主义民主建设的一项重要内容。过去几年中，党中央在民族问题上做出一系列重要决定，纠正"文化大革命"和它以前的"左"倾错误，恢复良好的民族关系，取得了显著的成效。根据新的历史时期的条件和各民族的具体情况，党中央还分别确定了许多有利于各少数民族地区经济和文化发展,有利于实现各少数民族区域自治权利,有利于加强各民族团结的政策,这些政策要进一步完善和发展。民族团结、民族平等和各民族的共同繁荣,对于我们这个多民族的国家来说,是一个关系到国家命运的重大问题。我们一定要提高全党对民族问题的认识,反对大民族主义主要是大汉族主义,同时反对地方民族主义,教育全党努力完成党在民族工作中的任务。

在民主革命时期,统一战线是使我国革命得到胜利的一个重要"法宝";在社会主义建设时期,它仍然发挥着十分重大的作用。我们党要继续坚持"长期共存,互相监督""肝胆相照,荣辱与共"的方针,加强同各民主党派、无党派民主人士、少数民族人士和宗教界爱国人士的合作。必须尽一切努力,进一步巩固和加强由全体社会主义劳动者、拥护社会主义的爱国者和拥护祖国统一的爱国者组成的,包括台湾同胞、港澳同胞和国外侨胞在内的最广泛的爱国统一战线。

正确认识和处理我国当前仍然存在的阶级斗争,是保障最广大人民的民主权利,对极少数敌对分子实行有效专政的一个关键。现在,还有形形色色的敌对分子从经济上、政治上、思想文化上、社会生活上进行着蓄意破坏和推翻社会主义制度的活动。我国现阶段的阶级斗争,主要表现为人民同这些敌对分子的斗争。党中央反复指出:在剥削阶级作为阶级消灭以后,我国社会存在的矛盾大多数不具有阶级斗争的性质,阶级斗争已经不再是我国社会的主要矛盾。在剥削制度和剥削阶级已经消灭的社会主义社会,提出和实行"以阶级斗争为纲"的方针,是错误的。我们必须十分谨慎地区别和处理敌我矛盾和人民内部矛盾，防止重犯阶级斗争扩大化的错误。但是，阶级斗争还将在我国社会的一定范围内长期存在，并且在某种条件下还有可能激化。这不但因为历史上的剥削制度和剥削阶级在各方面的遗毒不可能在短时间内清除干净，而且因为我们祖国的统一大业还没有最后完成，因为我们还处在复杂的国际环境中，资本主义势力以及某些敌视我国社会主义事业的势力还会对我国进行侵蚀和破坏。我国经济和文化还比较落后，年轻的社会主义制度还有许多不完善的地方，还不可能完全防止某些社会成员以及我们党的某些党员发生腐化变质的现象，不可能杜绝极少数剥削分子和各种敌对分子的产生。因此，我们必须做好长期斗争的精神准备，坚持人民民主专政国家的专政职能，坚持用马克思主义的阶级观点处理当前我国带有阶级斗争性质的社会矛盾和社会现象。这就是党中央关于我国现阶段阶级斗争问题的基本方针。

现在我们正在深入进行打击经济领域中严重犯罪活动的斗争。进行这种犯罪活动的，除了社会上的不法分子，还有党内、政府和军队内部的极少数被资本主义思想腐蚀的腐化变质分子。他们在经济领域里严重破坏我们的建设事业，扰乱社会安定，污染社会风气，腐蚀人们的思想和生活，像白蚁似地危害着社会主义的大厦。在政治领域和文化领域中也存在着同类性质的破坏活动。我们决不能把这些活动仅仅看成是一般的犯罪，一般的反社会行为，它们是在我国实行对外开放、对内搞活经济这种新的历史条件下阶级斗争的重要表现。对这些破坏分子必须依法给予严厉的惩处。这场斗争已经取得初步的成绩。我们全党一定要进一步提高认识，站稳立场，毫不动摇地把这场斗争进行到底。这是我们坚持社会主义道路的一项重要保证。

我们在发展社会主义事业的新时期，从思想上到行动上一定要坚持两手：一手是坚持对外开放、对内搞活经济的政策，另一手是坚决打击经济领域和政治文化领域中危害社会主义的严重犯罪活动。只注意后一手而怀疑前一手是错误的，只强调前一手而忽视后一手是危险的。对这样的方针，全党同志必须十分明确，不应当有丝毫含糊。

我国的社会主义建设，是在世界还很不安宁、我国安全还受到严重威胁的形势下进行的。因此，我们决不能放松警惕，必须在大力发展经济建设的基础上加强国防建设。我们要努力加强人民解放军的建设，把我军建成一支强大的现代化、正规化的革命军队，进一步提高我军在现代战争条件下的自卫能力。我们要继续保持和发扬人民军队的优良传统，加强和改进军队的思想政治工作，使我军的每个成员都能具有高度的自我牺牲精神、严格的组织纪律性和革命的作风，使我们的军队不仅成为保卫社会主义祖国的钢铁长城，而且成为建设社会主义物质文明和精神文明的重要力量。要继续加强民兵建设。中国人民解放军是中国共产党缔造和领导的人民军队。在新宪法草案提交全国人民代表大会讨论通过之后，党中央将经过国家的中央军事委员会继续对我国武装力量实行领导。党领导军队的长期行之有效的各项制度必须继续坚持。这是符合全国人民的最高利益的。我们坚信，在党中央领导下，经过全军指战员和全国各族人民的努力，我国国防将更加巩固，全国人民专心致志地进行社会主义建设将有更加可靠的保障。

五、坚持独立自主的对外政策

中国的前途同世界的前途是息息相关的。中国革命和建设的胜利对于世界走向进步和光明是有力的支持，而中国革命和建设之所以能够取得胜利，又是同争取世界光明前途的各国人民的奋斗分不开的。中国得到过别的国家和人民的帮助，也帮助过别的国家和人民。早在建国初期，毛泽东同志就指出："我们的总任务是：团结全国人民，争取一切国际朋友的支援，为了建设一个伟大的社会主义国家而奋斗，为了保卫国际和平和发展人类进步事业而奋斗。"[244] 把爱国主义和国际主义结合起来，从来是我们处理对外关系的根本出发点。

我们是爱国主义者，决不容忍中国的民族尊严和民族利益受到任何侵犯。我们是国际主义者，深深懂得中国民族利益的充分实现不能离开全人类的总体利益。我们坚持执行独立自主的对外政策，同我们履行维护世界和平、促进人类进步的崇高的国际义务是一致的。建国三十三年来，我们以实际行动向全世界表明：中国决不依附于任何大国或者国家集团，决不屈服于任何大国的压力。中国的对外政策是以马克思列宁主义、毛泽东思想的科学理论为基础的，是从中国人民和世界人民的根本利益出发的。它有长远的、全局的战略依据，决不迁就一时的事变，不受任何人的唆使和挑动。正因为我们坚定地执行了毛泽东同志和周恩来同志制定的我国对外政策的基本原则，社会主义的新中国在世界上赢得了信誉，赢得了朋友，保持了自己在国际交往中的尊严形象。

中国用以指导自己同各国发展关系的一贯原则，是"互相尊重主权和领土完整、互不侵犯、互不干涉内政、平等互利、和平共处"五项原则。我们的国家有一百多年被侵略、被压迫的苦难经历，中国人民决不愿再回到过去的屈辱地位，也决不会把任何其他民族置于我们过去那样的屈辱地位。中华人民共和国的成立，既消灭了我国屈从外国侵略的社会根源，也消灭了我国对外侵略的社会根源。恩格斯说过："任何民族当它还在压迫别的民族时，不能成为自由的民族。"[245]这是颠扑不破的真理。我们马克思列宁主义者相信共产主义最后一定会在全世界实现，但是革命决不能输出，它只能是各国人民自己选择的结果。正是基于这样的认识，我们始终坚持和平共处的五项原则。我们没有在任何外国留驻一兵一卒，没有侵占任何外国一寸领土，没有侵犯过任何外国的主权，没有以不平等关系强加于任何外国。在任何情况下，我们永远不称霸。

和平共处五项原则[158]，适用于我们同包括社会主义国家在内的一切国家的关系。三十三年来，我们在这些原则的基础上同世界上一百二十五个国家建立了外交关系。我们和朝鲜、罗马尼亚、南斯拉夫等友好的社会主义国家亲密合作，不断地巩固和发展着团结和友谊。我们和亚洲、非洲、拉丁美洲的许多发展中国家，互相同情，互相支援，发展了各方面的合作。中国同许多西方国家虽然社会制度不同，但是都有维护世界和平的共同愿望，在开展经济文化合作方面有共同的利益和巨大的潜力，多年来保持着良好的关系。同东欧各国的关系，近年来也有所发展。

日本是中国的近邻，中日两国人民自古以来就有密切的交往和深厚的友谊。近百年来，日本军国主义者一再对中国发动侵略战争，给中国人民造成了深重灾难，日本人民也深受其害。经过中日两国人民长期共同努力，两国终于在十年前实现了邦交正常化。中日两国发展和平友好、平等互利、长期稳定的关系，符合两国人民的长远利益，有利于亚洲和太平洋地区的和平和稳定。现在日本有些势力还在美化过去侵略中国和东亚其他国家的史实，并且进行种种活动，妄图复活日本军国主义。这些危险情况，不能不引起中日两国人民和其他国家人民的严重警惕。我们要同日本人民和日本朝野有识之士一起，排除一切妨害两国关系的因素，使中日两国人民世世代代友好下去。

中美两国自从一九七九年建交以来，发展了符合两国人民利益的关系。我们一贯希望把这种关系发展下去，认为这对两国人民和世界和平都是有益的。可是两国关系中一直存在着阴影。这是因为，美国虽然承认中华人民共和国政府是中国唯一的合法政府，只有一个中国，台湾是中国的一部分，但是又通过了一个违反两国建交公报[246]原则的《与台湾关系法》[247]，继续向台湾出售武器，把台湾作为一个独立的政治实体对待。中国政府多次声明，这是侵犯中国主权、干涉中国内政的行为。中美两国政府经过将近一年的谈判，不久前发表联合公报[248]，对美国向台湾出售武器问题做出了分步骤直到最后彻底解决的规定。我们希望这些规定将得到切实履行。中美两国关系只有真正遵守互相尊重主权和领土完整、互不干涉内政的原则，才能继续取得健康的发展。

中苏两国关系在相当长一段时期内是友好的。中苏关系演变到今天这样的局面，是由于苏联执行了霸权主义政策。近二十年来，苏联一直在中苏边境和中蒙边境派驻重兵。它支持越南侵占柬埔寨，在印度支那和东南亚进行扩张，不断对我国边境进行挑衅。它还武装侵占中国的邻邦阿富汗。这些都造成对亚洲和平与中国安全的严重威胁。我们注意到苏联领导人一再表示愿意改善同中国的关系。但是，重要的不是言辞而是行动。如果苏联当局确有诚意改善同中国的关系，并采取实际步骤解除对我国安全的威胁，中苏两国关系就有走向正常化的可能。中国人民同苏联人民具有悠久的友谊，无论中苏之间的国家关系还处于什么状况，我们都将努力维护和发展这种友谊。

当今威胁世界各国和平共处的主要力量是帝国主义、霸权主义和殖民主义。诚然，旧的殖民主义体系已经由于近百个前殖民地、半殖民地国家先后取得独立而瓦解了，但是它的残余还远远没有扫除干净。实行霸权主义的超级大国，又构成了对世界人民新的威胁。超级大国出于独霸全球的目的，以远远超过其他任何国家的军事实力，在世界范围内展开争夺，形成世界不安和动乱的主要根源。

反对霸权主义、维护世界和平，是今天世界人民最重要的任务。世界大战的危险由于超级大国的争夺而越来越严重。但是，经验也表明，世界人民能够以坚持不懈的斗争打乱它们的战略部署。如果全世界人民真正团结一致，同霸权主义、扩张主义的一切表现进行坚决的斗争，世界和平是有可能维护的。我们一贯坚决反对超级大国的军备竞赛，主张禁止使用和彻底销毁核武器，要求超级大国首先大规模地裁减核武器和常规武器。我们不但反对超级大国所准备的世界战争，而且反对它们所挑起或支持的一切局部性的侵略战争。我们一贯坚决支持一切受侵略的国家和人民的反侵略斗争。我们支持朝鲜人民争取祖国统一的斗争。我们支持柬埔寨人民在民主柬埔寨联合政府领导下反对越南侵略的斗争，支持阿富汗人民反对苏联侵略的斗争，支持非洲人民反对南非的种族主义和扩张主义的斗争。我们强烈谴责以色列对巴勒斯坦人民和黎巴嫩人民的穷凶极恶的侵略暴行。以色列在美国霸权主义的支持和庇护下，蛮横地侵占巴勒斯坦，再三地武装侵略阿拉伯国家，构成对中东和世界和平的严重威胁。我们继续坚决支持巴勒斯坦人民重返家园、建立自己国家的斗争，坚决支持阿拉伯各国人民反对以色列扩张主义的斗争。

社会主义中国属于第三世界。中国同大多数第三世界国家具有相似的苦难经历，面临共同的问题和任务。中国把坚决同第三世界其他国家一起为反对帝国主义、霸权主义、殖民主义而斗争，看作自己神圣的国际义务。

第三世界在战后国际舞台上的崛起是我们时代的头等大事。第三世界改变了联合国仅仅是受某些大国操纵的一架表决机器的情况，使帝国主义、霸权主义、扩张主义经常在这里受到正义的谴责。拉丁美洲国家发起的反对超级大国海洋霸权的斗争，石油输出国和其他原料生产国争取对自己的自然资源享有和行使永久主权的斗争，不结盟国家反对强权政治和集团政治的斗争，所有发展中国家为建立国际经济新秩序而进行的斗争，这一切形成了当代强大的正义潮流，大大改变了超级大国可以任意摆布世界命运的局面。

第三世界各国面临的共同任务首先是维护民族独立和国

家主权，积极发展民族经济，以经济独立来巩固已经取得的政治独立。在这方面，第三世界各国之间的相互援助具有特别重要的意义。第三世界各国有广大的土地，众多的人口，丰富的资源，广阔的市场。我们中间有的国家积累了相当数量的资金，许多国家拥有各具特色的技术，在发展民族经济方面也大都有自己的经验可供别国借鉴。我们之间的经济合作，也就是通常所说的"南南合作"〔249〕，就一部分技术和设备的适用对路而言，其成效往往不亚于同发达国家的合作。这种合作有助于冲破现存不平等的国际经济关系和建立国际经济新秩序，具有伟大的战略意义。

中国还是一个发展中国家，但是我们一贯尽力援助与我们共命运、同呼吸的第三世界国家。中国人民向来鄙视那种嫌贫爱富、欺软怕硬的意识和行为。我们对待第三世界国家的友谊是真诚的。无论是进行互利合作还是提供援助，我们都严格尊重对方的主权，从不附带任何条件，不要求任何特权。今后，随着我国经济建设的发展，我们将不断扩大同第三世界国家和人民的友好合作。

我们对第三世界某些国家间发生不和甚至武装冲突，深感不安。这些争端往往使双方蒙受重大的损失，有时还使霸权主义坐享其利。我们历来为加强第三世界的团结而努力，一贯希望有争端的第三世界国家通过协商解决分歧，避免发生使亲者痛、仇者快的事件。

在这里，还要着重讲一下中国共产党同外国共产党的关系问题。我们党坚持在马克思主义的基础上，按照独立自主、完全平等、互相尊重、互不干涉内部事务的原则，发展同各国共产党和其他工人阶级政党的关系。

　　一个国家革命成功，要靠这个国家本身条件的成熟，要靠这个国家共产党路线和政策受到本国广大人民的拥护。各国党之间当然也要互相帮助，但决不允许任何外来的强制和包办代替。把自己的观点强加于人，干涉别国党的内部事务，都只能使别国的革命事业受到挫折和失败。至于强迫别国党的政策为本党本国的政策服务，甚至对别国进行武装干涉，那就只能是对国际共产主义运动的根本破坏。

　　世界各国的共产党是一律平等的。不论是大党还是小党，历史长的党还是历史短的党，执政的党还是没有执政的党，都不能有尊卑上下之分。我们党吃过自封的老子党企图控制我们的苦头。众所周知，我们独立自主的对外政策的胜利，就是抵制了这种控制的结果。

　　我们坚持各国党应当互相尊重。各国党都有长处和短处。由于处境不同，各国党对形势和任务的看法不可能完全一致，这种意见分歧只能通过友好协商和互相等待来逐步解决。我们赞成各国党都从别国党成功的经验和失败的教训中学习，这有利于国际共产主义运动的兴旺发达。

　　本着上述原则，我们党同世界上许多共产党保持着友好的联系。我们衷心感谢它们给我们的支持和援助，并且认真向它们学习对于我国革命和建设有益的经验。我们也期望同更多的进步政党和组织建立这种联系。中国人民十分重视同世界各国人民的友谊，同各国人民发展了广泛的联系。归根到底，只有世界各国人民不断加强了解和合作，世界走向光明和进步才有根本的保证。

　　我国是有十亿人口的大国，应当对世界有较大的贡献，人们也理所当然地对我们抱有期望。但是我们已经做的比我们应当做的还差得很远。我们要做出更大的努力，加强自己的建设，以便为维护世界和平、促进人类进步发挥应有的作用。

六、把党建设成为领导社会主义
现代化事业的坚强核心

在社会主义现代化建设的宏伟事业中，历史把重大的责任交给了我们党。为了加强新时期党的建设，我们对十一大党章作了许多有根本意义的修改。修改党章的总的原则是，适应新的历史时期的特点和需要，对党员提出更严格的要求，提高党组织的战斗力，坚持和改善党的领导。我们一定要按照新党章的要求，努力把党建设成为领导社会主义现代化事业的坚强核心。

现在提交大会审议的党章修改草案，清除了十一大党章中"左"的错误，继承和发展了党的七大和八大党章的优点。新党章在总纲中，对党的性质和党的指导思想，对现阶段我国社会的主要矛盾和党的总任务，对党在国家生活中如何正确地发挥领导作用，都做了马克思主义的规定。新党章对党员和党的干部在思想上、政治上和组织上的要求，比过去历次党章的规定都更加严格。它对党员的义务，写了绝对不得假公济私、损公利私，坚决反对派性，勇于支持好人好事，反对坏人坏事等内容；对各级领导干部的基本条件，写了要正确执行党的路线、方针和政策，反对党内外错误倾向，有胜任领导工作的专业知识和组织能力，坚持党的原则，同任何滥用职权、谋求私利的行为做斗争等内容，这大都是过去的党章所没有的。根据历史的经验和教训，新党章强调从中央到基层的各级组织都必须严格遵守民主集中制和集体领导的原则，明确规定"禁止任何形式的个人崇拜"。新党章对改善党的中央和地方组织的体制，对加强党的纪律和纪律检查机关，对加强基层组织的建设，都做了许多新的规定。新党章规定，党中央不设主席只设总书记，总书记负责召集中央政治局、政治局常委会议和主持中央书记处的工作；中央和省一级设顾问委员会，以发挥许多富有政治经验的老同志对党的事业的参谋作用；党的各级纪律检查委员会由同级党的代表大会选举产生，并对中央以下的同级党委及其成员实行党章规定范围内的监督，对中央委员会成员违犯党纪的行为可以向中央委员会检举；党的各级组织都必须重视党的建设，经常讨论和检查党的宣传工作、教育工作、组织工作、纪律检查工作、群众工作和统一战线工作。所有这些规定，都将有利于加强党的集体领导、提高党的战斗力和加强党与群众的联系。应当说，现在的党章修改草案，比我们党过去的党章更加充实和完善。它是党的历史经验和集体智慧的宝贵结晶，是在新的历史时期把我们党建设得更加坚强的重要保证。

新党章经过这次代表大会通过之后，必须在全党进行普遍教育，严格执行。每一个党员是否真正符合党章所规定的条件，能否充分履行党员的义务，将成为他是不是一个合格的党员的根本标准。在这次党章修改之前，我们党曾经制定了《关于党内政治生活的若干准则》[131]，在党的实际生活中起了很好的作用。这个准则今后作为党章的重要补充，将继续保持它的全部效力。根据党的现状和新党章的精神，当前我们在党的建设上必须着重解决好以下几个问题。

第一，健全党的民主集中制，使党内政治生活进一步正常化。

回顾党的历史，从建党以来到建国初期，除了在党陷入严重的右倾错误和"左"倾错误的少数年代以外，我们党在大部分时间里比较好地执行了民主集中制原则，政治生活是比较生动活泼的。可是，从五十年代后期开始，个人崇拜现象逐步发展，党和国家的政治生活特别是党中央的政治生活越来越不正常，终于导致十年内乱。历史的严重曲折告诉我们，党内政治生活是否正常，首先是党中央和各级领导机构的政治生活是否正常，确实是关系党和国家命运的根本问题。

现在，党中央可以用欣慰的心情向大会报告，经过十一届三中全会以来的努力，我们党内的政治生活首先是党中央的政治生活，已经由过去长期不正常的严重状态逐步恢复到马克思主义的正确轨道上来。总的说来，中央委员会、中央政治局、政治局常委会和中央书记处，在工作中都能遵循民主集中制和集体领导的原则，"一言堂"或各行其是的现象再不允许存在了。有了重要的不同意见，通过充分说理，开展批评和自我批评，就能够达到统一认识和统一行动。现在的党中央，是团结的和谐的领导集体，是能够驾驭复杂局势的坚强核心。与此同时，许多地方党组织的政治生活也有了明显的改进。

在肯定这一重大进步的同时，还必须看到，就全党说，在党的许多组织中，不民主现象、家长制作风还没有清除，分散主义、自由主义现象也比较严重。这些都妨碍着党的路线、方针和政策的贯彻执行，削弱了党的战斗力。要使全党政治生活都进一步正常化，必须坚决克服这些不良现象。全党特别是各级领导干部要牢固确立民主集中制观念，首先在各级党委建立和加强集体领导，努力发展党内民主，同时保证在民主基础上的集中统一。

为了健全民主集中制，必须加强党的纪律。现在，在不少组织中，纪律松弛，是非不分，赏罚不明，该批评的不敢批评，该处分的不敢处分，是相当严重的现象。这种现象过去就有，经过十年内乱更为严重，目前在有的地方还没有得到明显的改变。中央和地方党委以及各级党的纪律检查委员会，这几年为维护党纪和端正党风做了大量工作，取得了显著成绩，但工作中还遇到不少阻力，有些情况是令人触目惊心的。如果听任这种现象滋长，党还能有什么战斗力！全党各级组织和全体党员必须动员起来，为维护党纪进行坚决的斗争。我们相信，在这次代表大会以后，全党上下齐心协力，不要太长时间，我们就一定能够在全党范围内充分恢复党的纪律的严肃性，从而取得全国人民的高度信任。

第二，改革领导机构和干部制度，实现干部队伍的革命化、年轻化、知识化、专业化。

党和国家领导体制、领导机构的改革，主要是消除权力过分集中、兼职副职过多、机构重叠、职责不明、人浮于事、党政不分等种种弊端，克服官僚主义，提高工作效率。中央一级党政机构改革的第一步已经基本完成，各省、市、自治区准备在今年下半年或明年展开。这是顺利进行现代化建设、坚持社会主义道路的一项重要政治保证，意义是非常深远的。

　　正确解决党对政府机构的领导和对企业事业单位的领导问题，是机构改革中一个很重要的问题。党的工作和政府的工作，企业事业单位中党的工作和行政、生产工作，必须适当分工。党不是向群众发号施令的权力组织，也不是行政组织和生产组织。党当然要对各方面的工作和各项生产建设事业进行领导，而这种领导要充分有效，就必须熟悉业务，结合业务进行。但是，党的领导主要是思想政治和方针政策的领导，是对于干部的选拔、分配、考核和监督，不应当等同于政府和企业的行政工作和生产指挥。党不应当包办代替它们的工作。只有这样，党才能保证政府和企业独立地、有效地进行工作，自己也才能集中精力研究制定重要的政策，检查政策的执行，加强对党内外干部和群众的思想政治工作。由于长期的历史原因，现在有些做党委工作的同志认为不管具体行政事务似乎就无事可做了，这种错误观念使党的建设遭到损害，使党的领导作用受到削弱。今后，各级党委要经常讨论和研究党对社会主义建设事业的重大的政策方针，讨论和研究干部、党员、群众中的思想问题和教育问题，干部的倾向问题和纪律问题，党的组织的改善和发展问题，等等。当然，在强调党政分工的时候，有关政府工作和经济工作的重大问题仍然必须由党做出决策，一切在政府机关和企业事业单位工作的共产党员都必须坚决服从党的领导和执行党的政策。

　　实现干部队伍的革命化、年轻化、知识化、专业化，是党中央早就确定了的方针。在机构改革中，要使许多年事已高的老干部既能解脱第一线工作的繁重负担，又能以他们丰富的领导工作经验在党、国家和社会生活中继续发挥作用；

使大批德才兼备、年富力强的中青年干部能够及时选拔到领导岗位上来，在新老合作和交替的过程中得到更多的实际有效的锻炼，并且使各级领导层不断吸收新的活力和智慧，保持旺盛的生机。至于那些造反起家的人，帮派思想严重的人，打砸抢分子，反对三中全会以来中央路线的人，以及有各种严重违法乱纪行为的人，现在还在领导岗位上的必须坚决撤下去，凡是触犯刑律的都必须依法查处，这些人当然决不能成为选拔的对象。新老干部的合作和交替问题是关系社会主义事业后继有人的大事，相信全党同志特别是我们的老同志必定会以高度的革命责任心来完成这个历史任务。

为了造就社会主义现代化建设的大批专门人才，必须大力加强干部的教育和训练工作。今后使用和提拔干部必须把学历、学习成绩同工作经历、工作成绩一样作为重要依据。各级党校，政府和企业的干部学校，以及被指定的某些高等院校和中等专业学校，都要按照社会主义现代化事业的需要和各自的分工，修订教学计划，担负起对干部进行正规化培训的任务。所有在编制内的工作人员，都要分批分期参加轮训。轮训以后，根据结合实际的考核，可以对他们的工作做相应的调整。普遍轮训干部是提高干部素质的一项重要的战略措施。全党同志和全体干部，都要充分认识现代化建设的需要，积极参加学习。

第三，加强党在工人、农民、知识分子中的工作，密切党同群众的联系。

我们党之所以有力量，就因为党代表着最广大人民的利益。党在国家生活中的领导地位，决定了党的活动同广大人民的利害得失关系极大，而这种地位又很容易使党员特别是党的干部产生脱离群众的危险。这就要求我们更加自觉地去保持和发扬党的群众路线的优良传统，切实加强党同各阶层人民的密切联系。

我们党是工人阶级的政党，必须注意依靠本阶级的群众。我国工人阶级队伍的构成，近年来发生了新老更替的很大变化。由于大批老工人党员退休，大量青年进入工人阶级队伍，加上一些工人党员不断被抽调到管理部门，形成了生产第一线党员减少，而且越是艰苦劳动的岗位党员越少的严重情况。这削弱了党同产业工人的直接联系。从现在起，必须大大加强党在生产第一线的工作，动员符合条件的党员到生产第一线，同时吸收具备党员条件的优秀工人入党。必须大大加强党在工会中的工作，使工会成为联结党和工人群众的强大纽带。必须认真实行职工代表大会制度，使它和工会都能在思想教育、企业管理和工人生活的改善中发挥重要作用。做好党在八亿农民中的工作，是实现现代化建设目标的重要条件。目前在一部分农村，出现了一些党员只顾自己生产、不关心党和群众的利益，一些党支部放弃对群众的领导的情况。对这种不良倾向，必须切实加以纠正。各级党委要适应当前的新情况，进一步健全农村党的基层组织以及经济、行政、群众团体的基层组织，加强对不同地区、不同年龄的农民的思想教育，使农村的政治、经济、文化生活都能沿着社会主义方向健康发展。我们要全面开创社会主义现代化建设的新局面，必须特别重视充分发挥知识分子的作用，并针对他们的特点改善对他们的思想政治教育，注意在他们当中积极吸收具备入党条件的人入党。

我国现在有两亿青年，他们是各项建设事业中最活跃的力量。尽管"文化大革命"使他们的成长受到很大损害，但是绝大部分青年的政治本质是好的，近几年的进步是明显的，少部分青年中的消极现象经过教育是可以改变的。现在的问题是，青年工作的状况还落后于现实生活的要求。各级党团组织要更多地同广大的青年接近，做他们的知心朋友，从政治、思想、工作、学习、生活上关心和帮助他们。党要细心发现、培养和吸收符合条件的先进青年入党，使他们成为输入党的肌体的新鲜血液。党要进一步加强对共青团的领导，支持它按照青年的特点进行工作，使它充分发挥党的助手和后备军作用，真正成为广大青年在实践中学习共产主义的学校。

妇女不仅是我国经济建设中的重要力量，而且在社会主义精神文明建设中具有特殊重要的作用。由于传统的偏见，许多妇女还常常得不到应有的重视、保护和教育。党一定要加强妇女工作，关心她们的特殊利益，重视培养、选拔女干部，领导和支持各级妇女联合会执行自己的任务。妇联应当成为代表妇女利益，保护和教育妇女，保护和教育儿童的有权威的群众团体。

第四，有计划有步骤地进行整党，使党风根本好转。

我们党是经过马克思列宁主义、毛泽东思想长期教育，在成功和失败的反复锻炼中成长起来的工人阶级先锋队。在我们党内集合了中国工人阶级和中国人民的优秀分子。即使遭受了"文化大革命"的严重伤害，我们党的队伍的主流仍然是纯洁和强有力的。经过这几年的恢复和整顿，党的状况有了很大的改善，党的威信正在恢复和提高。几年来，各条战线的优秀共产党员带领广大群众为执行党的路线、方针和政策，艰苦奋战，创造了层出不穷的英雄业绩。在劳动和工作岗位上，在保卫祖国安全和抗灾抢险的战斗里，在同不正之风和犯罪活动的斗争中，到处都有共产党员用自己的模范行动谱写出壮丽动人的共产主义凯歌。党和人民的一切光辉成就，正是在党的这些优秀骨干带动下创造出来的。这是我们党的状况的主导方面。谁要是看不到甚至有意抹煞这个方面，谁就犯了严重的错误。

但是，由于十年内乱的流毒至今还没有完全肃清，也由于在新的情况下各种剥削阶级思想的腐蚀作用有所增长，目前我们党确实存在思想不纯、作风不纯和组织不纯的问题，党风还没有根本好转。一些党组织领导工作中的软弱涣散现象还严重存在。一些基层组织缺乏应有的战斗力，甚至陷于瘫痪状态。有少数党员和干部，或者对工作极不负责，官僚主义严重；或者生活特殊化，利用职权谋取私利；或者闹无政府主义、极端个人主义，破坏党的组织纪律；或者顽固地进行派性活动，严重损害党的利益。个别党员和干部甚至堕落到贪污腐化，营私舞弊，进行严重的经济犯罪活动。还有林彪、江青反革命集团的极少数残余分子窃据着某些领导职位，伺机兴风作浪。这些现象严重地损害了党的威信。我们决不允许夸大但也决不害怕揭露党的这些阴暗面。因为我们党是坚强的，我们拥有足够的健康力量同这些阴暗面做不调和的斗争，并且相信必定能够在这一斗争中取得胜利。

党风问题是关系执政党生死存亡的问题。为了使党风根本好转，中央决定从明年下半年开始，用三年时间分期分批对党的作风和党的组织进行一次全面整顿。这无疑是我们党的一件头等大事，必须十分慎重地对待，十分周到地准备，有计划、有步骤地进行。做好这项工作的中心一环，是在党内普遍地深入地进行一次思想教育。要结合学习和执行十二大报告和新党章，学习《关于建国以来党的若干历史问题的决议》[133]和《关于党内政治生活的若干准则》，对全党进行关于马克思列宁主义、毛泽东思想基本理论的教育，关于共产主义理想和党的路线方针政策的教育，关于党的基本知识和共产党员标准的教育。要着重使每一个党员认清党的性质、地位和作用，认清一切党员都只有勤勤恳恳为人民服务的义务，而没有任何利用职权占国家的"便宜"和群众的"便宜"的权利。在组织领导方面，要由领导机关和领导干部带头，自上而下地整顿好各级领导班子，然后再领导下级组织和基层组织进行整顿。决不容许坏人利用机会诬陷好人和打击好人。要继承和发扬延安整风[78]的精神，本着"惩前毖后，治病救人"和"既要弄清思想又要团结同志"的方针，开展认真的批评和自我批评，并采取适当方式听取党外群众的意见。最后，要进行党员登记，严格按照新党章的规定，把那些经过教育仍然不合格的党员开除出党或者劝其退党。同时，还要切实改进各级党组织的领导状况，提出加强和改善党的领导的具体办法。

我们要通过这次整党，使党内政治生活进一步正常化，切实纠正不正之风，大大加强党同群众的密切联系。这样，我们就一定能够实现党风的根本好转。

同志们！我们的中央委员会，已经向大会说明了全党面临的各项战斗任务。我们已经提出，要在今后五年内，实现财政经济状况的根本好转，实现社会风气的根本好转，实现党风的根本好转。能不能实现这些任务呢？中央相信，我们的代表大会将一致回答：这些任务一定要实现，也一定能够实现！

这次大会即将确定的方针任务，都是党的十一届三中全会以来正确路线的充实和发展。它们的内容更加丰富，更加切合实际，一定能够更有说服力地统一全党和全国各族人民的思想，成为指导我们行动的更加精确的指南。

这里需要着重指出：我们党还面临一项重大的历史任务，就是要同全体爱国同胞携手合作，为完成祖国统一的神圣使命而努力奋斗。台湾是祖国的神圣领土，台湾人民是我们的骨肉同胞。台湾回到有五千年历史、十亿人口、九百六十万平方公里面积的不可分割的伟大祖国的怀抱，是全国同胞的共同要求，是历史发展的必然归宿，任何党派和个人都无法抗拒。这是中国的内政，任何外国无权干预。我们希望台湾同胞、港澳同胞和国外侨胞督促国民党当局，审时度势，以国家前途民族大义为重，不要执迷不悟，及早举行国共两党的谈判，共同促进祖国和平统一大业的实现。

社会主义现代化建设事业，代表了全国各族人民的共同意志和根本利益。从上世纪的鸦片战争起，在一百多年中，中华民族吃了多少苦，受了多少难！长时期的历史经验，必然使我们的党心、军心、民心，集中到在社会主义基础上实现国家的富强，实现包括台湾在内的祖国统一这个基本要求上来。社会主义中国的政局是稳定的，前途是四化必胜，统一必成。这是人心所向，大势所趋。只要我们坚定地相信和依靠群众的绝大多数，始终保持同人民群众的紧密联系，自觉地为人民谋福利，我们的事业就无往而不胜。

当然，我们清醒地知道，在社会主义现代化建设进程中，还有种种障碍和困难。当前迫切需要解决的主要问题，是在于"文化大革命"遗留下来的党风不正和社会风气不正，在于破坏社会主义经济、政治、文化的严重犯罪活动还继续存在，在于各级领导机构的臃肿庞大、效率不高和经济体制不能充分适应生产力发展的需要。因此，前面已经先后说到，在今后一个时期内，必须有系统地完成机构改革和经济体制改革，必须大力建设社会主义精神文明，必须坚决打击破坏社会主义经济和其他破坏社会主义制度的严重犯罪活动，必须整顿党的作风和党的组织。这四件大事，是坚持社会主义制度、实现社会主义现代化的重要保证。全党特别是各级党委，一定要高度重视，坚持不懈地认真做好。

我们的同志，应当正确地对待困难。谁要是只看光明一面，不看困难一面，甚至把主观愿望当成客观事实，盲目冒进，那是完全错误的。这使我们吃过许多亏，要经常记取这种教训。但是另一方面，谁要是害怕困难，被困难吓倒，不相信党和群众的力量，甚至在中央已经正确分析了形势、确定了方针任务的时候，还是徘徊观望，退缩不前，那也是完全错误的。同我们党在历史上曾经遭到的某些巨大困难相比，今天的情况是大不相同了。既然红军被迫长征时期，敌我力量对比那样悬殊的困难，都被我们战胜了，既然"文化大革命"时期，林彪、江青反革命集团横行霸道那样混乱的局面，都被我们扭转了，难道今天还有什么困难是不可克服的吗？满腔热情地投身到社会主义现代化建设的伟大实践中去，在深入群众和深入实际的基础上，振奋精神，开拓前进，坚毅不拔，奋斗不息，这才是马克思主义者对待困难的正确态度，这才是共产党人在斗争中创造新局面的革命风格。

　　同志们！党的六十多年的历史经验告诉我们，党之所以能够领导中国人民取得一个又一个的伟大胜利，根本上就在于把马克思主义的普遍真理同中国革命的具体实际结合起来。毛泽东同志和其他老一辈无产阶级革命家的最伟大的历史功勋，就在于他们成功地实现了这个结合。在新的历史时期中，要把中国这样原来经济文化落后的国家建设成为现代化的社会主义强国，是人类历史上最伟大的创造性工程之一。这个事业的许多课题，是以前的马克思主义者没有也不可能提出和解决的。在这个事业中，我们队伍内部可能出现思想上、政治上和工作上这样那样的偏差，这是不足为怪的，也是难以完全避免的。重要的是，全党特别是各级党委，一定要坚持四项基本原则，坚持十一届三中全会以来的正确路线，既要反对那种企图回到"文化大革命"和它以前的错误理论、错误政策上去的"左"的倾向，又要反对那种怀疑和否定四项基本原则的资产阶级自由化的右的倾向。我们一定要坚定地继承和学习马克思列宁主义、毛泽东思想的立场、观点和方法，深入各个领域的实际，有系统地进行调查研究，并且善于针对错误倾向，正确地进行批评教育和必要的斗争。我们长期地坚持这样做，就一定能够在新的历史条件下，在新的伟大实践中，积累新的经验，创造新的理论，把马克思列宁主义、毛泽东思想推向前进。

　　同志们！从本世纪二十年代起，几十年来，中国共产主义的先驱者们，中国人民的数以百万计的光荣革命战士和先烈们，流血牺牲，英勇奋斗，奠定了今天中国的局面。在新时期中，让我们继承先烈的遗志，在祖国的辽阔大地上，干出一番前人从来没有做过的伟大事业来吧！

　　我们党的干部队伍，从斗争经历来说，已经有了分别在建党初期、土地革命时期、抗日战争和解放战争时期、建国以后参加革命的四代人。这说明我们的事业源远流长。我们党的队伍，将有如万里长江，滔滔不尽，永远向前。我们的代表大会，将作为在政治上确定党在新时期的方针任务，在组织上实现新老合作和交替的大会，作为全面开创社会主义现代化建设新局面的大会，载入党的史册。

　　让我们全党在马克思列宁主义、毛泽东思想的伟大旗帜下更加紧密地团结起来，让我们党同全国各族人民更加紧密地团结起来，同各民主党派和国内外全体爱国同胞更加紧密地团结起来，同世界上一切支持我们事业的各国进步力量和友好人士更加紧密地团结起来，同心同德，不屈不挠地奋勇前进！任何力量都不能阻挡我们。胜利一定是属于我们的！

你们应当胜过我们 *

（一九八二年十二月三十一日）

　　我今天讲的题目叫作"你们应当胜过我们"。我这里讲的"你们"，指的不单单是你们三百一十四位团中央委员和候补委员，而是包含团的全体干部，包含各条战线上的年轻干部，是上千万，至少是五百万人以上这么一个范围。"我们"指的是老党员、老干部，或者用你们的话来说，叫作老一辈，也包括老一辈的无产阶级革命家。"你们应当胜过我们"，就是说青年同志应该胜过老一辈。提出这么一个口号，要变成我们全党的一种舆论。团的干部一定要了解自己身上肩负着双重任务：第一重任务，是要带领、团结和教育团员、青年，为四个现代化英勇奋斗。用你们的话来说，叫"站在四个现代化的前列"。还有一重任务，是要准备接老一辈的班，把我们党和毛泽东同志开创的伟大事业不断推向前进。每个年轻的干部不管你在哪一条战线上，都要充分理解这个双重任务。

　　为了说明这个双重任务，特别是为了说明第二重任务，我分三层意思来讲。

---

　　* 这是胡耀邦同志在中国共产主义青年团第十一届中央委员会第一次全体会议上的讲话要点。

第一层意思，就是你们应当胜过我们。老同志、老革命最终要退出历史舞台。这是自然规律，是无法抗拒的。一个人总是要从历史上消失的，但是人类是不会消失的。我们为之奋斗的社会主义和共产主义事业，是不会完结的。老一辈开创的事业，中国人民的革命事业和建设事业，总是越来越发展壮大，越来越向高级阶段前进的。我们这些人，有些可以完成六五计划，有些可以完成七五计划，有些可以完成翻两番的任务。翻两番靠谁啊？主要是靠现在的中青年干部，靠现在五十五岁以下的人。翻了两番之后，下一步又怎么走？现在我们还不可能设想那么远，但是可以预见，那个时候的建设规模会更大，事情会更复杂。比如说，台湾回归以后怎么办？香港收回来怎么办？解决这样一些问题，都需要接老一辈班的人有越来越高的知识水平，越来越高的领导艺术和领导才能。

革命者在任何时候都要面向实际讲真理。每个年轻的干部都要看清这一点，看到我们的老一辈总有一天要退出历史舞台，要想到自己的历史责任，想到自己十年、二十年后应该担负的重担。

第二层意思，你们能够强过我们，胜过我们。历史向前发展，要求年轻的同志强过我们，胜过我们。年轻的同志要强过老一辈，有哪些有利条件呢？你们学习的条件要比老一辈好。三四十年以前，我们许多同志就没有条件上学，也没有条件自学，至少自学条件很差。比如说在延安，那时哪有现在这么多书啊？连工具书也少得很，教员也很少。现在学习的条件比那时优越得多。又比如，现在我们党和国家的政治生活很正常，真正实行"三不主义"〔250〕，大家可以畅所欲言。今天上午政治局开会，陈云同志还反复讲这个道理，说有不同的意见有好处，可以使我们的事业兴旺发达，立于不败之地。

有一种说法，说三十岁左右的青年是"荒废了的一代"。我是不赞成这个话的。"文化大革命"中许多青年没有读到书，荒废了，可惜了，这是事实。从这个意义上讲"荒废"，有一定的道理。但这不是全部的事实，也不是全部的道理。这一代青年成长在十年动乱的时期，他们中间许多人被耽误了，这固然可惜，但是如果再想一想，十年动乱使我们的国家、我们的人民、我们的党遭到多么大的灾难，受到多么大的损失，好好体会一下，是可以从中悟出一点道理来的。我认为，这本身就是一堂很好的政治课。我们党经过拨乱反正的伟大转变之后，现在正处在一个大发展的时期。对于历史上发生的事情，要冷静地对待，不要只想到受摧残的方面，吃苦头的方面。那种不愉快的甚至是痛苦的经历，只要我们回过头来，用正确的态度、正确的观点对它重新加以认识和体味，从中汲取教训，那么，不好的东西也可能变成很好的东西。所以现在这一代年轻人，二十几岁、三十几岁、四十几岁的人，经历了中国社会的大变化，政治局面的大变化，两方面的经验都有，这很难得。什么是正确的，什么是错误的，错误的应该怎么防止，正确的应该怎么发扬，这种经验是买不到的，是从书本上学不到的。虽然从读书这个方面讲，"文化大革命"这十年是荒废了，但是就政治经验来说，是丰富了。

按照马克思主义的观点，革命实践是一个最伟大的学校。年轻同志经历社会的大变化、大动乱、大发展的阶段，这本身就是个实践，是进了这个伟大的学校。所以同志们不要以为我们只是吃了苦头。某些青年吃了苦头，犯了错误，也有它一定的好处。我们有的部门往往看到一个青年犯了错误后，从此就认为这个人不好了。毛泽东同志过去经常告诉我们，犯错误不可怕，打了预防针可以增强免疫力。犯了错误，一旦觉悟了，改正了，可能在政治上会更加成熟，可以学到比任何时候更多的东西。恩格斯有句名言："必须从亲身经验中学习，从本身所犯错误的后果中学习。"[251] 我想，我们不要轻视两种经验，一种是正确的经验，一种是错误的经验，特别要使我们的同志注意不要轻视错误的经验。

我们应该使更多的同志理解革命实践是最伟大的学校这个道理。特别是年轻的同志要勇于到实践里面去。在实践中，只要虚心地体察情况，勤于思考和钻研，就会学到很多东西。单有书本上的知识是不行的。从中国的环境来说，今后这几十年，是中国人民最能够提高自己的水平、增长自己的才干的几十年。当然，对每一个人来讲，还要看你采取的态度对不对，努力的程度够不够。你们可以超过老一辈，胜过老一辈，强过老一辈，这是从自然规律来说的，从历史发展的趋势来说的。我们的党，我们的社会主义制度，也给青年提供了许许多多的有利条件。

第三层意思，你们要靠自己发奋努力，真正超过我们，真正强过我们。你们现在也可能在某些方面比我们强一些，比如在文化程度等方面。但从总的方面来说，你们现在还不如革命老一辈，还不能说你们已经超过了我们。要努力进取，奋力争取超过、胜过、强过我们这一代。应该怎样奋力争取？你们的工作报告讲了很多，胡启立[252]同志的祝词、胡乔木[91]同志的文章也都讲到了。你们团章又规定了对团干部的五条要求，即政治要坚强，学习要刻苦，工作要勤奋，作风要扎实，品德要高尚。如果说还要提点希望的话，我就讲一条，就是要时时刻刻地同自己的弱点、缺点做斗争。我们每个同志都有自己的弱点、缺点，甚至错误。但据我看，青年人中有两个带普遍性的弱点，一个叫抓不紧自己，一个叫瞧不起群众。对自己抓不紧，对别人看不起。自古以来，就有很多长者、贤者向青年人打这个招呼。"少壮不努力，老大徒伤悲"，就是讲这个事情的。毛泽东同志几十年来也经常向青年人打招呼。但许多人往往是在四五十岁以后，才回头来想自己，觉得年轻的时候耽误了、懈怠了。经常吃这种"后悔药"，就是后悔当年对自己抓不紧，对别人瞧不起。当然，这并不是什么很大的错误。青年人有股闯劲，什么都不怕，敢说，敢干，这是好的。但是，一定要防止对自己抓不紧，对别人瞧不起。

上个月，我们书记处开座谈会，我讲过，世界上全知全能的人是没有的。只要善于团结大家一起工作，善于化消极因素为积极因素，善于同党内外同志合作共事，就可以算是一个好的领导人。在这个问题上，我们党有过教训，就是以为一个人横冲直撞就可以解决一切问题。一个人横冲直撞是不可能解决一切问题的，只有靠大家的积极性，靠团结和组织的力量，才能把事情办好，就是要求同志们任何时候都要严格地要求自己，都要紧密地联系群众。我们做工作会有困难，大家回去以后工作局面也不一定就打得开。遇到这种情况不要埋怨，首先不要埋怨人家，也不要埋怨环境，应该先问问自己想了办法没有？严格要求自己总不会吃亏，总不会上当，或者可以少吃亏，少上当。任何时候都要高标准地要求自己，任何时候都要密切地依靠大伙，一起做工作，一起搞建设。我希望共青团员、团的干部都带头这样做。

我们现在正在提倡精神文明，我觉得这中间有一件很大的事情，就是要搞好新老关系。老一辈应该把青年人超过自己，当作一生中最大的愉快；而年轻的同志，应该把学习老一辈、超过老一辈，看作是历史赋予的最大的责任。当然这个话你们自己不要挂在嘴上去说，而是要真正地苦干、实干。我要讲的主要就是这么个意思。你们能不能办到？团中央委员每年总要来开一次会，你们要想办法，建立一种考核制度，每年都考核一次。我们的目标这么远大，理想这么崇高，对干部检查、考核，我看应该。革命就是竞赛。希望同志们在我们这个万马奔腾的时代里，都不要落后，也相信同志们不会落后。

四化建设和改革问题 *

（一九八三年一月二十日）

问 题 的 提 出

（一）我想借这次全国职工思想政治工作会议的机会，同同志们专门讨论这样一个问题：四化建设和改革的关系。

（二）这几年，邓小平同志一直在说，要搞四个现代化，必须进行一系列的改革，没有改革，就不可能实现四个现代化。改革要贯穿四个现代化的整个过程。中央同志是完全赞成邓小平同志的这个见解的，并且认为，这个见解，提纲挈领，应该成为我党领导四化建设的一个极为重要的指导思想。要实现四个现代化，大大发展社会生产力，就必须有生产关系和上层建筑的改革相配合。中央一九七九年以来直至十二大都提对国民经济要实行调整、改革、整顿、提高的方针，现在仍然实行这个方针。我们要实现或超额实现第六个五年计划，也要靠这个方针。今天我想着重讲改革问题。实践证明，无论调整、整顿和提高都必须改革，如果不决心改革，那么，调整、整顿、提高的方针就很难贯彻，第六个五

---

* 这是胡耀邦同志在全国职工思想政治工作会议上的讲话。

年计划也很难实现。因此，在十二大的报告中，始终贯穿着改革的精神，标题也叫作《全面开创社会主义现代化建设的新局面》，如果不勇于改革，怎么能够全面开创这种新局面呢？但是，不少同志对这个关系我们事业全局成败的问题，没有足够的认识，缺乏充分的精神准备和清醒的紧迫感。所以从现在起，我们要把这个问题特别突出起来，以便从领导到群众，从党内到党外，认清这个问题，解决这个问题。

（三）为了使全党同志认清改革的重要性，我们可以首先回顾这几年的历史经验。从十一届三中全会到十二大，我们党是用什么样的一个总的指导思想进行工作的呢？就是：拨乱反正。因为我们做得既坚决而又有条不紊，所以不到四年的时间，就迎来了今天的局面。如果说拨乱反正为现代化建设创造了前提条件，那么，改革——也就是破旧创新，必然为夺取现代化建设的胜利提供可靠保证。

（四）为了从历史经验中汲取智慧，我们还要引证农业上的改革。现在，全党全军和全国各族人民都为我国农业的极大好转而欢欣鼓舞。为什么曾经使我们大家最发愁的农业反而走到前头了？最主要的原因，是我们在农业上进行了巨大改革，解放了农业的生产力。这是一次二十多年来没有过的大胆改革。这个改革今年才能在全国普及，一共花了五年时间。现在要把这个改革的成果稳定下来，当然，在这以后还要继续发展和完善。既然农业的改革使我们争得了胜利，又学到了东西，这就给我们很大的启发，使我们有理由相信，其他战线的改革，也将会给我们带来新的胜利和新的领导才能。

"继续革命"和改革

（五）我们党坚决摒弃了"文化大革命"中提出的所谓
"无产阶级专政条件下继续革命"的论断。这个论断所指的
"继续革命"，是"一个阶级推翻另一个阶级"。为什么还会
有这样的"继续革命"，说是因为还在产生新的资产阶级，
而且已经首先在党内产生。这当然是主观臆造出来的。应该
说，在社会主义条件下，这种所谓"一个阶级推翻另一个阶
级"的"继续革命"，既没有经济基础，也没有政治基础。

（六）但是，在我们的社会里，还存在着矛盾。十一届
六中全会《关于建国以来党的若干历史问题的决议》〔133〕正
确地提出：在社会主义改造基本完成以后，我们所要解决的
主要矛盾，是人民日益增长的物质文化需要同落后的社会生
产之间的矛盾。这就要求我们注意调整生产关系不适应生产
力发展的某些方面和环节，注意调整上层建筑不适应经济基
础的某些方面和环节，使生产关系同生产力协调地向前发
展，使上层建筑同经济基础协调地向前发展，而这就需要改
革。应该分清两个导致不同结果的论断："无产阶级专政条
件下继续革命"的论断是错误的，有害的；社会主义社会还
要在各方面进行改革的论断则是正确的，必要的。

当然，从破除生产关系和上层建筑的某些不适合生产力
发展要求的环节来说，从解放生产力、推动社会前进这个意
义来说，改革也可以说是一场革命，甚至是很深刻的革命，
不过不是本来意义上的政治革命。这个革命，不是什么"一
个阶级推翻了另一个阶级"，不是从一种社会制度改变为另

一种社会制度，因此根本不需要在国家和社会政治中制造什么激烈的震荡。按哲学的术语说，这也就是毛泽东同志所常说的"量变过程中的部分质变"。当前，如果专就人们的经济关系、分配关系特别是企业的经营管理方面来说，这种质变的主要实质，就是要通过改革，打破多年历史所形成的吃"大锅饭"，即国营企业和集体企业单位所属人员的实质上的职务终身制和分配上的平均主义的局面，以便彻底实现多劳多得的按劳分配制度，充分调动人们的社会主义劳动积极性，真正发挥社会主义制度的优越性，使生产力以原来意想不到的速度提到一个新的水平，创造出更多的新的财富，使国家和人民都能较快地富裕起来。当然，这种改革也已经逐步扩大到其他方面，促使其他方面进行各自所需要进行的种种不同性质的改革。总之，要以是否有利于建设有中国特色的社会主义，是否有利于社会生产力的迅速发展，是否有利于国家的兴旺发达和人民的富裕幸福，作为衡量我们各项改革对或不对的标志。

（七）我们的社会主义建设，在计划方法和经营管理体制等方面，相当一个时期受了外国模式的影响，也受了国内战争和抗日战争时期的分散经济（半自给自足经济）、一元化领导（党政企界限不清）和在军队、机关中的供给制分配方式的影响。几十年来的实践证明，这些模式在我们进行全国范围的社会主义建设的过程中是不成功的，也不适合我国现在的国情。现在，我们确定了在本世纪末要力争达到的奋斗目标，而这些不成功的有害的模式，却严重地束缚着我们的手脚，禁锢着我们许多同志的头脑，归根到底束缚了生产力的发展。不抓紧改革，我们的奋斗目标就有落空的危险。

我们的改革方针

（八）说清楚了改革的极端重要性和紧迫性，我们就可以确定改革的总方针了。改革的总方针，应该是：为了充分地发挥社会主义制度的优越性，从实际出发，全面而系统地改，坚决而有秩序地改，有领导有步骤地改。

（九）什么是全面而系统地改？就是一切战线，一切地区，一切部门，一切单位，在坚持四项基本原则的基础上，按照各自的特点，都有改革的任务，都要破除陈旧的、妨碍我们前进的老框框、老套套、老调调，都要钻研新情况，解决新问题，总结新经验，创立新章法。那种认为问题只存在于别人、别处，而自己、本行则是一切正确无误，可以原封不动的观点，是不正确的。

（十）为什么要提坚决而有秩序地改，有领导有步骤地改？大规模的改革，涉及到相互联系的国民经济和上层建筑各部门，涉及到在经济、技术、管理和自然条件等方面各有特点的不同地区、行业和企业，当然是一件很艰巨复杂的事情，需要深思熟虑，实事求是，有先有后，不能一哄而起，不能一刀切。正是鉴于这一点，中央决定任何改革都必须经过对各战线、各地区、各部门、各单位各有很大不同的具体情况的调查研究，有领导有计划有步骤地进行。凡是看准了的，就要当机立断，大胆地改；凡是情况复杂，没有看准的，要认真调查研究，经过典型试验，取得经验以后再全面地改。这在大企业、大机关，尤其必要。要注意防止像一九五八年那样的不经过计算的"大跃进"的错误以及不经过认真试验、一哄而起的人民公社化运动的错误。在关于改革的宣传工作中，特别要注意精心选择宣传那些已被实践充分证明为正确的和成熟的经验，而切忌大轰大嗡。这样就能保证我们不会来回折腾和产生混乱。当然，这并不是要提倡墨守成规。我们早就坚决提倡实事求是，开动脑筋，研究新情况，解决新问题，而这就必须毫不犹豫地勇于改革。不经过一系列的深刻改革，绝不能发展社会主义事业，绝不能实现社会主义现代化。过去一谈到改革时，我们的同志喜欢用"态度要坚决，步子要稳妥，工作要细致"的话，在通常情况下，这三句话是对的。但是我们经常看到，一些同志往往由于片面理解"步子要稳妥"，而犹豫不前，老是被动。因此，去年十二月各省、市、自治区党委书记座谈会上，我们着重强调：全党都要按中央确定的方针，坚决而有秩序地进行，有领导有步骤地进行。

机构方面的改革

（十一）一九八一年，中央决定把机构改革放在首位，并且决定大致用三年时间分三步完成这项改革。去年，中央一级的机构改革已经完成第一阶段的任务，还没有完成的任务要在今年继续完成。今年九月以前要完成省、市、自治区和省辖市、地两级的改革。今冬和明年再完成县和县以下的改革。这个进度务必如期实现。

（十二）我们现在机构的主要弊端和问题是：机构臃肿，互相扯皮，干部老化，效率很低。因此，改革必须达到这样的目的：精简机构，缩减人员，调整班子，分清职责，提高效率。如果在这几个问题上没有显著进展，那就叫没有完成任务，至少是完成得不好。

（十三）一方面放手大胆地吸收一大批德才兼备，年富力强，有科学文化知识和一定的组织领导能力，敢于创新的同志，到各级领导班子中来；另一方面，使相当一批数量的老同志退到第二线，并且切实负责地把他们安排好，照顾好。这是这次机构改革的突出要求。去年十二月各省、市、自治区党委书记座谈会上，大家都同意经过这次改革，要大大提高各级领导班子中，具有高中特别是大专以上文化程度的人的比重。有关这方面的规定，务必实现。

我们不少同志对于要引进一大批五十五岁以下的有高中特别是大专以上文化程度的同志到各级领导班子中来，缺乏深刻的理解，这就需要我们向全党和广大群众做认真的说服工作。要领导现代化建设，没有较高的科学文化知识水平是很难胜任的，而正是对于这一点许多同志认识不足。因此，我们现在挑选干部，在注意革命化的前提下，对于领导经验和文化程度二者，要着重强调后者，前者我们实际上是不会忽视也不能忽视的。那些新提拔的文化程度较高、德才兼备的同志，一下子提到领导岗位上来，经验和威望都可能不够，但锻炼几年也就差不多了。我们的老同志，特别是六十五岁以上的老同志，必须了解，我们（至少是我们中的绝大多数）是很难工作到九十年代的。因此，老同志必须把诚心诚意支持年轻人上台，并且放手让他们充分发挥聪明才智，当作自己最重要的历史使命。

还有一大批五十岁以下的文化程度低的同志，为党做了十几年、几十年的工作，他们中的许多人政治水平和工作能力都很强，就是文化程度太低。我们应该满腔热情地鼓励他们并为他们提供良好的条件，使他们补习两三年文化。因为他们理解能力强，只要下决心，两三年是可以达到中专以上程度的，那时再让他们工作，他们的才能就会比现在高得多，就能发挥更大的作用。

（十四）现在全国有了许多人口较多、工业较发达的中等城市，这些地方多半有市、地两套班子，领导机构交错重叠，造成经济生活中城乡分割、条块分割，给工农商业的发展带来许多麻烦和困难。各地都同意逐步合并有适当条件的（注意：不包括缺少这种适当条件的）地、市，扩大城市管理经济的权力，由市来领导周围的县和农村，形成以城市为中心的经济区，以利于发挥城市在组织工农业生产和流通等方面的作用。最近不少同志建议，凡属条件确实具备的，这种合并应力争今年九月前与市、地机构改革一道完成。这也是合乎看准了就坚决干的工作方法，我认为是可取的。

（十五）农村基层的政企分开，全国都在试点。试点证明，这样做，党政工作和经济工作两个方面都更好办事。今冬也要更大范围地铺开，争取明年一年基本完成，并且要把基层党和政府的工作，真正建立起来。如果做到这一点，我们的工作就更加主动了。

经济方面的改革

（十六）十一届三中全会以来的四年多时间里，我们比较系统地总结了党领导中国人民进行社会主义经济建设的经验，不断深化了我们对社会主义经济建设一些根本问题的认识，还解决了一大堆实际工作问题，成绩是巨大的。我们说，我国经济工作已经走上了稳步发展的健康轨道，这个估价是符合客观事实的，是站得住脚的。几年前我们就提出在经济方面还要进行一系列的改革，但是除农业以外，在其他方面，我们几年来只做了许多局部性质的改革或者小改小革，以及某些重要制度的较小范围的改革试点工作。这些改革起了积极的作用，并为我们现在提出进一步改革准备了条件，但毕竟因为没有全面触动带根本性质的问题，所以还不能显著地转变局面。

（十七）长期以来，我们许多同志都感到，目前状况的社会主义经济管理体制的问题主要是缺乏应有的活力，也就是企业缺乏应有的主动性、灵活性、进取性，职工缺乏应有的积极性和责任感。我们有理由更深入地问：社会主义社会建立了生产资料公有制，克服了资本主义生产的社会性和生产资料的私人占有之间的矛盾，为什么不能充分发挥应有的活力呢？为什么我国农业在坚持基本生产资料公有制的基础上，实行了经营管理体制的改革，就像火山爆发一样一下子迸发出极大的活力呢？为什么一些技术力量很单薄而独立经营的小企业，劳动生产率反而很高呢？为什么像首钢这样的大企业，一旦在经营管理上实行改革，就可以取得显著的经济效益呢？可见，经济缺乏活力的弊端，不能归咎于社会主义公有制本身。谁如果在这方面有怀疑，就要犯极大的错误。问题主要还是在于落后的经营管理方式。这种经营管理方式之所以落后，首先在于我们没有严格实行甚至在许多方面简直没有实行按劳分配的社会主义原则，即没有把每个人的劳动（包括量和质）和他由自己的劳动而理所应得的报酬，或由自己的没有尽职而理所应失的报酬，直接而公平地联系起来，也就是我们所常说的权责利三者不统一。其次，我们的经营管理体制还有许多方面不合乎经济规律，不应有的浪费损耗太多，没有实现应有的效率和效益。我们的不合理的利润上交制度使这些缺点更加显著，并且妨碍了国家财政收入。因此，我们在一九八三年一定要首先对全国的工商业企业一律实行利润改税收（即所谓利改税，这也是一项重大的改革）的办法，同时着手大力改革工商业的经营管理制度。我们现在经济工作面临两大任务，一是体制改革，二是技术改造。有了好的体制，才能为技术改造创造好的条件。反之，体制不搞好，技术改造就缺乏内在的动力，有了好的科技成果也不能有效地推广应用。几十年来的正反两个方面的经验证明，先进的社会主义公有制经济，还必须靠先进的方式去经营。恰恰在这个带根本性质的问题上，我们多年来缺乏认识，不敢改革，不敢创新。

（十八）近年来，我们的一些地方，一些同志，在农业生产责任制的启发下，在工商业（这里的商业是指零售商业）方面勇敢地搞了一些各种形式的企业经营责任制的试验。这种经营责任制的根本要求和根本做法，归纳起来大致可以叫作：以多种形式的承包为中心的，国家、集体、个人三者利益相结合的，职工福利和劳动成果相联系的经营责任制。试点证明：只要条件具备，承包合理，生产情况就会迅速改变，生产秩序、劳动纪律就会迅速好转，企业赢利就会迅速增长，做到国家收入大大增加，用于公共设施和福利事业的财力有了来源，职工的所得也可提高。人们把这叫作国家得大头，企业得中头，职工得小头。无论怎样进行这种改革，决不允许使广大消费者受到损失。而国家和企业得的，归根到底还是为了使全体职工和全国各族人民得到利益，这是我国经济制度的社会主义性质所决定的。企业经营管理方式的改革，将带动工资制度朝着实行职务工资和以经营好坏为转移的浮动工资的方向改革，充分地体现按劳分配原则，提高职工的社会主义觉悟，促进党风和社会风气的向上发展。企业经营管理方式的改革，还必将推动劳动、人事，财政、金融，物价、流通，以及计划管理等方面的改革。这一切改革，将能从各方面改变企业经营好坏一个样的吃"大锅饭"的状况，使企业和职工感到有"压力"，同时也使他们有条件充分发挥自己的"活力"。看来，这股改革潮流，势不可挡。当然，工商业等方面的情况比农业复杂，我们的同志要精心地有区别有分析地加以领导，使之健康地向前发展。我们既不要犯过去多次犯过的高指标、瞎指挥、大呼隆的错误，又要注意吸取过去在拨乱反正和推行农业生产责任制过程中出现的那种没有跟上跟好的教训。要警惕那种确有条件而顶着不办，或者撒手不管，甚至假借"改革"名义，私分国家和集体财产以及使广大消费者受到损失的行为。

（十九）这个改革势必触动上层经济领导部门特别是中央各经济部门和省市，进行领导方法和领导作风的改革。有些同志往往以为国营经济和集体经济的经营管理，仅仅指的是企业单位的事，这是很不公平的看法。诚然，整个经济管理体制的改革是一项大规模的复杂的"系统工程"，所以十二大报告提出"在今后一个时期内，必须有系统地完成机构改革和经济体制改革"。我们现在所说的"改革的总方针"，就是十二大这个要求的具体化。十二大是决定在第七个五年计划期间逐步展开经济管理体制的改革的，我在一九八二年底关于今年工作的讲话中也说，经济的全面改革，决非一个早上就能实现，而将是一个长过程。但是十二大也明确指出，在第六个五年计划期间就必须"巩固和完善经济管理体制方面已经实行的初步改革"。如果对现在这种已经开展并且已经证明有效的改革采取消极态度，那么在第七个五年计划期间的改革难道能够突然从天而降吗？这些年许多经济专家不断呼吁我们要按经济规律办事。但什么叫按经济规律办事？这值得很好地想一想。我们过去的经济规模比较小，摊子不大，用统收统支的办法管理财政，用统购包销的办法管理资本主义工商业，实行对生产资料私有制的社会主义改造，成绩是显著的。现在，我们面对着的不仅是一个十亿人口的大国，而且经济规模和事业规模也比过去大多了，生产资料公有制和计划经济已占绝对优势。而另一方面，资产阶级革命所早已解决的统一国内市场的问题我们还没有解决，各地方还有在经济上各自分割互相封锁的现象。因此，为了使中央和地方的积极性都得到发挥，要认真逐步推行在统一计划、统一政策、统一法规、统一纪律下的分层负责的体制，认真逐步推行在统一领导下的党政企分工负责的体制。在这种情况下，我们上级经济部门做好工作的关键，应该是要多做：全局性的规划、计划和协调工作；重大项目建设和重大企业生产经营的组织工作；思想和政策的指导工作；经济立法和监督工作；科学技术的推广应用工作；经济信息的收集、分析和传播工作；深入的调查研究、督促检查和先进典型的推广工作。

其他方面的改革

（二十）前面说过，我们所面临的改革是一次全面性的系统改革，因此，除机构和经济方面的改革外，政法、外事、劳动、人事、宣传、科技、教育、文化、新闻、出版、卫生、体育，以及各个人民团体，总之，一切部门都有在坚持四项基本原则的基础上实行改革的任务。各部门改革的侧重点当然有所不同，但没有要不要改革的问题。改革，才能打开新局面，才能创造新经验，才能较快地提高广大干部的思想水平和领导才能。为了说明其他方面的改革，着重说一说人们很关心的两个问题。

（二十一）科技、教育、文化、卫生战线是知识分子最多的地方。对知识分子，我们长时期采取了一种错误方针和许多极左的政策，现在已经从总的指导思想上纠正过来了。但是，许多地方还没有落实好，许多同志思想还不通，知识分子干部的管理和使用等方面还有一些具体政策和制度问题有待解决。我们必须在全党和全国各族人民中继续深入进行党的知识分子政策的教育，狠抓这方面政策执行情况的检查。我们的知识分子队伍是为社会主义事业服务的，这支队伍基本上是有组织的，是集体地有计划地受国家分配进行工作的（以个人劳动方式为主的作家、美术家、作曲家等是例外），在各自的工作岗位上，他们忘我地劳动，由于工作的性质和需要，他们的劳动常常不能限于固定的时间或地点。他们的劳动基本上是脑力劳动，劳动的产品以精神产品为主，这也使他们的劳动和从事一般物质产品生产的劳动不能一概而论，他们从事精神生产的组织也不能同一般企业组织一概而论。这种基本情况，今后也不会改变。他们最迫切的要求，是获得必要的工作条件和适当的生活条件，使他们的聪明才智得以充分有效地对党和国家做出贡献。我们应该努力满足他们的这种要求。但我们也不应该否认，在一定的条件下，某些事业单位对内或对外也可以实行不同范围的承包，甚至某些知识分子在确实不妨碍他们本业并在本单位同意的情况下也可以利用业余时间去为某个企业或某些个人从事计划外的服务。当他们的工作成果对社会经济文化事业取得效益，或者在完成计划内工作的前提下，为生产部门和为群众提供了业余的教育、文化、卫生等方面的优良服务，而生产部门和劳动人民乐意为他们的额外劳动付出额外的报酬时，我们也应该放开手脚，从政策和制度上保证他们能够得到适当而合理的报酬。这实际上也是把我们在工人农民中实行的按劳分配原则推广到某些知识分子中去的方式之一。这也是一种改革性质的工作。希望知识分子多的部门和地区，根据实际的需要和可能，在这方面进行一些试验，以便实事求是地把这种性质的改革工作做出成绩来。

（二十二）我们的社会秩序和社会治安能不能更大幅度地好转，这是十二大要求的三项根本好转的一个重要内容，也是人们普遍关心的一大问题。三中全会以来，我们在政法方面做了大量的工作，成绩是显著的。我们的政法部门，主要是公安部门，长期为保卫人民民主专政，保卫社会主义制度，保卫人民的安全和利益而献身，人民是不会忘记的。但是，我们的社会治安仍然不好，严重的凶杀、抢劫、偷盗、强奸、诈骗等违犯刑法案件屡有发生，每年的犯罪率虽然比资本主义国家低得多，去年有更大的下降，但是我们仍然认为还相当高，拘捕、判刑和劳教的人还相当多。这就促使我们要开动脑筋，认真思考政法工作的做法是否也有需要改革的地方。早在建国初期，毛泽东同志根据惩办与宽大相结合的一贯政策，一方面领导了镇压反革命和其他坏分子的伟大斗争，另一方面又提出要尽可能把一切没有犯现行罪的敌对分子以及虽犯了现行罪还有可能挽救的犯罪分子努力改造成为新人，并且在这方面取得了巨大的成就。毛泽东同志首创判处死刑、缓刑二年、以观后效的处刑办法，并且大力倡导劳动改造、劳动教养以及基层调解等一系列卓有成效的世界司法史上的创举。在社会主义改造刚刚基本完成以后，在一九五七年二月，他就提出了正确处理人民内部矛盾这一重大课题。但是在六七十年代，这些正确做法和正确思想都被搅乱了。现在，我们国家的政治情况比之建国初期已经发生了根本的变化：剥削阶级作为阶级已经被消灭了，绝大部分人口都属于人民的范畴，党的政策日益取得人民的衷心拥护，反革命分子和仇视社会主义分子的数量和活动阵地在逐步缩小。当然，阶级斗争还在一定范围内存在，在对外实行开放、对内搞活经济的条件下还不可避免地会有各种外部敌对势力的渗透和内部社会渣滓的捣乱。在这种情况下，绝不可松懈同敌对分子的斗争。因此，党的十二大确定了"两手"政策[253]。我们政法工作特别是公安工作在绝不松懈对敌对分子打击的同时，有必要根据国内政治经济社会情况的变化，实行必要的转变，这就是注意大力加强综合治理，大力预防犯罪和教育挽救失足者。我们的政法工作需要更善于同党的宣传部门、政府的教育部门和人民团体密切合作，多到群众中去，到青少年中去，到成千上万个家庭中去，多做思想上的疏导工作，多做及时的调解工作和转化工作，只对极少数严重犯罪分子依法从重从快地予以惩处，而对除判死刑立即执行者以外的罪犯，特别是劳教人员，要大大加强教育改造工作，绝不能让劳教劳改人员释放后反而变为惯犯。也就是说要努力实行积极"治安"，而不是消极"保安"。必须指出，政法部门的许多单位这一两年在党中央政法委员会的领导下，已经注意这样做了，并且已经取得不少良好的效果。现在的问题是要求把这一工作作为战略性的任务大大地向前推进一步。当然，这个重大任务绝不是公安部门和整个政法部门所能担负完成的，必须社会各方通力协作，"综合治理"。这是资本主义国家所不可能做到，而是社会主义国家所必须做到的。这样，我们就有可能开创一个政法工作的新局面，走出一条社会主义国家的治安工作的新路子来。这是一个值得我们用心研究的问题，务请同志们注意。

共产党员必须具有勇于改革的思想

（二十三）我们共产党员是以改造世界为己任的。过去，我们把一个黑暗的中国改变成了一个光明的中国。现在，我们要把一个落后的中国改变成一个富强的中国。为此，我们就要根据我国社会主义事业发展的现状，走自己的路，全面而有计划有步骤地改革一切妨碍社会主义现代化发展的旧事物，一切按社会主义经济规律办事，建设有中国特色的社会主义。因为我们是革命者，我们的思想要随着历史的发展而发展。凡属符合人民利益和时代要求的新思想、新创造、新经验，我们都应该乐于吸收；凡属不符合新的历史任务和革命实践要求的老框框、老套套、老调调，我们都应该敢于抛弃。凡属真心实意为社会主义祖国的兴旺发达而进行的探讨和试验，即使有某些暂时的局部性质的错误，也应该允许它们在实践中逐步得到纠正，并注意对这种探讨和试验的勇气加以爱护。勇于改革是革命者的品格。中国旧民主主义的先行者们，尚且具有那种至今使我们感奋的改革勇气和进取精神，我们这些以马列主义、毛泽东思想为武装的无产阶级先锋战士，共产主义者，难道不应该具有更宏大更坚韧的改革勇气和进取精神吗？在新时期，我们一定要在全党同志中确立社会主义社会还要在各方面进行改革这样一个具有重大意义的指导思想。

（二十四）一年半以前，中央就指出：我们已经在党的指导思想上完成了拨乱反正的历史任务，这是正确的。但一些同志没有注意，这里指的只是在"党的指导思想"上完成了拨乱反正，而不是说，在一切实际工作中都完成了，也不是各行各业的指导思想都已经端正了。有鉴于此，去年三月，中央在《关于我国社会主义时期宗教问题的基本观点和基本政策》的文件里，要求各地和各部门的同志，用二三年的时间，对自己主管的地区和部门的工作进行认真的调查研究，系统地总结正反两个方面的历史经验，形成符合本地区、本部门情况的，理论与实际密切结合的一套观点和办法。因为这个提示没有引起普遍的注意，去年十二月，我们又在各省、市、自治区党委书记座谈会上着重提出，各个地区、各条战线、各个部门都要认真地系统地总结自己的历史经验，分清三中全会以前或者"文化大革命"以前的本部门的业务指导思想和规章制度，哪些是正确的，哪些是不对的，哪些过去是对的，但现在由于情况变了也已经变得陈旧而不适用了。现在我们要重申这一点，因为这个问题太重要了。可以说，各个地区、各条战线、各个部门的指导思想正确与否，是改革中的最大问题。我们如果既不总结历史经验，又不钻研新情况新问题，就不可能打开新局面，就要落后。反过来说，只要我们既解剖了过去，又掌握了现在，坚持正确的，纠正错误的，我们就能够把各项工作蓬蓬勃勃地推向前进。

　　（二十五）毛泽东同志曾经非常精辟地说过：人们在改造客观世界的同时也要改造自己。我们要特别注意正确地对待这个问题。我们的事业是伟大的事业，面对如此复杂的革命实践，存在不同意见是正常的，议论纷纷是好事，发扬民主、集思广益，可以使我们减少错误，至少不犯大的错误。当然也有另外一种情况，就是某些地方和部门的某些人对国家和人民的兴旺发达，根本不热心，他们热心的是个人的利害得失。合乎自己口味的就办，不合乎自己口味的就顶着不办；对自己有利而国家要蒙受巨大损失的竟然胆大妄为地干，对自己无利而为国家和人民迫切需要的，竟敢蛮横无理地扯皮到底。他们把党和人民赋予他们的重任和权力，看作自己称王称霸、飞扬跋扈的资本。广大干部和群众对这种情况极为不满，有的人形象地说："上面放，下面望，就怕中间有个顶门杠！"虽然这种坚持做"顶门杠"的人毕竟只是很少数，但是仍然值得引起大家的注意。有同志认为这是本位主义、部门利益作怪，其实，这也并不真正代表什么局部利益，而只是个人主义的恶性膨胀，是对于社会主义的破坏，是党内存在的为害最大的一种歪风邪气。在这种歪风邪气面前，我们许多好同志竟然感到束手无策，是不应该的。对待这样的问题，应该是敢碰敢抓，高屋建瓴，势如破竹。我们说打开局面要有魄力，就包括对待这种歪风邪气要有鲜明的态度。尤其是对于中央部门和省、市、自治区这两级党和国家机关中出现的这种歪风，更要敢碰敢抓，坚决克服。这也是改革中的一大问题，是整顿党风中必须解决的一大问题。

教育和动员工人阶级站在改革的前列

（二十六）我们应该坚信：工人阶级的绝大多数对改革是有强烈要求的，持怀疑和反对态度的只是极少数。持后一种态度的人中，大多数又是不知道如何改或者担心改不好的人。应该使广大干部和工人群众充分了解：那种躺在社会主义身上吃"大锅饭"的错误政策，是使少数职工中落后思想得以滋生的一种土壤。那并不是符合社会主义事业根本利益和表现社会主义优越性的社会主义性质的政策。改变这种错误政策，有利于调动广大职工的社会主义积极性，促进生产发展，增加国家和社会的财富，也有利于提高广大职工的生活，是完全符合工人阶级当前和长远利益的。

（二十七）我们说过，党的思想政治工作的根本目的是提高人们对世界的认识和改造的能力。整个改革过程中，从中央到基层各级党委都应该把思想政治工作列入重要议程，尽可能摆脱日常行政事务，集中足够的时间和精力，采取得力的措施来加强这项工作。这也应该是党的建设中的一项重要改革。当前思想政治工作的一项重要任务，就是要使全体党员和全体职工，使整个工人阶级，受到一次社会主义制度优越性和社会主义经济的经营管理方式的生动教育，认清当前的改革同实现共产主义远大目标的关系。我们应该动员和组织工人阶级站在改革的前列，支持改革，参加改革，领导改革。要使各级领导干部和广大工人群众发扬共产主义精神，随时随地把关心国家利益和整体利益放在第一位；同时要使广大干部了解，国家利益、整体利益反映人民群众的长远的根本的利益，也要照顾人民群众的当前利益。离开人民群众的利益去谈国家利益的观点，离开国家利益去谈人民群众利益的观点，把国家利益同人民群众利益对立起来的观点，都是极其错误的，有害的。

（二十八）党的十二大提出的宏伟的奋斗纲领，使我国这支经过严峻考验的人数在一亿以上的工人阶级队伍，斗志更加旺盛了。党中央为实现这个奋斗纲领所采取的每个步骤和每个决策，只要同他们见面，为他们所理解和掌握，他们就能迸发出巨大的力量。紧紧地依靠工人阶级，依靠全国各族人民，我们的改革工作就能胜利实现，我们的一切任务都能胜利实现。

马克思主义伟大真理的
光芒照耀我们前进 *

（一九八三年三月十三日）

同志们，朋友们：

今天，我们在这里隆重集会，纪念人类历史上最伟大的革命家、科学家，全世界无产阶级和被剥削被压迫群众的伟大导师，科学共产主义的奠基人马克思逝世一百周年。

马克思是十九世纪的德国人，但他的影响远远超出了他所处的时代和地区的界限。他是属于全世界无产阶级和一切被压迫人民、被压迫民族的，是属于全体进步人类的。正如恩格斯在马克思逝世时所说，马克思用他的强有力的思想，哺育了世界西方和东方两个半球的无产阶级运动。我们中国的共产主义者，中国的无产阶级，中国各族人民，正是在马克思学说的指引下，才使我们这个落后的东方大国走上了革命和解放的正确道路。中国人民已经胜利地完成了新民主主义革命和社会主义革命，成为伟大社会主义国家的主人。我们正在全面开创社会主义现代化建设的新局面，为建设社会主义的物质文明和精神文明，为实现党的十二大提出的宏伟

---

* 这是胡耀邦同志在中共中央召开的卡尔·马克思逝世一百周年纪念大会上的报告。

纲领而奋斗。现在，我们大家都更加深切地感到，没有马克思的学说，就没有我们的今天。无论过去、现在和将来，我们都要向马克思请教，认真学习他的著作，从中汲取智慧和力量。让我们在这个纪念大会上，在世界的东方，向长眠在伦敦的马克思，表示最深挚的怀念和感激之情。

同志们，朋友们！

马克思在人类历史上最伟大的贡献，就是他和他的亲密战友恩格斯一起，为批判旧世界、开创新世界，为全世界无产阶级和进步人类争取解放的斗争，提供了最强大的思想武器——科学共产主义。

他第一次把唯物论同辩证法结合起来，并且把辩证唯物论运用于观察和分析人类社会历史，揭示了人类整个社会生活、政治生活和精神生活的基础归根到底是物质生产的状况，揭示了生产力与生产关系的矛盾是历史发展的真正动力，科学地说明了阶级斗争在人类社会历史中的作用和它产生、发展、消灭的条件。

他第一次发现了资本剥削劳动的秘密，即剩余价值规律，进而揭示了资本主义发生、发展到最后必然被共产主义所取代的历史趋势。

他因此第一次使社会主义由空想变成科学，证明了现代无产阶级是推翻旧制度、建立新制度的新兴社会力量，是彻底革命的和最有前途的伟大阶级。

这样，他就在历史科学、经济科学和哲学领域，实现了最伟大的根本变革，建立了真正科学的宇宙观和最彻底的社会革命论。

马克思主义从产生开始，就显示出了历史上任何思想体

系所不能比拟的强大威力。马克思青年时代就投身革命，在
他成为共产主义者以后，直接领导了工人运动，与工人运动
同呼吸、共命运，把毕生精力献给无产阶级的解放事业。他
从事革命活动，正是十九世纪欧洲社会激烈动荡，革命风暴
汹涌澎湃的时期。在革命风暴的考验下，尤其是在一八七一
年巴黎公社伟大斗争的严峻考验下，当时那些五花八门、吵
吵闹闹的社会主义流派，都奄奄待毙；唯独马克思的学说，
真正代表了无产阶级和广大人民的利益，精辟地概括了革命
运动的历史经验和新鲜经验，因而能够迅速广泛传播。马克
思亲手创建的无产阶级的党，也由革命流亡者的小组织，发
展成为"使整个官方世界发抖的强大政党"[254]。

　　马克思、恩格斯相继逝世了，但马克思主义却继续蓬勃
发展。一百年来的历史反复说明，一部马克思主义史，就是
马克思主义不断战胜各种敌对思潮的攻击和反动势力"围
剿"的历史。无论经过多么严重的曲折，多么险恶的风浪，
它的革命锋芒始终锐不可当。一百年来的历史也反复说明，
一部马克思主义史，又是不断克服马克思主义运动内部的各
种错误倾向，因而不断向前发展的历史。修正主义是错误
的，因为它丢掉了马克思主义的普遍真理；教条主义也是错
误的，因为它把马克思主义看成僵死的教义。无论修正主义
还是教条主义，都是主观同客观相分裂，理论同实际相脱
离，都同马克思主义背道而驰。马克思主义是发展的科学，
是革命的指南，它的生命力就在于不断分析研究实践中出现
的新情况、新问题，同各个时代和各个国家的具体革命实践
相结合。这是马克思主义能够不断丰富发展的源泉，是使马
克思主义永葆革命青春的根本保证。

列宁和俄国布尔什维克党干成了十月革命，是马克思、恩格斯逝世以后马克思主义的第一个最重大的发展。他们把马克思主义的普遍真理同帝国主义时代世界形势的最新发展，同俄国的具体实际结合起来，决定自己的路线和政策，所以发展了马克思主义，所以有列宁主义，所以干成了十月革命，成功地实现了社会主义革命首先在一国的胜利。如果列宁和俄国布尔什维克党不按照俄国的实际情况行事，拘泥于马克思主义关于无产阶级革命必须在世界主要资本主义国家同时胜利的个别结论，结果会怎么样呢？那就没有十月革命的胜利。

中国革命的胜利是十月革命后马克思主义发展历史上最重大的事件。毛泽东同志和我们党，在东方条件下，把马列主义的普遍真理同中国的具体实际结合起来，紧紧依靠工人阶级在农村的强大同盟军、反封建的革命主力——农民，找到了用农村包围城市的正确道路，所以有毛泽东思想，所以干成了中国革命。如果不是这样，而是拘泥于城市武装起义夺取政权的近代欧洲革命的传统模式，结果会怎么样呢？那就没有中国革命的胜利。

所以，马克思主义发展历史的一条根本经验，就是各国党要根据自己的实际，自己所处的国际地位和国内情况，自己决定自己的路线和政策，革命也好，建设也好，才能取得成功。

二次大战后的世界共产主义运动，经过三十多年的曲折发展，取得了巨大的成绩和胜利，但也有严重的挫折和失败，经历了充满动荡和分化的令人目眩神迷的过程。在这种复杂的历史现象面前，全世界议论纷纷。一些人幸灾乐祸，一些人丧失信心，把这叫作马克思主义的"危机"。但是就在所谓马克思主义"危机"的喧嚷声中，许多国家的马克思主义政党和组织经受了种种冲击的考验，英勇沉着地继续战斗。一切真正的马克思主义者和一切有识之士，从这种曲折发展中，看到一个最本质的积极因素，就是越来越多的马克思主义政党和组织，在政治上和思想上敢于破除迷信，解放思想，独立思考，从而能够独立自主地把马克思主义普遍真理同本国革命的具体实践结合起来。事实已经证明，无论是在如何正确处理各国党之间的关系问题上，还是在各国革命的具体道路问题上，今天各国马克思主义政党的认识和实践，比之过去是更加丰富，更加深刻，水平是显然提高了。这就从根本上为马克思主义的更大发展，创造了最重要的条件。

我们党的情况，自一九七八年十一届三中全会以来，发生了具有重大意义的历史性转折。十年"文化大革命"，曾经使我们党陷入严重的困境。但是，困难没有使中国人民对马克思主义失望，反而使我们进一步掌握了马克思主义的真理。从三中全会到一九八二年的十二大，在短短四年的时间里，我们已经胜利地完成了在指导思想上拨乱反正的繁重任务。拨乱反正，归根到底就是要在新的历史条件下，重新走上把马克思主义普遍真理同中国的具体实际相结合的道路，也就是毛泽东同志为我们开创的唯一正确的道路。我们大家都从亲身经历中深切地感受到，当着毛泽东同志在几十年中坚持这条正确道路的时候，他的思想和实践是何等光芒四射，为我们党和人民带来了何等巨大的智慧和力量；而当晚年偏离甚至违反这条正确道路的时候，即使是像他这样伟大的马克思主义者，也不可避免地陷入令人痛心的迷误。所以，我们的拨乱反正，就是要恢复毛泽东思想的本来面目，就是要坚持和发展毛泽东思想。世界上有些人至今还在胡说什么我们抛弃了毛泽东思想，这只能表明他们对毛泽东思想一无所知，也就是对马克思主义一无所知。

在拨乱反正过程中，我们在思想路线上，坚决冲破了长期存在的"左"的倾向和个人崇拜的严重束缚，重新确立了实事求是的原则，科学地评价了毛泽东思想和毛泽东同志的历史地位，恢复和发展了党内生活的马克思主义准则。在拨乱反正过程中，我们在政治路线上，勇敢地抛弃了造成极大危害的"无产阶级专政下继续革命"的错误理论，重新正确地分析了我国社会主义社会的矛盾，实现了安定团结的政治局面，实现了全党工作重点的转移。在拨乱反正过程中，我们在农业体制上，坚决冲破了长期存在的关于什么是社会主义公有制经济、什么是大生产等问题上的严重误解，克服了吃"大锅饭"的平均主义的严重错误，创造了以专业承包、联产计酬为特点的农业生产责任制形式，在广大农村按照中国的具体情况，真正实现马克思主义的按劳分配原则，真正实现国家、集体、个人利益相结合的原则。农业上的大胆改革，打开了一条使八亿农民放开手脚，充分发挥巨大劳动潜力，发展多种经营，向生产深度和广度进军，不断提高对生产资料和消费资料的购买力，开拓广阔的社会主义市场的正确道路。这对我国社会主义现代化建设的全局，已经并将继续起巨大的推动作用。同那些一知半解的人们的看法相反，社会主义在中国农村不是后退了，而是大大前进了；不是动摇了，而是大大巩固了。原因不是别的，只在于我们抛弃了从外国搬来的或者自己生造的那些不适合实际情况的旧形式，找到了真正在中国土壤上产生的适合当前中国农村条件的新形式。

现在，我们已经进入全面开创社会主义现代化建设新局面的阶段。在经济和社会生活的各个领域，还有不少不适合我国情况的、错误的观念和模式，长期禁锢着人们的头脑，严重束缚着生产力的发展。只有从实际出发，冲破这些东西，全面系统地、坚决而有秩序地、有领导有步骤地实行改革，才能全面开创新的局面，才能使马克思主义的基本原理同现代化建设的具体实际更好地结合起来，进一步发展科学的社会主义。要实现四个现代化，大大发展社会生产力，就必须有生产关系和上层建筑的改革为之开辟道路。我们相信，在坚持四项基本原则，坚持社会主义基本制度的前提下，调整那些不适应生产力发展的生产关系的环节，调整那些不适应经济基础要求的上层建筑的环节，就一定能够成功地建设有中国特色的社会主义，亿万人民当中蕴藏着的无限丰富的创造力就一定能够更加充分地发挥出来，社会主义制度的优越性就一定能够更好地显示出来。这当然是一个不断发展和完善的过程，决不是短期间所能完成的。但是可以预期，经过十几、二十年的努力奋斗，中国这样一个经济文化落后的十亿人口的不发达国家，在社会主义制度下取得现代化建设的历史性重大进展，这将是本世纪末、下世纪初马克思主义在东方的又一个重大新胜利。

同志们，朋友们！

马克思不但是伟大的革命家，而且是伟大的科学家。他之所以能够创立科学共产主义，一个极其重要的条件，就是他掌握了人类文化知识的优秀成果，并使它同工人运动牢固地结合起来。正如列宁所说，马克思主义本身的思想来源，就在于它批判地吸收了当时世界上三个最先进国家的三种主要思潮，即德国的古典哲学、英国的古典政治经济学和法国的空想社会主义。马克思学说之所以能够"掌握最革命阶级的千百万人的心灵"，也是因为它"依靠了人类在资本主义制度下所获得的那些知识的坚固基础"[255]，并且借助于这种知识，丰富了它的结论。马克思的学问博大精深，其领域之广，造诣之高，为世界历史所罕见，受到许多诚实的科学家、思想家和历史学家的敬佩。旧世界的辩护者们企图抹杀马克思，或者诬蔑马克思的学说早已"过时"，事实证明这只是他们的一厢情愿。一代又一代的学者、青年、工人运动家、民族革命家和一切立志改革的人们，从马克思主义汲取无穷无尽的力量和信心，这种情况是任何昙花一现的"新思潮"所不可能梦想的。马克思的勤奋和毅力是惊人的，他治学态度之严谨，尤其堪为一切科学工作者的典范。他历遭反动政府的迫害，颠沛流离，寄居国外，而斗志弥坚，在革命和科学的道路上奋战不已。他一生从未摆脱过物质贫困，只靠恩格斯的帮助才稍许减轻。他有四个儿女童年夭折，一个女儿死后，甚至没有钱买一个小棺材。他以自己的全部心血和智慧，以自己的最精湛的科学成果，献给工人阶级，献给全人类。他的献身精神，真是可歌可泣。马克思确实是工人阶级知识分子的最高典范，是一位代表人类智慧和良心的最完全的知识分子。

在这个纪念大会上，当我们说到掌握人类文化成果对于马克思的伟大事业的重要性的时候，当我们说到马克思是最完全的知识分子的时候，我想利用这个机会，着重讲一讲我们党、我国工人阶级和劳动人民应当如何正确对待知识和知识分子的问题。

我们党成立六十多年来，主要是领导全国各族人民干两件大事。一件是推翻旧世界，推翻三座大山[42]，一件是建设新世界，建设一个现代化的社会主义强国。推翻旧世界，需要知识和知识分子；建设新世界，更加需要知识和知识分子。而且应当说，在我们这样原来经济文化落后的国家，能否掌握现代科学文化知识，是决定建设成败的一个关键。但是，恰恰在这个关键问题上，我们曾经长期认识不足，并且被一些背离马克思主义的错误观念纠缠了多年。因此，如何正确对待知识和知识分子的问题，就成为当前把马克思主义普遍真理同中国社会主义现代化建设的具体实践很好地结合起来的，一个重大而迫切的问题。

必须肯定，在解决知识分子问题上，我们党是有出色成就的。我们党的创立和发展，从来同革命知识分子分不开。在一九三九年抗日战争转入更加艰苦斗争的年代，毛泽东同志起草的《大量吸收知识分子》的决定，就是一篇用马克思主义精辟分析半殖民地半封建中国知识分子的特点，确定放手吸收知识分子的著名文献。这个战略决策，对于抗日战争、解放战争一直到建国以后我们事业的胜利，起了多么重要的作用，这是历史已经证明了的。建国初期，相当一段时间内，我们党在知识分子问题上比较谨慎，基本上是正确的。一九五六年，在生产资料私有制的社会主义改造基本完成之后，根据毛泽东同志提议召开的知识分子问题会议上，周恩来同志在报告中系统地论述了知识分子问题同加速社会主义建设的关系，第一次明确指出了我国知识分子的绝大部分已经成为工人阶级的一部分，并且发出了"向科学进军"的伟大号召。在党的领导下，我国科学教育文化事业取得了中国历史上从未有过的重大发展。我们在一系列科技领域，包括原子弹、氢弹、运载火箭和人造卫星等尖端技术方面，取得了巨大成就。我们不但吸收了大量旧社会过来的知识分子，而且培养了更大量的新的知识分子，包括人数在四百万以上的大专以上程度的知识分子。这就形成了我们今天所拥有的知识力量的重要基础。这支知识分子队伍正在继续增长，他们同广大工人、农民结合在一起，共同努力，是我们在本世纪末达到七八十年代世界科学技术先进水平的依靠和希望。

但是，也应当看到，从五十年代后期开始，我们在对待知识和知识分子的问题上，逐渐离开了正确方向，犯了严重的"左"倾错误。它的主要表现，就是轻视知识，轻视专业，给广大的热爱社会主义祖国并对社会主义建设事业做出了重要贡献的知识分子戴上"资产阶级"的帽子，排斥和打击他们，使许多知识分子遭受压抑，以至蒙受冤屈；与此同时，又放松和取消了干部队伍知识化、专业化的战略任务。这种倾向，在"文化大革命"中发展到荒谬绝伦的地步，甚至把重视知识和知识分子说成是"搞修正主义"，有"亡党亡国"的危险。这样，在知识和知识分子问题上的"左"倾错误，就发展成为令人痛心的十年浩劫的重要组成部分。

粉碎江青反革命集团以后，特别是党的十一届三中全会以来，情况已经大有好转。一九七八年，邓小平同志进一步阐述了知识分子的绝大多数已经是工人阶级的一部分，这就

使党的知识分子政策开始重新走上了马克思主义的正确轨
道，这是大家都看得到的。但是同时必须看到，无论在思想
认识上，在社会舆论上，还是在各项政治、经济和组织措施
上，都还远远没有彻底清除长期"左"倾错误的严重影响。
全国工人阶级和劳动人民，全党同志首先是各级领导骨干，
必须对这个重大问题树立马克思主义的深刻观念，以适应大
规模发展社会主义现代化建设的迫切需要。一寸光阴一寸
金，时间对我们是很宝贵的。现在，是毫不迟疑地下定决
心，彻底解决这个问题的时候了。

同志们，朋友们！

在知识和知识分子问题上，我们应当从历史的曲折中，
吸取哪些经验教训呢？确立哪些马克思主义的真正革命的和
科学的观念呢？

第一，一定要反对把马克思主义同人类文化成果割裂开
来、对立起来的错误倾向，确立尊重科学文化知识的正确观
念，动员全党全民努力掌握现代科学文化知识。

马克思主义是从哪里来的？从根本上说，当然是资本主
义社会矛盾和工人运动的产物；但它同时又是吸收人类几千
年文化知识的结果。如果只有工人运动，不利用人类文化成
果去科学地发现历史发展的规律，论证工人阶级的长远的和
根本的利益，那就只能产生形形色色的工团主义、经济主
义、改良主义、无政府主义等等，而不可能产生马克思主
义。从另一方面说，我们的同志都有亲身的体验：为了学习
马克思主义，必须学文化。单凭朴素的阶级感情，只能接受
马克思主义的个别观点，而不可能系统地领会和掌握马克思
主义。至于我们今天要在马克思主义指导下建设新世界，要

在现代化建设的伟大事业中成功地运用和发展马克思主义，并且用马克思主义教育全体社会主义建设者，就更加需要不断批判地吸收当代科学文化的新知识、新成果。"知识就是力量。"尊重知识，欢迎知识，渴求知识，努力把知识变成建设新世界的巨大力量，应当成为我们共产党人和一切建设者所应有的优良素质。

有一种谬论，说什么"知识越多越反动"，这在"文化大革命"中曾经猖獗一时。必须明确指出，在人类的知识体系中，自然科学知识，生产技术知识，历史和地理知识，当代在马克思主义指导下的各门社会科学知识，反映社会化大生产共同规律的经营管理知识，以及那些在历史上反映人类进步成果和进步阶级要求的各种文化知识，都包含着人类在认识世界和改造世界的长过程中积累起来的真理的成分，都是人类辛勤劳动的积极产物，是人类争取自由的一种武装。这样的知识越多，就越有利于提高人们认识和改造世界的能力，这是社会进步的一种标志。就是一些在历史上起过重要作用但浸透了反动阶级偏见的东西，马克思主义者也应当加以分析批判，并且从中吸收有用的材料。所以，问题是在于对待知识的立场、观点和方法。一般说来，知识多总比知识少要好，更不能说什么"知识越多越反动"。

我们说马克思主义建立在人类文化优秀成果的基础之上，这个基础就包括自然科学。明确这个观念，在我们集中力量进行社会主义现代化建设的今天，尤其重要。我想在这里特别讲一下马克思、恩格斯是怎样重视自然科学的。他们用心研究了数学和自然科学的理论和技术方面的大量材料，用自然科学成果特别是十九世纪的三大发现[256]，论证了自然界的相互联系和相互转化的发展学说，为马克思主义世界观奠定了坚实的自然科学基础。恩格斯的《自然辩证法》和《反杜林论》，集中反映了这方面的研究成果。尤其值得注意的是，马克思提出了关于科学是生产力，而且是一种在历史上起推动作用的革命力量的著名论点。他站在代表先进生产力的无产阶级立场上，高度评价了科学技术对于社会发展的推动作用，形象地把科学技术的一些划时代的成就说成是比当时一些著名革命家"更危险万分的革命家"[257]。他在发电技术刚刚萌芽的时候，就敏锐地观察到人类即将面临的电能时代的曙光。当世界上第一条实验性输电线路刚刚出现的时候，马克思、恩格斯就给以极大关注，预见到电能将由此而远及穷乡僻壤，"成为消除城乡对立的最强有力的杠杆"[258]。马克思在为推翻旧世界而斗争的时代，尚且如此高度重视科学技术，今天我们肩负着建设新中国的历史重任，难道不应当更加自觉地重视科学技术，更加自觉地学习和掌握现代科学文化知识吗？毫无疑问，已经成为自己国家主人的我国亿万劳动人民，有了马克思主义和现代科学文化的武装，就将成为更强大更活跃的生产力，干出一个翻天覆地的伟大事业。

第二，一定要反对把知识分子同工人阶级割裂开来、对立起来，看成"异己力量"的错误倾向，确立知识分子是工人阶级一部分的正确观念，百倍地加强工人、农民和知识分子的团结。

在社会主义建设的伟大事业中必须尊重和依靠知识分子，犹如我们必须尊重和依靠工人和农民一样。按照马克思主义的观点，知识分子从来不是一个独立的阶级。新中国成立以前，我国是半殖民地半封建社会，虽然知识分子按其社会地位，大都是从属于资产阶级和小资产阶级的，但是他们中间的绝大多数同时也受着帝国主义和国民党反动派的压迫，因而一部分知识分子直接参加了革命，一部分同情革命，还有许许多多知识分子怀有反帝爱国的志向。真正死心塌地站在革命人民的对立方面，为统治阶级效劳的反动知识分子，当然是无产阶级的异己力量，但那只是极少数。到了社会主义社会，我国知识分子的情况起了根本的变化。从旧社会过来的知识分子，他们中间的绝大多数积极为社会主义服务，而且接受了马克思主义的教育，经受了建国以来长期的锻炼和考验。同时，我国现有知识分子队伍总数百分之九十几的人，都是新社会培养出来的，其中绝大多数还是工人、农民和知识分子家庭出身的。尽管知识分子在劳动方式上，同工人、农民还有重要差别，但这并不妨碍我们从总体上说，从取得生活来源的方法和为谁服务来说，明确肯定我国知识分子已经成为工人阶级的一部分。这是中国革命历史发展的伟大成果，是社会主义建设的伟大成果。

在社会主义现代化建设的新时期中，知识分子起着特别重要的作用。按照马克思主义的观点，按照科学和工业的最新发展趋势，体力劳动和脑力劳动的本质差别将会逐渐缩小甚至归于消灭，将会造就出体力劳动同脑力劳动在更高水平上结合的一代代新人。但这是远景，今天还办不到。也就是说，科学文化知识和脑力劳动相对集中在知识分子这一部分人身上的状况，在相当长的历史时期内还会存在。因此，知识分子是我国社会主义现代化建设所绝对必需的智力因素，是我们国家的宝贵财富。我们一定要造成尊重知识和知识分子的社会风气，并且采取切实措施，改善他们的工作条件和生活条件，把这看成是"基本建设"，并且是"最基本的基本建设"。要向广大人民讲清楚，在社会主义社会，一般说来，科学文化程度高一些的比低一些的，脑力劳动者比体力劳动者，在物质待遇上高一点，不但是脑力劳动本身的不可缺少的条件，更重要的将大有利于社会生产的发展，有利于人民物质文化生活水平的提高，同时也有利于工人阶级和全体劳动者的知识化，有利于鼓励工农子女努力学科学、学文化，从而培养更多的知识分子。很明显，这样的政策，是符合社会主义发展规律，符合工人阶级和全体人民的长远和切身利益的，是马克思主义的政策；反之，过去一个时期那种"左"倾错误政策，则是同马克思主义、社会主义的原则背道而驰的政策。

我们说要尊重知识和知识分子，在任何意义上都不是说可以轻视和贬低体力劳动，不是说可以轻视和贬低体力劳动者，那是我们社会主义社会所决不能容许的。一切有益于社会的劳动，无论是体力劳动还是脑力劳动，都是光荣豪迈的伟大事业。在我们国家，占劳动者总数百分之九十以上的人们，今天都是在从事各方面的紧张的体力劳动。我们的一切财富，归根到底都是体力劳动和脑力劳动的共同产物。当然，随着现代化建设的发展，脑力劳动所创造的成果会越来越显得突出，脑力劳动者在全体劳动者中的比重也会逐步增加。但是这个过程本身，就包括体力劳动者的科学文化水平的不断提高，体力劳动中的脑力劳动因素的不断增加，一批批体力劳动者按照社会需要转变为脑力劳动者；同时，广大工人、农民特别是有熟练技能的老工人和农村能工巧匠的创造性生产实践，又是科技进步的无穷无尽的丰富源泉。任何把脑力劳动同体力劳动割裂开来、对立起来的观点和做法，都是完全错误的。在社会主义社会，任何知识分子，如果轻视和脱离工人农民，他们将很难真正发挥作用，并且将受到社会的纠正。同时还要看到，无论将来生产技术水平达到何等高度，也决不可能从人类社会劳动中完全消除体力劳动的因素，尤其不可能消除那些工艺性的手工劳动，不可能消除特殊环境和紧急情况下的重体力劳动。在这个意义上，可以说一万年都有体力劳动。总之，社会主义社会的体力劳动和脑力劳动，只是分工的不同，劳动复杂程度的不同，决没有什么高低贵贱之分。我之所以还要讲到这一点，是因为当着我们强调尊重知识和知识分子的时候，一定要同时注意防止那种轻视和贬低体力劳动的错误倾向。我之所以讲到这一点，还因为像中国这样一个有几千年封建社会历史的国家，"劳心者治人、劳力者治于人"[259]的腐朽等级观念，根深蒂固。恩格斯曾经把鄙视劳动的恶习，叫作奴隶制遗留下来的一根毒刺。我们一定要随时警惕和拔除这种毒刺。

我们说要尊重知识和知识分子，当然也不是说知识分子就是十全十美的，没有必须克服的弱点了。我国的工人、农民和知识分子都有在特定的历史条件下所形成的优点和弱点。就总体来说，无论在思想上、业务上和实践本领上，我国知识分子都还不能完全适应社会主义现代化建设新形势对他们提出的更高要求。在新时期中，我们希望我国知识分子，以马克思、恩格斯这样的最完全的知识分子作为自己的崇高典范，继承和发扬五四运动和一二九运动以来中国革命知识分子的光荣传统，学习彭加木[260]、栾弗[261]、蒋筑英[262]、罗健夫[263]、雷雨顺[264]、孙冶方[265]等同志的献身精神，更加努力地学习马克思主义，精益求精地掌握新的知识，脚踏实地地到群众中去、到实践中去，自觉地增强组织性和纪律性，在改造客观世界的伟大斗争中，努力改造自己的主观世界，做到又红又专。一切先进知识分子的经验证明：无论是谁，即使是很有权威的专家学者，在日新月异的科学发展和社会进步面前，都不能丝毫满足于已有的成就，而必须在思想上和业务上不断地提高自己的水平。一切先进知识分子的经验还证明：只有同工人、农民更好地结合起来，全心全意地为人民服务，才能真正施展自己的才干，充分发挥出自己的光和热，才能把自己掌握的知识真正转化为造福人民的巨大力量。

九十年前，恩格斯给国际社会主义者大学生代表大会写过一封信，热情地期望从他们中产生出"脑力劳动无产阶级"[266]。这种脑力劳动无产阶级，能够同从事体力劳动的工人兄弟在一个队伍里，肩并肩地在革命中发挥巨大作用。今天，在我国新的历史条件下，恩格斯的这个期望，正在全国范围内和全体规模上，成为现实。现在有人说"老大靠了边，老九上了天"，这样把工人和知识分子区别为"老大"和"老九"，是不对的。至于说只有"老九"上了天，则是更加不符合事实的。我们的主张是，工人、农民和知识分子，在党的领导下，手拉手，肩并肩，一起飞上天！一起飞上社会主义现代化的新天！

第三，一定要反对把坚持党的领导同实行内行领导割裂开来、对立起来的错误倾向，确立要领导就必须内行的正确观念，大力加强干部队伍在革命化前提下的知识化、专业化。

我们说社会主义现代化建设需要知识和知识分子，这个指导思想，首先要在各级各部门领导机构的改革上体现出来，使干部队伍在革命化的前提下，实现年轻化、知识化和专业化。人们可能会问：过去我们干部队伍的知识水平并不高，不是也取得了革命战争的胜利吗？不错，我们党的干部队伍在革命战争年代，由于长期处在农村游击战争的环境，确实存在现代科学文化知识不足的弱点。但是，我们党在当时条件下还是很重视有计划地培训广大干部和战士的，在延安和各根据地、解放区曾经大量地举办了各种干部学校。我们对于当时革命战争、根据地建设和白区工作所迫切需要的军事知识、社会知识和经济文化知识的学习和钻研，是很刻苦，很认真，并且是很有成效的。无论是从工农干部还是知识分子干部当中，都成长出成千上万优秀的各级领导者，其中许多人成为军事、土改[1]、统战、财经、宣传文教等各方面工作的专门家。至于统帅我们全局斗争的党中央的领导核心，党的一大批杰出领袖人物，更是有高度理论文化素养的。他们精深地研究了中国革命问题，总结了中国社会发展规律，这样才形成了关于中国革命的有系统的科学理论，即毛泽东思想。历史表明，我们党的干部队伍从来就不是一支没有知识的、愚昧的队伍，而是一支真正掌握了当时革命斗争迫切需要的知识，精明干练，因而能够克敌制胜的队伍。不同的是，今天情况发生了根本的变化。社会主义现代化建设事业是全新的事业，规模广大得多，性质复杂得多，行业也多得不可比拟，就是军事工作也更加专门化了。在这种情况下，仅靠过去那些知识和经验已经大大不够了，掌握现代科学技术文化知识已经成为现实斗争的迫切需要。因此，我们现在提出知识化、专业化的更高要求，难道不是完全正确和必要的，完全符合历史发展的吗？

党的领导是政治、思想和组织的领导，是方针政策的领导，是对于各方面工作的检查督促，不可能也不应当包办代替各项具体业务、技术和行政工作。既然如此，党的各级领导干部为什么还要专业化，还要变成内行呢？在今天的社会主义现代化建设事业中，正确的政治领导，就是要在各个领域坚持四项基本原则，把党的方针政策同本地区、本部门的具体实际和具体业务结合起来，调动和组织各方面的积极因素，卓有成效地实现党所提出的战斗任务。而要做到这一点，党的各级领导干部不但要具备一定的科学文化基础知识，而且要熟悉各自领导范围内的必要的专业知识，了解有关业务领域的具体情况，掌握它们的特殊规律。不然的话，只能是空头政治，只能不着边际，无所作为，或者瞎指挥。依靠这样的领导，四化建设是没有希望的。因此，要领导，就必须努力成为内行。

为了把马克思主义普遍真理同社会主义现代化建设的具体实际很好地结合起来，把党的方针政策同各个领域的具体业务很好地结合起来，在认识论上，就必须正确理解和处理一般与个别的关系问题。马克思主义认为，个别与一般是相互联结的，一般寓于个别之中。只有深入地认识个别，才能更好地把握一般；而在认识了一般之后，还必须继续深入地去认识个别。关于一般与个别的这种辩证关系，毛泽东同志认为是辩证唯物论认识论的一个精髓，是我们必须时刻牢记的思想方法和领导方法的一个重要准则。如果我们的领导同志，只是停留在一般的"政治领导"上，不去深入个别，不去掌握为实行有效领导所必需的专业知识，甚至认为外行领导内行是天经地义，拒绝深入个别，拒绝掌握必要的专业知识，那是很危险的。因为那就从根本上取消了专业化的要求，堵塞了认识不断深化、领导水平不断提高的道路。

我们党和国家干部队伍的知识化、专业化问题，实际上早在五十年代就曾经提出过。一九五六年九月，党的八大一次会议期间，毛泽东同志曾经强调指出，中央委员会的成分，反映了中国革命的过程，将来它的成分是会改变的，我们的中央委员会应该有许多工程师，有许多科学家。但是这个问题，连同各级领导干部的年轻化问题，没有得到及时的解决。现在，中央决心从这次机构改革开始，通过新老干部的交替，把干部队伍的年轻化、知识化和专业化这样三个问题，联系起来逐步解决，这就是：大批老同志退下来，搞好传帮带；吸收大批德才兼备、年富力强的知识分子到各级领导班子中来；热情鼓励和组织那些有相当领导经验和政治水平，但文化程度太低的中年干部，下决心补习文化。这是一项保证我们党的事业继续蓬勃发展的，具有深远意义的战略措施。

同志们，朋友们！

在纪念马克思逝世一百周年的时刻，我们兴奋地看到，马克思、恩格斯所开创的共产主义运动在今天中国的中心任务已经是：为全面开创社会主义现代化建设的新局面，为建设一个具有高度民主、高度文明的现代化的社会主义强国而奋斗。这样一个宏伟而艰巨的任务，不但在东方历史上，而且在整个人类历史上，都是最伟大的创造性工程之一。为完成这个任务而提出的某些重大课题，是全世界马克思主义者从来没有遇到过，因而也从来没有解决过的。这就要求我们，要求中国共产党人，要求各条战线、各行各业的广大干部，一定要在新的伟大斗争中，重新学习。

我们党在建国前夕，曾经提出过重新学习的口号。毛泽东同志在《论人民民主专政》中强调指出："严重的经济建设任务摆在我们面前。我们熟习的东西有些快要闲起来了，我们不熟习的东西正在强迫我们去做。这就是困难。""我们必须克服困难，我们必须学会自己不懂的东西。我们必须向一切内行的人们（不管什么人）学经济工作。"〔267〕事实证明，那一次重新学习，保证了我们党由革命战争顺利地转入掌握全国政权，保证了新生的人民共和国的确立和巩固。可惜的是，那次学习没有很好坚持，特别是没有明确地提出各级领导干部系统学习现代科学文化知识尤其是各项专业知识的任务，更没有为此采取持久的、强有力的措施。现在，在新的历史时期，在社会主义现代化建设任务面前，我们党又一次提出重新学习的口号。这是建国以来的第二次重新学习。这样一次重新学习，包含着两方面同样重要的内容：一方面是更好地掌握马克思列宁主义、毛泽东思想，这是指导我们思想和一切行动的理论基础；另一方面是更好地掌握各门社会科学和自然科学，掌握现代技术和经营管理科学。这样一次重新学习，将贯穿四化建设的全过程，必须有计划有步骤地开展起来，并且长期坚持下去。这样一次重新学习，加上全国教育文化事业的有计划的积极发展，将是一个包括全国上下，各行各业，亿万工人、农民、知识分子在内的，向科学的伟大进军。

在今天这个纪念大会上，当我们提出重新学习任务的时候，我们不能不想到，马克思、恩格斯在这方面同样也是我们的伟大师表。马克思为了研究政治经济学，四十岁以后还复习代数，学习和研究当时数学发展的高深部分——微积分，并且专门去听工艺学教授的讲课。恩格斯在创立辩证唯物主义自然观的过程中，五十岁以后还下决心进行数学和自然科学方面的系统学习。恩格斯在回忆这段重新学习的经历时说过，"我尽可能地使自己在数学和自然科学方面来一个彻底的——像李比希所说的——'脱毛'"。[268]恩格斯这里引用的"脱毛"，是什么意思呢？这句话是十九世纪德国著名化学家李比希说的。李比希说："化学正在取得异常迅速的成就，而希望赶上它的化学家们则处于不断脱毛的状态。不适于飞翔的旧羽毛从翅膀上脱落下来，而代之以新生的羽毛，这样飞起来就更有力更轻快。"[269]李比希这段话，表现了那些不断努力更新自己的知识，不断探求，敢于破旧创新的科学家们的可贵的进取精神。我们中国共产党人和中国人民今天决心进行的重新学习，难道不是同样可以比喻为鸟的脱毛吗？我们十亿人口的中国，好比"其翼若垂天之云"[270]的大鹏，一旦重新学习，摆脱了不适于飞翔的旧羽毛，换上了新羽毛，那就一定能够更有力更轻快地展翅高飞，越过一个又一个高峰，达到我们的目的地。

　　同志们，朋友们！

　　马克思逝世，整整一百年了。百多年来，马克思的学说，已经由一个在欧洲徘徊的"怪影"，发展壮大，成为深刻改变了并将继续改变世界历史面貌的巨大力量。马克思主义从它诞生以来，始终是指导国际无产阶级团结战斗的指针，始终是指导全世界被压迫民族争取政治独立和经济独立的指针。目前，这两支力量尽管在前进道路上还必须克服许多障碍，但是比之马克思在世的时候，都已经强大了千百倍。马克思主义还使我们科学地认识了战争的起源和消灭战争的唯一道路。尽管人类今天还面临着大规模侵略战争的威胁，但是我们坚信，依靠全世界工人阶级、被压迫民族和全体进步人类的共同奋斗，光明终将战胜黑暗。

马克思、恩格斯提出的共产主义伟大理想，鼓舞着全世界无产阶级和一切被压迫人民、被压迫民族争取解放的斗争，鼓舞着全体进步人类争取美好前途的斗争。这些斗争，正在汇合成推动社会进步的不可抗拒的世界历史的洪流。

马克思主义是永存的。让马克思主义伟大真理的光芒，永远照耀我们前进！

加强团结，乘胜前进 *

（一九八三年五月二十日）

　　我想向同志们、向新疆的领导干部和全体共产党员提个希望。希望就是一条，就是八个大字，叫作"加强团结，乘胜前进"。

　　这两年来，新疆的工作之所以进步比较大，成绩比较突出，最主要的原因就是比较圆满地解决了团结的问题。在新疆，首先要讲各民族的团结，新疆各族人民不分男女老幼的亲密的大团结；第二，各族干部之间的大团结，特别是汉族干部同各少数民族干部的大团结；第三，军队同地方、同政府、同人民群众的团结；第四，生产建设兵团同地方、同群众的团结；第五，这一部分干部同那一部分干部，例如工农出身的干部同知识分子干部，这个地区的干部同那个地区的干部之间的团结；第六，还要特别注意教育各族男女青少年儿童，增进他们之间的友爱团结。我觉得对青少年的教育问题特别重要，要使我们的下一代从小就养成亲密团结、亲如手足的观念，使民族大团结保持更好的延续性。到乌鲁木齐来后，有两个单位找我题词，我没有题。昨天《新疆青年》让我题词，本来我不准备题了，后来觉得对青少年的教育问

---

　　* 这是胡耀邦同志在新疆维吾尔自治区党政军干部大会上讲话的一部分。

题特别重要，我就题了词。我的题词是："希望新疆各族青年亲密团结，共同进步，争当热爱祖国，建设边疆的先锋。"在民族团结这个问题上，要着重教育青少年。我也是做过青年团工作的，我希望我们自治区团委的同志要着重解决这个问题。

我们党历来就把团结看成是党的政治上的一件大事。团结还是不团结，历来是我们事业兴衰的标志。当党、国家、民族团结时，就兴旺发达；当党、国家、民族不团结时，就停滞衰退。我们千万不要忘记，林彪、"四人帮"一开始就破坏我们党和人民的团结，他们以损人开始，最后以害己告终。我们决不要忘记这个历史教训。谁注意民族团结和党的团结，谁就是有觉悟、有水平、有党性；谁忽视民族团结和党的团结，谁就是没有觉悟、没有水平、没有党性。谁要损害这个团结，谁就要在政治上犯大错误。

我在伊犁也讲了这个问题。我们的国家是多民族的国家，共有五十六个民族。我们的民族关系应该是什么关系？应该是平等、团结、互助的关系，应该是兄弟姐妹的关系。我中有你，你中有我；我尊重你，你尊重我；我帮助你，你帮助我。我们要明确提出一条要求：不管是哪个民族的干部，都要带头把民族关系搞好。哪一个干部没有搞好民族关系，就不能说是好干部；哪一个干部注意搞好民族关系，注意搞好民族团结，就是好干部。

团结是一门学问。要把团结搞好，就要有正确的方法，要有无产阶级的宽广胸怀和宏大气魄。我认为，这应当包括以下六条。

一、首先要看人家的长处，要了解人家的长处和优点。

一个班子要团结，民族之间要团结，首先要看人家的长处和优点。如果自以为是，什么都是我好、我行，人家都不行，那怎么能搞好团结呢？

二、遇到问题要共同商量，开诚布公地商量。革命队伍里允许不同意见存在，党内、政府部门内总有不同的意见，要共同商量，心平气和地讨论。在党的正式会议上讲错了话不能扣帽子，党的生活必须健康。

三、对方有困难，要积极支援。我们要提倡学习雷锋助人为乐的精神。

四、有缺点，要诚心帮助，提倡相互之间多谈心，多交换意见，不要动不动上纲。

五、对缺点、错误，要通过谈心加以劝阻，不听，就批评，要严肃对待。现在有的同志对错误的东西不敢讲，当老好人，这不好。

六、为了团结，为了大局，为了党的事业，要有甘愿吃亏的精神，要敢于承担责任。

自治区两年来的工作之所以有新的进展，如果说主要原因是由于增强了团结的话，那么，我们就应该牢牢记住这个宝贵的经验，进一步地加强团结，乘胜前进，团结一致，搞好四化。

中国国内和对外关系的十个问题[*]

（一九八三年八月十五日）

第一个问题，关于中日关系问题。

我们两国关系正常化已近十一年。从我们方面来讲，认为十一年来关系的发展是好的，总的是令人满意的。这期间虽然曾经出现过问题，但不是大问题。我们把"教科书"问题^{〔271〕}提出来，是为了引起注意，接受历史教训，使一些人不再搞军国主义，这也是为了你们的利益，也是为了不致影响今后中日关系。我们是从这点出发的。你们国内有些朋友在这个问题上的态度是好的。

你谈到我们两国人民友好已有一千多年的历史了，这是事实。但也不要忘记，这一千多年也是走过曲折的道路的。从上世纪末到本世纪五十年代，我们两国的关系是不好的。也就是说，有将近半个世纪的关系是不好的。那是由你们国内的当权者、军国主义者造成的，你们的人民受了欺骗。由于这段历史的存在，这十几年，在我们的友好关系中还有这样那样一些疑虑，这也是难免的。也还有个需要很好地相互信任的问题，即政治上的互相信任、经济关系中的互相信任和人员往来上的互相信任。我们方面希望两国关系能长期稳

定地向前发展，因为这关系到我们两国人民的根本利益。这就要不断交换意见，消除相互间的疑虑。我们方面有这个诚意，有这个信心。我也将抱着这个诚意去访问你们的国家。

第二个问题，关于亚洲地区的形势。

我们总的方针是希望亚洲地区和平稳定，同对其他地区一样，我们愿为亚洲的和平与稳定而继续努力。亚洲还有不少不稳定的，或者说是破坏和平与稳定的因素存在。我们亚洲地区的国家要共同努力，为消除这些不稳定的因素而斗争。

在柬埔寨问题上，我们的方针非常明确。这就是希望越南完全撤军，越南撤军后，使柬埔寨变成一个和平、中立、不结盟的国家，而且建立以西哈努克为首的民主联合政府。我们对柬埔寨没有任何私利。越南从柬埔寨完全撤军后，我们可以把同越南的关系全面正常化。我们对他们没有一寸领土要求，也没有要继续反对他们的打算。

对东盟五国[272]，我们完全尊重他们的意见和主权。东盟有些领导人怀疑我们，怕我们欺负他们。几十年了，我们中国并不可怕，我们根本没有动过这个念头。

在朝鲜问题上，我们支持金日成[273]主席提出的建立联邦制的建议。

第三个问题，关于中苏关系问题。

你们希望中苏关系正常化，我们也希望正常化，我们希望和世界各国关系都正常化。

从五十年代到六十年代初期，我们同苏联的关系是非常好的，比正常化还正常化，超正常化，是结盟的关系嘛！当时我们是无可奈何，情况就是毛主席讲的，我们是

"一边倒"[274]。那时世界上好多国家反对我们，美国和许多国家对我们实行封锁，骂我们，不承认我们，逼着我们"一边倒"。

正常化对两国人民有好处，对世界和平有好处。有些朋友担心我们和苏联关系正常化，这种担心是不必要的。那么能否说现在的中苏关系已经是正常化了呢？我看还说不上。但终归是要正常化的。一个时期正常化不了，终究还是要正常化的。但我们不是用与一个国家关系的反常化，去换取与另一个国家关系的正常化，这个，我们不搞，因为我们同所有国家都是要在和平共处五项原则[158]的基础上发展关系的。我们的态度是：（一）谁搞霸权主义，我们就反对谁；（二）在和平共处五项原则的基础上，同一切国家建立正常关系；（三）我们站在第三世界和不结盟国家一边。这就是我们外交政策的真谛，或者叫基本点。我在见伊东正义[275]先生时说，贵国要搞霸权主义，我们也反对。我们要搞的话，你们也可以反对。不搞霸权主义，已经成为中国的基本国策。今后我们每五年要开一届人代会和党代会，每次都要重申不搞霸权主义，保证我们世世代代都不搞霸权主义。

第四个问题，关于中美关系问题。

从尼克松[276]访华算起，已有十一年了，中美建交也已四年多了，关系总的来说还可以。但有些疙瘩还没有解开。虽然不能说是死疙瘩，但是个紧疙瘩，这就是台湾问题。这不是什么题外的问题，是题内的问题，是关系到我们国家主权的问题。许多朋友为中美关系而忧虑。说忧虑也可能过分了，说关心我赞成。与其忧虑还不如积极地来解开这个疙瘩。我同伊东正义先生说，希望你们劝劝美国当局。我们的信号年年发，可是美国有些领导人的耳朵不大灵敏。

在台湾问题上我们是不能让步的。新中国已经不是小孩子，三十四岁了。中国有句俗话说，三十而立嘛！今年经过几次交谈，中美关系好像有了某种程度的缓和。我们对美国没有什么奢望，一个是台湾问题，一个是经济来往。在经济来往中不能歧视我们，不能一方面说要和我们友好，一方面又把我们划在 P 组的范围[277]。总之一句话，我们对美国没有分外的奢望，在两国关系中我们不搞小动作，不主动把关系搞坏。

第五个问题，关于香港问题。

过去对香港的条约是不平等的，我们从来没有承认它。这个条约要在一九九七年才到期，一九九七年六月三十日，到期就恢复行使主权。这不是个耐心不耐心的问题，是我们尊重历史形成的结果。

关于保持香港的繁荣问题，也就是从现在开始到恢复行使主权时为止，如何逐步过渡的问题。对此，我们是有一套系统的政策的。在我们看来，维持香港的繁荣不成问题。在香港的中国人可以放心，在香港的外国人也完全可以放心。我们在深圳创造了一个经济特区的典型，搞得蒸蒸日上。我们可以对香港恢复行使主权，为什么不可以维持它的繁荣呢？而且还有十三年半的时间，我们还可以积累经验嘛！

第六个问题，关于台湾问题。

邓小平同志与一位美籍华人的谈话[278]你们看过没有？话是由邓小平同志讲的，但原则都是经过我们中央同意的，是我们的一致看法。

山内先生提醒我想到另外一个问题，即台湾的外资将来受不受影响的问题。邓小平同志的谈话虽然没有点出这个问题，但实际上已经解决了这个问题。在台湾的外资，一是美国多，二是贵国多，还有香港的投资，还有其他国家的投资。邓小平同志讲了，台湾在经济上的对外交往不变。在我们看来，外资肯定不会受到影响。

第七个问题，关于中国的经济建设问题。

山内先生对我们翻两番目标的评价很高，我很感谢。中国党，中国人民，特别是做经济工作的同志，对翻两番的信心越来越高了。但翻两番，也的确不容易。要达到目的，还得解决一系列问题。今年我们又解决了集中财力、物力，保证重点建设的问题。还有好多问题要解决，至少还可以举出三点：一、设备更新、技术改造、提高经济效益的问题；二、经济体制改革问题；三、引进技术、引进外资等问题。所以要实现翻两番的目标，还要经过我们多年的坚持不懈的努力。

至于山内先生提到的农村实行新政策后出现的贫富悬殊问题，我想谈点看法。四年前，农村普遍穷得不得了，大家都穷。现在也还有穷的地方。这几年的结果是怎么样的呢？一般说来是都富起来了。有的富得快点，有的富得慢点。不是说这个上去了，那个跌下来了。只是富得快慢的差别。我每年都要到农村去看一看，我可以有把握地对日本朋友说，我们现在有些地方要比北京人吃得好、穿得好。山东、江苏、浙江、广东有些地方就是这样。新疆有些地方也是这样。我不是讲所有的地方，而是讲有些地方，农民的收入成倍增加，两倍、三倍、四倍地增加。

什么叫有中国特色的社会主义呢？简单地说，就是按中国的具体实际办事。为什么要强调这个话呢？有两个用意：
一、就是告诉我们的党员和人民，不要搞教条主义、本本主
义，要从实际出发，不要从定义出发；二、也告诉其他主张
搞社会主义的国家，不要照抄我们。

　　第八个问题，关于党、政、军整顿的问题和交接班
问题。

　　我们将要进行整党。从今年冬天开始，三年完成，也就
是到一九八六年完成。整党当然要有目的，有方法，有步
骤。我们要通过整党发扬好的东西，克服不好的东西。

　　至于讲到我们政策的连续性问题，对此，这几年我们是
一直在注意的。我们提出了第三梯队的问题。五十岁左右，
四十多岁，甚至三十多岁的人就是第三梯队的人选。领导班
子年轻一些，知识多一些，对当前的工作很有利。

　　政策的连续性问题，我们前年做了个历史问题的决议，
把各方面的问题都讲得一清二楚。虽然说我们党内和社会上
还有某些动乱的因素，但这起不了什么大作用。我们现在最
关心的问题是干部的年轻化、知识化问题。这是我们全党一
致的看法。在革命化前提下，解决好干部队伍年轻化和知识
化的问题，政策的连续性也能解决，四化建设问题也就解
决了。

　　第九个问题，关于中国边远地区的开发问题。

　　前些时候，我着重讲了西北的问题，还有西南的问题。
这两个地方的情况还没有完全摸清楚。但西北和西南至少有
三点是清楚的：一、地域辽阔；二、人烟稀少；三、资源丰
富。怎么开发？我们讲低点，没有三十年不行。

　　日本有些人认为中国人多，今后怎么办呢，会不会向外

扩张？要消除这个误会。日本只有近三十八万平方公里的土地，能养活一亿多人口。我们可以向全世界出个安民告示：我们有九百六十万平方公里的土地，发展余地还大得很。向外扩张，我们没有这个能力，也是违背我国人民的利益的。

第十个问题，关于访问日本。

你们的前首相铃木[279]和现首相中曾根[280]都好意邀请我去访问，这说明我们的关系好。过去我们领导人去访问有三个寻求：寻求和平、寻求友谊、寻求知识。现在我们已经有了和平。所以，我这次去就是寻求友谊和知识。总之，不管对日本、英国、法国、德国、苏联、美国，我们都是念一本经：发展人民友谊，学习先进经验。这一条我们不变。

日本是个伟大的民族，有许多值得我们借鉴和学习的地方。我们有一个志愿，就是尽量吸收世界上一切大小国家的长处。这个目的要达到，还有许多艰苦的工作要做。

最后，祝你们《每日新闻》不断发展，让我们为开创相互信任的友好历史共同努力。也想通过你们的报纸，向日本人民问候。

光彩与不光彩*

（一九八三年八月三十日）

党中央和国务院对城镇集体经济和个体经济事业是充分支持的，对从事集体和个体劳动，为国家富强，为方便人民生活做出贡献的同志们表示敬意。

现在社会上还有一些陈腐观念，妨碍着我们前进。在社会舆论中，有些是非标准还不很明确。例如，谁光彩，谁不光彩，怎样区分光彩和不光彩，就不很清楚。到处碰到这样的情况，到全民所有制光彩，到集体所有制不大光彩，搞个体的就很不光彩，找对象都困难。还说什么当干部光彩，没当干部就不光彩；上了大学光彩，没上大学就不光彩；等等。光彩与不光彩，究竟用什么标准来划分？这个问题如果弄不清楚，并且不形成强大的社会舆论，有些是非好坏就分不清楚，就会阻碍我们更好地前进。

在全民所有制企业工作好不好？当然好，但是不是所有的全民所有制企业职工都那么光彩呢？那些出勤不出工，出工不出力，出力不出活，不服从分配，闹工资，闹待遇，甚至贪污盗窃，侵占国家财产的人，他们长了三只手，难道反

---

* 这是胡耀邦同志在接见全国发展集体经济和个体经济安置城镇青年就业先进表彰大会代表时的讲话要点。

而是光彩的吗？所以，我们看问题，不能只看表面，只看招牌，不看内容，不看本质。上大学好不好？当然是好的。我国的大学生不是多了，而是少了，大部分大学生是很好的。但是有些大学生，国家花了上万块钱培养他，毕业了，却哪里都不肯去，只去"天南海北"（天津、南京、上海、北京），这难道是光彩的吗？只要大学毕业就高人一等吗？不能那么看。入了党好不好？当然是好的。但如果入党以后表现不好，不合格，那有什么光彩呢？从事集体和个体劳动同样是光荣的，因为你们为国家和人民做出了贡献。我看了一个材料，一九八二年集体工业产值达到一千一百九十三亿元，占全国工业总产值的百分之二十一点四。在集体工业产值中，轻工业产值占百分之六十八点四。今年上半年，集体经济从业人员已经达到二千六百八十一万人。如果没有集体经济和个体经济为人民的吃穿用等等方面服务，我们的市场和人民生活会搞成什么样子呢？

全国个体劳动者已经有一百八十六万人，按行业分，商业占百分之五十四，饮食服务业占百分之九点三，修理业占百分之七点二。修理业比重很小，因为人们不愿意干。我国把剥削制度废除了，一切有益于国家和人民的劳动都是光荣豪迈的事业。有些人实际上不承认甚至反对这个观点，是完全错误的。

究竟谁光彩呢？必须有个明确的标准。凡是辛勤劳动，为国家为人民做了贡献的劳动者，都是光彩的。那些在困难、危险的环境下，做出了突出贡献的同志们最光彩。那些同犯罪分子拼搏，克服技术困难、材料困难，自力更生打开局面，做出成绩的同志们最光彩。什么是不光彩的，什么是最不光彩的？好逸恶劳不光彩，违反劳动纪律不光彩，违法乱纪最不光彩。我们必须把陈腐的观念清除掉，代之以正确的观念。

请同志们回去传个话，说中央的同志讲了，集体经济和个体经济的广大劳动者不向国家伸手，为国家的富强，为人民生活方便，做出了贡献。党中央对他们表示敬意，表示慰问。

你们第一次当上先进代表，你们的名字已经记在光荣册里，留在这项事业的历史上，这是好事。可是如果搞得不好也会变成坏事。如果有人背上包袱，不再努力了，把光荣丢掉了，好事就会变成坏事。希望你们保持光荣，发扬光荣，为国家富强，为方便人民生活，继续走在发展集体经济和个体经济的前列。回到工作岗位以后，要努力，努力，再努力，争取更大的光荣。

保护和大力发展农村商品经济[*]

（一九八三年十二月二十二日）

我国农业生产连年丰收，前景还是方兴未艾，说明我们的政策对头了，路子走对了。只要按照这个路子走下去，农业形势不仅八十年代好，九十年代也会好。农业起色很大，但是对农村面貌的改变不能估计过高。总的来说还是刚刚解决一个温饱问题，农村的落后面貌还没有扭转。就粮食来讲，也没有过关。全党要重视农业，把农业看成是一个很大的课题，不要忘记这个课题，不能有丝毫放松。八十年代不能放松，九十年代也不能放松。农业是安定团结的基础，是国民经济发展的基础。在农村工作中，各级政府和干部，要爱惜民力，保护农民的积极性，不要随便加重农民的负担，对不合理的种种摊派、苛捐杂税，要坚决禁止。

我们要把农民的收入分成两个部分：一个叫自给部分，一个叫商品部分。自给部分又有三个标准，有低标准，中标准，高标准。不管达到哪个标准，都必须解决一个问题，就是我国的自然经济要转到商品经济上来。要大力发展社会主义商品经济，大力帮助农民发展商品经济。如果我们做党的

---

* 这是胡耀邦同志在中共中央书记处会议讨论审议《中共中央关于一九八四年农村工作的通知》时的讲话要点。

工作、做经济工作、做财经工作的同志，没有帮助、扶持农民大力发展商品经济的观念，农民就富不起来，这就是新问题，这就是新事物。三年以前，农民的温饱问题还没有解决，我们不可能提出大力发展商品经济这个口号，现在应该响亮地把这个口号提出来。要向我们的同志灌输这个指导思想。

不能把眼光只放在十八亿或者二十亿亩土地上，只放在粮食上。要帮助农民愈益增多地逐渐从耕地的狭小范围内一步一步地、积极地冲出来，离土不离乡。冲出来干什么事业呢？第一是各种各样的养殖业，第二是开发业，第三是山林业，第四是加工业，特别是饲料工业、食品工业，第五是运输业，第六是服务业，第七是建筑业，第八是采矿业。门路不是一项两项，要一步一步地做到本世纪末或者下世纪初从事种植业的人只要三亿左右，占百分之三十的样子。现在不喊这个口号，但是我们心中要有数，心中无数就没有方针上的指导。

要保护专业户，支持专业户，发展专业户。这是我们根据新形势制定的新政策、新方针，即使在实际工作中出了一些毛病，也不要紧，纠正它就是了。但是这个方向不能动摇，动摇就办不成事。当然，保护和发展农村专业户，不能只满足于停留在现有水平上，要不断地完善我们的政策，依靠政策的威力，使专业户不断发展，不断提高。要认识到，农业的分工愈发展，农民的富裕就愈快，商品经济的发展就愈快。

为了保护和大力发展农村商品经济，要通过三个环节：第一个环节是保护和发展专业户。第二个环节是大力疏通流通渠道，国家集体个人一起上，天上地上水上一起来。产品是靠流通变成商品的，如果取消了流通环节，或者流通环节不灵，商品流通不了，产品就叫非商品。所以商品和流通是姊妹关系，是一对双胞胎。要发展商品经济，就必须重视疏通流通渠道。第三个环节是帮助农民正确解决生产和消费的关系。储蓄要适当提倡，但是不能提倡得过分，过分了对发展生产不利。马克思主义经济学认为，生产同消费是相互促进的，过分地压缩消费，对发展生产不利。

今年初，邓小平同志讲，衡量是非最主要的标准是看人民是不是富起来了。[281] 管子讲"治国之道，必先富民"[282]，后来司马迁的《史记》把这句话改为"治国之道，富民为始"[283]。这个战略思想是对的。苏联为什么几十年富不起来？就是因为苏联领导层脑子里没有老百姓，光搞钢铁，扩充军备，争霸世界。党的十一届三中全会[77]为什么大得人心？根本之点就在于有中国特色的社会主义，引导人民用智慧和劳动的双手富裕起来。国家强大了，就能立于不败之地。

最 好 的 怀 念*

（一九八三年十二月二十六日）

　　十二月二十六日，是值得中国各族人民永远怀念的日子。我们的毛泽东同志正是诞生于九十年前的这一天。

　　毛泽东同志诞生前的半个多世纪，诞生后的半个多世纪，合起来总共一个多世纪，是中国天空乌云密布、地上风雷滚滚的年代，是中国人民同外国帝国主义、本国封建主义强大敌人反复较量、激烈搏斗的年代。伟大斗争的时代必然会生长出卓越的人物，而卓越的人物反过来又推动着历史的前进。毛泽东同志就是我们国家这一百多年中最伟大、最卓越的人物。

　　中国人民的伟大斗争，早已受到世界上一切先进的人们的极大关注。当马克思、恩格斯在一八五七年知道太平天国革命兴起和中国人民反抗外国侵略者的顽强斗争的时候，就热情地预言：过不了多少年，中国还会发生更大的斗争，并使人由此看到整个亚洲新纪元的曙光。当列宁看到中国革命在孙中山先生领导下又一次轰轰烈烈地兴起的时候，他在一九一三年热情地称赞说：极大的世界风暴的新泉源已在亚洲

---

　　* 这是胡耀邦同志发表在一九八三年十二月二十六日《人民日报》上的一篇文章。

涌现出来了。他还认为，亚洲的风暴将会反过来影响欧洲。

中国的民主革命先驱者虽然没有能改变中国的命运，但是国际马克思主义导师们的预言并没有落空。一九二一年中国共产党诞生了。中国共产党在毛泽东同志和其他许多马克思主义革命家的领导下，以崭新的思想，以超越前人的斗争规模，经过二十八年英勇顽强、前仆后继的斗争，终于实现了近代中国历史上志士仁人的遗愿。中国革命的胜利是继俄国十月革命之后人类革命史上的又一次飞跃。由于它发生在约占人类总数四分之一的国家，它对世界历史的进程不能不产生巨大的影响。它不仅永远结束了我国两千多年封建主义的统治和一百多年帝国主义对我国的压迫，而且开辟了我国人民通向无限美好的共产主义社会的道路。中国革命的伟大胜利，使中国各族人民欢欣鼓舞，也扣动着一切被压迫民族、被压迫人民和全体进步人类的心弦。

毛泽东同志在中国共产党和中国革命中的地位与作用，是无人可以比拟的。他是我们党的创始人之一。他是光荣的中国人民解放军的主要缔造者。他在中国革命最困难的时候，最早找到了革命的正确道路。他不断集中全党的智慧，把马克思主义列宁主义的普遍真理同中国革命的具体实践结合起来，制定了正确的总战略，并且逐步形成了一整套正确的理论和政策。这就是我们所说的毛泽东思想。毛泽东思想不但是使中国革命转败为胜、从一个胜利走向一个胜利的精神武器，而且它的认识和改造世界的立场、观点和方法，还是指导我们继续夺取社会主义革命和社会主义建设胜利的指南。毛泽东同志的功绩永垂不朽。毛泽东思想的光辉将与世长存。

　　毛泽东同志能够获得这样伟大的成就，决不是偶然的。他从少年时代起就立志救国。青年时代成为马克思主义者以后，他把全部身心献给了中国人民的解放事业，并为之奋斗了一生。在长期革命战争时代，他在戎马倥偬之中，孜孜不倦，勤于调查，勤于读书，勤于思考，从不放松向人民、向社会、向前人寻求知识。他一面学，一面教，既当学生，又当先生。他时刻注意培养我们党有一个优良的党风，又有一个优良的学风。他知识的渊博，是一切同他接触过的人，都感到惊讶和敬佩的。他的过人精力，是同他的伟大革命抱负联系在一起的。毛泽东同志的这种革命精神，值得我们永远学习。

　　毛泽东同志的科学思想和革命精神，培育了一代又一代的中国的马克思主义者。现在我们党的各级领导骨干，可以说没有哪一个没有受到他的科学思想和革命精神的感染、熏陶和锤炼。我也是在他的直接教导下成长起来的一个。我第一次接触到他的音容笑貌，是在一九三三年。一九三六年，我第一次当面聆听他的亲切教诲。一九三七年，我在抗大[284]学习，他的《实践论》和《矛盾论》的哲学课就是在我所在的那个班讲授的。这一年的秋天，是他建议我担任党的抗大总支部书记。他教我要做好党的总支部的工作，首先就要办一个好的校刊。他看了这个校刊的第一期，批评我们自己没有动手写东西，又自告奋勇写了那篇著名的战斗檄文——《反对自由主义》。我这里只谈了我二十一岁前同他接触的一点情景。以后他对我的谆谆教导，耳提面命，是数也数不清的。我的经历，仅仅是他关心培养我们党的年轻干部的千千万万个事例之一。我们的党是掌握未来的党。想到我们党的事业的延续性，我们的老同志也应当像毛泽东同志那样，把关心爱护年轻干部的成长，看作是自己的一个非常重要的历史使命。

同许多伟大历史人物一样，毛泽东同志也有自己的失误。他晚年的严重失误，曾经使我们党陷于极大的困境。应当怎样来对待这样一位有崇高威望而又刚刚去世不久的伟大领袖的失误呢？党内某些人首先是当时的一些负责人，不是恢复和发展毛泽东同志留下的极端宝贵的遗产，而是企图继续推行他晚年错误的一套。还有一些好同志，有的说跟了毛主席几十年，现在要批评他，感情上过不去。有的担心公开揭露他的错误，会使我们党陷于混乱，发生信任危机。此外，也有少数人走到了另一个极端，想要党把毛泽东同志的伟大贡献因他晚年的失误而一笔勾销，从而使党陷入歧途。我们党没有受这种种干扰。我们党清醒地认识到，感情决不能代替革命的理智，形而上学的方法决不是我们所坚持的严格的辩证唯物主义和历史唯物主义。我们党在健在的老一辈革命家的启发和耐心说服下，对毛泽东同志做了全面的评价，深刻地分析了他成功和失败的原因及其教训。经过几年来的拨乱反正，我们恢复了毛泽东思想的本来面目，并在新的条件下有所发展。现在，全党、全军、全国各族人民和国际上一切正直的人们都看到，我们的国家是经得起任何风浪考验的，我们党不存在什么危机，而是充满着生机。

当然，我们面前的问题还很多。由于林彪、江青两个反革命集团利用毛泽东同志的失误而进行的凶恶破坏，使我们党的肌体遭受严重的创伤，沾染了许多污浊和灰尘。在拨乱反正基本完成的条件下，我们及时地提出整党，就是为了发扬我们党的优良传统，健全党的政治生活，医治还没有来得及完全医治的创伤，清除还没有来得及完全清除的污浊和灰尘。我们一切从事理论和文艺工作的同志，都要珍视自己的"灵魂工程师"的光荣责任，努力建设社会主义精神文明，清除和防止精神污染。我们党是一个有四千万党员的大党，在国家政治生活中居于领导地位，全国人民都十分关心党风的根本好转。现在，我们已经有了整党的周密部署，又有广大党内外群众的拥护，我们相信，经过三年时间整党，我们党一定能够以更加坚强、更加朝气蓬勃的姿态，带领全国十亿人民，向着十二大所确定的宏伟目标前进。

摆在我们面前的极其艰巨的任务，是要按照自己的国情，把我们国家建设成为现代化的社会主义强国，这也就是邓小平同志提出的建设有中国特色的社会主义。有同志问：能不能开出一套什么叫"有中国特色的社会主义"的现成答案来？我们说，这种预先设想好的一套现成答案是没有的，也不可能有。我们只有在正确的理论指导下，不断地通过实践来丰富我们的认识。正如列宁所指出，理论要由实践赋予活力，要由实践来修正，要由实践来检验。还有人说：既然没有一套现成答案，那就按照国际上某一种模式好了。我们说这是行不通的。各国情况不同，每个国家的社会主义建设事业不可避免地具有自己的特点。在像我国这样经济文化底子落后的大国，建设社会主义不能不遇到一系列特殊问题，不能不采取一系列特定的适应本国条件的步骤。以为只要依据一般的社会主义规律或者奉行某种模式的同志，恰恰忘记了列宁的一段名言："方式愈多愈好，共同的经验也就愈加丰富，社会主义的胜利也就愈加可靠、愈加迅速，而实践也就愈容易创造出——因为只有实践才能创造出——最好的斗争方式和手段。"[285] 实践是个伟大的学校。让我们发扬在实践中勇于探索的革命风格,努力攀登马列主义、毛泽东思想的新高峰。

　　毛泽东同志几十年披荆斩棘所创立的丰功伟绩,使我们思慕感奋不已,激励着我们为完成他的未竟事业奋发向前。我们应当努力。

整党要抓什么[*]

（一九八四年一月十七日）

我最近到几个省去看了一下，接触到整党工作中的一些问题。现在讲几点意见。

中央整党工作指导委员会做了三个月工作，发了一些文件，下面反应是好的，对他们有帮助。从这段时间看，我认为中指委如何工作已经有一点谱了。照这样走下去，不断地总结经验，一定可以走出一条路子来。要力争这次整党，比历史上任何一次整党都搞得好。我们有条件，一是时间比较长，三年时间；二是有了历史上整党的成功和失败的经验教训；三是经过十一届三中全会以来的拨乱反正，调整领导班子，打击经济、刑事犯罪活动等工作，为全面整党做了一系列准备，是完全可以搞得好的。

这次整党先抓学习文件，武装思想，并抓住以权谋私和官僚主义这两个问题作为突破口，边整边改。这个抓法是对的，要继续抓下去。对以权谋私和官僚主义，就是要抓住那些群众意见最大、具有普遍教育意义的事件和案件，认真查处，查出结果，并且挑选最有典型意义的在报上公开发表，这是很对的。但有一条要注意，就是在抓紧解决群众最不满

---

* 这是胡耀邦同志在中共中央整党工作指导委员会第五次会议上的讲话。

意的急迫需要解决的问题的同时，要防止拾了芝麻，丢了西瓜，要防止锱铢必较，防止绝对平均主义倾向。这也是历次整党中的一条经验。

在适当时候，比如过半个月或一个月，要着重抓一下统一思想的问题。整党任务四句话，第一条就是"统一思想"。所谓"统一思想"，就是要把大家的思想，真正统一到党的十一届三中全会以来的路线、方针、政策上来，统一到十二大的方针上来，统一到十二届二中全会决定，特别是保证整党不走过场的方针上来。因此，重点要放在现在，放在当前思想上政治上的路线端正不端正的问题上。过去的一些问题，例如"两个凡是"〔60〕、真理标准问题的讨论、农业生产责任制问题等等，凡属已经解决了、检讨了的，就不要再着重去搞了。重点是现在思想上是不是同中央保持一致，思想上政治上的路线端正不端正。情况怎么样呢？从问题方面来说，主要有两种：一种是对中央的方针路线有抵触，实际上不赞成，甚至口是心非，阳奉阴违，并且暗地散布对中央的不信任情绪，甚至长期顽固抗拒。这种人有没有？我看是有的，虽然是极少数，但肯定有。还有一种是忘记了党的总的路线、任务和目标，忘记了四个现代化、翻两番、建设两个文明的全局，使自己领导的业务工作偏离中央的方针、路线，甚至只站在本部门、本地区局部和暂时的利益的立场上，不惜损害全局利益，同中央的方针、路线和奋斗目标相对立。这两种情况有所不同。对第一种，要坚决批判，坚决制止，严肃处理。而对第二种，则主要是说服教育，批评帮助。当然，无论对哪种情况，尤其是第一种情况，一定要查实，要有根有据，凭真凭实据办事，同时允许申辩。但查实了，确有问题，就要严肃处理。不然的话，整党能够统一思想？如果对中央的路线、方针、政策不信任，对十二大提出的奋斗目标没有信心，或者以无穷无尽的"扯小皮"来妨碍大局，那还叫什么统一认识、统一行动呢？所以，这是一个重大问题，必须在整党中认真解决好。尤其是省市领导机关以上的司局（厅局）以上领导骨干，包括地市领导干部，全国大约有五六万人，必须认真解决好。抓住这个问题，认真解决，全党的认识和工作就会出现一个大的前进。至于思想理论界和文艺界的同志，当然还要按照邓小平同志在十二届二中全会的讲话，认真检查，一定不要搞精神污染。

整党必须狠抓政策落实。如果不抓政策落实，各方面工作的局面怎么打开呢？如果还在那里怀疑中央哪个文件是"左"的或右的，怎么可能真正落实呢？所以，这就有一个什么叫"左"、什么叫右的问题。我看应当做以下三点分析：一是必须理直气壮地明确肯定十一届三中全会以来中央的路线、方针、政策，中央所发出的正式文件，都是正确的，不存在"左"和右的问题。二是在执行中央的路线、方针、政策的问题上，无论农村政策、干部政策、知识分子政策、科技政策、统战政策、侨务政策还是对外开放、对内搞活经济的政策，执行中的主要偏向是"左"的残余。三是在思想政治工作上，在思想意识、党性和党的纪律问题上，特别是在对不正之风和官僚主义的斗争上，主要偏向是右的，是软弱涣散。在这三点上，我们的态度必须旗帜鲜明。广东的顺德县，我一九八一年去的时候向他们提出，一九八五年可不可以达到人均收入四百元？当时他们说这个任务很艰巨呀。可是一九八三年，他们已经达到人均收入七百元，可见工作确实不错。但是那里也还有个侨务政策不落实的问题，就是因为"左"的东西还在作怪。在整党中抓政策落实，实际上也是抓统一思想，不然局面是打不开的。

关于清理"三种人"〔222〕，这件事很重要，要抓紧抓好，多做少讲。多做少讲，就是工作要扎扎实实，但公开宣传要适当。报纸上这方面如果宣传太多，对党并不利，对国外影响也不好。还要注意批评和防止一部分领导干部只清反对过自己的那部分"三种人"，而不清保过自己的另一部分"三种人"。清理"三种人"，要按邓小平同志、陈云同志讲的，着重注意那些造反起家，比较年轻，潜伏下来的，对党危害大的人。至于那些年岁大了，已经清查和处理过了的而又没有发现新的或较大的问题的干部，我的意见，一般地就不要再翻老账了。今后，我主张废除"新账旧账一起算"这个提法。一些老干部，这几年如未发现新问题，即使过去处理轻了也不要再处理了。当然有些人明显有错误而根本没有处理，或把重要错误隐瞒现在被揭发出来了，都应实事求是地加以处理。有的人，这几年继续表现不好，还在反对党的十一届三中全会以来的路线，问题严重，确要处理的，那就处理这几年的问题，过去处理过的问题也不要重新搞了。"新账旧账一起算"的做法不好，不得人心。

整党要继续抓好机构改革和领导班子的调整。对于领导班子中那些毛病很大、群众意见很大的人，要坚决调开，下决心把符合四化条件的干部提上来。五十岁上下文化程度不高的领导班子成员，也要下决心安排他们去补习文化。那些有严重问题的经济部门和其他部门，更要注意，一是把有问题的人调开，二是大胆提拔一批优秀的中青年干部上来，这样才能打开局面。我刚才说的广东省顺德县的那个材料，讲到珠江三角洲有大批精通经济工作的年轻干部在成长，很有希望。

退居二线、三线的老干部如何工作，中央、省、地、县都有这个问题。我看这批同志参加整党是可以的，搞调查研究工作也是可以的。人大常委会的几个专门委员会的老同志，都可以多做点调查研究，多搞点社会工作嘛！邓小平同志提出，老同志主要是搞社会工作。什么叫社会工作呢？比如找各种人谈话，从青少年的思想工作做起，这就是党的社会工作。退下来的老干部如何工作，需要不断开辟一些新的门路。

全党都要重视侨务工作[*]

（一九八四年四月二十日）

（一）侨务工作是长期的工作，是很重要的工作。三千万华侨、华人是了不起的力量，搞得好，可以成为促进四化建设、实现祖国统一、扩大海外影响、争取国际朋友的一支重要力量。我们党的海外工作已有四十年以上的历史了。土地革命战争时期和抗战初期，党就很重视海外工作。三十年代在延安就有个海外工作小组，朱德同志任组长，后来升了级，叫海外工委，朱德同志兼主任。侨务部门不是新建部门，是老资格！全党都要重视这项工作。文件[286]要把这个意义说清楚，明确写上华侨、华人是"促进四化建设、实现祖国统一、扩大海外影响、争取国际朋友的一支重要力量"。这是一条战线、一个方面，是一支重要力量。有人说："侨办侨办，实在难办。"我看，应该是侨办侨办，努力去办，认真去办，顽强去办！特别要讲这个顽强去办。还有一个说法："侨联侨联，实在可怜。"我看应该是真正去联，大家去联，党政首长带头去联！邓小平同志对香港来的有影响的人物，每次都接见。

（二）对华侨、华人工作的总的政策，一是要重视，二

*　这是胡耀邦同志在省、自治区、直辖市侨办主任会议上的讲话。

是要慎重。对华侨、华人工作要慎重，不要给华侨、华人造成困难。有些口号怎么提值得考虑，如"爱国爱乡"，作为实际工作来办是好的，但不必讲得很多。尤其是对华人，要同华侨适当区别。不然会引起一些国家、地区的疑虑。提口号一定要很谨慎，写文件一定要注意，不要引起麻烦。对华侨讲就是要服从当地的法律，对华人讲是要团结、友好。这样讲就周到了。既要重视、放手，又要谨慎。

（三）吸引华侨、华人投资很重要。我们现在政策偏严偏紧，工作偏慢，一定要解决这个问题。要放宽，要加快，并且采取立法来解决。立法时只讲优待华侨，这样在国际法上站得住。在施行时适用于港澳同胞、台湾同胞及外籍华人。抓紧搞个比较简明的东西，争取在五月份人大开会时通过。华侨投资税率要比外国人更低一点。

华侨、华人投资，现在为数不多，历来主要是盖房子。今年春节期间，我到广东走了一趟，看到许多投资都是盖旅馆，搞轻工业。轻工业我们现在还不够，但其中的一批产品，总有一天要饱和的。所以，最好把投资引导到开发性建设项目。要给我们经济部门打通思想，也要给侨胞打通思想。今后应当在自愿互利的前提下，有意识地把他们的投资引向开发性的生产，如新造林场、亚热带作物场、饲养场、中小型电站、公路、桥梁、港口、中小型矿床开发等等。中国的荒山、荒坡、荒滩、水面多得很，将来恐怕要开这么一条禁，广东的华侨可以到广东的山区去开发荒山，也允许雇工，允许找代理人。这样，可以安排许多人就业。我多次讲过，我国八亿农民，都圈在十八亿亩土地上，国家富不起来。要争取用二十年、三十年时间，使八亿农民中有四五亿

转到其他行业，如交通运输业、采矿业等。只有这样，八亿
农民才能富起来，国家才能富起来。

投资开发性生产，政治上、经济上都要有优待办法。我
们国内贷款的问题要研究一下，银行为什么不可以搞开发性
生产的优待、优惠贷款？优惠可分为几等，不管你是哪个企
业，哪个国籍，或者哪种体制，是集体还是个体，只要搞开
发性生产，贷款就有优待。头等的，无息贷款；第二等的，
微息贷款；第三等的，低息贷款。无非一年拿出五十亿到一
百亿元，有什么危险呢？优惠贷款办法可向全国公布。我们
提出打开新局面，各行各业都有新的课题需要研究。什么东
西都按老框框办，办不通。时代不同了，情况不同了，过去
的经验适合于过去的情况，即使是好经验有些现在也不行
了。对于这一点，中央书记处讲过多次，许多同志还没有开
动脑筋，还是认过去的红头文件。红头的，要看是什么时代
的。历史是发展的，这是唯物主义的根本一条。

（四）引进人才，要积极去做。工作上注意两条：一是
对回来定居，要搞得稳一些，不要过分强调，不要把着眼点
放在这里。因为我们各方面的工作还跟不上，工作条件、生
活条件、信息、设备等方面都跟不上，强调人家回来定居，
搞不好影响不好，不宜宣传提倡。目前以组织短期回国讲
学、短期工作为主。二是回国工作的人来去自由。人家要回
去，不要勉强挽留，要采取刘备送徐庶的办法，高高兴兴地
欢送，真诚地欢送，不要不高兴，后会有期嘛！

由于之前我们工作上的错误，人家出去讲了怪话，我们
不要把人家看死，把话讲绝。真正同霸权主义勾结，死心塌
地的反动分子，是极少数。只对这极少数人我们才考虑采取

比较严厉的态度，同他做适当的斗争。凡是由于我们工作中的错误，对不起人家的，人家出去发一顿牢骚，就让他发。他发两年，气就消了。

（五）华侨农场、工厂要办好。现在侨务部门办了上百个华侨农场、工厂，有几十万人口。这是一件大事，但究竟办得怎么样？听说困难不少，还要缴税几千万元。听说还从外面派了不少干部去管，恐怕也是弊多利少。我看要很好解决一下有关政策问题。主要有三条：一是大力推行家庭承包等多种形式的生产责任制；二是免税，全部留给农场、工厂改善生活和生产条件；三是基本上不要从外面派干部去，主要从企业内部选拔人才。再加一条，华侨企业要自主权，就给它。有了这几条，把华侨农场、工厂办好了，就是我们侨务工作的一大胜利。

（六）落实政策要抓紧。这是对归国华侨做工作的好办法，是最好的宣传。要抓好两部分工作：

一是抓紧现行政策的落实。在政治上，如入党、入团不要歧视；在工作分配上要照顾，不合理的要调整；在生活待遇上，确有真才实学的可以高一级；在生活习惯、生活方式上，不要强求一律。这些事不用花钱，要先抓，搞清楚，能够解决的问题都要解决，要好好抓。各行各业都要抓自己的事情。我们乱了二十多年，都乱了套了，见惯了搞"左"的，脑筋都麻木了，司空见惯了。有些事华侨回来很看不惯，说你们这种情况还不如资本主义社会。资本主义社会，从根本制度来讲，当然不如我们。但有些具体事情，如工作效率，我们就不如人家。我们看惯了，麻木了，这个算啥，比这严重的事还多呢！同志们，可不能这样麻木啊！要好好解决这个问题。

二是抓紧历史遗留问题的解决。主要是祖屋、祖坟，我主张积极加以解决。一两年解决不了就三四年，分期分批，要有个计划。解决土改[1]中错没收的华侨房屋，注意不要得罪农民。因为土改没收的房子，是分给农民的。把有代表性的人物和特别迫切需要的人的问题先解决，其他逐步解决，可以同本人讲清楚，分个先后，定个目标，五年解决，还清历史欠账。要规划一下，国家补一些，农民也有些办法。这个工作重点在县一级。只要县里积极，事情就好办。要一个一个县把情况报来，一个一个县落实。也要向华侨做些工作，三十五年都过去了，再忍耐一下，再等五年。要给他们一个希望嘛！

（七）国外侨务工作靠谁来做？使领馆在这方面工作应当加强，也可以多组织一些出访。但最重要的是当地华侨、华人中能够有他们自己的活动家，我们要为他们提供一些条件，如宣传品等。这是主要的办法。一定要在华侨中生长出一批人，一批领袖。你们可以搞些联系，请他们当顾问，请他们回来旅游，请他们吃顿饭，吃饭花不了多少钱。要告诉我们的同志，不要只算小账，抓小不抓大，要抓大事情，抓关键的问题。只抓枝节问题没有什么前途。这是考虑问题的正确方法。要给国外华侨联合会一点精神武器，一点宣传的东西。方针、政策就是精神武器，还得有宣传的东西。今年建国三十五周年，要拍些电影，可不要忘记给侨团送一部拷贝，也可送他们图片、录像带。逢年过节，侨办、侨联送给他们一点纪念品、慰问信、贺年卡。我们国画家、书法家那么多，可以送点复制品。万里送鸿毛，礼轻情意重。侨办同国外华侨联络感情，要多想一些办法。还要注意反对一些地、县、社、队的同志随便向人家开口，要钱要物。人穷志不能短，要有志气。

（八）国内侨务工作靠谁来做？侨务干部两千多人当中，归侨应当占百分之七十以上，甚至百分之八十，否则对华侨的情况不懂，没有感情，谈话人家不愿意谈，就无法做好工作。前几天有人告诉我这样一件事：一个留学生回来，是剑桥大学毕业的，我们的同志竟问人家是建什么桥，没有知识嘛！要在中组部、劳动人事部的刊物上发个通知，说明为什么侨务工作主要靠归侨来做，要占百分之七十以上。下面有些人事部门要安插他们自己手下的人，说什么这些人政治可靠，归侨不可靠，在通知中要把这个问题点出来。我们三十年前搞海外小组，主要是从归侨干部中挑选。在归侨知识分子中，要加快发展一批党员。侨务干部的挑选，要打破一些常规，否则有干部也不敢用，更不敢发展党员。要继续破除对有"海外关系"的人不敢使用的错误思想，大胆吸收一批新生力量。干部要年轻化，找四十多岁的同志当主任。侨务干部太少，调嘛。老同志退下来，你们可以请他们来兼职，当顾问，主要任务是联络感情。允许你们各级侨办多设几个顾问，多搞一些名誉职务。侨办搞工作，主要动员社会力量来搞，政协的，人大的，退下的侨务干部不少。

我们的国家，从党的十一届三中全会到现在，不到五年半，许多事情发展比我们预料的快。去年我国工农业总产值一说是八千九百亿元，一说超过九千亿元。如果今年增长百分之十一，那就是一万亿元。明年如果又增加一千亿元，那就是一万一千亿元。如果按这个增长数字发展下去，八十年代末，就是一万六千亿元，就不止翻一番！翻一番只要一万四千亿元。我看，本世纪末翻两番不是能不能达到的问题，而是可以超过一点。超过很多，也不可能。要超过，当然也要我们不犯错误。我们还遗留一大堆问题，一大堆困难。问题仍是堆积如山，刚从喜马拉雅山下来，现在才下到冈底斯山，祁连山，还有秦岭，山还多咧！困难还多，但我们的国家总是有希望的。努力发展生产嘛，把生产搞上去。如果我们到本世纪末翻两番超过三万亿元，下个世纪头三十年，再翻它两番，就是十二万亿元；如果下世纪再有个二十年再翻一番，就是二十四万亿元。到二〇四九年，就是我们建国一百周年，翻到二十四万亿元，不是没有可能的。所以，要满怀信心，顽强前进。一代人搞不了，两代；两代人搞不了，三代。就是要顽强，顽强精神是第一位的。侨务工作的前途非常光明。同志们对国家的贡献，同样是很大的。同志们，要看清前途，顽强前进！

中国独立自主对外政策的实质[*]

（一九八四年五月十九日）

　　中国奉行独立自主的对外政策。这种对外政策的实质是什么呢？

　　概括地说，独立自主就是中国不依附于任何大国或国家集团，不屈服于任何大国的压力，也不同任何大国结盟。对我们来说，同大国结盟有两个不好：第一，中国主张在和平共处五项原则[158]的基础上同世界各国交往，而同大国结盟可能妨碍或者至少影响我们广交朋友；第二，它会妨碍我们抵制对方可能有的越轨行动，甚至还有可能被对方利用去反对另一些友好国家。这是我们总结过去几十年经验得出的结论，是受到全国人民支持的长期政策。

　　同样，中国在不断加强与第三世界和其他友好国家团结合作、信守自己承诺的国际义务的同时，也不谋求同任何一个国家包括第三世界国家结盟。尤其是考虑到中国是一个幅员广大、人口众多的第三世界国家，我们特别注意要像珍视自己的独立自主一样，充分尊重别国的独立自主权利。因此，我们决不干预别的国家根据自己的情况选择自己的对外

---

　　[*]　这是胡耀邦同志在欢迎南斯拉夫共产主义者联盟中央主席团主席马尔科维奇为首的南共联盟代表团宴会上的讲话。

方针。我们相信，这对于各有关国家利用各自的特有条件充分地、自主地进行维护世界和平和国家独立的斗争，更为有利。

至于共产党和共产党的关系问题，我们主张要坚决遵循我们党在十二大提出的建立在马克思主义基础上的独立自主、完全平等、互相尊重和互不干涉内部事务的四项基本准则。这就是说，各国党要对本国人民负责，独立自主地选择自己的革命和建设道路，独立自主地决定对世界事务的主张。一句话，就是各国党有权独立自主地决定自己的一切事务。任何一个党都无权以最高发言人自居。即使一个党犯了明显的错误，别的党完全用友好的态度进行适当的内部的某些交换意见当然是不能排除的，但是归根结底，也只有这个党自己总结教训，才能牢靠地解决自己的问题。我们可以而且应当提倡道义上的相互同情和支持，自愿地相互学习，取长补短。但是，正如列宁所说："只要再多走一小步……真理便会变成错误。"〔287〕

既然各国共产党都以马克思主义为思想基础，为什么还要强调相互间的独立自主呢？这是因为，从根本上说，马克思主义基本原理的运用要依靠本国劳动人民中先进分子的团结觉悟，要随时随地以当时的历史条件为转移，要同本国的革命实践相结合，要由本国党自己做出正确的决断。只有这样，才能真正显示出马克思主义的生命力。各国的情况是千差万别的，离开了各国党自身的决断来谈马克思主义的国际主义是没有意义的，而且实践证明是有害的。要真正做到创造性地把马克思主义的原理同本国的实际相结合，只有各国共产党自己才有这种资格和可能。

没有各国党的独立自主，也就无所谓国际主义。终生为无产阶级国际联合而进行了最长久的斗争的恩格斯早就说过："国际联合只能存在于国家之间，因而这些国家的存在、它们在内部事务上的自主和独立也就包括在国际主义这一概念本身之中。"[288]他还说，"无产阶级的国际运动，无论如何只有在独立民族的范围内才有可能。……国际合作只有在平等者之间才有可能"。[289]一百多年来国际共运的正反两方面的经验，证明恩格斯关于国际主义的论断是多么具有远见，多么富有智慧，多么不能怀疑和背离啊！事实证明，那种把独立自主同无产阶级国际主义对立起来，借口"无产阶级国际主义"来剥夺其他党的独立自主权利，约束它们的行动，并使之服从于某个党的对外政策，恰恰是违背了马克思主义的原则，违背了国际主义的真谛，因而必须坚决地彻底地加以摒弃。

我们坚决反对干涉别国党的内部事务。我们也坚决反对利用与外国党的关系来干涉这个国家的内政。共产党之间的新型关系是光明磊落的，是公道而正义的，它同任何阴谋和欺诈不相容，绝不允许搞当面一套，背后一套。任何企图对别国党进行渗透、控制甚至颠覆活动，都必须受到谴责。

长期以来，我们党为实现和维护党与党关系的正确原则，为反对在国际共运中称王称霸的现象，进行了坚决的和正确的斗争。但是，让我们在这里公开承认，过去我们在处理与别国党的关系方面也有过缺点和错误，特别是片面地根据自己的经验和实践来论断和评价别国党的是非，给某些党曾经造成不利的后果。我们已经认真纠正了这方面的错误，并且在四项基本准则的基础上积极发展同各国党的友好关系。我们认为，由于各国党的处境不同，在一些问题上有不同意见和采取不同做法是正常和常有的事。在通常的情况下，有些分歧意见可以通过友好平等的协商、互相等待或共同留待实践去逐步解决。

我们两党从各自的经验出发，就国际关系上的许多基本问题取得了原则相同的看法。我们之间的平等友好合作关系，正是在双方独立思考的基础上经过反复和曲折而发展起来的。随着历史的发展，这种新型关系还将继续生长，继续成熟，并将越来越富有强大的生命力。

为深圳经济特区的题词

（一九八四年五月二十三日）

特事特办，新事新办，立场不变，方法全新。

来一次"再认识"*

（一九八四年六月二十日）

我们大家都学过毛泽东同志的《实践论》。这篇著作中讲，为要变革现实事物，就要认识现实事物。而事物是不容易认识的，必须经历一个基于实践的由浅入深的认识发展过程。从感性认识到理性认识，又从理性认识而能动地指导实践，并且随着实践的发展而不断地取得新的感性认识，不断地发展到新的理性认识。这样实践、认识、再实践、再认识，循环往复，逐步深化，也就是我们所说的"再认识"。

应当说，对这样的"再认识"，近几年来，我们全党是有了新的领会的。比如，中国的社会主义怎么搞？粉碎"四人帮"以后，我们实际上就经历了一个很深刻的"再认识"过程。这个过程，现在也还远远没有完结。单就农村的社会主义问题来说，五十年代毛泽东同志亲自主持编辑的《中国农村的社会主义高潮》，选本就有二十七万字，每一篇都有按语，当时作为必读文件，发给大家。但是，经过二十多年的实践检验，十一届三中全会以后又来了个重新认识。如果一切按照《中国农村的社会主义高潮》中讲的来办，那就没

---

* 这是胡耀邦同志发表在中共中央党校内部刊物《理论动态》第五〇二期上的一篇文章。

有十一届三中全会以来中国农村的大变革、大发展。这个事实有力地说明了，"再认识"的问题对于我们党的事业是多么重要。因此，我们都要注意这个道理，真正懂得对事物需要不断认识，往往需要重新认识。我们的同志在工作中都要自觉地进行这种"再认识"。历史是在前进的，事物是在运动中不断发展变化的，人们的认识是无止境的。这个道理，《实践论》讲得很透彻、很系统。

在"再认识"的过程中，有不同意见不是坏事。要把一件事情搞好，就要善于听取不同意见。党内对于某个问题的认识，某项政策的制定，某些经验的总结，有不同意见是经常的，也是正常的。只有经过反复讨论和比较，才能求得统一，归于正确。有不同意见，经过比较充分的研究和讨论，摆事实、讲道理，取得一致，这才是符合思想认识的发展规律的。我们所以需要民主集中制，就是这个缘故。

认识论问题是一个重要问题。马克思主义把这个问题提到突出的重要地位。马克思主义的认识论，当然是根本性质的问题。我们党的历史，中国革命和建设的实践，已经反复地证明了这个问题的极端重要性。我们党在幼年时期，对中国革命的规律没有掌握，所以一再遭到失败，经历了斗争——失败——再斗争——再失败的痛苦过程。在这个过程中，我们党不断地再认识，并且逐步地认识得比较清楚了，才有遵义会议[70]。从那以后，只用了十四年时间，中国这样一个大国的人民大革命就成功了。建国以后，对于在中国如何进行社会主义建设，开始我们很缺乏认识。从建国到毛泽东同志去世，搞了二十六年，逐渐有了一些认识，积累了不少经验，但是仍然没有真正掌握中国社会主义建设的规律。毛泽东同志去世以后，我们又搞了七年多。这七年里，前两年还是不行，直到十一届三中全会以后这五年，我们的认识才比较正确了，比较清楚一些了，因而社会主义建设事业的发展一年比一年好，确实是蒸蒸日上。当然还不能说，已经认识得完全正确、完全清楚了，而只能说比毛泽东同志晚期认识得正确一些和清楚一些了。这是因为在建设的实践中，经过反复，经过比较，尤其是经过挫折，跌了大筋斗，吃了大苦头，才逐渐认识得比较正确、比较清楚了。所以，认识问题，思想是否正确的问题，是第一位的大问题，至关紧要，不能轻视。

可不可以说，认识有两个重要环节，或者说有两个困难任务，就是要从个别到一般，又要从一般到个别。在这两个环节上解决不好，都会犯错误。

第一个环节，从个别到一般，或者说从具体到抽象，也就是要做科学的抽象。比如说，全世界有几十亿人，每人都各有特点，所谓"人心不同，各如其面"[290]。但是他们有没有共同点呢？人与动物相区别的主要标志是什么呢？这个问题，几千年没有弄清楚。只有马克思、恩格斯一语道破，指出区别就在于人能制造工具。又比如说，十一届三中全会对我国农业问题的认识，就是中央一些同志经过二十多年的实践，从复杂纷繁的现象中，看清了农业长期不能很快发展的根本原因所在，看清了只有从联产计酬、专业承包的生产责任制入手，才能解决问题。"联产计酬、专业承包"，只有八个字，这难道不也是科学的抽象吗？又比如说，在新的历史时期，党的干部队伍的建设问题也好像复杂得很呀，什么老化呀，"三种人"[222]呀，等等。但是，邓小平同志、陈云同志一提出干部队伍要实现四化——革命化、年轻化、知识化、专业化，就抓住了中心和本质，一下子就把全部问题简明地概括起来了。我们经常听到一些同志说，这个问题复杂得很，那个问题复杂得很。不错，事物总是复杂的。但是马克思主义的认识论，就是要引导我们从个别上升到一般，从具体上升到抽象，经过科学的抽象，抓住事物的中心和本质，也就是把复杂的事物简明化。如果不是这样，而是迷惑于复杂纷繁的现象，结果只能陷在里面，走不出来，把复杂的事物越看越复杂，理不出头绪。

在社会主义现代化的建设中，我们有的同志在不断出现的新情况、新问题面前，为什么犹豫不决、优柔寡断，开创不了新局面？一个重要原因，就是思想方法不对头，被纷繁复杂的事物迷惑住了，没有从个别上升到一般，从具体上升到抽象，因而抓不住事物的中心和本质。这个问题很大，需要用许多例子来加以说明。

当然，对纷繁复杂的事物进行科学的抽象，不是简单容易的事。只有依靠实践的经验，依靠丰富的材料，并且依靠恩格斯所说的思维能力，善于思索，才能真正达到。

第二个环节，从一般到个别，或者说从抽象到具体，解决好这个环节更重要。因为客观事物是多样的、千差万别的，而不是单一的、千篇一律的。但是，我们有些同志在认识了一般的规律之后，却往往忘记了还要回到个别和特殊，还要把一般与特殊相结合。比如说，如何对待中央的文件，就是一个大问题。现在中央威望高，中央文件发得比较及时，也比较成熟，再加上又强调要在政治上同中央保持一致，就使得一些地方和部门的同志容易产生一种观念，似乎中央既然讲得很完全，自己就可以不动脑筋，照本宣科就行了。事情就是这样：中央的东西成系统，当然有好处，但又可能带来另一方面的缺点。"国难出英雄"，国家困难的时候容易出人才；而国家兴旺发达的时候，如果引导不好，一些同志就不动脑筋了，讲得不好听，就叫作"国泰出懒汉"！所以，在认识的第二个环节上，容易出现的问题就是一般化，一刀切，按老框框办事，丢掉了因地因时制宜，丢掉了创造性。其结果，只能讲套话，不能解决任何问题。这里的一个重要问题，就是怎样从个别到一般，再从一般到个别。拿到中央的文件以后，如果是照本宣科，不联系自己的实际情况，就不会有什么效果。

　　今年，我们要抓好整党和经济建设两件大事。为了把中央的路线、方针、政策和重大决策同自己那里的情况很好地结合起来，创造性地进行工作，对自己地区或单位的情况，对过去的工作，来一次"再认识"，是十分有益的。

关于怎样处理局部和整体、理论和实际、领导和被领导的关系[*]

（一九八四年十二月二日）

关于局部和整体的关系

我们的党是个整体，我们的国家是个整体，而整体是由局部组成的。所谓局部，包括这个部门，那个部门，上级组织，下级组织，这个地区的组织，那个地区的组织，等等。总之，是由上下左右各个局部组成整体。我们现在只说部门工作，也可以说是局部工作中等级较高、可以自成系统的工作。做部门工作的，在我们党和国家的全体工作人员中，究竟有多少人？恐怕要占很大的比例，而掌管全局的只占很少数人。所以，部门工作，人数很多，对全局有重大影响。好好解决部门工作的问题，确实具有很大的意义。

局部和整体之间应当是个什么关系呢？总的来说，是互相依存的关系。就我们党和国家这个机体来说，局部不能脱离整体，否则，整体就残缺不全，局部也不可能生存。反过来说，整体又不能排斥局部，否则局部就会变成不起作用的东西，这对整体也不利。因此，局部和整体互相依存。一方

---

* 这是胡耀邦同志在全国宣传部长会议上讲话的一部分。

面，局部要服从于整体，服务于整体，围绕整体而进行活动。另一方面，整体要关心局部，照顾局部，支持局部，使它充满活力。

这个道理，本来可以说是浅显易懂，容易为大家所理解的。但是几年来的实践经验证明，要把这个道理真正同各部门的具体活动结合起来，却不那么容易，甚至往往会发生问题。这里有许多原因。重要的原因之一是由于十一届三中全会以来，我们党和国家的情况起了巨大的变化。就是说，在新的历史条件下，我们党和国家这个整体要干什么，怎样干才对头，以及各个局部应当怎样服从和服务于整体，都起了带根本性质的变化。各个部门工作的同志在思想上和工作上能否很好地适应这种变化，就成为部门工作能否做好的一个根本性问题。

十一届三中全会以前，在相当长的时期内，我们全党全国的工作，也就是我们这个整体的工作，是"以阶级斗争为纲"的。虽然在不同阶段上，有关提法的轻重有所不同，但从根本指导思想上说，都是"以阶级斗争为纲"。当时所有的部门，不管是组织部门也好，宣传部门也好，政府各部门也好，军队的政治部门也好，都要围绕"阶级斗争"这个纲去工作。经济部门也避免不了，因为全党要同中央唱一个调子嘛。"阶级斗争一抓就灵"，非服从不可，所以政治运动不断。尤其值得注意的是，因为要搞"以阶级斗争为纲"，就要特别依靠和突出一些部门，例如政工部门、宣传部门、政法部门。也正因为这样，"文革"一开始，老宣传部门、老政治部门的干部，就一下子被搞掉了。换了谁呢？换了康生[90]、陈伯达[85]、张春桥[86]、姚文元[87]等。所以，我们千万不要忘记这些教训。现在宣传部门的同志千万不要忘记、不可低估"以阶级斗争为纲"在自己这个部门，以及在政工部门、政法部门的影响。当然其他部门也不能低估。这方面的许多想法和做法是长期形成的。可不要低估这个看不见的"幽灵"啊！当然，不是说现在的那些部门的干部不好，问题在于，一个长时期中，在我们党里面，在一些部门里面，"以阶级斗争为纲"的那种影响，那种做法，那种习惯势力，一定不可低估。把这个问题看清楚了，就可以在相当程度上理解，为什么现在工厂里面、学校里面有许多政工干部、宣传干部不安心工作。他们中间有些同志因为过去那套东西不适合了，必须重新学习新办法、新套套，感到不大习惯，认为没有人重视了。现在宣传、政工部门一些同志不安心，有种种原因，其中有的是很值得重视、必须认真解决的，例如确有一些党组织忽视思想政治工作，有问题长期不加以讨论解决，就是重要的一项。但是刚才说的宣传干部、政工干部对于新情况、新任务、新办法不大适应，也是一个很重要的原因。

那么，现在我们党和国家这个整体是在干什么呢？是在干四个现代化，发展生产力，翻两番。这是最大的任务，也就是全局。在这个问题上，邓小平同志讲了许多重要的话。他说，一切要围绕四个现代化，要以是否有利于四化作为衡量我们一切工作做得对或不对的标准。他还特别讲到搞四化就是最大的政治。为什么要这样说呢？因为过去长时期讲政治就是"阶级斗争"，是"保证不变颜色"，把人们思想搞乱了。邓小平同志就是针对这个，明确指出在社会主义建设时期，搞四化才是最大的政治，是衡量我们一切工作做得对或不对的标准。这在我们党的指导方针上，确实是一大转变，是我们建党以来还没有过的情况。无论土地革命战争时期、抗日战争时期还是解放战争时期，我们第一位的任务都是反帝反封建，是军事斗争，经济工作当然只能摆在后头。新中国成立后，开头一段，我们党也还是必须把肃清反革命残余势力和土地改革[1]放在前头，后来又把三大改造[291]放在前头，然后才讲到把经济文化建设搞上去。这也还是必要的。问题是到了三大改造完成之后，搞了将近二十年的错误的"以阶级斗争为纲"，使我们党陷于危险境地。直到十一届三中全会[77]，才开始扭转局面，真正把干四化，把发展生产力，放在最突出的地位，作为压倒一切的任务。

把经济搞上去，翻两番，把四化搞成功，确实是最根本的东西。不搞四个现代化，经济上不去，就一切都谈不上。只有把经济搞上去，使国家和人民富裕起来，才真正合乎中国现在的实际，合乎中国最广大人民的最迫切要求，合乎中国社会主义的历史使命，也才真正合乎马克思主义。我们党讲四项基本原则，十二大讲四项政治保证[292]，都是为了干四化这一条，这才能真正体现我们共产主义远大理想在今天的现实目标。所以，搞四化是最大的政治，把经济同政治割裂开来是完全错误的，我们的宣传工作和各种思想政治工作都要紧密结合干四化、翻两番来做。这个问题解决好了，宣传工作才能真正开创新局面。

关于理论和实际的关系

任何一项重大工作，都要受理论的指导，不是受正确理论的指导，就是受错误理论的指导。同样，任何一项重大的工作，也都有它不同于别的工作的并且经常发生变化的实际问题。这就是说，任何一项重大工作，同别的工作相比，都必然会有不同的情况和特点，而且这些情况和特点还在不断地变化。雷同的情况是没有的，一成不变也是没有的。因此，我们要把部门工作做好，就既要注意理论问题，注意一般的方针原则问题，又要注意实际问题，特别是本部门的实际情况和具体矛盾问题，二者不可偏废。只注意理论问题，注意一般方针原则，而不注意实际问题，不注意本部门的实际情况和矛盾；或者只注意实际，而忽略理论，忽视一般的方针原则，都会产生片面性。毛泽东同志讲得好：没有理论，就会变成乱碰乱闯的鲁莽家和事务主义者；不懂实际，又会变成空头政治家和教条主义者。这种警语，应当成为我们大家的座右铭。所以，对干部的思想教育应当强调两条：一是要懂理论，二是要懂实际。大家都知道，毛泽东同志一个最伟大的贡献，就是几十年来倡导理论密切联系实际。他自己最感到满意的著作，就是《实践论》。中国革命之所以能够由失败转为胜利，我们党之所以能够取得政权，就是依靠毛泽东同志关于理论联系实际的光辉思想的指导，把马克思主义普遍真理同中国革命的具体实践相结合。后来毛泽东同志自己也犯了错误，根本原因也还是由于理论脱离实际。所以，理论与实际密切结合，这是我们取之不尽、用之不竭的法宝，是党的三大作风头一条啊！谁轻视理论，那他就做不出什么名堂来；谁轻视实际，肯定也是干不出什么名堂来的。我们要密切注意，这几年来，在这个问题上往往产生片面性。有时只强调理论，有时却又只强调实际。我们再也不能够犯这种片面性的错误了。我们的口号是：理论同实际密切地结合起来。

现在来谈一谈掌握理论和联系实际的问题。理论从哪里找呢？当然就要读书了，要读马克思主义的经典著作。这几年提倡读书，学习马克思主义，这件事是做得对的。全党同志都要读书，领导实际工作的同志一定要重视读一些必要的理论书。特别是新入党的那些年轻大学生，还有做思想政治工作、做宣传工作的同志，更加有必要让他们多读一点马克思主义著作。马克思主义的经典著作很多，要选一些主要的学，一定要坚持学，尤其要着重多学一点马克思主义的经济理论。同时，还要努力多学一点现代科学技术知识和经营管理知识。总之要认真读书，掌握理论武器，这对我们社会主义现代化建设的伟大事业是非常重要的。

当然，这里必须说一下，马克思主义的基本原理，马克思主义关于人类历史和资本主义社会的基本理论，是正确的；但是马克思当年对社会主义社会的种种设想却不完全是这样。马克思历来反对对未来社会做这样那样的设计，这正是他的思想方法的本色。他也作过一些设想，比如设想社会主义是建立在生产资料公有制的基础上，这当然是正确的；但是他没有想到社会主义条件下还有商品经济，这同我们现在的实践就大不相同。如果读了《哥达纲领批判》，有人就会说，现在中央搞修正主义，马克思不是这么说的。那就大错特错了。马克思主义的基本原理是对的，但是这些基本原理，也还需要随着时代的发展而不断发展，因为马克思主义是科学，而科学是不可能停滞不前的。至于马克思关于社会主义社会的种种设想，更不能当成教条，因为前人没有也不可能有我们后来的实践。马恩没有亲自干过社会主义，列宁干了一下为时又太短，他们关于社会主义的有些设想本来就不可能切合后来的实际，更不可能切合离他们这样久远的我们今天的实际。所以，学习马克思主义，一定要采取紧密结合实际地加以研究、加以分析的态度。学习是为了丰富头脑，指导实践，因而就要注意分清哪些是今天仍然适用的，必须坚持的，哪些是今天不可能适用的，必须创造性地加以发展的。这才是正确的学习态度。如果不是这样，而是照搬照抄，削足适履，那我们就是食古不化的教条主义者。教条主义的态度，能够解决今天中国的四化问题吗？不要以为马克思主义的经典著作能够包医百病。不要像斯大林嘲笑过的传说克里米亚的社会民主党人那样，沙俄黑海舰队士兵要暴动了，他们却还在开会查找《资本论》和马恩其他著作中有关暴动的指示。所以，我们中央提出来，时代发展了，马克思主义也应该丰富和发展。这是我们后人的不可推卸的历史责任。当然，我们有没有这个本事，有多大的本事，只能靠实际来证明。这就得我们自己努力。作为马克思主义的继承者，应当努力对马克思主义的丰富和发展有所贡献。提出这个要求是必要的，正确的，而不提这个要求则是错误的。

再谈谈联系实际。当前中国最大的实际是什么？最大的实际就是搞四化、翻两番。谁努力钻四化，投身到四化的实践中去，就是抓住了最大的实际。谁不研究四化，不投身到四化的实践中去，就一定会落后。经济是个汪洋大海，许多东西书本上没有，只能靠调查研究，靠亲自去看。有些东西国内没有，还要到国外去看才行。为了了解经济，你们这次会议请了一些同志作报告，有些报告可能作得很不错，但是我想提醒同志们注意，单听报告是不行的，单读书也是不行的。归根到底，还是要投身到四化建设里面去，投身到经济改革的实践中去，并且通过自己的头脑，亲自考察。这就绝非一日之功，绝非一两年之功。没有若干年苦功，经济是钻不进去的。如果说我们有些宣传部门的同志，对于钻研经济上的实际问题，过去没有重视，丧失了时机的话，那么，希望你们从现在起，不要再丧失时机了。要下决心花三四年、四五年时间，钻进去，时间短了是不行的。为了要钻实际，当然就要牺牲一点别的东西，比如会就不能开得太多。"文山会海"，对于任何人都不能再干了，会议和公文都要大大精简。

还有，说到我们国家的实际，确实太广泛、太复杂了。这就要十分注意承认它的复杂性，承认因地制宜，并且在各种工作中都要强调这一条。中国的事情这么复杂，千差万别，不但需要中央的正确决策和正确方针，而且需要各部门、各地方的广大同志们通过自己的艰苦努力，通过亲身的调查研究，才能懂得和办得好。总之，一定要把思想方法和工作方法搞对头，要亲身钻进去，取得直接的知识，只有间接知识是不行的。

关于领导和被领导的关系

我们各部门都掌管了一些单位，而这些单位的工作性质又各不相同，情况不同，人也不同。宣传部掌管的单位很多，可以说是党里面掌管单位最多的部门之一。政府一个计委，党内一个宣传部，都是掌管单位最多、工作范围最广的部门。就宣传部来说，工作范围涉及理论、教育、文艺、新闻、出版、文物、群众文化，还有对外宣传，等等。要同这么多的方面建立起良好的工作关系，需要巨大的精力和渊博的知识，而我们同志一般是不可能有这样的精力和知识的。活动的范围这么广泛，谁也不可能门门精通，这就是矛盾。不只是宣传部门面临这种矛盾，其他许多部门也都是这样。怎么办？没有什么巧妙办法，还是毛泽东同志告诉我们的，既当先生，又当学生；先当学生，后当先生；一面当先生，一面当学生；经常当先生，经常当学生。我想还可以加上一句，更重要的是当同志和朋友，这样双方的关系就更活泼些，相互都好用平等的态度说话。事实上，我们的人民解放军，干部替士兵盖被子，这能说是简单的先生和学生的关系吗？明明是同志、朋友的关系嘛！所以，领导和被领导的关系，可以说就是这样一种既是同志和朋友，又是互为先生和学生的辩证关系。

话说回来，我们的干部队伍一定要严格地守纪律，被领导者一定要认真执行中央和各级领导的各项正确决定，这是丝毫不能含糊的。另一方面，领导者又必须经常向被领导者学习。孔夫子早就说过："三人行，必有我师焉。"〔293〕唐朝的韩愈说得更明确了，他讲"弟子不必不如师，师不必贤于弟子"〔294〕，这个话很有辩证法。我们每个被任命担任领导工作的人，都应当坚持"一个宗旨、两重身份"。"一个宗旨"，就是全心全意为人民服务，把全心全意为人民服务同以权谋私和种种歪风尖锐地对立起来，大张旗鼓地讲这个问题。"两重身份"，一方面是领导的身份，一方面同被领导者之间又是同志，并且要向他们学习。领导者的身份既不是天生的，更不是终身的，只是在党认为需要和适当的时候让你在一定时期一定范围内担任的职责。所以，领导者承认自己在许多方面不如被领导者，这没有什么不光彩，任何人都不是也永远不可能是全知全能的。自己不懂就去钻研，特别是如果自己接触的工作很多，那就更要加倍努力，向更多的自己所不了解或一知半解的范围虚心地钻进去。要一个一个方面地去钻那些各有特殊规律性的领域，第一要努力掌握这些领域的各自带特殊规律性的东西，第二要努力掌握这些领域工作中的突出问题和先进经验。而所有这些，都应当同大家民主讨论，千万不能强不知以为知。商量清楚了就解决，商量不清楚就等待。在许多情况下，等待也是解决问题所不可缺少的一个条件。

领导者同被领导者的关系，要造成相互勉励、取长补短、和衷共济这么一种风气。凡是有不和的地方，有不协调的地方，都应当强调团结起来向前看。谁都会有缺点，谁都会有错误，只不过缺点错误的大小、多少有所不同罢了，何必老是耿耿于怀呢！这种问题也不限于文化界，党外党内各个部门的同志间都有，所以我在这里说一下。为了共同事业的兴旺发达，大家和衷共济，团结起来向前看，这是非常重要的。

关于党的新闻工作 *

（一九八五年二月八日）

一、新闻工作的性质问题

我们党的新闻事业，究竟是一种什么性质的事业呢？就它最重要的意义来说，用一句话来概括，我想可以说党的新闻事业是党的喉舌，自然也是党所领导的人民政府的喉舌，同时也是人民自己的喉舌。这样一句话，当然不可能概括党的新闻事业的全部内容和作用。比如它还是党联系人民群众的一种纽带和桥梁，又是在人民中间、在党内外和国内外传递信息的一种工具，等等。但是，既然我们党是全心全意为人民服务的，党的工作路线是从群众中来、到群众中去的，那么党的新闻事业要能够充分发挥党的喉舌的作用，就理所当然地包含着既要使上情下达、又要使下情上达的作用，包含着加强党同人民群众的联系、反映人民群众的呼声的作用，包含着在各方面满足人民群众获得信息的需要的作用。因此，从最根本的特征来说，党的新闻事业是党的喉舌。这不但是站得住脚的，而且是不能动摇的。

我们国家的新闻单位很多，听说现在有几千个，自然会

---

* 这是胡耀邦同志在中共中央书记处会议上的讲话。

有许多差别。比如《解放军报》应当是中央军委的喉舌，《工人日报》《中国青年报》《中国妇女报》应当是全国总工会、共青团中央、全国妇联的喉舌，各省的省报应当是所在省的省委和省政府的喉舌，这就是差别。但是无论解放军、总工会、共青团、妇联还是省委、省政府，总的说来都是在党中央的统一领导之下，都是按照党的路线、方针、政策工作的，因而这些差别并不影响，也不应当影响它们的报纸作为党的喉舌的根本性质。如果不是这样，如果因为这些差别而竟然影响了这些报纸的根本性质，那岂不是走偏了方向吗？至于人民政协和各民主党派的报纸，以及某些业务部门的各种专业性、技术性的报纸，性质有所不同，当然不能一概而论，不能也叫作"党的喉舌"，这一点也是很清楚的。总之，党的新闻事业的根本性质问题，是一个关键问题。对此，一些老同志可能淡漠了，一些新参加工作的缺乏基本训练的青年同志，可能还不很懂得这个基本观点。应当对他们耐心地做工作，并且帮助他们接受一点基本的训练。

最近经过讨论，大家认为文艺必须有充分的创作自由。新闻工作能不能照搬这个口号呢？我认为不宜简单地照搬。当然，我们的新闻事业和文艺事业，都应当享有社会主义制度和宪法所赋予的自由权利。一些同志说，这几年新闻工作的活跃和繁荣是从未有过的，我认为这个话是符合实际的。这也说明我们已经改进了对新闻事业的领导，尊重了新闻单位应有的自主权利。但是尽管如此，我还是要说，新闻和文艺的性质和职能，毕竟很不相同。党的新闻事业是要代表党和政府讲话的，是要按照党的路线和政策来发表议论、指导工作的。虽然报纸、通讯社、电台的每一篇文章、每一则报道不都是具有指导性的，有许多只是个人意见和个人的观察，但党的新闻机关的主要言论，有关国内工作和对外关系的主要报道，应当是代表党和政府的，而不是只代表编辑或记者个人的。文艺就很不相同。文艺家所应起的社会作用，不是要作为党和政府的喉舌，代表党和政府发表什么议论，指导什么工作，而是应当通过他们基于对生活的深入观察的个人文艺创作，来鼓舞和教育人民，对人们的灵魂发生潜移默化的影响。这种作用，也就是邓小平同志常常引用的那句老话——"人类灵魂的工程师"的作用。不错，党员作家也会在自己的作品中表现出党性，党员作家和拥护党的路线、方针、政策的非党员作家也会在自己的作品中表达党的声音，但是党在任何时候都不应规定这个那个作家必须写什么东西。正因为这样，所以前不久胡启立[252]同志代表中央在作协大会上的讲话里，强调文学创作具有显著的作家个人的特色，作家必须极大地发挥个人的创造力、洞察力和想象力，必须有选择题材、主题和表达自己思想的充分自由，必须有创作的自由，这样才能写出有感染力的、真正起教育作用的作品。

提创作自由，并不等于说报刊和出版社的编辑部对于作家的不论什么样的作品都必须加以发表和出版。人们的自由或权利总离不了一定的责任或义务，没有无责任的自由或无义务的权利，从来就不存在什么绝对自由。这在任何时代、任何社会和任何个人都是如此，只是在不同的时代、社会和个人，责任或义务的性质和范围有所不同罢了。列宁一九二〇年在同蔡特金[295]谈到社会主义者所主张的创作自由的时候说："在一个以私有制为基础的社会里，艺术家为市场而

生产商品，他需要买主。我们的革命解放了艺术家，使他们
摆脱了这种鄙俗透顶的条件的压力。革命已使苏维埃国家成
为艺术家的保护人和赞助人。每一个艺术家和每一个自以为
是艺术家的人，都能够有权利按照他的理想来自由创作，不
论那理想多少还行还是不行。这样你就碰到激动、尝试和混
乱了。""但自然我们是共产党人。我们没有权利袖手旁观，
听任混乱随意蔓延。我们必须努力做到意识清醒地去领导这
一发展，去形成和决定它的结果。"〔296〕列宁说："艺术属于
人民……它必须使群众的感情、思想和意志一致起来，并使
他们得到提高。"〔297〕列宁还说："我们的工人和农民确实应
该享受比游艺更好的东西。他们有权利享受真正伟大的艺
术。因此，我们首先实施最广泛的民众教育和训练。民众教
育和训练是文化的土壤……在这块土壤上，将成长起真正新
兴的、伟大的共产主义艺术，它必将创造出适合它内容的形
式。"〔298〕很可惜，列宁在这个长篇谈话里所表达的一系列非
常重要的思想，长期间没有受到我们党和我国文艺界的重
视。这篇谈话对我们了解创作自由的意义，很有帮助。今天
我们的作家在社会主义国家里创作，作家当然享有完全的创
作自由。但是我们党仍然有责任在必要的时候向他们提出完
全同志式的建议和劝告，社会主义国家也有它的有关出版的
各种法律规定。我们的刊物、报纸、出版社的编辑部也可以
有所选择，有权决定发表或者不发表某篇作品。编辑部的决
定也可能不正确，作家有权要求修改它的决定以至要求对编
辑部进行改组，但是从原则上说，作家总不能以自己的自由
来剥夺编辑部的自由。至于党的新闻工作应当受党的监督，
就更不用说了。

那么能不能把党的新闻工作同经济体制改革相提并论，说是既然企业要成为相对独立的商品生产者，党的新闻部门也照样来办呢？我认为这种提法也是很不确切的。实际上，就是经济体制改革，也只是经营管理体制的改革，而不是所有制性质的任何根本改变。我们增强社会主义企业活力的目的，只是为了建立充满生机的社会主义经济体制，而社会主义公有制的性质是不允许改变的。党的新闻机关就经营来说也是一种企业，但它们首先是舆论机关。无论进行什么样的改革，都绝不能丝毫改变党的新闻事业的性质，改变这一工作同党的关系。所以，不加分析地把经济体制改革的某些提法照搬到新闻事业上来，是不行的。

新闻事业作为党和政府的喉舌好不好？光彩不光彩？我认为应当明确地回答：好得很，光彩得很！我们党和政府经常要以不同的方式向全国人民，以至向全世界发表重要的主张，这就需要经过种种渠道，包括委托某些部门来表达。新闻部门，就是其中不可缺少的甚至是最重要的一个渠道和部门。代表党来发言，怎么不光彩呢？只有思想上、政治上水平很高，才能够胜任嘛！想当年，解放初期，多少人当不上解放军战士，当不上共产党员，他们出于羡慕，就穿上干部服，表明自己向往人民解放军和共产党。后来在"文化大革命"中间，是我们自己把自己的形象破坏了，使得有些人甚至觉得共产党的牌子不太光彩了。但这只是一种暂时的现象。经过拨乱反正，党的威信重新提高了。现在国内广大人民和国外各方面人士之所以愿意看我们的报纸，愿意收听我们的广播，首先是因为想要及时地知道我们党中央讲些什么。所以，我们党的新闻事业的威信，首先来自党中央和中央人民政府的威信，来自党的新闻部门忠实地传播中央的声音。如果不是这样，如果不能忠实地传播中央的声音，而是偏离甚至背离中央的主张，那么我们党的新闻事业怎么可能有今天这么高的威信呢？这种情况，难道不是生动地说明了党的新闻事业同党的关系吗？

这种情况，同时又说明了我国新闻事业同资本主义国家新闻事业的区别。资本主义国家新闻事业在新闻的写作、编辑、传播等方面的先进技术和先进经营管理方法，当然必须认真学习；但是它们的资产阶级新闻工作的根本方针，就不能学，因为社会制度不同。听说有这么一种意见，认为既然企业可以有个体的和个体联营的，新闻也可以照样来办，为什么我们国家不可以有不同的声音呢？我说这要做一点政治分析。在西方资本主义国家，代表官方立场的报纸一般不大受欢迎，所以办报往往都以"非官方色彩"的"民办"面目出现。其实不少所谓"民办"，就是报团办的，而报团后边是财团。在我们社会主义国家，党和政府同人民的利益是一致的，党报就是人民的报纸，并且依靠全党、依靠人民办报，这就使我们党的新闻事业有可能建立在广泛的群众基础之上。这是一条正确的道路。如果离开这条道路，以为只有像个体经营或同人经营那样办报才算"民主"，那就很不恰当了。至于说到不同的声音，要看是在什么问题上的不同的声音。如果是在国家的政治方向和基本政策问题上，那么，如前所说，我们人民的根本利益是一致的，党中央和国务院的政治方向和基本政策都是代表人民利益的，在这些根本问题上大家的声音相同是必然的和自然的，硬要发表"不同"的声音就反而是不自然的了。如果是在各种具体问题上，大家的声音自然有许多不同，现在的报纸刊物上就经常发表这些不同的声音，许多好声音还受到党的鼓励和人民的欢迎。如果现在发表得还不够，那就希望大家更多地发表，这也就是我国人民民主生活的正常发展的一个表现。

听说还有一种看法，认为资本主义国家的民主比我们多，政治制度比我们好。大家知道，资本主义国家是代表少数剥削者利益的人统治的，我们的国家是人民和他们的代表管理的。这两种制度哪一种更民主，哪一种更好，难道还不清楚吗？当然，资本主义国家的政府也做一些有利于人民的事，因为有些事既是人民的需要，也是资本家阶级的需要。在另一方面，我们的党和政府也会办一些错事，这或者是由于没有经验，或者是由于党和政府里混进了一些坏人。但是这些都不能改变整个问题的实质。有人说，资本主义国家里不同的声音更多，所以更"民主"。这种说法也缺少深入的分析。资本主义国家里存在着根本利益互相冲突的阶级，即剥削阶级和被剥削阶级，而剥削阶级又分为利益不同的阶层和集团，这样，他们的声音自然不可能相同。实际上，就是在实行资产阶级民主的国家，不同的声音一般也不能充分发表出来，因为除了少数进步力量比较强大的国家以外，资本主义国家的劳动人民以至力量比较小的资产阶级反对派，都很难拥有大量发行的报纸和出版机关，更不必说广播电台、电视台等等了。

同资本主义国家这种情况相反，我们党的新闻事业是党和政府的喉舌，而我们党和国家是为人民服务的，所以党的新闻事业完全能够代表和反映最广大人民的呼声。作为党的代言人和反映人民群众的呼声，在根本上是完全一致的。当然，这是就两种不同社会制度的根本性质不同，必须划清根本界限来说的。至于说到我们党和国家自身的曲折发展的历史道路，那就还要看到，如果中央路线正确，事情就好办；而如果中央路线不正确，比如在"文化大革命"中，事情就复杂了，就不能简单地说作为中央喉舌和反映人民呼声是完全一致的了。但这是一种很特殊的例外情况。而且即使在这种特殊情况下，问题的解决，归根到底仍然只能依靠党和人民的集体奋斗，而不可能靠别的什么。这一点，不是也已经被历史证明了吗？

还应当看到，新闻事业要能够当好党的喉舌，并不是一件容易的事。这是因为，我们党中央、国务院的直接的声音并不是每天都有的。所谓直接的声音，除了我们的领导人代表党和国家的发言、讲话之外，还有文件。以文件来说，党的十一届三中全会以后六年多来，中央正式发布的，最多的一年只有九十几号，去年二十几号；国务院的多一点，去年也只有一百九十号，其中还包括某些只是针对个别问题的具体规定。中央的直接的声音不是很多，而新闻报道却必须每日甚至每时向人民讲话，这就要求我们的新闻工作者一定要有高度的积极性、主动性、创造性，一定要有独立负责的精神，一定要在党的正确领导下充分发挥工作的自主性。只有这样，才能不间断地用大量言论和事实，来强有力地宣传中央的主张。所以，新闻事业作为党的喉舌，同发挥自己的积极性、主动性、创造性，在根本上也是完全一致的。认为强调做党的喉舌就会束缚新闻界的积极性，是不对的。当然，在具体工作中，某些情况下也会发生矛盾。比如党委干涉过多，批评过重，或者新闻工作者违犯了纪律，等等。但是这些矛盾，只能通过改善具体工作的指导来解决，而不应当因此就要求在党的新闻事业的性质这样的根本问题上"松绑"。

在新闻事业要当好党的喉舌的前提下，我们需要的是大力发扬新闻工作者的积极性、主动性、创造性，而不是束缚这种积极性、主动性、创造性，更不是要求各种报纸、广播、电视的面目完全雷同。各种新闻工具，报纸、电台、通讯社，应当互相协调，加强合作和分工。一些重大新闻、重要文件由新华社统一发布；同时，又应当各自努力办出自己的特色，各有不同的角度、不同的重点、不同的风格、不同的面貌。毛泽东同志在一九五五年写过一篇文章，叫作《驳"舆论一律"》，那是在批胡风[299]的时候写的。那时把胡风同志当作反革命分子，这个判断错了，中央已经为胡风同志平反。但是我认为，毛泽东同志在这篇文章中指出我们社会的舆论是一律、又是不　　律的那些道理，还是讲得好的，至今仍然值得认真研究和领会。不过他在这里所说的不一律，主要是指人民内部先进的人们和落后的人们自由利用我们的报纸、刊物、讲坛等等去竞赛这样一种情况，而没有说到角度、重点以至风格、面貌、方式方法的多样性。这种多样性，与先进、落后之间的矛盾很不相同，不但不需要一方克服另一方，而且恰恰应当大大地加以丰富和发展。

二、新闻工作的任务问题

新闻工作的性质，决定了新闻工作的任务。党的新闻工作最主要的任务是什么？也可以用一句话来表达，就是要用大量的、生动的事实和言论，把党和政府的主张，把人民的各方面的意见和活动，及时地、准确地传播到全国和全世界。这里说的是大量的，不是小量的；是生动的，不是枯燥的；是及时的、准确的，而不是不及时的和不准确的。看一个新闻单位的工作好不好，就看它的这个主要任务完成得好不好。完成得好，工作是正确的；没有完成或完成得不大好，工作就肯定是发生了偏差。

我们党赋予新闻界的任务，是围绕着一个什么目的呢？目的就是为了唤起最广大的人民群众，同心同德地为实现党的主张而奋斗。在当前一个历史时期，在国内，是同心同德干四化；在国际上，是加强同各国人民的相互了解、友好和合作。大家还可以回想一下，我们建党时没有报纸，更没有广播，有一个刊物叫作《向导》。《新青年》晚期也曾一度成为党的机关刊物，这里就不说了。《向导》这个名字很好，是带路的嘛！我们党的第一个通讯社，叫作"红色中华"，这个名字也很好，表示了我们要达到的目的，是建设一个社会主义的人民民主的中华，而不是什么地主资产阶级专政的中国！你看，一个《向导》，一个"红色中华"，鲜明地表达了我们党的新闻战线的性质、目的和任务。我们党的新闻事业，就是在当年那样极端艰难困苦的条件之下，以如此宏大的革命气魄，走上了历史舞台。完全应当这样说，从我们党成立的第一天起，党的新闻战线就同党的其他战线一道，担负起了引导人民群众共同认识中国、改造中国，认识世界、改造世界的任务。所以说，性质是明确的，目的是明确的，任务也是明确的。

我们新闻战线要担负起这个任务，是不轻松、不容易、不简单的。这不仅是因为提出的要求本身就很不简单，也不仅是因为前面所说的我们党中央、国务院的直接的声音并不很多；而且还因为，人民群众理解和接受我们党的主张，往往需要一个过程。开始时有许多人不理解，甚至怀疑，这种情况是经常发生的。一个主张接受了，尔后由于环境变化，党提出了新的主张，又会产生新的不理解和怀疑。再加上还有极少数人进行曲解和反对，情况就会更加复杂。因此，我们新闻工作者一定要善于宣传解释，才能使广大的人们信服。我们既要在人民之中，又要在人民之前。任何站在人民之上施加压力的办法都是极端荒谬和不允许的。鲁迅早就说过，辱骂和恐吓决不是战斗。"文化大革命"多少年，专门依靠辱骂和恐吓，依靠大话、空话和套话，依靠压人、整人、打棍子，管什么用?! 那时居然还要强制大家唱什么"文化大革命就是好，就是好，就是好"，简直是笑话！当然，"文化大革命"本身就是错误的，无论什么样的宣传手法都不可能说服人。但是，即令本身是正确的东西，要能够很好地说服人，使人理解，也不是简单容易的事，也需要付出艰苦劳动，并且要有高度的思想性，有高度的表达能力和表达技巧。比如党的十一届三中全会以来，一系列正确政策见了效，特别是农村生产责任制见了效，许多外国朋友是佩服的。但是他们往往没有真正理解，不懂究竟是怎么一回事。这就向我们新闻工作提出了一个怎样用通俗生动的语言和其他形式，使人们易于理解的问题。可见要说服人，确实很不简单。

除以上这些原因之外，还有一种情况，就是我们党的正确路线和正确主张，在贯彻执行过程中往往还会遇到种种阻力和干扰。十二届三中全会决定全面开展经济体制改革以来，整个经济形势是好的，改革形势也是好的，但是同时也出现了一些新的问题，包括出现了几股不正之风。这些不正之风，不是搞活经济而是搞乱经济，不是促进改革而是破坏改革。这就要依靠我们的新闻界、舆论界大声疾呼，揭露、批评。不是说真理面前人人平等吗？大家都来发现真理，服从真理，分清是非，辨别真善美和假恶丑嘛！

总之，我们说党的新闻事业要作为党的喉舌，并不是说我们的新闻工作者只能照抄照转中央已经说过的话。而是说，只要合乎中央的路线和政策，新闻工作者就可以按照自己对客观事物的正确理解，进行新闻报道和发表意见，就可以而且必须充分发挥自己的积极性、主动性、创造性。这就要求我们的新闻工作者一定要有很好的精神状态。没有勤奋精神不行，没有拼搏精神不行，没有进取精神不行，没有不断地深入群众、联系群众、寻求真理、汲取新知，不断地磨炼和提高自己本领的精神不行。请新闻界同志们想一想我国新闻史上的杰出代表邹韬奋[150]吧。他毕生勤奋刻苦，对自己从不满足，总是"自恨学识浅陋，且做且学"，并且总是"聚精会神"地工作。在国民党反动统治的白色恐怖之下，他为了争取民主、传播真理，真是呕心沥血！正像他自己所说的那样，"虽颠沛流离，艰苦危难，甘之如饴"。他平生最感欣慰的，就是"我的全副的精神已和我的工作融为一体了"。大家还记得鲁迅的一句名言：吃的是草，挤出的是奶。这是他的自况，也可以说是他对"孺子牛"精神的一个很好的说明。社会所给予鲁迅的物质待遇是太少太少了，而他所贡献于社会的却大得不可比拟！鲁迅死得那样早，这同他在物质菲薄的条件下过于劳瘁，显然很有关系。想到这些，我们的同志今天在工作和生活上遇到这样那样一些问题和困难，就应当更加正确地对待。在我们队伍中，荣誉应当属于一切为人民事业努力拼搏，勇于献身的同志。而任何不负责任，不求进取，得过且过，甘于落后的精神状态，都不应有它们的地位。

三、办好新闻的基本要求问题

办好新闻的基本要求问题也是新闻界长期议论的一个问题。按照传统的和公认的意见，既然叫作新闻，那么无论什么社会条件下的新闻事业都必须具备若干要素，即所谓几个"性"，形成为带规律性的新闻规则。我们无产阶级政党的新闻事业，大体上也把这些规则继承下来了。对这几个"性"，应当怎么看呢？

第一是真实性。我们是无产阶级政党，当然要讲真实，要按照事物的本来面目认识和说明事物。所以我们历来主张实事求是，力戒虚夸，认为任何虚夸作风都是同无产阶级政党的性质不相容的。但是究竟什么叫真实，从来就有争论。比如什么是社会主义社会的真实？我们认为，总的说来，社会主义社会的主导方面是光明的，同时也存在着阴暗面，我们并不忽视阴暗面，但那究竟是次要的。我们这样的大国，今天如果有谁专门搜集阴暗面，每天在报上登一百条，容易得很！如果把这一百条集中到一张报纸上，可以整整覆盖四个版面，搞成一幅彻头彻尾的阴暗图画。虽然其中每一条可能都是真实的，但如果谁要说这就是代表今天中国社会主义社会的整个画面，那就不真实了。当然，如果反过来硬说我们今天的社会，到处都是光明面，实在好得不得了，一点阴暗面也没有，一条缺点也没有，那也不真实。所以，去年我们就同新闻界的同志们说过，报纸上，大体应当是八分讲成绩、讲光明、搞表扬，二分讲缺点、讲阴暗面、搞批评。这样，既有利于促进整党，又合乎今天我们社会的实际。

这个问题，曾经是我们同一些作家长期没有争论清楚的问题。一些作家总是说他们写的那些现象都是真实的呀，但是他们往往没有想到，究竟有没有在总体上把握了社会的真实，能不能鼓舞人们前进去创造新的生活？如果一位作家的作品，把我们的社会和我们的人民写得毫无希望，毫无前途，能够说它是符合历史发展的真实和负起了作家的社会责任吗？我想在这里引用马克思早年为批评当时普鲁士君主政府的书报检查令所说的一段话："精神的最主要的表现形式是欢乐、光明，但你们却要使阴暗成为精神的唯一合法的表现形式；精神只准披着黑色的衣服，可是自然界却没有一枝黑色的花朵。"[300] 马克思在这里是批评普鲁士官方要求全国书报只准用一种色彩，即官方的色彩。我们现在没有马克思所说的那种官方，我们党坚持百花齐放、百家争鸣的文化方针，也就是要求多种色彩，而欢乐、光明的新生活和为欢乐、光明的新生活而进行斗争的色彩，当然是明朗、鲜艳而丰富的。我们要求讲光明面和阴暗面，而讲阴暗面的目的只能是教育人民起来消灭它，我们也有信心消灭它，因而我们的笔墨就在讲阴暗面的时候也不应当是黑色的。

至于资本主义国家的新闻报道，我们新闻界有些人觉得人家似乎比我们更加真实，更加敢于暴露。我看不能这样说。比如我国政局空前稳定，但是西方报纸、电台却经常要捕风捉影地造点谣，说什么中国政局如何"不稳"啦，什么"保守派"要推翻"务实派"啦，什么军队不听中央的啦，等等。这难道也是真实的？有时他们在显著地位发表一条不真实的消息，事后没法隐瞒了，却只在一个极不显眼的地方发一个极小的更正。至于评论里所散布的偏见和谎言，那就连更正也没有。这就是他们的所谓公正。我们的新闻工作中的大量的严肃的批评与自我批评，在西方的新闻界是根本不存在的。说是敢于暴露，这也要看什么题目。西方国家同样是严格保密的，谁要是泄露了，同样要追究责任。所以，认为西方新闻比我们有更大的"真实性"，这并不符合事实。

有关真实性的问题，还有一点需要注意，就是凡属涉及人的功过是非的问题，一定要格外慎重，反复核实，不要抢时间。前几年曾经说过，只要事实基本弄清就可以了。现在看来这个话不很准确，最好不用这种说法。还是应当强调核实清楚，这样才能真正做到实事求是。特别是指名道姓地批评某个人，一定要遵照中央有关规定办理。因为报纸一登，等于向全国甚至全世界通报，比党内通报厉害得多，比"文化大革命"的大字报影响大得多，一定要慎之又慎，决不能感情用事。"文化大革命"中先打倒、后定性的做法，制造了多少冤案？这方面的教训是够多够严重的了，我们不应当忘记。

第二是时间性。要不要时间性？当然要，而且我认为应当十分重视时效，讲求时效。现在我们许多事做得太慢，工作效率很低。邓小平同志很欣赏"时间就是金钱"这个话，大概也是有感而发吧。中国几千年来，大多数人习惯于"日出而作，日入而息"的传统，缺少争分夺秒的时间观念。这是落后的自然经济和封闭停滞状态的一种反映。这对我们今天的事业来说，仍然是一个历史遗留下来的沉重负担。你看我们许多方面社会生活的节奏，都是慢吞吞的，开会、办事以至于走路，都是如此。我们大家背负的是现代化建设任务，但一些同志迈的是老牛拉破车的步伐，不懂得讲求时效的极端重要性。我们的新闻工作，特别是对外宣传，不讲求时效的事很不少。"新闻"不新，成了明日黄花，远远落在人家后面，就会大大削弱以至丧失宣传的效果。

新闻工作应当讲求时效，但不是说所有问题都要无条件地追求时效。不能把讲求时效同匆匆忙忙混淆起来。某些重要新闻、重大事件，不考虑成熟，必须请示的也不请示，就急急忙忙发表，这往往会使党的威信遭受损失。反过来说，有些大事暂时不发表，反而有利。比如《邓小平文选》，其中有些很重要的讲话就是几年以前讲的，当时没有发表，后来发表出来，还不是大新闻？所以，讲求时效与急急忙忙不是一回事，重大新闻的时间性要服从于政治任务。该快则快，该慢则慢，该压则压，有些还要注意内外有别。如果把时间性强调过分，甚至认为一切别的东西都要服从这一条，连纪律都可以不顾，那就搞颠倒了，就会犯错误。

第三是知识性、趣味性。搞四化需要丰富多彩的知识，特别是现代科学技术知识，因此我主张报刊多介绍一点现代科学技术知识，以及历史知识、地理知识、文学知识和经营管理知识，等等。前不久有个电视剧《洛神赋》，不算坏，但是观众在知识性方面，就挑出了好几个毛病。比如曹植[301]是曹操[302]的第三个儿子，怎么成了次子？《洛神赋》是曹植在曹操死后才写的，曹操怎么能读到？中国古人认为人的心脏才是思维器官，怎么能够让曹操拍脑袋说他脑袋不灵了呢？其实我们的许多作品，不只是文艺作品，还有社会科学和自然科学方面的一些东西，以及新闻报道方面的一些东西，由于缺乏知识出纰漏的，比比皆是，确实应当引起我们大家的注意。没有知识性不行，没有趣味性也不行。你写的东西毫无吸引力，没人爱看，怎么行呢？当然，讲知识性、趣味性，总要有一个目的，不能超过一定的界限，尤其不应当容许假借所谓知识性、趣味性来宣扬封建迷信和资本主义的腐朽没落思想。例如最近不少城市不像样子的小报就泛滥成灾，胡启立同志在中央书记处会议上讲了几个事例。对这种东西如果不加制止，就会毒害广大青少年的身心，涣散劳动人民的斗志！

这里顺便说一下关于反对精神污染的问题，因为这个本来早已澄清的问题现在被一些同志弄得混乱了。大家知道，"思想战线不能搞精神污染"[303]，"精神污染的实质是散布形形色色的资产阶级和其他剥削阶级腐朽没落的思想，散布对于社会主义、共产主义事业和对于共产党领导的不信任情绪"[304]，这是邓小平同志在一九八三年十月的十二届二中全会上提出来，得到了全会一致同意的。其后经历了一个过程，到一九八四年五月的六届全国人大二次会议的政府工作报告进一步说明了这个问题。在这里，我想全文引用政府工作报告中有关的两段话。一段是说："为了在新的历史条件下防止和克服资产阶级和其他剥削阶级腐朽没落思想的侵蚀，更好地坚持四项基本原则，正确地贯彻百花齐放、百家争鸣的方针，去年举行的六届人大一次会议曾经指出思想文化领域要批评资产阶级自由化倾向；随后，在党的十二届二中全会和六届人大常委会第三次会议上，又进一步着重提出思想战线不能搞精神污染。"另一段是说："思想文化领域各部门按照国家宪法规定的原则以及党和政府规定的正确政策，为反对和抵制精神污染做了许多工作，取得了明显成效，刹住了前一时期极少数人搞精神污染的歪风，依法查禁了淫秽书刊。在反对精神污染中，由于我们开始时对某些政策界限讲得不够清楚，以致有的地方和单位一度出现过某些不恰当的做法，但一经发现，我们就及时予以纠正。"〔305〕请同志们注意，报告的这两段话，是经过中央常委反复推敲过的。这里有这样几点：第一，"防止和克服资产阶级和其他剥削阶级腐朽没落思想的侵蚀"这个口号，中央一直是明确地加以坚持的，从来没有放弃过。第二，邓小平同志指出的、中央全会一致同意的思想战线不能搞精神污染，这个方针是完全正确的。第三，在反对精神污染问题上的缺点，也讲清楚了，而且讲得很有分寸，就是"我们开始时对某些政策界限讲得不够清楚，以致有的地方和单位一度出现过某些不恰当的做法"。就当前说，在思想战线上，对于前面说到的那些有害的小报，难道不需要查一查？难道能听任它们去毒害青少年的身心，涣散劳动人民的斗志？过去有一段时间，某些地方、某些同志把这个问题扩大化了，甚至查到群众的生活、衣着上去等等，这是错误的，这只是一些人的误解和曲解，早已纠正了。至于思想战线包括新闻战线，可不能搞那些不像样子的小报之类的东西！出现了那些东西，难道不应当抵制和反对？大家都要来抵制和反对！现在有几个省，那种小报特别多，一直影响到火车上的乘客。怎么能这样搞呢？这类问题，主要要从领导思想上，由省委宣传部、省文化厅局和某些报社在工作上去解决问题，不要又搞到社会上，搞到群众中去。总之，反对精神污染的问题，党中央和人民已有定论，每个党员都不能离开这个定论自行其是！

　　一个真实性，一个时间性，一个知识性和趣味性，这些就是对于新闻工作的要求。但是我们党对新闻界的最重要的要求是什么呢？我认为就是要有鲜明的正确立场，要有鲜明的阶级性和党性，要有实事求是的科学态度。毛泽东同志说过："我们是站在无产阶级的和人民大众的立场。对于共产党员来说，也就是要站在党的立场，站在党性和党的政策的立场。"〔306〕毛泽东同志在这里用了"也就是"三个字，表明"党的立场"同"人民大众的立场"是完全一致的。为了在一切新闻工作中坚持我们的正确立场，为了使我们的一切言论和报道能够真正符合国家和人民的根本利益，符合全世界人民的根本利益，就需要坚持实事求是的科学态度。这种科学态度不但同党性和党的立场没有矛盾，而且正是党性的要求。没有科学的态度，就叫作没有党性，或者党性不完全。因此，在我们的新闻报道中，有把握的事情才说，一时没有弄清的，弄清之后再来说。有时世界上发生了一件什么大事，我们一下子搞不清，不了解内幕，而别的国家又说话了，怎么办呢？可以先客观报道，随着真相判明的程度，再逐渐增加倾向性，这也应当算是有鲜明的立场。总之，坚持鲜明的正确立场，坚持马克思主义的基本观点和党中央的正确主张，坚持实事求是的科学态度，这就是最根本的要求。

四、队伍问题

事是人做的，人和事有密切关系，所以历来论事的时候就要谈人，谈干部，谈领导核心。我们已经建立了一支大约三十万人的新闻队伍。总的来讲，这支队伍是好的。当然，不只是新闻战线，我们各条战线的干部几年来在工作上都有很大的贡献，在思想政治水平上都有大幅度的提高，作风有了明显好转或者至少开始有了好转，年龄和知识结构有了很大改善，同人民群众的联系也大大加强了。这一切都说明，我们党的政治路线和组织路线是正确的，干部路线是正确的。但是，我们干部队伍的问题还很多，还要付出极大的精力，采取更多的措施，花费必要的时间，才能够使我们的干部队伍状况有更多的改进，以适应形势发展的需要。

在干部问题上，当然，某些部门加点人，不是不可以考虑。但是总的来讲，我们各部门的人是多了而不是少了。即使那些需要加人的地方，也还有个更新换代的问题。有些干部不称职，而别的岗位对他们更适合，要下决心帮他们调换一下。同时还要看到，就我们干部队伍的基本状况来说，最主要、最普遍、最大量的问题，不是别的，而是要以极大的努力来提高干部队伍的素质。这就要求我们每个部门的领导同志，都要认真考虑这个最主要的问题。不只是要使素质有所提高，而是应当积极努力，求得大的提高啊！现在有些部门虽然也讲到这个问题，但是就全盘情况来看，措施不得力，效果不明显。那么究竟应当采取什么方针，来提高我们干部队伍的素质呢？我认为，一要增强党性，二要增强业务能力，三要增强同志之间的团结。

增强党性，就是我们全党同志首先是党员干部都要全心全意地为人民服务，为国家的富强和人民的富裕服务。过去我们中国共产党人为中国的解放而英勇奋斗，现在就要为国家的富强和人民的富裕，积极拼搏，勤奋工作。对我们每一个党员来说，究竟是把最主要的精力用到为国家富强、为人民富裕而奋斗上面，还是千方百计地只为个人利益奋斗，为小单位增加收入？这可是个大问题。共产党人究竟是干什么的？党内究竟应当提倡什么，反对什么，允许什么，不允许什么？整党当中必须鲜明地提出来！在这样重大的原则问题上，没有鲜明的语言不行。当然，讲增强党性，不是要重复过去打棍子那一套。但是不打棍子，不等于该批评的也不批评，该处分的也不处分。

增强业务能力，就是要提倡学习，提高本领，并且赏罚分明。我们党在历史上曾经出现过很有名的一批记者，现在应当继续努力，培养和造就新的更多的优秀记者。要重视人才，找到适当办法来检验和评比新闻干部的业务能力。要赏罚分明，奖励一切在思想政治方面、知识方面和技巧方面有优异表现和成绩的同志。

我想着重讲一下增强团结，这可能是我们新闻战线以至整个思想战线都比较突出的问题之一，因此要多讲几句。现在发生一个问题：旧的疙瘩没有完全解开，是不是又在增加新的疙瘩呢？过去有句老话，"文人相轻"。我现在不想用这个话，但我认为这个话确实值得警惕。我还想说，有些同志的问题，首先不在"相轻"，而在"自轻"。"自轻"的结果就可能自损，自己损了自己。几年以前，有位同志对我说，我们党内历来就有这么一种人，不琢磨事，专门琢磨人。现在还有没有这种人呀？我就很佩服巴金[199]同志，他今年八十一岁了，经常讲作家要集中精力搞创作。如果大家都这样办，流言蜚语、闲言碎语就没有市场了，团结问题也就好解决了。我觉得他这个话确实很有道理。

当然，我们讲的团结，不是无原则的团结，而是在党的正确路线基础上的团结。同志有了缺点错误怎么办呢？同他本人去谈，互相交心嘛。现在中央号召同心同德干四化，我们只有坚持团结才能站得住脚，才能有利于党的事业。谁都会有缺点，谁都会犯错误，没有什么一贯和绝对正确的单位和个人。要团结起来向前看！

最后讲几句结束的话。我们党已经向全国和全世界公布了宏伟的奋斗纲领，这就是翻两番，搞四化，把我国建设成为现代化的、高度文明、高度民主的社会主义国家。我们建设这样一个伟大的社会主义国家，是在前人开拓的基础上前进的，但是我们的成就将比前人大大地向前跨进一步。可以断言，只要我们真正达到了这个目的，对全世界的影响将会十分巨大。我们必须奋发图强，尽一切力量达到这个目的。新闻战线上的同志们，应当在这个具有伟大历史意义的竞争当中，发挥出自己必须发挥也能够发挥的光荣作用。这就是我对新闻战线同志们的希望。

重视文学艺术在我们
伟大事业中的作用 *

（一九八五年四月十一日）

我们党历来很重视文学艺术的作用，几十年没有变过。毛泽东同志在延安时期讲过，我们的文艺是团结人民、教育人民的武器。一九八○年我还引用了鲁迅的话，说文艺是国民精神所发的火光，同时也是引导国民精神前途的灯火。我们国家、我们民族一定要重视提高自己的精神素质，发扬自己的精神力量。精神力量在我们事业中发生的作用，可不能低估呀！邓小平同志说的有理想、有道德、有文化、守纪律这四句话，很好地概括了对于提高全民族的精神素质的要求。

在几千年的文明历史中，中华民族形成了许多优良的精神素质。一百多年来，特别是我们党建立后的几十年来，中国人民又培育和发展了许多新的优良的精神素质。这些我们都要十分珍惜，可不能使它们遭到破坏呀！世界上有好几个民族，精神素质是非常良好的，其中也包括我们中华民族。所以，我们党在新时期提出要建设两大文明，一是社会主义的物质文明，一是社会主义的精神文明。我们的思想界，不

---

* 这是胡耀邦同志同文艺工作者谈话的一部分。

论文艺界也好，新闻界也好，理论界也好，都应当是我们社会主义精神文明的工程师、设计师，或者说都应该是人类灵魂的工程师。我们全国人民的道德风尚好起来，或者说人人都有理想，人人都讲道德，人人都守纪律，人人都奋发学习，我们的四个现代化就好办得多。所以，一定不要轻视思想工作，不要轻视精神文明建设。

不久前，我同一些同志酝酿过，感到可能明年的十二届五中全会需要专门讨论通过一个关于加强社会主义精神文明建设的决定。这件事今年和明年上半年大约来不及，因为要忙于改革和整党，而且社会主义精神文明建设究竟如何搞，也还需要认真做些调查研究。如果明年五中全会能搞出这么一个决定来，搞出一个充分说理的，有分析、有方针、有政策、有办法的指导文件，再经过五六年的贯彻实施，我们的社会主义精神文明建设肯定能够取得巨大的进步，情况肯定会发生更大的变化。所以，先同我们所有同志打个招呼，在我们的脑子里，不能让搞社会主义精神文明建设的观念淡漠下来。社会主义精神文明的建设任务，要求我们文艺界的同志，党员也好，非党员也好，都不要忘记你们是站在建设我国社会主义精神文明的光荣的神圣的岗位上，担负着十分重大的责任。有了这种光荣感和责任感，具体工作就容易做好了。这种光荣感和责任感体现在具体工作上的要求，我认为无非是这么两方面。

第一，文艺界的同志在进行创作时，都要时刻想到为我们民族和人民当前的最大利益服务。当前最大的利益是实现社会主义现代化，使国家富强和人民富裕，我们的文艺工作就要紧密地结合这个最大利益并为之服务，就要团结人民、鼓舞人民特别是鼓舞青少年，为实现整个民族和人民的这个最大利益而发愤图强，积极向上，排除万难，奋斗不息。我们不应当限制每一个作家的创作自由，但是我们同时希望每个作家都要想到这个最大利益，也就是想到这个最大的主题。完全忘记这个最大的主题，对这个最大的主题没有感情，我觉得不对头。最近一段时间，我们有些同志讲，文艺界产生的好东西很多，但也确有一部分作品的质量不高，格调太低。这就是说，中国人民在轰轰烈烈地干四个现代化，为祖国富强和人民富裕而奋斗的壮丽图景，在我们文艺创作上还没有得到应有的反映。今天发给大家几个文件，其中一个就是我国在美国的留学生集体写给中央的信。他们在信中说，国内送到美国去放映的影片，一般思想格调不高。他们最爱看的是国庆节阅兵、《风雨下钟山》、《西安事变》、《少帅传奇》这类充满革命和爱国激情的片子，宁可整夜不睡也要看，可惜这类片子太少了。很多华人、华侨也有类似的意见和要求。现在世界上许多严肃的评论家都说，中国搞四个现代化，是本世纪内世界性的一件大事，可是我们有些人好像觉得四化同自己没有什么关系，这个思路行吗？有人说，现在有些文艺作品，内容无非是谈情说爱，插科打诨，兴妖弄神。有点谈情说爱我也赞成，但是如果都是这个，那怎么行？一九八〇年我就讲过这个话。后来我那篇《坚持两分法，更上一层楼》的讲话，还专门引了匈牙利裴多菲〔195〕的四句诗："生命诚可贵，爱情价更高；若为自由故，二者皆可抛！"人家为了民族独立，一个爱情，一个生命，两个东西都可以牺牲，什么永恒的爱情主题压倒一切呀？这个不行嘛！讲到这里，顺便还要补充一句：历史题材的作品不能没有，而且应当成为整个文艺作品中的很重要的一部分。但是这类作品，同样也要力求提高思想水平和艺术技巧，并且也不能和现实生活完全脱节。总之，题材多样，作家有选择的自由，但是千万不要忘记为社会主义现代化建设服务这个总目标，不要忘记这个最大的主题。每个热情为人民服务、为社会主义精神文明建设服务的从事文艺工作的同志，脑子里都要想到人民现在在干什么，时代要求我们干什么，忘记这个东西可不行！文艺家要提高群众的精神境界，自己的精神境界就不能太低。自己太低怎么去提高人家呢？对于那些格调不像话的东西要进行说理的批评。现在有些同志，我不是单讲文艺界的同志，各界都有那么一些同志，只批评下级不批评同级，只批评别人不批评自己，更不解剖自己。我们应当把提高大家同解剖自己统一起来。要提高人家的精神境界，首先要提高自己的精神境界。

第二，一定要密切注意保护人民特别是青少年，使他们不受资本主义和封建主义腐朽思想的侵蚀。我们的社会环境并不是一尘不染，还有旧社会的遗毒。再加上现在实行开放政策，在引进外国先进技术和先进管理经验的同时，资本主义的腐朽思想也不可避免地会进来一些。这种腐朽思想是"病菌"，会传染疾病，而且可能繁殖得很快。我们当然不能因噎废食，重新闭关锁国，但是对旧社会的遗毒和资本主义的腐朽思想一定要经常保持警惕，防止和反对它们的侵蚀。这个方针，我们党中央历来没有放弃，没有变，中央纪律检查委员会更是经常讲的。要向同志们讲清楚，资产阶级的腐朽思想是一种传染病，要认真警惕。有的同志说，这个算啥，何必大惊小怪？我认为这种看法是不对的。丧失警惕会带来严重的恶果。当然，哪些东西是资本主义腐朽思想，哪些不是，需要细心地加以鉴别，并且用妥善办法加以克服，而不要用粗暴的方法乱斗一气，更不要扩大化。这就要求我们文艺战线上的领导干部，一定要细心地对待这个问题。最近出了好几件事情。一件是参加国际电影节，我们好的东西不拿去比赛，不大好的东西反倒拿去参赛。一件是外国电影回顾展，其中有些就不是什么谈情说爱，而是乌七八糟的东西。主管机关也不看，这就是失职！诲淫诲盗的东西要禁止。还有那些内容很不健康的小报一下子出了几千种。还有黄色的和其他低级趣味录像带。这些问题各级党委不管？文艺界的同志不管？新闻单位不管？现在有的同志有种想法，管了犯错误怎么办，由上面管吧。这种精神状态行吗？要讲政治责任心，讲主动精神，讲独立的鉴别能力。在党里面吃了几十年饭，这么点独立的鉴别能力都没有？还有，某些同志是不是有个想法，以为只有写点低级趣味的东西才能有读者，才能迎合读者的兴趣，我认为应当破一破这种糊涂观点。人们有多种多样的兴趣，不同的境界就会有不同的兴趣。在有些人那里，赌钱、打牌甚至抽鸦片才是兴趣，难道你也去迎合？所以，不是取消趣味性，而是要看是什么趣味，并且要加以引导。不能搞迁就，不能搞低级趣味，不要把某些落后的思想当作是正确的。我们讲学习外国，是讲学习它的先进经验，现在有的地方却盲目引进。动点脑筋想一想嘛！所有国家的管理经验都有两个方面，先进的和落后的，我们有些同志却不加分析，这不好。如果引导青年人打架，一下就打起来了。我们共产党员和革命的文艺工作者，不要忘记引导群众前进的责任。只要我们坚持积极引导，正面的积极的东西多起来了，消极的东西就会逐渐少下去。我们的电视，我主张宁愿多播一些体育比赛，也不要播那些乱七八糟的东西。你说喜欢体育比赛的群众多，还是喜欢时装表演的群众多？我们有的同志的所谓"群众观点"是很狭窄的，甚至是很成问题的，只反映了某些落后群众的观点。道德可以培养，兴趣也可以培养，要培养适合社会主义发展需要的兴趣，提高人民特别是青少年抵御资本主义腐朽思想侵蚀的能力。同时还要采取各种适当措施，包括行政和法律的手段，取缔毒害人们身心健康的报纸、刊物和录像带等等。这是一件大事，是为整个民族的振兴和发展着想的。当然，话又说回来，在具体工作的掌握上，究竟哪些东西才是资本主义腐朽思想的影响，需要仔细加以鉴别。为此，我建议中央书记处的同志和宣传部门，要注意划清一系列政策界限。我们的工作要越做越细，不要一哄而起。无论对于思想问题、道德问题，还是兴趣爱好问题，以及其他许多社会现象，都要加以分析，加以引导，不能自流，不能任其自然而然地发展，而要把党的领导因素加上去，并且发挥强大的作用，去感染，去潜移默化。文艺有个作用叫潜移默化。可以向好的方面潜移默化，也可以向坏的方面潜移默化，这就叫作染于苍者苍，染于赤者赤，或者说近朱者赤，近墨者黑。这就要求我们发挥应有的主观能动性，发挥先进的、正确的、健康的思想观点和感情的潜移默化作用和感染作用。

形势、理想、纪律和作风 *

（一九八五年七月十五日）

　　第一个问题，讲一讲如何观察形势。

　　如何观察形势，这是马克思主义的一门大学问，是马克思主义理论和策略上的一个大问题。同志们从马克思、恩格斯、列宁、毛泽东同志的著作里面，可以找到在他们的革命的一生当中有许多关于形势的精辟分析。只有正确地观察形势，才能够正确地决定奋斗方向和方针政策。或者说，要正确地制定党的路线、方针、政策，在很大的程度上要取决于对形势的正确分析。

　　那么，对当前我们国家的形势怎么看呢？国内外有种种议论。有两种极端的看法：一种讲我们好得不得了，简直什么都好。有些国外人士讲的，比我们自己讲的还要好。另外一种，是另一个极端，认为我们什么都糟，除了一切落后，振兴无望之外，还有什么"修正主义""民族主义""资本主义"等等。一个是好得不得了，一个是糟得不得了。究竟怎么样呢？我们应当采取辩证的分析方法。首先要肯定，形势确实很不错。我赞成这么一种估计：这几年是新中国成立以来最好的时期之一。所谓之一，就是可以同建国初期相媲美

---

　　* 这是胡耀邦同志在中共中央党校学员毕业典礼上的讲话。

了。没有这一条，对这一点不肯定，恐怕就要迷失方向了。但是另一方面，我们又应当清醒地看到，确实也还存在着许多问题和困难。不从总的方面肯定这几年是最好的时期之一，信心从哪里来？看不到问题和困难，就会滋长骄傲情绪，犯不慎重的错误。

对于那些极端的议论，我们的方针可以说有两条。一条方针是，对国外那些说我们糟得很的，一般不予批驳。为什么呢？因为我们要做的事情很多，都要驳起来不胜其烦。第二条方针是，我们也不把自己的成功经验强加于人，向人家推销。同外国朋友谈话，我们反复讲社会主义社会从俄国十月革命算起，到现在只有六十多年，怎么建设社会主义还要靠长期实践来回答。社会主义在实践中间，谁都不能认为自己完美无缺。要允许和鼓励大家根据社会主义基本原则去探索，这才是马克思主义的态度，实事求是的态度。

翻两番究竟能不能实现？在我看来，不但可以实现，而且可能提前实现。这里有一个条件：不犯大的错误。

去年我国工农业总产值是一万零四百多亿元（按一九八〇年不变价格计算），假定今年工农业增长速度是百分之十六，那末今年工农业总产值就是一万零四百多亿再加一千六百六十多亿，达到一万二千多亿元。这就离原来设想的前十年翻一番，达到一万四千多亿元的目标，相差不远了。

当然，中央和国务院一再指出，不要过于强调速度，而要首先强调效益。十二大关于翻两番的目标，就有个不断提高经济效益的前提。所以，我们的七五计划还是把速度定在百分之七左右，就是考虑到这一点。现在问题是，今年工业总产值增长速度上半年达到百分之二十三，比去年几乎快了一倍。这种情况，需要做点分析。一方面是我们的政策发挥了作用，积极性起来了，活力起来了。另一方面，也确有不正常的因素，"超高速"。外国人帮我们起了个名字，叫"生产过热"或"经济过热"。这么"过热"下去，总有一天要掉下来！这种"超高速"，有四个不正常：基建规模过大，消费基金过大，信贷过大，外汇的消耗过大。基建过大，信贷也就会过大，大家就会抢购工业原材料。消费基金过大，也会抢购消费物资。总之，要求产值增长过快，就必然会造成供求失调，影响整个物价和金融。如果说经济形势有问题，这就是一个主要的问题。

速度不太正常发现了没有呢？一月份就发现了，二月十日中央开省长会议打了招呼，注意控制。一控制，大家哇哇叫。后来回头一想，控制太死、转弯太急也不行。中国这么大，要急转弯，半年解决，看来不行。好比一条大船，开得很猛，惯性很大，想一下子掉转船头，办不到。所以又下了个决心，不搞急转弯，不搞一刀切，允许给些时间从容地掉过头来。但是一定要注意控制发展速度，控制投资规模、信贷规模和消费基金规模，特别要约束外汇的使用。要加强整个财政经济和各级各部门国家机关工作的纪律性，也就是要在放权的同时，加强各方面的宏观控制，防止大问题上的失控。总之，当前经济发展速度的问题是前进中的问题。大家注意了，就有办法解决。

关于改革，邓小平同志前几天着重说，方向是正确的，如果能够争取不长的时间内把各种关系理顺，那就不单单是为下一个十年的经济振兴，也为进入下一个世纪后国民经济能够持久、稳定、健康地发展，奠定牢固的基础。所以，邓小平同志强调说，改革要抓住时机。抓住这个时机，把改革搞好，不仅关系当前，而且关系今后几十年。所以，改革这个大方向，要坚定不移，不要模糊。

除了经济形势方面的问题之外，政治形势方面，党风和干部作风方面，也还有许多问题，下面还要讲。但是，总的来说，无论经济形势还是政治形势，都是很好的。中国是在朝气蓬勃地前进。不能因为存在和出现某些问题，就不做全面分析，看不到整个局面正在向前发展这个总趋势。抓住局部现象，以偏概全，或者从某种抽象概念出发而不从实际出发，都是不可能正确判断客观形势的。

党校的同志们都熟悉列宁关于如何观察社会现象的论述。我想在这里着重介绍一下列宁在一九二一年的《再论工会、目前局势及托洛茨基和布哈林的错误》那篇文章里提出的观点。列宁在那里讲了四条。

第一，他说到辩证逻辑，指出："要真正地认识事物，就必须把握、研究它的一切方面、一切联系和'中介'。"〔307〕他说："我们决不会完全地做到这一点，但是，全面性的要求可以使我们防止错误和防止僵化。"〔308〕这就是说，在观察形势的时候，不要只抓住一点，甚至只听到一点什么风声，就马上做判断、发通知、刮风！我们现在这种事情可多啦！

第二，他强调辩证逻辑要求"从事物的发展、'自己运动'、变化中来观察事物"〔309〕。就是说，历史是前进的，要从发展中去观察事物。

第三，他说："必须把人的全部实践——作为真理的标准，也作为事物同人所需要它的那一点的联系的实际确定者——包括到事物的完满的'定义'中去。"〔310〕这一条，就是要求在观察客观事物的时候，把人的实践活动加进去，不能离开人的实践的因素来谈论形势。

第四，他还强调"没有抽象的真理，真理总是具体的"[311]。这就要求我们，具体问题具体分析，而不要从抽象概念出发。

列宁说的这四条，概括得实在好。我们读他的书，就要学他这种分析方法，这种力求把握事物全体而避免片面性，把握事物之间的联系和人的全部实践而避免孤立地静止地看问题的方法。

我们也不要忘记毛泽东同志的有关论述。毛泽东同志在《星星之火，可以燎原》这篇文章里，深刻地批评了那种"抓住表面抛弃实质的观察"。他指出："看事情必须要看它的实质，而把它的现象只看作入门的向导，一进了门就要抓住它的实质，这才是可靠的科学的分析方法。"[312]他在《中国革命战争的战略问题》上面还有一段很好的话，"去粗取精、去伪存真、由此及彼、由表及里"。[313]他指出："指挥员的正确的部署来源于正确的决心，正确的决心来源于正确的判断，正确的判断来源于周到的和必要的侦察，和对于各种侦察材料的联贯起来的思索。"[314]毛泽东同志这些话，要求我们在有了材料以后，还要加以思索，联贯起来想一想，不要抓住一点就做判断、下结论。如果只凭那些表面的、零碎的材料，不联贯起来进行有系统有条理的思索，用只见树木不见森林的态度来判断形势，结论就不会是可靠的，就可能上当。

我讲这个题目的意思，就是要请同志们注意，你们回去以后，要经常对你那个地方，你那个部门，做正确的形势分析，并且同总的全局形势联系起来观察。这一点很重要。可以说，这是执行党中央的正确路线、方针和政策，做好工作的一项必不可少的条件。

第二个问题，讲一讲如何宣传理想。

邓小平同志前几年就提出了有理想、有道德、有文化、有纪律，今年又讲过几次话，特别强调了理想和纪律。我们党对党员，对干部，对人民，对青年，特别是对青年，一定要宣传理想，认真地热情地进行理想教育。

理想是我们这样的国家和民族的一个非常重要的精神支柱。如果没有理想，不晓得自己应当干什么，应当奔向何方，能行吗？在西方资本主义国家，许多人就是精神空虚，不晓得往哪里走，不知道今后怎么办啊！一个人，一个民族，如果只顾眼前"小惠"，没有远大理想，是不可能真正有所作为的。

什么是理想呢？按照一般的说法，理想不是空想，也不是幻想，而是同奋斗目标相联系的有实现可能的信念。我们这个民族，已经进入了社会主义历史阶段。我们的最高理想是什么呢？是共产主义。中国共产党一成立，就下定决心要为在中国实现共产主义而奋斗。到了今天，我们还要使全国越来越广大的人民，越来越广大的青年，建立起这样一个理想。绝对不能丢掉这一条。把这一条丢了，那还叫什么共产党?！我们的行动岂不是没有灵魂，没有头脑了?！

几年前邓小平同志强调"四个坚持"，后来邓小平同志又指出，不能听任资产阶级自由化的思潮泛滥，所谓资产阶级自由化就是要实行资本主义。我们有些同志的脑子里就是向往资本主义，要我们走资本主义道路。同志们，我们如果依了这种意见，如果丢掉了自己的远大理想，就会走向邪路，我们的革命事业就要失败！

当然，共产主义社会究竟是什么样子，现在只能讲个方向，讲个大概。那是要经过很长的历史时期，经过好些代人的努力才能实现的。但是，共产主义不仅是未来的社会制度，而且是改造旧社会而走向未来社会的科学的现实的革命运动。因此，我们在宣传共产主义理想的时候，要注意两条原则。第一，一定要讲基本原则，讲基本精神，不能离开实现共产主义社会的最终目标。邓小平同志多次明确讲过，前些天陈云同志再一次强调说，我们搞的是社会主义的四个现代化。这是一个完整的概念，代表我们的根本立场。第二，又一定要从实际出发，把我们的理想同现实的斗争目标紧密地联系起来，要经常想到我们在此时此地究竟应当怎么走，才能领导广大群众朝着我们的最终目标前进。我们讲过，今后几十年，我国的社会主义现代化建设，要分三大步走。第一大步是到本世纪末，工农业总产值比一九八〇年翻两番，把我们国家建设成为社会主义的“小康之家”。第二大步是下个世纪的头二三十年，也就是我们党成立一百周年以后，把我们国家建设成为社会主义的中等水平的发达国家。然后再走第三步，到下个世纪的中叶，也就是到建国一百周年以后，把我们国家建设成为社会主义物质文明和精神文明高度发展的、经济发展水平接近世界最发达国家的、第一流繁荣富裕的现代化的社会主义强国。随着我国社会生产力不断地向前发展，我们的社会主义生产关系就会不断完善，我国社会的道德风尚、教育文化和科学技术都将向世界的高峰挺进，我国将成为维护世界和平和争取人类进步的强大力量。

在我看来，这个三步走，就把我们的最高理想，同建国一百年内的现实奋斗目标联系起来了。这不但是每个共产主义者应有的理想，也是每个爱国者应有的理想。

在这样的历史条件下，我们思想政治工作的中心任务，或者说轴心，就是要动员全体党员和广大工人、农民、知识分子，为社会主义现代化，为国家的富强和人民的富裕，奋勇进取，建功立业。这样讲理想，就同现实紧密结合起来了，就有血有肉了，就可以用一个具体的全党统一的奋斗目标来动员和教育我们的人民，教育我们的子孙后代。

为理想奋斗，还应当落实到每一个部门、单位以至于个人：你如何去奋斗呢？你建什么功？立什么业？还要抓住不同时期的现实思想倾向，反对只顾个人和小团体的狭隘私利而不顾国家和人民利益的错误言行，发扬献身精神。社会主义现代化是要使国家富强，使人民富裕。这是一个大局。其中也包括照顾个人利益，把个人利益同集体的、社会的、国家的利益相结合。但是，如果你满脑子只为本单位打算，满脑子只为个人利益打算，不顾以至损害国家和人民利益，这还能说什么有理想呢？就当前情况来说，这是一个很大的问题。首先在我们的党员队伍里，有些迷失方向的人，他们丢掉了社会主义方向，而要搞资本主义制度的一套；他们丢掉了国家和人民利益，在行动上搞个人主义。一个是资产阶级自由化，一个是行动上的形形色色的个人主义，这两个东西同我们的理想是背道而驰的。

我没有讲得完全，只是提出问题：如何宣传理想，以什么立场对待这个问题，用一种什么姿态，用一些什么语言来宣传这个问题，来引导和鼓舞人民。请同志们一起想想这个问题，认真对待。

第三个问题，讲一讲如何加强纪律。

邓小平同志是把理想和纪律联系起来提的。不能单讲有理想。如果都说是为了一个理想，实际上却是各行其是，生活里面乱糟糟的，行为上面乱糟糟的，社会变成各行其是的一盘散沙，这哪里能说什么有理想？只不过是对理想的一个讽刺！所以我们整党决议[315]上提出四条要求：统一思想，整顿作风，加强纪律，纯洁组织。一期整党是有很大成绩的，是健康的；但是，整党还没有完，还必须继续作巨大的努力。同志们，现在不论党内还是社会上，纪律状况不好，很值得我们全党严肃地注意。在这方面，不论哪一条战线，都是问题成堆。问题都是可以解决的，但是一定要认真，才能解决。我们既不悲观，又要严肃对待。

我想列举一下我们一些方面的消极表现。

比如外事活动方面。这里不是专指外事部门，是讲外事活动。这方面的歪风邪气可不少！有些人抢着出国，在国外不但办不了事，反而误事，只为自己置办"几大件"。还有些人在外事活动中置国格于不顾，甚至丧失国格人格，向外国人乞讨！

还有生产方面。许多企业不讲效益，产品质量不高，乱涨价，情节是严重的。现在还有招摇撞骗，不但卖冒牌货，甚至卖假药，毒害人民。这种人命关天的事，还能不按照刑法严办？

还有交通运输方面。两个"野蛮"：一是野蛮待客，二是野蛮装卸。几年前就发现了，指出了，有些地方用很大的努力切实纠正了，但就全国范围来说，至今还远远没有解决好。

还有财经方面。我不是批评财经部门，而是说各级各部门各单位都有不少乱摊派，乱涨价，甚至索贿、要种种所谓"好处费"的现象，任意加重人民负担和企业负担，严重妨碍人民生活的改善和企业的正常活动，大大影响党和政府的威信。

还有政法方面。这几年彭真[235]同志和中央政法委员会抓得很好，有很大进步。但也还存在一些长期遗留下来的问题。比如某些脱离群众和欺压群众的现象，保护人民的事干得不够、不好的现象，造成新的冤假错案的现象。这些在不少地方，都程度不同地存在着。

还有组织工作方面。讲人情、不讲原则的问题，一年以前我们就提出来了。种种弄虚作假、骗取荣誉的行径，层出不穷。你到下边去考察工作，下边就封锁你，或者搞个假典型蒙哄你。

这些事，列举得很不完全。但是仅仅这些，就很值得各行各业注意，值得全党注意。再说一遍，我并不是说这些已经成为我们工作中的主流，也不是专指哪个部门怎样，而是讲各个方面纪律不严问题的严重性。

同志们，一个党，一个民族，一个国家，没有坚强的纪律不行。所谓有纪律，就是该怎样做，就怎样做，不该怎样做，就不准那样做。谁做了不准做的事，就查到底。该批评的批评，该处分的处分，该撤职的撤职，该法办的法办。要坚决打击两种人，一是经济犯罪分子，二是其他刑事犯罪分子。前几年打击了两次，还没有根本解决问题，一有机会又冒出来。刑事大案还没有减少，经济犯罪的件数和规模还有继续扩大的趋势。有些地方、部门对经济犯罪和其他刑事犯罪，党内不管，甚至还包庇。最近某地就有六千多群众联合签名要求对一个受到包庇的罪犯处以极刑。所以，为什么我们的党风和社会风气没有根本好转，很需要认真想一想。现在还存在一个问题，就是出了严重违反纪律的事，许多领导干部往往不讲。直到上面派人去查，他又强调什么客观困难，甚至责怪是年轻人怎样怎样不好。可是我们要问：你有没有责任？你们领导层内有没有违法乱纪和其他腐败的东西？国家是党领导的，你那个地方和部门也是党领导的，出了严重的问题首先应当查查领导嘛。

　　同志们，我们一定要十分严肃地对待这样一个问题。旧社会有个经验之谈，不可忘记，叫作"上行下效"，"上梁不正下梁歪"。如果领导搞亲疏关系，下边就会闹派性；领导讲情面，下边就会搞对策，践踏原则；领导搞特殊，下边就会搞严重的违法乱纪；领导机关不努力工作，下面就会自由散漫。所以，领导干部如果不以身作则，你批评人家，自己腰杆子就不硬！最近曲啸[316]同志的电视广播讲话，在青年中间引起巨大反响，青年反应最强烈的就是他言行一致。余秋里[160]同志在一次会上提出，有理想的人讲理想，有纪律的人讲纪律，是最能打动人心的。我觉得秋里同志这个话，讲得好！我们各级党委都要非常明确地认识这一条，就是要以身作则，自上而下地从我做起。整顿纪律要先从党委整起，要自上而下地整，不要抓替罪羊。有的地方说什么自从逮捕了某个小坏蛋以后，那里的社会风气大为好转，这是讲假话，哄人的！

　　请同志们考虑一下，我们二期整党现在不到半年，有没有搞得比一期整党还不如的危险性呢？有的同志说现在一些

地方基层党组织陷于瘫痪半瘫痪状态，没人管事，大家都
"致富"去了。这个问题很值得注意。自上而下，要抓住根
本，要抓住党章所规定的一条原则，就是把我们每个党组织
的正常生活建立和健全起来，把各级党组织直到支部的正常
生活建立和健全起来。一个党支部如果做不到这一点，那这
个党支部就应当改组甚至解散。只谈业务工作，不谈政治思
想可不行！这两年，我们在整党中强调端正业务指导思想，
这对于把我们各条战线的工作真正放到为社会主义现代化建
设服务的轨道上来，意义很大。但是另一方面，不少地方和
部门只是孤立地谈端正业务指导思想，没有把它同增强党性
联系起来。党性观念不端正，业务指导思想也就很难真正端
正。一个党组织内部，一个领导班子内部，相互之间有什么
意见，有哪些没有按照党性原则办事的问题，有哪些违法乱
纪的问题，有哪些违反四项基本原则的言行，为什么不经常
谈一谈？党的生活不健全，任何好的路线、方针、政策都会
落空，甚至完全走样！

　　附带再讲一下，我们的机关党委究竟应当干什么？我是
讲中央一级和省市一级的机关党委。如果机关党委只管一些
群众生活福利问题，什么发戏票，发球票，这个行吗？群众
的福利问题应当关心，但首先要管思想，管党内的是非。对
不正之风，机关党委要敢于讨论，敢于批评。比如，我们中
直党委，发现哪一个部门的副部长、部长或者其他负责人搞
了不正之风，就应当把情况提到那个部门的党委去，要他们
讨论解决。机关党委不抓思想，不抓党性，就是没有抓住
根本。

　　总之，一定要把党风、党纪搞好。如果不争取在今后两

三年使党风有个根本好转，我们就对不起人民，就还有动乱的可能。关于党风党纪，我今天只着重讲两条：一是党风一定要搞好，二是只有自上而下才能搞好。当然，你们有些同志回去并不参加省委工作，可能有的同志会想：既然讲自上而下，就等上边吧。这种想法是不对的。应当首先管你自己嘛！如果你是支部书记，你在支部里就是"上"。如果你是县委书记，你在县里就是"上"，还等什么别的自上而下?！不是提了一个口号，叫作"从我做起"吗？就是要自上而下，以身作则，不抓紧自己不行。

再重复说一下，对于经济犯罪分子和其他刑事犯罪分子，一定要严肃对待。我们党里面的官僚主义严重的状况总是暂时的，是不可能长久的。谁要靠官僚主义做保护伞，那是躲不了多久，走不了很长路的。我相信，只要党风真正搞好了，社会风气也就好办了。

最后一个问题，讲一讲如何改进作风。

邓小平同志不久前提出，少讲空话，多干实事。我们干部队伍的作风问题，要害就在这里。特别是中央、省市这两级机关，讲空话的太多了！讲套话的太多了！一般号召太多了！中央一些机关的部、局、处、科，大家都讲"原则"，拿到下面的文件似乎都是"中央文件"，一些省市的机关又照讲"原则"。所以我说句笑话，现在全国不是一个中央，而是有几百个"中央"，因为都在出"中央文件"！我常到县里去，问县里同志这个那个问题，他们往往说是按"中央文件""中央精神"办的，我说哪个"中央精神"？找出来一看，还不是某个部、局的，或者局下面的什么单位的！有些还是多少年以前的！还有，现在"表彰"大会多得不得了，一人一块奖牌。假药照样卖，牌子照样拿！必要的庆功大会、表彰大会、评比大会、展览会，是可以开一些的，但是现在开得实在太多了。有的完全是走过场，搞形式，劳民伤财，而且还都提出要首长题词。同志们，我们今后一定不要再搞那些自欺欺人的东西了！大家好好想一想，干工作总有个目的嘛。我们不能把有限的精力耗费到无穷无尽的空话、大话、套话上去。许多年轻同志，没有上来的时候，还勤勤恳恳，调查研究，上来以后，就忙于应付场面，送往迎来。这样的作风行吗？搞表面文章，搞应付上面，不行啊！同志们，如果现在我们的好同志用这样的工作方法来对待四个现代化，四化就没有希望！

不久以前，我们中央书记处讨论教育工作问题的时候，我说有的同志可能忘掉了列宁的《青年团的任务》。列宁在那篇文章中讲，旧学校是用"九分无用一分歪曲了的知识来充塞青年的头脑"〔317〕。他说不能用这样"一堆无用的垃圾"来充塞青年的头脑。请同志们想一想，按照列宁这篇讲话的精神，我们的各种报刊、书籍和其他出版物究竟用什么东西来教育青年，确实也是一个很严肃的问题。我们县以上各级党委，都要向报刊、出版部门的党员和非党干部做工作，同他们一起来认真对待这个问题，把那些对青年成长只有害处、没有好处的小报、期刊和小册子，切实加以整顿。

总之，我们要帮人民办事，就要实事求是。希望大家都来实事求是，大家都来做有胆有识的干部。

什么叫有识？第一，有正确的方向；第二，有科学知识；第三，对实际情况了解很透。什么叫有胆？正确的，敢坚持；不对的，敢说；违法乱纪的，敢纠正。但现在我们党内，有些人同违法乱纪做斗争，同违反党的利益的现象做斗争，缺乏应有的胆量。另外还有些党员的胆，是搞特殊化、搞歪风邪气、以权谋私的胆。他那种胆大得很！这行吗？

我们不少干部严重地脱离群众，许多环节严重地脱离群众。有些好同志脱离群众，就是因为不了解下情或者不真正了解下情。所以，现在要特别提倡干部多到下边去，发现问题，解决问题。首先是中央、省市区、地、县四级当领导的，都要到下面去。到一个村、一个厂、一个学校、一个家庭去，了解情况。

这几年，中央在一线工作的同志跑了不少地方。我也跑了一些地方，一些落后山区。一到那里，老百姓有人感动得流泪。我说到这个情况，意思不是说我们工作做得怎么好，而是说那些地方我们去得太少了。同志们，现在每个省都有上万名干部，二十九个省市就是近三十万干部，再加上中央机关干部十几万，共四十几万。假如我们每个干部一年去两个村子或厂子，就是八十几万个村子、厂子，一年同十个老百姓谈谈，就是四百多万群众。这样探望一下，交谈一下，不晓得会帮助我们了解到多少真实情况。而现在，许多同志没有下去；即使下去了，回来报告也只是干巴巴几条，比如第一要中央给予特别照顾呀，第二要因地制宜地开发山区呀，第三要整顿干部作风呀，等等。这些话，文件上都有，还要你来讲吗？问题是你应当去帮助解决具体问题，帮助干部进步。干部不好的，要通过群众和组织，把他换掉。要办实事嘛！如果都只讲"原则"，原则就成了套话。所以我觉得，现在危害最大的就是不深入基层，不深入到群众中去，不是实实在在地发现问题和解决问题。

　　现在我们大声疾呼一下，要转变作风。同时恐怕还要采取一些措施。中央机关人太多，比前年开始精简的时候人更多了。前几天我同有关同志商量，可不可以抽出五万人到落后地区去，到落后企业和落后乡村去，干上两年，帮助工作。凡属这样下去的同志，本人户口不动，职务不动，每年还可以有一定假期。我们一些高级机关的口号往往喊得很响亮，什么奋发图强呀，开拓前进呀；可实际上，是不是奋发图强？是不是朝气蓬勃地像个搞社会主义现代化的样子？我看不少地方和单位不像！要想点办法，扭转这种只讲空话、不干实事的现象。这种风气扭转了，各方面工作就会前进一大步。毛泽东同志当年就告诫当时中央的领导人，说"钓鱼台无鱼可钓"。我们批评他老人家晚年的错误，但也坚决反对对他一概否定。他老人家有伟大的历史功绩，留给我们宝贵的精神财富，这是他一生的主要方面。他在很多著作中发展了马克思主义的真理，有许多话都是警语，至今对我们仍然很有教益。总之，我们要真正实事求是，真正联系群众，真正到群众里面去，才有可能做出实实在在的成绩。

　　我相信，我们的党和国家肯定有希望。如果我们既能够正确地分析形势，又能够生动活泼地宣传理想，又切实地把纪律搞好，再有我们自己带头，把作风搞好，我们的国家，我们的党，能没有希望吗？我是乐观的。六七年来的实践，证明了我们的国家是有希望的。如果我们把那些工作做得不够的地方认真搞好，我们国家的前景一定是会越来越好的。

　　在座的有许多年轻干部，三十几岁、四十几岁的。我经常讲这个问题：为什么我们这个党总是寄希望于年轻的干部，寄希望于三十几岁到四十几岁的人呢？因为他们将来要接过老一辈的那个接力棒，接到二十一世纪去。我在前面讲了今后几十年内要三步走，你们在座的有些人不单是走第一步的人，而且要走第二步。你们是国家和民族的脊梁。你们能够说在困难面前没有办法吗？"四人帮"都可以打倒，破碎的山河都可以重新收拾起来，不正之风就不能克服？我不相信。就看我们每个同志有没有胆量，有没有为共产主义、为社会主义、为人民的利益勇往直前的精神。老是想到个人利益，怕明天挨斗，怕后天被撤职，这样你自己都没有从个人小圈子里跳出来，怎么还谈得上为党和人民贡献力量？所以，归根结底，人民对我们年轻的干部充满希望，问题在于年轻一代一定要争气。

最后，我还是祝贺年轻干部，送你们八个大字：有胆有识，为国为民。胆就是为我们党的利益奋不顾身，识就是三个东西：方向、知识、了解情况。希望同志们有胆有识，为党做出新的贡献！

当代年轻知识分子的成长道路[*]

（一九八五年八月十一日）

同志们：

今天，国家教育委员会和中央直属机关党委、中央国家机关党委，在这里隆重举行大会，欢送中直和国家机关的三千二百五十位同志，到二十二个省去，帮助这些省培训中小学师资。我来参加大会，是代表中共中央和国务院，热烈欢送同志们！

大家知道，中央关于教育体制改革的决定，有一项重大决策，就是要在不太长的时期内普及九年制义务教育。这里碰到的一个紧迫的尖锐的问题，是中小学教师数量奇缺，业务水平不高。怎么办？中央的决定提出了一系列措施，其中一条，是动员和组织党政机关的一部分具备条件的干部，下去参加培训中小学师资的工作。这样做，不但能够更好地解决中小学师资问题，而且能够促进各级党委和政府重视教育，推动各行各业支援教育。这当然是正确的，是一件大好的事情。

既然中央决定了，就应当努力实施，而且中直及国家机

---

* 这是胡耀邦同志在欢送中共中央直属机关和中央国家机关培训中小学师资讲师团大会上的讲话。

关应当带头办。原定中央和国家机关出三千人，结果，从五月份起，大家踊跃报名，不到三个月，就超额完成了。现在的三千二百五十位同志当中，绝大多数是党团员，大部分是年轻同志。这件事说明，中央的决定一经同大家见面，广大干部，广大党团员，广大年轻同志，是能够坚决响应的。这件事还说明，现在中央的每一个重大决策都是从人民的当前和长远的利益着想的，只要广大干部和党团员充分理解和坚决贯彻执行，我们的一切重要任务都是可以实现的。

你们以高度的热情，自愿地到那些表面看来似乎平凡，默默无闻，而实际上意义重大深远的工作岗位上去。你们不是像有些人那样，借口"人才流动"，一股劲地向舒服地方、向大城市和高级机关"流"，而是自觉地下到环境比较艰苦和更为紧迫需要的地方去。你们带了一个好头，带来了好风气！你们的这个模范举动，也会在我国教育改革史上留下光彩的记载。中央认为，你们的这种精神和行为是值得称赞的。

同志们这次下去，在很大程度上可以说是由高级机关向下走，到基层去，到群众中去，到实际工作中间去。这就使我想起今天中国的年轻知识分子如何更好地成长的问题。

你们知道，中央同志已经不止一次地讲过，从现在起，今后几十年内中国社会主义现代化建设的奋斗目标，大致分三步走：第一步是到本世纪末，实现工农业年总产值翻两番，达到"小康水平"；第二步是到下世纪二十年代，二〇二一年，即建党一百周年，达到中等发达国家的水平；第三步是到下世纪中叶，二〇四九年，即建国一百周年，把我们祖国建设成为社会主义物质文明和精神文明高度发展的、世界第一流繁荣富强的、现代化的社会主义强国。我们一定要坚持四项基本原则，始终不忘共产主义的远大理想。而共产主义远大理想，同几十年内三步走的奋斗目标，是完全统一的。我们年老的人，只能走第一步，也许第一步还走不完；但是年轻同志，包括今天在座的大多数同志，不但要走完第一步，而且要走第二步，奋斗到下世纪的二三十年代。因此，在我看来，中国年轻一代知识分子要更好成长，头一个重要问题，就是要善于把远大的共产主义理想同现实的奋斗目标紧紧地结合起来，脚踏实地地干实事。

要在几十年时间里把我国建设成为社会主义强国，决不是容易的事，需要我们整整三代人，付出巨大的心血和精力，付出艰苦的劳动，克服巨大的困难。我们党和国家的政策，是以国家富强和人民富裕作为出发点和落脚点的。我们在政策上决不是只讲社会利益，否定和抹煞个人利益，而是兼顾社会利益和个人利益，实行社会利益和个人利益相结合。但是，对于共产党员和国家工作人员，也就是对于我国人民的先进分子来说，他们应当时时刻刻首先想到国家和人民的利益，全心全意为人民谋利益，以个人利益服从社会利益，当个人利益同社会利益发生矛盾的时候，要自觉地牺牲个人利益。我们每个共产党员和国家工作人员，应当先天下之忧而忧，后天下之乐而乐。现在有些党员和国家工作人员却不是这样，他们首先想到的是个人利益，甚至为个人利益而损害国家和人民的利益。各种违法乱纪和蜕化变质现象的一个重要的思想根子，就是一切为了个人私利。在这次整党当中，一定要认真地解决好这个问题。受人欺凌、灾难深重的旧中国，是经过无数革命先烈前仆后继、英勇牺牲，才得以翻转过来的。中国年轻一代继承和发扬革命先烈的这种伟大的豪情壮志，就一定能够建设一个扬眉吐气、繁荣富强的新中国。因此，在我看来，中国年轻一代知识分子要更好成长，第二个重要问题，就是一定要有不计较个人私利，为祖国、为人民、为社会主义现代化建设而奋发进取、建功立业的献身精神。

我们现在已经拥有数以千万计的有知识的年轻人才，这是我们国家的重要财富，是我们国家能够实现四化的一个重要条件。但是要有自知之明。总的说来，你们的书本知识毕竟还不多，实际知识也不够。在某种意义上说，实际知识更不够。我们党的正反两方面的历史经验告诉我们，仅有书本知识，或者仅有实际知识，都是办不好事，成不了才的。我们党的优秀干部，历来出自于两种情况：一种是原来就有科学文化知识，后来经过实际斗争的多年磨炼；另一种是原来缺少科学文化知识，在革命斗争中一面实践，一面学习。而来自这两种情况的优秀干部，有一个共同点，就是一贯地致力于把书本知识同实际知识相结合，把马克思主义的基本原理同中国实际相结合。在今天，我们要使中国富强，如果不是深入到中国这样地区辽阔、情况复杂的实际中去，不是深入到经济建设和科学实验的实际中去，不是通过解决纷繁复杂的实际问题来增长才干，不是把放之四海而皆准的马克思主义普遍真理、人类现代的科学技术的最新成就，同中国的政治、经济、科学、文化发展的国情融为一体，怎么能够把事情办好呢？怎么能够建设有中国特色的社会主义呢？我们现在正进行全面的改革，而改革是同我们每一个人息息相关的事情。我们要在改革各种体制的同时，改革自己的同时代不相适应的思想、思想方法和精神状态，使自己的认识能力和工作水平更加适合于党和人民的需要。因此，在我看来，今天中国年轻一代知识分子要更好成长，第三个重要问题，就是要学习、学习、再学习，实践、实践、再实践；就是要努力把马克思主义基本理论、现代科学文化知识同中国社会主义现代化建设的实际，紧密地结合起来。

这次下去，对你们来说是一次锻炼和考验。应当珍惜这个机会，力争把工作搞得更好一点。你们究竟做得怎么样，归根到底，决定于实践，决定于你们自己。因此，这就发生一个究竟以什么姿态下去工作的问题。

我愿在这里向你们提出三点希望：

第一，你们都有自己的长处，有一定的知识水平，所以一定要有信心；但是同时也要看到自己的不足之处。你们大多数同志没有做过这方面的工作，所以一定要虚心，努力同当地的同志打成一片。当地同志们的知识水平可能不如你们，但是人家熟悉情况，有一定经验。听说各省对你们下去是热情欢迎的，而且越到基层越热情。所以，只要你们虚心体察情况，善于同人家商量，那就不但可以帮助人家得到培训和提高，而且可以使你们自己对于教育这样一条重要战线的情况，有更多的接触和了解，更深刻地懂得哪些东西要改革，向什么方向改革，以及今后高级机关如何更有效地支援教育事业。这就可以积累许多有关教育工作的知识和经验，这对你们今后一生都将有重要的作用。

第二，下去以后，你们将亲身感受到各地社会主义现代化建设的沸腾生活。只要你们善于接近群众，并且勤于思考，就可以发现不同地方各有自己的建设新生活的独特经验，可以了解到许多在高级机关了解不到的东西。这样，你们就能够把自己同千百万基层群众的实践活动更好地联结起来，使自己的头脑更加丰富起来。这对于今后中央机关加强自身建设，巩固发展整党成果，改进机关作风，增强机关活力，也有重要的意义。当然，你们也可能发现一些地方和单位存在着不按照中央方针政策办事的不良现象。对于这些，要了解清楚，并且有组织地向党的领导机关反映，而不要不负责任地随便议论。这样，你们就可以既学到坚持原则的坚定性，又学到通过组织解决问题的纪律性。

第三，你们是个集体，一定要有领导。各省带队的同志要认真负起责任来，党员、团员要很好地起模范作用，发扬互助精神，健全正常的组织生活。同志们有好经验要及时交流，有优良表现要及时表扬，有缺点错误要及时谈心、批评和帮助，总之，要及时地发现问题和解决问题。

同志们，中国人民的伟大前程，要靠中国人民自己来开辟。我们每一个人在人民的伟大业绩中能够贡献多少，要靠自己的努力。祝愿你们在新的工作中，以新的成绩，为我们伟大时代增添光彩！

最后，我要再一次地热烈欢送同志们。等到你们胜利完成了任务，回到北京，举行总结评比大会的时候，我乐意再来参加你们的大会！

团结奋斗，再展宏图*

（一九八五年九月十八日）

同志们：

党的全国代表会议，现在开幕了。

出席这次会议的代表，包括中央委员会委员和候补委员三百四十三人，中央顾问委员会委员一百六十一人，中央纪律检查委员会委员一百二十七人，以及不是上述三个委员会成员的省、自治区、直辖市、大军区、中央党政军各部门和群众团体的主要负责人三十五人，各条战线的党员代表三百二十六人，总共九百九十二人。今天实到代表九百三十三人。

十一届三中全会以来这些年，我们党中央的政治生活，是严格按照民主集中制原则进行的，是很正常的。党中央的重大决策，都是靠了老一辈革命家掌舵，同时经过反复酝酿，广泛征求意见，有的问题还征询了民主党派和无党派爱国人士的意见，然后按照党章规定的制度，如期召开中央的会议，包括中央全会和代表大会，集体做出决定。这样做，就使得我们能够集中大家的经验和智慧，在重大问题的方针、政策上，考虑得比较周到，认识比较一致，整个工作的

---

* 这是胡耀邦同志在中国共产党全国代表会议上的开幕词。

步骤和节拍大家比较了解，因而避免了大的失误。这是一条重要经验。我们这几年工作之所以能够进展得比较顺利，社会主义现代化建设事业之所以能够发展得比较快，同这一条是分不开的。

这次党的全国代表会议，是十二届三中全会根据党章的有关规定，决定召开的。党的全国代表会议这种制度，在我们党的历史上早就有过。七大修改的党章，规定中央可以召开全国代表会议，解决重大问题，并且补选中央委员会的部分成员。八大修改的党章，规定实行代表常任制，所以无需召开全国代表会议。十二大修改的党章，没有规定实行代表常任制，而是规定每五年举行一次全国代表大会；鉴于两次代表大会之间会有一些重大问题需要及时解决，所以又规定了必要时可以召开代表会议。十二届三中全会，考虑到关于七五计划的建议是关系国计民生的大事；而增选中央委员会成员等组织事项，关系到中央委员会以及中央顾问委员会、中央纪律检查委员会成员要做相当幅度的调整，尤其需要在更大范围内发扬党内民主，庄重从事，所以决定要开这次党的全国代表会议。十二届四中全会审查了全部准备工作情况，决定这个会议从今天起开始举行。

关于制定七五计划的建议，酝酿准备已经很久了。政治局、书记处讨论过多次。其间在七月份，还曾经召集有各部门、各地方、若干大厂矿负责人和一些自然科学家、社会科学家共约二百人参加的会议，征求意见。现在经四中全会原则通过，提请代表会议审议。这个建议，主要是解决"七五"期间经济工作的方针方向问题。代表会议通过之后，国务院将根据建议，制定七五计划，提请明年春季举行的六届全国人民代表大会第四次会议审议通过。中央全会认为，这个建议提出的指导思想和一系列方针、政策是正确的，目标和任务是积极的稳妥的。我相信，它对于正确制定七五计划，继续理顺经济关系，保证今后五年乃至更长一些时间内我国国民经济的持续、稳定、协调发展，保证经济体制改革的顺利进行，一定会起重要的指导作用。

关于组织事项，中央从今年五月份起就根据政治局常委会的决定，设立了由胡耀邦、习仲勋[318]、薄一波[106]、宋任穷[98]、余秋里[160]、乔石[319]、王鹤寿[52]同志组成的工作小组，指导有关部门，进行了大量细致周密的酝酿、考核和反复征求意见的工作，起草了关于进一步实现中央领导机构成员新老交替的决议，关于同意一部分老同志不再担任中央三个委员会成员的请求的报告和给叶剑英、黄克诚[145]同志的致敬信，并且提出了中央三个委员会增选新成员的候选人名单。这些也都经过政治局、书记处多次讨论，然后提交十二届四中全会。全会讨论通过了上述决议、报告和两封致敬信，并对候选人名单做了充分的酝酿。现在提请代表会议审议和选举。

这两三年来，好多老同志陆续请求退出中央委员会、中央顾问委员会和中央纪律检查委员会。现在一批老同志退出来，他们在废除领导职务终身制，建立中央领导干部退休制度，推进中央领导成员年轻化这件有历史意义的大事当中，起了模范作用，对党做了新的贡献。老同志当中，大部分退下来，是党的事业的需要；小部分留下来，也是党的事业的需要。我们党是领导中国这样一个社会主义大国的大党。在长期斗争实践中，产生了一批经验十分丰富、在党内外国内外具有崇高威望的老革命家。这些老革命家，有几位健康情况还相当好。把这几位老革命家留在党的最高领导层中，继续发挥决策作用，是全党和全国各族人民的共同心愿，是党和人民的根本利益所在。此外，还有些同志，虽然也已年高，但是党仍然需要他们在一段时间内继续主管某项全国性工作，把他们留在中央领导机构中也是必要的。

按照十二届四中全会讨论过的候选人名单，这次会议要增选中央委员会委员五十六人，候补委员三十四人。在增选的中央委员当中，一部分是原来的候补委员，另一部分是近几年涌现出来的、经过一定考验的、比较优秀的同志。同时还要增选中央顾问委员会委员五十六人，中央纪律检查委员会委员三十三人。请大家对名单进行认真讨论，充分发表意见，然后进行选举。

领导班子在德才兼备的基础上年轻化的问题，中央在一九七九年就提出来了。在那以后，从上到下经过了两次比较大的调整。一次是从一九八二年二月中央做出关于建立老干部退休制度的决定，到同年九月的十二大；一次是从今年年初到这次会议。经过两次调整，中央和国家机关各部委，省、自治区、直辖市，人民解放军各大单位以至军级、师级的领导班子，按照在德才兼备的基础上年轻化的要求进行调整的工作，即将告一段落。经过这次代表会议，中央委员会的年轻化又将前进一大步。而这次会议之后的五中全会，还将使政治局、书记处的成员也年轻化一些。总的来看，从一九八二年算起，不到四年，我们各级领导班子年轻化的工作已经取得了重大成果。应当说，这项工作的进展是比较顺利的。这对于使我们党和国家的各级领导班子，更好地适应社会主义现代化建设的要求，保持党的马克思主义方针政策的连续性，具有十分重大的意义。

同志们，从十一届三中全会到现在，将近七年了。这七年，是建国以来经济、政治形势发展的最好的时期之一。我们这次代表会议，是在党的第十二次代表大会和第十三次代表大会之间召开的。十二大提出了全面开创社会主义现代化建设新局面的战略任务。十二大以来这三年，总的说来，全党工作是做得好的，成效是显著的。这是大家都看到了的。国民经济的增长超出预料，相应地人民生活也有了比较明显的改善。以城市为重点的整个经济体制改革逐步展开，势头很好。争取国家财政经济状况根本好转的任务，基本实现。党风和社会风气也有好转的方面，虽然问题还多，特别是在新情况、新条件下出现的新问题还很多，但是只要真正抓紧，真正把工作做好，这些问题是完全能够解决的。会议结束的时候，邓小平同志、陈云同志、李先念同志还要就一些重大问题发表意见，因此我这里就不多讲了。

在全党和全国人民十分关心的这次党的全国代表会议上，我有这么一个感觉，摆在我们党面前的任务，集中到一点，就是：团结奋斗，再展宏图。我相信，经过大家的努力，我们这次会议对于更好地完成十二大提出的任务，推进社会主义物质文明和精神文明的建设，一定能够起重大的历史作用。

致江西共青垦殖场同志们的信

（一九八五年十月十五日）

亲爱的共青垦殖场的同志们：

在你们为了祖国振兴而坚持垦荒整整三十个春秋的时候，我高兴地向你们和你们的亲人们表示热烈、诚挚的祝贺！

三十年前，你们中间的老一代人响应党的号召，高举向困难进军的旗帜，发扬坚韧不拔、艰苦创业的垦荒精神，勇敢地到祖国最需要的地方去。三十年来，你们在鄱阳湖畔的荒滩野岭上安家落户，生根开花，用自己的辛勤劳动，创建了生机勃勃、繁荣富裕的共青城。这是社会主义建设时期中国青年的一个富有教育意义的创举。

今天，在我们党领导十亿人民进行改变自己命运的社会主义现代化建设的伟大实践中，仍然需要大力发扬你们这种极可宝贵的垦荒精神。一切有理想、有抱负、有出息的当代中国青年，都应该从你们的奋斗历程中悟出一个不朽的真理：中国青年的光明前途要靠自己用双手去开辟，中国人民的光明前途要靠自己用双手去开辟。让我们继往开来，再展宏图，一往无前地为共产主义壮丽事业英勇奋斗！

祝共青城的创业者们继续奋发进取，建功立业！

胡 耀 邦

一九八五年十月十五日

发展中日友好关系的四点意见[*]

（一九八五年十月十八日）

（一）巩固和发展中日友好关系，是关系中日两国人民长期的根本利益的大事，是关系维护亚洲和世界和平与稳定的大事。我们两国都把中日友好奉为本国的一项基本国策，是完全正确的。任何轻视和低估中日长期友好事业的想法和做法都是缺乏远见的，也是错误的。我希望我们两国政府和人民都要继续努力，提高珍惜中日友好的自觉性。

（二）为了发展中日友好，我们两国政府和人民都要正确对待两国严重对抗的历史。两国长达半个世纪的对立，是由日本极少数军国主义头子造成的，不应由日本人民和现在的广大朝野人士负责。日本极少数军国主义头子一手制造的侵华战争和其他侵略战争，给中国和亚洲、太平洋地区各国带来极大的灾难，最终也给日本人民造成了极大的灾难，对此，我们两国人民和后代子孙都要作为严重的历史教训，引为鉴戒。这些战争制造者本人有的早已去世，有的已经受到了国际公法的正当制裁，他们的子女和后代并没有受到连累。总之，当我们努力发展中日友好关系时，一方面不要使

---

* 这是胡耀邦同志在接见参加中日友好二十一世纪委员会第二次会议的双方全体委员时的讲话。

历史上发生的对抗影响今天的合作，另一方面也不应对制造中日对抗的罪魁祸首寄以同情，更不应纵容极少数人进行妄图复活军国主义的活动。否则，就将不可避免地使中日友好蒙上阴影，甚至带来严重后果。

（三）实现中日长期友好的庄严任务，需要我们两国政府和人民做坚韧不拔的努力。我们两国上上下下，都要认真对待和严格遵守两国政府签署的《中日联合声明》[320] 和《中日和平友好条约》[321]，坚持双方确认的和平友好、平等互利、相互信赖、长期稳定的四项原则。两国的历史、现状、利益和观点都有所不同，当交往中遇到困难的时候，双方都应顾全大局，谨慎从事，认真体察对方的友好建议和合理要求，力求避免做任何伤害对方人民感情的事。我认为，只要我们双方都站得高，看得远，想得深，中日长期友好的前景就将是光明的。

（四）中日友好的最高目标是实现世世代代的友好。为了这个崇高的目标，我们首先要努力发展有利于实现这一目标的积极因素，妥善处理不利于实现这一目标的消极因素，争取实现二十一世纪中日继续友好。这样，就为世世代代友好奠定了牢固的基础。中日友好二十一世纪委员会肩负着十分重大的任务，各位委员在工作中难免要设法克服这样那样的矛盾，正因为这样，委员会的职责是两国人民所寄予厚望的，是异常光荣的。委员会的业绩将记载在中日友好的历史篇章上。愿诸位努力。

中央机关要做全国的表率[*]

（一九八六年一月九日）

八十年代前五年过去了，八十年代后五年，也就是第七个五年计划时期，已经开始了。我们用了两个半天，开了这样一个大会，我认为是很有意义的。

田纪云[322]同志说明了经济形势和经济体制改革的问题，王兆国[323]同志说明了中央机关整顿纪律和作风的问题，杨尚昆[166]同志代表军委向大家讲了军队的情况和端正党风的问题。他们讲得很好，表达了中央的意图。

八十年代的前五年，我们干得怎么样呢？我看是两个"确确实实"。一是确确实实开创了新局面，开始了一个振兴时期，至少是有了这样一个势头；二是确确实实找到了一条建设有中国特色的社会主义的道路，至少是看到了这样一个轮廓。虽然问题和困难还很多，发展过程中还会遇到更多的新问题，但是无论如何，我们伟大祖国的社会主义现代化建设，已经展现了光辉灿烂的前景。

我们都是八十年代前五年的过来人，都知道这五年的成就和胜利是来之不易的。从一九七八年底的十一届三中全会以来，我们党中央做出了一系列重大决策。这些重大决策，

---

[*]　这是胡耀邦同志在中央机关干部大会上的讲话。

主要有九个方面：第一，否定"以阶级斗争为纲"的错误方针，采取适合我国国情的发展战略，确定了到本世纪末工农业年总产值翻两番的奋斗目标；第二，彻底否定"文化大革命"，总结建国以来的历史经验，正确地评价毛泽东同志；第三，实行对外开放、对内搞活，坚决而有步骤地进行农村的和以城市为重点的经济体制改革；第四，适应新的历史条件，重新确定国防建设方针；第五，调整对外方针，坚定地奉行独立自主的和平外交政策；第六，巩固和扩大爱国统一战线，确定了用"一国两制"实现祖国统一的科学构想；第七，坚决而有步骤地改革干部制度，大幅度地推进各级领导班子成员的新老交替；第八，确定社会主义物质文明和精神文明一起抓的战略方针，建设高度民主、高度文明的社会主义国家；第九，整顿党的组织，把我们党建设成为领导社会主义现代化建设的坚强核心。所有这些，都是带来深刻变革的重大决策。我们之所以能够在上个五年开创新局面，同这些决策是分不开的。同志们回想一下，许多问题开始提出的时候，往往议论纷纷，经过各地方、各部门和广大群众的实践检验，终于得到绝大多数同志的赞同，局面打开了，事情也就越办越好了。所以，八十年代前五年的基本经验，集中到一点，就是一定要坚持四项基本原则，依靠党中央的坚强领导和解放思想、实事求是的路线、方针和政策，依靠全党、全军和全国各族人民的团结一致的努力奋斗。

八十年代后五年，应当怎样干呢？去年党的全国代表会议已经制定了七五计划的大纲，现在国务院正在起草七五计划草案，准备提交将于今年三月召开的六届人大第四次会议审议通过。总的来说，下个五年，必须在继续抓好经济建设的同时，把经济体制改革和社会主义精神文明建设这两件大事抓好，抓出个眉目来，使我们的社会主义现代化建设事业在各方面都能够持续、稳定、协调地发展。

要达到这个要求，应当说，已经具备了许多有利的条件。我们全党、全国的思想更加一致了，我们的政策更加清楚、明确、配套了，我们的物质力量更加雄厚了，我们干部队伍的结构更加合理了，我们的外交形势对于我国专心致志地进行社会主义现代化建设也更加有利了。

有正确的路线，有明确的蓝图，又有一系列有利条件，在这种情况下，一个极关紧要的问题，就是要进一步激发我们广大党员、广大干部和亿万人民群众的革命精神。《人民日报》元旦社论的题目不是叫作"让愚公精神满神州"吗？发扬愚公精神，我认为，就是要使八十年代的后五年，成为团结奋斗的五年，扎实奋斗的五年，坚韧奋斗的五年。

讲团结奋斗，就是大家都紧密团结在党中央的正确路线、方针和政策之下，大家照顾大局，在大局下行动。

讲扎实奋斗，就是大家都兢兢业业，讲求实效，千万不能松懈麻痹、粗心大意，一定要避免严重失误，避免大起大落。

讲坚韧奋斗，就是大家都按照中央的正确路线、方针和政策，坚信不疑、坚定不移地干下去，在干的过程中不断加以完善和发展。我们要的是这样两个"坚"，这也就是愚公"挖山不止"的精神。

四十年前，毛泽东同志在一九四五年党的第七次全国代表大会上，号召全党发扬愚公精神。当时是为了推翻压在中国人民头上的三座大山[42]。现在，我们为了完成七五计划的建设目标，为了实现邓小平同志代表党中央提出的我们在本世纪内的三大任务[324]，难道不应当在更大范围内，更好地发扬愚公精神吗？发展社会生产力，需要愚公精神。全面推进体制改革，需要愚公精神。加强社会主义精神文明建设，需要愚公精神。克服不正之风，一要坚决、二要持久，同样需要愚公精神。愚公精神是中华民族的宝贵精神财富，是我们革命队伍的优良传统。发扬这种精神，我们就一定能够使已经打开的新局面，不断向前发展。

为了把我们的伟大事业推向前进，中央机关担负着特殊重大的责任。我所说的中央机关，包括中共中央直属机关、全国人大和国务院直属机关、全国政协和各人民团体的直属机关，以及中央军委各总部、各军兵种的领导机关。在我们整个事业中，中央机关起着枢纽的作用。这个枢纽运转得好不好，对于我们事业的兴衰成败，关系极大。因此，必须尖锐地向中央机关提出一项重大的政治任务，这就是：要以自己高尚的精神面貌和优良的工作作风，做全国的表率。

中央机关的绝大多数同志，是好的和比较好的。我们在八十年代前五年的成就和胜利，是同中央机关的努力分不开的。但是另一方面，中央机关还存在许多弱点，还存在某些阴暗面。这就使得中央机关的一部分单位和一部分同志，不能适应社会主义现代化建设的要求，不能很好地担起应负的重任。

长期以来，有种习惯势力：出了什么问题，不是首先从领导机关找原因，而往往单纯责怪下面。在许多情况下，这是一种颠倒。应当把这种被颠倒了的是非，颠倒过来。

那么，在进入八十年代后五年的时刻，中央机关应当注意哪些问题，在哪些方面起表率作用呢？我认为，主要有以下四个方面。

第一，应当提高效率。现在我们要树立一个重要观念，就是一切工作都要讲效率。不能只要下面讲效率，中央机关自己首先应当讲效率。这就要有很高的责任心。总的来说，中央机关的绝大多数同志是辛勤工作的；但也确有不少部门的同志，办事拖拉，经常扯皮，效率不高，官僚主义严重。因此，中央机关各部门，都要努力克服官僚主义，加强调查研究，密切联系实际，并且使自己所担负的工作精益求精，这样才能真正成为中央的得力助手。凡属中央已经确定的和部门经过缜密考虑、确实看准了的事情，就要雷厉风行地办。凡属自己不懂或者没有看准的事情，就要善于多同下面商量，善于多同党外朋友商量。凡属贯彻执行政策中遇到的新情况、新问题，就要及时反映、研究，提出办法。凡属事关全局的重大措施，即使自己认为有把握，也要注意向中央通气。我们认真这样做，工作效率提高了，官僚主义大大减少了，就能够有力地影响和带动下面各级领导机关。

第二，应当努力学习。随着四化建设的发展，我们事业的规模越来越大，要办的事情越来越复杂，而且新事物不断涌现。这就要求中央机关的同志一定要加强学习，不断地充实和提高自己。老实说，在日新月异的社会主义现代化建设事业面前，我们大家的知识、经验和思想水平都很不适应。任何满足于已有的知识和经验，躺在已有水平上睡大觉的态度，都是完全错误的。学习和提高，包括两个方面：学习马克思主义，学习现代科学技术文化知识、经营管理知识和其他必要的专业知识。我们一定要坚持马克思主义，坚定共产主义的理想和爱国主义的理想。马克思主义是发展的，我们既反对那种否定马克思主义、认为马克思主义已经"过时"的资产阶级自由化倾向，又反对把马克思主义当成僵化教条的错误倾向。正确对待马克思主义的精髓，就是要运用马克思主义的立场、观点和方法，研究和解决社会主义中国面临的现实问题，也就是要把马克思主义基本原理同中国社会主义现代化建设的具体实际更好地结合起来。蓬勃发展的社会主义现代化建设和各方面体制改革，使我们积累了许多经验，这是很可宝贵的，但还大大不够。我们还要在深入改革的过程中，更好地吸取和掌握一切为我国社会主义现代化建设所需要的知识。如果中央机关的广大同志们，特别是各部门负责同志，既掌握了马克思主义的思想武器，又掌握了现代科学文化和经营管理知识，我们的本领就会越来越大，就能更好地完成党和人民赋予我们的职责。

第三，应当严肃纪律。刚才说过，中央机关的绝大多数同志是好的，包括遵守纪律这一条。但是，由于资本主义思想的侵蚀，由于"文化大革命"的破坏，许多部门执行纪律的状况是很不理想的。这方面的问题很不少：有政治上的自由主义问题，就是不负责任地瞎议论，"小道消息"满天飞；有思想上的个人主义问题，就是一切为了个人，而把全心全意为人民服务的根本宗旨丢到脑后，甚至以权谋私，违法乱纪，走上犯罪道路；有小团体主义和本位主义问题，就是一切为了小团体和小单位的利益，不顾整体的长远的和根本的利益；有用人上只讲"关系"的问题，就是只讲情面，丢掉原则，不公道、不正派；还有在对外交往中丧失人格、国格，丢丑丢到了国外！如此等等。这些问题，虽然只发生在极少数人身上，但是腐蚀作用很大，政治影响很坏。因此，我们一定要在中央机关的一切部门，加强自上而下的监督和自下而上的监督。同时加强法制建设，做到有法必依，执法必严，违法必究。机关越大，人民赋予的权力越大，这些机关的同志们就越是要认真遵守党纪国法，真正成为有共产主义远大理想和有严格纪律观念的模范。

第四，应当增强党性。中央机关的整党已经结束，但是增强党性的任务没有完结。中央机关的同志，特别是各级领导同志，必须时刻牢记全心全意为人民服务的根本宗旨，不断增强党性。中央机关的党组织，首先是各部门的党委、党组，必须健全党内生活，克服软弱涣散，开展健康的批评和自我批评，注意倾听广大人民群众的呼声，接受人民群众包括下级机关的监督。凡属纪律松弛，工作涣散，不正之风畅行无阻，而又得不到切实纠正的单位，一定要严肃追究领导责任。我还要代表中共中央郑重宣布，按照我们的党规党法，一切忠诚正直的党内外同志，对于我们党的任何一级组织直至中央的负责人的严重渎职行为和违法乱纪行为，有权如实地向党中央报告。

以上这四条要求，只要我们大家都认真做起来，并且坚持不懈地做下去，那么不要很久，中央机关的风气就会发生重大变化，全国两千多万国家工作人员就会跟我们学，就会影响全民族。

中央机关的同志们！历史把我们这些人推到现在的工作岗位上。在新的历史条件下做全国的表率，这是党中央和全国各族人民对我们的殷切期望，是我们不可推卸的神圣义务。我们应当以高度的自觉，以实际的行动，来证明我们无愧于中央机关所担负的光荣使命。

端正党风要认认真真地抓 *

（一九八六年三月十五日）

有的单位执行中央文件走了样，原因之一是不动脑子想问题，不认真办事。发了一个文件不等于干部群众都清楚了。《三大纪律八项注意》天天唱，还是天天有人违犯；为人民服务讲了几十年，也是天天有人不去做。抗日战争时期、解放战争时期，我们党都很重视舆论工作。在开创新局面时期，同样要天天注意舆论工作，注意思想政治工作。宣传工作要研究实际问题。中央办公厅要经常同人民日报、新华社联系，遇到问题，采取商量的办法，出点点子，发表点小评论。我们的报纸为什么叫日报呢？新闻广播为什么一天广播好几次呢？就是人的思想在不断地变化，要天天抓舆论工作。

邓小平同志提出，端正党风要狠狠抓两年。我们要认认真真地抓，方针是明确的。大案要案，既要狠狠地抓，又要防止工作上出偏差，保证精心细致地把这件事情干好。端正党风究竟能不能坚持下去，人民还要看。

现在，我想讲几个重要问题。

第一，现在我们抓的大案要案，大都是经济上的，这同当前的实际情况相吻合，今后一个时期以经济案件为重点的方针我赞成。但是经济大案要案里面重点打击的是什么？现在下面有什么舆论？要防止什么？在哪些问题上要拿出具体规定来？有哪些问题会引起一些人的疑虑？这些都要想一想。我们抓经济上的大案要案，是为了保护正常的经济往来，不要因为抓经济大案要案，使得人们该办的事不敢办。会不会出现这种情况？出现了怎么办？我们了解的问题不等于下边干部了解，下边干部了解的问题不等于群众了解。我想到一个办法，就是要你们不断地发表评论员文章，发表谈话，加强具体指导，把下面可能产生的误解和怀疑，解决在抓经济大案要案的过程中。例如有的单位发表格，让人人登记，有没有行贿受贿的，这种搞人人过关的做法不好。严禁党政机关办企业的文件[325]下发后，有些单位对向社会开放的礼堂、食堂、幼儿园等服务项目不敢搞了，有些科技单位对外单位的技术服务、咨询服务也不敢搞了。这些都要加以重申，讲清楚新发的文件与以前有关的文件的规定是一致的。纪检部门、政法部门、领导小组要及时了解情况，提出一些办法来。要从实际出发，帮助下面解决实际问题。理论、政策要交给群众，交给社会，使广大人民都了解。政策也要不断完备。要交给广大群众并被他们所理解，这很不容易。

第二，在以抓经济上的大案要案为重点的同时，还要注意抓其他严重败坏党风的案件。我们站高一点看一看，败坏党风、损坏党和群众血肉联系的还有哪几个方面的问题？我觉得有这么几个方面：一是在人事问题上，任人唯亲，拉帮结派，对其中非常恶劣的，要抓住一两个典型处理一下。二是党委讨论的不算数，政法部门决定的也不算数，凭个人权力判案，制造冤案或者包庇坏人，该法办的不法办，不该法办的办了，以人代法，草菅人命，这样的问题要严肃处理。还有诬告的，长期害人的，也要处理。三是严重的渎职行为，长期官僚主义，玩忽职守，使国家在经济上和政治上蒙受重大损失的，也要抓紧处理。大案要案往往在两顶帽子下开脱了，一顶是官僚主义，一顶是不正之风。有的新提拔的干部，一提拔就趾高气扬，到处胡来，为非作歹，以权谋私，道德败坏，品质恶劣，要撤下来，要处分。毛泽东同志讲，共产党员夹起尾巴好做人。我们希望的党风好转是全面的好转。各条战线、各个地区、各个部门，都要按照自己的实际情况，抓几件事。

　　第三，在抓大案要案的同时，要想点办法。党内生活要政治化，敢于坚持原则，敢于讲真话。不要搞庸俗化，你好我好大家都好。不要搞自由主义，当面不说背后乱说，小道消息满天飞。要提高党内生活的思想性、政治性、原则性。党内生活政治化，党内生活健全了，这是党风好转的根本标准。

　　抓大案要案要做点分化瓦解工作，交待政策，让作案的人自己交待一些问题，从宽处理。"坦白从宽，抗拒从严"的话以后不用了，因为"抗拒从严"容易搞错案。交待好的适当从宽处理，合乎法律的精神。抓人案要案中，小案的同志要注意防止上当，有些次要的案件可以有意地放松一下。现在告状的很多，情况很复杂，有真有假，搞不好，把好同志也牵扯到里面去了，无形中扩大了清查面。这也不好。我前天告诉安全部的同志，发现外国情报人员拉拢高级干部子女的时候，要迅速通知高级干部本人和他的子女，防止上当。办案的同志要增加社会经验、社会知识。如何把案子办得既准又快，有个积累经验的过程，要不断向下面打招呼，传授经验。

第四，查处案件还是由政法部门、纪检部门按系统指导。凡属党纪问题，中纪委统一处理；触犯刑法、经济法律的，归政法部门处理，但要协调、配合好。你们这个领导小组虽然只管中央机关和北京市，但是可以搞点横向联系，搞一点指导性的东西，可以同各地交流经验。这次先抓中央机关，对各地产生了很好的影响，增加了一条新的领导经验。

最后一个问题，宣传报道问题。宣传报道很重要，要把抓大案要案的宣传报道，作为全党的党性、党纪、党风活的教育，这也是对全世界人民、全国人民一次很好的宣传，是使他们认识中国共产党本来面目的很好的宣传机会。要讲究宣传的方法、规模、分量、界限。以正面宣传为主，对人们提出的政策界限不清、有疑虑的问题，要及时讲清楚。宣传当中要紧紧扣住共产党的根本宗旨是为人民服务的，光明正大，铁面无私。要恢复中国共产党的高大形象和本来面目，不是为报道而报道。宣传报道要很好地研究，正面的东西也不要夸大。现在表扬太滥了，太滥了不能教育人。树立正面典型要选准，树立典型同一般表扬要有区别，要更加严格，不能滥，报道典型更要十分慎重。

关于正确处理党内两种
不同的矛盾的问题*

（一九八六年四月九日）

正确处理党内两种不同的矛盾，在我看来，这是我党建设的一大课题。

我们不应当忘记：当毛泽东同志处于发展马克思主义理论高峰的时期，写下了一篇光辉的理论著作《矛盾论》，为我们阐明了认识世界一切事物的根本方法。他说，世界上任何事物都充满着矛盾。一切事物都是在自身的矛盾运动中发展的。没有矛盾就没有世界。我们党也是在矛盾中发展的，前进的。党内如果没有矛盾和解决矛盾的思想斗争，党的生命也就停止了。

我们一些同志，特别是一些年轻的同志，在这个认识世界改造世界的根本问题上，遇到具体实践总是对不上号。他们经常自觉或不自觉地害怕矛盾，回避矛盾，甚至掩盖矛盾。因而，这些同志往往使自己处在被动的地位，无所适从。

毛泽东同志五十年代还写了另一篇理论著作，把社会主义社会的矛盾分为两类。这也是一个光辉的思想。但是，第一，他在这里说到用正确方法解决党内矛盾的成功的历史经

---

* 这是胡耀邦同志在端正党风工作座谈会上讲话的一部分。

验，然而没有进一步阐述新的历史条件下的党内矛盾。第二，他虽然从《矛盾论》起就指出党内矛盾有对抗性的和非对抗性的，以后又一再指出这一点，但他自己晚年却严重混淆了不同性质的矛盾特别是党内不同性质的矛盾，甚至在许多问题上完全颠倒了，直到发动"文化大革命"，使党和国家遭受一场本来可以避免的大灾难。

　　一般地讲，党内矛盾问题需要认真对待；特殊地讲，在今天我们实行一系列改革政策的情况下，更要认真对待。

　　根据毛泽东同志的思路，结合我们今天的实际，从矛盾的内容和表现形态的角度上来说，可不可以把党内经常存在的大量的矛盾划分为这样两种：一种是工作上认识上不同意见的矛盾，另一种是个人利益同党和人民利益的矛盾。

　　现在先讲党内第一种矛盾，即工作上认识上不同意见的矛盾。

　　革命工作是一项极其艰难的工程。总的说来，在长期的斗争中，不同主张不同意见的矛盾是经常发生的，工作中的失误也是难以避免的。

　　建设社会主义更加艰难，因为没有成功的现成经验。这就要求我们党善于集中全党的智慧，确定正确的方针，制定正确的政策，同时善于处理工作上认识上不同意见的矛盾。

　　毛泽东同志晚年恰恰不善于处理党内这种范围的矛盾。结果就造成一种风气：不但听不得不同意见，而且把不赞成和不完全赞成自己主张的好意见，当成"右倾""走资本主义道路""反党"。

　　我们党认真吸取了这种失误的严重教训，用完全不同的方法来解决工作上认识上必然要经常出现的不同意见的矛盾。（一）每个重大决策，事先都进行反复的酝酿然后才做出决定。（二）党的会议上允许党员自由地发表意见和批评任何人，即使错了也受到保护。（三）只要尽了心尽了力，即使工作中出现这样或那样的偏差，也应允许改正。（四）如果对党中央的方针政策不赞成，只要在工作中不违反并且努力执行，允许保留意见。

党内工作上认识上不同意见的矛盾一般不是对抗的。是否有可能转化成为对抗性的矛盾呢？当然可能。那就是：（一）对党中央的方针政策，不只是思想上的保留，而且在工作中抵制。（二）越出党的组织，散布同党中央对抗的主张和政策。这样就破坏了党的组织原则，也就是破坏了党的纪律。只有在这两种情况下，才说得上矛盾带有对抗性，才能对这样的人严肃进行处分直至开除党籍。

现在再讲党内另一种矛盾，即个人利益同党和人民利益的矛盾，又是怎样的呢？

我们要求每个党员将个人利益无条件地服从党和人民的利益。这是区别党员和非党群众的根本界限。我们说，共产党员之所以不愧是无产阶级的先进部分，就是他们不但能随时随地把党和人民利益置于个人利益之上，而且能够在必要的时候自觉自愿地牺牲个人的利益去维护和实现党和人民的利益。但是，我们常常看到不少的党员，特别是一些干部党员经不起这种考验。

这不是说，党组织不要关心党员的个人利益。只要有可能，党组织应该关心和照顾党员的个人利益，使党员个人利益同党和人民的利益恰当地结合起来。

有些党员对党和人民的利益不关心，有些党员对党和人民的利益淡漠，而对个人的利益则斤斤计较。

还有些党员个人主义极端严重，把个人利益凌驾于党和人民利益之上，甚至严重违法乱纪，以权谋私。这是完全丧失共产党员根本立场的恶劣表现。

对于这一方面的矛盾，当然也要做具体分析。一般的和大量的不属于对抗性质，不要把轻微的错误看成重大错误，不要把一时一事的错误看成不可挽救的错误。但是必须明确，那些严重违法乱纪，严重以权谋私，为了个人利益和本单位、本部门的小集团利益而严重损害党和人民利益的党员，他们同党的矛盾是属于对抗的性质。这是一个大界限。抓住这个大界限，才能把这种带有对抗性质的问题同工作上认识上的不同意见和失误区别开来。

我认为，现在我们党内的主要偏向，不是对第二种矛盾搞过了、搞重了。主要偏向是对这种矛盾认识不足，缺乏鲜明的立场，不敢理直气壮地下手解决其中那些已经带有对抗性质，甚至已经尖锐对抗的矛盾。这也就是邓小平同志指出的：软弱。我们应当努力克服这种软弱状态。

克服的办法，就是中央机关带头，认真健全各级党组织的政治生活，健全民主集中制，严肃党的纪律。不客气地说，我们现在有些党组织，谈不上有什么健康的政治生活，关系学盛行，政治空气淡薄。或者说，低级的庸俗的气味太多，政治的原则的空气太少。

我们前面所说党内发生的同党对抗的矛盾，是指同党的宗旨、组织和纪律根本不相容，如不改正，就不能留在党内。其中触犯国法的，还要依法处理。但这当然不是说，这种对抗性矛盾就是敌我矛盾，这些人就是敌人。这是应当讲清楚的。

毛泽东同志曾经要求我们的国家造成"又有集中又有民主，又有纪律又有自由，又有统一意志、又有个人心情舒畅、生动活泼，那样一种政治局面"[326]。由于过去的失误，这个局面长期未能实现。十一届三中全会以来，有了根本改变。但是这种局面的完满实现和巩固发展，还很不容易。而要克服前进道路上的困难，取得我们伟大事业的胜利，是同这个局面息息相关的。我们应当继续努力。

认识中国未来动向的钥匙 *

（一九八六年六月十一日）

今天有机会来到你们这个在国际上享有盛誉和权威的国际问题研究机构，同诸位杰出的国际事务专家和学者会见，我深感荣幸和高兴。

对于有些西方世界的朋友来说，中国似乎是一个"不可捉摸"的神秘国家。这是因为彼此相隔遥远；各自的文化、语言和风俗习惯不同；在历史上尤其是近代历史上各自经历了不同的社会发展进程。中国曾经长期闭关锁国；一个多世纪以来，进行了翻天覆地的争取解放的斗争；新中国建立以后的三十多年来，既取得了巨大的进步，又出现了许多迂回曲折和变化。所有这些都增加了这种"神秘"的色彩。

那么，中国究竟将朝着什么方向发展呢？我愿意告诉各位，本世纪以至下个世纪，中国的基本国策可以用两句话来概括：一是，用改革和开放的政策来促进中国经济的持续稳定发展；二是，用独立自主的和平外交政策来保证建设能够专心致志进行而不致中断。抓住了这条线索，就掌握了认识中国未来动向的钥匙。现在请允许我用这把钥匙打开认识中国的大门，向诸位谈四个问题。

---

* 这是胡耀邦同志访问英国时在英国皇家国际事务研究所的演讲。

　　第一个问题，关于中国的改革和开放。我们走过一段弯路之后认识到：新的社会制度确立之后，我们最根本的任务应当是发展社会生产力，逐步改善人民的物质文化生活。而要使国民经济得到持续稳定的发展，必须对外开放，必须改革过分集中的、用行政方法管理经济的僵化体制，发展以公有制为基础的有计划的社会主义商品经济。因此最近六七年来，一方面，我们实行了对外开放政策，另一方面，大胆探索改革。改革首先在农村开始，现在已全面展开：既涉及经济、科技、教育等体制，也涉及政治方面；既在物质领域进行，也在精神领域展开。这几年来国民经济取得了全面、迅速、稳定的增长，人民物质文化生活得到明显改善。这些表明改革和开放已经取得初步成果。人民对此是满意的。

　　国外曾经有些人不赞成我们的开放和改革，怀疑我们的方针是"异端邪说"，有"离经叛道"的危险。近年来，人们这种怀疑减少了，而且也另眼相看了。另外一些人则希望我们的开放和改革会向西方社会的模式靠拢，并最终向西方社会看齐。三十多年来的实际情况是，社会主义已使中国摘掉了"东亚病夫"的帽子，中国在世界上站立了起来，占世界人口将近四分之一的人民初步解决了温饱问题，并且有可能再经过六七十年的努力，在经济上接近发达国家的水平。建设有中国特色的社会主义，是中国人民经过长期痛苦经历和总结了自己的经验而找到的一条正确道路。这已是十亿中国人民的根本信念。要改变中国现在所走的道路，不仅中国人民不会同意，而且还将回到过去那种动荡不安的状态，对世界的稳定与安全也不利。

　　现在人们越来越清楚地看到，开放没有使中国走上"邪道"，改革只会不断完善中国的社会主义制度。坚定不移地实行改革和对外开放，努力减少工作失误，经过几代人坚持不懈的奋斗，把中国建设成为高度文明、高度民主的现代化的社会主义国家，是我们不可动摇的基本国策。

第二个问题，关于中国的对外政策。有的朋友问，中国奉行的独立自主的和平外交政策的基本点是什么？这一政策能不能长期坚持下去？

关于中国外交政策的主要内容，不久前召开的六届人大四次会议的政府工作报告中已经概述为十项[327]。简单来说，这十项内容包含三个基本点：一是，凡有助于世界和平与稳定的事情中国都支持，凡属霸权主义的行径，不论来自何方，以何种形式出现，我们都反对；二是，中国决不依附于任何一个超级大国，也决不同任何一方结盟，愿在和平共处五项原则[158]的基础上同世界各国发展友好关系；三是，中国坚决站在第三世界国家一边，伸张公道与正义。

在和平中求发展，这是世界各国人民的共同要求，更是十亿中国人民的根本愿望。中国之所以需要和平，不希望打仗，道理很简单。中国在一百多年的时间里曾经饱受外来侵略和连绵不断的战争灾祸，至今仍未根本摆脱贫穷落后。而要弥补历史造成的同发达国家的差距，没有几十年以至上百年的和平建设，是不可能的。因此，我们决心和世界人民一起，共同努力，不让战争在本世纪发生，也不让战争在下个世纪发生。就我们的愿望来说，永远不打仗最好。

穷兵黩武的战争政策，是同我们中国共产党人的基本信念和原则背道而驰的。迷信武力，争夺霸权，以各种借口对外实行侵略扩张，甚至出兵占领别的国家，到头来必将碰得头破血流，以失败而告终。因此我们教育我们的子孙后代，即使将来中国富强了，也要永远实行和平政策，永远不称霸。

经验告诉我们，如果中国依附于某个大国，或同它结盟，不但使中国自己受制于人，掌握不了自己的命运，也有害于自身的发展，不利于世界和平与安定。因此，我们决心在对外交往中坚持独立自主，按照和平共处五项原则同世界各国友好相处，而不以社会制度和意识形态的异同来决定亲疏和好恶。

独立自主的和平外交政策将为中国的和平建设争取尽可能有利的国际环境，将使十亿人口的大国能为缓和国际紧张局势和维护世界和平与安全，做出更好的贡献。中国的对外政策是符合中国人民和世界人民的根本利益的，不会因为国际风云的一时变幻而改变。

第三个问题，关于国防与建设的关系。搞经济建设，需要大量投资，扩充军事实力，更需要增加经费，这两者是有矛盾的。要两头并重是办不到的。坦率地告诉诸位，我们进行现代化经济建设，本来就缺乏资金，要大量拨款来扩充军事实力不可能。我们只能集中力量搞好经济建设，逐步改善人民生活，在此基础上逐步增强自己的防御力量。这是我们经过多年的深思熟虑得出的结论。我们决不参加军备竞赛，而是反对军备竞赛，尤其反对核军备竞赛；主张全面禁止和彻底销毁核武器、化学与生物武器、太空武器，并且大量裁减常规军备。

当然，我们是现实主义者。我们充分认识到，新的世界战争的危险并没有消除，要防备外来的突然袭击。但是我们的能力只允许我们做两件事：一是，保持适当的防御力量；二是，跟踪和研究世界先进的防御手段。当然，我们也需要引进一些先进的军事技术，目的只是为了加强我们的防御力量。我们不会把有限的外汇大量地花在购买武器上。如果有人把战争强加在我们头上，我们也不会被吓倒。中国幅员广大，回旋余地很大；中华民族人口众多，有抵御侵略的觉悟和力量；来犯者可以有他如意的算盘，我有我的自卫方法，我们有能力有信心保卫自己的国家。正是基于这样的信念，去年六月，我国政府决定裁减军队员额一百万。我们的国防经费在国家预算中所占的比例，也在近几年内逐年降低。

第四个问题，中国的基本国策会不会改变。当我向各位介绍了我们的基本国策之后，有人可能会问，谁能保证今后几十年你们的基本国策会长期坚持下去呢？确实，这是一个关系到中国未来发展方向的重大问题，也是我们这几年来一直致力解决的问题。我可以负责地告诉诸位，中国的基本国策是有深厚根基的，具有强大的生命力。原因主要有四条。

——现行的方针政策已经给广大人民群众带来巨大的利益和好处，因而得到全国绝大多数人民的拥护和支持，已经扎根于群众之中，并为群众所掌握，任何人都不可能轻易地违背民意，而根本抛弃这些政策。当然，任何一项具体政策都有时间的局限性，应当随着实际的发展而发展。如果把这样的发展也叫作"变"，那么我们政策的变化，只会越变越完善。

——现在中国实行的一整套重大决策，是认真总结了实践经验，广泛征求各方意见，包括同各民主党派、无党派和各界人士商量之后，共同做出的。不错，老一辈领导人起着掌舵作用。但我们的政策不是由某个人决定的，而是集体智慧的结晶。

——我们还决心继续发展社会主义民主，使其制度化、法律化，发扬人民群众的主人翁精神，确保他们在政治、经济、文化和社会各方面生活中的民主权利和有效监督。这样就能使我们的一整套正确方针政策，得以在社会主义民主和法制的轨道上，持续稳定地贯彻实施。

——几年来，从中央到地方，各级领导人年轻化的工作已经取得了可喜的成果。一大批精力充沛、具有实际才干和创新精神的年轻人，走上了领导岗位。这对于保持我们事业的旺盛生机和方针政策的延续性，具有十分重要的意义。

有了以上四条，就有理由相信，我们的基本国策不会由于领导人的更替而改变。中国将会沿着她今天的正确方向，顺利地走向二十一世纪。

贵国是我这次西欧之行的第一站。三天来，我同玛格丽特·撒切尔[328]首相和贵国政府其他领导人进行了深入有益的会谈，同贵国各界人士进行了广泛的接触，受益匪浅。我们两国有一句共同的谚语说得好："善始善终。"我深信，对贵国圆满顺利的访问，是我西欧之行的良好开端，它预示着我的这次访问将圆满顺利，从而有助于中英友好关系以及中国和西欧其他国家友好关系的长期稳定发展，有助于世界和平与稳定。

政治体制改革是社会主义
制度的自我完善[*]

（一九八六年八月十八日）

　　我们说的政治体制改革是指领导体制的改革，不是指政治制度。社会主义制度是中国人民经过几十年努力奋斗、几千万人流血牺牲换来的，是由人民选择确立的。政治体制改革不是否定这个制度。提出政治体制改革不是从今年开始的，邓小平同志早在一九七八年就讲过，后来我也讲过。为什么今年把这个问题突出出来？因为经济体制改革涉及政治体制，不进行政治体制改革，经济体制改革就改不动，改不了。社会主义的政治体制制约着经济、文化、教育、科技等各个方面，它是统率。我国的经济同西方不一样。西方经济是独立的，政府只是从税收和法律方面制约；我们的企业是政府各个部门直接管理的。政治体制不改，经济体制改革就遇到许多解决不了的问题。

　　政治体制改革的作用、目的和方法，要作为一个专门的问题进行研究。我们已经有了经济体制改革、教育体制改革和科技体制改革三个文件[329]。我们要用大约一年的时间对

---

　　* 这是胡耀邦同志在接受德意志联邦共和国德中友好协会主席托马斯·海勃勒尔采访时谈话的一部分。

政治体制改革的目的、方法等研究清楚。

政治体制改革涉及的范围要稍宽一些。第一，它触及上下关系问题。邓小平同志的意见，中央有些事情统得太多太死。这就触及中央和地方的关系问题。第二，它触及政府和经济部门的关系。现在我们许多企业由政府部门直接领导，经营自主权太少，没有活力。第三，它触及党、政府和人大的分工问题。按西方办法，完全分开不行，但要有分工。党委管什么，政府管什么，职能要明确。第四，它触及人民代表大会、民主党派的作用。这些，都涉及如何发扬社会主义民主的问题。党和政府工作人员要受人民的监督。党员、领导干部受不到群众的监督不行，要做到随时能受到弹劾、揭发。

总之，社会主义才搞了几十年，是人类历史上的新事物。我们进行的政治体制改革是社会主义制度的自我完善，而不是要把它推翻。要把各方面的工作搞活，关系理顺，减少动乱，以有利于政治上的安定团结、长治久安。

中国取得的成就和
面临的三大任务[*]

（一九八六年十月十四日）

罗尔夫·沙布林斯基：中华人民共和国近几年在社会主义建设中取得了出色的成就。贵国人民这些创造性劳动的成果在哪些方面表现最为明显？

胡耀邦：一九七八年底，我党举行了十一届三中全会[77]，决定把工作重心转移到社会主义现代化建设上来。这是一个历史性的大转变。从那时到现在，已经八年了。可以说，这是我国建国以来经济、政治形势发展最好的时期。

这几年，我们在以下几方面取得了重要进展：

政治方面，结束了"文化大革命"所造成的社会动乱，使我国政治形势发生了根本的变化。这包括：解放思想，重新确立了实事求是的思想路线；实现了安定团结的政治局面；逐步健全民主和法制，加强社会主义精神文明建设；调整并加强了党和国家的各级领导班子。

经济方面，确立了全面改革和对外开放的总方针。改革

---

*　这是胡耀邦同志在接受德意志民主共和国《新德意志报》副主编维尔纳·米克和德意志通讯社第一副社长罗尔夫·沙布林斯基采访时谈话的节录。

和开放促进了国民经济的发展，已经取得良好的效果。通过改革，我们正在探索和走出一条建设有中国特色的社会主义的路子。

我国的国民经济出现了持续、稳定、协调发展的新局面。过去五年，工农业总产值平均每年增长百分之十一。十亿人民实现了粮食自给。城乡人民的收入都有较大增长。我国今年的国民经济继续稳定地向前发展，可以实现预定计划。

我国外交政策也进行了调整、充实和完善。我们奉行独立自主的和平外交政策，同更多的国家、政党建立、恢复和发展了关系。特别可喜的是，我们以过去从未有过的规模和速度，同许多国家发展了经济、技术和文化的交流和合作。这对维护世界和平与促进共同发展，起着更加积极的作用。

当然，在我们的前进道路上，还存在许多困难。中国仍是一个发展中国家，要把中国建成一个发达的社会主义强国，还需要进行长期的艰苦奋斗，还需要国际上的合作和支持。

维尔纳·米克：中国共产党当前面临的主要任务是什么？

胡耀邦：我们当前面临三大主要任务。

第一个任务是发展经济，全心全意搞现代化建设。我们设想分两个阶段来完成。第一阶段，力争到本世纪末国民生产总值人均八百至一千美元，使我国经济达到小康水平；第二阶段，到下世纪中叶，大约在建国一百周年的时候，接近世界发达国家的水平。实现这个任务，靠的是坚持改革开放的政策和全国人民的辛勤劳动。

　　第二个任务是维护世界和平。战争的危险依然存在，应当保持警惕；但和平力量有很大发展，维护世界和平是可能的。世界人民都希望和平，中国永远致力于和平。

　　第三个任务是实现国家的统一。这是台湾海峡两岸中国人的共同心愿。我们主张首先通商、通邮、通航，最终通过和平谈判，用"一国两制"的办法解决台湾问题。

　　三大任务相互关联，而第一个任务是最根本的。中国发展了，就可以为维护世界和平发挥更大的作用，就可以推动祖国统一的伟大事业。

注　释

〔1〕土改，即土地改革。新中国成立后，中国共产党领导广大农民废除封建的土地所有制，实现农民的土地所有制的改革运动。一九五〇年六月，中央人民政府颁布《中华人民共和国土地改革法》。同年冬起，在新解放区陆续开展了土地改革运动。到一九五二年冬，除台湾省和一部分少数民族地区以外，全国的土地改革基本结束，使约三亿无地少地的农民（包括老解放区农民在内）分得约七亿亩土地和其他生产资料。——第1、195、211、511、548、564页。

〔2〕见毛泽东《改造我们的学习》（《毛泽东选集》第3卷，人民出版社1991年版，第796—797页）。——第2页。

〔3〕见毛泽东《关于纠正党内的错误思想》（《毛泽东选集》第1卷，人民出版社1991年版，第92页）。——第2页。

〔4〕见毛泽东《〈农村调查〉的序言和跋》（《毛泽东选集》第3卷，人民出版社1991年版，第790页）。——第3页。

〔5〕见毛泽东《中国共产党在民族战争中的地位》（《毛泽东选集》第2卷，人民出版社1991年版，第522页）。——第4页。

〔6〕见毛泽东《论联合政府》（《毛泽东选集》第3卷，人民出版社1991年版，第1096页）。——第4页。

〔7〕见毛泽东《论联合政府》（《毛泽东选集》第3卷，人民出版社1991年版，第1080页）。——第5页。

〔8〕团的一届三中全会，指一九五二年八月二十五日至九月四日在北京举行的中国新民主主义青年团第一届中央委员会第三次全体会议。——第5页。

〔9〕见《中国共产党中央委员会关于春耕生产给各级党委的指示》（《建国以来重要文献选编》第4册，中央文献出版社2011年版，第77页）。——第8页。

〔10〕见《中共中央关于农业生产互助合作的决议草案改为正式决议的通知》（《中共中央文件选集（1949.10—1966.5）》第 11 册，人民出版社 2013 年版，第 154 页）。——第 8 页。

〔11〕见《中共中央关于农业生产互助合作的决议（草案）》（《建国以来重要文献选编》第 2 册，中央文献出版社 2011 年版，第 452 页）。——第 8 页。

〔12〕见《中共中央关于农业生产互助合作的决议（草案）》（《建国以来重要文献选编》第 2 册，中央文献出版社 2011 年版，第 459 页）。——第 9 页。

〔13〕民主青年联合会，指中华全国民主青年联合会。一九四九年五月在北平（今北京）成立。一九五八年改名为中华全国青年联合会。——第 12 页。

〔14〕中国社会主义青年团，一九二二年五月在广州成立。一九二五年改名为中国共产主义青年团。——第 14 页。

〔15〕指刘少奇、周恩来、邓小平分别在中国共产党第八次全国代表大会上所作的《中国共产党中央委员会向第八次全国代表大会的政治报告》《关于发展国民经济的第二个五年计划的建议的报告》《关于修改党的章程的报告》。——第 15 页。

〔16〕一九四九年建团决议，指一九四九年一月一日中共中央发出的《关于建立中国新民主主义青年团的决议》。——第 16 页。

〔17〕这是毛泽东一九五三年六月三十日接见中国新民主主义青年团第二次全国代表大会主席团成员时的讲话中提到的。——第 18 页。

〔18〕四害，即老鼠、麻雀、苍蝇、蚊子。一九六〇年后，将麻雀换为臭虫。——第 28 页。

〔19〕见毛泽东《〈中国农村的社会主义高潮〉按语选》（《毛泽东文集》第 6 卷，人民出版社 1999 年版，第 462 页）。——第 30 页。

〔20〕见马克思《资本论》。新的译文是："超过劳动者个人需要的农业劳动生产率，是全部社会的基础"。（《马克思恩格斯全集》第 46 卷，人民出版社 2003 年版，第 888 页）——第 31 页。

〔21〕见毛泽东《〈中国农村的社会主义高潮〉按语选》（《毛泽东文集》第 6 卷，人民出版社 1999 年版，第 457 页）。——第 32 页。

〔22〕见列宁《在俄共（布）党团会议上关于租让问题的报告》。新的译文是："是彻底打破旧耕作习惯和扩大耕地的最重要的手段。"（《列宁全集》第 40 卷，人民出版社 1986 年版，第 113 页）——第 33 页。

〔23〕见毛泽东《党内通信》（《毛泽东文集》第 8 卷，人民出版社 1999 年版，第 49 页）。——第 33 页。

〔24〕邢燕子，一九四〇年生，河北宝坻（今属天津）人。一九五八年初中毕业后响应中共中央号召，带头回乡务农，成为青年学生回乡从事农业生产的一个先进典型，多次受到毛泽东、周恩来等中央领导人的接见。——第 35 页。

〔25〕见毛泽东《在中国共产党第七届中央委员会第二次全体会议上的报告》（《毛泽东选集》第 4 卷，人民出版社 1991 年版，第 1439 页）。——第 37 页。

〔26〕"八字宪法"，指毛泽东一九五八年提出的农作物增产的八项措施，即土、肥、水、种（推广良种）、密（合理密植）、保（植物保护，防治病虫害）、管（田间管理）、工（工具改革）。——第 37 页。

〔27〕照华，即王照华（一九二一——二〇〇九），山东肥城人。时任共青团中央书记处书记。——第 40 页。

〔28〕扩大的中央工作会议，指一九六二年一月十一日至二月七日中共中央在北京举行的扩大的工作会议，也称七千人大会。参加会议的有中央、省、地、县委四级主要负责人以及重要厂矿企业党委和军队负责人共七千多人。会上，刘少奇代表中共中央所作的报告，初步总结了一九五八年"大跃进"以来工作中取得的经验和教训，分析了几年来工作中存在的主要缺点和错误，指出全党当前的主要任务是做好调整工作。毛泽东在会上作重要讲话，着重阐述了民主集中制问题，要求在党内党外充分发扬民主，同时还提出要在总结正反两方面经验的基础上，加深对社会主义建设规律的认识。对"大跃进"以来工作中发生的错误，毛泽东承担了责任，做了自我批评。——第 40 页。

〔29〕人代会，指一九六二年三月二十七日至四月十六日在北京举行的第二届全国人民代表大会第三次会议。——第 40 页。

〔30〕见毛泽东《在扩大的中央工作会议上的讲话》（《毛泽东文集》第 8 卷，人民出版社 1999 年版，第 290—291 页）。——第 41 页。

〔31〕见周恩来《国内形势和我们的任务》（《建国以来重要文献选编》第 15 册，中央文献出版社 2011 年版，第 255 页）。——第 41 页。

〔32〕马季（一九三四——二〇〇六），河北宝坻（今属天津）人。时为中央人民广播电台说唱团的相声演员。——第 45 页。

〔33〕社会主义教育运动，又称"四清"，是一九六三年至一九六六年五月先后在部分农村和少数城市工矿企业和学校等单位开展的一次清政治、清经济、

清组织、清思想的运动。——第 49 页。

〔34〕一九六四年十二月十五日至一九六五年一月十四日，中共中央政治局在北京召开全国工作会议，主要讨论农村社会主义教育运动问题。一九六五年一月十四日，中共中央下发这次会议讨论的纪要《农村社会主义教育运动中目前提出的一些问题》。纪要内容共二十三条，简称"二十三条"。——第 57 页。

〔35〕"双开"，指开除党籍，开除公职。——第 58 页。

〔36〕李昌（一九一四——二〇一〇），湖南永顺人。一九七五年七月到中国科学院工作，同年十月任中国科学院党的核心小组副组长。一九八二年时任中国科学院主席团执行主席、党组书记。——第 62、393 页。

〔37〕王光伟（一九一四——一九九六），山东沂水人。一九七五年七月到中国科学院工作，同年十月任中国科学院党的核心小组副组长。——第 62 页。

〔38〕中央两位副主席，指中共中央副主席叶剑英、邓小平。——第 62 页。

〔39〕"三脱离"，指脱离无产阶级政治，脱离生产实际，脱离工农兵群众。——第 62 页。

〔40〕见毛泽东《同音乐工作者的谈话》（《毛泽东文集》第 7 卷，人民出版社 1999 年版，第 78 页）。——第 63 页。

〔41〕见毛泽东《同音乐工作者的谈话》（《毛泽东文集》第 7 卷，人民出版社 1999 年版，第 83 页）。——第 64 页。

〔42〕三座大山，指旧中国压迫中国人民的帝国主义、封建主义、官僚资本主义。——第 69、502、632 页。

〔43〕三大革命运动，指生产斗争、阶级斗争和科学实验。——第 69 页。

〔44〕汇报提纲，即《中国科学院工作汇报提纲》。一九七五年七月，中共中央批准国务院关于中国科学院要整顿的报告，派胡耀邦主持中国科学院工作。胡耀邦等人到中国科学院后，召开各种座谈会，着手落实科技政策和知识分子政策。在调查研究的基础上，胡耀邦主持起草了《关于科技工作的几个问题（汇报提纲）》，后来题目改为《中国科学院工作汇报提纲》。在当年十一月开始的"批邓、反击右倾翻案风"运动中，《中国科学院工作汇报提纲》与国务院政治研究室起草的《论全党全国各项工作的总纲》、国家计划委员会起草的《关于加快工业发展的若干问题》被"四人帮"诬蔑为"三株大毒草"，遭到批判。——第 70 页。

〔45〕批邓，指"批邓、反击右倾翻案风"运动。一九七五年，邓小平在毛

泽东支持下主持中央日常工作，着手对许多方面的工作进行整顿，使国内形势有了明显好转。但是毛泽东不能容忍邓小平系统地纠正"文化大革命"的错误，在这一年年底发动"批邓、反击右倾翻案风"运动。一九七八年十二月，中共十一届三中全会决定撤销中共中央发出的有关"反击右倾翻案风"运动的错误文件，郑重宣布为邓小平平反。——第72、260页。

〔46〕中共十届三中全会于一九七七年七月十六日至二十一日在北京召开。七月二十一日，邓小平在会上讲话。讲话的部分内容收入《邓小平文选》第2卷，题为《完整地准确地理解毛泽东思想》。——第75页。

〔47〕一九七四年二月二十二日，毛泽东会见赞比亚总统卡翁达时提出划分三个世界的观点。按照这个观点，第一世界，指美国和苏联两个拥有最强的军事和经济力量，在世界范围推行霸权主义的超级大国；第三世界，指亚洲、非洲、拉丁美洲和其他地区的发展中国家；第二世界，指处于这两者之间的发达国家。——第76页。

〔48〕万吨级的货轮，指风庆号货轮。一九七四年九月底，中国自行设计、制造的万吨级远洋货轮风庆号远航欧洲后返抵上海。后来，"四人帮"借风庆轮远航成功一事歪曲事实，大造舆论，诬蔑国务院、交通部不支持国内造船，热衷于买船，是"崇洋媚外""投降卖国"，矛头直指周恩来，制造了风庆轮事件。——第81页。

〔49〕反右派，指一九五七年开展的反对资产阶级右派分子的斗争。一九五七年四月，中共中央决定在全党进行一次反对官僚主义、宗派主义和主观主义的整风运动。极少数资产阶级右派分子乘机向共产党和新生的社会主义制度进攻，妄图取代共产党的领导。六月，中共中央发出指示，决定对右派进攻实行反击。当时对极少数资产阶级右派分子的进攻进行反击是必要的，但在斗争中犯了严重的扩大化的错误。一九七八年，中共中央决定对被划为右派分子的人进行复查，把错划的改正过来。——第83、99、292页。

〔50〕邓副主席，指中共中央副主席邓小平。——第83、90页。

〔51〕《组工通讯》，是胡耀邦任中共中央组织部部长后于一九七八年六月创办的内部刊物。——第84、138、194页。

〔52〕王鹤寿（一九〇九——一九九九），河北唐县人。一九三三年八月被国民党逮捕，判刑后关押在南京监狱，同敌人进行了坚决的斗争。全国性抗日战争爆发后，经党组织营救出狱。"文化大革命"中，被诬为"走资派""叛

徒”，长期关押。一九七八年中共中央组织部做出彻底平反的结论。一九七八年十二月任中共中央纪律检查委员会副书记。一九八二年九月任中共中央纪律检查委员会常务书记。——第85、249、624页。

〔53〕“六十一人案”，一九三六年，在全国抗日救亡运动高涨的形势下，中共中央北方局为了开展工作，解决缺乏干部的问题，报请中共中央批准，指示薄一波等六十一人可以履行敌人规定的手续出狱。对此，中共中央早已有过结论，没有当作问题。但是，“文化大革命”开始后，林彪、康生、江青等人为了篡党夺权的需要，于一九六七年三月将薄一波等六十一人定为“叛徒集团”。这是一起重大的错案。一九七八年十二月十六日，中共中央批准中央组织部《关于“六十一人案件”的调查报告》，为这一错案做了彻底平反。——第86页。

〔54〕廖沫沙（一九〇七——一九九〇），湖南长沙人。曾任中共北京市委宣传部副部长、教育工作部部长、统战部部长。“文化大革命”期间，被诬蔑为“三家村反党集团”的成员，受到严重迫害。一九七九年八月，经中共中央批准，中共北京市委决定为“三家村反党集团”冤案彻底平反。后任北京市政协副主席。——第86页。

〔55〕野苹，即陈野苹（一九一五——一九九四），四川冕宁人。时任中共中央组织部副部长。——第87页。

〔56〕季，指季铁中（一九一六——一九八五），吉林宾县（今属黑龙江）人。曾任中国人民解放军东北军区政治文化干校校长、工程兵部政治委员。一九六〇年被错定为右倾机会主义分子，撤销党内外一切职务。“文化大革命”期间受到迫害。中共十一届三中全会后获得平反。后任石油工业部党组成员、政治部副主任。——第87页。

〔57〕刘案，指“文化大革命”期间林彪、江青反革命集团为篡夺党和国家最高领导权，将刘少奇诬陷为“叛徒、内奸、工贼”，残酷迫害导致其蒙冤致死的冤案。受刘少奇冤案株连被错判的案件多达两万六千余件，涉及两万八千余人。一九八〇年二月，中共十一届五中全会为刘少奇冤案彻底平反。——第88页。

〔58〕一九七八年五月十一日，《实践是检验真理的唯一标准》一文在《光明日报》公开发表后，有人指责这篇文章，说文章是要在政治上砍毛泽东思想这面旗帜。——第89页。

〔59〕《理论动态》，是胡耀邦在主持中共中央党校工作期间，于一九七七年

七月创办的内部刊物。——第 90、133 页。

〔60〕"两个凡是"，指一九七七年二月七日《人民日报》、《红旗》杂志、《解放军报》社论《学好文件抓住纲》中提出的 "凡是毛主席作出的决策，我们都坚决维护，凡是毛主席的指示，我们都始终不渝地遵循"。——第 90、391、540 页。

〔61〕《打渔杀家》，是《庆顶珠》两折，又名《讨渔税》，戏曲传统剧目。主要剧情是，萧恩与女儿桂英打鱼为生，当地恶霸丁自燮勾结官府勒索渔税，滥施刑杖，父女被迫起而反抗，杀死恶霸全家，远走他乡。——第 92 页。

〔62〕实践是检验真理的唯一标准的讨论，是一九七八年中共十一届三中全会前进行的一场全国性的马克思主义教育运动和思想解放运动。粉碎"四人帮"后，主持中共中央工作的主要负责人推行并迟迟不改正"两个凡是"的错误方针，继续肯定"文化大革命"的错误理论、政策和口号。一九七八年五月十日，中共中央党校内部刊物《理论动态》发表经胡耀邦审定的《实践是检验真理的唯一标准》一文。五月十一日，《光明日报》以特约评论员名义，公开发表这篇文章。文章强调检验真理的标准只能是社会实践，理论与实践的统一是马克思主义的一个最基本的原则，实际上批评了"两个凡是"的错误方针。该文由新华社向全国转发，在广大干部群众中引起强烈反响，引发关于真理标准问题的讨论。在邓小平等中央领导人的积极领导和支持下，讨论在全国范围内逐步展开。这场讨论，冲破了长期以来"左"倾错误思想的束缚，为中共十一届三中全会的召开做了理论上和思想上的准备。——第 92、109 页。

〔63〕"四清"，参见注 33。——第 98、146 页。

〔64〕十一号文件，指一九七八年四月五日中共中央批转的中央统战部、公安部《关于全部摘掉右派分子帽子的请示报告》。——第 99 页。

〔65〕五十五号文件，指一九七八年九月十七日中共中央批转的中央组织部、中央宣传部、中央统战部、公安部、民政部《贯彻中央关于全部摘掉右派分子帽子决定的实施方案》。——第 99 页。

〔66〕"双打"，指打击阶级敌人的破坏活动，打击资本主义势力的猖狂进攻。——第 101 页。

〔67〕这个文件由中共中央组织部于一九七八年十一月三日下发。——第 102 页。

〔68〕一九三九年十二月一日，中共中央下发《关于吸收知识分子的决定》。

这个决定是由毛泽东起草的。见《毛泽东选集》第 2 卷，人民出版社 1991 年版，第 618—620 页。——第 102 页。

〔69〕减租减息，是中国共产党在抗日战争时期实行的土地政策。其主要内容是：地租，一般以实行二五减租为原则，即不论何种租佃形式，均按原租额减去百分之二十五；借贷，年利息一般减到不超过一分半。解放战争时期和新中国成立初期，在新解放的地区也曾实行过这一政策。——第 102 页。

〔70〕遵义会议，指一九三五年一月长征途中，中共中央政治局在贵州遵义举行的扩大会议。这次会议集中讨论和纠正了军事上和组织上的错误，结束了王明"左"倾教条主义在中共中央的领导地位，确立了以毛泽东为代表的新的中央的正确领导，在最危急的关头挽救了红军，挽救了党。——第 103、210、221、294、557 页。

〔71〕见毛泽东《论人民民主专政》（《毛泽东选集》第 4 卷，人民出版社 1991 年版，第 1480 页）。——第 104 页。

〔72〕郝建秀，一九三五年生，山东青岛人。一九四九年入青岛国棉六厂当工人，创造出一套科学的工作方法，后被命名为"郝建秀工作法"。一九五八年入华东纺织工学院学习。时任纺织工业部副部长。——第 104 页。

〔73〕全国科学大会于一九七八年三月十八日至三十一日在北京召开。三月十八日，邓小平在开幕式上讲话。讲话收入《邓小平文选》第 2 卷，题为《在全国科学大会开幕式上的讲话》。——第 105、177 页。

〔74〕王任重（一九一七——一九九二），河北景县人。时任中共陕西省委第二书记、陕西省革命委员会第一副主任。——第 108 页。

〔75〕党的理论工作务虚会，是一九七九年一月十八日至四月三日期间根据中共中央决定在北京召开的，参加会议的有中央和北京市理论宣传单位的一百多人及各省、市、自治区的联络员，后扩大到四百多人。会议主要任务是总结理论宣传战线的基本经验教训，研究全党工作重心转移后理论宣传工作的根本任务。与会者批评了"两个凡是"的错误方针，提出不少值得注意、需要研究的问题。三月三十日会议临近结束时，邓小平代表中共中央发表重要讲话，提出并阐述实现四个现代化必须坚持的四项基本原则，并对思想理论工作提出新的任务和要求。——第 109 页。

〔76〕一九七八年五月《实践是检验真理的唯一标准》一文发表后，在全国掀起关于真理标准问题的讨论。九月，一直采取"不表态""不卷入"态度的

《红旗》杂志起草了题为《重温〈实践论〉——论实践标准是马克思主义认识论的基础》的文章，准备发表在一九七八年第十二期上。文章虽然强调理论对实践的指导作用，但同时又借批判怀疑论、不可知论和海外奇谈，来影射、指责关于真理标准问题的讨论正在把问题引向背离马克思列宁主义、毛泽东思想的轨道。文章后来没有发表。——第110页。

〔77〕三中全会，指一九七八年十二月十八日至二十二日在北京举行的中国共产党第十一届中央委员会第三次全体会议。会议的中心议题是讨论全党工作重点转移的问题。全会批判了"两个凡是"的错误方针，充分肯定必须完整地、准确地掌握毛泽东思想的科学体系；高度评价关于实践是检验真理的唯一标准问题的讨论，确定了解放思想、实事求是、团结一致向前看的指导方针；果断地停止使用"以阶级斗争为纲"这个不适用于社会主义社会的口号，做出把工作重点转移到社会主义现代化建设上来的战略决策；制定关于加快农业发展的决定；提出健全社会主义民主和加强社会主义法制的任务；审查和解决了党的历史上一批重大冤假错案和一些重要领导人的功过是非问题。全会还增选出中央领导机构的成员。这些在领导工作中具有重大意义的转变，标志着党重新确立了马克思主义的思想路线、政治路线和组织路线。十一届三中全会是新中国成立以来中国共产党历史上具有深远意义的伟大转折。——第110、131、142、150、246、274、294、302、357、375、419、532、564、654页。

〔78〕延安整风，指中国共产党自一九四二年春至一九四五年春在全党范围内开展的一次马克思列宁主义的思想教育运动。主要内容是：反对主观主义以整顿学风，反对宗派主义以整顿党风，反对党八股以整顿文风。经过这个运动，全党进一步掌握了马克思列宁主义普遍真理与中国革命具体实践的统一这样一个基本方向。——第112、136、463页。

〔79〕见马克思《〈黑格尔法哲学批判〉导言》。新的译文是："理论在一个国家实现的程度，总是取决于理论满足这个国家的需要的程度。"（《马克思恩格斯选集》第1卷，人民出版社2012年版，第11页）——第112页。

〔80〕见恩格斯《路德维希·费尔巴哈和德国古典哲学的终结》。新的译文是："在这里，对职位、牟利，对上司的恩典，没有任何考虑。"（《马克思恩格斯选集》第4卷，人民出版社2012年版，第265页）——第113页。

〔81〕彭德怀（一八九八——一九七四），湖南湘潭人。曾任中共中央政治局委员、中央军委副主席，国务院副总理兼国防部部长等职。一九五九年七八

月间，在中共中央政治局扩大会议和八届八中全会上，毛泽东错误地发动对彭德怀的批判，并通过了《关于以彭德怀同志为首的反党集团的错误的决议》。"文化大革命"中，彭德怀被林彪、江青反革命集团迫害致死。一九七八年十二月，中共十一届三中全会决定，纠正过去对彭德怀所做的错误结论，肯定他对党和人民的巨大贡献。——第115页。

〔82〕三线，指三线地区。二十世纪六十年代初期，中共中央和毛泽东提出从战备需要出发，根据战略位置的不同，将我国各地区分为一、二、三线。三线地区是全国的战略大后方。——第115页。

〔83〕浦安修（一九一八——一九九一），江苏嘉定（今属上海）人。彭德怀夫人。时任中共中央纪律检查委员会委员。——第115页。

〔84〕八届十二中全会，指一九六八年十月十三日至三十一日在北京举行的中国共产党第八届中央委员会扩大的第十二次全体会议。这次会议是在极不正常的情况下召开的。由于"文化大革命"的冲击，八届中央委员九十七人中，除去世的十人外，参加会议的仅四十人。会议举行时，从候补中央委员中增补十人，才使表决人数具有合法性。这次会议批准了《关于叛徒、内奸、工贼刘少奇罪行的审查报告》，对刘少奇做出完全错误的政治结论和组织处理。——第115页。

〔85〕陈伯达（一九〇四——一九八九），福建惠安人。"文化大革命"期间，任中共中央政治局委员、常委，中央文化革命小组组长等职，积极参与林彪、江青夺取党和国家最高权力的阴谋活动。一九七〇年中共九届二中全会后被隔离审查。一九七三年八月，中共中央决定开除他的党籍，撤销其党内外一切职务。一九八一年一月，中华人民共和国最高人民法院特别法庭判处他有期徒刑十八年，剥夺政治权利五年。——第116、562页。

〔86〕张春桥（一九一七——二〇〇五），山东巨野人。"文化大革命"期间，任中共中央政治局委员、常委，中央文化革命小组副组长等职，与江青组织、领导"四人帮"反革命集团，积极参与夺取党和国家最高权力的阴谋活动。一九七七年七月中共十届三中全会通过决议，开除他的党籍，撤销其党内外一切职务。一九八一年一月被中华人民共和国最高人民法院特别法庭判处死刑，缓期二年执行，剥夺政治权利终身。一九八三年一月被最高人民法院刑事审判庭依法减为无期徒刑，原判处剥夺政治权利终身不变。一九九七年十二月依法减为有期徒刑十八年，原判处剥夺政治权利终身改为剥夺政治权利十年。——第

116、562 页。

〔87〕姚文元（一九三一——二〇〇五），浙江诸暨人。"文化大革命"期间，任中共中央政治局委员、中央文化革命小组成员，与江青、张春桥、王洪文结成"四人帮"反革命集团，积极参与夺取党和国家最高权力的阴谋活动。一九七七年七月中共十届三中全会通过决议，开除他的党籍，撤销其党内外一切职务。一九八一年一月被中华人民共和国最高人民法院特别法庭判处有期徒刑二十年，剥夺政治权利五年。——第 116、562 页。

〔88〕关锋（一九一九——二〇〇五），山东庆云人。曾任《红旗》杂志社哲学组组长、中央文化革命小组成员、《红旗》杂志社副总编辑。一九六七年被隔离审查，后被开除党籍。——第 116 页。

〔89〕戚本禹，一九三一年生，山东威海人。曾任中央文化革命小组成员、中共中央办公厅秘书局副局长、《红旗》杂志社副总编辑。一九六八年被隔离审查。一九八三年十一月被北京市中级人民法院判处有期徒刑十八年，剥夺政治权利四年。——第 116 页。

〔90〕康生（一八九八——一九七五），山东胶南（今青岛市黄岛区）人。曾任中共中央副主席。"文化大革命"期间，直接参与林彪、江青等人篡党夺权的反革命阴谋活动，犯下严重罪行。一九八〇年十月十六日，中共中央决定撤销对康生的悼词，并开除其党籍。——第 116、562 页。

〔91〕胡乔木（一九一二——一九九二），江苏盐城人。一九七八年十二月任中共中央副秘书长、毛泽东主席著作编辑出版委员会办公室主任、中国社会科学院院长。一九八二年九月任中共中央政治局委员、中国社会科学院顾问。——第 118、472 页。

〔92〕《关于加快农业发展若干问题的决定》，一九七八年十二月中共十一届三中全会原则通过后发到各省、自治区、直辖市讨论和试行，一九七九年九月中共十一届四中全会正式通过并公布实行。——第 118 页。

〔93〕见恩格斯《自然辩证法》。新的译文是："一个民族要想站在科学的最高峰，就一刻也不能没有理论思维。"（《马克思恩格斯选集》第 3 卷，人民出版社 2012 年版，第 875 页）——第 119 页。

〔94〕朱自清（一八九八——一九四八），浙江绍兴人。现代文学家、教授。抗日战争结束后，积极支持反对蒋介石统治的学生运动。一九四八年六月，在抗议美国扶植日本和拒绝领取"美援"面粉的宣言上签名。同年八月十二日因

病在北平逝世。——第 122 页。

〔95〕闻一多（一八九九——一九四六），湖北浠水人。诗人、教授。一九四三年以后，由于痛恨国民党政府的反动和腐败，积极参加争取民主的斗争。抗日战争结束后，积极地反对国民党勾结美帝国主义发动反人民的内战。一九四六年七月十五日在昆明被国民党特务暗杀。——第 122、272 页。

〔96〕天安门四五运动，指天安门事件，是一九七六年四月发生的反对"四人帮"的全国性群众抗议运动。一九七五年，邓小平在毛泽东支持下主持中央日常工作，着手全面整顿，使国内形势明显好转。但是毛泽东不能容忍邓小平系统地纠正"文化大革命"的错误，发动"批邓、反击右倾翻案风"运动。一九七六年一月周恩来逝世，引起全党和全国各族人民的无限悲痛。同年四月清明节前后，在北京、南京和全国许多城市爆发悼念周恩来、反对"四人帮"的强大群众运动，受到"四人帮"极力压制。这个运动实质上是拥护以邓小平为代表的党的正确领导。四月五日，北京天安门广场上广大群众采取抗议行动。中共中央政治局和毛泽东把这次抗议行动错误地判定为"反革命事件"，并且撤销邓小平党内外一切职务。一九七八年十二月，中共十一届三中全会决定撤销中共中央发出的关于"反击右倾翻案风"运动和天安门事件的错误文件，郑重宣布为邓小平平反、为天安门事件平反。——第 131 页。

〔97〕指邓小平一九七九年三月十六日在中共中央召开的对越自卫反击战情况报告会上所作的报告。——第 134 页。

〔98〕宋任穷（一九〇九——二〇〇五），湖南浏阳人。一九七八年任中共中央组织部部长、政协全国委员会副主席。一九八二年任中共中央政治局委员。——第 135、624 页。

〔99〕一九七九年九月二十九日，叶剑英代表中共中央、全国人大常委会、国务院在庆祝中华人民共和国成立三十周年大会上发表讲话，全面回顾新中国成立三十年来的历程，初步总结了社会主义革命和社会主义建设的基本经验。这个讲话收入《叶剑英选集》。——第 135、149 页。

〔100〕自卫反击战，指中越边境自卫反击战，即一九七九年二三月间中国边防部队对越南侵略者进行的自卫还击、保卫边疆的作战行动。——第 140 页。

〔101〕指一九七九年九月十七日《人民日报》发表的评论员文章《切实解决上访问题》。——第 146 页。

〔102〕"西单墙"，指当时北京西单街头人们贴大字报的地方。后来，一些别

有用心的人利用它来破坏社会秩序和社会治安并进行违法活动。一九七九年十二月六日，北京市革命委员会发出通知，宣布禁止在"西单墙"张贴大字报。——第 147 页。

〔103〕"三老"指对待革命事业要当老实人，说老实话，办老实事。"四严"指对待工作要有严格的要求，严密的组织，严肃的态度，严明的纪律。——第 151 页。

〔104〕见《斯大林选集》下卷，人民出版社 1979 年版，第 569 页。——第 153 页。

〔105〕见斯大林《苏联社会主义经济问题》(《斯大林选集》下卷，人民出版社 1979 年版，第 597 页)。——第 153 页。

〔106〕薄一波(一九〇八——二〇〇七)，山西定襄人。一九七九年七月任国务院副总理。一九八二年九月任中共中央顾问委员会副主任。——第 154、624 页。

〔107〕谷牧(一九一四——二〇〇九)，山东荣成人。一九七五年一月任国务院副总理。一九八〇年二月任中共中央书记处书记、国务院副总理。——第 154、288 页。

〔108〕范文澜(一八九三——一九六九)，浙江绍兴人。历史学家。曾任中国科学院哲学社会科学部学部委员、近代史研究所所长。著有《中国通史》等。——第 155 页。

〔109〕尚钺(一九〇二——一九八二)，河南罗山人。历史学家。曾任中国科学院哲学社会科学部历史研究所学术委员、中国人民大学历史系主任。著有《中国历史纲要》《中国通史讲义》等。——第 155 页。

〔110〕财经委员会，指一九七九年三月成立的国务院财政经济委员会，陈云任主任，李先念任副主任，一九八〇年三月中央财政经济领导小组成立后撤销。——第 156 页。

〔111〕见马克思《〈政治经济学批判(1861—1863 年手稿)〉摘选》。新的译文是："生产逐年扩大是由于两个原因：第一，由于投入生产的资本不断增长；第二，由于使用资本的效率不断提高；在再生产和积累期间，小的改良日积月累，最终就使生产的整个规模完全改观。各种改良在积累着，生产力日积月累地发展着"。(《马克思恩格斯选集》第 2 卷，人民出版社 2012 年版，第 812—813 页)——第 161 页。

〔112〕见马克思《〈政治经济学批判（1861—1863 年手稿）〉摘选》。新的译文是："资本不是进行简单再生产，而是进行扩大再生产，不是画一个圆圈，而是画一个螺旋形"。（《马克思恩格斯选集》第 2 卷，人民出版社 2012 年版，第 813 页）——第 161 页。

〔113〕"两参一改三结合"，是一九六〇年鞍山钢铁公司总结的企业管理经验。"两参"，指干部参加集体生产劳动，工人群众参加企业管理；"一改"，指改革企业中不合理的规章制度，建立和健全合理的规章制度；"三结合"，指企业领导干部、技术或管理人员和工人相结合。——第 163 页。

〔114〕中央工作会议，指一九七九年四月五日至二十八日中共中央在北京举行的工作会议。会议主要讨论经济问题。鉴于过去经济工作中"左"倾错误的影响和国民经济的重大比例严重失调，会议提出集中三年时间对国民经济实行调整、改革、整顿、提高的方针，使国民经济在调整中稳步前进，为以后的发展打下扎实的基础。——第 163 页。

〔115〕租让制，指一国政府将其部分土地、资源或权利，按照一定条件定期交付另一国政府、团体或个人，或交本国团体或个人开发使用的制度。二十世纪二十年代初，苏联实行新经济政策时期，列宁提出要借租让制这种国家资本主义形式，利用外国资本、技术、设备和管理经验，为恢复和发展苏联经济服务，但由于受当时国内外政治经济情况限制，这种制度实际未得到多大发展。——第 163、363、386 页。

〔116〕夏衍（一九〇〇——一九九五），浙江杭州人。剧作家。时任中国文学艺术界联合会副主席、中国电影家协会主席。——第 167、336 页。

〔117〕曹禺（一九一〇——一九九六），湖北潜江人。剧作家、戏剧教育家。时任北京人民艺术剧院院长。——第 167、338 页。

〔118〕七千人大会，参见注 28。——第 169 页。

〔119〕见鲁迅《论睁了眼看》（《鲁迅全集》第 1 卷，人民文学出版社 2005 年版，第 254 页）。——第 171 页。

〔120〕叶挺（一八九六——一九四六），广东归善（今惠州市惠阳区）人。北伐战争时期曾任国民革命军第四军独立团团长、第二十四师师长、第十一军副军长等职。他所领导的国民革命军第四军独立团英勇善战，纪律严明，屡破强敌，为第四军赢得"铁军"的称号起到重要作用。——第 173 页。

〔121〕赵一曼（一九〇五——一九三六），四川宜宾人。一九二六年加入中

国共产党。一九三一年九一八事变后被派往东北。曾任中共珠河县铁北区委书记、东北人民革命军第三军第二团政委。一九三五年十一月被日军俘虏。一九三六年八月英勇就义。——第 174 页。

〔122〕华国锋（一九二一——二〇〇八），山西交城人。时任中共中央主席、中央军委主席，国务院总理。——第 177 页。

〔123〕指一九七九年四月中共中央工作会议提出的对国民经济进行调整、改革、整顿、提高的方针，要求用三年时间基本改变国民经济比例关系严重失调的状况，为以后的发展打下扎实的基础。——第 178 页。

〔124〕见《毛泽东选集》第 4 卷，人民出版社 1991 年版，第 1480、1481 页。——第 181 页。

〔125〕李四光（一八八九——一九七一），湖北黄冈人。地质学家。中国地质力学的创始人。曾任中国科学院副院长、地质部部长、中国科学技术协会主席。——第 184、272 页。

〔126〕竺可桢（一八九〇——一九七四），浙江绍兴人。气象学家、地理学家、教育家。中国近代地理学和气象学的奠基者。曾任浙江大学校长、中国科学院副院长兼生物学地学部主任、中国科学技术协会副主席。——第 184 页。

〔127〕周培源（一九〇二——一九九三），江苏宜兴人。物理学家、教育家。时任中国科学技术协会主席、中国科学院副院长、北京大学校长。——第 186 页。

〔128〕这是一九一六年九月孙中山到浙江海宁观看钱塘江大潮回上海后题写的。——第 186 页。

〔129〕指一九八〇年四月胡耀邦主持中共中央书记处会议讨论北京建设方针时提出的四条意见：第一，要把北京建成全中国、全世界社会秩序、社会治安、社会风气和道德风尚最好的城市。第二，要把北京建成全国环境最清洁、最卫生、最优美的第一流的城市。第三，要把北京建成全国科学、文化、技术最发达，教育程度最高的第一流的城市。第四，要使北京经济上不断繁荣，人民生活方便、安定。要着重发展旅游事业、服务行业、食品工业、高精尖的轻型工业和电子工业。——第 187 页。

〔130〕指一九七九年十一月十三日《中共中央、国务院印发〈关于高级干部生活待遇的若干规定〉和邓小平同志报告的通知》。——第 196 页。

〔131〕一九八〇年二月，中共十一届五中全会通过《关于党内政治生活的若

干准则》，共十二条：一、坚持党的政治路线和思想路线；二、坚持集体领导，反对个人专断；三、维护党的集中统一，严格遵守党的纪律；四、坚持党性，根绝派性；五、要讲真话，言行一致；六、发扬党内民主，正确对待不同意见；七、保障党员的权利不受侵犯；八、选举要充分体现选举人的意志；九、同错误倾向和坏人坏事作斗争；十、正确对待犯错误的同志；十一、接受党和群众的监督，不准搞特权；十二、努力学习，做到又红又专。——第196、243、245、298、391、455 页。

〔132〕四种人，指一九七八年八月十三日中共中央下发的《关于慎重处理无产阶级文化大革命中打砸抢问题的通知》中所提到的四种人：行凶杀人的刑事犯罪分子；搞阶级报复的地富反坏分子；搞挟嫌报复，后果严重，不处理不足以平民愤的分子；一贯搞打砸抢，情节恶劣，屡教不改的分子。——第199 页。

〔133〕《关于建国以来党的若干历史问题的决议》，在一九八一年六月二十七日至二十九日举行的中国共产党十一届六中全会上审议并通过。《决议》对新中国成立三十二年来党的重大历史事件做出科学的总结，根本否定"文化大革命"和"无产阶级专政下继续革命"的理论，肯定毛泽东的历史地位，系统地论述毛泽东思想。在《决议》形成以前和以后，理论界围绕上述问题做了一些讨论、研究和宣传工作。——第209、221、266、301、322、420、463、476 页。

〔134〕见《恩格斯致威廉·李卜克内西》。新的译文是："我们之所以有今天的一切……都应归功于他的理论活动和实践活动；没有他，我们至今还会在黑暗中徘徊。"（《马克思恩格斯选集》第4 卷，人民出版社2012 年版，第558 页）——第211 页。

〔135〕见邓小平《对起草〈关于建国以来党的若干历史问题的决议〉的意见》（《邓小平文选》第2 卷，人民出版社1994 年版，第297 页）。——第212 页。

〔136〕林彪（一九〇七——一九七一），湖北黄冈人。曾任中共中央副主席、中央军委副主席，国务院副总理兼国防部部长。一九五九年九月起主持中央军委工作。"文化大革命"期间，组织反革命集团阴谋夺取党和国家最高权力，策动反革命武装政变。阴谋败露后，于一九七一年九月十三日乘飞机外逃叛国，在蒙古温都尔汗坠机身亡。一九七三年八月中共中央决定，开除他的党籍。——第217 页。

〔137〕朱穆之，一九一六年生，江苏江阴人。时任中共中央宣传部副部长。——第223 页。

〔138〕参见《毛泽东选集》第1卷，人民出版社1991年版，第295页。原文是："唯心论和机械唯物论，机会主义和冒险主义，都是以主观和客观相分裂，以认识和实践相脱离为特征的。"——第227页。

〔139〕陆定一（一九〇六——一九九六），江苏无锡人。时任中共中央宣传部顾问、政协全国委员会副主席。——第227页。

〔140〕见《论语·卫灵公》。——第230页。

〔141〕见毛泽东《我的一点意见》（《毛泽东著作专题摘编》（上），中央文献出版社2003年版，第157页）。原文是："是唯心论的先验论，还是唯物论的反映论，我们只能站在马列主义的立场上"。——第231页。

〔142〕王明，即陈绍禹（一九〇四——一九七四），安徽六安金家寨（今属金寨县）人。一九三一年一月中共六届四中全会上，当选为中共中央委员、中央政治局委员，会后增补为中央政治局常委，取得了在中共中央的领导权。此后至一九三五年一月遵义会议前，以王明为代表的"左"倾教条主义错误在党内占据领导地位，给党和革命事业造成了重大的损失。其错误主要是：一、在政治上，混淆民主革命和社会主义革命的界限，把反资产阶级和反帝反封建并列；否认九一八事变后国内阶级关系的明显变化，把中间势力当成"最危险的敌人"；继续推行"城市中心论"，主张红军夺取中心城市以实现一省或数省首先胜利而形成全国的胜利。二、在军事上，先是推行冒险主义，后来又变为保守主义和逃跑主义。三、在组织上，实行宗派主义，对不同意他们错误主张的人，进行"残酷斗争，无情打击"。一九三五年一月，中共中央政治局在遵义召开扩大会议，确立了以毛泽东为代表的新的中央的正确领导，结束了王明在中共中央"左"倾教条主义的错误领导。一九三七年十一月从苏联回国后，参加中共中央政治局十二月会议，会后任中共中央长江局书记，在此期间，犯有右倾错误。他长期拒绝党的批评和帮助。一九五六年后一直滞留苏联。——第234、273、293、299页。

〔143〕天安门事件，参见注96。——第235页。

〔144〕指一九八〇年波兰团结工会通过罢工等方式逼迫政府承认其合法地位，实际上成为与政府对立的反对派组织。——第251页。

〔145〕黄克诚（一九〇二——一九八六），湖南永兴人。一九八一年任中共中央纪律检查委员会常务书记。一九八二年任中共中央纪律检查委员会第二书记。——第252、624页。

〔146〕张冲（一九〇〇——一九八〇），云南泸西永宁乡小布坎（今属弥勒）人。曾任云南省人民政府副主席、全国人大民族委员会副主任委员、政协全国委员会副主席。——第254页。

〔147〕江青（一九一五——一九九一），山东诸城人。"文化大革命"期间，任中共中央政治局委员、中央文化革命小组副组长，组织、领导"四人帮"反革命集团，积极参与夺取党和国家最高权力的阴谋活动。一九七七年七月中共十届三中全会通过决议，开除她的党籍，撤销其党内外一切职务。一九八一年一月被中华人民共和国最高人民法院特别法庭判处死刑，缓期二年执行，剥夺政治权利终身。一九八三年一月被最高人民法院刑事审判庭依法减为无期徒刑，原判处剥夺政治权利终身不变。——第258页。

〔148〕一九八〇年八月十八日，邓小平在中共中央政治局扩大会议上讲话，讲话收入《邓小平文选》第2卷，题为《党和国家领导制度的改革》。——第259页。

〔149〕一九七九年十一月二十五日，石油工业部海洋石油勘探局"渤海二号"钻井船在渤海湾迁移井位时翻沉，造成死亡七十二人，直接经济损失达三千七百多万元。一九八〇年八月二十五日，国务院做出决定，严肃处理"渤海二号"翻沉事故。——第259页。

〔150〕邹韬奋（一八九五——一九四四），江西余江人。新闻记者、政论家和出版家。曾主编《生活周刊》、《大众生活》周刊、《生活日报》、《抗战》、《全民抗战》等报刊，积极参加反对蒋介石反动政策的政治斗争。——第272、582页。

〔151〕郭沫若（一八九二——一九七八），四川乐山人。作家、诗人、历史学家、考古学家。曾任中央人民政府委员、政务院副总理、全国人大常委会副委员长、政协全国委员会副主席、中国科学院院长、中国文学艺术界联合会主席。——第272、338页。

〔152〕茅盾，即沈雁冰（一八九六——一九八一），浙江桐乡人。文学家。时任政协全国委员会副主席、中国文学艺术界联合会名誉主席、中国作家协会主席。——第272、338页。

〔153〕陈独秀（一八七九——一九四二），安徽怀宁人。中国共产党的主要创建人之一，在党成立后的最初六年中是党的主要领导人。第一次国内革命战争后期，放弃对于农民群众、城市小资产阶级和中等资产阶级的领导权，尤其是放弃对于武装力量的领导权，对国民党右派反共反人民的阴谋活动采取妥协

政策，以致当大地主大资产阶级的代表蒋介石、汪精卫先后背叛革命，向人民突然袭击的时候，中国共产党和广大人民不能组织有效的抵抗，使第一次国内革命战争遭到失败。一九二七年八月七日，中共中央在汉口召开紧急会议，总结大革命失败的经验教训，结束了陈独秀在中共中央的右倾错误领导。——第273页。

〔154〕张国焘（一八九七——一九七九），江西萍乡人。曾任中共中央政治局委员、常委，中共鄂豫皖中央分局书记，中华苏维埃共和国临时中央政府副主席等职。一九三五年六月，红军第一、第四方面军在四川懋功（今小金）地区会师后任红军总政治委员。他反对中央关于红军北上的决定，进行分裂党和红军的活动，另立"中央"。一九三六年六月，被迫取消第二"中央"，随后与红军第二、第四方面军一起北上，十二月到达陕北。一九三七年九月起，任陕甘宁边区政府副主席、代主席。一九三八年四月，乘祭黄帝陵之机逃离陕甘宁边区，投入国民党特务集团，成为中国革命的叛徒，随即被开除出党。——第273页。

〔155〕高岗（一九〇五——一九五四），陕西横山人。曾任中共中央政治局委员、东北局第一书记，中央人民政府副主席。一九五三年调中央任国家计划委员会主席后，积极进行分裂党的阴谋活动。一九五四年二月，中共七届四中全会对他进行了揭发和批判。一九五五年三月，中国共产党全国代表会议通过决议开除他的党籍。——第273页。

〔156〕饶漱石（一九〇三——一九七五），江西临川人。曾任中共中央华东局第一书记、华东行政委员会主席。一九五三年调任中共中央组织部部长后，与高岗一起，积极进行分裂党的阴谋活动。一九五四年二月，中共七届四中全会对他进行了揭发和批判。一九五五年三月，中国共产党全国代表会议通过决议开除他的党籍。——第273页。

〔157〕见毛泽东《整顿党的作风》（《毛泽东选集》第3卷，人民出版社1991年版，第812页）。——第278页。

〔158〕一九五三年十二月至一九五四年四月，中国政府代表团和印度政府代表团在北京就两国在中国西藏地方的关系问题举行谈判。一九五三年十二月三十一日，即谈判的第一天，中国总理周恩来接见印度政府代表团，提出互相尊重主权和领土完整、互不侵犯、互不干涉内政、平等互利、和平共处五项原则。之后，这五项原则正式写入双方达成的《中印关于中国西藏地方和印度之间的

通商和交通协定》的序言中。一九五四年六月，周恩来在访问印度、缅甸期间，先后于六月二十八日和二十九日同印度总理尼赫鲁、缅甸总理吴努发表联合声明，正式倡议将和平共处五项原则作为处理国与国关系的基本准则。——第285、323、448、522、551、648 页。

〔159〕万里（一九一六——二〇一五），山东东平人。时任中共中央书记处书记、国务院副总理。——第 288 页。

〔160〕余秋里（一九一四——一九九九），江西庐陵（今吉安）人。一九八〇年二月任中共中央政治局委员、中央书记处书记，国务院副总理。一九八二年九月任中共中央政治局委员、中央书记处书记，中国人民解放军总政治部主任。——第 288、609、624 页。

〔161〕姚依林（一九一七——一九九四），安徽贵池人。时任中共中央副秘书长、中央办公厅主任，国务院副总理兼国家计划委员会主任。——第 288 页。

〔162〕见邓小平《关于思想战线上的问题的谈话》（《邓小平文选》第 2 卷，人民出版社 1994 年版，第 389 页）。——第 289 页。

〔163〕见《毛泽东文集》第 7 卷，人民出版社 1999 年版，第 231、232页。——第 291 页。

〔164〕一九五六年八月二十二日，毛泽东在中共七届七中全会第一次会议上提出的八大的基本方针是：马克思列宁主义同中国的实际情况相结合，团结党内、国内、国际一切可以和应该团结的力量，为建设一个伟大的社会主义国家而奋斗。——第 292 页。

〔165〕见《毛泽东选集》第 3 卷，人民出版社 1991 年版，第 1096 页。——第 293 页。

〔166〕杨尚昆（一九〇七——一九九八），四川潼南（今属重庆）人。"文化大革命"中被打倒。一九七八年十二月重新出来工作，任中共广东省委第二书记。——第 294、630 页。

〔167〕"七一"讲话，见本书《在庆祝中国共产党成立六十周年大会上的讲话》。——第 295 页。

〔168〕见毛泽东《论联合政府》（《毛泽东选集》第 3 卷，人民出版社 1991年版，第 1096 页）。——第 299 页。

〔169〕博古，即秦邦宪（一九〇七——一九四六），江苏无锡人。一九三一年九月至一九三五年一月，曾是中共临时中央和中共六届五中全会后中央的主

要负责人。在这期间,积极推行王明"左"倾教条主义路线。遵义会议后,被撤销了党和红军的最高领导权。后在延安任新华通讯社社长,创办和主持中共中央机关报《解放日报》。一九四五年在中共第七次全国代表大会上,对自己过去的错误做了自我批评,继续当选为中央委员。——第 299 页。

〔170〕指一九八〇年九月二十七日中共中央印发的《关于进一步加强和完善农业生产责任制的几个问题——一九八〇年九月十四日至二十二日,各省、市、自治区党委第一书记座谈会纪要》。——第 301 页。

〔171〕中央工作会议,指一九八〇年十二月十六日至二十五日中共中央在北京举行的工作会议。会议着重讨论了经济形势和经济调整问题,决定在经济上实行进一步调整、政治上实行进一步安定的方针。会议还要求加强党的政治思想工作,加强社会主义精神文明建设,批判违反四项基本原则的错误思潮,打击破坏社会主义事业的反革命活动,以进一步加强政治上的安定团结。——第 301 页。

〔172〕法卡山、扣林山战斗,指一九八一年五月中国边防部队还击越南军队侵犯广西法卡山、云南扣林山地区的战斗。——第 302 页。

〔173〕见《毛泽东选集》第 2 卷,人民出版社 1991 年版,第 527 页。——第 305 页。

〔174〕见鲁迅《〈二心集〉序言》(《鲁迅全集》第 4 卷,人民文学出版社 2005 年版,第 195 页)。——第 309 页。

〔175〕见鲁迅《写在〈坟〉后面》(《鲁迅全集》第 1 卷,人民文学出版社 2005 年版,第 300 页)。——第 310 页。

〔176〕见孙中山《建国方略》(《孙中山选集》(上),人民出版社 2011 年版,第 120 页)。——第 321 页。

〔177〕《告台湾同胞书》,即《中华人民共和国全国人民代表大会常务委员会告台湾同胞书》,一九七八年十二月六日第五届全国人大常委会第五次会议通过,一九七九年一月一日发出。《告台湾同胞书》殷切期望台湾早日回归祖国,共同发展建国大业;指出近三十年台湾同祖国的分离,是人为的和违反我们民族的利益和愿望的,实现中国统一是人心所向,大势所趋;在解决统一问题时尊重台湾现状和台湾各界人士的意见,采取合情合理的政策和办法,不使台湾人民蒙受损失;希望台湾当局以民族利益为重,对祖国统一事业做出贡献;建议台湾与大陆之间通过商谈结束军事对峙状态,尽快实现通航通邮和两地的学

术文化交流，发展相互贸易。《告台湾同胞书》代表了全中国人民的意愿，是推进实现祖国统一大业的具有重要历史意义的文献。——第 324 页。

〔178〕一九八一年九月三十日，叶剑英阐明关于大陆和台湾实现和平统一的方针政策是："（一）为了尽早结束中华民族陷于分裂的不幸局面，我们建议举行中国共产党和中国国民党两党对等谈判，实行第三次合作，共同完成祖国统一大业。双方可先派人接触，充分交换意见。（二）海峡两岸各族人民迫切希望互通音讯、亲人团聚、开展贸易、增进了解。我们建议双方共同为通邮、通商、通航、探亲、旅游以及开展学术、文化、体育交流提供方便，达成有关协议。（三）国家实现统一后，台湾可作为特别行政区，享有高度的自治权，并可保留军队。中央政府不干预台湾地方事务。（四）台湾现行社会、经济制度不变，生活方式不变，同外国的经济、文化关系不变。私人财产、房屋、土地、企业所有权、合法继承权和外国投资不受侵犯。（五）台湾当局和各界代表人士，可担任全国性政治机构的领导职务，参与国家管理。（六）台湾地方财政遇有困难时，可由中央政府酌情补助。（七）台湾各族人民、各界人士愿回祖国大陆定居者，保证妥善安排，不受歧视，来去自由。（八）欢迎台湾工商界人士回祖国大陆投资，兴办各种经济事业，保证其合法权益和利润。（九）统一祖国，人人有责。我们热诚欢迎台湾各族人民、各界人士、民众团体通过各种渠道、采取各种方式提供建议，共商国是。"——第 325 页。

〔179〕蒋经国（一九一○——一九八八），浙江奉化人。时任中国国民党主席、台湾当局"总统"。——第 326 页。

〔180〕谢东闵（一九○八——二○○一），台湾彰化人。时任中国国民党中央常委、台湾当局"副总统"。——第 326 页。

〔181〕孙运璇（一九一三——二○○六），山东蓬莱人。时任中国国民党中央常委、台湾当局"行政院院长"。——第 326 页。

〔182〕蒋彦士（一九一五——一九九八），浙江杭州人。时任台湾当局"外交部部长"。——第 326 页。

〔183〕高魁元（一九○七——二○一二），山东枣庄人。时任中国国民党中央常委、台湾当局"战略顾问"。——第 326 页。

〔184〕蒋纬国（一九一六——一九九七），浙江奉化人。时任台湾当局"联勤总司令"。——第 326 页。

〔185〕林洋港（一九二七——二○一三），台湾南投人。时任中国国民党中

央常委、台湾省"政府主席"。——第 326 页。

〔**186**〕宋美龄（一八九七——二〇〇三），广东文昌（今属海南）人。蒋介石夫人。当时侨居美国纽约。——第 326 页。

〔**187**〕严家淦（一九〇五——一九九三），江苏吴县（今苏州吴中区）人。一九七五年至一九七八年任台湾当局"总统"。时任中国国民党中央常委、台湾"中华文化复兴运动推行委员会"会长。——第 326 页。

〔**188**〕张群（一八八九——一九九〇），四川华阳（今双流）人。中国国民党元老。时任中国国民党中央评议委员会主席团主席。——第 326 页。

〔**189**〕何应钦（一八九〇——一九八七），贵州兴义人。中国国民党元老。——第 326 页。

〔**190**〕陈立夫（一九〇〇——二〇〇一），浙江吴兴（今湖州）人。时任中国国民党中央评议委员会主席团主席。——第 326 页。

〔**191**〕黄杰（一九〇三——一九九六），湖南长沙人。时任台湾当局"战略顾问"。——第 326 页。

〔**192**〕张学良（一九〇一——二〇〇一），辽宁海城人。中国国民党爱国将领。一九三六年十二月和杨虎城一起发动西安事变，要求蒋介石停止内战、一致抗日。后被蒋介石长期扣押。当时被台湾当局软禁在台湾。——第 326 页。

〔**193**〕见孙中山《建国方略》（《孙中山选集》（上），人民出版社 2011 年版，第 200 页）。——第 326 页。

〔**194**〕一九八一年二月二十五日，全国总工会、共青团中央、全国妇联等九个单位，为响应中共中央关于加强社会主义精神文明建设的号召，在联合发出的《关于开展文明礼貌活动的倡议》中提出开展"五讲四美"活动。"五讲四美"，即讲文明、讲礼貌、讲卫生、讲秩序、讲道德和心灵美、语言美、行为美、环境美。在开展"五讲四美"活动中，中央总结了有些地方开展的热爱祖国、热爱社会主义、热爱中国共产党的活动经验，从一九八三年起，把"五讲四美"和"三热爱"统一起来，开展"五讲四美三热爱"活动。——第 329、405 页。

〔**195**〕裴多菲，指裴多菲·山陀尔（一八二三——一八四九），匈牙利爱国诗人、匈牙利民族文学奠基人。——第 334、595 页。

〔**196**〕王朝闻（一九〇九——二〇〇四），四川合江人。文艺理论家、美学家。时任中国艺术研究院副院长。——第 337 页。

〔197〕高尔基，指马克西姆·高尔基（一八六八——一九三六），苏联作家，苏联社会主义文学的奠基人。主要作品有散文诗《鹰之歌》《海燕》和小说《母亲》等。——第 337 页。

〔198〕见《左传·襄公二十五年》。——第 337 页。

〔199〕巴金（一九〇四——二〇〇五），浙江嘉兴人。作家。一九八一年时任中国作家协会主席，一九八三年六月任政协全国委员会副主席、中国作家协会主席。——第 338、592 页。

〔200〕蔡锷（一八八二——一九一六），湖南宝庆（今邵阳）人。辛亥革命时在云南昆明发动起义，被推为总指挥。一九一五年十二月在云南起兵讨伐袁世凯，任护国军第一军总司令。——第 338 页。

〔201〕袁世凯（一八五九——一九一六），河南项城人。清末曾任山东巡抚、直隶总督兼北洋大臣等职，成为北洋军阀首领。一九一一年辛亥革命时出任清政府内阁总理大臣。一九一二年在英、美、日等帝国主义国家支持下窃取中华民国临时大总统职务，组织了代表大地主、大买办阶级的第一个北洋军阀政府。一九一五年五月接受日本企图灭亡中国的"二十一条"。同年十二月称帝，一九一六年三月在全国人民的反对下被迫取消帝制。——第 338、360 页。

〔202〕胡厥文（一八九五——一九八九），江苏嘉定（今属上海）人。时任全国人大常委会副委员长、中国民主建国会中央委员会主任委员。胡子昂（一八九七——一九九一），四川巴县（今重庆巴南）人。时任政协全国委员会副主席、中华全国工商业联合会主任委员。一篇好意见，指一九八一年十二月胡厥文、胡子昂致胡耀邦的信。——第 340 页。

〔203〕指胡耀邦、彭冲、习仲勋、宋任穷。——第 340 页。

〔204〕李维汉（一八九六——一九八四），湖南长沙人。时任中共中央统战部顾问、政协全国委员会副主席。——第 340 页。

〔205〕廖承志（一九〇八——一九八三），广东归善（今惠州市惠阳区）人。时任全国人大常委会副委员长，国务院侨务办公室主任、港澳办公室主任。——第 340 页。

〔206〕乌兰夫（一九〇六——一九八八），内蒙古土默特左旗人。时任中共中央政治局委员、中央统战部部长，全国人大常委会副委员长，政协全国委员会副主席。——第 340 页。

〔207〕刘澜涛（一九一〇——一九九七），陕西米脂人。时任中共中央统战

部顾问、政协全国委员会副主席兼秘书长。——第 340 页。

〔208〕彭冲（一九一五——二〇一〇），福建漳州人。时任中共中央政治局委员、中央书记处书记，全国人大常委会副委员长，政协全国委员会副主席。——第 349 页。

〔209〕杨静仁（一九一八——二〇〇一），甘肃兰州人。时任中共中央统战部副部长、国务院副总理兼国家民族事务委员会主任、政协全国委员会副主席。——第 351 页。

〔210〕见马克思《〈政治经济学批判〉导言》（《马克思恩格斯选集》第 2 卷，人民出版社 2012 年版，第 709 页）。——第 356 页。

〔211〕见《管子·地数》。——第 360 页。

〔212〕慈禧，即叶赫那拉氏（一八三五——一九〇八），清咸丰皇帝的妃子，其子载淳（同治皇帝）即位后，被尊为慈禧太后。她是同治、光绪两朝的实际统治者，清末顽固势力的总代表，对内实行残酷统治，对外妥协投降，与帝国主义国家签订了一系列丧权辱国的条约。——第 360 页。

〔213〕见《陆宣公集·奉天请罢琼林大盈二库状》。——第 373 页。

〔214〕一九八二年一月十三日，邓小平在中共中央政治局讨论中央机构精简问题会议上作了讲话，指出精简机构是一场革命，是对体制的革命。这个讲话收入《邓小平文选》第 2 卷，题为《精简机构是一场革命》。——第 375 页。

〔215〕刘帅，指刘伯承（一八九二——一九八六），四川开县（今属重庆）人。时任中共中央政治局委员、中央军委副主席，全国人大常委会副委员长。——第 380 页。

〔216〕蔡大姐，指蔡畅（一九〇〇——一九九〇），湖南双峰人。时任中共中央委员、全国人大常委会副委员长。——第 380 页。

〔217〕一九八二年一月十一日中共中央发出《紧急通知》，传达了中央政治局常委关于对一些干部走私贩私、贪污受贿、把大量国有财产窃为己有等严重违法犯罪行为采取紧急措施的指示，指出对于这个严重毁坏党的威信、关系党的生死存亡的大问题，全党一定要抓住不放，雷厉风行地加以解决。由此，一场打击经济领域犯罪活动的斗争迅速开展起来。——第 383 页。

〔218〕"三反"，指一九五一年年底至一九五二年十月在全国国家机关、部队和国营企业等单位中开展的反对贪污、反对浪费、反对官僚主义的斗争。——第 383 页。

〔219〕"五反",指一九五二年在全国资本主义工商业中开展的反对行贿、反对偷税漏税、反对盗骗国家财产、反对偷工减料和反对盗窃国家经济情报的斗争。——第383页。

〔220〕见《毛泽东选集》第2卷,人民出版社1991年版,第533页。——第384页。

〔221〕托洛茨基,指列夫·达维多维奇·托洛茨基(一八七九——一九四〇),曾任俄国社会民主工党(布尔什维克)中央委员、彼得格勒苏维埃主席。十月革命后,曾任外交人民委员、陆海军人民委员、革命军事委员会主席、共产国际执行委员会委员等职。一九二六年十月联共(布)中央全会决定,撤销他的中央政治局委员、中央委员职务。一九二七年十一月被开除出党。一九二九年一月被驱逐出苏联。一九四〇年八月在墨西哥遭暗杀。——第387页。

〔222〕"三种人",指在"文化大革命"中追随林彪、江青反革命集团造反起家的人,帮派思想严重的人,打砸抢分子。——第388、542、558页。

〔223〕罗庚,即华罗庚(一九一〇——一九八五),江苏金坛人。数学家。时任中国科学院副院长。——第393页。

〔224〕方毅(一九一六——一九九七),福建厦门人。时任中共中央政治局委员、中央书记处书记,国务院副总理兼国家科学技术委员会主任。——第393页。

〔225〕卢嘉锡(一九一五——二〇〇一),福建永定人。时任中国科学院院长。——第393页。

〔226〕见《毛泽东选集》第1卷,人民出版社1991年版,第296页。——第400页。

〔227〕见毛泽东《实践论》(《毛泽东选集》第1卷,人民出版社1991年版,第296页)。——第400页。

〔228〕见毛泽东《实践论》(《毛泽东选集》第1卷,人民出版社1991年版,第296页)。——第400页。

〔229〕见《毛泽东选集》第2卷,人民出版社1991年版,第511页。——第401页。

〔230〕一九二九年十二月,中共红军第四军第九次代表大会在福建省上杭县古田村召开。会议通过毛泽东起草的《中国共产党红军第四军第九次代表大会决议案》,又称古田会议决议。它是中国共产党和红军建设的纲领性文献,对党

和军队的建设发挥了重大作用。这个决议的第一部分编入《毛泽东选集》第 1
卷，题为《关于纠正党内的错误思想》。——第 406 页。

〔231〕见毛泽东《关于正确处理人民内部矛盾的问题》（《毛泽东文集》第 7
卷，人民出版社 1999 年版，第 226 页）。——第 412 页。

〔232〕见毛泽东《在中国共产党全国宣传工作会议上的讲话》（《毛泽东文
集》第 7 卷，人民出版社 1999 年版，第 282 页）。——第 412 页。

〔233〕徐向前（一九○一——一九九○），山西五台人。时任中共中央政治
局委员、中央军委副主席。——第 413 页。

〔234〕聂荣臻（一八九九——一九九二），四川江津（今属重庆）人。时任
中共中央政治局委员、中央军委副主席。——第 414 页。

〔235〕彭真（一九○二——一九九七），山西曲沃人。一九八○年一月任中
共中央政治局委员、中央政法委员会书记，全国人大常委会副委员长。一九八
三年六月任中共中央政治局委员、中央政法委书记，全国人大常委会委员
长。——第 414、608 页。

〔236〕邓颖超（一九○四——一九九二），河南光山人。时任中共中央政治
局委员、中央纪律检查委员会第二书记。——第 414 页。

〔237〕十条经济建设方针，指一九八一年十二月第五届全国人民代表大会第
四次会议通过的《政府工作报告》中提出的十条经济建设方针：一、依靠政策
和科学，加快农业的发展；二、把消费品工业的发展放到重要地位，进一步调
整重工业的服务方向；三、提高能源的利用效率，加强能源工业和交通运输业
的建设；四、有重点有步骤地进行技术改造，充分发挥现有企业的作用；五、分
批进行企业的全面整顿和必要改组；六、讲究生财、聚财、用财之道，增加和
节省建设资金；七、坚持对外开放政策，增强我国自力更生的能力；八、积极
稳妥地改革经济体制，充分有效地调动各方面的积极性；九、提高全体劳动者
的科学文化水平，大力组织科研攻关；十、从一切为人民的思想出发，统筹安
排生产建设和人民生活。——第 428 页。

〔238〕见马克思《〈政治经济学批判（1857—1858 年手稿）〉摘选》。新的译
文是："生产者也改变着，他炼出新的品质，通过生产而发展和改造着自身，造
成新的力量和新的观念，造成新的交往方式，新的需要和新的语言。"（《马克思
恩格斯选集》第 2 卷，人民出版社 2012 年版，第 747 页）——第 435 页。

〔239〕见毛泽东《实践论》（《毛泽东选集》第 1 卷，人民出版社 1991 年版，

第 296 页)。——第 435 页。

〔240〕见马克思、恩格斯《德意志意识形态》(《马克思恩格斯文集》第 1 卷，人民出版社 2009 年版，第 539 页)。——第 436 页。

〔241〕见毛泽东《新民主主义论》(《毛泽东选集》第 2 卷，人民出版社 1991 年版，第 686 页)。——第 436 页。

〔242〕见毛泽东《新民主主义论》(《毛泽东选集》第 2 卷，人民出版社 1991 年版，第 686 页)。——第 436 页。

〔243〕见毛泽东《新民主主义论》(《毛泽东选集》第 2 卷，人民出版社 1991 年版，第 686 页)。——第 436 页。

〔244〕见毛泽东《为建设一个伟大的社会主义国家而奋斗》(《毛泽东文集》第 6 卷，人民出版社 1999 年版，第 350 页)。——第 447 页。

〔245〕见马克思、恩格斯《关于波兰的演说》。新的译文是："一个民族当它还在压迫其他民族的时候，是不可能获得自由的。"(《马克思恩格斯选集》第 1 卷，人民出版社 2012 年版，第 314 页)——第 448 页。

〔246〕建交公报，指一九七八年十二月十六日（北京时间）在北京和华盛顿同时发表的《中华人民共和国和美利坚合众国关于建立外交关系的联合公报》。公报宣布两国自一九七九年一月一日起相互承认并建立外交关系，三月一日互派大使并建立大使馆。公报重申了上海公报中双方一致同意的各项原则。美国承认中华人民共和国政府是中国的唯一合法政府。在此范围内，美国人民将同台湾人民保持文化、商务和其他非官方关系。——第 449 页。

〔247〕《与台湾关系法》，是美国总统卡特于一九七九年四月十日签署生效的一项立法。一九七九年一月一日，中美两国正式建立外交关系，同时美国政府宣布与台湾当局断交、终止美台"共同防御条约"、从台湾撤出美国军队。一月二十六日，卡特提出《与台湾关系法》议案，美国国会众、参两院分别于三月二十八日、二十九日予以通过。《与台湾关系法》声称："美国作出同中国建立外交关系的决定是以台湾的前途将以和平方式决定这种期望为基础的；凡是企图以和平以外的方式来解决台湾问题的努力，都将会威胁西太平洋地区的和平与安全，引起美国的严重关注。"并提出要向台湾提供"防御性武器"，使之"保持抵御会危及台湾人民的安全或社会、经济制度的任何诉诸武力的行为或其他强制形式的能力"。这个法案继续将台湾当作"国家"对待，违反了中美两国建交时双方同意的原则以及美方的承诺，是对中国内政的公然干涉。——第

449 页。

〔248〕联合公报，指一九八二年八月十七日中美两国政府就美国向台湾出售武器问题发表的《中华人民共和国和美利坚合众国联合公报》，又称八一七公报。公报重申了中美上海公报和建交公报所确定的各项原则。公报强调互相尊重主权和领土完整、互不干涉内政是指导中美关系的根本原则。美国政府重申，它无意侵犯中国的主权和领土完整，无意干涉中国内政，也无意执行"两个中国"或"一中一台"的政策。美国政府声明，它不寻求执行一项长期向台湾出售武器的政策，它向台湾出售的武器在性能和数量上将不超过中美建交后近几年供应的水平，它准备逐步减少对台湾的武器出售，并经过一段时间导致最后的解决。——第 449 页。

〔249〕由于发展中国家多数位于发达国家的南方，人们习惯把发展中国家之间的经济合作称为"南南合作"。——第 452 页。

〔250〕"三不主义"，指不抓辫子，不扣帽子，不打棍子。——第 469 页。

〔251〕见《恩格斯致弗里德里希·阿道夫·左尔格》。新的译文是："他们也要从亲身经验中学习，从本身所犯错误的后果中学习。"（《马克思恩格斯文集》第 10 卷，人民出版社 2009 年版，第 576 页）——第 471 页。

〔252〕胡启立，一九二九年生，陕西榆林人。时任中共中央书记处书记、中央办公厅主任。——第 471、573 页。

〔253〕"两手"政策，指一手坚持对外开放和对内搞活经济的政策，一手坚决打击经济犯罪活动。——第 488 页。

〔254〕见恩格斯《1893 年 8 月 12 日在苏黎世国际社会主义工人代表大会上的闭幕词》（《马克思恩格斯全集》第 22 卷，人民出版社 1965 年版，第 479 页）。——第 496 页。

〔255〕见列宁《青年团的任务》。新的译文是："依靠了人类在资本主义制度下所获得的全部知识的坚固基础"。（《列宁选集》第 4 卷，人民出版社 2012 年版，第 284 页）——第 501 页。

〔256〕十九世纪自然科学的三大发现，指细胞学说、达尔文的进化论、能量守恒定律。——第 505 页。

〔257〕见马克思《在〈人民报〉创刊纪念会上的演说》（《马克思恩格斯选集》第 1 卷，人民出版社 2012 年版，第 775 页）。——第 506 页。

〔258〕见《恩格斯致爱德华·伯恩施坦》（《马克思恩格斯选集》第 4 卷，人

民出版社 2012 年版，第 556 页）。——第 506 页。

〔259〕见《孟子·滕文公上》。——第 509 页。

〔260〕彭加木（一九二五——一九八〇），广东番禺人。科学家。曾任中国科学院上海生物化学研究所研究员、新疆分院副院长。一九八〇年五月，率领综合考察队进入新疆罗布泊进行科学考察，六月十七日失踪。——第 509 页。

〔261〕栾弗（一九二六——一九八一），山东蓬莱人。曾任山西化工学院物理化学教研室主任、太原工学院教授、山西煤炭化工大学筹备组成员。在身患癌症时，依然坚持工作。一九八一年四月，国务院科技干部局号召向栾弗学习。——第 509 页。

〔262〕蒋筑英（一九三八——一九八二），浙江杭州人。曾任中国科学院长春光学精密机械研究所副研究员、第四研究室代主任。研制出我国第一台光学传递函数测试装置。一九八二年六月由于过度劳累，病情恶化逝世。一九八三年二月，国务院号召向蒋筑英学习。——第 510 页。

〔263〕罗健夫（一九三五——一九八二），湖南湘乡人。曾任航天工业部陕西骊山微电子公司工程师。研制成功的图形发生器，为中国航天电子工业的发展做出了贡献。被确诊为癌症晚期后，依然坚持工作。一九八三年二月，国务院号召向罗健夫学习。——第 510 页。

〔264〕雷雨顺（一九三五——一九八三），陕西铜川人。曾任国家气象局气象科学研究院副研究员。主持研究成功的能量天气学分析预报方法，提高了对暴雨、冰雹预测的准确率。一九八三年一月，国家气象局号召向雷雨顺学习。——第 510 页。

〔265〕孙冶方（一九〇八——一九八三），江苏无锡人。经济学家。曾任国家统计局副局长、中国科学院经济研究所所长。致力于宣传和发展马克思主义经济学，对新中国经济建设和经济理论的发展做出了重大贡献。——第 510 页。

〔266〕见恩格斯《致国际社会主义者大学生代表大会》（《马克思恩格斯文集》第 4 卷，人民出版社 2009 年版，第 446 页）。——第 510 页。

〔267〕见《毛泽东选集》第 4 卷，人民出版社 1991 年版，第 1480、1481 页。——第 514 页。

〔268〕见恩格斯《〈反杜林论〉三个版本的序言》（《马克思恩格斯全集》第 26 卷，人民出版社 2014 年版，第 13 页）。——第 515 页。

〔269〕尤·李比希《化学在农业和生理学中的应用》中的话。新的译文是：

"化学正在取得异常迅速的进展，而希望赶上它的化学家们则处于不断脱毛的状态。不适于飞翔的旧羽毛从翅膀上脱落下来，而代之以新生的羽毛，这样飞起来就更有力更轻快。"（转引自《马克思恩格斯全集》第26卷注释10，人民出版社2014年版，第805页）——第515页。

〔270〕见《庄子·逍遥游》。——第515页。

〔271〕一九八二年春，日本文部省在审定中小学历史教科书时，篡改日本军国主义侵略中国的历史，把"侵略华北"改成"进入华北"，把对中国的"全面侵略"改为"全面进攻"，甚至把南京大屠杀的起因说成是"由于中国军队的激烈抵抗，日军蒙受很大损失，激愤而起的日军杀害了许多中国军民"等等，为军国主义开脱罪责。中国政府向日本政府进行严正交涉，希望日本政府纠正文部省审定的课本中的错误。日本政府表示，要充分倾听中方对教科书表述的批评，由政府负责纠正；作为过渡措施，将用文部大臣发表见解的办法，指导教师在讲课中贯彻政府的认识。——第520页。

〔272〕东盟五国，指印度尼西亚、马来西亚、菲律宾、新加坡、泰国。——第521页。

〔273〕金日成（一九一二——一九九四），时任朝鲜劳动党中央委员会总书记、朝鲜民主主义人民共和国主席。——第521页。

〔274〕一九四九年六月三十日，毛泽东依据历史经验和当时的形势，在《论人民民主专政》一文中阐述了"一边倒"的外交方针，即倒向社会主义国家。——第522页。

〔275〕伊东正义（一九一三——一九九四），日本自由民主党众议员。曾任日本外务大臣。一九八三年八月访问中国时，受到胡耀邦的接见。——第522页。

〔276〕尼克松，指理查德·米尔豪斯·尼克松（一九一三——一九九四），美国前总统，共和党人。在其总统任内，曾于一九七一年七月派遣总统国家安全事务助理基辛格秘密访问中国，改变了中美两国长期隔绝的局面。一九七二年二月，首次访问中国并在上海同中国方面发表中美联合公报，使中美关系开始走向正常化。——第522页。

〔277〕二十世纪四十年代末，美国等西方国家对社会主义国家发动冷战，实行经济封锁和禁运。一九四九年，美国制定《出口管制条例》，防止向社会主义国家出口用于军事的产品和技术，并根据不同国家与美国的关系和实力等因素，

按管制的宽严程度分为七组——Z组、S组、Y组、W组、Q组、T组和V组。中华人民共和国成立后，中国和苏联一样被列入Y组。朝鲜战争时中国被列入管制最严的Z组。尼克松政府期间，将中国重新划入Y组。一九八〇年五月，卡特政府单独为中国建立了一个P组，以示与苏联不同。在中国政府特别是邓小平的反复交涉下，一九八三年六月，里根政府决定将中国的管制等级调至V组，即美国技术出口限制中管制最弱、是友好国家但非盟国的一组。——第523页。

〔278〕指邓小平一九八三年六月二十六日会见美国新泽西州西东大学教授杨力宇时的谈话，收入《邓小平文选》第3卷，题为《中国大陆和台湾和平统一的设想》。——第523页。

〔279〕铃木，指铃木善幸（一九一一——二〇〇四），一九八〇年至一九八二年任日本首相。——第526页。

〔280〕中曾根，指中曾根康弘，一九一八年生，时任日本首相。——第526页。

〔281〕一九八三年一月十二日，邓小平同国家计委、国家经委和农业部门负责同志谈话时提出，各项工作都要有助于建设有中国特色的社会主义，都要以是否有助于人民的富裕幸福，是否有助于国家的兴旺发达，作为衡量做得对或不对的标准。参见邓小平《各项工作都要有助于建设有中国特色的社会主义》（《邓小平文选》第3卷，人民出版社1993年版，第22—23页）。——第532页。

〔282〕见《管子·治国》。——第532页。

〔283〕见《史记·平津侯主父列传》。——第532页。

〔284〕抗大，中国人民抗日军事政治大学的简称。一九三六年六月一日创办于陕北瓦窑堡，初名为中国人民抗日红军大学，一九三七年一月改名为中国人民抗日军事政治大学，校址迁延安。先后共办八期，并在陕甘宁边区和华北、华中等敌后抗日根据地建立了十四所分校，为中国共产党及其领导的人民军队培养了大批革命干部。一九四五年抗日战争胜利后，学校宣告结束。——第535页。

〔285〕见列宁《怎样组织竞赛？》。新的译文是："方式愈多愈好，方式愈多，共同的经验就愈加丰富，社会主义的胜利就愈加可靠、愈加迅速，而实践也就愈容易创造出——因为只有实践才能创造出——最好的斗争方式和手段。"（《列宁选集》第3卷，人民出版社2012年版，第383页）——第538页。

〔286〕指一九八四年六月八日中共中央下发的《关于印发胡耀邦、习仲勋同志在省、自治区、直辖市侨办主任会议上的讲话的通知》。——第 544 页。

〔287〕见列宁《共产主义运动中的"左派"幼稚病》。新的译文是："只要再多走一小步……真理就会变成错误。"（《列宁选集》第 4 卷，人民出版社 2012 年版，第 211 页）——第 552 页。

〔288〕见恩格斯《致劳拉·拉法格》（《马克思恩格斯全集》第 39 卷，人民出版社 1974 年版，第 84 页）。——第 553 页。

〔289〕见《恩格斯致卡尔·考茨基》。新的译文是："无产阶级的国际运动，无论如何只有在独立民族的范围内才有可能……只有在平等者之间才有可能进行国际合作"。（《马克思恩格斯文集》第 10 卷，人民出版社 2009 年版，第 472 页）——第 553 页。

〔290〕见《左传·襄公三十一年》，原文是："人心之不同，如其面焉。"——第 558 页。

〔291〕三大改造，指一九五六年基本完成的国家对农业、手工业和资本主义工商业的社会主义改造。——第 564 页。

〔292〕四项政治保证，即：必须有系统地完成机构改革和经济体制改革，必须大力建设社会主义精神文明，必须坚决打击破坏社会主义经济和其他破坏社会主义制度的严重犯罪活动，必须整顿党的作风和党的组织。——第 564 页。

〔293〕见《论语·述而》。——第 569 页。

〔294〕见《昌黎先生集·师说》。——第 569 页。

〔295〕蔡特金，即克拉拉·蔡特金（一八五七——一九三三），德国社会民主党和第二国际左派领袖，德国共产党创始人之一。曾任共产国际主席团成员、共产国际妇女书记处书记。——第 573 页。

〔296〕见克拉拉·蔡特金《回忆列宁》（《回忆列宁》第 5 卷，人民出版社 1982 年版，第 7 页）。——第 574 页。

〔297〕见克拉拉·蔡特金《回忆列宁》（《回忆列宁》第 5 卷，人民出版社 1982 年版，第 8 页）。——第 574 页。

〔298〕见克拉拉·蔡特金《回忆列宁》（《回忆列宁》第 5 卷，人民出版社 1982 年版，第 11 页）。——第 574 页。

〔299〕胡风（一九〇二——一九八五），湖北蕲春人。文艺理论家和诗人。曾任中国左翼作家联盟宣传部部长、行政书记，中国作家协会理事，中国文联

全国委员会委员等职。一九五五年在"胡风反革命集团"一案中被定为反革命
分子，一九六五年被判刑。一九八〇年九月，经过法律程序并由中共中央发出
通知，为"胡风反革命集团"和胡风本人平反。一九八一年后，任政协全国委
员会常委、中国作家协会顾问等职。——第 579 页。

〔300〕见马克思《评普鲁士最近的书报检查令》。新的译文是："精神的最主
要形式是欢乐、光明，但你们却要使阴暗成为精神的唯一合适的表现；精神只
准穿着黑色的衣服，可是花丛中却没有一枝黑色的花朵。"(《马克思恩格斯全
集》第 1 卷，人民出版社 1995 年版，第 111 页)——第 584 页。

〔301〕曹植，东汉末年谯县（今安徽亳州）人。文学家。——第 586 页。

〔302〕曹操，东汉末年谯县（今安徽亳州）人。政治家、军事家、诗人。——
第 586 页。

〔303〕见邓小平《党在组织战线和思想战线上的迫切任务》(《邓小平文选》
第 3 卷，人民出版社 1993 年版，第 39 页)。——第 587 页。

〔304〕见邓小平《党在组织战线和思想战线上的迫切任务》(《邓小平文选》
第 3 卷，人民出版社 1993 年版，第 40 页)。——第 587 页。

〔305〕见《十二大以来重要文献选编》(上)，人民出版社 1986 年版，第 476
页。——第 588 页。

〔306〕见毛泽东《在延安文艺座谈会上的讲话》(《毛泽东选集》第 3 卷，人
民出版社 1991 年版，第 848 页)。——第 589 页。

〔307〕新的译文是："要真正地认识事物，就必须把握住、研究清楚它的一
切方面、一切联系和'中介'。"见《列宁选集》第 4 卷，人民出版社 2012 年
版，第 419 页。——第 602 页。

〔308〕新的译文是："我们永远也不会完全做到这一点，但是，全面性这一
要求可以使我们防止犯错误和防止僵化。"见《列宁选集》第 4 卷，人民出版社
2012 年版，第 419 页。——第 602 页。

〔309〕新的译文是："从事物的发展、'自己运动'（像黑格尔有时所说的）、
变化中来考察事物。"见《列宁选集》第 4 卷，人民出版社 2012 年版，第 419
页。——第 602 页。

〔310〕新的译文是："必须把人的全部实践——作为真理的标准，也作为事
物同人所需要它的那一点的联系的实际确定者——包括到事物的完整的'定义'
中去。"见《列宁选集》第 4 卷，人民出版社 2012 年版，第 419 页。——第

602 页。

〔311〕见《列宁选集》第 4 卷，人民出版社 2012 年版，第 419 页。——第 603 页。

〔312〕见《毛泽东选集》第 1 卷，人民出版社 1991 年版，第 99 页。——第 603 页。

〔313〕见《毛泽东选集》第 1 卷，人民出版社 1991 年版，第 180 页。——第 603 页。

〔314〕见《毛泽东选集》第 1 卷，人民出版社 1991 年版，第 179 页。——第 603 页。

〔315〕整党决议，指一九八三年十月十一日中共十二届二中全会通过的《中共中央关于整党的决定》。《决定》分析了党内存在的思想、作风、组织严重不纯的状况，阐明了整党的必要性和紧迫性，明确指出整党的基本任务是：统一思想，整顿作风，加强纪律，纯洁组织。《决定》要求各级党组织从一九八三年冬季开始，用三年时间对党的作风和组织进行一次全面整顿，并对整党的基本方针、政策和方法做了具体规定。——第 607 页。

〔316〕曲啸（一九三二——二〇〇三），辽宁金县（今大连市金州区）人。时任中共中央宣传部调研员。——第 609 页。

〔317〕见《列宁选集》第 4 卷，人民出版社 2012 年版，第 285 页。——第 612 页。

〔318〕习仲勋（一九一三——二〇〇二），陕西富平人。时任中共中央政治局委员、中央书记处书记。——第 624 页。

〔319〕乔石（一九二四——二〇一五），浙江定海人。时任中共中央书记处候补书记、中央政法委员会书记。——第 624 页。

〔320〕《中日联合声明》，中日两国政府于一九七二年九月二十九日在北京签署。声明宣布：自本声明公布之日起，中日两国之间迄今为止的不正常状态宣告结束。日本方面痛感日本国过去由于战争给中国人民造成的重大损害的责任，表示深刻的反省。日本国政府承认中华人民共和国政府是中国的唯一合法政府。中华人民共和国政府重申，台湾是中华人民共和国领土不可分割的一部分。日本国政府充分理解和尊重中国政府的这一立场，并坚持遵循《波茨坦公告》第八条的立场。中日两国政府决定自一九七二年九月二十九日起建立外交关系。中华人民共和国政府宣布，为了中日两国人民的友好，放弃对日本国的战争赔

偿要求。——第 629 页。

〔321〕《中日和平友好条约》，中日两国于一九七八年八月十二日在北京签订。条约确认：中日两国政府一九七二年九月二十九日在北京发表的联合声明是两国间和平友好关系的基础，联合声明所表明的各项原则应予严格遵守。条约规定：缔约双方应在和平共处五项原则的基础上，发展两国间持久的和平友好关系；缔约双方确认，在相互关系中，用和平手段解决一切争端，而不诉诸武力和武力威胁；任何一方都不应在亚太地区或其他任何地区谋求霸权，并反对任何其他国家或国家集团建立这种霸权的努力；缔约双方将本着睦邻友好的精神，为进一步发展两国之间的经济关系和文化关系，促进两国人民的往来而努力。一九七八年十月二十三日，时任中国国务院副总理的邓小平在日本东京出席《中日和平友好条约》批准书互换仪式，条约正式生效。——第 629 页。

〔322〕田纪云，一九二九年生，山东肥城人。时任中共中央政治局委员、中央书记处书记，国务院副总理兼国务院秘书长。——第 630 页。

〔323〕王兆国，一九四一年生，河北丰润人。时任中共中央书记处书记兼中央办公厅主任、中央直属机关党委书记。——第 630 页。

〔324〕三大任务，指邓小平在中国共产党第十二次全国代表大会开幕词中提到的我国人民在二十世纪八十年代的三大任务，即加紧社会主义现代化建设，争取实现包括台湾在内的祖国统一，反对霸权主义、维护世界和平。——第 633 页。

〔325〕指一九八六年二月四日中共中央、国务院发出的《关于进一步制止党政机关和党政干部经商、办企业的规定》。——第 638 页。

〔326〕见毛泽东《一九五七年夏季的形势》（《毛泽东著作专题摘编》（上），中央文献出版社 2003 年版，第 1050 页）。——第 645 页。

〔327〕一九八六年三月第六届全国人民代表大会第四次会议《政府工作报告》提出的中国独立自主的和平外交政策的主要内容和基本原则是：第一，对外工作的根本目标是反对霸权主义、维护世界和平、发展各国友好合作和促进共同经济繁荣。第二，主张世界上所有国家一律平等。第三，坚持独立自主。第四，决不依附于任何一个超级大国，也决不同它们任何一方结盟或建立战略关系。第五，信守和平共处五项原则。第六，中国属于第三世界，加强和发展同第三世界国家的团结与合作是对外工作的一个基本立足点。第七，反对军备竞赛，反对把这种竞赛扩展到外层空间。第八，坚持长期实行对外开放。第九，

遵循联合国宪章的宗旨和原则，支持联合国组织根据宪章精神所进行的各项工作，积极参加联合国及其各专门机构开展的有利于世界和平与发展的活动。第十，中国重视各国人民之间的交往。——第648页。

〔328〕玛格丽特·撒切尔（一九二五——二〇一三），英国保守党人。时任英国首相。——第651页。

〔329〕指一九八四年十月二十日《中共中央关于经济体制改革的决定》、一九八五年三月十三日《中共中央关于科学技术体制改革的决定》和一九八五年五月二十七日《中共中央关于教育体制改革的决定》。——第652页。